石油华章

中国石油改革开放40年

1978-2018

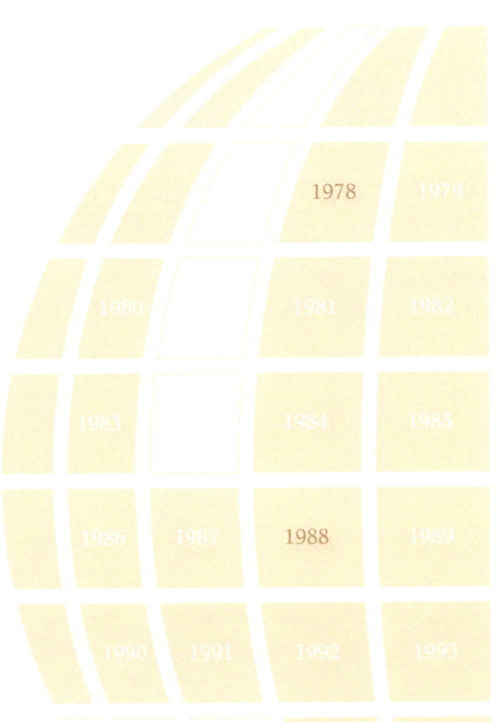

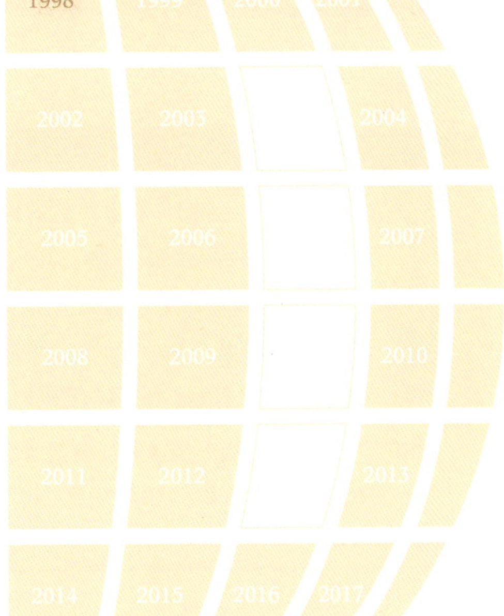

中国石油天然气集团有限公司◎编

石油工业出版社

内容提要

《石油华章　中国石油改革开放40年》由中国石油天然气集团有限公司办公厅组织编纂，按照40年四阶段，分大事件篇、大事记篇、大数据篇三部分。大事件篇主要记载党和国家领导人关怀中国石油、重大决策与体制改革、重要政策与机制改革、五年计划重要成果、重大业务发展、重要国际合作与交流、重大科技创新、党的建设与企业文化、社会公益9个方面的中国石油重大改革开放成果；大事记篇收录1978年1月至2018年9月中国石油40多年来的重要事项和重大事件；大数据篇采用多组数据图表展现40多年来中国石油在各方面取得的巨大进步和历史性成就。

本书可供石油企业员工、院校师生及关心中国石油工业发展、研究中国石油工业历史的读者参考。

图书在版编目（CIP）数据

石油华章　中国石油改革开放40年 / 中国石油天然气集团有限公司编．北京：石油工业出版社，2018.12

ISBN 978-7-5183-3036-2

Ⅰ．①中… Ⅱ．①中… Ⅲ．①石油工业 – 改革开放 – 成就 – 中国 –1978—2018 Ⅳ．① F426.22

中国版本图书馆 CIP 数据核字（2018）第 267591 号

石油华章　中国石油改革开放40年

Shiyou Huazhang　Zhongguo Shiyou Gaige Kaifang 40 Nian

出版发行：石油工业出版社

（北京安定门外安华里2区1号　100011）

网　址：www.petropub.com

编辑部：（010）64244178　图书营销中心：（010）64523633

经　销：全国新华书店

印　刷：北京中石油彩色印刷有限责任公司

2018年12月第1版　2019年4月第3次印刷

787×1092毫米　开本：1/16　印张：37　插页：2

字数：788千字

定价：198.00元

（如出现印装质量问题，我社图书营销中心负责调换）

编　委　会

编 写 组

组　　长： 韩剑锋　马　纪

副 组 长： 王志明　冯渝文　王　强　吴保国

成　　员： 姚治晓　王铁夫　李大成　张卫忠　陈安贵　董　薰
任洁江　高朝阳　邵冰华　余　海　杨　政　刘倩倩
曹　静　王巧然　白炳炳　孙海杰　付　红　杨天龙

序

国之将兴，必有祯祥。以1978年12月召开的中国共产党十一届三中全会为标志，我国进入了改革开放新的历史时期，古老而文明的华夏大地从此焕发出蓬勃生机，朝着中华民族的伟大复兴阔步前行。中国石油沐浴着改革开放的春风，全面贯彻党中央、国务院的决策部署，牢记“我为祖国献石油”的初心，自觉肩负保障国家能源安全的重任，坚持以改革促发展，在发展中深化改革，企业综合实力和核心竞争力得到了历史性提升，谱写了中国石油矢志初心、砥砺奋进的英雄诗篇。

历史证明，改革开放是决定中国命运的关键抉择，也是决定中国石油发展的关键抉择。40年来，中国石油的管理体制从政府行政管理改革开启，由计划经济向市场经济转变；以1998年组建中国石油天然气集团公司、1999年设立中国石油天然气股份有限公司为标志，中国石油建立并逐步完善现代企业管理制度，突出特点是企业形成了上下游、内外贸、产销一体化的管理架构，进入了国际资本市场的快车道；党的十八大以来，中国石油进一步深化改革，完成公司制改制，坚持全面从严治党，弘扬石油精神，重塑良好形象，企业进入稳健高质量发展阶段。

重大决策与体制的改革必然推动企业经营的飞速发展。40年来，中国石油深入贯彻落实党中央关于石油工业“稳定东部、发展西部，国内为主、国外补充，油气并举、节约与开发并重”“利用两种资金、两种资源、两个市场”的方针，抓住改革开放的历史机遇，加快油气勘探步伐，加快油气上产节奏，国内油气生产大幅跃升，在原油产量1亿吨的基础上稳定增长，保持世界石油大国地位40年；按照“引进来”“走出去”的发展战略，中国石油参与国际油气市场竞争，抓住国家“一带一路”倡议的机遇期，持续深化与沿线国家全方位油气合作，海外业务开创出一片崭新的局面。同时，让世界感受到中国石油军团的信誉，听到了中国石油军团的声音，增强了与中国石油军团持续合作的信心。

40 年来，国内油气勘探累计探明石油和天然气地质储量分别占全国的 60% 和 70% 以上；累计生产原油超过 40 亿吨、天然气近 1.5 万亿立方米，同样分别占全国的 60% 和 70% 以上。先后建成大庆、华北、辽河、新疆、长庆 5 个千万吨级大油田和西南、塔里木、长庆 3 个百亿立方米级大气田。截至 2017 年，中国石油新增探明油气当量储量连续 11 年超过 10 亿吨，一批千万吨炼油百万吨乙烯工程建成投产；延展长度 8.6 万公里的油气管道将清洁能源送到祖国各地，为加快推进绿色发展，助力美丽中国建设和生态文明建设做出重要贡献。

国际合作成果丰硕。截至 2017 年，中国石油在全球 34 个国家管理运作着 96 个项目，2017 年实现油气权益产量当量 8980 万吨，约相当于两个大庆，占中国大陆海外油气权益总产量的 50% 以上。其中，在“一带一路”沿线 20 个国家运营 52 个合作项目，2017 年权益油气产量当量超过 7000 万吨，占中国石油海外权益产量的 80% 以上。

进入新时代，在以习近平同志为核心的党中央坚强领导下，中国石油贯彻落实新发展理念，坚持稳健发展方针，明确建设世界一流综合性国际能源公司奋斗目标，大力实施资源、市场、国际化和创新战略，有效促进发展方式转变和质量效益提升，成为国有企业改革开放的“排头兵”。这些成就的取得，是我们坚持以毛泽东思想、邓小平理论、“三个代表”重要思想、科学发展观为指导，深入学习贯彻习近平新时代中国特色社会主义思想的必然结果，充分证明党中央的改革开放路线方针是完全正确的。

40 年改革成果令人振奋，40 年辉煌成就激情讴歌。为庆祝中国石油改革开放 40 周年，集团公司组织编写了《石油华章——中国石油改革开放 40 年》一书，意使广大石油员工铭记前辈创新创业之艰辛，展示改革开放中国石油 40 年沧桑巨变，鼓舞广大员工砥砺奋进的信心和自信。编写组搜集整理大量珍贵资料及图片档案，创新性地设置了大事件、大事记和大数据三个有机整体，

凡 例

一、本书以马克思列宁主义、毛泽东思想、邓小平理论、“三个代表”重要思想、科学发展观、习近平新时代中国特色社会主义思想为指导，坚持辩证唯物主义和历史唯物主义立场、观点和方法，按照编、研、审一体化工作思路，对中国石油改革开放40年重大事件、重大成果予以记述。

二、本书以改革开放为主题，旨在简要记述中国石油改革开放40年重点工作和成果，为中国石油全面深化改革、推进高质量发展、建设世界一流综合性国际能源公司提供史料借鉴，发挥“资政、存史、育人、交流”作用。

三、本书收录内容上限始于1978年1月，下限至2018年9月，其中大事记至2018年12月。

四、本书中“中国石油”以1988年9月中国石油天然气总公司成立为界，之前泛指中国石油工业，之后特指“中国石油天然气总公司”“中国石油天然气集团公司”“中国石油天然气集团有限公司”。“石油部”“总公司”“集团公司”“股份公司”等简称分别指代“石油工业部”“中国石油天然气总公司”“中国石油天然气集团公司（中国石油天然气集团有限公司）”“中国石油天然气股份有限公司”。

五、本书收录的史料分大事件、大事记和大数据三部分。

大事件采用编年体的记述方式，收录中共中央、国务院以及中国石油两个层面的重大事件，具体包括：党和国家领导人关怀中国石油、重大决策与体制改革、重要政策与机制改革、五年计划重要成果、重大业务发展、重要国际合作与交流、重大科技创新、党的建设与企业文化、社会公益9个方面。

大事记采用编年体为主、纪事本末体为辅的记述方式，收录中共中央、国务院以及中国石油两个层面在重大决策、重要活动、法律法规、组织机构、重要会议、重要人物、勘探开发、炼油化工、油气销售、工程技术和工程建设、金融资本、科学技术、外事活动、合作交流和国际化经营、党的建设和企业文化、荣誉奖励、社会公益、媒体报道18个方面49个类目的重要事项和成果。大事记中月份不详的列于年末，日期不详的列于月末，同天发生的用“同日”标记，同月发生的用“同月”标记，当年发生且具体时间不详的用“本年”标记，累计全年需要记录的大事以“年末”标记。

大数据以数据图表的形式，收录中国石油改革开放40年来年度工作会议、领导干部会议、战略合作协议、主要生产经营指标、院士名录、获国家科技进步奖项、全国劳动模范等方面的统计数据。

六、本书以现代语体文行文，使用国家统一的简化汉字，一般述而不论。大事记以编年体为主，辅以纪事本末体。

七、本书计量单位名称和符号使用遵循国家技术监督局1993年发布的国家标准《量和单位》（GB-3100、3101、3102.1—13）。

八、本书所用数字，执行国家标准GB/T 15835—2011《出版物上数字用法的规定》。

九、本书中职位沿用历史通称，地理名称沿用当地习惯称谓，单位机构名称以印鉴为准，人物通常直书姓名，必要时写上职务。

十、文中使用的数学、物理、化学、地质等专业符号、代号均按国家有关标准和规定执行。

十一、同一条目中，外国人名和地名第一次出现时用全称，再次出现时用简称。

十二、资料来源于国家图书馆、中国石油档案馆、公开出版物、集团公司总部及所属企事业单位提供的文字和数据。

十三、本书注释采用脚注方式，当页编码，不编通码。

目　录

– 大事件篇 –

– 大事记篇 –

– 大数据篇 –

奉献清洁能源，持续转企改制，逐浪国家改革开放大潮

大事件篇

40年来，中国石油在马克思列宁主义、毛泽东思想、邓小平理论、“三个代表”重要思想、科学发展观、习近平新时代中国特色社会主义思想指导下，高举改革开放大旗，结合自身发展特点，不断解放思想，大胆创新，坚定做国有企业改革的先行者，走出了一条公有制与市场经济相结合的中国特色中央企业改革发展之路。从实施亿吨原油产量包干这一中国工业“第一包”，到塔里木油田创新实施“两新两高”油公司管理体制，探索出石油企业市场化改革和建立现代企业制度的成功路径；从成功进入国际资本市场，到油田服务的专业化重组，探索出一条专业化、市场化、一体化相结合的综合性国际能源公司发展之路；从海洋石油率先对外开放，到持续深化与“一带一路”沿线国家全方位油气合作，实现了国际化经营能力和水平的全面提升。

40年改革开放伟大实践，高歌猛进、阔步发展，以建设世界一流综合性国际能源公司为目标，开创了中国石油全面协调持续稳健发展的崭新局面，实现了从陆地到海洋、从东部到西部、从上游到下游、从内地到沿海、从国内到国外、从“引进来”到“走出去”的历史性突破，呈现出波澜壮阔、欣欣向荣、蓬勃发展的良好势头，取得了辉煌成就，为稳定国内石油天然气市场供应，保障国家能源安全发挥了不可替代的重要作用。也为国有企业深化改革、做强做优做大国有资本，提供了“中国石油方案”。

为真实反映改革开放40年历史进程，本篇着重从党和国家领导人关怀中国石油、重大决策与体制改革、重要政策与机制改革、重大业务发展等9个方面予以载述。

一 党和国家领导人关怀中国石油

中华人民共和国成立以来石油工业的发展及其取得的辉煌成就，闪耀着中国共产党的理论路线方针政策的光辉，凝聚着党和国家领导人的巨大关怀和殷切希望。毛泽东、周恩来、刘少奇、朱德、邓小平、陈云等老一辈无产阶级革命家对石油工业的发展给予高度重视和亲切关怀。毛泽东主席十分关心石油工业，为创建中国石油工业，20世纪50年代初，发布命令，中国人民解放军第19军第57师转为石油工程第一师，为石油战线增加近8000名钢铁战士；20世纪60年代初，毛泽东主席发出“工业学大庆”的伟大号召，亲手树起大庆这面工业战线光辉旗帜。周恩来总理非常关心石油工业，20世纪60年代，他3次视察大庆油田，31次与铁人王进喜见面，“文化大革命”期间更是旗帜鲜明地坚定保护石油工业和大庆油田。1958年，主管石油工业的邓小平做出“战略东移”的重大决策，推动了石油工业历史性的突破。改革开放以来，邓小平、江泽民、胡锦涛、习近平等党和国家领导人多次亲临石油企业视察，并作出重要指示批示，寄予殷切希望，极大地鼓舞百万石油员工为保障国家能源安全、助力国民经济和社会发展、建设世界一流综合性国际能源公司而努力奋斗。

邓小平关怀中国石油

改革开放的总设计师邓小平同志，非常关心石油工业改革开放和发展，多次作出重要指示批示，大力推动石油工业对外开放，鼓励石油企业勇敢走出去，大胆利用国内外两种资金、两种资源和两个市场，为石油工业改革开放指明了前进的发展方向，奠定了坚实的思想基础，提供了充分的理论依据。

“要把大庆油田建设成美丽的油田”

1978 年 9 月 14 日，邓小平第三次视察大庆油田，针对油田经过长期高速发展出现的生产生活条件和自然环境急需改善问题，他明确指示：“要把大庆油田建设成美丽的油田。”①

中国石油牢记小平同志的嘱托，坚持油田生产与环境保护同步进行，探索油田的转型升级，通过荒漠化治理、天然气利民工程项目，采用物联网、大数据、人工智能等技术，与地方经济融合发展，摆脱一些资源型城市“因油而兴、油竭而亡”的历史宿命，不断推

大庆油田铁人文化广场

①《亲切的关怀 永远的激励——党和国家领导人与大庆建设纪实》，中央文献出版社，1999 年，109 页。

大庆油田建设初期，职工自己动手建“干打垒”

大庆建设绿色生态油田

20世纪50年代，克拉玛依油田“地窝子”职工宿舍

新疆石油人在“没有草，没有水，连鸟儿也不飞”的戈壁滩上，建起现代化的石油城

进绿色生态油田和资源型城市的可持续发展，为加快形成资源节约型、环境友好型社会提供了成功的经验。大庆油田制定《可持续发展纲要》，主动承担企业社会责任，将绿色生态油田建设与“原油持续稳产、整体协调发展、构建和谐矿区”同步谋划、同步实施，坚持用大庆精神铁人精神治理生态环境、造福后代子孙。大庆油田所在地大庆市因石油而生，目前已发展为百万人口的现代化宜居城市，2012年再次被评为“国家环境保护模范城市”。

新疆克拉玛依油田是中华人民共和国成立以后发现的第一个大油田，在“没有草，没有水，连鸟儿也不飞”的戈壁滩上建成充满生机的千万吨级大油气田和现代化的全国文明城市，走出了一条“以油养城”向“以城养城”，再到“信息化世界石油城”的跨越发展之路。2002年，伴随新疆油田进入我国西部第一个千万吨级大油田行列，油田和克拉玛依市针对资源型城市转型特点，利用丰富的土地、光热和引水资源，与改善准噶尔盆地荒漠生态环境相结合，积极推进碳汇林基地建设，发展林草种植和畜牧业，改善了油田所在环境的小气候，为建设美丽油田提供了基本条件。“十五”以来，实施以新型工业化和信息化作为转型升级的重大举措，数字油田、智能油田使新疆油田跨上了“一带一路”发展的快车道。云计算产业园、中国石油大学（北京）克拉玛依分校、“信息创新克拉玛依国际学术论坛”为油田和城市的转型发展提供了智力支持和平台。

“我赞成，并主张加速进行”

1979年8月4日，国务院副总理兼国家经济委员会（简称国家经委）主任康世恩就“关于同外商合作勘探开发我国石油问题”给中央领导写信，提出和外国拥有先进技术的石油公司用补偿贸易的方法，签订风险合同进行勘探，对我国来说是必要的也是有利的。同时还建议为加快我国陆上找油的速度，除努力提高地球物理勘探水平、改进装备外，像四川盆地、陕甘宁地区、苏北地区等久攻不下，也可考虑用补偿贸易、风险合同的办法，和外国公司合作来搞。邓小平同志收到此信后于8月12日作出批示：“我赞成，并主张加速进行。”①

先行者必然要披荆斩棘。当来自不同国家的物探船、辅助船驶抵中国海域时，有人开始质疑并上书中央，认为与外国公司合作会损害国家利益。当时一提到“对外开放”这一敏感话题，人们自然想到1949以前在帝国主义殖民统治下的“门户开放”使国家被宰割、掠夺，人民受欺辱、压榨的苦难历史，加之“文化大革命”时，歪曲自力更生，实行自我封闭的“极左”路线对人们的毒害，实行对外开放阻力重重。果然，海洋石油对外开放是“卖国”“丧失主权”，还是“爱国”，是开发利用资源，还是出卖资源的论争越演越烈，这也正是当年中国对外开放当时所面临复杂局势的一个缩影。在这关键时期，中央领导十分重视，邓小平作出批示，要求“约集一些专家好好论证一下”②。

①《康世恩论中国石油工业》，石油工业出版社，1995年，337页。

②《一次新的革命 一支破冰之旅》，《中国海洋石油报》，2018年8月3日。

1981年3月23日至4月3日，国家能源委员会和国家进出口委员会在北京组织召开渤海石油对外合作论证会。中共中央政治局委员、中共中央书记处书记、国家能源委员会主任余秋里出席会议并讲话，有关部委专家和学者60多人参会。最后会议通过论证认为，从中国实际情况出发，利用外国资金和技术合作开发渤海石油是必要的，中日签订的渤海合同条款是好的，这样做对中国海洋石油工业的发展是有利的。会后，余秋里致信中央领导，汇报渤海石油勘探开发论证会情况。4月7日，中央财经领导小组召开会议，听取关于论证会情况的汇报。会议提出三点结论：一是渤海石油勘探开发论证会开得好，必须给予肯定；二是与日本签订的合同，总的是好的，不是吃亏的合同；三是海上勘探开发石油要与外国合作，这个方针必须坚持下去。

为规范对外合作勘探开发我国海上油气资源，1982年1月30日，国务院颁布《中华人民共和国对外合作开采海洋石油资源条例》，决定成立中国海洋石油总公司，以立法形式授予中国海洋石油总公司在中国对外合作海区内进行石油勘探、开发、生产和销售的专营权，全面负责对外合作开采海洋石油资源业务。随后，国务院又陆续颁布有关的配套法律文件，石油部也制定了《标准合同》。2月15日，一个新型的国家公司——中国海洋石油总公司正式在北京挂牌成立，标志着海洋石油作为我国第一个全方位对外开放的工业行业，将发挥“海上特区”的技术窗口、管理窗口和对外合作窗口的作用，担负起对外合作发展中国海洋石油工业的重任。1982年进行首轮公开招标，同9个国家27家石油公司签订了18个石油合同，开启了我国石油资源对外合作的先河。通过对外开放与合作，解决了当时资金和设备短缺的困难，提供了学习国外先进技术和管理经验的机会，取得了一批丰硕成果。截至1997年底，中国海洋石油总公司共与18个国家和地区的67家石油公司签订了131个石油合同和协议，直接利用

关于同外商合作勘探开发我国石油问题的信*

（一九七九年八月四日）

小平同志，并先念、陈云、耀邦、秋里、依林、谷牧同志：

目前，我国石油地球物理勘探技术和国外先进技术相比，确实存在较大差距，主要是：

野外地震仪器，美国采用的多道记录，高次覆盖技术（96道以上，48次覆盖），取得的原始资料质量好，准确性高，对复杂的较深的储油构造反映比较清楚。过去，我们用的是模拟磁带记录，得到的资料质量较差。近年来，我们自己装配和引进了7条数字地震船，也只能搞24次覆盖，对一些深层构造、复杂构造仍搞不准确。地震资料的处理和研究，差距更大。我这次在美国看了三家地震资料处理中心，他们用1000万次或者更大型的电子计算机，能将地震波的波形、频率快慢、反射能量的强弱等区分开来，并有数十种计算程序和公式，他们叫做技术诀窍，各自保密，是买不到的。因此，他们能将地下的复杂

* 这是康世恩同志给中央领导同志信的要点。邓小平同志收到此信后，于1979年8月12日作了批示：“我赞成，并主张加速进行”。

1979年8月4日，《关于同外商合作勘探开放我国石油问题的信》

外资57.2亿美元，推动了我国海洋石油事业的发展，到2010年12月，中国海洋石油总公司国内油气年当量产量首次超过5000万吨，全年实现5180万吨，在我国海域成功建成一个“海上大庆”。

“能源问题是经济的首要问题”

在我国制定20世纪末宏伟发展目标中，邓小平同志高度重视石油工业的地位和作用。1980年春，他在关于成立国家能源委员会的一次谈话中指出：能源工业发展缓慢，严重制约了国民经济的发展。能源问题已成为当前国民经济中的一个突出问题、一个战略问题。能源上不去，工业、农业、轻工市场、人民生活都不好解决。问题太大了。

正是基于能源的战略地位和紧迫形势，为了加强对能源工业的领导，党中央决定成立国家能源委员会。邓小平明确提出，煤炭部、石油部、电力部都归能源委员会领导。将来部要减少，能源委员会下面的部撤销，成立公司。能源委员会的任务是研究提出方针政策，搞好长远规划，把生产建设搞上去。

1980年4月，中共中央、国务院部署各部门编制第六个五年(1981—1985)计划及长远规划。对此，“邓小平提出，在长期规划中，要把能源问题放在重要地位。他说：‘现在越来越看得清楚，能源问题是经济的首要问题。能源问题解决不好，经济建设很难前进。我们资源丰富，潜力很大，可是我们能源的紧张程度，比资本主义国家更严重。过去我们对这个问题认识得不够。’邓小平认为：‘过去，长期讲按农轻重次序安排计划。根据现在的情况，应该有所补充。能源问题成为今后经济发展的特别突出的问题。交通问题也是迫切需要解决的问题。这两件事搞不好，其他工业、农业、商业都很难搞好。是否恢复过去的说法，能源和交通是先行，把它们放在规划的重要地位。’邓小平强调：‘长期规划第一位的问题是能源，把它规划好了，使它真正走在前面，就解决了长期规划一半的问题。这个问题不解决，各项事业寸步难行。’”① 后来，邓小平在与国家计划委员会（简称国家计委）负责同志谈话时再次明确指出：煤、电、油这些能源项目，还有交通项目，前期工作要抓紧，晚了不行。能源不够，不仅是“六五”期间的问题，也是今后相当长时间的问题。

4月27日，中共中央政治局委员、书记处书记、国家能源委员会主任余秋里主持召开能源委员会党组会议，具体研究编制长远规划问题。他说：“小平同志提出，长期规划第一位的问题是能源问题，充分说明了能源工业在国民经济中的重要地位。制定一个科学的能源规划，使整个国民经济建立在可靠的燃料动力基础上，有着十分重要的意义。”①

6月13日至21日，中央财经领导小组连续召开6次扩大会议，讨论国家能源委员会提供的能源工业长远规划。

1981年7月23日、24日，国家能源委员会正式向中共中央书记处汇报能源工作长远

①《余秋里传》，解放军出版社，2017年1月，498页。

规划，就是在这次会议上，中央同意石油工业实行包干制、沿海大陆架实行对外开放开发海上油气资源、采用多种方式引进国外先进技术和装备。这三项政策的实施，促进了石油工业的改革开放。

“第一步先打出去”

1979 年 2 月 3 日，邓小平在 9 天访美期间，到休斯石油钻井工具公司参观。该公司以生产钻头为主，并兼营其他石油、天然气勘探设备，它的产品质量和销售范围在当年世界同类企业中都处于领先地位。邓小平在参观时，详细了解每一件器材的性能，包括价格。他把这家公司送给他的钻头带回国内后，立即将这只具有象征意义的钻头交给了国务院副总理兼国家经委主任康世恩。康世恩在组织和引进美国先进技术时，又指定石油部副部长李天相负责发展中国的钻头事业。1980 年外贸部机械进出口总公司与美国休斯工具公司签订合作协议；1981 年石油部决定以江汉钻头厂为试点，以引进的休斯全套钻头制造技术进行生产。2011 年成立的中国石油休斯敦技术研发中心，探索利用美国当地技术及人才资源的商业模式，研发的个性化 PDC 钻头，与斯伦贝谢、哈里伯顿和休斯三大公司生产的钻头同台竞技，整体性能达到国际领先水平。

1981 年 7 月 3 日上午，邓小平会见美国西方石油公司董事长阿曼德·哈默时，就中国同西方石油公司在石油、煤炭开发及其他领域合作交换意见，他不仅请哈默谈了对南海石油前景的看法，还关切地询问石油对外合作有什么要解决的问题，并且重申在经济调整期间，中国对外开放的政策不变。会见哈默后，在中共省、直辖市、自治区委员会书记座谈会上讲话再次指出：今天我为什么着急到这里？就是因为，我们在中外经济合作的问题上如果搞官僚主义（不只是搞官僚主义），始终徘徊，对我们很不利。在国际合作领域里面，我们当然要量力而行，但是凡是能够办到的，即使有少量困难，我们能够克服的，我们为什么不快上？

1985 年 2 月 1 日，邓小平在一次谈话中强调打进国际市场的重要性和紧迫性。他说：“第一步先打出去，打进香港，通过打进香港国际市场再打进日本，打进其他国家。要一项一项地研究，一项一项地落实。”①

邓小平给中国石油指明了前进的方向。石油领域对外开放海陆并进，陆上 1985 年开始首先在南方 11 省（自治区）对外开放，之后扩大到了北方 10 个省（自治区）。从引进来到打出去，利用国内外两种资金、两种资源、两个市场的新格局逐步形成。

1986 年 4 月 13 日，石油部部长王涛陪同邓小平会见来访的缅甸总理吴貌貌卡。在谈到中缅关系时邓小平说，我们之间的“胞波”关系要长期坚持下去，中国对任何朋友的

---

①《邓小平年谱（一九七五——一九九七·下）》，中央文献出版社，2004 年 7 月，1024 页。

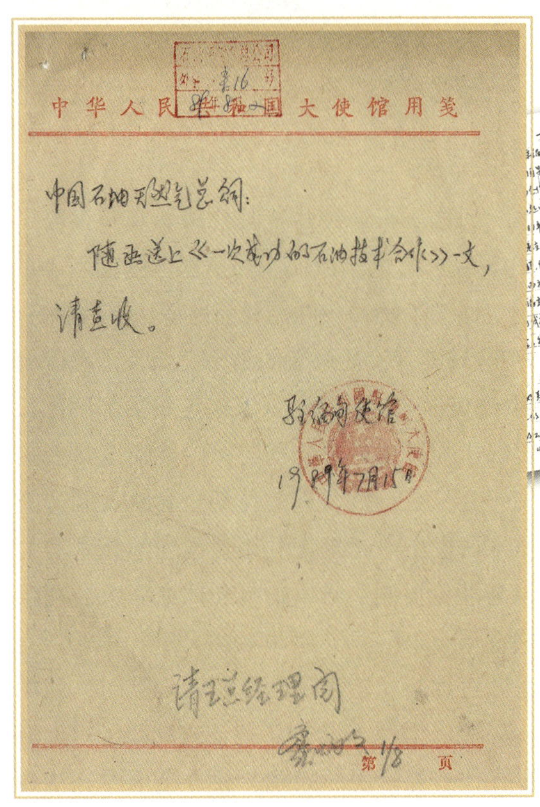
中华人民共和国大使馆用笺

中国石油天然气总公司：

随函送上《一次成功的石油技术合作》一文，请查收。

驻缅甸使馆

1989年7月15日

请王总经理阅

第 1/8 页

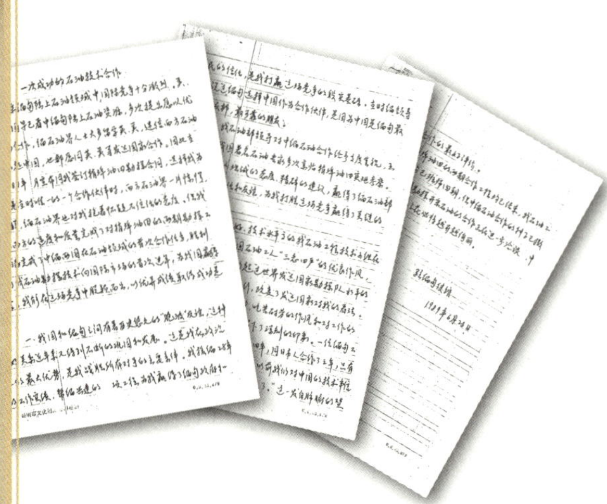

1989 年 7 月 15 日，中国驻缅甸大使馆给中国石油天然气总公司来函

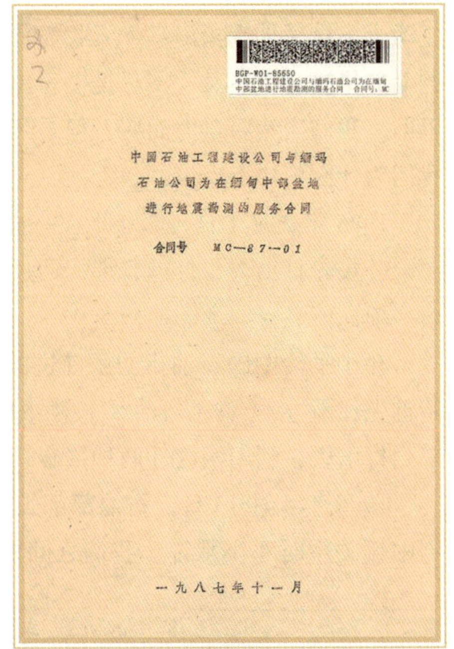
中国石油工程建设公司与缅甸石油公司为在缅甸中部盆地进行地震勘测的服务合同

合同号　MC—87—01

一九八七年十一月

1987 年 11 月，中国石油工程建设公司在缅甸中部盆地进行地震勘探的服务合同

1983 年 10 月 28 日，石油物探局引进美国 IBM3033 数据处理系统开工典礼

帮助都是真心诚意的，也许再过 14 年，我们的力量增强了，对朋友就可以更多地尽点力量。石油部抓住机遇，开始积极探索“打出去”，首先在缅甸打入国际石油市场。1987 年 10 月，石油部与缅甸能源部签订《中国石油工程建设公司与缅甸缅玛石油公司为在缅甸中部盆地进行地震勘探的服务合同》，这是石油部物探局作为先锋队率先走出国门承担国外物探施工任务。

从引进来到走出去，石油物探一直走在最前列。在开展国际合作中，对国外先进的大型数据系统和技术，采取积极引进甚至租用的办法，努力为国内的石油勘探服务。1983 年，对于美国研制的专门用于物探数据处理的 IBM3033 计算机系统，在对方不同意出售的情况下，石油部几经周折以租赁的形式将 IBM3033 计算机系统运抵国内，投入使用后加速了当时国内地震数据处理的技术进步。对此邓小平称赞道：“这是又一种引进方式。”① 从此，石油物探走进世界能源勘探高端市场，实现从依赖国外技术设备到研发中国“芯”与西方竞技。2018 年，市场遍布 59 个国家，服务 200 多个客户，海外收入占比超 60%，全球创收连续 3 年第一。

石油物探就是中国石油走出去的一个缩影。经过 30 多年的努力，石油企业逐步走出国门，参与国际石油、天然气资源勘探开发，从此翻开我国石油工业发展史上崭新一页。

---

①《当代中国石油工业 · 1986—2005（上卷）》，当代中国出版社，2008 年 12 月，122 页。

江泽民关怀中国石油

江泽民同志对石油工业的发展十分关心，在北国大庆、西部塔里木、渤海胜利油田、黄河岸边中原油田、青海格尔木炼油厂、兰州炼油厂等地都留下了他的足迹，他激励石油人要“发扬大庆精神，搞好二次创业”，为石油工业谋篇布局，要求“未雨绸缪，应考虑更长远的发展”。

“发扬大庆精神，搞好二次创业”

1990年2月25日，江泽民第一次视察大庆油田。一下火车，江泽民就到大庆钻井二公司看望铁人王进喜的家属。面对铁人的遗像，他深情地说：“王进喜同志为中国石油工业的发展立下了汗马功劳，人民永远不会忘记他。”

在油田，江泽民连日登钻井平台，访生产车间，看生活设施。在大庆设计研究院，他同在开发油田中做出过重大贡献的工程技术人员座谈；在油田边缘仅有50多人的齐家综合采油队，他和工人们一起排队买饭，共进午餐。江泽民兴奋地说，这里到处洋溢着体现中国工人阶级风貌的大庆精神，这就是为国争光、为民族争气的爱国主义精神，独立自主、自力更生的艰苦创业精神，讲求科学、“三老四严”的求实精神，胸怀全局、为国分忧的奉献精神。江泽民深刻诠释了“爱国、创业、求实、奉献”为核心的大庆精神。

江泽民说，大庆在创造物质财富的同时，给我们党，给我们国家，给我们工人阶级创造了这笔宝贵的精神财富。正是因为有了大庆精神，才甩掉了“中国贫油”的帽子，在六十年代经济困难时期开发了第一流的大油田；在“文化大革命”期间，顶住了“四人帮”的干扰和破坏，把原油年产量提高到5000万吨；在改革开放的十年中，实现连续稳产高产，始终坚持社会主义方向，坚持思想政治工作，坚持党对企业的领导。大庆创造的精神财富，我们应当十分珍惜。他指出，在实现“四化”的过程中，还会有这样那样的困难，特别需要发扬大庆精神，有了大庆人这样的昂扬斗志，就不怕困难，迎着困难上，最后战胜困难。

在视察过程中，江泽民一路上兴致勃勃地同青年工人和青年知识分子交谈，了解他们的思想变化。他欣喜地说，大庆是座大熔炉，年轻的一代大庆人正在把好传统接过来，朝气蓬勃地成长，“长江后浪推前浪”，这是建设有中国特色的社会主义的希望所在。

陪同视察的中国石油天然气总公司总经理王涛告诉江泽民，石油战线正在进一步开展学习铁人、发扬大庆精神的群众性活动。江泽民赞扬说，大庆精神不但石油工业战线应该发扬，应该提倡，也应该用来指导具有中国特色的社会主义经济建设。大庆创造的精神财富，我们应当十分珍惜。有了这种精神，任何人想压垮我们，都是不可能的事情。

江泽民为大庆油田题词："发扬大庆精神，自力更生，艰苦奋斗，为建设有中国特色的社会主义而努力"。

江泽民十分关心大庆精神的继承和发扬，关心大庆油田的长远发展。3 月 1 日下午，在哈尔滨听取黑龙江省委工作汇报后，再次谈到学习大庆精神，他说，这次来黑龙江看了大庆，留下了十分深刻的印象。大庆油田开发初期，学习解放军的传统，在这个基础上创造了一整套思想政治工作经验，并且在新的历史时期又有所创新和发展。省委总结和推广了他们的经验，这在当前是非常需要的，他们的经验还要在全国各地结合各自的实际加以学习和推广。

1995 年 9 月，在"九五"和 2010 年远景目标即将开始实施的重要历史时刻，江泽民为大庆油田开发建设 35 周年暨稳产 20 周年题词："发扬大庆精神，搞好二次创业"。①

1996 年 1 月 23 日，江泽民在对陆上石油工业的批示中写道："石油部门是为我国社会主义现代化建设创立了卓著功勋的部门。石油工人是中国工人阶级的一支英雄队伍。"

江泽民谈及石油，就会讲到大庆精神铁人精神。1997 年 1 月 17 日，他在全国陆上石油企业领导干部面前，首先讲到如何发扬大庆精神。他提到，大庆油田保持了 20 年年产 5000 万吨以上的生产水平，这对国家建设的作用太大了。大庆不仅创造了物质上的财富，而且在精神上也积累了财富，这种精神财富是全国工人阶级创造和积累的精神财富的一部分。我们建设有中国特色的社会主义，不仅要一心一意把经济建设搞上去，还要把精神文明建设搞上去。大庆的艰苦奋斗精神，"三老四严"的优良作风，就是宝贵的精神财富，也体现了中国工人阶级的优秀品质。大庆是我国工业战线的一个很好的榜样，大庆石油队伍是我国工人阶级的英雄队伍。

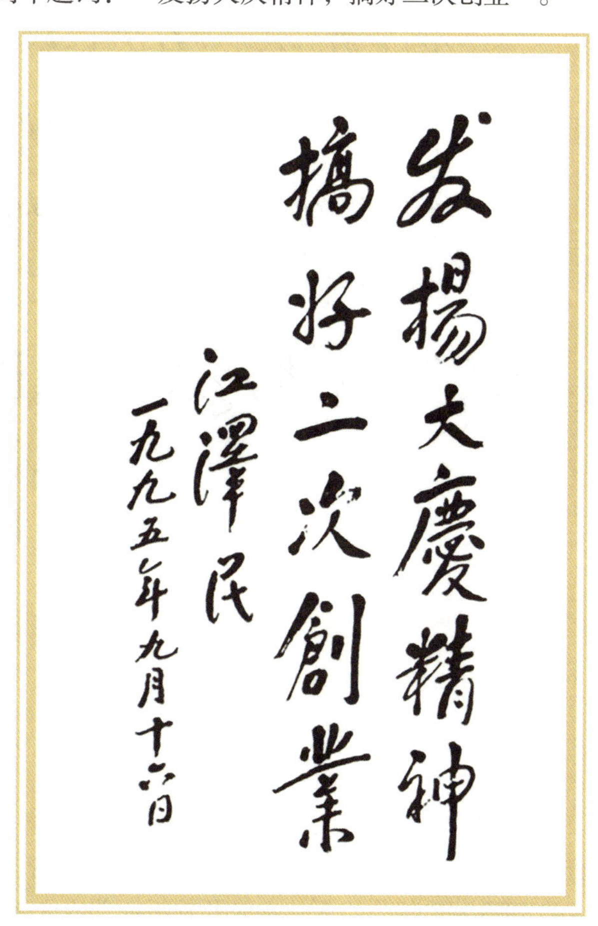

1995 年 9 月 16 日，江泽民为大庆油田开发建设 35 周年暨高产稳产 20 周年题词

① 《大庆隆重庆祝开发 35 周年稳产 20 周年》，《中国石油报》，1995 年 9 月 22 日。

2000 年 8 月 24 日至 25 日，江泽民第二次来到大庆油田，对大庆的城市建设、油田生产和科技进步给予了充分肯定。在 1205 钻井队，江泽民关心钻井队的作业情况，更关心工人们的工作环境。当看到钻井工人的劳动条件已大为改善、劳动强度大为降低时，他十分满意。工人们提议与总书记一起唱歌时，他连连称好。“高举红旗去战斗，踏着铁人脚步走……”高昂有力的歌声表达了大庆人的宽广胸怀和一往无前的英雄气概，江泽民也情不自禁地与大家共唱起来，并不时地打着节拍。

石油部门是为我国社会主义现代化建设创立了卓著功勋的部门，石油工人是中国工人阶级的一支英雄队伍。

希望你们继续全心全意依靠工人阶级，发扬大庆精神和艰苦奋斗、三老四严的优良传统，努力实现两个根本性转变，坚持“稳定东部、发展西部”的方针，努力完成“九五”任务，为国家做出更大贡献。

江泽民 一九九六年一月廿三日

1996 年 1 月 23 日，江泽民对陆上石油工业的批示

“雪中送炭”与“翘首盼望”

按照党中央、国务院关于“稳定东部、发展西部”战略方针展开的塔里木石油会战，江泽民常用“雪中送炭”①和“翘首盼望”②来热情地鼓励和大力支持。

1989 年，塔里木石油勘探开发指挥部成立不到一年，西部就接连传出捷报。10 月 19 日，塔中一井喜喷高产油气流。消息传到北京，江泽民批示：“这确实是件大事。发现这样的油田，真是雪中送炭。对整个国民经济无疑是一个极大的支持。”

①《新年重提“雪中送炭”》，《中国石油报》，1990 年 1 月 1 日。

②《中国油气发展战略》，石油工业出版社，2001 年 11 月，78 页。

江泽民何以如此关注塔里木，关注西部？因为西部实在太重要了，在石油工业“稳定东部、发展西部”的总体发展战略中，西部不仅具有增储上产、稳定全局的重要作用，而且具有推动实现石油资源战略接替、促进新疆经济社会全面发展的巨大作用。

1990 年 8 月 23 日，江泽民亲临塔里木探区生产第一线视察，他指出，加快勘探开发塔里木石油资源有着重大的政治和经济意义。石油无论对于发达国家，还是不发达国家，都是一种经济生命线，是一种十分重要的战略资源。对“两新两高”进行了一番实地考察后，他称赞道，你们讲的“两新两高”，即采用新的工艺技术、新的管理体制，取得各项工作的高水平、高效益，是个创造，是个好经验。他还说，塔里木石油会战，在组织形式上实行“铁打的营盘轮换的兵”，在甲乙方关系上实行“两分两合”，形成了一种具有我们自己特色的、新型的甲乙方关系，体现了社会主义的优越性，也只有在社会主义制度下才能够实行，应该很好地总结。它标志着我国石油工业水平大大前进了一步，也标志着我们的管理素质大大前进了一步。这个变化前途无量。江泽民高度评价和热情肯定塔里木改革成果，给石油人以极大的鼓舞和鞭策。“两新两高”从此在全国各油田、探区迅速推广开来，成为“八五”期间石油新区和全行业改革的先导。

1998 年 7 月，在时隔 8 年之后，江泽民再一次视察塔里木油田。7 月 6 日，他听取集团公司总经理马富才及新疆、塔里木、吐哈三个油田负责同志工作汇报，当听到塔里木有丰富的天然气资源尚未充分利用时，他说，石油和天然气是人们梦寐以求的资源。塔里木一年放空烧掉 7 亿立方米天然气，烧得人心疼啊！解决天然气的利用，一种办法是研究修管道输气，一种办法是就地消化发展天然气发电和石油化工。江泽民鼓励大家要继续努力，他说，塔里木石油发展前景广阔，目前已经比 8 年前有了相当大的进展，这是令人欣喜的，你们还会有发展。并要求大家在经济学方面，在搞社会主义市场方面，要学习和掌握很多新的东西。视察期间，江泽民还分别为塔里木石油勘探开发指挥部、新疆石油管理局和吐哈石油勘探开发指挥部题词。他重新题写了 1990 年为塔里木的题词：“加快塔里木石油勘探开发，为实现国民经济持续稳定发展做出更大贡献”。为新疆石油管理局题词：“加快准噶尔盆地勘探开发，再现克拉玛依油田辉煌”。为吐哈油田题词：“搞好吐哈油田建设，为发展石油工业和繁荣新疆经济做出新贡献”。

这次视察，加快了塔里木石油勘探开发的步伐。1998 年底克拉 2 大气田的重大发现，为党中央筹划的西部大开发打响了第一炮。2002 年 7 月 4 日，被视为西部大开发标志性工程的西气东输工程建设全线开工，开工典礼在北京人民大会堂隆重举行。江泽民在贺信中说，西气东输是一项举世瞩目的宏大工程，是实施西部大开发战略的重要举措。他希望沿线各省区市党委政府、参与工程建设的全体员工，精心组织，加强协作，群策群力，科学施工，把西气东输工程建成一流工程。

从 1989 年塔里木石油会战至 2017 年，塔里木油田建成了 2500 万吨级大油气田，

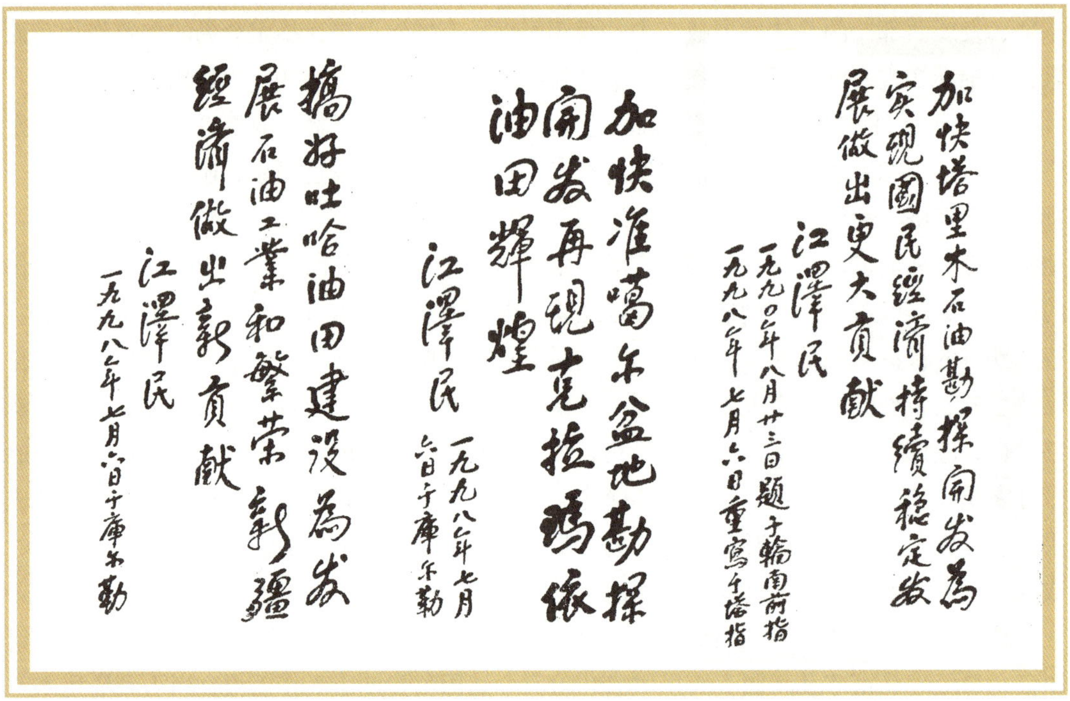

加快塔里木石油勘探开发为实现国民经济持续稳定发展做出更大贡献
江泽民
一九九〇年八月廿三日题于轮南前指
一九九八年七月六日重写于塔指

加快准噶尔盆地勘探开发再现克拉玛依油田辉煌
江泽民
一九九八年七月六日于库尔勒

搞好吐哈油田建设为发展石油工业和繁荣新疆经济做出新贡献
江泽民
一九九八年七月六日于库尔勒

1998年7月6日，江泽民为新疆三大油田题词

累计生产油气当量突破3亿吨，特别是天然气的大发现直接促成了西气东输工程和南疆天然气利民工程的建设，为我国能源结构优化、低碳绿色发展、美丽中国建设做出重要贡献。

“未雨绸缪，应考虑更长远的发展”

1990年2月，江泽民视察大庆时提出，大庆油田要“未雨绸缪，应考虑更长远的发展”①。这是对大庆油田的要求，更是对石油工业的殷切希望。

1990年12月，中国共产党十三届七中全会通过《中共中央关于制定国民经济和社会发展十年规划和“八五”计划的建议》，明确提出石油工业要采取“稳定东部、发展西部”战略方针，保持东部老油田稳产增产，适当集中力量加快西部新油区，主要是塔里木、吐鲁番地区的勘探和开发。

党中央、国务院对石油工业给予高度重视，党和国家领导人对石油工业发展做出许多重要指示，寄予厚望。1993年12月27日，江泽民主持召开中央财经领导小组会议，

①《中南海关心大庆二次创业》，《瞭望》，1996年12月第51期。

专门听取石油工业发展情况汇报。会议提出我国石油“稳定东部、发展西部，国内为主、国外补充，油气并举、节约开发并重”的方针。1997 年 1 月，江泽民在听取中国石油天然气总公司汇报时再次强调：石油工业不走出去，不努力开拓国际市场不行，既要立足国内为主，又要积极参与和利用国际石油资源，要两条腿走路。

1995 年 9 月，江泽民与到访的苏丹总统巴希尔举行会晤，亲手打开了两国石油项目合作的大门，中苏签订《苏丹能源与矿产部与中国石油天然气总公司石油产品分成协议》。

1997 年 10 月，江泽民在北京召开的第十五届世界石油大会致辞中再次强调：我们将继续坚持立足国内，扩大开放，走向世界，在平等相待、互利互惠的基础上，积极推动中国与世界各国石油界的交流与合作，实现共同发展。

“未雨绸缪，应考虑更长远的发展。”以实施“三大战略”为标志，中国石油的工作重点从以东部地区为主、以油为主，转变为东西部并重、油气并举；从只在国内进行作业转向进入国际竞争的新领域。

塔里木克拉 2 气田

中國石油報

ZHONGGUO SHIYOU BAO

二公司不畏艰险重返青海抢运原油

总公司致电参战职工家属表示亲切慰问

中共中央总书记江泽民视察大庆

提出全国各行各业都要学习大庆精神

国务委员邹家华 总经理王涛随同视察

ZHONGGUO SHIYOU BAO

1997年 1月22日 星期三

总公司领导与特邀代表座谈

总公司召开妇女座谈会

江泽民李鹏接见总公司工作会议代表

高度赞扬陆上石油系统取得的成绩，要求广大石油职工再接再厉，发扬光荣传统，依靠科技进步，为国家作出更大贡献

中國石油報

ZHONGGUO SHIYOU BAO

2000年 6月24日

长庆浅层石油勘探获实质性突破

到5月份已基本探明石油储量5000万吨

总书记紧紧握住咱的手

——记江泽民总书记视察兰炼

中國石油報

ZHONGGUO SHIYOU BAO

油气并举 环保效益双得

天然气成为吐哈新的经济支柱

党中央、国务院十分关心石油工业的发展

江泽民总书记视察新疆石油工业

钱其琛、曾庆红、于永波等陪同视察

中國石油報

ZHONGGUO SHIYOU BAO

2000年 8月30日 星期三

降低工程造价 确立最优方案

西气东输工程线路踏勘方案初步形成

十年承载殷切期望 信心百倍面向未来

江泽民总书记到大庆油田考察

《中国石油报》报道江泽民考察中国石油企业

胡锦涛关怀中国石油

胡锦涛同志始终关注中国石油可持续发展。他指出：能源是战略重点，石油可以说是重点中的重点。能源是我国经济发展的制约因素，石油可以说是最突出的制约因素。要积极开发利用国内资源，还要积极利用国外资源。利用国外资源不仅是进口油，还要研究如何参与国外石油开发，以保证有可供利用的稳定资源。

“珍惜大庆光荣史，再创大庆新辉煌”

1996年，时任中共中央政治局常委、中央书记处书记的胡锦涛在接见总公司和大庆油田主要领导时指出：党中央、国务院对大庆油田一贯十分重视和关心，希望大庆油田新的领导班子认清使命、不负众望、团结奋斗、奋发进取，把大庆的优良传统和改革开放的时代特征更好地结合起来，要大家珍惜大庆的光荣史，再创大庆的新辉煌。①

2009年6月26日，在大庆油田发现50周年前夕，胡锦涛专程到大庆油田考察，看望慰问一线干部员工、科研人员和劳模代表，并发表重要讲话，充分肯定大庆油田为我国石油工业发展做出的贡献，强调大庆精神永远是激励我们不畏艰难、勇往直前的宝贵精神财富，要弘扬大庆精神，继续艰苦创业，为我国石油工业的发展做出更大贡献。

在铁人王进喜工作过的大庆油田1205钻井队作业现场，胡锦涛高兴地与全体钻井工人合影。他对大家说，1205钻井队是铁人王进喜带过的队伍，也是我国石油战线上的一面旗帜。多年来，同志们继承铁人事业，战胜了种种困难，不断刷新钻井纪录，为我国石油工业的发展做出了显著成绩。与50年前相比，现在的条件已经有了很大变化，但是大庆精神永远是激励我们不畏艰难、勇往直前的宝贵精神财富。希望同志们高扬大庆钢铁1205钻井队的旗帜，发扬优良传统，继续艰苦创业，为我国石油工业的发展做出更大贡献。胡锦涛激情满怀地同工人们高唱起“高举红旗去战斗，踏着铁人脚步走”。高亢的歌声结束后，胡锦涛又重复高唱了最后那句“我们是工人阶级的硬骨头”，并对在场的同志说：“为1205钻井队鼓掌、加油！”

在大庆油田勘探开发研究院，胡锦涛说，刚才听了油田领导同志的介绍，参观了两个实验室，我深切地感受到，大庆油田以往的辉煌离不开自主创新，大庆油田今后的可持续发展同样离不开自主创新。他抬起头，看着悬挂在实验楼的一幅标语说，刚才上楼时，看到你们提出的口号“超越权威、超越前人、超越自我”，提得非常好，希望同志们继续弘扬这三个“超越”精神，树立更高目标，攻克更多的技术难关。希望大庆油田焕发新的生机，为我国石油工业发展做出更大贡献。

①《中国石油天然气工业年鉴1997》，石油工业出版社，1997年，94页。

在大庆油田历史陈列馆，胡锦涛在大庆会战初期“六个传家宝”和大庆油田“三老四严”作风的形成展板前驻足多时，仔细观看，同大家一起重温大庆油田创业和发展历程。他详细了解大庆油田会战指挥部旧址“二号院”的变迁情况，亲切接见了马德仁、薛国邦、王启民等劳动模范和优秀党员代表以及铁人王进喜的家属，高兴地与他们合影留念并发表重要讲话。他深情地对大家说，在“七一”党的生日前夕，很高兴在这里和大家见面。我代表党中央，向大庆石油系统的优秀党员、劳模代表致以崇高的敬意，向铁人王进喜的家属表示诚挚的问候。今年，是大庆油田发现50周年。50年来，以铁人王进喜为代表的一代又一代大庆创业者，怀着为国争光、为民族争气的远大胸怀，克服了重重困难，创造了极不平凡的业绩。大庆生产了国家经济发展所需要的大量的宝贵石油产品，培育了“爱国、创业、求实、奉献”的大庆精神，锤炼了敢打硬仗、勇创一流的英雄队伍，在我国石油工业发展史上，谱写了光辉的篇章。大庆为国家、为人民所做的历史贡献，党和人民永远不会忘记。

“把新疆建设成我国西部的重要能源基地”

新疆资源丰富，石油天然气储量可观。抓住国家实施西部大开发战略的历史机遇，深化改革开放，发挥新疆的独特优势，走出一条符合新疆特点的科学发展之路，给新疆各族群众带来更多实实在在的好处，是胡锦涛十分关注的问题。

2006年9月，胡锦涛来到新疆考察工作。考察途中他反复强调，要实施好优势资源转换战略，培育和壮大特色优势产业，大幅度提高产业技术水平和产品科技含量，增强自我发展和持续发展能力。

9月6日下午，中国石油新疆油田公司办公楼二层会议室里，胡锦涛同石油战线的同志们坐在一起，共商新疆石油天然气产业发展大计。从石油天然气储量到开发前景，从技术创新到运输安全，从可持续开发到生态环境保护……胡锦涛边听、边记，不时同大家展开讨论。

在听取中国石油天然气集团公司总经理、党组书记陈耕关于中国石油驻疆企业情况和“十一五”计划安排汇报后，胡锦涛说，多年来，在新疆维吾尔自治区党委和政府领导下，在新疆各族群众大力支持下，中国石油驻疆企业在石油天然气勘探开发、炼油化工、管道运输方面进行了卓有成效的努力，为保障国家能源安全做出了重要贡献，功不可没。

胡锦涛强调，要充分发挥新疆石油天然气资源丰富的优势，加大勘探开发力度，强化老油田挖潜改造，统筹生产、加工、运输，加强国际合作力度，把新疆建设成我国西部的重要能源基地。①

---

①《在希望的热土上——胡锦涛总书记考察新疆纪实》，人民网，2006年9月13日。

独山子石化——2004年首批国家环境友好企业

天山北坡的独山子，经过几十年的发展，已成为我国西部重要的石油化工基地。在独山子附近的一片戈壁滩上，西部大开发的标志性工程、当时全国最大的炼化一体化工程——独山子石化千万吨炼油百万吨乙烯工程正在加紧建设。

7日上午，胡锦涛来到工地现场，考察工程规划和建设情况，叮嘱施工人员，一定要把工程搞好，确保工程质量。要注重技术创新，提高我国石化工业的科技水平。他亲切接见劳模代表。第一个与他握手的是74岁的克尤木，这位在石油战线工作了一辈子的老劳模，曾在1965年受到毛主席亲切接见，今天，他那扶过刹把的双手又与总书记的手握在了一起。

胡锦涛说："希望同志们不辜负党和人民对你们的期望，进一步弘扬优良传统，开拓进取，为建成世界一流的石油化工基地，为我国石油工业的发展，为推进改革开放和社会主义现代化建设做出新的更大的贡献。"

2009年8月，独山子千万吨炼油和百万吨乙烯工程已经建成，即将全面投产。8月24日，胡锦涛第二次来到独山子石化公司考察，听取千万吨炼油百万吨乙烯工程建设情况汇报，详细询问企业炼油化工布局和哈萨克斯坦原油引进加工情况，先后参观1000万吨蒸馏装置、大炼油管控中心和石化裂解装置第一控制中心，亲切看望劳动模范、科技人员和工程建设者代表，并发表重要讲话。

他嘱托道：我们不但要建设一流的独山子石化工程，而且应该管好独山子石化工程。

希望同志们大力推进自主创新，大力加强人才培养，努力实现科学管理，把独山子石化建设好、运行好、管理好，使其真正成为国际一流的现代化石化基地，更好带动新疆经济发展，造福新疆各族人民。我相信同志们一定能做到！

“互利合作的典范”

2007年2月2日，中苏石油合作10周年庆典活动在苏丹喀土穆炼油有限公司隆重举行。中国国家主席胡锦涛和苏丹总统巴希尔共同出席，并分别发表重要讲话，对中苏石油合作给予了高度评价。

胡锦涛为苏丹石油项目题词：“中苏合作的典范”。胡锦涛说，中苏石油合作既有利于中国企业的发展，也促进苏丹建成了比较完备的石油工业体系，为苏丹合理利用资源，创造就业，增加税收，把资源优势转化为经济发展优势做出了贡献。事实证明，中苏石油合作堪称南南合作的典范。

胡锦涛指出，要坚持互惠互利、共同发展的原则，讲求信誉和质量，积极与当地社会和谐相处，主动承担社会责任，多做有利于增强非洲国家自主发展能力、帮助非洲人民改善生活的好事，为非洲人民带来实实在在的利益；应该发挥优势、挖掘潜力、开拓创新，不断深化和扩大双方在这一领域的合作，实现互利共赢，促进共同发展。

中国石油国际合作的地域和业务范围不断扩大。国内合资合作遍及石油工业各个领域，海外合作区域已扩展到非洲、中亚—俄罗斯、亚太、美洲和中东地区等世界主要油气资源富集地；业务范围涉及油气勘探开发、炼油化工、油气贸易、工程建设和工程技术服务等多个领域。

2009年12月14日，被誉为“能源新丝路”的中国—中亚天然气管道投产通气。投产通气仪式在土库曼斯坦阿姆河天然气项目第一天然气处理厂隆重举行。正在土库曼斯坦进行工作访问的国家主席胡锦涛与土库曼斯坦总统别尔德穆哈梅多夫、哈萨克斯坦总统纳扎尔巴耶夫、乌兹别克斯坦总统卡里莫夫共同开启通气阀门，祝贺工程竣工。

胡锦涛向全体参建人员致以崇高敬意。他说，中国—中亚天然气管道项目是中国、土库曼斯坦、乌兹别克斯坦、哈萨克斯坦四国精诚团结、互利合作的典范[①]，承载着四国人民世代友好、互利共赢的良好愿望。在管道立项和建设过程中，土哈乌三国总统始终给予大力关注和支持，三国政府做了大量工作，为管道建设顺利实施奠定了坚实基础。这条管道凝聚着四国建设者的辛勤汗水，他们以战天斗地的昂扬斗志、精益求精的科学态度、坚持不懈的奋斗精神、齐心协力的团队意识，安全、高效、优质地完成了管道建设任务。在这里，我要向参与管道建设的全体人员致以崇高的敬意！

---

① 《中国—中亚天然气管道投产通气》，《中国石油报》，2009年12月19日。

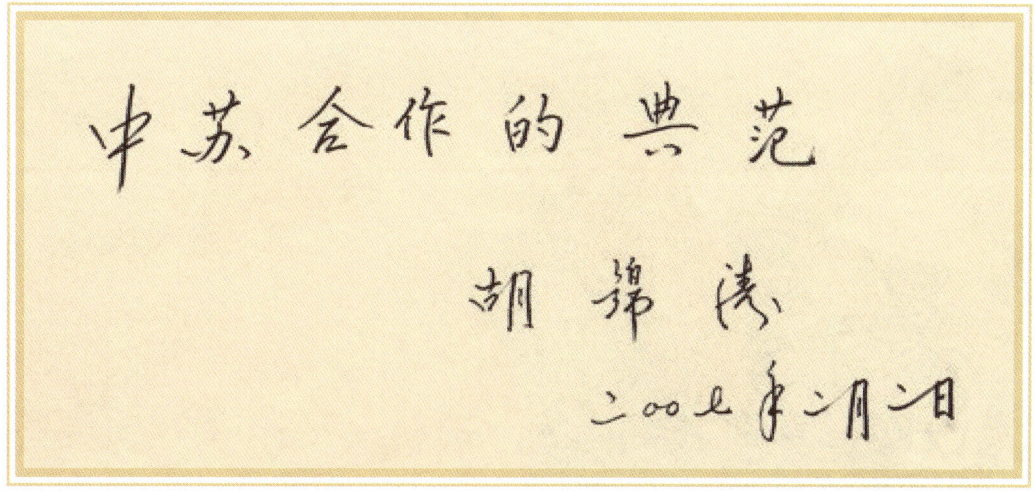

2007 年 2 月 2 日，胡锦涛视察喀土穆炼油有限公司并题词

喀土穆炼油有限公司是中国石油在苏丹投资建设的石油项目之一，也是我国在海外合资建设的第一座整装大型炼油厂，原油年加工能力 500 万吨

2009年7月9日，中亚天然气管道主体焊接最后一道焊口完成焊接

胡锦涛指出，中土哈乌能源产业各具优势，能源发展方针相互契合。近年来，我们本着互补互惠、平等互利、合作共赢的原则，积极开展能源合作，取得丰硕成果。中国—中亚天然气管道是四国又一重要合作项目，意义重大。中国愿同三国继续保持密切沟通，加强协调配合，做好复线管道建设，确保管道安全、高效运营，全面推进四国能源合作，实现四国能源产业可持续发展，奠定长期稳定、安全可靠的能源合作伙伴关系。中国—中亚天然气管道建成通气，为我们开展合作提供了又一个重要平台。我们应该将这个项目多方参与、共同受益的合作模式，彼此互信、平等相待的合作经验全面推广到各个合作领域，促进经济合作深入发展。

2010年9月27日，中俄原油管道工程全线竣工。中国国家主席胡锦涛、俄罗斯总统梅德韦杰夫在北京人民大会堂共同见证这一历史时刻。胡锦涛与梅德韦杰夫共同启动按钮，祝贺工程竣工，向两国工程建设者表示感谢。

胡锦涛代表中国政府和人民，对中俄原油管道全线竣工表示热烈祝贺，向奋战在一线的中俄两国工程建设者表示衷心感谢。他说，中俄原油管道工程的顺利建成，是中俄两国互利合作双赢的典范，是两国能源合作新的里程碑。他希望两国有关方面继续努力，再接再厉，争创新业绩，为推动中俄战略协作伙伴关系进一步发展做出新贡献。

中國石油報
CHINA PETROLEUM DAILY
2006年9月13日 星期三 第4186期 国内统一刊号:CN11-0037 国外发行代号:D4792 中国石油天然气集团公司主办 今日8版 邮发代号:1-78 互联网址:www.oilnews.com.cn 每周一二三四五出版

当前,我们国家正处在全面建设小康社会,加快社会主义现代化建设的重要阶段。希望同志们不辜负党和人民对你们的期望,进一步弘扬优良传统,顽强拼搏,开拓进取,为建成世界一流的石油化工基地,为我国石油工业的发展,为推进改革开放和社会主义现代化建设作出新的更大的贡献

——胡锦涛总书记在独山子接见石油劳模代表时讲话摘录

胡锦涛总书记考察中国石油驻疆企业

听取集团公司工作汇报,并发表重要讲话;亲切接见石油劳模代表,问候石油战线广大职工,勉励要进一步弘扬优良传统,作出新的更大的贡献

中國石油報
CHINA PETROLEUM DAILY
2007年2月6日 星期二 第4283期 国内统一刊号:CN11-0037 国外发行代号:D4792 中国石油天然气集团公司主办 今日8版 邮发代号:1-78 互联网址:www.oilnews.com.cn 每周一二三四五出版

中苏合作的典范
胡锦涛
二〇〇七年二月二日

胡锦涛主席为苏丹石油项目题词

中苏合作的典范　南南合作的典范

胡锦涛主席视察喀土穆炼油有限公司

视察期间,胡锦涛、巴希尔出席中苏石油合作十周年汇报会并发表重要讲话,为苏丹石油项目题词,亲切看望在岗中苏员工,共植中苏友谊树

胡锦涛指出,要坚持互惠互利、共同发展的原则,讲求信誉和质量,积极与当地社会和谐相处,主动承担社会责任,多做有利于增强非洲国家自主发展能力、帮助非洲人民改善生活的好事,为非洲人民带来实实在在的利益;应该发挥优势、挖掘潜力、开拓创新,不断深化和扩大双方在这一领域的合作,实现互利共赢,促进共同发展。

中國石油報
CHINA PETROLEUM DAILY
2009年6月30日 星期二 第4877期 国内统一刊号:CN11-0037 国外发行代号:D4792 邮发代号:1-78 互联网址:www.zgsyb.com.cn 中国石油天然气集团公司主办 今日4版

大庆首座汽车航煤栈桥建成
可为萨尔图机场每年供应3.7万吨航空煤油

胡锦涛总书记考察大庆油田

充分肯定50年来以铁人王进喜为代表的一代又一代石油创业者创造的不平凡业绩。他说,大庆油田为国家、为人民所做的历史贡献,党和人民永远不会忘记。大庆精神永远是激励我们不畏艰难、勇往直前的宝贵精神财富。大庆以往的辉煌离不开自主创新,大庆今后的可持续发展同样离不开自主创新。要发扬大庆精神,继承优良传统,树立更高目标,攻克更多技术难关,继续艰苦创业,为我国石油工业的发展做出更大贡献

中國石油報
CHINA PETROLEUM DAILY
2009年8月27日 星期四 第4920期 国内统一刊号:CN11-0037 国外发行代号:D4792 邮发代号:1-78 互联网址:www.zgsyb.com.cn 中国石油天然气集团公司主办 今日8版

集团公司大力推进整改落实工作
学习实践活动群众满意度测评:"满意"占98%,"比较满意"占2%

把学习实践科学发展观活动推向深入

胡锦涛考察中国石油独山子石化

看望劳动模范、科技人员和工程建设者代表并发表重要讲话。勉励干部员工大力推进自主创新,大力加强人才培养,努力实现科学管理,把独山子石化建设好、运行好、管理好,使其真正成为国际一流的现代化石化基地,更好带动新疆经济发展,造福新疆各族人民

中國石油報
CHINA PETROLEUM DAILY
2009年12月16日 星期三 第4995期 国内统一刊号:CN11-0037 国外发行代号:D4792 邮发代号:1-78 互联网址:www.zgsyb.com.cn 中国石油天然气集团公司主办 今日8版

中国—中亚天然气管道投产通气

胡锦涛与别尔德穆哈梅多夫、纳扎尔巴耶夫、卡里莫夫共同开启通气阀门

胡锦涛向全体参建人员致以崇高敬意。他说,中国—中亚天然气管道工程是四国精诚团结、互利合作的典范,承载着四国人民世代友好、互利共赢的良好愿望;凝聚着建设者的辛勤汗水,他们以战天斗地的昂扬斗志、精益求精的科学态度、坚持不懈的奋斗精神、齐心协力的团队意识,安全、高效、优质地完成了管道建设任务

《中国石油报》报道胡锦涛考察中国石油企业

习近平关怀中国石油

习近平总书记心系我国石油工业发展。他强调，国有企业地位重要、作用关键、不可替代，是党和国家的重要依靠力量。习近平多次到中国石油企业考察指导工作、作出重要指示批示。从黑土地到黄土塬，从中亚到南美，习近平的足迹印刻在井队、油田、炼厂，他的勉励与厚望，化作持久强大的动力，激励百万石油员工砥砺奋进。

大力弘扬以“苦干实干”“三老四严”为核心的石油精神

2009年4月，时任中共中央政治局常委、中共中央书记处书记、国家副主席的习近平亲临中国石油总部调研，强调大庆精神铁人精神永远不过时，要继续弘扬、始终秉承，并与时俱进，赋予新的时代内涵。2009年9月，习近平出席大庆油田发现50周年庆祝大会时讲话指出，大庆精神铁人精神已经成为中华民族伟大精神的重要组成部分，永远是激励中国人民不畏艰难、勇往直前的宝贵精神财富。2016年6月，在党的95周岁生日前夕，习近平总书记作出大力弘扬以“苦干实干”“三老四严”为核心的石油精神的重要批示[①]，在石油战线激荡起深刻而有力的反响。

溯源中国石油工业发展历程，正是在“苦干实干”“三老四严”精神鼓舞下，一代又一代石油人战胜物质的匮乏、环境的险恶、差距的鸿沟，迸发出强大的创造力，书写出

2009年9月22日，习近平出席大庆油田发现50周年庆祝大会并作重要讲话

①《弘扬“石油精神” 再创新的辉煌》，《中国石油报》，2016年6月30日。

“石油精神”是攻坚克难，夺取胜利的宝贵财富，什么时候都不能丢。要结合“两学一做”学习教育，大力弘扬以“苦干实干”“三老四严”为核心的“石油精神”，深挖其蕴含的时代内涵，凝聚新时期干事创业的精神力量。

——习近平

摘自 2016 年 7 月 21 日《中国石油报》弘扬石油精神特刊

2017 年 6 月 7 日，中国石油“弘扬石油精神　重塑良好形象”报告会

世界石油工业史上的“中国奇迹”。从一穷二白的家底到如今三大国有石油公司均跻身世界石油公司50强，从昔日外国地质权威眼中的贫油国到世界第五大产油国……短短几十年，新中国石油工业挺起精神的脊梁，真正站起来了。

伟大的时代产生伟大的精神，伟大的精神推动伟大的事业。产生于艰苦创业年代的石油精神，在不同的时代背景下传承、升华，始终焕发着旺盛的生命力，一直是推动石油事业发展的强大力量。中国石油以习近平重要批示精神为指导，展开了一场声势浩大的“弘扬石油精神，重塑良好形象”大讨论活动。继承弘扬石油战线优良作风，充分吸收国内外先进文化的合理内核和新一代石油人的优秀品质，石油精神不断丰富完善，成为促进公司提质增效、推进稳健发展的强大精神动力。

1998年以来，中国石油发挥国内油气产量“压舱石”作用，原油产量连续20年高于1亿吨，天然气产量20年猛增近6倍，2017年天然气产量首次突破千亿立方米。石油人以忠诚和担当，尽情诠释石油精神。

“大庆就是全国的标杆和旗帜，大庆精神激励着工业战线广大干部群众奋发有为”

2016年3月7日，习近平参加第十二届全国人大四次会议黑龙江代表团审议时，对大庆油田、大庆精神给予高度肯定：“大庆就是全国的标杆和旗帜，大庆精神激励着工业战线广大干部群众奋发有为。”[①] 习近平重要讲话，让百万石油员工深感振奋，备受鼓舞。

中共中国石油天然气集团公司党组文件

中油党组〔2016〕256号

中共中国石油天然气集团公司党组关于
大庆油田当好标杆旗帜建设百年油田的意见

各企事业单位党委，直属党委：

大庆是我国工业战线的标杆和旗帜。大庆油田经过半个多世纪的长期高效开发，已处于特高含水和特高采出程度开发阶段，在油价持续低迷的新形势下，油田有效开发面临严峻挑战；实现大庆油田可持续发展对维护地区经济社会和谐稳定大局、保障国家油气能源安全具有重要的意义。为深入贯彻习近平总书记对大庆油田提出的殷切希望和要求，落实国家新一轮东北振兴战略，加快推进大庆油田及其地区可持续发展，实现“当好标杆旗帜，建设百年油田”的总体目标，提出如下意见。

— 1 —

2016年12月7日，《中共中国石油天然气集团公司党组关于大庆油田当好标杆旗帜建设百年油田的意见》

①《牢记殷切嘱托 永葆红旗本色》，《中国石油报》，2016年3月23日。

集团公司党组第一时间召开扩大会议，深入学习贯彻讲话精神，从思想和行动上融会贯通、指导实践、推动工作。

2016 年 4 月 15 日，集团公司党组书记、董事长王宜林在大庆油田干部大会上，提出"五个新""五个不动摇""四个前列"，要求大庆新一届领导班子把当好标杆和旗帜作为根本遵循，统领和推动油田改革发展的各项工作。2016 年 5 月起，一场着眼于可持续发展的重大设计开始酝酿。大庆油田集思广益、科学论证，半年多编制完成《大庆油田振兴发展报告》。2016 年 11 月 3 日至 4 日，集团公司召开党组扩大会议，专题研究大庆油田及其地区可持续发展问题。2016 年 12 月 7 日，集团公司党组制定下发《关于大庆油田当好标杆旗帜建设百年油田的意见》，把总书记重要讲话精神落到实处，形成示范。

一个着眼大庆油田未来发展大格局的战略谋划破茧而出。《大庆油田振兴发展报告》制定了三年滚动、中长期发展的分阶段规划部署，以及 24 个专项配套规划。战略体系进一步完善，愿景目标更加清晰，实施路径更加靠实。

"坚持党对国有企业的领导不动摇，开创国有企业党的建设新局面"

2009 年 6 月，时任中共中央政治局常委、中共中央书记处书记、国家副主席习近平到兰州石化公司，实地考察了基层党建工作，详细了解开展深入学习实践科学发展观活动的情况。他强调，要不断深化对基层党建工作规律性的认识，找准基层党组织围绕中心、服务大局、拓宽领域、强化功能的着眼点和着力点，以改革创新精神和求真务实作风做好工作。7 年后的 2016 年 10 月，习近平总书记出席国有企业党建工作会议，强调要"坚持

兰州石化党员先锋队进行冷却风机检修

兰州石化基层
党建系列教材

党对国有企业的领导不动摇，开创国有企业党的建设新局面”。[①] 会上，兰州石化公司党委作为企业基层党组织的唯一代表作典型发言，受到广泛好评。集团公司党组带领各级党组织和广大党员，深入学习贯彻习近平新时代中国特色社会主义思想和党的十九大精神，认真贯彻落实国有企业党建工作会议精神，按照全面从严治党要求，强化顶层设计，层层压紧压实党建责任。集团公司上下抓党建强党建的思想更坚定、行动更自觉、氛围更浓厚、工作更深入，筑牢了国有企业的“根”和“魂”。

中国石油坚持把抓基层打基础作为长远之计和固本之举，把党的基层组织作为党全部工作和战斗力的基础，做到生产经营延伸到哪里，党的组织就建到哪里，作用发挥就跟进到哪里，着力建设坚如磐石、充满活力、战斗力强的基层党组织。

“国有企业要改革创新，不断自我完善和发展”

2009 年 6 月，习近平到甘肃和新疆考察调研，他先后到长庆油田陇东指挥部、塔里木大化肥项目建设工地和独山子千万吨炼油百万吨乙烯工程工地。每到一家企业，习近平都同企业负责人、科技人员和一线职工亲切交谈，仔细询问工程建设和生产经营情况。在长庆油田陇东指挥部，他要求长庆油田“创和谐典范、建西部大庆”。

2018 年 9 月 27 日，习近平在辽宁考察调研期间，到中国石油辽阳石化公司实地察看原油加工优化增效改造项目装置全貌和建设情况。走进中心控制室，习近平通过大屏幕了解企业运行情况和辽阳市石化工业发展情况，听取企业介绍聚酯、超高分子量聚乙烯等新产品。

---

①《习近平总书记在国有企业党建工作会议上的讲话》，新华社，2016 年 10 月 11 日。

辽阳石化油化厂中心控制室

辽阳石化俄油项目厂区

习近平充分肯定辽阳石化在俄罗斯原油加工优化增效改造项目建设投产、科技创新、供给侧结构性改革、扭亏脱困、弘扬石油精神、队伍建设等方面取得的显著成绩，饱含着对百万石油人的亲切关怀，寄托着对我国石油工业的殷切期望，是对中国石油的极大激励和鞭策。

习近平强调，国有企业地位重要、作用关键、不可替代，是党和国家的重要依靠力量。同时，国有企业要改革创新，不断自我完善和发展。[①]要一以贯之坚持党对国有企业的领导，一以贯之深化国有企业改革，努力实现质量更高、效益更好、结构更优的发展。

习近平的重要讲话，高瞻远瞩、思想深邃、内涵丰富，是推动中国石油稳健发展、建设具有全球竞争力世界一流企业的根本遵循和行动指南。集团公司上下认真传达学习宣传贯彻习近平总书记重要讲话精神，不忘“我为祖国献石油”的初心，以党的建设和高质量发展新业绩，推动中国石油继续向着建设世界一流综合性国际能源公司目标迈进，为保障国家能源安全、实现中华民族伟大复兴的中国梦做出新贡献。

将“一带一路”建成和平之路、繁荣之路、开放之路、创新之路、文明之路

2013年9月7日，在哈萨克斯坦阿斯塔纳纳扎尔巴耶夫大学礼堂，习近平主席发表演讲，提出共同建设“丝绸之路经济带”重大倡议。这次出访期间，习近平同土库曼斯坦总统别尔德穆哈梅多夫共同出席中国石油承建的土库曼斯坦复兴气田一期工程竣工投产仪式。习近平指出，复兴气田是中土能源互利合作的又一成功典范，承载着两国人民以合作促发展的真诚愿望，将为中土能源合作注入新的强大动力。

10月3日，在印度尼西亚雅加达印尼国会，习近平主席发表演讲，提出共同建设“21世纪海上丝绸之路”重大倡议。后来将建设“丝绸之路经济带”和“21世纪海上丝绸之路”倡议统称为“一带一路”倡议。

中国石油全面落实中央重大战略部署，积极参与“一带一路”建设，围绕“五通”(政策沟通、设施联通、贸易畅通、资金融通、民心相通)目标，深化国际油气合作的思路更加清晰、目标更加明确、步伐更加坚定。与“一带一路”沿线国家和地区开展油气项目合作，特别是2017年“一带一路”国际合作高峰论坛期间，中国石油认真学习贯彻习近平总书记关于将“一带一路”建成和平之路、繁荣之路、开放之路、创新之路、文明之路[②]的指示精神，成功组织“一带一路”油气合作圆桌会议，提出打造开放共赢、互利互惠的油气合作利益共同体，建设“一带一路”重要支点的倡议，得到国内外同行和合作伙伴的一致认可，促进了与“一带一路”沿线各国油气合作领域进一步拓展、合作规模进一步扩大、合作质量进一步提升。

---

①《解放思想，锐意进取，深化改革破解矛盾，以新气象新担当新作为推进东北振兴》，《新华每日电讯》，2018年9月29日。

②《习近平在“一带一路”国际合作高峰论坛开幕式上的主旨演讲》，新华社，2017年5月14日。

中国石油承建的哈萨克斯坦奇姆肯特炼油厂现代化改造升级项目

中国石油承建的土库曼斯坦复兴气田 100 亿立方米天然气处理厂

吉林油田黑 46 区块二氧化碳驱油与捕存循环注气站

2017 年 6 月 8 日，哈萨克斯坦首都阿斯塔纳，中国国家主席习近平和哈萨克斯坦总统纳扎尔巴耶夫在热烈掌声中一起走进阿斯塔纳世博园中国馆考察。当习近平主席和纳扎尔巴耶夫总统来到中国石油的二氧化碳捕集埋存与提高石油采收率技术全息投影展示模型旁时，在模型旁等候的集团公司党组书记、董事长王宜林迎上前与习近平主席和纳扎尔巴耶夫总统握手。纳扎尔巴耶夫紧紧握着王宜林的手对习近平主席说："这是我的老朋友，中国石油在哈萨克斯坦做得非常好，是很棒的石油企业。"并向习近平主席竖起了大拇指。习近平主席听到后十分高兴。王宜林向习近平主席和纳扎尔巴耶夫总统介绍了二氧化碳捕集埋存与提高石油采收率技术的原理和在中国吉林油田应用的情况。两位国家领导人听得十分认真，并仔细观看模型的自动演示。当王宜林介绍这一技术具有提高石油采收率和碳减排双重功能时，习近平主席频频点头，纳扎尔巴耶夫总统也赞叹不已。

提升国内油气勘探开发力度，努力保障国家能源安全

能源安全是国家战略安全的重要基石，油气安全在国家能源安全中始终发挥着重要作用。随着国民经济快速发展，石油供需矛盾越发凸显，成为制约我国经济社会可持续发展的一大瓶颈。2017 年我国原油对外依存度已接近 70%，成为世界第一大原油进口国；天然气供应安全形势亦不乐观，对外依存度也已上升到 39%。国家能源安全保障问题引起党中央的高度重视。习近平总书记先后多次对油气供给作出重要指示。2018 年 8 月，总书记站在党和国家前途命运的战略高度，敏锐洞悉我国油气对外依存度不断上升可能带来的重大挑战，对石油战线作出重要批示，寄予殷切期望。

2018 年 8 月 3 日，集团公司党组召开扩大会议，专题学习贯彻落实习近平总书记重要批示，研究部署提升国内油气勘探开发力度，努力保障国家能源安全[①]等工作，动员百万石油人勠力同心，坚决打好打赢勘探开发进攻战，为新时代保障能源安全和国家战略安全做出新的更大贡献。董事长王宜林指出，要进一步统一思想、提高认识，以习近平新时代中国特色社会主义思想为指导，全面理解、坚决贯彻落实习近平总书记重要批示精神，紧紧围绕大力提升勘探开发力度的要求，坚持稳健发展方针，按照"深化东部、发展西部、拓展海上，油气并重、立足常规、加强非常规"的战略布局，突出"四大任务"[②]，推进"四个转变"[③]，抓实"三个保障"[④]，打好勘探开发进攻战，实现原油产量稳中上升和天然气快速上产，为保障国家能源安全做出新贡献。

---

① 《立足战略全局　增强保障能源安全的政治担当》《中国石油报》，2018 年 8 月 20 日。

② "四大任务"指"高效勘探，低成本开发，加快天然气和绿色安全发展"。

③ "四个转变"指"从重产量向产量效益并重，从重地质储量向重经济可采储量，从靠投资拉动向靠创新驱动，从传统生产向效益生产"转变。

④ "三个保障"指"技术创新、深化改革、党的建设"。

CHINA PETROLEUM DAILY

2009 年 4 月 15 日

大庆油田大型浮顶油罐技术获重大突破

原油生产储备能力将显著提升

习近平到中国石油等中央企业考察调研

了解中央企业学习实践活动情况，召开中央企业学习实践活动座谈会，听取中国石油等五家企业情况汇报，发表重要讲话；在中国石油现场调研时强调，要继续弘扬、始终秉承大庆精神、铁人精神，并与时俱进，赋予新的时代内涵

李源潮出席中央企业学习实践活动座谈会并讲话

今日导读

CHINA PETROLEUM DAILY

2009 年 9 月 23 日

贺电

高举大庆红旗 继续艰苦创业

大庆油田发现 50 周年庆祝大会隆重举行

习近平出席大会并作重要讲话 张德江宣读国务院贺电

中國石油報

CHINA PETROLEUM DAILY

2009 年 9 月 24 日

我国最大炼化一体化工程建成投产

独石化千万吨炼油百万吨乙烯项目一次投料试车成功

习近平考察大庆油田看望慰问老领导老会战劳动模范和一线干部员工，强调

继承发扬大庆精神 做强做大石油工业

CHINA PETROLEUM DAILY

2011 年 6 月 9 日

中央创先争优活动领导小组充分肯定中国石油经验做法

注重“四个突出” 推进创先争优

习近平考察长城钻探古巴项目

高度赞扬中国石油为促进古巴经济社会发展所做的努力，希望长城钻探员工为两国务实合作做出积极贡献

中國石油報

2016 年 6 月 8 日

日东原油管道通过竣工验收

我国首条连接海陆千万吨原油管道投产

习近平参观油气开发重大专项“十二五”科技创新成就展

《中国石油报》报道习近平考察中国石油企业

实现原油1亿吨稳产，东部老油田是压舱石。围绕减产油田要稳产、稳产油田要上产、上产油田要加快的目标，东部老油田立足效益和产量双稳双提，努力稳产上产。大庆油田突出效益勘探，常规油探评井高产井比例创历史新高，致密油水平井大规模压裂提产效果显著，天然气勘探展现千亿立方米规模。辽河油田突出高效勘探，当前控制储量和预测储量均已超进度完成年度计划。华北油田紧抓矿权内部流转机遇，加快巴彦河套探区资源评价和勘探部署，仅用7个月时间就打破河套盆地找油40余年沉寂局面。

作为增储上产重要的战略阵地，西部各油田瞄准重点盆地、重点领域、重点区带，采取进攻性举措，争油夺气"加速度"。长庆油田在河套盆地再获重要勘探发现，松5井试油获日产62.6立方米高产油流。长庆油田2018年天然气产建任务100亿立方米，再次刷新近三年纪录，相当于建成一个千万吨级的大油田；塔里木油田通过库车山前勘探开发会战助力克深气田具备日产天然气2000万立方米生产能力，挑起建设年产天然气300亿立方米的大梁；在川南，西南油气田集结125部钻机在大规模开发基础上再提速，成为四川盆地油气工业史上开发单个区块动用钻机最多的区块。

广大石油干部员工上下一心，全面贯彻落实习近平总书记重要批示精神，从松辽盆地到黄土高坡，从华北平原到四川盆地，从西部戈壁到渤海之滨，上演一场场争油夺气的攻坚战。

二　重大决策与体制改革

1978 年 12 月，党的十一届三中全会开启了我国改革开放的历史新征程。随着党和国家的工作重心转移到以经济建设为中心上来，各个行业和领域的改革开放相继展开。中共中央、国务院对石油工业做出一系列方针决策和战略部署，从 20 世纪 70 年代末决定海洋石油率先对外开放，到 80 年代初批准亿吨原油产量包干，以及给石油工业“三项政策”；从 90 年代初确定“稳定东部、发展西部”战略方针，90 年代中期提出“稳定东部、发展西部，国内为主、国外补充，油气并举、节约与开发并重”的方针，到 2017 年决定深化石油天然气体制改革，绘就了波澜壮阔的石油工业改革开放宏伟画卷。

中国石油管理体制不断变革创新，现代企业制度逐步建立完善。从 1982 年中国海洋石油总公司成立、1983 年中国石油化工总公司成立，到 1988 年组建中国石油天然气总公司；从 1998 年组建中国石油天然气集团公司、1999 年创立中国石油天然气股份有限公司，到 2017 年，中国石油天然气集团公司完成公司制改制，更名为中国石油天然气集团有限公司，实现了石油工业的管理职能由政府部门向行业总公司和跨国集团公司转变，为做强做优做大国有资本奠定了体制基础，走出了一条具有中国特色的石油工业发展之路。

中共中央、国务院决定海洋石油率先对外开放

经党中央、国务院批准，1978 年 1 月中国石油代表团应美国能源部邀请赴美考察。3 月 26 日，中共中央、国务院领导听取代表团赴美考察报告后，决定在不损害国家主权和民族利益的前提下，坚持独立自主、自力更生的原则，中国海上石油勘探开发，可以采取平等互利的补偿贸易方式，在国家指定的海域，直接和外国石油公司建立商务关系，开展对外合作，积极探索出一条与国外合作勘探开发海上石油的路子。

1978 年 5 月，石油工业部以外事局为基础，增调一批骨干，以中国石油天然气勘探开发公司的名义，开展对外合作的准备工作。8 月，石油部在天津塘沽设立了海洋石油勘探局。1978 年底，石油部确定采用国际通行的风险合同模式，按地球物理勘探和签订石油合同两步走的路子，正式开展对外合作。

1982 年 1 月，国务院颁布《中华人民共和国对外合作开采海洋石油资源条例》，批准设立中国海洋石油总公司，从法律上确立了海洋石油商业性开采的前提，在当时计划经济的条件下，塑造了一个可以与国际市场进行合作的国家石油公司，为对外合作创造了良好的投资环境，从而有效地吸引了跨国石油公司到中国近海海域进行风险勘探，带来了大量资金、先进技术和管理经验，大大加快了海上石油、天然气勘探开发的进程。海洋石油企业逐步形成了一整套符合国际惯例、适应市场竞争的思维方式和管理模式。

国务院批准石油工业亿吨原油产量包干

受国内外大的环境影响，我国原油产量在 1978 年达到 1 亿吨以后，增长缓慢，1980 年开始出现下降趋势，石油工业自身发展遇到严重困难。国务院决定借鉴农村家庭联产承包制的成功经验，对石油部实行“一亿吨原油包干”政策，被称为“中国工业第一包”。

1981 年 4 月 22 日，国家能源委员会、国家计划委员会、财政部、石油工业部联合向国务院呈报《关于明年原油产量稳住一亿吨需增加今年钻井和油田建设工作量的报告》，提出 1 亿吨包干的具体方案。4 月 26 日，国务院领导在报告上作出批示，同意方案，要求尽快落实。6 月 3 日，国务院办公厅发出《国务院办公厅转发国家能源委关于协调组织石油部超产原油、成品油出口安排问题报告的通知》，要求各有关部委和地方政府参照执行。具体内容：石油工业部承包生产原油 1 亿吨，企业计划外的创效收入，除按规定上缴税金外，与石油工业部二八分成，企业自留收入的 80% 用于勘探，余下 20% 里面的 15% 用于改善员工工作和生活条件，5% 用于提高员工收入，也就是“国家拿大头，集体拿中头，个人拿小头”。

亿吨原油产量包干政策的推行，迅速摆脱了勘探开发资金不足的困境，给石油工业增添了发展的生机和活力。从 1981 年到 1988 年，石油工业部原油年产量从 1.01 亿吨增长到 1.37 亿吨，累计超产原油 1.4 亿吨，财政上缴 687 亿元，出口创汇 320 亿美元，获得

康世恩同志在石油部实行原油产量包干动员大会上的讲话

（一九八一年八月十日）

同志们：

近两个多月来，根据中央和国务院的决定，部党组讨论研究了石油实行全行业年产一亿吨包干的问题。六月份，组织了一个工作组到胜利油田进行试点，拟定了具体的包干办法，并且征得了有关部委的同意和支持。今天召开动员大会。刚才任向文同志受党组委托，向同志们讲了胜利油田原油产量包干试点的办法。下面我讲两个方面的问题：

第一个问题，石油工业目前正处在一个暂时困难的时期，摆在我们面前一个十分尖锐的问题，就是从此垮下去呢还是振作起来？原油产量是从一亿吨退下去呢还是稳住，并争取逐步有所增长？

我认为，我们绝不应该就此垮下去，也绝不应该连一亿吨原油产量也稳不住。我们只能走一条路，那就是振作起来，把石油工业搞上去。

我们有没有困难呢？确实有困难。从物质条件来说，有两大困难。第一个困难，主力油田，如大庆、胜利、大港、任丘，老油井都已经进入递减阶段，每年综合递减大约是百分之十，那就是说，

1981 年 8 月 10 日，《康世恩同志在石油部实行原油产量包干动员大会上的讲话》

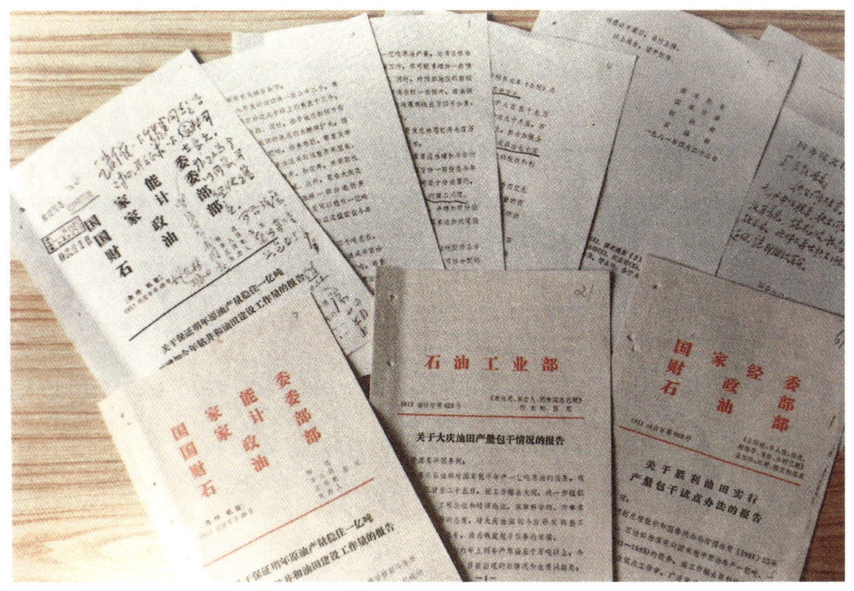

原油产量包干的相关文件

人民日报

RENMIN RIBAO

石油行业承包经营成绩瞩目

原油产量逐年稳步增长六年共超产近八千万吨

从收益中自筹资金一百七十多亿加快自身发展

在开放的条件下

本报评论员

大兴安岭东西线明火全部扑灭

1987 年 5 月 27 日，《人民日报》报道一亿吨原油产量包干政策取得的成绩

勘探开发基金 294 亿元，使中国石油工业走上自我积累、自我发展、自我壮大的轨道。在这个改革探索过程中，石油企业在社会主义市场经济体制尚不完善的情况下，在内部进行模拟市场机制，为企业市场化运作积累了经验、创造了条件。

中共中央给石油工业“三项政策”

伴随改革开放不断推进，国民经济持续高速增长，对能源的需求日益加大，对石油的需求增长速度远大于石油生产增长的速度，而且这个差距还在拉大。由于国家原油价格长期偏低，勘探开发投资不足，严重制约着石油勘探开发高投入、高风险行业的发展。

1981 年 7 月 24 日，国家能源委员会正式向中央书记处汇报。国务院副总理兼国家经济委员会主任、石油部长康世恩在发言中向书记处报告了具体问题，同意并经中央财经领导小组批准，中央给石油工业三条政策：第一项石油工业实行全行业年产 1 亿吨产量包干制，增加石油行业自我发展的能力；第二项沿海大陆架实行对外开放，开发海上油气资源；第三项利用国内外两种贷款作为资金来源。

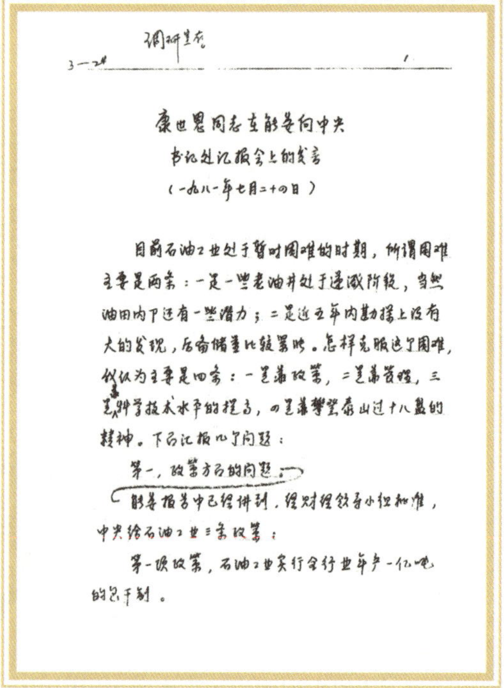

康世恩同志在能委向中央书记处汇报会上的发言

（一九八一年七月二十四日）

目前石油工业处于暂时困难的时期，所谓困难主要是两条：一是一些老油井处于递减阶段，当然油田内部还有一些潜力；二是近五年内勘探上没有大的发现，后备储量比较紧张。怎样克服这个困难，我认为主要是四条：一是靠政策，二是靠管理，三是靠科学技术水平的提高，四是靠攀登泰山过十八盘的精神。下面汇报几个问题：

第一，政策方面的问题：

能委报告中已经讲到，经财经领导小组批准，中央给石油工业三条政策：

第一项政策，石油工业实行全行业年产一亿吨的包干制。

1981 年 7 月 24 日，康世恩同志在能委向中央书记处汇报会上的发言

“大包干”解放了生产力，开启了中国大型工业企业改革的先河，引发石油工业内在机制

的一系列深刻变革。沿海大陆架实行对外开放，采取平等互利的补偿贸易方式，直接和外国石油公司建立商务关系，开展对外合作，极大地促进了中国海上石油工业发展。利用国内外两种贷款作为资金来源，引进先进技术和关键装备，使中国石油工业再次获得空前发展。

中共中央确定“稳定东部、发展西部”战略方针

进入 20 世纪 90 年代，国内外环境发生了新的深刻变化。中国石油工业也面临着严峻的挑战，油气资源接替紧张，石油建设资金入不敷出，原油产量的增长跟不上经济发展的增长速度，1993 年原油进口与出口相抵后，中国又一次成为原油净进口国，进口量逐年大幅攀升。正是在这样的背景下，党中央确定了“稳定东部、发展西部”等一系列战略方针。

1990 年 12 月 30 日，中国共产党第十三届中央委员会第七次全体会议通过的《中共中央关于制定国民经济和社会发展十年规划和“八五”计划的建议》，提出大力发展能源工业：“石油工业，采取‘稳定东部，发展西部’的战略方针，保证东部老油田稳产增产，适当集中力量加强西部新油区主要是塔里木、吐鲁番地区的勘探和开发，同时积极进行海洋油田的勘探和开发。到 1995 年原油产量要由 1990 年的 1.38 亿吨增加到 1.45 亿吨左右，争取到 2000 年有较大的增长。为了加快能源工业的发展，必须理顺能源价格，筹集能源建设资金，并争取利用一些国外资金，以稳定地增加资金投入。”

中共中央
关于制定国民经济和社会发展
十年规划和“八五”计划的建议

人民出版社

矿的建设，特别是加强山西、陕西、内蒙古西部和宁夏能源基地的建设，同时促进地方矿和乡镇矿的整顿、改造和提高。到1995年和2000年，原煤产量要由1990年的10.9亿吨分别增加到12.3亿吨左右和14亿吨左右。电力工业，实行因地制宜、水火并举和适当发展核电的方针，充分发挥我国水电优势，积极发展坑口电厂和热电联产，加强电网建设。到1995年和2000年，全国发电量要由1990年的6150亿千瓦小时分别增加到8100亿千瓦小时左右和11000亿千瓦小时左右。石油工业，采取“稳定东部，发展西部”的战略方针，保证东部老油田稳产增产，适当集中力量加强西部新油区主要是塔里木、吐鲁番地区的勘探和开发，同时积极进行海洋油田的勘探和开发。到1995年原油产量要由1990年的1.38亿吨增加到1.45亿吨左右，争取到2000年有较大的增长。为了加快能源工业的发展，必须理顺能源价格，筹集能源建设资金，并争取利用一些国外资金，以稳定地增加资金投入。

（17）**优先发展交通运输和邮电通信，适应国民经济发展和对外开放的需要。**交通运输，要着眼于搞好综合运输体系的建设，以增加铁路运力为重点，同时积极发挥公路、水运、空运等多种运输方式的优势。铁路建设，要采用先进适用技术对旧线进行改造，在一些重

1990 年，中共中央关于制定国民经济和社会发展十年规划和“八五”计划的建议

中國石油報

ZHONGGUO SHIYOU BAO

1996年 9月20日 星期五

●第1319期 ●邮发代号1-78 ●国内统一刊号CN11-0037

●中国石油天然气总公司主办 ●每周一、三、五、日出版

国家计委油气资源管理办公室发出通知要求

各油气勘探开发单位认真学习贯彻《矿产资源法》

石油工业要坚持稳定东部、发展西部的方针

（1995年4月14日）

李鹏

1996 年 9 月 20 日，《中国石油报》报道石油工业要坚持稳定东部、发展西部的方针

后来，在编制“八五”计划过程中，李鹏主持国务院总理办公会议连续两次专门听取石油工业部门的汇报，确定对石油工业给予新的政策支持。1995 年 4 月 14 日，李鹏在听取国家计委、中国石油天然气总公司、中国海洋石油总公司汇报“九五”计划和 2010 年远景目标规划时，再次强调，石油工业要坚持“稳定东部、发展西部”的方针。

中国石油坚定贯彻落实“稳定东部、发展西部”战略方针，在东部，勘探、开发都具有较大潜力，原油产量保持稳定。大庆油田实施“稳油控水”系统工程，提高采收率效果明显，年产 5000 万吨以上水平连续稳产 27 年，发挥了国民经济顶梁柱的重要作用；在西部，尤其是在天然气资源勘探方面有了重大突破，新疆三大盆地和陕甘宁盆地天然气勘探取得重大成果，进入一个储量增长的高峰期，仅“八五”期间探明的天然气储量就相当于中华人民共和国成立以来 40 年间找到的储量总和，为我国天然气生产发展奠定了可靠的资源基础。

中共中央提出“利用两种资金、两种资源、两个市场”发展方针

1992 年 10 月，中共十四大报告提出：围绕社会主义市场经济体制的建立，加快经济改革步伐。进一步扩大对外开放，更多更好地利用国外资金、资源、技术和管理经验。积极扩大我国企业的对外投资和跨国经营。概括为“利用国内国外两种资金、两种资源、两个市场”的战略方针。

1992 年，为贯彻落实邓小平南巡讲话和党的十四大精神，总公司向国务院报告拟扩大对外合作，加快走出去步伐。12 月 5 日，总公司成立“国际公司筹备组”，并先后成立中亚石油公司、亚澳石油公司、中俄石油公司、中美石油公司、中加石油公司等地区性的对外合作公司和中国联合石油公司。

1993 年 1 月，国务院批复同意总公司扩大对外合作的报告，陆上石油对外合作扩大到南北 21 个省（自治区、直辖市）。塔里木盆地开放，实施对外国际招标。总公司工作会议确立了“立足国内、发展海外、实施国际化经营”的发展战略。总公司党组在总公司外事工作会议上第一次全面提出了力争通过三到五年的努力，实现国际化经营的五个目标：一是建立起一支能够适应对外合作的高素质队伍；二是建立起一个实施全球战略的对外工作网络；三是通过参与国际油气合作勘探开发，争取拿到一部分国外的油气资源；四是在国外建立起一批合作项目和合资企业，开辟和占领一部分国际市场；五是在国际上建立起中国石油天然气总公司的信誉和形象。并根据自身的实际情况，确定了与之相适应的“审慎而行，循序渐进，步步为营，分步实施、埋头苦干”的工作方针。

1993 年，中美石油公司、中加石油公司在南北美洲中标两个油田项目。中国石油的海外资产实现零的突破，生产出海外第一桶原油。

1995 年 1 月 16 日，总公司工作会议提出：在扩大对外开放要有新突破，既要积极引进来，又要慎重“打出去”，充分利用两个市场、两种资金、两种资源发展壮大自己，不断开创陆上石油工业有进有出、全方位对外开放格局。

中国石油贯彻党中央的战略方针，在“引进来”的基础上，加快“走出去”，1997 年中标苏丹、委内瑞拉和哈萨克斯坦等一批油气合作项目，对外合作迈出新的步伐。

中国共产党
第十四次全国代表大会
文件汇编

经济基础和促进经济发展的大问题。不在这方面取得实质性进展，改革难以深化，社会主义市场经济体制难以建立。转变的根本途径是政企分开。凡是国家法令规定属于企业行使的职权，各级政府都不要干预。下放给企业的权利，中央政府部门和地方政府都不得截留。政府的职能，主要是统筹规划，掌握政策，信息引导，组织协调，提供服务和检查监督。进一步改革计划、投资、财政、金融和一些专业部门的管理体制，同时强化审计和经济监督，健全科学的宏观管理体制与方法。合理划分中央与省、自治区、直辖市的经济管理权限，充分发挥中央和地方两个积极性。

第二，进一步扩大对外开放，更多更好地利用国外资金、资源、技术和管理经验。

对外开放的地域要扩大，形成多层次、多渠道、全方位开放的格局。继续办好经济特区、沿海开放城市和沿海经济开放区。扩大开放沿边地区，加快内陆省、自治区对外开放的步伐。以上海浦东开发开放为龙头，进一步开放长江沿岸城市，尽快把上海建成国际经济、金融、贸易中心之一，带动长江三角洲和整个长江流域地区经济的新飞跃。加速广东、福建、海南、环渤海湾地区的开放和开发。力争经过二十年的努力，使广东及其他有条件的地方成为我国

26

基本实现现代化的地区。

利用外资的领域要拓宽。采取更加灵活的方式，继续完善投资环境，为外商投资经营提供更方便的条件和更充分的法律保障。按照产业政策，积极吸引外商投资，引导外资主要投向基础设施、基础产业和企业的技术改造，投向资金、技术密集型产业，适当投向金融、商业、旅游、房地产等领域。经济技术开发区和高新技术产业开发区的建设，要合理布局，认真办好。

积极开拓国际市场，促进对外贸易多元化，发展外向型经济。扩大出口贸易，改善出口商品结构，提高出口商品的质量和档次，同时适当增加进口，更多地利用国外资源和引进先进技术。深化外贸体制改革，尽快建立适应社会主义市场经济发展的、符合国际贸易规范的新型外贸体制。赋予有条件的企业、科技单位以外贸自营权。积极扩大我国企业的对外投资和跨国经营。

第三，调整和优化产业结构，高度重视农业，加快发展基础工业、基础设施和第三产业。

根据我国经济的现实情况和发展趋向，应当着力提高第一产业即农业的质量，稳步增加产量；继续发展第二产业，积极调整工业结构；大力促进第三产业的兴起。

27

1992 年，中国共产党第十四次全国代表大会文件汇编

中共中央提出“稳定东部、发展西部，国内为主、国外补充，油气并举、节约与开发并重”的方针

1993 年 12 月 27 日，江泽民主持召开中央财经领导小组第 8 次会议，专门听取石油天然气工业发展情况汇报。江泽民、李鹏等党和国家领导人作重要指示。这次会议强调，石油天然气工业的发展必须继续贯彻“稳定东部、发展西部，国内为主、国外补充，油气并举、节约与开发并重”的方针，形成完整的石油工业发展方针。

中国石油把党中央的路线方针政策同石油工业的具体情况相结合，深入分析中国油气资源分布的特点和石油工业发展的内在规律，以及国内外发展形势，抓住中国石油工业发展的主要矛盾，着眼市场，立足自身，艰苦奋斗，勇于开拓，进行第二次创业。在国内，把勘探放在工作第一位，大打勘探开发进攻仗，始终保持原油产量箭头朝上，先后建成大庆、华北、辽河、新疆、长庆 5 个千万吨级大油田；在国外，努力开拓国际市场，经过 20 多年探索实践和不懈努力，在全球 34 个国家管理运作着 96 个项目，2017 年实现油气权益当量产量近 9000 万吨，约相当于两个“大庆”。中国石油实施“油气并举、节约与开发并重”取得显著成就。大力发展天然气，建成西南、塔里木、长庆 3 个百亿立方米级大气田，为进一步打好打赢“蓝天保卫战”奠定了基础。油品质量升级实现“三连跳”，仅用 10 年时间就走过了欧美国家近 20 年的油品升级道路。中国石油连续七年当选“中国低碳榜样”企业，在“一带一路”沿线国家获得环保类奖项 30 余项。

中共中央、国务院决定深化石油天然气体制改革

据新华社北京 2017 年 5 月 21 日电，近日，中共中央、国务院印发《关于深化石油天然气体制改革的若干意见》（以下简称《意见》），明确了深化石油天然气体制改革的指导思想、基本原则、总体思路和主要任务。

《意见》指出，深化石油天然气体制改革，要全面贯彻党的十八大和十八届三中、四中、五中、六中全会精神，深入贯彻习近平总书记系列重要讲话精神和治国理政新理念新思想新战略，认真落实党中央、国务院决策部署，统筹推进“五位一体”总体布局和协调推进“四个全面”战略布局，牢固树立和贯彻落实新发展理念，全面实施国家能源战略，坚持社会主义市场经济改革方向，正确处理好企业、市场、政府之间的关系，发挥市场在资源配置中的决定性作用和更好发挥政府作用，以保障国家能源安全、促进生产力发展、满足人民群众需要为目标，建立健全竞争有序、有法可依、监管有效的石油天然气体制，实现国家利益、企业利益、社会利益有机统一。

《意见》强调，深化石油天然气体制改革要坚持问题导向和市场化方向，体现能源商品属性；坚持底线思维，保障国家能源安全；坚持严格管理，确保产业链各环节安全；

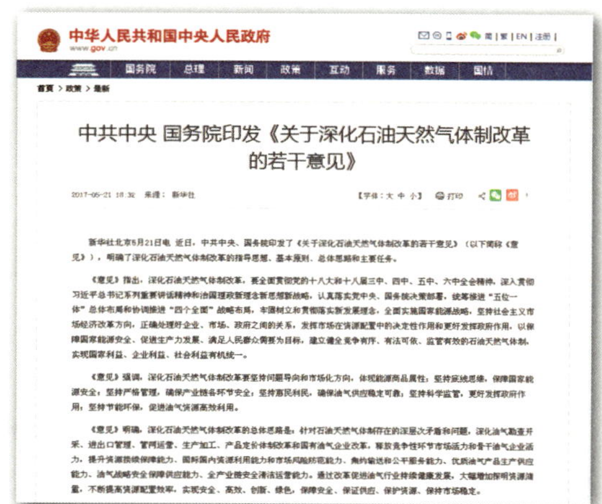

中华人民共和国中央人民政府
www.gov.cn

国务院 总理 新闻 政策 互动 服务 数据 国情

首页 > 政策 > 最新

中共中央 国务院印发《关于深化石油天然气体制改革的若干意见》

2017-05-21 18:32 来源：新华社 【字体：大 中 小】 打印

新华社北京5月21日电 近日，中共中央、国务院印发了《关于深化石油天然气体制改革的若干意见》（以下简称《意见》），明确了深化石油天然气体制改革的指导思想、基本原则、总体思路和主要任务。

《意见》指出，深化石油天然气体制改革，要全面贯彻党的十八大和十八届三中、四中、五中、六中全会精神，深入贯彻习近平总书记系列重要讲话精神和治国理政新理念新思想新战略，认真落实党中央、国务院决策部署，统筹推进“五位一体”总体布局和协调推进“四个全面”战略布局，牢固树立和贯彻落实新发展理念，全面实施国家能源战略，坚持社会主义市场经济改革方向，正确处理好企业、市场、政府之间的关系，发挥市场在资源配置中的决定性作用和更好发挥政府作用，以保障国家能源安全、促进生产力发展、满足人民群众需要为目标，建立健全竞争有序、有法可依、监管有效的石油天然气体制，实现国家利益、企业利益、社会利益有机统一。

《意见》强调，深化石油天然气体制改革要坚持问题导向和市场化方向，体现能源商品属性；坚持系统思维，保障国家能源安全；坚持严格管理，确保产业链各环节安全；坚持惠民利民，确保油气供应稳定可靠；坚持科学监管，更好发挥政府作用；坚持节能环保，促进油气资源高效利用。

《意见》明确，深化石油天然气体制改革的总体思路是：针对石油天然气体制存在的深层次矛盾和问题，深化油气勘查开采、进出口管理、管网运营、生产加工、产品定价体制改革和国有油气企业改革，释放竞争性环节市场活力和骨干油气企业活力，提升资源接续保障能力、国际国内资源利用能力和市场风险防范能力、集约输送和公平服务能力、优质油气产品生产供应能力、油气战略安全保障供应能力、全产业链安全清洁运营能力。通过改革促进油气行业持续健康发展，大幅增加探明资源储量，不断提高资源配置效率，实现安全、高效、创新、绿色，保障安全、保证供应、保护资源、保持市场稳定。

2017 年 5 月 21 日，中华人民共和国政府网站发布的中共中央、国务院印发《关于深化石油天然气体制改革的若干意见》

坚持惠民利民，确保油气供应稳定可靠；坚持科学监管，更好发挥政府作用；坚持节能环保，促进油气资源高效利用。

《意见》明确，深化石油天然气体制改革的总体思路：针对石油天然气体制存在的深层次矛盾和问题，深化油气勘查开采、进出口管理、管网运营、生产加工、产品定价体制改革和国有油气企业改革，释放竞争性环节市场活力和骨干油气企业活力，提升资源接续保障能力、国际国内资源利用能力和市场风险防范能力、集约输送和公平服务能力、优质油气产品生产供应能力、油气战略安全保障供应能力、全产业链安全清洁运营能力。通过改革促进油气行业持续健康发展，大幅增加探明资源储量，不断提高资源配置效率，实现安全、高效、创新、绿色，保障安全、保证供应、保护资源、保持市场稳定。

《意见》部署了八个方面的重点改革任务。一是完善并有序放开油气勘查开采体制，提升资源接续保障能力。二是完善油气进出口管理体制，提升国际国内资源利用能力和市场风险防范能力。三是改革油气管网运营机制，提升集约输送和公平服务能力。四是深化下游竞争性环节改革，提升优质油气产品生产供应能力。五是改革油气产品定价机制，有效释放竞争性环节市场活力。六是深化国有油气企业改革，充分释放骨干油气企业活力。七是完善油气储备体系，提升油气战略安全保障供应能力。八是建立健全油气安全环保体系，提升全产业链安全清洁运营能力。

《意见》强调，深化石油天然气体制改革关系国家安全、经济发展、人民福祉和社会稳定，要按照整体设计、重点突破、稳妥推进、务求实效的要求，确保改革规范有序进行。

石油工业部重新设立

1978 年 3 月，第五届全国人民代表大会第一次会议决定，撤销石油化学工业部，分别成立石油工业部和化学工业部。宋振明任石油工业部部长、党组书记。1981 年，国务院副总理康世恩兼任石油工业部部长；1982 年 3 月，唐克任石油工业部部长、党组书记；1985 年 6 月，王涛任石油工业部部长、党组书记。

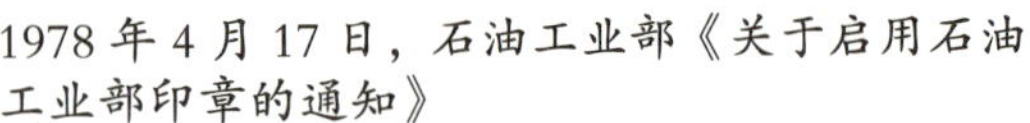

石油工业部文件

(78) 油办字第 1 号

关于启用石油工业部印章的通知

各部、委，军委各总部、各军兵种，各省、市、自治区革命委员会：

根据五届人大决定，成立石油工业部。自即日起启用“中华人民共和国石油工业部”印章。办公地址在六铺炕原石油化工部办公楼。电话总机44.4631。专此通知。

中华人民共和国石油工业部

抄送：各省、市、自治区石油化工局，计委、建委、各直属企业、事业单位，本部机关各大组。存档（3），共印300份。

1978 年 4 月 17 日，石油工业部《关于启用石油工业部印章的通知》

石油工业部牌匾

中华人民共和国成立后，中共中央和中央人民政府十分重视和关心石油工业的发展。1949 年 10 月 1 日，中央人民政府委员会第三次会议批准政务院下设燃料工业部，陈郁任部长，统一管理全国煤炭、电力、石油的生产建设。1950 年 4 月，燃料工业部成立石油管理总局，具体负责石油工业有关管理工作。1955 年 7 月 30 日，第一届全国人民代表大会第二次会议决定撤销燃料工业部，成立石油、煤炭、电力三个工业部，以石油管理总局为基础成立石油工业部，统揽全国石油企业和石油生产建设工作，李聚奎任石油工业部部长兼任党组书记（1958 年由余秋里接任）。1970 年 6 月 22 日，中共中央决定将煤炭、石油、化工三部合并，成立燃料化学工业部。1975 年 1 月，第四届全国人民代表大会第一次会议决定撤销燃料化学工业部，成立煤炭工业部和石油化学工业部，康世恩任石油化学工业部部长、党的核心小组组长。至 1978 年 3 月重新设立石油工业部。

改革开放以前，我国石油行业实行高度集中的计划管理体制。这一时期，石油管理体制曾经历过一段多方分管，但很快转为中央统一管理。后来尽管机构分分合合，部分石油企业在“三年困难”和“文化大革命”期间也一度下放地方管理，但中央政府始终有一个主管部门对全国石油工业实行统一的领导。

1980年5月，国务院副总理康世恩率中国政府代表团考察挪威北海油田。图为康世恩（右4）参观斯塔特约得海上平台（1981年3月，康世恩兼任石油工业部部长）

1978 年 6 月，石油工业部部长、党组书记宋振明（前右 1）到四川气田考察

1985 年 2 月，石油工业部部长、党组书记唐克（左 1）到辽河油田考察

1986 年 6 月，石油工业部部长、党组书记王涛（右 2）到塔里木探区考察

中国海洋石油总公司成立与分立

1982年1月30日，《中华人民共和国对外合作开采海洋石油资源条例》（以下简称《条例》）和对外合作开采海洋石油的《标准合同》经国务院批准同时颁布实施。2月15日，中国海洋石油总公司（简称中国海油）宣告成立，是具有法人资格的经济实体，隶属石油工业部管理。近海海域石油勘探开发成为我国第一个对外开放的重要产业领域。

海洋石油对外合作的显著特点是立法先行，率先建立起配套的法规体系。依据《条例》等有关法规，海洋石油资源属于国家所有，国务院决定对外合作重大政策，石油工业部管理区块划分、规划和油气田开发总体方案审批，中国海油负责具体实施。《条例》还明确：中国海油是国家石油公司，享有在对外合作海域进行石油勘探、开发生产和销售的专营权；拥有原油销售权，可以自营出口，也可以在国内销售，并按国际市场价格定价；拥有合作开采海洋石油所需设备、材料的进口权和审批权，并免征进口关税和工商统一税。

国务院关于同意成立
中国海洋石油总公司的批复

(82) 国函字14号

石油工业部：

你部一九八二年二月五日《关于成立中国海洋石油总公司的请示》收悉。在一九八一年十月六日国务院常务会议上，已确定成立中国海洋石油总公司，作为对外合作的国家公司，是一个具有法人资格的经济实体，在石油招标前正式宣布成立。关于总公司的性质、任务、组织领导、编制、驻地以及成立地区公司、专业公司、驻外代表机构等问题，国务院原则同意你部的意见。关于总公司所需职工的进京落户问题，对急需的、非进不可的骨干，请你们与国家人事局等有关部门协商，在严格审查的基础上陆续解决。

国　务　院

一九八二年二月八日

抄送：中央组织部，国家计委、国家经委、国家进出口委、国家能源委、外交部、国家劳动总局、国家人事局、国家编委、国务院科技干部局、工商行政管理总局、国务院机关事务管理局，广东省、北京市、天津市、上海市人民政府。

1982年2月8日，《国务院关于同意成立中国海洋石油总公司的批复》

1982 年 2 月，中国海洋石油总公司挂牌

这就划清了政府主管部门与国家石油公司的职责，使对外合作一起步就走上法制化、规范化的轨道，也使中国海油在国内石油企业中第一个基本摆脱计划经济体制的束缚，成为能够按照国际规则和惯例独立运作的市场主体和法人实体。1988 年，国务院决定撤销石油工业部，原石油工业部的政府职能移交新成立的能源部行使，并以原石油工业部为基础成立中国石油天然气总公司，原归属石油工业部管理的中国海洋石油总公司正式分立，直接隶属国务院管理。

中国石油化工总公司组建

1983 年 2 月 10 日，国家经委、国家计委、国家体改委、财政部联合上报关于成立中国石油化工总公司的报告。2 月 19 日，中共中央、国务院批转了四部委的报告，决定组建中国石油化工总公司（简称中国石化总公司）。中央规定：中国石化总公司是具有企业法人资格的独立经营管理、独立核算、盈亏自负的经济实体，对所属企业的人财物、产供销、内外贸实行统一领导，统筹规划，统一管理。7 月 12 日，中国石化总公司在北京成立，

要把石化总公司办成一个
真正的经济实体*

（一九八三年七月十一日）

国务院要我和大家一起搞石油化工，今天到这里来，一是和同志们见面，二是和同志们商量一些石油化工方面的问题。

现在总公司已经成立了，方针、任务和要求，国务院领导同志都讲了，你们也开了大会。会议期间，你们讨论得很好。今天我提出一些意见来，供你们参考。

一、要不断加深对经济实体的认识

总公司要办成一个经济实体，按照经济规律办公司。30年来，我们搞经济、办企业，对旧的一套习惯了，老是顺着旧路走。现在要把总公司办成一个经济实体，这对我们来讲都是新课题，这是一次重大的改革。我们自己的经验少，到国外去考察，了解到一些，但那是人家的。我们自己搞了上海高桥、南京金陵和辽宁抚顺的试点，但这

1983年7月11日，康世恩在中国石油化工总公司第一次经理（厂长）会议、第一次董事会议和技术经济顾问委员会议上的讲话

作为部一级经济实体，直属国务院管理。通过这一改革，打破了“条条”和“块块”的分割，将分别归属石油工业部、化学工业部、纺织工业部和若干省区市管理的39个重要炼油、化工、化纤企业组成了一个行业性总公司。

中国石油天然气总公司成立

1988年4月9日，第七届全国人民代表大会第一次会议审议通过《国务院机构改革方案》，决定撤销石油工业部、煤炭工业部、电力工业部，组建能源部。国务院决定在石油工业部基础上组建中国石油天然气总公司（以下简称总公司）。王涛任总公司总经理、党组书记。9月17日，中国石油天然气总公司成立大会在北京举行。

根据《国务院机构改革方案》要求，按照政企分开、转变职能的原则，总公司组建后，原石油工业部政府职能（包括制定和发展战略、长远规划、重大方针和法规，确定对外合作区域以及组织协调、检查监督等）移交能源部行使，原石油工业部在国家陆地全境（包

国务院办公厅文件

国办发〔1988〕44 号

国务院办公厅转发能源部关于组建中国石油天然气总公司报告的通知

各省、自治区、直辖市人民政府，国务院各部委、各直属机构：

国务院原则同意能源部《关于组建中国石油天然气总公司的报告》，请能源部协同该公司抓紧组建工作。

组建中国石油天然气总公司，是石油工业管理体制的一项重大变革，是为适应社会主义商品经济发展的要求迈出的重要一步。石油、天然气是国家重要而紧缺的能源和优质化工原料。总公司要认真贯彻执行国家关于发展能源工业的方针政策，促进石油工业的持续稳定增长，努力适

1988 年 8 月 29 日，《国务院办公厅转发能源部关于组建中国石油天然气总公司报告的通知》

中国石油報

ZHONGGUO SHIYOU BAO

在改革与发展中开创我国陆上石油工业的新局面

中国石油天然气总公司在京成立

加快和深化改革的重大决策

贺信

1988 年 9 月 21 日，《中国石油报》报道中国石油天然气总公司在京成立

括岛屿、海滩、水深 0～5 米极浅海在内）石油、天然气的生产建设和经营管理职能由总公司行使，并承担能源部和其他政府部门授权或委托的部分政府管理职能。总公司是具有法人资格的经济实体，在党和国家方针、政策指导下，自主经营、独立核算、统负盈亏。石油工业部管理体制的改革，标志着中国石油从政府行政管理向经济实体的重大转变。

1988 年 9 月 17 日，中国石油天然气总公司揭牌（前排左 4 为总公司总经理、党组书记王涛）

中国石油天然气集团公司组建

1998 年，党中央、国务院为了加快石油、石化工业的发展，加快社会主义市场经济体制建设步伐，作出了对石油、石化工业进行重组改制的重大决策。1998 年 7 月 27 日，根据九届全国人大一次会议审议批准的《国务院机构改革方案》和国务院关于中国石油天然气集团公司和中国石油化工集团公司有关问题的批复精神，中国石油天然气集团公司和中国石油化工集团公司正式宣告成立。7 月 27 日两大集团公司成立；7 月 28 日两大集团公司正式挂牌，成为国家授权的投资机构和国务院国资委管理的特大型国有企业集团之一。国家授予两大集团公司原油、成品油外贸经营权，批准两大集团公司进行国家授权投资的机构和国家控股公司的试点，两大集团公司分别作为一个整体列入国务院确定的试点企业集团名单。这次重组，从宏观管理体制上解决了石油石化工业上下游、内外贸、产销分割和结构不合理的矛盾，实现了宏观层面上的政企分开，建立起与国际接轨的“油公司”体制。

在中国石油天然气总公司基础上组建中国石油天然气集团公司，马富才任总经理、

0005503

国务院办公厅文件

国办发〔1998〕14 号

国务院办公厅关于组建中国石油天然气集团公司和中国石油化工集团公司有关石油公司划转问题的通知

各省、自治区、直辖市人民政府，国务院各部委、各直属机构：

国家经贸委《关于组建两个特大型石油石化集团公司有关问题的请示》（以下简称《请示》），已经国务院批准。《请示》根据国务院机构改革方案的有关要求，提出将各省、自治区、直辖市及计划单列市石油公司及其加油站，分别

1998 年 5 月 12 日，《国务院办公厅关于组建中国石油天然气集团公司和中国石油化工集团公司有关石油公司划转问题的通知》

中国石油天然气集团公司牌匾

1998 年 5 月 26 日，中国石油天然气集团公司和中国石油化工集团公司划转企业交接协议签字仪式在国家石油和化学工业局举行（前排左 1 为集团公司党组书记、总经理马富才）

1998 年 7 月 28 日，中国石油天然气集团公司揭牌

2004 年 12 月 30 日，集团公司党组书记、总经理陈耕在国家西气东输工程投产庆典表彰大会上讲话

2013 年 5 月 20 日，集团公司党组书记、董事长周吉平会见塔吉克斯坦总统拉赫蒙

2018 年 8 月 31 日，集团公司党组书记、董事长王宜林拜会尼日尔共和国总统伊素福

党组书记。2004 年，陈耕任中国石油天然气集团公司总经理、党组书记。2011、2013 年，周吉平先后任中国石油天然气集团公司总经理、中国石油天然气集团公司董事长、党组书记；2015 年，王宜林任中国石油天然气集团公司董事长、党组书记。2016 年，章建华任中国石油天然气集团公司总经理、党组副书记。

中国石油天然气股份有限公司设立

1999 年，为进一步解决石油工业内部体制、机制和结构上的深层次矛盾，促进国有石油、石化企业改革和发展，经国务院批准，根据《中华人民共和国公司法》和《国务院关于股份有限公司境外募集股份及上市的特别规定》，集团公司进行了大规模资产重组和改制上市，将石油勘探开发、炼油化工及销售、管道运输等核心业务及相关的资产、人员分离出来，注入新成立的中国石油天然气股份有限公司，统称为上市公司；其他业务及相应的资产、人员留在原企业，统称未上市企业。

1999 年 10 月 28 日，中国石油天然气集团公司独家发起创立的中国石油天然气股份有限公司。11 月 5 日，股份公司完成工商注册登记。2000 年 1 月 18 日，在集团公司工作会议上，股份公司揭牌。马富才兼任中国石油天然气股份有限公司董事长。按照国际经营惯例，重组设立的股份有限公司积极进行资本经营，优化资本结构和资源配置，积极进行资本运行，增强自我发展和自我改造的能力。2000 年 4 月 6 日，中国石油股票在香港和纽约成功上市。2007 年 11 月 5 日在上海证券交易所挂牌上市。中国石油广泛从事与石油、天然气有关的各项业务，主要包括：原油和天然气的勘探、开发、生产和销售；原油和石油产品的炼制、运输、储存和销售；基本石油化工产品、衍生化工产品及其他化工产品的生产和销售；天然气、原油和成品油的输送及天然气的销售，成为全球石油石化产品重要的生产和销售商之一。

国家经济贸易委员会文件

国经贸企改〔1999〕1024 号

关于同意设立中国石油天然气股份有限公司的复函

中国石油天然气集团公司：

你公司《关于设立中国石油天然气股份有限公司的请示》(中油办字〔1999〕第 681 号)收悉。经研究，函复如下：

一、同意中国石油天然气集团公司作为发起人，以发起方式设立中国石油天然气股份有限公司(以下简称股份公司)。

二、股份公司总资产为 40200269.49 万元，负债为 18891627.29 万元，净资产折为股本，计为 16000000 万股(每股面值 1 元)，由中国石油天然气集团公司持有。

— 1 —

1999 年 10 月 26 日，国家经济贸易委员会《关于同意设立中国石油天然气股份有限公司的复函》

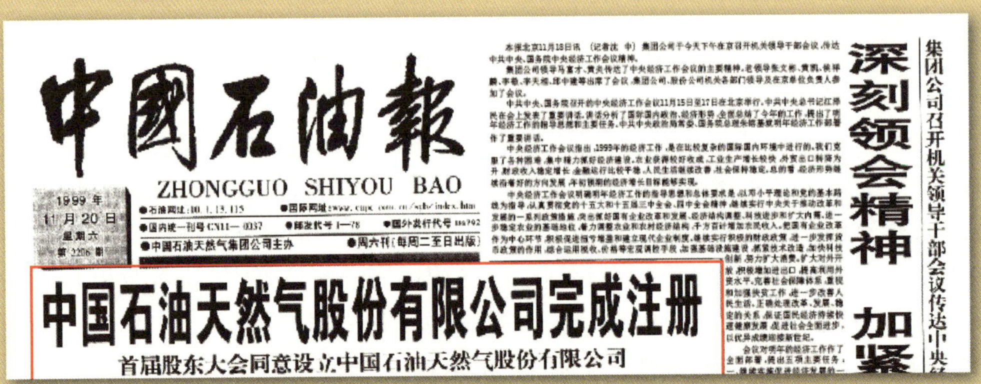

中國石油報

ZHONGGUO SHIYOU BAO

1999 年 11 月 20 日 星期六

●中国石油天然气集团公司主办 ●周六刊（每周二至日出版）

中国石油天然气股份有限公司完成注册

首届股东大会同意设立中国石油天然气股份有限公司

集团公司召开机关领导干部会议传达中央经

深刻领会精神 加紧

1999 年 11 月 20 日，《中国石油报》报道中国石油天然气股份有限公司完成注册

2000 年 1 月 18 日，集团公司总经理、股份公司董事长马富才（左 1）和集团公司副总经理、股份公司总裁黄炎（右 1）为股份公司揭牌

中国石油天然气集团公司改制更名

2017 年 12 月 19 日，经国务院国有资产监督管理委员会批准，中国石油天然气集团公司由全民所有制企业整体改制为有限责任公司（国有独资），改制后名称变更为“中国石油天然气集团有限公司”。集团公司原有业务、资产、资质、债权、债务等均由改制后的公司承继，股东、公司住所、法定代表人、经营范围等均保持不变。

公司制改制是贯彻落实党中央、国务院决策部署的要求。2017 年 7 月国务院办公厅

中国石油天然气集团有限公司牌匾

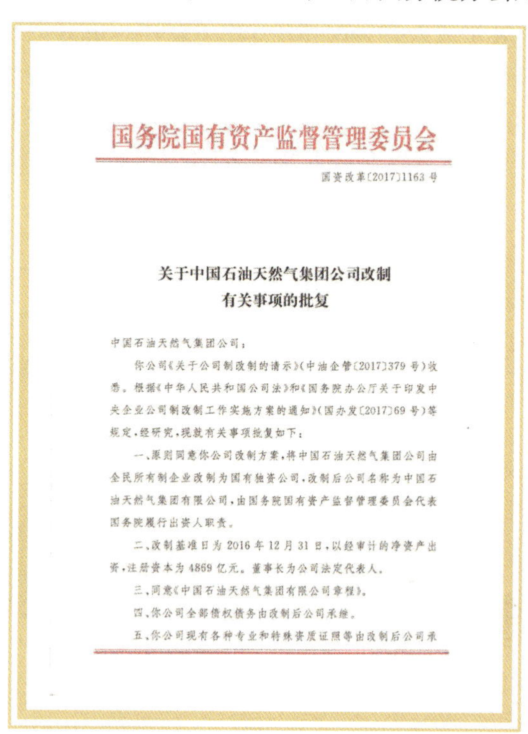

国务院国有资产监督管理委员会

国资改革〔2017〕1163 号

关于中国石油天然气集团公司改制
有关事项的批复

中国石油天然气集团公司：

你公司《关于公司制改制的请示》（中油企管〔2017〕379 号）收悉。根据《中华人民共和国公司法》和《国务院办公厅关于印发中央企业公司制改制工作实施方案的通知》（国办发〔2017〕69 号）等规定，经研究，现就有关事项批复如下：

一、原则同意你公司改制方案，将中国石油天然气集团公司由全民所有制企业改制为国有独资公司，改制后公司名称为中国石油天然气集团有限公司，由国务院国有资产监督管理委员会代表国务院履行出资人职责。

二、改制基准日为 2016 年 12 月 31 日，以经审计的净资产出资，注册资本为 4869 亿元。董事长为公司法定代表人。

三、同意《中国石油天然气集团有限公司章程》。

四、你公司全部债权债务由改制后公司承继。

五、你公司现有各种专业和特殊资质证照等由改制后公司承

2017 年 11 月 7 日，国务院国资委《关于中国石油天然气集团公司改制有关事项的批复》

中國石油報

CHINA PETROLEUM DAILY

2017 年 12 月 21 日

扶贫+扶志+扶智

“益师计划”探索石油扶贫新模式

集团公司完成整体改制并更名

由全民所有制企业整体改制为有限责任公司

深化改革进行时

西南管道

2017 年 12 月 21 日，《中国石油报》报道集团公司完成整体改制并更名

印发了《中央企业公司制改制工作实施方案》。根据国务院国资委安排，69 家集团公司及 2600 多户下属企业 2017 年内完成改制工作。

公司制改制对集团公司意义重大，在完善公司治理、建设中国特色现代国有企业制度上迈出了关键一步。通过改革，使企业真正成为市场主体，使资源配置更加优化，使经营管理更有活力和效率。有助于完善公司法人治理结构，形成有效制衡的公司法人治理结构和灵活高效的市场化经营机制，实现企业治理体系和管控能力的现代化。推动中国特色现代国有企业制度建立，真正实现加强党的领导和完善公司治理的有机统一。公司制改制实现出资人所有权和企业法人财产权的分离，赋予企业独立的法人财产权，促使企业真正成为依法经营、自负盈亏、自担风险、自我约束、自我发展的市场主体，着力激发企业内生活力，切实转换经营机制，实现更好更快发展。

三 重要政策与机制改革

中国石油认真贯彻落实党和国家一系列重大战略决策，改革开放初期以扩权让利、承包经营责任制为核心，率先引入市场机制，实现了企业经营机制的重大突破；在政府部门转变为企业后，以体制改革为核心，率先探索“油公司”模式，实现了企业管理体制的重大突破；在国有经济战略性调整后，以建立现代企业制度为核心，按照“油公司”体制开展重组改制上市；在国有企业改革开始涉及深层次的矛盾和问题，以全面深化改革开放为核心，制定全面深化改革实施意见，陆续出台管理体制、市场化机制等一批专项改革方案和措施，突出“稳、准、高”原则，推动各领域改革向纵深发展，加速推进公司治理体系和管控能力现代化、国际化。

中国石油发展战略具有一脉相承且与时俱进的显著特点。1991年提出“稳定东部、发展西部、油气并举”“一元为主，多种经营”“国际化经营”的三大战略；2005年提出资源、市场、国际化战略；2016年决定将创新纳入集团公司总体战略，即形成了资源、市场、国际化和创新战略。2003年提出建设具有国际竞争力的跨国企业集团，2008年确立全面建设综合性国际能源公司目标，2015年提出稳健发展方针，2016年提出建设世界一流综合性国际能源公司目标，2018年提出建设世界一流综合性国际能源公司的远景目标。这些战略、目标和发展方针构成中国石油改革发展路线图。

利用外资贷款政策

1981 年以前，石油工业使用的外资贷款全部由国家统借统还。1981 年 7 月 24 日，中共中央书记处在听取国家能源委员会汇报后，决定允许石油工业向国外贷款，采取多种方式引进国外先进技术和设备。1983 年，海关总署和财政部批准石油工业利用外资、外汇贷款进口设备和材料一律免征关税和进口环节工商税。从 1982 年开始，石油部实行自借自还的利用外资（外汇）贷款政策，第一个项目是利用世界银行贷款的大庆高台子油田开发项目。到 1996 年底，总公司共利用外资贷款约 80 亿美元，吸引外商直接投资 7.7 亿美元。外资贷款中，日本能源贷款约 50 亿美元，世界银行贷款 6.2 亿美元，外国政府贷款（包括混合贷款）8.6 亿美元，商业银行及民间企业贷款等其他来源 16.9 亿美元。贷款拓宽了融资渠道，增加了石油建设资金，在一定程度上缓解了石油工业发展资金不足的矛盾。上述贷款涉及 18 个主要石油单位的 63 个项目，其中油气开发项目占 80% 以上。这些外资与国内资金配套，累计建成年原油生产能力 4300 万吨、天然气生产能力 4.2 亿立方米，建设输油输气管道 1040 千米。同时，利用外资也加快了国外先进技术、设备和石油专用管材的引进，各油田利用外资贷款引进的技术和设备、物资达 60 余亿美元，促进了设备更新和技术进步。

1991 年 12 月 17 日，塔里木油田、中国银行乌鲁木齐分行七亿美元贷款签字仪式

设立勘探开发基金政策

实行 1 亿吨原油产量包干后，国家经委、财政部、石油部下发《关于胜利油田实行产量包干试点办法的报告》，规定油田超产、节约原油所得差价收入，石油部与油田“二八”分成，油田分成资金的 85% 作为勘探开发基金。勘探开发基金政策由此正式实施。设立石油勘探开发基金是一种国际惯例，既可在油价较低时补助企业勘探资金、增加石油勘探投入，又能通过提供该项基金分担和降低企业勘探风险，鼓励和支持石油企业加强风险勘探，增加后备储量，促进石油工业的持续发展。从 1981 年到 1993 年，石油工业累计筹集勘探开发基金 780 亿元。1994 年，原油价格和企业财会制度改革后，勘探开发基金政策终止执行。

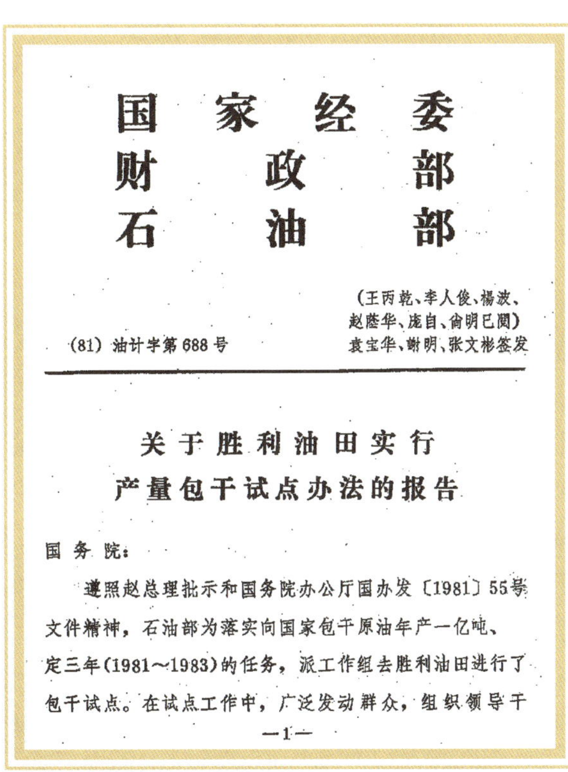

国家经委
财政部
石油部

(81) 油计字第 688 号

(王丙乾、李人俊、杨波、赵懋华、庞自、俞明已阅)
袁宝华、谢明、张文彬签发

关于胜利油田实行
产量包干试点办法的报告

国务院：

遵照赵总理批示和国务院办公厅国办发〔1981〕55号文件精神，石油部为落实向国家包干原油年产一亿吨、定三年(1981～1983)的任务，派工作组去胜利油田进行了包干试点。在试点工作中，广泛发动群众，组织领导干

—1—

1981 年 8 月 29 日，国家经委、财政部、石油部《关于胜利油田实行产量包干试点办法的报告》

设立储量有偿使用费政策

20 世纪 80 年代中期以前，我国一直把石油勘探作为一种事业，国家拨付地质事业费和返还部分资源税作为勘探资金，勘探投入单独列账，不计入油气成本，不形成固定资产，

石油工业部
财　政　部　文件
国家物价局

（88）油财字第102号

关于调整国内平价、高价原油出厂价格和实行石油及天然气储量有偿使用办法的通知

各石油管理（勘探）局、管道局：

经国务院一九八七年十二月二日会议批准，决定调整国内平价、高价原油价格，着手实行石油及天然气储量有偿使用。现将具体办法通知如下：

一、国内平价、高价原油每吨提价十元。

—1—

1988年2月22日，石油工业部、财政部、国家物价局《关于调整国内平价、高价原油出厂价格和实行石油及天然气储量有偿使用办法的通知》

不提取折旧折耗，油气储量无偿使用，制约了油气勘探的发展。为拓宽油气勘探资金来源渠道，推动石油工业市场化改革，1987年12月国务院办公会议批准从1988年开始，在调整原油价格的同时，实行石油、天然气储量有偿使用办法。1988年初，石油部、财政部、国家物价局联合发出《关于调整国内平价、高价原油出厂价格和实行石油及天然气储量有偿使用办法的通知》，规定从当年1月1日起，每吨原油按产量提取储量有偿使用费5元，天然气每千立方米折合1吨原油计算提取，计入油气生产成本，专项用于油气勘探。勘探资金从此进入油气成本，有了正常来源渠道。此后，国家有关部门又连续5次上调储量有偿使用费提取标准，到1998年提取的标准达到原油每吨80元、天然气每千立方米40元，其中大庆等6个主要油田达到每吨100元。2000年1月1日，石油财会制度与国际接轨，储量有偿使用费政策终止执行。提取油气储量有偿使用费政策的实施，对油气勘探乃至整个石油工业经济的发展，起到重要保障作用。

石油企业全面推行“五包五定三保”政策

1981 年 8 月 29 日，国家经济委员会、财政部、石油部向国务院呈送《关于胜利油田实行产量包干试点办法的报告》。胜利油田实行产量包干的主要内容是：油田对石油部实行“五包”，石油部对胜利油田实行“五定”和“三保”。经国务院批准，三部委于 10 月 8 日转发这个试点办法。之后石油部对各油气田全面推行“五包五定三保”办法，落实国务院原油产量一亿吨包干政策。

“五包”是指包原油产量、包原油统配商品量、包外供天然气量、包新增石油地质储量、包新区新增原油生产能力；“五定”是指定包干时间、定包干区域、定资金、定包干分成比例、定包干分成资金的使用；“三保”是指保统管物资和部管物资的及时供应、保原油的正常外运和销售、保用电指标。

20 世纪 80 年代初，胜利油田滨海采油指挥部内部承包合同签字仪式

国家“以气养气”政策

“以气养气”政策是国家为发展天然气工业，在一个时期内所采取的改革措施。1981年国务院对石油部实行原油1亿吨包干，石油部对四川天然气实行54亿立方米天然气包干。为了缓解由于四川石油管理局勘探开发资金不足、产量下降影响四川国民经济发展的矛盾，1982年4月经国务院批准，将气价调到每千立方米80元，1984年4月又调到每千立方米130元，并限定这两次调价部分收入全部转作四川石油管理局天然气勘探开发基金，专款专用，开始“以气养气”。1987年3月，国务院批转国家计委、经委、财政部、石油部等四部门《关于在全国实行天然气商品量常数包干办法报告》，走“以气养气”的路子，国家每年对石油部确定包干基数，其中四川石油管理局为一定包干基数。在包干基数内

国务院文件

国发〔1987〕26号

国务院批转国家计委等四个部门关于在全国实行天然气商品量常数包干办法报告的通知

国务院各部委、各直属机构，各省、自治区、直辖市人民政府：

国务院同意国家计委、国家经委、财政部、石油部《关于在全国实行天然气商品量常数包干办法的报告》，现转发给你们，请认真贯彻执行。

天然气是我国尚未充分开发利用的一种重要能源。为了加快我国天然气工业的发展，国务院决定在全国实行天

—1—

1987年3月30日，《国务院批转国家计委等四个部门关于在全国实行天然气商品量常数包干办法报告的通知》

的按各地现行价格结算；超过包干基数部分，每立方米按平价高一倍的价格结算。差价收入转为天然气专项基金——勘探开发基金。所提天然气专项勘探开发基金中，88% 用于天然气勘探开发建设，8% 作为职工奖励基金，4% 作为职工集体福利基金。“以气养气”政策符合当时的实际情况，核心是“养”。通过“养”，勘探投入增加，开发资金有了保证，科研经费有了提高，装备更新速度加快，队伍培训力度进一步加大。

原油、成品油、天然气价格机制改革

改革开放前，油气产品由政府计划配置，油气价格实行单一政府定价。1981 年，开启了以价格双轨制为中心的石油价格机制改革。

原油价格改革。1981 年，国家实行 1 亿吨原油产量包干政策后，国产原油价格出现了包干基数内（亦称计划内）平价原油执行国家定价，包干基数外（亦称计划外）原油执行国际市场价格（国内销售执行国家按国际油价发布的国内高价油价格）的价格双轨制，首开我国工业部门生产资料价格双轨制的先河。1991 年 5 月，国务院办公会议决定，对原油价格实行逐步“平转高”（平价转高价）政策。1993 年 4 月，国家放开计划外高价油价格，实行随行就市。1994 年 4 月，又对计划内外所有原油价格实行并轨提价，统一执行国家规定的两个档次价格，由此结束了原油价格双轨制。

1994 年到 1997 年，国家对两档原油价格作了有升有降的调整，总的趋势是缩小差距，逐步向国际市场原油价格水平靠拢。

1998 年 6 月起，国家确立国内原油价格与国际市场接轨的机制，中国石油与中国石化之间购销原油价格由双方协商确定，协商的原则是国产陆上原油运达炼油厂成本与国际市场进口原油到厂成本基本相当。2016 年 1 月起，国家放开原油价格管制，实行市场调节价。

成品油价格改革。1983 年国务院决定，将石油工业部超产转国内分配的高价原油和国务院煤代油办公室专项出口的高价原油，全部留在国内加工，由其生产的石油产品一律执行高价，供应国内市场，国产成品油价格由此实行双轨制。之后，由于市场需求旺盛，计划外成品油价格大幅攀升。1988 年 2 月，国家决定对计划外成品油实行全国统一最高限价。1993 年 4 月，在国内平价原油连续 3 年“平转高”之后，国务院批准对计划内平价成品油也实行“平转高”政策，执行全国统一的计划内高价，同时取消计划外最高限价，实行随行就市。1994 年 4 月，国务院决定，全国各炼油厂生产成品油实行统一出厂价，销售价格由国家计委和省级物价部门两级管理，成品油价格双轨制至此终结。

1998 年 6 月起，国内成品油价格实现与国际市场接轨，以国际市场成品油到岸完税成本为基础，考虑销售环节合理费用与利润后确定国内零售中准价格。2003 年以来，国际市场油价大幅上涨，国内成品油价格没有完全随国际油价同幅同步调整，国内原油价格与成品油价格出现倒挂。2006年3月，国家实施以完善石油价格形成机制、调节利益分配为中心的综合配套改革。2008年12月，缩短成品油调价周期，降低调价边界条件，使国内成品油价格更贴近国际市场。2016年1月，设定成品油价格调控下限，建立油价调控风险准备金。

天然气价格改革。1987年，国家决定实行天然气商品量常数包干，对天然气生产企业超包干基数的外供天然气实行高价政策，而基数以内仍执行计划价格，也就是实行不同井口价格水平的天然气计划内外价格双轨制。这也是国家在实行改革开放政策、加快经济发展速度期间，许多行业采用的激励机制之一。但对于天然气工业来说，主要目的是为筹集勘探开发资金。1992年，从我国国情及产业结构与天然气消费利用关系的整体考虑，国家计委决定，对我国陆上天然气井口价实行按用途划分的分类气价，即将井口价分为化肥用气价格、其他工业用气价格、城市居民用气价格和商业用气价格，不同用户开始实行不同水平的价格，从此形成了我国天然气的井口（出厂）结构价格。

2013年7月，国家在全国范围进行天然气价格改革，价格管理方式由出厂价格管理

石油工业部文件

（88）油财字第299号

关于调整原油价格的意见

国家物价局：

为了有计划、有步骤地解决原油价格长期偏低的问题，经我们反复讨论研究，提出了"关于调整原油价格的意见"，现送上，请审阅。

附：关于调整原油价格的意见。

石油工业部（代章）

一九八八年五月七日

抄送：财政部(2)、国家计委(2)、国家税务总局(2)、能源部(2)、本部办公厅、财务司，存档(2)，共印30份。

打字：张莹　校对：陆凌　油印：李寿田

1988年5月7日，石油工业部《关于调整原油价格的意见》

1998 年 5 月 1 日，《中华人民共和国价格法》实施。从 1998 年 6 月起，我国石油价格同国际接轨

1998 年 6 月 3 日，石油价格改革会议在北京召开

改为门站价格管理。采取“存量增量分别推进，以增量改革带动存量改革”的总体思路，提高天然气价格，其中增量气价格按照与替代能源挂钩的原则一步到位，存量气价格分步到位，并于 2015 年 4 月实现了非居民用气价格存量气、增量气价格并轨，2018 年 5 月实现居民用气价格与非居民用气价格并轨。

石油销售体制和进出口贸易体制改革

石油销售体制改革。伴随价格双轨制的运行，石油企业计划外超产产品销售权逐步扩大。1984 年 9 月，国务院批准商业部和中国石油化工总公司《关于国内成品油经营业务交接问题的报告》，决定从 1985 年 1 月 1 日起，将商业部所属石油局及其直属单位成建制划归中国石化；各省（自治区、直辖市）的石油公司由中国石化和地方政府双重领导，业务管理以中国石化为主。从此，中国石化初步实现了产销一体化。1990 年 10 月，中国石油天然气总公司成立销售公司，负责原油销售业务。1993 年 4 月，国务院在实行石油价格“平转高”改革的同时，决定进一步放开对石油销售的控制，赋予石油企业 5% 的原油自销权

中国石油天然气总公司文件

(90)中油劳字第5 9 9 号

关于成立总公司销售公司的通知

各有关单位：

为加强原油、天然气及其产品、副产品的经营管理，经总公司研究决定，成立中国石油天然气总公司销售公司。现将有关事项通知如下：

一、销售公司是总公司直属的、具有法人资格的经济实体，实行自主经营，独立核算。

二、销售经营范围包括：原油和天然气，油气加工产品，油气伴生产品，钻遇矿藏及其加工产品。

三、销售公司的主要职责是：

1、建立健全销售系统，按照国家规定归口经销原油、天然气及其产品。

1990 年 10 月 19 日，总公司《关于成立总公司销售公司的通知》

和9%的成品油自销权。1994年4月，国务院决定改革原油、成品油流通体制，国内产原油由国家按计划统一分配给石化企业加工，国内成品油销售实行国家导向配置，建立以中国石化为主渠道、中国石油和地方炼油企业为辅助渠道的“一主两辅”成品油流通体制。

石油进出口贸易体制改革。中华人民共和国成立以来，原油和成品油进出口贸易一直由外贸部门所属中国化工进出口总公司（简称中化总公司）独家经营。1993年1月，国务院决定改革外贸体制，批准中国石油、中国石化分别与中化总公司以各自出资50%的方式设立中国联合石油有限公司和中国联合石化有限公司，并由这两个合资公司承担一部分原油和成品油的进出口业务。中国石油、中国石化由此间接获得部分原油和成品油进出口贸易权。

石油工业“利改税”和“拨改贷”

为彻底打破统收统支的“大锅饭”体制，规范国家与企业利益分配关系，根据国务院决定，1983年1月石油工业实施第一步“利改税”。石油企业实现利润先按55%的税率缴纳国营企业所得税，再上缴税后利润；税后利润上缴指标由财政部核定，石油部包干上缴，并确定税后利润每年递增8%，一定三年不变。上缴税后利润后留给企业的利润即企业留利，95%作为职工福利和奖励基金，5%作为生产发展基金和新产品研制基金。

1984年1月，国家开始对石油工业实行第二步“利改税”，即对石油企业实现利润在征收55%国营企业所得税后，再征收国营企业调节税，以调节税代替上缴税后利润。财政部、石油部共同制定印发《关于石油工业直属企业实施第二步利改税试行办法的具体规定》，以石油部为整体，由财政部统一核定1983年基期利润、合理留利额和调节税税率，1985年到1990年一定六年不变；石油企业缴纳所得税和调节税后的税后留利，40%作为生产发展基金和新产品试制基金、25%作为职工福利基金、35%作为职工奖励基金。

1985年，国家对石油工业实行“拨改贷”，主要内容是把石油企业国家基本建设投资分为经营性资金和非经营性资金两类，非经营性资金仍属国家对事业单位的财政拨款，经营性资金用于国家支持的重点基本建设项目，如油气开发、油气管道建设等，其资金来源由国家财政拨款改为银行贷款。两项资金均纳入年度基本建设计划，由专业银行按照国家批准的基建计划拨付，其中经营性资金按国家规定利率计算（利率低于银行贷款），石油企业按规定还本付息。当年石油工业“拨改贷”资金共24亿元。

“利改税”“拨改贷”政策的施行，终结了计划经济时期形成的统收统支体制，开始划清国家与石油企业的分配关系。这些经济改革形成的利益机制，对调动石油企业坚持以生产为中心、持续增加产量的迫切性和积极性发挥了重要作用。

财　政　部
石　油　部　文件

（84）财政字第 75 号
（84）油财字第916号

关于石油工业部直属企业实施第二步利改税试行办法具体规定的通知

各直属工业企业、供销企业、石油部运输公司、通讯总站：

根据国务院颁布的《国营企业第二步利改税试行办法》和有关税收条例（草案）以及财政部关于国营企业第二步利改税试行办法的有关具体规定，结合石油企业的实际情况，制定了《关于石油工业部直属企业实施第二步利

—1—

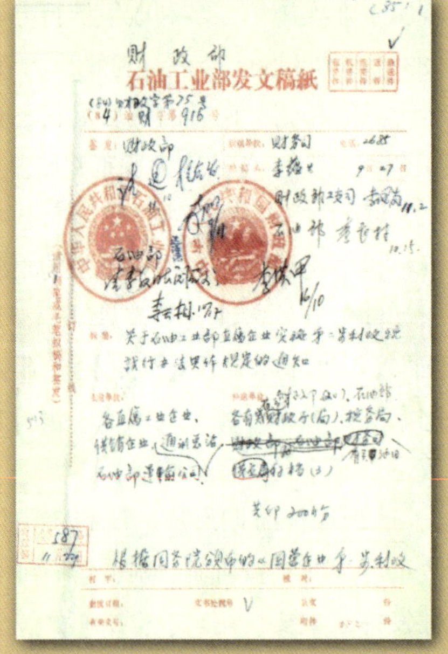
财政部
石油工业部发文稿纸

关于石油工业部直属企业实施第二步利改税试行办法具体规定的通知

根据国务院颁布的《国营企业第二步利改

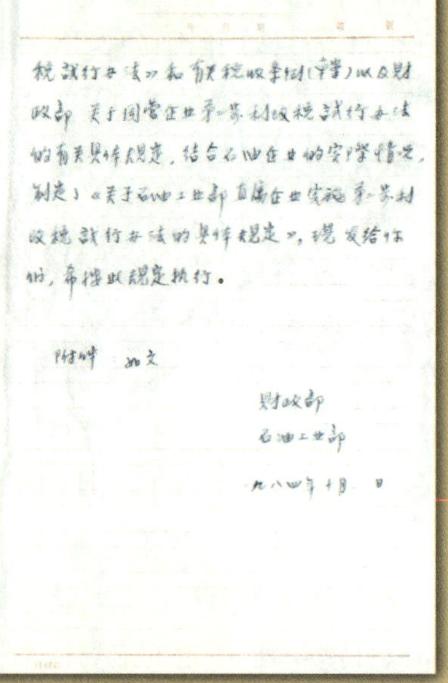
税试行办法》和有关税收条例（草案）以及财政部关于国营企业第二步利改税试行办法的有关具体规定，结合石油企业的实际情况，制定了《关于石油工业部直属企业实施第二步利改税试行办法的具体规定》，现发给你们，希按此规定执行。

附件　如文

财政部
石油工业部
一九八四年十月　日

1984 年 9 月 27 日，财政部、石油部《关于石油工业部直属企业实施第二步利改税试行办法具体规定的通知》

中国石油发展战略及目标演进

1991 年 2 月，中国石油天然气总公司石油工业局厂领导干部会议提出实施可持续发展的“三大战略”。第一个战略：稳定和发展以东部为重点的老油区生产，加快西部地区勘探开发工作，解决好油气资源的战略接替，保证全国石油天然气生产的持续稳定增长。第二个战略：在国家计划指导下，运用市场调节机制，积极发展油气加工和综合利用，开展多种经营，进一步增强石油工业自我发展的能力。第三个战略：按照中央关于对外开放的方针，积极扩大对外经济技术合作与交流，扩大各种形式的对外贸易，努力开拓国际市场，参与国外油气资源的开发利用，在国际竞争中发展和壮大自己。

围绕“三大战略”的实施，努力建设三支队伍，实现三个“良性循环”。三个“良性循环”，即生产与资源接替的良性循环、资金投入产出的良性循环、人才接替的良性循环。以实施“三大战略”为标志，中国石油的工作重点从以东部地区为主、以油为主转变为东西部并重、油气并举，从只在国内进行作业转向进入国际竞争的新领域。

2000 年 1 月，集团公司工作会议提出实施整体发展战略、持续重组战略、低成本发展战略、技术创新战略、市场营销战略。

2002 年，集团公司根据国家大公司、大集团战略，提出建设具有国际竞争力的大型企业集团。

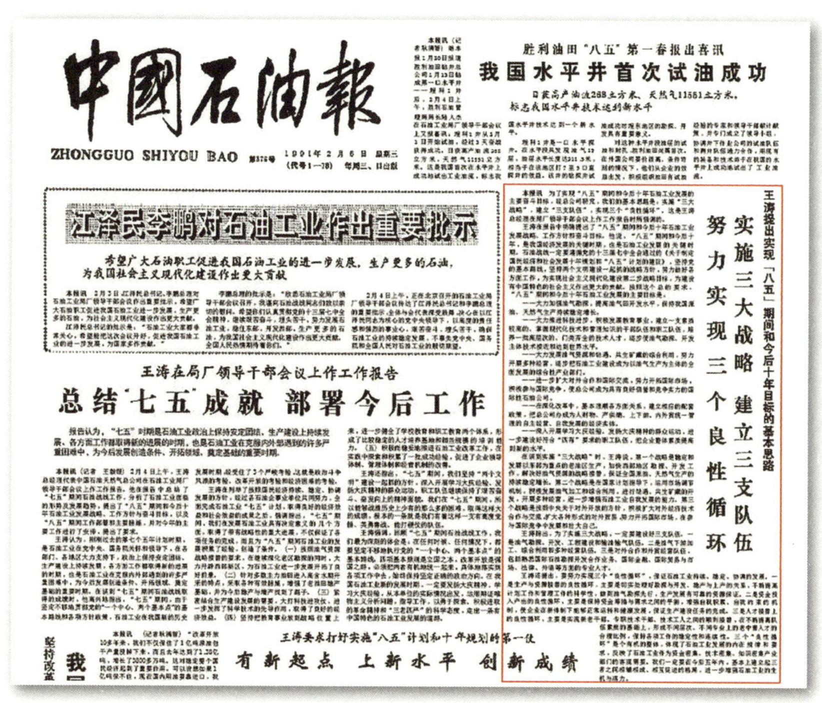

中國石油報

ZHONGGUO SHIYOU BAO

1991年2月6日 星期三

胜利油田“八五”第一春报出喜讯

我国水平井首次试油成功

日获高产油流268立方米、天然气11551立方米，标志我国水平井技术达到新水平

江泽民李鹏对石油工业作出重要批示

希望广大石油职工促进我国石油工业的进一步发展，生产更多的石油，为我国社会主义现代化建设作出更大贡献

王涛在局厂领导干部会议上作工作报告

总结“七五”成就 部署今后工作

王涛提出实现“八五”期间和今后十年目标的基本思路

实施三大战略 建立三支队伍 努力实现三个良性循环

王涛要求打好实施“八五”计划和十年规划的第一仗

有新起点 上新水平 创新成绩

1991 年 2 月 6 日，《中国石油报》报道实施三大战略

陈耕在集团公司 2006 年
工作会议上的报告

集团公司 2006 年工作会议
会议文件之一

秘密

用科学发展观统领全局 着力提升国际竞争力
把跨国企业集团建设全面推向前进

——在集团公司 2006 年工作会议上的报告

陈 耕

（2006 年 1 月 14 日）

同志们：

在“十一五”开局之时，我们召开这次集团公司工作会议，要任务是贯彻落实党的十六届五中全会和中央经济工作会议精全面总结“十五”和 2005 年的工作，深化对集团公司改革发展规律性的认识；研究提出集团公司“十一五”发展战略、任务和总体要求，安排 2006 年工作，在新的起点上把建设具有强国际竞争力的跨国企业集团事业推向前进。

下面，根据党组讨论的意见，我重点讲四个问题。

一、“十五”工作回顾

“十五”是集团公司历史进程中不平凡的五年，是在继往开中锐意进取、不断开创新局面的五年。在过去的五年里，面对

— 1 —

马富才在集团公司 2002 年
工作会议上的报告

中国石油天然气集团公司
2002 年工作会议文件

与时俱进 开拓创新
为建设具有国际竞争力的企业集团而奋斗

——在集团公司 2002 年工作会议上的报告

马富才

（2002 年 1 月 22 日）

们：

这次集团公司工作会议，主要是深入学习贯彻党的十五届六会和中央经济工作会议精神，按照“三个代表”的要求，总年的工作，分析面临的形势，部署今年的任务，动员全体干工认清形势、坚定信心，与时俱进、团结奋斗，以优异成绩党的十六大召开。

一、2001 年工作回顾

2001 年，是我们集团公司为完成“十五”计划和应对入世后我打基础的重要一年。一年来，在党中央、国务院的领导下，认真贯彻落实江总书记“三个代表”重要思想，按照去年初公司工作会议的部署，以发展为主题，以结构调整为主线，

— 1 —

王涛在 1991 年度石油工业局厂
领导干部会议上的工作报告

实施三大战略 建设三支队伍
实现三个良性循环*

（一九九一年二月四日）

一、石油工业是国民经济的一个重要支柱产业，又是一个具有国际性的行业。在扩大开放、深化改革的情况下，我们必须认真研究国际、国内的大环境，分析石油工业内部存在的有利条件和不利因素，全面地认识形势，才能制定正确的工作方针和部署

最近爆发的海湾战争是世界上诸多矛盾的集中反映。这场战争实质上是一场争夺和控制石油资源的斗争，使人们更加深刻地认识到了石油的重要战略地位。中央领导同志指出，石油无论对于发达国家还是不发达国家，都是经济上的生命线，是一种十分重要的战略资源，世界各国都对石油非常重视。还指出，我们在这场危机中之所以始终处于主动地位，手里拥有 1.3 亿多吨石油是一个重要因素。所以，石油工业不发展不行，发展慢了也不行。

党中央、国务院对石油工业寄予殷切的希望。近年来，江泽民、李鹏和其他中央领导同志，多次亲临油田和探区视察，充分肯定了石油战线的工作，对石油工业的发展表达了“翘首指盼”的急切心情。在编制“八五”计划过程中，李鹏

* 本文摘自王涛同志在 1991 年度石油工业局厂领导干部会议上的工作报告。

78

王宜林在集团公司 2018 年
领导干部会议上的讲话

集团公司领导干部会议
会 议 文 件 之 一

瞄准世界一流目标　坚持稳健发展方针
扎实推动集团公司高质量发展

——在集团公司 2018 年领导干部会议上的讲话

王宜林

（2018 年 7 月 30 日）

同志们：

推动高质量发展，是党的十九大及中央经济工作会议作出的重大部署。在年初工作会议上，我在讲话中专门就推动集团公司高质量发展进行了简要阐述，初步提出了“四个高质量”的框架要求。这次领导干部会议，就是要以习近平新时代中国特色社会主义思想为指导，深入贯彻中央关于推动高质量发展的决策部署，瞄准建设世界一流综合性国际能源公司的战略目标，坚持稳健发展方针，深入研究讨论和明确当前及今后一个时期推动集团公司高质量发展的思路目标及重点工作，动员全体干部员工团结一致、不懈奋斗，奋力开创新时代高质量发展新境界。同时，通报集团公司 2017 年业绩考核及今年上半年生产经营情况，部署下半年重点任务。

下面，根据党组讨论的情况，我重点讲四个问题。

— 1 —

王宜林在集团公司 2018 年
工作会议上的主题报告

集团公司工作会议
会 议 文 件 之 一

深入贯彻落实党的十九大精神
奋力开创新时代中国石油稳健发展新局面

——在集团公司 2018 年工作会议上的主题报告

王宜林

（2018 年 1 月 25 日）

同志们：

这次会议的主要任务是，深入学习贯彻习近平新时代中国特色社会主义思想和党的十九大精神，认真落实中央经济工作会议及中央企业负责人会议精神，总结 2017 年及近三年集团公司改革发展稳定取得的主要成果，明确今后一个时期的目标任务，安排部署 2018 年重点工作，动员全体干部员工，不忘初心、牢记使命，持续推进世界一流综合性国际能源公司建设，奋力开创新时代中国石油稳健发展新局面，为决胜全面建成小康社会、全面建设社会主义现代化国家作出积极贡献。

一、2017 年及近三年主要工作成果

当前，集团公司上下及社会各界对党的十八大以来特别是近三年来中国石油的工作情况非常关注，对我们取得的成绩和发生

— 1 —

周吉平在集团公司 2014 年
工作会议上的报告

集团公司工作会议
会 议 文 件 之 一

坚定正确方向　推进改革创新
为全面建成世界水平综合性国际能源公司而奋斗

——在集团公司 2014 年工作会议上的报告

周吉平

（2014 年 1 月 16 日）

同志们：

这次工作会议的主要任务是，深入贯彻落实党的十八大、十八届三中全会及中央经济工作会议精神，总结集团公司去年工作成果，部署今年重点工作，明确今后一个时期改革发展目标任务，动员广大干部员工认清形势、增强信心、凝聚共识，坚定正确方向，推进改革创新，努力实现有质量有效益可持续发展，为全面建成世界水平综合性国际能源公司而奋斗。

下面，根据党组研究讨论的情况，我主要讲四个方面意见。

一、认清面临形势，统一思想认识

刚刚过去的 2013 年，是中石油发展历史上极具挑战、极不寻常的一年。面对错综复杂的国际国内经济环境和重特大自然灾害的冲击，我们认真贯彻党中央、国务院的决策部署，团结带领

— 1 —

2003 年 1 月，集团公司工作会议提出今后一段时期集团公司实现“两个转变”，由国内石油公司向跨国石油公司转变，由单纯“油气生产商”向具有复合功能的“油气供应商”转变，建设具有国际竞争力的跨国企业集团的目标。

2005 年 7 月，集团公司领导干部会议提出实施资源、市场、国际化战略。资源战略就是坚持把获取资源放在首位，立足国内、面向国际，在加强陆上常规油气资源勘探开发的同时，高度重视非常规和海上油气资源勘探开发，实现资源有序接替。市场战略就是充分发挥市场在资源配置中的决定性作用，以市场为导向、以效益为中心，快速反应市场变化，灵活高效组织生产经营，优化现有市场、扩大高效市场、发展潜在市场。国际化战略就是充分利用我国政治、经济和外交优势，发挥集团公司整体优势，坚持统筹协调，以发展油气上游业务为主，带动工程技术服务等业务一体化发展。

2008 年 1 月，集团公司工作会议提出全面建成综合性国际能源公司目标。“能源”是产业特征定位，即从事能源生产与销售的企业，主要是以油气业务为主，有序发展新能源业务；“国际”是发展空间定位，即立足国内、全球化经营的企业，主要是资源国际化，市场国际化，资本、技术、人才等生产要素以及经营理念和企业管理的国际化；“综合性”是业务领域定位，既包括油公司的业务，也包括工程技术服务、生产生活矿区服务等业务。

2013 年 1 月，集团公司工作会议提出“到 2020 年全面建成世界水平的综合性国际能源公司”。“世界水平”主要指公司规模总量、经营业绩、技术水平、管理能力、价值品牌、员工素质等进入国际大石油公司前列。

2016年1月，集团公司工作会议提出，党组决定将“创新”纳入公司总体战略，实施资源、市场、国际化和创新战略，全面建设世界一流综合性国际能源公司。坚持和完善资源战略、市场战略、国际化战略，大力实施创新战略，就是要把创新摆在公司发展全局的核心位置，让创新成为引领发展的第一动力，大力推进科学技术的原始创新、集成创新和引进消化吸收再创新，全面推进理念、制度、管理、文化和商业模式等创新，激发人才活力，鼓励全员创新，使创新在全公司蔚然成风，加快实现从主要依靠投资和要素驱动向主要依靠创新驱动转变，促进发展方式的根本转变。

2018 年，集团公司站在党和国家事业的战略全局高度，立足建设世界一流综合性国际能源公司的战略安排，进一步完善新时代公司发展思路和目标：到 2020 年，世界一流综合性国际能源公司建设迈上新台阶；全面实现“十三五”规划目标，高质量发展的要求得到有效落实，创效能力、竞争力和创新力明显提升，达到国际同行先进水平。到 2035 年，全面建成世界一流综合性国际能源公司，规模实力保持世界前列，经营业绩达到世界一流水平。到 21 世纪中叶，世界一流综合性国际能源公司的地位更加巩固，规模实力、创效能力、创新能力、全球竞争力全面提升，成为全球配置资源的领先企业，拥有充分话语权和影响力的领军企业，引领行业技术发展的标杆企业，共建共享发展成果的典范企业，体现中国特色现代国有企业制度优越性的代表企业。

集团公司 2003 年工作会议

集团公司 2016 年工作会议

集团公司 2018 年工作会议

实施三级经营责任制

为解决陆上石油工业巨额“政策性亏损”问题，推动油气生产走上良性循环轨道，国务院在加大政策扶持力度的同时，决定从1991年到1995年期间，对中国石油天然气总公司实行“四包两定”承包经营责任制。“四包”即包新增石油地质储量，包新增天然气地质储量，包原油产量，包天然气产量；“两定”即定石油工业建设总工作量，定原油生产亏损总额。

中国石油天然气总公司积极调整和完善经营政策，1992年到1993年对所属石油企业实行“四包三定两保一挂钩”生产经营责任制。“四包”即包新增探明石油储量，包新增探明天然气储量，包原油产量和商品量，包天然气产量和商品量；“三定”即定投资规模，定生产盈亏，定建设资金来源；“两保”即保石油专用管材，保原油天然气外输销售；“一挂钩”即工资总额与承包任务和经济效益挂钩。1994年到1997年，改为“两定两自一挂钩”。

国务院文件

国发〔1988〕13号

国务院关于发布《全民所有制工业企业承包经营责任制暂行条例》的通知

各省、自治区、直辖市人民政府，国务院各部委、各直属机构：

现将《全民所有制工业企业承包经营责任制暂行条例》发给你们，请遵照执行。

一九八八年二月二十七日

1988年2月27日，国务院关于发布《全民所有制工业企业承包经营责任制暂行条例》的通知

“两定”即定油气配置量，定上缴利润和储量有偿使用费；“两自”即生产经营自负盈亏，建设资金自求平衡；“一挂钩”即工资总额与企业增加值和实现利润挂钩。

1997 年起，总公司对包括 4 个油气田企业在内的 17 个石油企业试行资产经营责任制，1998 年扩大到 32 家石油企业。从产量包干责任制、生产经营责任制到资产经营责任制的逐步改革发展，促进了石油企业管理理念、管理方式和经营机制的转变，推动石油企业从以生产为中心转向以提高经济效益为中心，从产品生产者转变为商品经营者，逐步走上自负盈亏、自我发展的道路，出现了产量和效益同步增长的好势头。

1991 年到 1997 年，中国石油天然气总公司原油年产量从 1.37 亿吨增加到 1.43 亿吨，天然气产量从 148.4 亿立方米上升为 171.8 亿立方米，分别增长 4.4% 和 15.8%；销售收入从 536.1 亿元提高到 1678.3 亿元，增长 213.1%。1994 年结束了连续 6 年的政策性亏损，1997 年实现利润 102.6 亿元，恢复了全国工业企业利税大户地位。

解体“大而全、小而全”走“油公司”发展路子

1993 年 7 月 24 日，全国油气田改革工作会议在辽河油田召开。会议提出，各油气田在解体“大而全、小而全”基础上，走“油公司”路子，形成以“油公司”为核心，施工作业和辅助生产企业为紧密层，生活服务企业为半紧密层的油田企业集团管理体制。

1993 年，总公司提出按照“市场化运行、项目化管理、社会化服务”的方针，坚持“三新三高”原则，以甲乙方合同制为主线，实现开发行为市场化，通过市场运作降低开发成本，提高施工效率和管理效益，走“油公司”路子。以整体优化为原则，以效益最大化为目标，扎实推进“两制三化”建设，即项目经理制、队伍聘任制、油藏经营项目化、管理目标化、运作市场化，积极创新“油公司”管理实践。

中国石油报

ZHONGGUO SHIYOU BAO

中国石油天然气总公司主办

第715号

三项制度改革 大庆全面推行

新疆石油局推出配套改革方案

深化改革 理顺关系 转换机制 促进发展

全国油气田改革工作会议召开

要求总公司所有单位上下一体，以强烈的全局观念，共同履行国家石油公司职责，积极发展自己，为壮大整体实力做贡献

胜利油田

上半年探明石油地

1993 年 7 月 25 日，《中国石油报》报道全国油气田改革工作会议召开

中国石油天然气总公司文件

(93)中油办字第 401 号

关于召开油气田改革工作会议的通知

各油气田、管道局、物探局：

总公司决定：一九九三年七月二十四日在辽河油田召开油气田改革工作会议。现将有关事项通知如下：

(一)会议内容：进一步贯彻落实党的十四大和全国八届人大一次会议精神，总结交流各油气田改革工作的经验；讨论在社会主义市场经济体制下，深化石油企业改革的思路、机制和政策；研究落实《全民所有制工业企业转换经营

—1—

1993 年 6 月 17 日，总公司《关于召开油气田改革工作会议的通知》

扩大企业经营自主权改革

党的十八大以来，中国石油针对东部老油田资源品质差、用工总量大、历史包袱重、效益持续下行等困难，从 2014 年开始在吉林油田和辽河油田开展扩大经营自主权改革试点，随后在炼化、销售、工程技术服务等企业推广，特别针对装备制造企业启动以“自主经营、自负盈亏、自担风险、自我约束、自我发展”为内涵的“五自”经营改革。经营自主权下放主要包括：部分审批权、组织机构设置权、部分物资采购权、一定幅度的投资成本一体化权，以及针对企业不同诉求赋予相应权力。

权力下放后，试点企业对制约发展的体制机制、制度流程进行改革，放权松绑，简化审批，提高了效率效益，取得了良好效果。干部员工对工效挂钩政策逐步认可，改革创效挣工资、挣奖金理念深入人心，积极性和创造性得到充分调动和激发。吉林油田强化“承包就是放权、承包促进放权”理念，精简制度 45 个、流程 111 个，取消审批事项 80 项，整体管理效率提高 25%；203 个油气站队实行承包经营，采油、作业、捞油成本分别下降 21%、27%、13%；推行工资总额承包，奖金随利润全面浮动，同一单位个人薪酬最多相差 4 万元，作业工种平均薪酬是后线工种的 2 倍。渤海装备针对员工持股审批难度大的实际，探索员工模拟持股，选择钻头制造厂开展员工模拟持股试点，根据贡献分配模拟股份，员工除基本工资外，其他收入全部按照模拟持股比例进行发放。试点实施仅 9 个月，研发新品 16 种，提出 20 多项基础工艺改进措施并实施，收入、利润同比增长 96%、33%。

吉林油田现代化的油气处理站

中国石油天然气股份有限公司纽约香港及 A 股成功上市

1999 年 6 月，中国石油召开重组后的企事业单位领导干部会议，贯彻落实国务院领导重要批示精神，动员和部署重组改制上市工作，提出对现行管理体制和经营机制进行改组、改造，实现集团公司跨世纪的更大发展。随后，重组改制工作逐步开展，基本工作内容是将核心业务与非核心业务的资产、机构、人员分开。将所属石油企业、炼化企业、销售企业、管道运输企业和科研单位中的油气勘探开发、炼油化工、销售、管道运输等核心业务，以及相应的资产和人员分离，中国石油以独家发起方式设立中国石油天然气股份有限公司。9 月，分批任命重组后上市公司和各未上市企业的领导班子成员，以及机关

2000 年 4 月 6 日，中国石油在香港联合交易所挂牌上市现场

2005 年 3 月 16 日，中国石油天然气股份有限公司董事长陈耕带队到香港路演

各部门负责人。10 月，机构、业务、资产和人员的分开分立工作完成，中国石油企业重组工作结束，涉及企事业单位 53 个、职工 156 万人、资产近 6000 亿元人民币。

1999 年 11 月 12 日，中国石油天然气股份有限公司向香港联合交易所上市部提交 H 股发行申请。12 月 23 日，国家经济贸易委员会发出《关于同意中国石油天然气股份有限公司转为境外募集公司的复函》，同意中国石油境外募集股份并上市。12 月 31 日，美国纽约股票交易所致函中国石油董事长马富才，同意中国石油提交的上市申请。2000 年 1 月 4 日，中国证券监督管理委员会批准中国石油发行境外上市外资股的申请。1 月 6 日，香港联合交易所上市委员会批准中国石油在香港发行 H 股的申请。当地时间 4 月 6 日，中国石油股票在美国纽约证券交易所挂牌上市。美国存托股（ADS）代号 PTR。4 月 7 日，中国石油股票在香港联合交易所挂牌上市，股票代号 0857。2007 年 11 月 5 日，中国石油 A 股股票在上海证券交易所挂牌上市，股票代号 601857。

稳健发展实践成效显著

2015 年集团公司领导干部会议提出“坚持稳健发展方针”。

2016 年 1 月 21 日，集团公司 2016 年工作会议明确“十三五”及今后一个时期稳健发展的指导思想、发展方针、发展战略和目标任务。

2017 年集团公司工作会议提出坚持“深化改革创新，推进稳健发展”的方针。

2018 年集团公司工作会议提出，今后一个时期的发展思路是：以习近平新时代中国特色社会主义思想为指导，深入贯彻落实党的十九大精神和新发展理念，紧紧围绕建设世界一流综合性国际能源公司目标，坚持党对国有企业的领导，坚持稳中求进工作总基调，坚持稳健发展方针，坚持资源、市场、国际化和创新战略，大力推动党的建设全面加强、主营业务稳健发展、企业形象持续提升、石油精神传承弘扬，把深化改革贯穿始终，加快

RENMIN RIBAO

人民网网址：http：// www. people. com. cn

2017年8月
13
星期日
丁酉年闰六月廿二
人民日报社出版
国内统一连续出版物号
CN 11-0065
代号1-1
第25236期
今日12版

困难条件下赢得主动 快速变革中抢占先机

创新助力中国石油稳健发展

本报北京8月12日电 （记者冉永平）近两三年来，国际油价从每桶100多美元最低狂跌至20多美元，并长期在低位徘徊。面对低油价压力，中国石油天然气集团公司全面实施创新战略，并通过科技、机制和管理等三大创新，实现了公司在困难条件下的稳健发展。近两年，在投资规模平均压减30%、结算油价下降35%的情况下，中石油累计实现营业收入3.87万亿元、利润1314亿元，上缴税费6506亿元，业绩完成情况在100多家央企中保持领先优势。

在中石油的三大创新中，科技创新是龙头。中国石油一直是国内石油技术的"实力派"，在大型油气田开发、煤层气开发、陆上深层、海洋深水、非常规油气勘探开发等方面拥有诸多核心技术。"十二五"期间，公司科技投入达到1400亿元，获得国家级科技奖励30项，获得授权专利17000多件，在中央企业中名列前茅，高于国际石油公司平均水平。如今，科技创新正结出累累硕果，如三元复合驱油技术创新大幅度提高了原油采收率，实现增油1400多万吨；超低渗透油气藏开发、高性能压裂液等核心技术创新，为长庆油田5000万吨高产稳产奠定了基础，而且成本降幅达到30%。

机制创新增活力。中石油大胆引进民营资本，变革营销模式，并通过"互联网+"战略，实现从传统的能源公司向创新型企业的转型。去年，中石油牵手阿里巴巴，双方在互联网支付、电子加油卡、互联网金融、会员共享、积分互换、联合营销等领域开展了多项合作。中石油还专门成立互联网科技公司，改造旗下成品油销售终端商业模式，将传统加油站打造成一站式"人·车·生活"生态圈，形成跨界联盟合作平台。这一系列体制机制的创新和改革，大大增强了企业的发展活力和后劲。

管理创新强基础。中石油在公司治理结构和管控模式上不断创新，努力优化。中石油坚持用信息技术推动管理创新，构建了覆盖全集团"横向集成、纵向贯通"的数字神经系统，初步实现了生产经营管理网络化、国内国外业务一体化、线下线上服务联动化，信息化应用水平在中央企业和国际石油公司中保持领先优势。"党建+"管理模式通过完善党建工作机制、明确党建工作责任、强化党建工作考核评价等措施，把党建与生产经营管理有机结合，把党的领导融入公司治理的各个环节，充分发挥了党组织的战斗堡垒作用，取得良好的效果。

中国石油天然气集团公司认为，创新发展需要持续发力、久久为功。下一步，中石油将在企业内部出台鼓励创新创业的指导意见，通过开展群众性创新创造活动，搭建创新孵化平台，营造"人人崇尚创新、人人希望创新、人人皆可创新"的良好氛围，使创新成为企业的价值取向，成为企业精神的重要内涵。

砥砺奋进的五年

2017年8月13日，《人民日报》发表《创新助力中国石油稳健发展》的报道

全面深化企业改革
推进公司稳健发展

质量变革、效率变革、动力变革，不断增强公司综合实力和全球竞争力，为全面建成小康社会、全面建设社会主义现代化国家做出积极贡献。

“十三五”开局之时，集团公司面临严峻形势。国际政治经济形势错综复杂，低油价风险已经成为影响公司生存发展的现实危机。国内经济发展进入新常态，油气需求增速放缓和市场竞争加剧给公司提质增效带来重大挑战。集团公司自身存在的突出矛盾和问题，对持续健康发展形成制约。集团公司党组在深刻分析发展大势、深刻总结公司发展实践的基础上，确定了“十三五”及今后一个时期发展的指导思想、发展方针、发展战略和目标任务，把“坚持稳健发展方针”提到首要位置。稳健发展的核心要义是坚持稳中求进，提高质量效益，实现可持续发展。主要内涵是统筹当前与长远，正确处理规模速度与质量效益、改革发展稳定、企业与各利益相关方等关系，在战略上保持发展思路目标的总体稳定，在战术上及时调整完善运营策略和工作机制，确保生产指标稳中有增，经营业绩稳定向好，各类风险平稳可控，发展环境稳定和谐，企业形象稳步好转，公司发展更加平稳、更加健康、更加可持续。

坚持稳健发展方针是中国石油党组从集团公司实际出发，对形势发展变化做出的重大决策，与中央稳中求进的工作总基调是高度一致的，符合“五大发展理念”的要求。经过近三年的砥砺奋进，2018 年集团公司基本走出了困境，实现了新的发展，各方面工作都发生了令人鼓舞的深刻变化。公司战略方向更加明确，党的领导作用更加突出，发展观念更加端正，改革步伐更加坚定，企业形象更加正面，应对风险挑战的经验更加丰富，队伍精神风貌更加积极向上。

扎实推动高质量发展

2018 年 7 月 30 日，集团公司领导干部会议提出，以习近平新时代中国特色社会主义思想为指导，深入贯彻中央关于推动高质量发展的决策部署，瞄准建设一流综合性国际能源公司的战略目标，坚持稳健发展方针，深入研究讨论和明确当前及今后一个时期推动集团公司高质量发展的思路目标及重点工作，动员全体干部员工团结一致、不懈奋斗，奋力开创新时代高质量发展新境界。

集团公司党组书记、董事长王宜林做题为《瞄准世界一流目标，坚持高质量发展方针，扎实推动集团公司高质量发展》的讲话，对为什么要推动高质量发展、推动高质量发展的基础条件与总体思路、怎样推动高质量发展、怎样切实发挥好党组织在推动高质量发展中的领导四个问题进行了深刻阐述。

王宜林指出，结合中国石油在国有经济中所处的重要地位和行业特点，集团公司高质量发展，就是立足于保障国家能源安全，保持质量第一、效益优先，推动高质量变革、效益变革、动力变革，实现业务发展高质量、发展动力高质量、发展基础高质量、运营水平高质量，建设具有全球竞争力的世界一流企业。

中共中国石油天然气集团有限公司党组文件

中油党组〔2018〕129号

中共中国石油天然气集团有限公司党组关于坚持稳健发展方针推动高质量发展的意见

各企事业单位党委，直属党委：

为深入贯彻习近平新时代中国特色社会主义思想和党的十九大精神，以及中央关于推动高质量发展的决策部署，坚持稳健发展方针，推动高质量发展，全面建设世界一流综合性国际能源公司，提出如下意见。

一、推动高质量发展的重大意义

（一）推动高质量发展，是贯彻落实中央决策部署、更好服务国家经济社会发展的必然要求

党的十九大作出了我国经济已由高速增长阶段转向高质量

— 1 —

2018年8月7日，《中共中国石油天然气集团有限公司党组关于坚持稳健发展方针推动高质量发展的意见》

集团公司2018年领导干部会议

王宜林要求，要正确认识稳健发展和高质量发展之间的关系，稳健发展是新时代统领公司全面工作的指导方针，是高质量发展的基本遵循，高质量发展是稳健发展的目标追求。推动高质量发展要突出创新引领，加快转换发展动能；突出整体协调，提升主营业务价值创新能力；突出绿色低碳，推动构建现代能源体系；突出开放合作，打造国际油气合作利益共同体；突出共建共享，巩固和谐稳定大局。

王宜林强调，推动高质量发展，是一场关系发展全局的深刻变革，是当前和今后一个时期集团公司的中心任务。要始终把坚持党的领导、加强党的建设贯穿工作的全过程，确保这场变革沿着正确方向向前推进。

全面落实“依法治企”体系建设

按照党中央全面推进依法治国的战略部署，中国石油加快建立科学完备的依法治企体系，加强法治能力建设，强化依法合规管理，保障企业和员工合法权益，努力建设法治企业。2002年3月19日，印发《中国石油天然气集团公司2002年普法依法治企工作要点》。深入学习贯彻新《安全生产法》和《环境保护法》，严格落实“党政同责、一岗双责、齐抓共管”责任体系，推进专业领域QHSE标准化管理，继续抓好油气管道等重

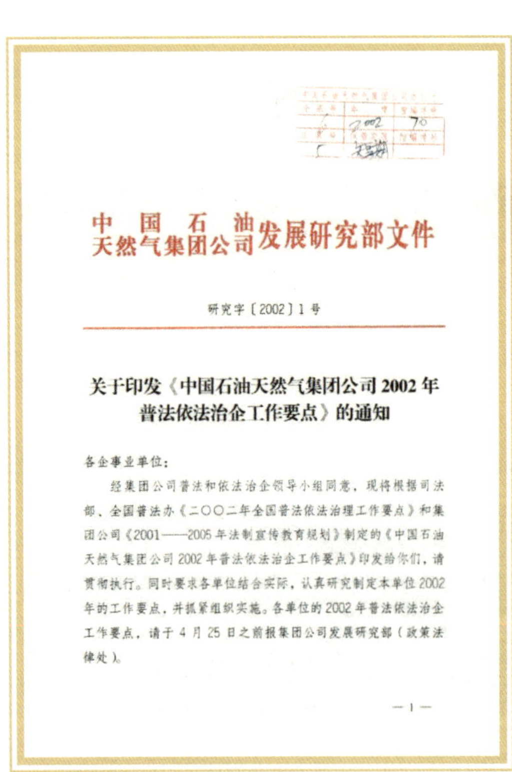

中国石油天然气集团公司发展研究部文件

研究字〔2002〕1号

关于印发《中国石油天然气集团公司2002年普法依法治企工作要点》的通知

各企事业单位：

经集团公司普法和依法治企领导小组同意，现将根据司法部、全国普法办《二〇〇二年全国普法依法治理工作要点》和集团公司《2001——2005年法制宣传教育规划》制定的《中国石油天然气集团公司2002年普法依法治企工作要点》印发给你们，请贯彻执行。同时要求各单位结合实际，认真研究制定本单位2002年的工作要点，并抓紧组织实施。各单位的2002年普法依法治企工作要点，请于4月25日之前报集团公司发展研究部（政策法律处）。

— 1 —

2002年3月19日，关于印发《中国石油天然气集团公司2002年普法依法治企工作要点》的通知

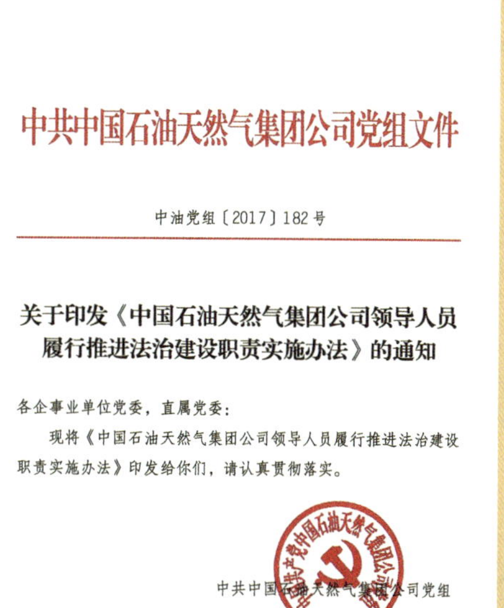
中共中国石油天然气集团公司党组文件

中油党组〔2017〕182号

关于印发《中国石油天然气集团公司领导人员履行推进法治建设职责实施办法》的通知

各企事业单位党委，直属党委：

现将《中国石油天然气集团公司领导人员履行推进法治建设职责实施办法》印发给你们，请认真贯彻落实。

中共中国石油天然气集团公司党组

2017年9月22日

（此件内部公开发布）

—1—

2017年9月22日，关于印发《中国石油天然气集团公司领导人员履行推进法治建设职责实施办法》的通知

点领域隐患治理和安全环保监管，落实污染减排各项措施，依法依规严肃处理未批先建、未验先投、超范围建设和“三违”行为，建立完善全覆盖的安全环保监督体系和全员安全绩效考核机制，坚决杜绝重大安全生产事故和环境污染事件，实现安全环保形势根本好转。坚持用法治思维和法治方式化解矛盾、解决问题、维护稳定，引导各类群体理性表达诉求，严格落实维稳领导责任，完善维稳工作流程，把信访工作、矛盾调处、事件处置等全面纳入法治化轨道；深入推进矿区社会治理，落实政府惠民政策，努力改善职工生活条件，改进扶贫帮困机制，推进社区居民自治，努力建设和谐油区、安定矿区。

2017年9月22日，集团公司党组印发《中国石油天然气集团公司领导人员履行推进法治建设职责实施办法》，将法治建设纳入各级领导人员职责范畴，为深化法治建设、打造法治企业提供重要遵循，公司依法治企迈入机制化轨道。

集团公司党组将依法治企作为实现高质量发展、稳健发展的重要保障，对法治建设高度重视。公司依法治企工作坚持“领导干部是关键，制度建设是根本，守法合规是底线，法律业务是保障，法治文化是引领”的基本思路，系统组织，整体推动，取得明显成效。实施以下“八个着力”。

着力抓工作部署。先后在作出稳健发展、重塑形象、深化改革、推进高质量发展等全局性重大决策中，都把法治建设作为主要内容和重要保障，集团公司工作会议、领导干

部会议都对法治建设作出部署，提出要求。

着力抓组织领导。党组会议听取法治建设专题汇报，就进一步加强法治建设重点工作提出要求。成立法治建设领导小组，由主要领导任组长，强化法治建设领导。集团公司总经理分管法律工作，出席法律工作会议并对法治建设重点工作提出要求。

着力抓顶层设计。制定印发集团公司《全面推进依法治企指导意见》，推进法治建设和企业总法律顾问制度进章程，强化依法治企在治理管控中的定位。

着力抓法治学习。建立集团公司党组中心组定期学法制度，先后组织全面依法治国方略、合规管理以及《安全生产法》《环境保护法》《宪法》等法治知识专题学习。各级领导带头撰写辅导文章，汇编成册印发干部员工学习。

着力抓重点事项。集团公司党组会、董事会讨论审议涉法事项要求总法律顾问列席，听取法律意见。重要制度通过董事长办公会审议决策。对合规管理、体系融合、案件处理、合同问题治理等专项工作，通过专题会议和作出批示等方式强化指导，明确要求，督促落实。

着力抓日常管理。将守法合规作为组织推进改革发展稳定各项工作的重要前提，把落实法治建设要求贯穿到行权履职全过程，做到"重要会议必讲，重大事项必讲，调研检查必讲"，推进法治建设要求转化为经营管理实践。

着力抓力量保障。在集团公司和重要子企业施行总法律顾问制度的基础上，下发文件要求所属企业全部配备总法律顾问。集团公司和所属生产经营企业设法律事务机构。加强法律人员队伍建设，配备专职法律人员1300余人，资格率保持在80%以上。

着力抓考核督促。把"依法合规经营"纳入绩效考核，与所属企业主要领导业绩奖金和工资总额挂钩。扣分上限由5分提高到10分，考核对象由所属企业拓展到专业公司，依据标准先后对多家企业给予考核扣分，实现严考核、硬兑现。

深化改革搭建"1+N"基础框架

党的十八大以来，中国石油全面贯彻落实党中央、国务院关于深化国有企业改革和油气体制改革的决策部署，围绕建设世界一流综合性国际能源公司目标，全面推进深化改革，按照坚持战略引领、坚持市场化方向、坚持党的领导的原则，突出问题导向、突出顶层设计、突出稳准要求，强化统筹协调，陆续出台了一批具有重大牵引作用、具有"四梁八柱"性质的专项改革方案，在完善现代企业制度、优化管理体制、推进供给侧结构性改革、发展混合所有制经济等方面，积极稳妥地推进实施了一系列深化改革举措，取得了明显成效，改革工作呈现出全面发力、多点突破、蹄疾步稳的良好态势。

集团层面改革基础框架基本搭建。建立健全集团公司改革领导机构和工作机制，先后召开26次全面深化改革领导小组会议，多次召开党组会和董事会会议，研究审议重大改革议题，安排部署160多项改革任务和重要举措，实现了重点改革任务统筹谋划、前后接续、梯次推进。坚持问题导向，突出稳准原则，围绕推进公司治理体系和管控能力现代化国际化目标，制定实施公司全面深化改革实施意见和"十三五"改革专项规划，明确公

宝石机械公司出口阿联酋的300英尺自升式海洋钻井平台

司改革的总体思路、目标和路径，力争到2020年在改革重要领域和关键环节取得决定性成果，形成与世界一流综合性国际能源公司相适应的管理体制和运行机制，打造更加开放、更有效率、更可持续的中国石油。陆续出台管理体制、市场化机制、人事劳动分配制度、科技体制机制、资产结构调整优化、混合所有制、矿区服务业务、党的建设制度等8个领域具有“四梁八柱”性质的改革方案，形成公司全面深化改革的顶层设计。

在具体实施中，认真贯彻落实国家“一带一路”倡议，制定海外油气业务体制机制改革框架方案，推动海外油气业务增强核心竞争力、加强党建和纪检监察工作，带动和提升集团公司国际化水平。持续加大专业化重组力度，重组组建了五个大型专业化子公司。加快内部市场化改革，健全完善上下游价格传导机制、市场化运营配套激励机制、内外部市场化衔接机制，有效实现公司综合一体化协同优势。持续推进简政放权，总部机关分四批调整下放管理审批权限95项，12家企业实施扩大经营自主权改革试点，5家装备制造企业推行“五自”经营改革，企业独立的市场主体地位更加突出。按照“职能优化、精干高效、简政放权、做实共享”原则，推进总部机关职能优化和机构改革，压缩机关编制和处室总量20%，形成“定位清晰、权责对等、运转高效”的总部机关。专题召开深化人事劳动分配制度改革推进会，制定进一步深化三项制度改革“1+6”政策文件，探索收入能增能减和员工能进能出机制，开展工资总额预算试点，严把人员入口，妥善分流富余人员。推进7家科研院所和40家企业科研机构专业技术岗位序列改革，人才发展机制进一步完善。

持续深化供给侧结构性改革

为认真贯彻党中央、国务院关于提质增效的决策部署，2016年11月16日集团公司印发《中国石油天然气集团公司处置“僵尸企业”和开展特困企业专项治理工作方案》的通知，实施开展开源节流降本增效措施，立足重点环节制定实施措施和配套激励政策，全员全方位全过程提质增效，为集团公司生产经营平稳运行、完成国务院国资委下达的稳增长任务做出重要贡献。严控投资规模，按照优先发展勘探开发业务、有效发展炼化与销售业务、加快发展天然气与管道业务、协调发展服务业务的定位安排投资，投资规模连续3年大幅下降。坚持内涵式发展，加快业务结构调整，做好关停部分小型炼油厂后续工作，淘汰落后炼能1105万吨/年。扎实推进亏损企业治理、“僵尸企业”处置和特困企业治理、压减法人层级和法人户数、降杠杆减负债等专项工作，均超额完成任务目标。加大低效无效资产处置力度，剥离宾馆酒店等非核心业务资产，完成宾馆酒店和驻外办事处专项整改。坚持市场化发展方向，有效推进矿区业务改革，累计完成134万户供暖、138万户供水、134万户供电、134万户物业分离移交，总体完成率98%，矿区成本费用连续3年下降。

中国石油天然气集团公司文件

中油企管〔2016〕468号

关于印发《中国石油天然气集团公司处置“僵尸企业”和开展特困企业专项治理工作方案》的通知

各有关单位：

现将《中国石油天然气集团公司处置“僵尸企业”和开展特困企业专项治理工作方案》印发给你们，请依照执行。

工作实施过程中，各企事业单位作为处置“僵尸企业”和开展特困企业专项治理工作的责任主体，要加强组织领导，细化工作方案，层层落实责任，有效传递压力，加强过程控制，确保按

—1—

2016年11月16日，关于印发《中国石油天然气集团公司处置“僵尸企业”和开展特困企业专项治理工作方案》的通知

深化油气勘查开采机制改革

中国石油坚持国内勘探开发业务“优先发展”战略定位，专题研究部署增储上产措施举措。稳步推进油气勘查开采改革，研究制定《矿权内部流转与考核评价管理办法》，从流转对象、流转方式、流转运行、流转考核等方面规范矿权内部流转管理，首批 16 个探、采矿权实现内部流转。2012 年与新疆能源、新疆生产建设兵团合作勘探开采红山油田，2015 年与阿克苏地区鹏达公司共同开发塔中西部油气资源，创新与地方企业在上游产业的合作模式，探索资源开发惠及地方的运行机制。积极探索非常规油气资源等领域合资合作，整合中央企业、省属国有企业、民营企业等各方资源、资金、管理和技术优势，2013 年合资成立四川长宁天然气开发公司、2014 年成立重庆页岩气勘探开发公司、2017 年成立四川页岩气勘探开发公司等企业，通过市场化运作机制，探寻非常规油气资源合作勘查开采的实现方式和途径，推动非常规油气资源向产业化、规模化发展。

页岩气长宁 H3 钻井平台作业现场

部署炼化业务转型升级

2017年7月18—19日，集团公司召开炼化业务转型升级研讨会，落实党中央国务院《关于深化石油天然气体制改革的若干意见》，将炼化业务转型升级推向深入。会议部署炼化业务转型升级重点抓好三项工作。

从战略上定位炼化业务的转型升级。集团公司炼化业务转型升级要坚持稳健发展方针，按照整体协调发展、打造完整产业链的原则，坚持炼油化工一体化方向，巩固提高市场份额，持续提升竞争力。

把握好炼化业务转型升级的原则。对于老企业要坚持整体统筹，重点做好国内外资源优化、勘探开发和炼油化工等上下游业务、新老企业、炼销产业链、区域、企地关系等统筹。对于新项目要突出结构优化，紧盯市场，将炼化业务转型与供给侧结构性改革结合起来，坚持大型化、一体化、基地化、园区化建设方向。

扎实制定炼化业务转型升级的具体措施。优化资源配置，向炼化一体、特色加工、高效利用配置，提升上下游整体创效能力；优化产品结构，顺应发展环境和市场变化需求，灵活组织生产，发挥资源优势，努力实现产品结构调整常态化，化工产品结构向高端化、精细化发展；优化组织运营，科学组织，抓好节能降耗、安全环保、设备改造和隐患治理等工作，持续提升风险管控水平；优化方案设计，牢固树立“今天的投资就是明天的成本”理念，持续加大力度降低建设成本、加工成本和人工成本；推进改革创新，努力推进降本增效，持续提升内生动力。

中國石油報

CHINA PETROLEUM DAILY

2017年7月20日

集团公司召开炼化业务转型升级研讨会

王宜林在讲话中强调，坚持稳健发展方针，主动作为、统筹谋划，立足当前、着眼长远，按照整体协调发展、打造完整产业链的原则，坚持炼油化工一体化方向，巩固扩大市场份额，持续提升炼化业务竞争力　章建华主持

展示新成就　喜迎十九大

江苏销售　调结构　补短板　抓对标

业绩攀新高

2017年7月20日，《中国石油报》报道集团公司召开炼化业务转型升级研讨会

成品油销售业务体制改革

1998年5月，为加强油品销售管理，总公司决定成立中国石油天然气销售公司东北、西北、华东、西南4个大区公司筹备组。根据国务院关于组建中国石油和中国石化两大集团公司的方案，内蒙古、辽宁、吉林、黑龙江、重庆、四川、西藏、陕西、甘肃、宁夏、青海、新疆等12省（自治区、直辖市）和大连石油公司及上述公司所属各级石油公司和加油站，以及中国石化所属沈阳、哈尔滨、西北、宝鸡、吉林等5个销售公司划归中国石油。7月，组建中国石油销售西北公司。10月，组建中国石油销售东北公司。11月，根据集团公司原油、天然气、成品油经营销售业务发展的需要，在原中国石油天然气销售公司的基础上成立中国石油销售总公司。

1999年1月至5月，中国石油销售总公司先后组建西南、华东、华北3个地区公司和大连海运1个专业化公司。至此，形成了依托东北、西北2个大区公司规范区内经营、协调资源运作，依靠华北、华东、西南3个大区公司统一开拓区外市场，依靠大连海运公司保障成品油大流通战略实施的较为完善的销售运行体系。6月，集团公司全面启动重组改制和上市工作，先后对包括中国石油销售总公司在内的20个销售企业及其所属各级石油公司和加油站进行重组改制。11月炼化与销售公司成立，12月更名为炼化与销售分公司。

2000年4月，股份公司撤销炼化与销售分公司，分别设立化工与销售分公司、炼油与销售分公司。炼油与销售分公司归口管理东北、西北、华东、华北、黑龙江、吉林、辽宁、大连、内蒙古、宁夏、甘肃、陕西、青海、新疆、四川、重庆、西藏等18个销售分公司

提高油库使用效率，保障市场供应

和大连海运公司。2001 年 3 月，股份公司设立中国石油销售有限责任公司，对内与炼油与销售分公司一套机构。

2007 年 11 月，股份公司对炼油与销售分公司和化工与销售分公司实施重组，归并炼油化工生产和化工产品销售组织管理职能，将成品油销售与炼油业务分离，成立股份公司销售分公司，并继续保留中国石油销售有限责任公司牌子。2008 年 11 月至 2010 年 9 月，股份公司先后调整华东、华中、华南、西南、华北等销售公司管理体制，原归属大区公司管辖的上海、浙江、江苏、安徽、江西、广东、福建、河南、湖北、湖南、云南、广西、贵州、山西、北京、天津、河北、海南等销售公司相继上划股份公司直接管理，业务归口销售分公司管理。

经过 20 年改革创新发展，销售业务逐渐搭建了依托东北、西北公司统筹资源组织，区内公司规范运营、区外公司开拓市场，海运公司负责东北下海油品运输，燃料油、润滑油公司负责小产品、润滑油专业化经营的较为完善的油品销售体系。

天然气销售管理与油气管道业务体制改革

2016 年 9 月，为贯彻国家石油天然气管道网运分开要求，集团公司第 12 次深改组会议通过《中国石油天然气集团公司天然气销售管理体制改革方案》，11 月印发《关于天然气销售与管道业务体制调整的通知》，组建中石油管道有限责任公司（简称中油管道

中国石油天然气集团公司全面深化改革领导小组文件

改革〔2016〕6号

关于印发《中国石油天然气集团公司天然气销售管理体制改革方案》的通知

总部各部门、相关专业分公司及企事业单位：

《中国石油天然气集团公司天然气销售管理体制改革方案》已经集团公司全面深化改革领导小组第十二次会议审议通过，现予以印发。

本方案是适应国家油气体制改革要求和国内天然气市场竞争需要、加快把天然气业务打造为集团公司战略性、成长性业务的重要改革方案，对推动天然气销售业务持续快速健康发展具有重要意义。相关专业分公司及单位、总部相关部门要切实组织好

— 1 —

2016 年 9 月 29 日，关于印发《中国石油天然气集团公司天然气销售管理体制改革方案》的通知

中国石油天然气股份有限公司文件

石油人事〔2016〕333号

关于天然气销售与管道业务体制调整的通知

各企事业单位：

根据公司发展战略，为建立完善符合天然气销售特点的体制机制，加强管道专业化运营管理，统筹资源配置，优化业务布局，提升整体实力，实现公司整体效益最大化，结合天然气销售管理体制改革方案和企业实际，经研究，决定调整天然气销售与管道业务管理体制，做实天然气销售分公司和中石油管道有限公司（以下简称中油管道）。现就有关事项通知如下：

一、做实天然气销售分公司

（一）职能定位及管理架构

天然气销售业务实行“天然气销售分公司—区域天然气销售

— 1 —

2016年11月25日，股份公司《关于天然气销售与管道业务体制调整的通知》

公司），管理中国石油境内所属天然气干线、支干线及原油、成品油管道业务；组建1家专业公司和5家区域分公司，管理天然气销售业务，实现油气管输和天然气销售业务分开运营。对社会公布主要管道信息，大力推进油气管网设施社会化、市场化。持续开展管道资产重组与合资合作，整合东部管道公司、管道联合公司、西北联合管道公司的管道资产，引入国联基金、泰康人寿等社会资本，逐步打造股权多元的投资主体和运营主体，为第三方公平接入创造条件。成立天然气储备气分公司，统筹管理储气库建设和运营，承担天然气战略储备、代储代采、季节调峰和应急调节责任，实施独立运营、单独核算，为储气库设施向第三方公平开放打下坚实基础。

中油管道公司作为股份公司控股子公司，是股份公司管道资产管理、运营及投融资平台，对股份公司境内所属天然气干线、支干线以及原油、成品油长输管道业务进行集中调控、区域化管理。下设西气东输分公司、西部分公司、北方分公司三家区域分公司及全资子公司中石油西北联合管道有限公司。同时受托管理股份公司所属北京油气调控中心、管道分公司、西南管道分公司及中石油北京天然气管道有限公司。

截至2017年底，中油管道公司所辖在役油气管道总里程57735.6千米，其中：天然气管道37129.9千米，原油管道10615.3千米，成品油管道9990.3千米；天然气、原油、成品油管网一次管输能力分别达到1785亿米^3/年、1.56亿吨/年和5200万吨/年。

按照集团公司有关工作部署，2016 年在原天然气与管道板块的基础上，组建天然气销售板块——天然气销售分公司。积极推进改革，注册成立 5 家区域销售分公司和储备气分公司，2017 年 1 月 1 日起天然气销售业务按新体制组织生产运行，相继成立 5 大区域天然气销售公司。北方分公司以华北天然气销售分公司为基础，划入管道销售分公司天然气业务，整合大庆、辽河、吉林天然气销售业务，经营区域为黑吉辽、京津冀晋、内蒙古东部八省区，2017 年 1 月 10 日在北京正式挂牌成立。东部分公司以西气东输分公司负责西气东输一线东段销售机构为基础组建，负责苏浙沪、鲁豫皖六省市业务。2017 年 1 月 1 日，东部分公司正式运行。西部分公司以西部管道销售分公司天然气业务为基础，整合天然气销售塔里木、长庆、 青海分公司组建，负责陕甘宁、青新藏、内蒙古西部七省区业务，2016 年 12 月在乌鲁木齐注册成立，2017 年 1 月 1 日正式运行。西南分公司以天然气销售西南分公司为基础，划入西南管道销售分公司天然气业务组建，负责川渝、滇黔桂五省区业务，保持现行管理体制不变，行政上由西南油气田分公司负责管理，业务上接受天然气销售分公司管理考核。南方分公司以西气东输分公司西气东输二线东段、忠武线销售机构为基础组建，负责湘鄂赣、粤琼五省及香港特别行政区业务，2016 年 12 月 22 日注册成立，2017 年 1 月 1 日正式运行。本次改革成立的储备气分公司，对中国石油旗下储气库业务进行专业化管理。截至 2017 年底，天然气年销售量达 1522 亿立方米，年均增长 16%，市场范围从以油气田周边为主拓展到 31 个省（自治区、直辖市）及香港特别行政区，覆盖我国 7 成以上地级市主城区，市场占有率 64.7%。

工程技术服务业务持续重组

中国石油的工程技术服务系统，2002 年以前除物探局外，与油气田企业是共生共存的整体，是油气田业务的组成部分。其国际业务通过中石油国际工程公司下属的长城钻探、中油测井公司开展。2002 年整合重组中国石油所属大部分物探和测井单位，成立了东方地球物理勘探公司和测井有限公司。2004 年组建海洋工程有限公司。2007 年底至 2008 年初，整合各油田的物探、钻井、钻井技术服务、测井、录井、地质研究、井下作业、国际业务等工程技术服务单位，按区域成立西部钻探、长城钻探、渤海钻探、川庆钻探、大庆钻探五个钻探工程有限公司，五大钻探按区域市场划分分别负责开展国际业务。

2017 年 12 月，集团公司工程技术服务系统再次重组，组建中国石油集团油田技术服务有限公司（简称中油油服），列集团公司专业公司序列，管理中国石油集团西部钻探工程有限公司、长城钻探工程有限公司、渤海钻探工程有限公司、川庆钻探工程有限公司、东方地球物理勘探有限责任公司、测井有限公司、海洋工程有限公司 7 家子公司。同时负责集团公司所属其他工程技术服务企业（大庆钻探工程公司）、科研机构的业务管理、指导与协调。中油油服作为市场主体、利润中心和经营管理中心，在集团公司总

中國石油報
CHINA PETROLEUM DAILY
2017年12月28日

中国石油厚植中东发展优势

集团公司召开董事长办公会议

王宜林主持，会议审议《集团公司装备管理办法（试行）》、有关LNG应急调峰站项目可研报告等议案

玛湖特大型油田相关理论技术成果鉴定会在京举行

巩固改革成果 实现稳健发展

集团公司企业管理体系融合新一轮试点启动

集团公司工程技术业务改革迈出重大步伐

物探测井油建业务圆满完成重组交接

2017年12月28日，《中国石油报》报道集团公司工程技术业务改革迈出重大步伐

部授权和相关业务部门的指导下保持自主经营运作的独立性，对所属子公司以“战略管控＋部分运营管控”模式进行分级授权管理，主要承担决策、协调、监督、党建和服务五类职能。

中油油服组建后，西部钻探、长城钻探、渤海钻探、川庆钻探、东方物探、测井公司、海洋工程公司作为其子公司开展业务，总部设立14个职能部门，专门设立国际事业部统筹管理国际业务。按照专业化、集约化管理原则推进专业化持续重组，进一步整合物探、测井业务；将川庆钻探、大庆钻探的物探业务划入东方物探。将大庆钻探、西部钻探、渤海钻探、川庆钻探的国内外测井业务，以及长城钻探的国内测井业务，进行进一步重组整合，并入测井公司。在测井公司成立中油油服测井技术研究院。移交工程技术企业的矿区、“三供一业”、工程建设等非主营业务。优化整合油田技术服务科研资源，重组整合钻井工程技术研究院、休斯敦研究中心，组建中国石油集团工程技术研究院有限公司（中油油服工程技术研究院）。通过对油田技术服务优质资源的重组整合、管理体制、机制的调整，专业化管理进一步深化；整体优势、一体化优势得到充分发挥，资源共享与协作机制更加完善，中国石油油服运营效率大幅提高，市场竞争力和市场影响力进一步增强。

中油工程接力登陆国内A股市场

为落实党中央和国务院《关于国有企业发展混合所有制经济的意见》，深化国有企业改革，2016年4月25日集团公司启动中油工程上市工作，通过重大资产重组方式，将工程建设核心优质业务注入下属上市公司 *ST 天利高新 (600339.SH)，并将天利高新更名

中國石油報
CHINA PETROLEUM DAILY
2017年2月20日

国务院安委办下发通知要求
加强"两会"期间安全生产工作

中国石油与阿国家石油公司签订合作协议

王宜林、贾贝尔分别代表双方签字。标志着中国石油与阿布扎比国家石油公司互利共赢的全面战略合作迈入新阶段

中油工程接力登陆A股市场
中国石油集团资产整合加速 三大上市平台格局初显

一举扭转连续20个月负增长
中国石化行业"十三五"开局好于预期

今日导读
西部高原"护龙人"

"旭航"助学 获评"搜索中国正能量点赞2016"优秀精准扶贫项目

2017 年 2 月 20 日，《中国石油报》报道中油工程接力登陆 A 股市场

为中国石油集团工程股份有限公司（简称中油工程），作为工程建设业务的上市平台。2016 年 12 月 26 日交割。2017 年 1 月 17 日工程建设完成 60 亿元的 1 年期竞价配套融资；2 月 17 日中油工程重组更名暨上市仪式在上海证券交易所举行，宣告这一重大资产重组暨上市圆满完成。9 个月内实现工程建设业务的快速上市，是集团公司 2016 年全面深化改革五项重点工作之一，并被国家发改委纳入混合所有制改革试点，对于减少工程建设板块内部同业竞争，解决重复投入、业务同质化起到积极作用。

中国石油集团工程股份有限公司是中国石油天然气集团有限公司控股的中国最大的石油工程综合服务商。公司主要面向国内外石油化工工程市场提供全产业链的"一站式"综合服务，业务范围覆盖油气田地面工程、炼油化工工程、油气储运工程、LNG 工程、非常规油气地面工程、煤化工工程、海洋石油工程等上中下游工程全产业链；服务能力涵盖项目咨询、FEED、项目管理、设计、采购、施工、开车、试运、生产服务、培训及保运、投融资服务等全价值链。重组上市后的中油工程，业务分布在国内 28 个省（自治区、直辖市）及海外 29 个国家和地区，成为亚洲最大、全球前十的石油工程建设公司。在美国工程新闻纪录杂志（Engineering News- Record，简称 ENR）发布的 2018 年度国际承包商 250 强中位列第 33 名，其中在上榜中国企业中排名第 8；在全球承包商 250 强中位列第 42 名，其中在上榜中国企业中排名第 17。中油工程在商务部发布的《2017 年我国对外承包工程业务新签合同额前 100 家企业》中位居第 10；在 2017 年度、2018 年度《财富》中国 500 强企业中，分别位列第 131 位和 147 位。

中油资本在国内 A 股市场成功上市

为落实党中央和国务院《关于国有企业发展混合所有制经济的意见》，深化国有企业改革，2016 年 4 月 25 日，集团公司金融上市项目同时启动；12 月 26 日，完成交割；12 月 28 日，完成 190 亿元的 3 年期定价配套融资，9 个月内实现金融业务的快速上市。

集团公司通过重大资产重组方式，将所属的中国石油集团资本有限责任公司（以下简称中油资本）100% 股权注入下属上市公司 *ST 济柴（000617.SZ），实现金融业务板块整合上市。中油资本是中国石油所属的综合性金融管理公司，持有中油财务公司、昆仑银行、昆仑金融租赁、昆仑信托、中意人寿等 10 家金融公司股权。

于 2017 年初更名的国内 A 股上市公司，更名后公司证券代码保持不变，公司证券简称为“中油资本”。在中国证监会、银监会、保监会、国务院国资委以及深交所等有关方面的大力支持下，2017 年 2 月 10 日在深圳证券交易所 A 股市场成功上市。中油资本作为中国石油天然气集团公司金融业务管理的专业化公司，是中国石油金融业务整合、金融股权投资、金融资产监管、金融风险管控的平台，持有中油财务、昆仑银行、昆仑金融租赁、昆仑信托、中意人寿保险、中意财产保险、中石油专属财产保险、昆仑保险经纪、中银国际证券、中债信用增进投资等公司股权，业务范围涵盖财务公司、银行、金融租赁、信托、保险、保险经纪、证券等多项金融业务，成为全方位综合性金融业务公司。截至 2017 年底，中油资本总市值在深交所排名前 5 位。

中国石油報
CHINA PETROLEUM DAILY
2017年2月13日

抚顺石化积极开辟“第二战场”
石蜡产品成为新的效益增长点

优化布局精细管理 提高经营创效水平
章建华赴湖北销售工作调研时强调

吉林油田启动三年生产经营策略调整计划
剑指“三大矛盾”“五大难题”

贯彻集团公司工作会议精神 · 企业行动

雪战准噶尔

中油资本成功登陆中国A股市场
重组更名仪式在深交所举行

2017 年 2 月 13 日，《中国石油报》报道中油资本成功登陆中国 A 股市场

石油企业财会制度改革

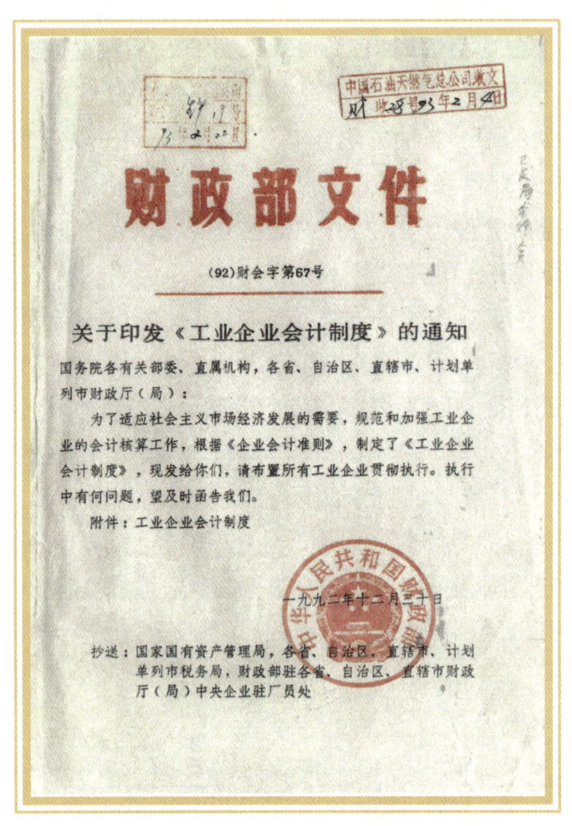

中国石油天然气总公司收文
财 收 28 号 93 年 2 月 4 日

财政部文件

(92)财会字第67号

关于印发《工业企业会计制度》的通知

国务院各有关部委、直属机构，各省、自治区、直辖市、计划单列市财政厅（局）：

为了适应社会主义市场经济发展的需要，规范和加强工业企业的会计核算工作，根据《企业会计准则》，制定了《工业企业会计制度》，现发给你们，请布置所有工业企业贯彻执行。执行中有何问题，望及时函告我们。

附件：工业企业会计制度

一九九二年十二月三十日

抄送：国家国有资产管理局，各省、自治区、直辖市、计划单列市税务局，财政部驻各省、自治区、直辖市财政厅（局）中央企业驻厂员处

1992 年 12 月 30 日，关于印发《工业企业会计制度》的通知

1992 年 12 月，财政部发布实施《工业企业财务制度》和《工业企业会计制度》。石油企业按规定建立了资本金制度，企业使用的经常性和非经常性资金陆续转为资本金，原来按资金来源分开管理的地质勘探、基本建设和工业生产 3 套账合并为一套账。1994 年财税制度改革和油价并轨后，国家取消了勘探开发基金政策，允许石油企业用税后利润投资勘探开发建设，形成的固定资产转为资本公积金；取消固定资金、流动资金、大修理基金等专用资金，允许企业自主支配使用资金；完善企业利润分配制度，统一国内企业所得税，实行税利分流，取消利润包干和单项留利，取消调节税、能源交通建设基金和预算调节基金。这次财会制度改革进一步规范了国家和石油企业的分配关系，落实了石油企业资金使用权，对石油工业改革发展起到了十分重要的促进作用。

财务信息化建设与创新改革

中国石油财务信息化工作起步于 1995 年，伴随着公司财务管理体制变革和不同时期的重点任务，财务管理信息系统经历了从多样到统一、从分散到集中、从集中再到集成的跨越，在强化会计集中核算、实施资金精细化管控、提升决策支持能力等方面发挥了积极作用。

1997 年，将地区公司所使用的上百种记账软件统一为财务管理信息系统（FMIS）。财务管理信息系统是中国石油打造的拥有自主知识产权的软件产品，有效支持了“一全面、三集中”财务管理体制运行。

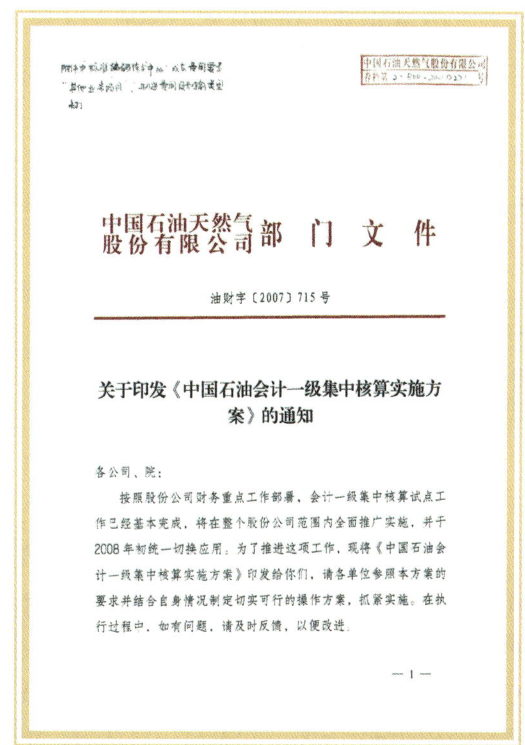

中国石油天然气股份有限公司

中国石油天然气股份有限公司部门文件

油财字〔2007〕715号

关于印发《中国石油会计一级集中核算实施方案》的通知

各公司、院：

按照股份公司财务重点工作部署，会计一级集中核算试点工作已经基本完成，将在整个股份公司范围内全面推广实施，并于2008年初统一切换应用。为了推进这项工作，现将《中国石油会计一级集中核算实施方案》印发给你们，请各单位参照本方案的要求并结合自身情况制定切实可行的操作方案，抓紧实施。在执行过程中，如有问题，请及时反馈，以便改进。

— 1 —

2007年9月11日，关于印发《中国石油会计一级集中核算实施方案》的通知

开创性地实施会计一级集中核算，实现财务会计工作重大跨越。会计一级集中核算项目是集团公司“十一五”信息化总体规划的重要组成部分，于2006年启动，2008年1月全面上线。会计一级集中核算搭建了公司财务管理的共享信息平台，会计账套由2700多个合并为1个，财务报告流程从7层压缩为1层，管理范围延伸到每个区块、装置、加油站。会计一级集中核算实现了“表抵法”向“账抵法”转变，解决了世界性报表合并难题，在国际上处于领先地位。项目荣获第十二届全国企业管理现代化创新成果一等奖。财政部领导充分肯定会计一级集中核算在中国乃至世界财务信息化管理中的领先地位，指出中国石油会计一级集中核算系统是推进公司内部控制战略、企业会计管理现代化战略、会计理论研究繁荣化战略的一个突破性创举，不仅在中国企业界、会计界是个突破，而且在国际各大跨国企业和大石油公司中也极具创新意义。中国石油会计一级集中核算系统成功运行做到了“五个实现”，取得了“五个创新”的高度评价。“五个实现”即实现了会计信息系统与业务管理系统的有机结合，实现了财务会计与管理会计的有机结合，实现了会计准则执行、内控规范实施和会计信息化建设的有机结合，实现了会计人员与信息技术人员的有机结合，实现了分部管理与总部管理的有机结合。“五个创新”，即核算标准创新、并表方法创新、软件发展创新、系统集成创新、数据集中创新。

创造性地实施 ERP 与 FMIS 融合，实现财务信息化由集中向集成的重要跨越。融合项目于 2008 年启动，历时 3 年，完成 114 家单位推广实施。融合实施后，集成凭证占凭证总量 80%，财务业务一体化程度显著提高，促进了价值链与业务链的相互渗透，提升了过程管控能力。融合项目继承 FMIS 成熟资源和创新思想，集成 ERP 管理理念，创造性地解决了信息系统建设中“继承”与“发展”的难题，巩固了会计一级集中核算成果，缩短了 ERP 项目建设周期，降低了 ERP 建设的风险和成本，是中国石油财务管理信息化发展的又一重要里程碑。

“十三五”及未来一段时间，按照构建“一全面、三集中、两平台、六转型”新型财务管理模式的要求，结合公司建设“共享中国石油”的信息化总体战略，财务信息化建设将迈入以共享为核心的发展新阶。

财务共享服务建设与财务管控体系改革

按照集团公司党组关于深化管理体制改革的总体部署和推进共享服务的整体安排，中国石油财务共享建设自 2012 年启动，历经 5 年时间，先后实地考察了国内外 10 余家公司，研究了近 20 家公司共享案例，组建了由总部、专业公司、地区公司和国际咨询机构组成的工作团队，设计了包括战略框架、业务流程、组织人员、标准体系、信息系统、服务运营等在内的设计方案。专家组一致认为，中国石油财务共享设计方案全面、先进、科学、可行，全球化、智能化特征显著，能够指导中国石油财务共享服务中心的建设工作，将对国内特大型企业集团财务共享服务建设工作起到良好的示范作用。

中国石油财务共享服务建设以“打造世界一流的智能型全球财务共享服务体系”为愿景，以更好地为公司、员工、合作伙伴提供优质服务，推动财务转型，为公司合规经营保驾护航，为公司创造价值为使命，具有交易处理中心、创新中心和专家中心三大功能定位，“十四五”末基本达到世界一流水平。共享建成后，总部财务、专业公司和地区公司财务、共享服务中心分别承担战略财务、业务财务、共享财务职能，形成“四位一体”的新型财务管理体系。2017 年 11 月 15 日，财务共享服务试点在西安上线运行。试点工作实现了财务共享服务体系建设的第一阶段目标，形成了可复制、可推广的模板和经验做法，为后续扩大试点和全面推广奠定了坚实的基础。

开源节流降本增效价值工程建设

集团公司党组把开源节流降本增效作为推进高质量稳健发展的重要抓手，集团公司主要领导高度重视，财务部作为此项工作的牵头部门，加强统筹协调，总部各部门健全配套激励政策。各专业公司采取召开工作推进会、现场会和派驻工作组等方式加强督导。各企事业单位强化组织协调，细化方案措施，层层抓落实。通过公司上下共同努力，取得了丰

中国石油天然气集团公司文件

中油财务〔2016〕43号

关于印发《中国石油天然气集团公司关于持续深入开展开源节流降本增效工作的措施意见》的通知

总部各部门，各专业分公司，各企事业单位：

为全力应对低油价冲击，努力实现稳健发展和“十三五”良好开局，研究制定了《中国石油天然气集团公司关于持续深入开展开源节流降本增效工作的措施意见》（以下简称《措施意见》），现印发给你们，请依照执行。

各部门、各单位要高度重视、强化组织、明确措施、落实责任，坚决打赢应对低油价攻坚战。主要领导要亲自挂帅，健全工作组织领导和协调机构，形成各层级齐抓共管的工作机制，通过

— 1 —

2016 年 2 月 18 日，关于印发《中国石油天然气集团公司关于持续深入开展开源节流降本增效工作的措施意见》的通知

硕成果，2014—2017 年，开源节流降本增效累计增利近 1200 亿元。在 2016 年平均油价低于 40 美元 / 桶的严峻形势下，坚决守住了整体不亏损和自由现金流为正的“两条底线”，公司生产经营总体稳定，经营业绩符合预期。集团公司在资本市场上重塑良好形象，2017 年《财富》500 强排名第 4 位、50 家大石油公司排名第 3 位。

工程实施后，集团公司财务状况持续改善，国务院国资委业绩考核指标超额完成，2016 年、2017 年利润同比增幅均保持在 5% 以上，自由现金流由负转正，有息债务控制在 6800 亿元以内，资产负债率、资本负债率连续四年下降。成本费用刚性增长势头得以扭转，2017 年油气单位操作成本、同口径吨油完全加工成本、吨油营销成本分别比 2014 年下降了 13.3%、6.3% 和 5.8%；2017 年管理费用比 2013 年下降了 14.6%，“五项”费用年均下降 9%。投资总量与现金流和效益挂钩，健全投资、预算、成本、效益一体化运行机制。2014—2017 年年均资本性支出比 2013 年下降了 54.4%。

预算管理机制改革

自 20 世纪 90 年代初，经过 20 多年探索实践，中国石油全面预算管理体系逐步建立健全和丰富拓展，为推动集团公司持续有效稳健发展发挥了重要作用。1994 年提出预算管理概念，在油气田企业推行预算管理，作为石油企业财务管理改革的一项核心内容，在

部分企业试点。1995年，制定《石油企业预算管理暂行办法》，在石油企事业单位全面推行。1996—1999年建立预算体系，从强化资金预算入手，提出“一切收支进预算笼子，一切投资都要进计划盘子”的要求；1998年集团公司成立，实行二级法人治理结构、两级预算管理体制；1999年成立股份公司，实行一级法人、两级行政管理、三级预算管理体制。1999—2014年推进、深化全面预算管理，财务管理向生产经营过程延伸，逐步推进完善“全方位、全过程、全员参与”的全面预算管理模式；将投资、成本、费用、收入及分配等全面纳入预算，预算管理的内涵和外延不断拓展。2014年至今，研究完善预算管理制度，制定新的预算管理办法。推动全面预算与公司战略结合，首次编制“十三五”财务专项规划，为公司“十三五”规划提供财务支撑。通过全面预算引领推动落实公司战略目标，支持公司稳健发展。面对低油价冲击、行业供求逆转等严峻挑战和业绩稳增长的艰巨任务，注重预算的战略引领和价值导向，持续健全预算管理体制机制，加强整体协调和过程管控，深化开源节流降本增效，为公司在低油价下稳健发展发挥重要作用。

财务会计、管理会计体系建设与改革

财务会计体系充分发挥价值管理职能，推动集团公司管控水平提升。一是财务部加强对公司价值链和业务链的深入分析和研究，形成包括一页纸报告、重大财务事项说明和经济活动分析与建议在内的多层次财务分析体系。推动会计和预算相结合、财务与业务相融合，从优化生产、扩销降库、降本增效等多方面提出措施建议，基本被集团公司采纳并得到贯彻落实，有效发挥了决策支持作用。二是对全年经济效益进行滚动预测，对影响集团公司重要事项进行深入透彻的分析，对集团公司全年经济效益走势的把握及提高投资回报起到了重要参考作用。三是财务分析工作不断推进决算管理方式转变，按时高质量完成各年财务决算，会计信息质量持续提升，获得国务院国资委通报表扬，常年在财政部决算考评中排名中央企业前列，自股份公司2000年上市以来连续18年获得外部审计师标准无保留意见审计报告。四是加强会计政策研究，及时跟踪企业会计准则变化，

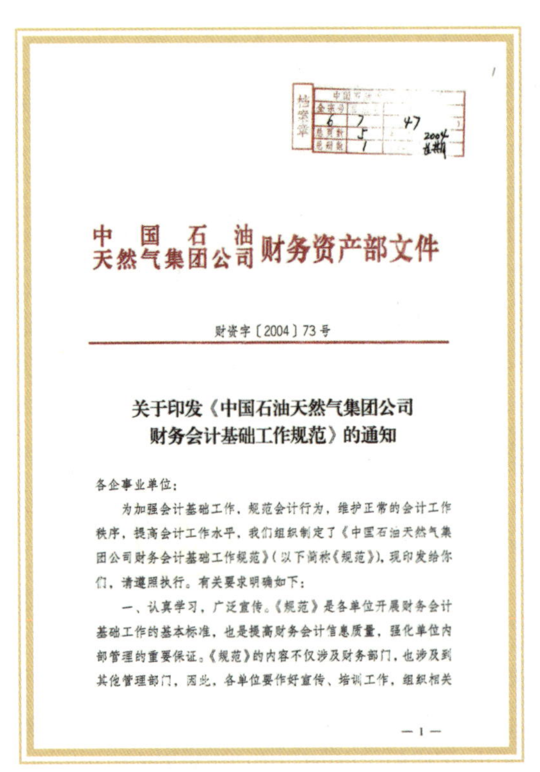

中国石油天然气集团公司财务资产部文件

财资字〔2004〕73号

关于印发《中国石油天然气集团公司财务会计基础工作规范》的通知

各企事业单位：

为加强会计基础工作，规范会计行为，维护正常的会计工作秩序，提高会计工作水平，我们组织制定了《中国石油天然气集团公司财务会计基础工作规范》（以下简称《规范》），现印发给你们，请遵照执行。有关要求明确如下：

一、认真学习，广泛宣传。《规范》是各单位开展财务会计基础工作的基本标准，也是提高财务会计信息质量，强化单位内部管理的重要保证。《规范》的内容不仅涉及财务部门，也涉及到其他管理部门，因此，各单位要作好宣传、培训工作，组织相关

— 1 —

2004年8月24日，关于印发《中国石油天然气集团公司财务会计基础工作规范》的通知

持续完善公司会计手册，规范会计核算。五是组织完成关联交易上限申请，为公司整体协调发展提供有力保障。

构建价值创造和决策支持型的管理会计体系。以价值管理为核心，以企业可获取的所有内外部信息和资源为基础，以经济活动分析、价值模型、管理评价等为手段，全面支持公司战略管理，实现决策支持。同时，积极参与财政部管理会计应用指引起草等课题研究，保持公司在国内管理会计政策标准制定方面的影响力和话语权。

资产运营管理机制改革

集团公司不断夯实资产管理基础，牢固树立资产运营理念，积极推进资产全过程、动态化管理，资产管理水平稳步提高，资产质量进一步夯实。推进资产管理信息化工作，1994—1996年，总公司组织研发资产管理系统（以下简称AMIS）V1.0，在地区公司全面推广，统一了资产管理软件。该系统搭建闲置资产调剂平台，积极组织推进各项资产重组工作，规范不良资产处置行为，提高资产管理效率。2017年研究发布实施《资产转让进场交易管理办法》，资产进场交易制度得到落实，交易行为持续规范。加强资产评估管理，强化评估审核，落实公示制度，规范备案程序，积极做好重大资产重组、资产并购、合资合作项目资产评估管理，2014年以来，累计实现审核效益10多亿元，发挥了资产评估价值门槛作用，有效防范国有资产流失。优化存量土地，盘活非在用和低效土地，创造高额资产盘活效益，为集团公司及时取得建设土地。

人事劳动分配制度改革

石油部时期，与石油工业发展和改革相适应，干部人事、劳动工资、教育培训工作在改革创新中全面发展，通过建章立制、整顿提高，形成了比较完善的干部人事和教育培训管理体系。

干部制度改革。先后印发《关于石油企业从工人中选聘干部的暂行规定》《石油部管理干部名称表》等多项制度，规范以工代干工作，明确干部实行分级管理，适当下放干部管理权限，以及只下管一级的原则。精干领导班子，按照干部队伍“革命化、年轻化、知识化、专业化”的要求，取消干部终身制，不断增加各级领导班子中的专业技术干部比重。

劳动用工改革。先后制定劳动定员定额和机构编制、劳动计划、工资奖金、职工奖惩、劳动保护、职工福利和保险等管理制度，用工形式开始从过去单一招收固定工，逐步发展为包括合同工、轮换工、临时工等在内的多种用工形式，自1986年起石油企业新增工人全部实行合同制。

工资制度改革。1978年组织工资改革调查，编制改革方案。1984年9月，结合一亿吨原油包干政策，对工资制度和奖励办法进行初步改革，实行工资套改，统一全行业工资

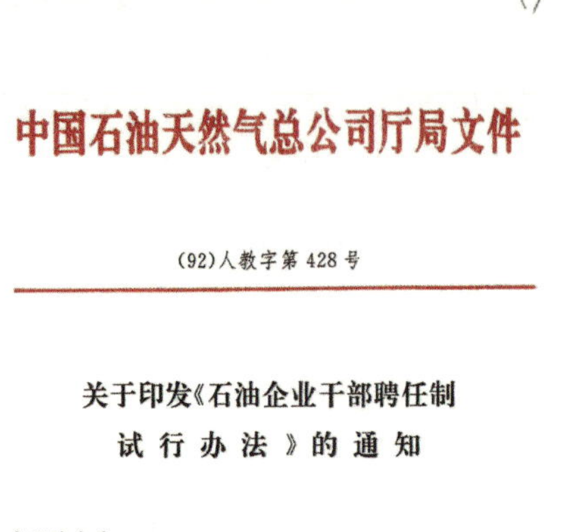

中国石油天然气总公司厅局文件

(92)人教字第428号

关于印发《石油企业干部聘任制试行办法》的通知

各石油企业：

现将《石油企业干部聘任制试行办法》印发给你们，请在试点单位试行。执行中如有问题，请及时反映。

一九九二年六月二十九日

抄送：总公司机关各厅局，存档(2)，共印200份。

1992年6月29日，关于印发《石油企业干部聘任制试行办法》的通知

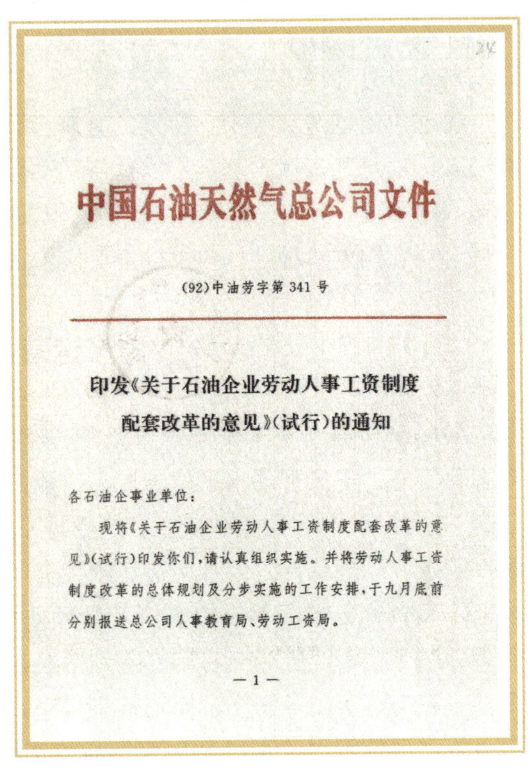

中国石油天然气总公司文件

(92)中油劳字第341号

印发《关于石油企业劳动人事工资制度配套改革的意见》(试行)的通知

各石油企事业单位：

现将《关于石油企业劳动人事工资制度配套改革的意见》(试行)印发你们，请认真组织实施。并将劳动人事工资制度改革的总体规划及分步实施的工作安排，于九月底前分别报送总公司人事教育局、劳动工资局。

— 1 —

1992年5月30日，印发《关于石油企业劳动人事工资制度配套改革的意见》（试行）的通知

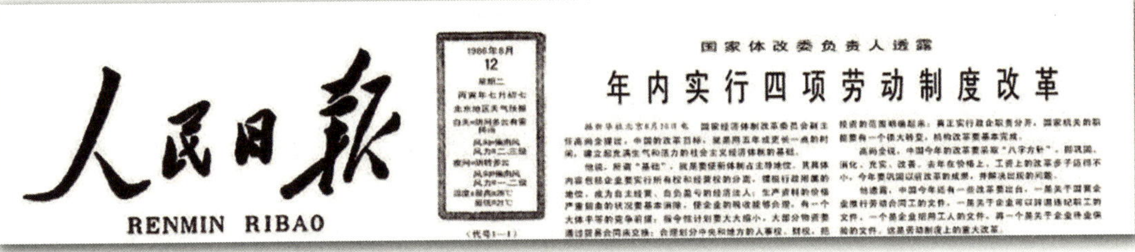

人民日报

RENMIN RIBAO

国家体改委负责人透露

年内实行四项劳动制度改革

1986年8月12日，《人民日报》报道年内实行四项劳动制度改革

标准，探索实行包括超定额工时计奖、计件工资、岗位等级浮动工资等多种分配形式，向“苦脏累险、高技术”岗位倾斜，拉开一、二线职工之间收入差距，调动了一线岗位工人积极性。在油田试行工资总额包干，在核定范围内实行“增人不增资，减人不减资”。

总公司时期，在推行承包经营责任制的同时，配套进行工资制度改革和优化劳动组织改革。1992年5月召开推进劳动人事工资制度（简称三项制度）改革工作会议，提出《关于石油企业劳动人事工资制度配套改革的意见》，全面启动石油企业三项制度改革工作。

人事制度改革。推行干部聘任制，印发《石油企业干部聘任制试行办法》，采取本

人申请干、群众拥护干、组织批准干的“三干法”，一级聘任一级，对新提拔的干部探索实行试用期制和任期目标责任制，逐步破除干部职务终身制，实现由单一委任制到干部聘任制的过渡。为解决领导干部老龄化和断层问题，实施后备干部“515”工程，一批20世纪80年代毕业大学生成为各级领导班子重要力量。

劳动制度改革。主要是改革“铁饭碗”“铁交椅”的劳动人事制度，普遍推行上岗、试岗、待岗的“三岗制”，建立企业与职工双向选择的用工制度和择优竞争上岗的机制；推行全员劳动合同制，变国家职工为企业职工，废止内招、“子女顶替”，企业开始走上依法用工的轨道。

工资制度改革。适应完善承包经营责任制需要，对石油企业实行工效挂钩管理办法，改变过去按人头、按项目核定工资总额的方式，初步解决在分配关系上存在的平均主义、吃“大锅饭”的弊端；废除传统八级工资制，推行结构工资制和岗位技能工资制，适当拉开岗位工资差距，体现岗位要素在工资分配中的作用。按照“小步走，不停步”的原则，逐步提高职工收入。

劳动保障制度改革。按照国家统一部署，本着国家、企业、个人共同合理负担原则，基本建立起养老、医疗、失业、工伤、生育等5项社会保险，初步形成覆盖全员、符合石油企业特点的社会保险制度。

中共中国石油天然气集团公司党组文件

中油党组〔2015〕200号

关于印发《中国石油天然气集团公司企业领导人员管理规定》的通知

各企事业单位党委，直属党委：

2010年9月集团公司党组印发的《中国石油天然气集团公司企业领导人员管理暂行规定》，在规范企业领导人员选拔任用、管理监督等方面发挥了十分重要的作用。党的十八大以来，随着全面从严治党、从严管理干部实践的不断深化，该暂行规定已经不能完全适应新的要求，集团公司党组决定予以修订。现将修订后的《中国石油天然气集团公司企业领导人员管理规定》（以下简称《管理规定》）印发给你们，请结合实际，认真贯彻执行。

《管理规定》贯彻党的十八大和十八届三中、四中、五中全

—1—

2015年11月17日，关于印发《中国石油天然气集团公司企业领导人员管理规定》的通知

中国石油天然气集团公司文件

中油人事〔2016〕535号

关于印发《中国石油天然气集团公司关于进一步深化人事劳动分配制度改革的指导意见》的通知

各企事业单位，总部各部门，各专业分公司：

《中国石油天然气集团公司关于进一步深化人事劳动分配制度改革的指导意见》（以下简称指导意见）已经集团公司全面深化改革领导小组第十四次会议审议通过，现予印发。

进一步深化人事劳动分配制度改革，是贯彻落实党中央、国务院深化国有企业改革要求和国务院国资委深化中央企业劳动用工和收入分配制度改革部署的重要举措，也是充分调动员工积极性、增强企业活力和市场竞争力的必然要求。指导意见围绕构建

—1—

2016年12月21日，关于印发《中国石油天然气集团公司关于进一步深化人事劳动分配制度改革的指导意见》的通知

2018年8月1日，集团公司深化人事劳动分配制度改革推进会议

集团公司时期，适应企业分开分立、重组上市、重组整合等体制调整，按照建立现代企业制度要求，持续深化三项制度改革和“三控制一规范”工作，特别是近年来，先后制定印发《深化人事劳动分配制度改革的意见》《深化人事劳动分配制度改革实施方案》及配套政策，推动三项制度改革向纵深发展。

人事制度改革。2001 年 8 月以来，陆续出台企业领导人员分类分级管理、公开选拔任用、业绩考核、薪酬激励等配套制度办法，在总部机关及所属企事业单位普遍推行经营管理岗位人员竞聘上岗，扩大识人视野和选人渠道。修订完善集团公司《企业领导人员管理规定》等政策制度，持续开展选人用人专项检查，匡正选人用人风气。优化完善“双向进入，交叉任职”领导体制，深化企业和领导人员身份“去行政化”改革，探索建立“纵向分级、横向分类”的岗位管理机制，开展任期制改革和职业经理人制度试点。加大年轻干部培养选拔力度，2017 年 3 月召开集团公司培养选拔优秀年轻干部座谈会，印发《加强和改进优秀年轻干部培养选拔工作的实施意见》。

深化专业技术人员管理制度改革，推行评聘分开，全面实施建立专业技术岗位序列改革。开展海外人才公开招聘，实施经营管理人员“能力建设培训工程”、专业技术人员“技术创新培训工程”、操作技能人员“技能提升培训工程”、国际化人才“千人培训工程”四个人才培训工程。建设集团公司和企业两级技术、技能专家队伍，以岗位管理为基础，实行三年聘期制，聘期内实施年度考核和聘期届满考核。

劳动组织和用工制度改革。推动主辅分离，油气主业重组上市，实行“油公司”管理模式。推行专业化重组整合，逐步做实专业分公司。适应管理体制调整需要，从严机构编制管理，发布油气田、炼化、销售等 7 类企业组织机构设置规范，推行组织架构扁平化，持续压缩机关机构及二三线人员。制定《市场化用工管理暂行办法》《劳动合同管理暂行办法》，建立员工“能进能出”机制，推动建立以合同管理为核心、以岗位管理为基础、以市场薪酬价位为标尺的市场化用工制度。

绩效考核和薪酬分配改革。制定《所属企业生产经营考核奖惩试行办法》《高级管理人员业绩考核暂行办法》《中层以下管理人员业绩考核指导意见》《工资总额管理暂行办法》，开始建立符合现代企业制度要求的绩效考核制度体系。统一集团公司基本工资制度，对企业领导人员实行由岗位基薪和效益年薪构成的年薪制，对中层及以下管理和专业技术岗位人员实行岗位等级工资制，对操作服务岗位人员实行岗位技能工资制，对企业急需的各类紧缺人才或易替代岗位的人员实行协议工资制；企业年度工资总额分配实行工效挂钩，拉开分配档次。稳步推进保险制度改革，建立起较完善的基本社会保险制度、企业年金制度和多层次医疗保险制度，基本实现在职员工和离退休职工的全员覆盖。

人才队伍建设

1991年2月，总公司局厂领导干部会议提出“八五”期间和今后十年发展思路：实施“三大战略”，建立“三支队伍”，实现“三个良性循环”，使陆上石油工业迈上一个新的台阶，为21世纪持续稳定发展奠定物质、技术和人才基础。“三支队伍”是指油气勘探、开发、工程建设和输油气队伍，油气下游加工、综合利用和多种经营队伍，对外合作和外贸经营队伍。“三个良性循环”是指生产与资源接替的良性循环，资金投入产出的良性循环，人才接替的良性循环。

1996年10月，总公司下发《干部队伍建设“九五”规划纲要》，总体目标是：到2000年，造就一批符合“四化”要求、适应现代企业发展需要的领导干部和高级专家人才队伍；建设一支结构合理、整体素质较高的专业技术队伍；形成一个具有石油特色的干部培训体系；建立一套充满活力的用人机制，为陆上石油工业的改革和发展提供可靠的组织人才保证。具体抓好五支专业人才队伍建设，即跨世纪学术技术带头人队伍、企业经营管理人才队伍、对外合作队伍、多元开发队伍、思想政治工作队伍。

2001年12月，集团公司“十五”员工培训规划明确提出，“十五”期间，“建立三支队伍，形成一个体系”，即用3～5年时间，建设一支政治素质高、懂经营、会管理、

64

中国石油天然气总公司文件

(96)中油人教字第523号

关于印发《中国石油天然气总公司干部队伍建设“九五”规划纲要》的通知

各石油企、事业单位：

现将《中国石油天然气总公司干部队伍建设“九五”规划纲要》印发给你们，请你们认真贯彻落实。

附件：《中国石油天然气总公司干部队伍建设“九五”规划纲要》

中国石油天然气总公司

一九九六年十月三十一日

— 1 —

1996年10月31日，关于印发《中国石油天然气总公司干部队伍建设“九五”规划纲要》的通知

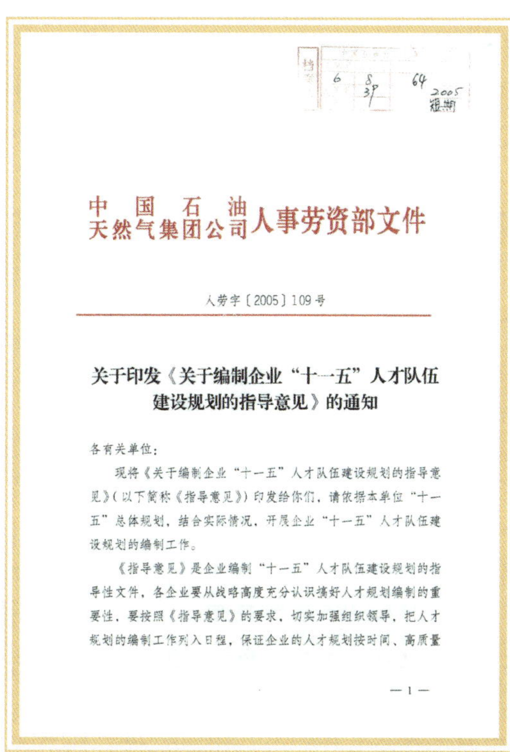

中国石油天然气集团公司人事劳资部文件

人劳字〔2005〕109号

关于印发《关于编制企业“十一五”人才队伍建设规划的指导意见》的通知

各有关单位：

现将《关于编制企业“十一五”人才队伍建设规划的指导意见》（以下简称《指导意见》）印发给你们，请依据本单位“十一五”总体规划，结合实际情况，开展企业“十一五”人才队伍建设规划的编制工作。

《指导意见》是企业编制“十一五”人才队伍建设规划的指导性文件，各企业要从战略高度充分认识搞好人才规划编制的重要性，要按照《指导意见》的要求，切实加强组织领导，把人才规划的编制工作列入日程，保证企业的人才规划按时间、高质量

—1—

2005年5月30日，关于印发《关于编制企业“十一五”人才队伍建设规划的指导意见》的通知

能带领企业开拓市场、赢得竞争的企业领导人员队伍，建设一支精干高效、结构合理、有创新能力的专业技术人员队伍，建设一支技术过硬、能够按国际市场规范施工作业的操作人员队伍；逐步形成提供人才保障的全员岗位培训体系。

2003年3月，集团公司印发2003—2005年人才队伍规划，提出大力实施人才强企战略，逐步建设起一支由高素质企业领导人员、生产经营管理人员、党务和思想政治工作人员组成的经营管理人才队伍，一支由两级专家、学术带头人和技术骨干构成的专业技术人才队伍，一支由高级技师、技师为主体的操作技能人才队伍；并明确加强国际化人才的开发与使用，努力打造人员精干、素质优良、有规模实力的海外石油团队，为建设具有国际竞争力的跨国企业集团提供强有力的人才支持。

2006年，集团公司《“十一五”人才队伍建设规划》进一步明确提出“3+1”支人才队伍建设总体目标：坚持以局处两级领导干部为重点，加快培养造就一支数量精干、梯次配备合理、能够引领和推动企业持续有效较快协调发展的职业化经营管理人才队伍；坚持以技术专家和研发人才队伍为重点，大力提高专业技术人才的实践能力和创新能力，加快培养造就一支数量充足、专业门类齐全、掌握最新技术动态并能够推动企业自主创新的专业技术人才队伍；坚持以技能专家和一线基层队伍为重点，加快培养造就一支总量和结构与企业生产发展相适宜、能够熟练掌握现代操作和设计技术、善于解决技术难题、

爱岗敬业的操作技能人才队伍；培养造就一批具有国际战略思维和国际化意识，能够忠诚代表和维护国家和集团公司利益，熟悉国际市场规则，具有跨文化沟通和外语交流能力、市场开拓创新能力，适应海外事业快速发展需要的、高素质的国际化管理和技术人才队伍。

截至2017年底，集团公司三支人才队伍建设取得显著成绩，集团公司用工总量129.6万人，人才素质明显提高，作用更加凸显。其中，管理队伍29万人，专业技术队伍18.2万人，技能操作队伍79.1万人；院士21人，享受国务院特殊津贴专家1418人，集团公司高级技术专家456人，企业级技术专家1600人；“中华技能大奖”6人，“全国技术能手”168人，两级技能专家1742人，首席技师1600人，高级技师5411人。

国际化人才培训工程

改革开放以来，为适应石油工业“引进来”“走出去”需要，石油工业部大力开展外语人才培养，依托各企业、各石油院校和部分职工大学的培训中心、培训部，有计划组织技术人员和管理人员学习外语和计算机。特别是1980年11月联合国援建的华东石油学院勘探开发培训中心（原名钻井技术培训中心）成立后，截至1988年共派出23名教师出国进修，邀请9名外国专家来华讲课，培训了1700多名技术干部，推广了现代化科学钻井和油田开发新技术。

1988年7月，为加快培养外语、外经、管理等专业人才，总公司决定将石油工业部广州外语培训中心更名为石油大学广州培训部。1993年7月，总公司成立CNPC留学服务中心（对内称石油人才交流中心），负责选拔、推荐、审批出国留学及进修人选，为留学回国人员提供服务，为招聘国内外专家讲学、技术开发与合作提供服务。1996年，为适应对外合作业务发展需要，总公司“九五”规划提出实施“511”国际化人才培养工程：即从1996年起，利用5年时间，投入1亿元，培养1000名国际化经营骨干。总公司时期，举办13期国际经贸人员培训班，培训人员1060人；组织832人参加英语、俄语等语种培训，为开拓国际市场提供骨干人才。

1998年开始，为适应中亚、俄罗斯业务发展需要，加大俄语人才培养力度，为集团公司培养俄语类人才600余人。1999年开始，选拔40岁以下的优秀干部赴美国、加拿大攻读MBA，截至2012年底累计派出90人。2001年开始，先后选派项目管理骨干到美国进行PMP（项目管理师）资格培训，到2012年底先后组织PMP培训17期共400余人；选派财务、审计骨干人员赴美进行业务进修10期200余人。2002年启动向美国斯坦福大学选派访问学者项目，先后选派13期22人。2005年开始派出小语种等各类留学人员280余人。2006年启动国际化人才“千人培训工程”，组织各专业领域业务骨干进行集中培训，到2017年底累计1700余人参加培训。2007年以来先后选派55名海洋业务骨干到挪威、马来西亚进行钻井监督和海上平台培训。2009年组织“海外项目领导人才培训班”和“海外项目管理与技术骨干培训班”，共培训中层领导专业骨干100余人，并分批选送到海外项目实习锻炼。2010年启动信息管理国际化人才出国培训，先后选派30余人赴欧美进修。

石油工业部钻井技术培训中心开学典礼

留学回国人员获得的部分荣誉证书

截至 2017 年底，集团公司层面累计培训、储备各类国际化人才 4300 余人。所属企业通过开展国内培训与海外实践锻炼相结合等方式累计培训 4 万人次。同时培训资源国政府官员及伙伴公司人员 1 万多名。

员工教育培训改革

十一届三中全会后，石油部和所属石油企事业单位认真贯彻中共中央、国务院《关于加强职工教育的决定》，加强了对职工教育的领导和投入。各石油企事业单位也普遍成立了职工培训中心，逐步建立了部、局、厂三级职工教育基地，初步形成一个从扫盲班到职工大学、从工人到干部比较完整的多层次、多形式的石油职工教育体系。“六五”期间共培训各级各类干部 22.8 万人次，同时重点对全行业 30 多万名青壮年职工进行文化补课和技术补课，合格率分别为 82.3%、88%。“七五”期间，共有 250 万人次参加了技术等级达标和提高培训，另有近万人参加了高级技工培训。

总公司时期，始终把干部教育和继续工程教育放到一个重要的位置来抓，形成总公司、管理局和厂处三级培训网络和分级管理的培训体系。1989 年党组提出要努力培养“四有”新人。1990 年起，总公司利用 3 年时间分期分批对大中型企业领导干部进行脱产 2～3

中国石油天然气总公司文件

(93)中油劳字第 428 号

印发《关于配套改革工人培训考核制度努力提高石油队伍素质的意见》和《石油工人凭证上岗管理办法》的通知

各石油企、事业单位：

为加强工人的培训考核工作，在“三项”制度改革中配套改革工人培训考核制度，建立和完善培训、考核、使用、待遇相结合的机制，努力提高石油队伍的素质，组织拟订了《关于配套改革工人培训考核制度努力提高石油队伍素质

—1—

1993 年 6 月 25 日，印发《关于配套改革工人培训考核制度努力提高石油队伍素质的意见》和《石油工人凭证上岗管理办法》的通知

个月的岗位培训，其他处级利用5年时间全部进行一次岗位职务培训，并从1993年起试行持证上岗制度；后备干部从1992年起实行先培训后上岗制度。“八五”期间，总公司《石油企业干部培训暂行规定》明确了41个系列2500个岗位规范，广泛开展岗位培训、继续教育和其他培训，共培训局、处级干部6000余人次；各企业培训工人317万人次。

1998年以来，集团公司全面实施经营管理人员“能力建设培训工程”、专业技术人员“技术创新培训工程”、操作技能人员“技能提升培训工程”、国际化人才“千人培训工程”四个人才培训工程，人才队伍规模不断扩大，人才素质明显提高。企业领导和经营管理人员培训成效显著，截至2017年，通过各种形式共培训局处级领导干部3.6万人次、技术骨干10万余人次，基层一线员工培训率95%以上，实现技能操作人员100%参加培训、100%持证上岗、100%掌握应知应会操作知识和技能，培训目标全面完成。培训基地网络逐步健全，师资力量不断壮大，以企业领导人员、院士、科技带头人、国家及公司高级专家等高级专业人员为主体，建立了一支2.9万人的专兼职培训师资队伍。

石油教育事业改革

十一届三中全会以来，石油教育事业蓬勃发展，为石油工业输送各类人才，储备人才资源，缓解了人才供求矛盾，为石油工业发展起到不可替代作用。

1978年8月，石油部召开教育工作会议，提出要在10年内培养各种专业人员14万人，组织起18万人的科技队伍，技术干部达到职工总数10%左右的目标。1978—1985年，国务院批准增设江汉石油学院，恢复成立西安石油学院、抚顺石油学院和新疆石油学院。石油中等职业学校和技工学校教育迅速恢复和发展，学校数量、专业设置、教育规模和办学条件都有较大发展。截至1988年，石油中专学校数量由1977年的13所发展到26所，在校生数量由1977年的5000人发展到2.2万人；石油技工学校发展到73所，设置专业（工种）50多个，在校生6万多人。石油基础教育快速发展，到1986年石油企事业单位自办中小学的数量为922所，在校生55万人。

总公司期间，石油教育事业蓬勃发展，形成了由普通高等院校、中专、技工学校、中小学构成的学校教育体系，累计培养大专以上和中专毕业生各7万余人。截至1997年底，总公司有石油高等院校10所、石油中专24所、技工学校66所、各类职业高中83所、中小学校864所、幼儿园818所。

2000—2003年，根据国家教育体制改革要求，将石油大学（华东）等9所院校移交教育部或所在省市地方政府。2004年，根据国务院统一部署，分离企业办社会职能，基本完成中小学移交工作。2016年，根据国务院文件要求，积极推进普通高校、职业教育机构改革工作。截至2018年10月，集团公司所属21家职业院校中的16家已经初步完成改革工作，其余5家正在积极推进。

000036

石油工业部文件

(78)油人教字第485号

关于印发一九七六——一九八五年
石油教育事业发展规划纲要(草案)的通知

各油田、炼厂、院校、直属企事业单位：

现将一九七六——一九八五年石油教育事业发展规划纲要(草案)发给你们，请按照规划要求，结合本单位实际，认真研究，编制自己单位的教育事业发展规划，并认真付诸实施。你们的教育事业发展规划，于十月中旬报部。新建院校，请按院校隶属关系，分别报有关部门审批。

附件：一九七六——一九八五年石油教育事业发展规划纲要（草案）

—1—

1978 年 8 月 21 日，石油部《关于印发一九七六——一九八五年石油教育事业发展规划纲要（草案）的通知》

质量健康安全环境（QHSE）纳入战略管理

中国石油把优良的管理传统与现代管理制度相结合，逐步建立起具有自身特色的质量健康安全环境（QHSE）管理体系，QHSE 管理纳入企业战略管理，将持续改进与提升企业管理置于企业发展的核心位置，并在生态文明建设实践中不断加以完善提高。

中国石油安全环保制度建设，是从 1962 年大庆油田“一把火烧出来的岗位责任制”开始起步的。1996 年 10 月 30 日塔中四油田临时集油站泵房发生爆炸着火事故，推动了 QHSE 管理体系建设。事故发生后，中国石油组成调研组三进塔里木，展开深入细致的调查研究。到外国公司服务的反承包项目进行 QHSE 管理专题调研，引进 QHSE 管理体系。为实现规范化和系统化管理提供统一的标准和要求，1997 年以来按照“先国外、后国内，先试点、后推广”的原则，逐步制定完善 QHSE 管理体系标准，编制并发布了石油天然气工业及相关专业 QHSE 管理标准体系。

建立与实施 QHSE 管理体系，学习 QHSE 管理体系活动迅速在各石油企业兴起。在国外作业的工程技术等专业队伍，全部建立和实施 QHSE 管理体系，将其打造成“走出去”参与国际合作的通行证，实现中国石油 QHSE 管理与国际接轨，成为国际合作项目标准制定者。

2003 年重庆开县“12・23”井喷事故及 2005 年松花江水体污染事故的沉痛教训，强

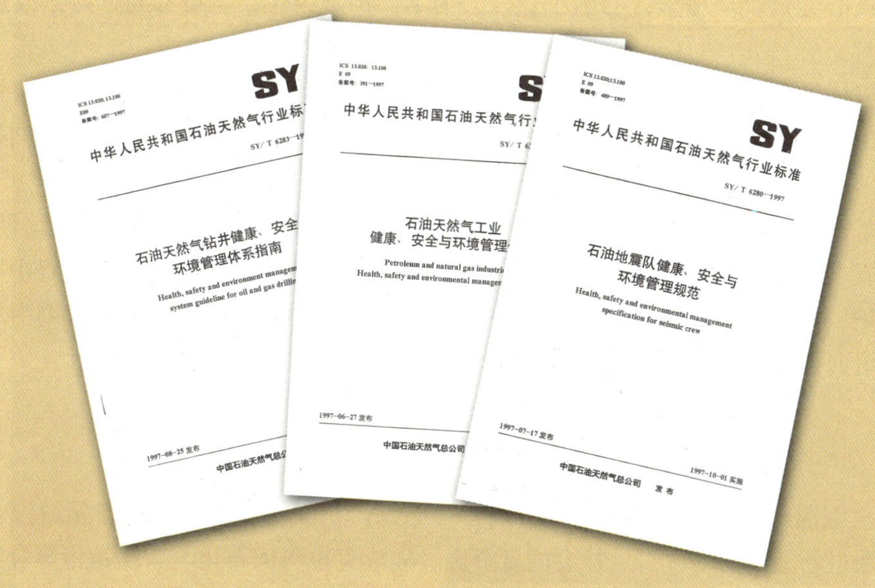

1997 年，总公司参与制定的《中华人民共和国石油天然气行业标准》

兰州石化新建一批节能、环保装置，不断满足市场和发展需求

化了对石油工业 QHSE 意识的重视和制度完善以及责任追究力度。中国石油在正反两方面经验教训中深刻认识到人类自身及其赖以生存的自然环境是世界上最宝贵的资源，将“奉献能源、创造和谐”确定为企业宗旨和核心价值观，提出了“诚信、创新、业绩、和谐、安全”的核心经营管理理念，明确了“以人为本、预防为主、全员参与、持续改进”的 QHSE 方针。

在引进国外资金、技术的同时，也引进了先进的管理理念，特别是 QHSE 的管理典型经验。2006 年，集团公司发出上游学“长北”、中游学“西太”、下游学“中油碧辟”的号召。

建设监管体制机制，加强体系审核。为加强领导、战略研究、咨询评估、人员培训工作，中国石油成立了 QHSE 指导委员会，设立了安全环保研究院，组建了 QHSE 监督中心，成立环境保护“1+8”监测网络，建立了 QHSE 审核认证中心和环境管理体系咨询中心等三个 QHSE 培训咨询基地。

开启中国石油混合所有制改革

本着“宜混则混、宜控则控、宜参则参”原则，积极稳妥推进公司各领域混合所有制改革。通过新疆国资平台引入社会增量资金，完成克拉玛依石化、新疆销售等合资合作项目，实现国有资产保值增值。落实中亚管道合资合作，2016 年，中国石油向国新公司出售 50% 股权，实现对价交易 23.4 亿美元，成功开辟海外项目权益融资新渠道。2012 年 12 月 30 日，集团公司印发《中国石油天然气集团公司混合所有制改革指导意见》的通知，实施工程建设业务混合所有制改革，按照 EPC 一体化发展模式，专业化重组 6 家工程建

2012 年 8 月 8 日，中国石油、新疆维吾尔自治区和新疆生产建设兵团在北京签署协议，三方合作勘探开发红山油田油气资源

设企业，组建中国石油集团工程股份有限公司，成功实现重组改制上市，进一步完善治理结构、转换经营机制、提高核心竞争力。推动金融管理体制改革，优化整合金融业务资源，组建中国石油集团资本股份有限公司，成功实现上市，使企业真正成为市场主体，推动金融业务良性发展和产融结合。

由中国石油、新疆维吾尔自治区、新疆生产建设兵团三方共同出资组建的红山油田有限责任公司，自2012年成立以来产量逐年上升，2014—2015年突破50万吨。截至2017年底，累计产油322.3万吨，累计分红4.6亿元，为股东取得较好回报。红山油田混改模式是中央企业、地方政府和兵团以股权合作方式实现三方风险共担、利益共享的有益探索，为中国石油混合所有制改革积累了宝贵经验。

中国石油天然气集团公司文件

中油办〔2016〕554号

关于印发《中国石油天然气集团公司混合所有制改革指导意见》的通知

各企事业单位，总部各部门，各专业分公司：

现将《中国石油天然气集团公司混合所有制改革指导意见》印发给你们，请认真贯彻落实。

中国石油集团公司
2016年12月30日

（此件发至处级）

— 1 —

2016年12月30日，关于印发《中国石油天然气集团公司混合所有制改革指导意见》的通知

2014年1月26日，集团公司党组书记、董事长周吉平赴新疆调研，慰问吐哈油田、西部钻探公司一线干部员工

持续推进矿区服务系统改革

2007年，集团公司从战略全局高度出发，做出全面实施矿区服务系统改革的重大决策，出台《矿区服务系统改革实施意见》等系列政策文件，明确矿区服务系统“保障生产、服务生活、维护稳定”的职责定位，实施以“三分开”（矿区服务业务与生产经营业务分

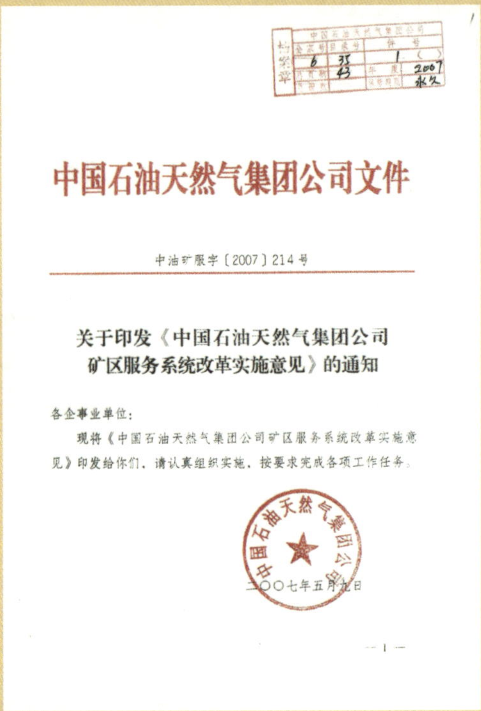

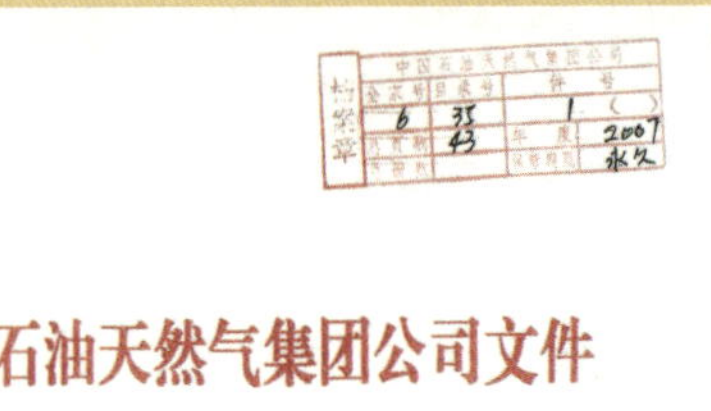

中国石油天然气集团公司文件

中油矿服字〔2007〕214号

关于印发《中国石油天然气集团公司矿区服务系统改革实施意见》的通知

各企事业单位：

现将《中国石油天然气集团公司矿区服务系统改革实施意见》印发给你们，请认真组织实施，按要求完成各项工作任务。

二〇〇七年五月九日

— 1 —

2007年5月9日，关于印发《中国石油天然气集团公司矿区服务系统改革实施意见》的通知

玉门油田酒泉基地

开运行、分开核算、分开考核）、“三统一”（统一管理体制、统一核算办法、统一管理范围和工作要求）为核心的矿区服务系统改革。在总部机关设立矿区服务工作部，加强矿区服务业务的指导、监督、管理和政策研究；在矿区服务业务规模较大的企事业单位，成立矿区服务事业部，对矿区业务实行集中统一和专业化管理；在矿区业务规模较小的单位，明确归口管理部门，实行单独核算。纳入集团公司统一管理的矿区服务单位43家，分布在全国19个省（自治区、直辖市），有生活基地208个、居民小区1128个、住户131万户、居民400万人。

2016年以来，中国石油加快剥离企业办社会职能和解决历史遗留问题，各项工作取得明显成效，实现分离移交和改善民生双重目标，为集团公司高质量发展、建设世界一流综合性国际能源公司提供了坚强支撑。截至2018年6月底，“三供一业”分离移交完成率96%，与中央企业整体进度保持同步，完成了国务院国资委确定的任务目标；医疗机构改革取得突破，38家企事业单位284个医疗机构全部明确改革路径，其中109家医疗机构完成改革任务；市政和社区管理职能移交稳步实施，大庆油田独立工矿区剥离企业办社会职能综合改革试点成效明显，退休人员社会化、教育机构分类改革及公共消防机构移交等工作有序推开。

分离企业办社会职能改革新模式

中国石油持续深化矿区服务改革，按照市场化运行、社会化服务、企业化经营、可持续发展的总体要求，坚持因地制宜、一企一策、优选接收方、人随业务资产走的原则，加速剥离企业办社会职能。全面完成公安、学校业务分离后，创新分离企业办社会职能改革模式，11家医疗机构及17所幼儿园实现社会化，每年降低运行成本5亿元以上。石油矿区正向新业态转型，创造了分离企业办社会职能改革的新模式。

同类业务重组的“宝石花”模式。中国石油医疗业务拥有上百亿元资产和几万名员工，由于公益属性及体制原因，多数医院连年亏损，长期依靠补贴生存。按照国务院国资委等六部委《关于国有企业办教育医疗机构深化改革的指导意见》要求，中国石油正视移交地方难度大、关闭撤销不现实、专业化运营困难大等具体困难，引入社会资本进行重组改制，探索医疗改革最佳方案。2017年，中国石油通过《中心医院社会化改革试点方案》并启动改革方案，成立宝石花医疗健康投资控股有限公司（简称宝石花医疗集团），整合公司医疗资源并进行社会化、市场化改革。按照“社会资本控股、地区公司参股”的股权模式，宝石花医疗集团对企业所属医疗机构实施混合所有制改革，探索了国企医院改革的全新路径。改革以来，宝石花集团在内部推行精细化管理，实行新的管理体制和运营体制，建立科学绩效薪酬考核制度，创新完善人才培训机制，实现规模化运营，逐步将医院做强做专做优。医院主要经营状况总体向好，主营业务能力持续加强，运行管理不断强化。截至2018年6月底，宝石花医疗集团已成为拥有10家三级医院、300余家医

中共中央企业工作委员会办公厅文件

中企厅〔2002〕34号

中央企业工委办公厅关于印发国家经贸委等六部委《关于进一步推进国有企业分离办社会职能工作的意见》的通知

各中央企业：

现将国家经贸委、财政部、教育部、卫生部、劳动和社会保障部、建设部《关于进一步推进国有企业分离办社会职能工作的意见》（国经贸企改〔2002〕267号）印发给你们，请按要求做好有关工作。

— 1 —

2002年9月24日，中央企业工委办公厅关于印发国家经贸委等六部委《关于进一步推进国有企业分离办社会职能工作的意见》的通知

2017年，宝石花医疗资产投资有限公司成立

疗机构、服务400多万员工、家属和周边上千万居民的中国乃至亚洲最大的医疗健康产业集团。

内部整合逐步转型的新疆油田模式。新疆油田等地处偏远，原本政企合一，承担社会职能体量大，地方承接困难多，仍存在大量不能分离出去的社会职能。新疆油田通过不断探索创新，实施了重组整合、市场化改革、转型升级“三步走”的新疆油田模式。为减轻油田负担、提高服务质量和资产运行效率，在保证队伍稳定、不损害员工利益的前提下，2016年新疆油田将下属接待服务总公司、治安保卫中心、小汽车服务公司等6家服务单位整合到行政事务中心进行统一归口管理。整合后行政事务中心通过引入市场化运营机制，重新定义服务范围和岗位职责，采用竞争上岗和内部承包等方式，有效激发企业和员工的积极性和创造性，服务成本持续降低，效益明显改善，员工收入有所提升，改革效果初步显现。根据改革设计方案，新疆油田采用时间换空间的方式，将行政服务中心定位从服务经营单位向服务管理职能部门转变。行政服务中心采取“人员只降不增”“业务随人走”的办法，通过退休、退养等方式逐步消化上千名员工，预计用5到10年的时间完成转型升级。

部署大庆油田及其地区可持续发展

2016年11月3—4日，集团公司党组召开扩大会议，专题研究大庆油田及其地区可持续发展问题，对大庆油田在新的历史时期实现可持续发展做出安排。会议部署重点抓好四项工作。

坚定发展信心，把“当好标杆和旗帜”作为做好各项工作的根本遵循。当好奉献油气、科技创新、国企改革、弘扬“石油精神”的标杆，用大庆精神谋发展、抓改革、闯市场、破难题，把建设百年油田实践不断推向前进。

聚焦油气主业，为推进集团公司稳健发展做出新贡献。要立足国内，充分发挥好压舱石作用；要发展海外，努力做好结构调整大文章；要统筹协调，积极发挥产炼销一体化优势，落实习近平总书记“以‘油头化尾’为抓手，推动石油精深加工，推动‘油城’发展转型”重要批示精神，实现“以化补油”；要“以气补油”，大力发展天然气与管道业务。

深化改革创新，在推进转型升级和增强发展活力中走在前列。要下好科技创新这步先手棋，通过科技创新，降低勘探开发成本，实现老油田高效开发；要坚定不移走改革创新之路，为实现可持续发展提供内生动力；要积极培育新产业，由资源型企业向技术创新型企业升级，依靠技术创新打造非常规资源规模有效开发的增长极。

高举大庆旗帜，充分发挥政治优势和文化优势。要继承发扬大庆精神铁人精神和优良传统作风，大力弘扬“石油精神”，发挥党组织的领导核心和政治核心作用，把政治优势转化为企业的发展优势，真正把坚持党的领导、加强党的建设作为企业的“根”和“魂”；

中共中国石油天然气集团公司党组

中油党组函〔2016〕3号

关于中国石油推进大庆油田及其地区
可持续发展工作有关情况的函

中共黑龙江省委：

长期以来，中国石油在黑龙江业务得到省委省政府的关心支持，在此深表感谢。

为深入贯彻习近平总书记关于大庆油田“树标杆、举旗帜”重要指示精神，落实国家新一轮东北振兴战略部署，促进黑龙江省经济社会发展，近期中国石油党组采取召开专题座谈会、将中东哈法亚项目划转大庆油田、出台《关于大庆油田当好标杆旗帜、建设百年油田的意见》等一系列措施，全力推进大庆油田及其地区可持续发展。现将有关工作情况函告如下。

一、发展目标

以当好“科学生产、科技创新、国企改革、弘扬石油精神”等四个标杆为目标，全面推进百年油田建设，为促进黑龙江省经济振兴做出更大贡献。到2020年，大庆油田保持油气当量4000万吨战略规模，其中大庆油区占四分之三以上；到2030年乃至较长一段时期，保持4000万吨油气当量以上持续有效发展，海外油气当量达到“半壁江山”。大庆油田发现60周年（2019年）时，

2016年12月16日，《关于中国石油推进大庆油田及其地区可持续发展工作有关情况的函》

按照国有企业“六个力量”的角色定位，全面贯彻国企党建“四个坚持”的总体要求，深入落实“一个坚持、一个弘扬、四个要求、六个强化”[①]，不断提高油田党建工作整体水平。

2016年12月7日，根据会议研究讨论成果，印发了《中共中国石油天然气集团公司党组关于大庆油田当好标杆旗帜建设百年油田的意见》。

部署新疆油气业务加快发展

2017年11月30日—12月1日，集团公司党组召开扩大会议，贯彻落实党的十九大精神和中央第二次新疆工作座谈会精神，专题研究新疆油气业务加快发展问题。集团公司党组书记、董事长王宜林主持会议并讲话，强调进一步振奋精神、坚定信心，突出发展油

① “一个坚持”就是要始终坚持党的领导这个重大政治原则。这是确保企业正确发展方向的必然要求，任何情况下都不能有丝毫含糊和动摇。“一个弘扬”就是大力弘扬以“苦干实干”“三老四严”为核心的石油精神。这是我们攻坚克难、夺取胜利的宝贵财富，什么时候都不能丢。“四个要求”就是突出全面从严、强化融入中心、注重改革创新、发挥“四个作用”，这是落实全面从严治党要求的核心内容，必须贯穿于企业党的建设各项工作各个环节。“六个强化”就是强化党的思想建设、组织建设、作风建设、反腐倡廉建设、制度建设以及责任落实。这是加强企业党的建设的重要抓手，必须统筹推进，务求实效。

中共中国石油天然气集团公司党组文件

中油党组〔2017〕266号

中共中国石油天然气集团公司党组关于
新疆油气业务加快发展的意见

各有关企事业单位党委，直属党委：

新疆在党和国家工作大局中具有重要和特殊的战略地位。经过六十多年的发展，集团公司在疆业务已经建立了完整的油气产业链和以油气业务为支撑的服务链，为保障国家油气供给，为新疆经济社会发展，为集团公司保持国内油气供应主导地位作出了突出贡献。新疆是我国重要的能源资源战略基地，油气资源潜力巨大，加快油气业务发展对集团公司推进世界一流综合性国际能源公司建设、促进新疆地区社会稳定和长治久安具有重要的意义。为深入贯彻党的十九大精神，进一步落实第二次中央新疆工作座

—1—

2017年12月18日，《中共中国石油天然气集团公司党组关于新疆油气业务加快发展的意见》

气主业，突出改革创新，牢牢把握新疆在中国石油稳健发展中的主战场地位，大力推进新疆地区5000万吨油气当量上产工程并保持持续稳定增长，将新疆建设成为企地和谐发展的示范区，为集团公司建设世界一流综合性国际能源公司、新疆社会稳定和长治久安做出新的贡献。会议要求重点落实好5项工作。

提升认识高度。新疆油气业务加快发展是落实党的十九大提出的实施区域协调发展战略的具体行动，新疆在党和国家各项工作部署中具有重要和特殊的战略地位，新疆油气业务取得的巨大成就为加快发展奠定了基础，在疆各项业务已成为新疆经济社会发展的支柱产业，新疆油气业务加快发展对集团公司稳健发展具有重要战略意义。

明确发展思路。牢牢把握新疆在中国石油稳健发展中的主战场地位，以新的理念引领加快发展，科学制定新疆油气业务加快发展目标，通过加大改革和创新力度，确保新疆地区保持5000万吨以上持续稳定增长，把新疆建成国内重要的油气生产基地；要落实炼化业务转型升级规划，把新疆建成西北地区最大的最具特色的炼化加工基地，销售业务按市场导向实现有效发展；做好国内外统筹，建设油气战略大通道，保证西气东输、西油东送；加快拓展新领域，努力培育新业态，建设综合服务保障基地，突出工程技术服务保障能力，昆仑银行在新疆城商行中继续保持领头羊地位，运输公司成为国内一流跨国运输物流企业；按照国家有关部署做好原油储备工作。

突出发展油气主业。加快油气资源勘探开发，加大勘探投入，坚持勘探开发一体化，不断创新合资合作模式，努力实现规划目标。加快炼化销售转型升级，进一步突出特色优势，充分利用“两种资源、两个市场”，发挥好企地和谐发展的优势，提升原油业务链整体价值。加快发展天然气业务，完善西北进口战略通道，推进干线管道建设，稳步扩大新疆地区天然气销售规模。突出改革创新，以改革促发展，持续推进转型升级和增强企业发展活力，为实现可持续发展提供内生动力。要深入学习贯彻党的十九大精神，充分发挥政治优势和文化优势。要始终把坚持党的领导、加强党的建设作为促进企业改革发展的根本保证，不断提高党建工作整体水平。要加强组织协调，为驻疆企业可持续发展提供制度政策保障。

2017 年 12 月 18 日，根据集团公司党组扩大会议研究讨论成果，印发了《中共中国石油天然气集团公司党组关于新疆油气业务加快发展的意见》。

四　五年计划重要成果

石油工业在国民经济和社会发展中起着重要的支柱作用。因此，国家在每个五年计划制定时，都把石油工业放在十分重要的位置。历届全国人民代表大会批准的五年计划，先后将石油工业原油产量，东、西部勘探开发战略部署，油气并举、扩大开放的总体要求，两种资源、两个市场的开拓，深入推进能源革命、维护国家能源安全等纳入国家战略部署。

中国石油不负重托，40年来生产经营不断取得新的突破。“五五”原油产量突破1亿吨，使我国挺进世界产油大国行列；“八五”原油年产上到1.5亿吨；“十五”到“十一五”原油加工能力和成品油销量先后突破1亿吨；“十二五”贡献全国油气产量逾六成；“十三五”油气勘探更是高歌猛进，2017年仅天然气产量就突破千亿立方米大关，达到1033亿立方米，占国内天然气产量的70%以上。2017年，资产规模超过4万亿元，约占中央企业资产总额的7%；实现营业收入2.34万亿元，占中央企业的1/11；实现税费3147亿元，充分发挥了国有骨干企业主力军作用，为保障国家能源安全、建设小康社会做出了重大贡献。

“五五”（1976—1980 年）计划重要成果

1978 年全国原油产量突破 1 亿吨，使我国在“五五”时期成为当时世界第八大产油国。

1977 年 12 月 1 日，国务院批准下达的国家计委《1976—1985 年国民经济发展十年规划纲要（修订草案）》提出：在 1980 年，建成中国独立的比较完整的工业体系和国民经济体系；钢铁、原煤、原油、发电量等主要产品产量进入世界前列……原油产量由 1975 年的 7700 万吨，增加到 1980 年的 1.3 亿吨至 1.5 亿吨，1985 年的 2.5 亿吨。力争 1980 年全国累计探明石油地质储量比 1975 年增加一倍，1985 年增加两倍以上。为使“五五”计划平衡、顺利实施，贯彻落实中央“调整、改革、整顿、提高”新八字方针，石油工业指标调整为 1980 年生产原油 1 亿吨。

人民日报
RENMIN RIBAO

打破禁区，按历史的本来面目反映党的历史
中共党史陈列将重新展出

新中国成立后大力发展燃料动力工业
煤、电、石油产量进入世界前八位
目前燃料动力供应紧张主要是消耗上有很大浪费，必须大挖节约潜力

政协举行大会庆祝建
发扬人民政协优良传统作出

1979 年 9 月 20 日，《人民日报》报道我国石油产量进入世界前八位

人民日报
RENMIN RIBAO

去年我国粮食增产二百亿斤

大有作为的年代

1980 年 1 月 1 日，《人民日报》报道原油产量达一亿多吨

1978 年全国原油产量 10405 万吨，用了不到 30 年时间，从年产原油 12 万吨到突破 1 亿吨，进入世界产油大国行列。原油加工量比 1965 年增加了 5 倍多，生产各种油品 6500 多万吨。原油和油品生产的发展，不仅保证了国家的基本需要，而且从 1966 年到 1978 年提供工业燃料用油 2.49 亿吨，缓和了“文化大革命”时期能源供应极其紧张的局面，维持了许多重要工业地区和行业的生产，对支撑当时严重失调的国民经济起到重要作用。

——摘自《石油工业部厂矿长会议领导讲话选编》

“六五”（1981—1985 年）计划完成概况

王涛同志在全国石油工业局厂领导干部会议上的讲话

（1986 年 1 月 24 日）

这次全国石油工业局厂领导干部会议在大庆召开，对我们大家都是个很大的激励和鼓舞。首先让我代表石油部党组和石油工业部，向在年产原油五千多万吨高峰上，胜利地实现了稳产十年目标的大庆油田同志们，表示热烈的祝贺！向为石油工业发展做出重要贡献的各油田和企事业单位同志们，表示亲切的问候！

这几天来，同志们对《石油工业“七五”计划发展纲要》（草案），进行了认真的热烈的讨论，提出了许多很好的意见和建议。我们将根据大家的意见，对《纲要》（草案）作进一步修改，然后正式报国务院审批。下面，我就 1985 年工作情况和 1986 年工作安排，讲几点意见，供同志们考虑。

第一，关于 1985 年工作情况

在刚刚过去的 1985 年里，我们石油战线全面地完成了第六个五年计划的各项任务。“六五”期间是我国石油工业发展的最好时期之一。这个时期最主要的标志是，我们胜利地完成了稳定和巩固一亿吨原油年产量的任务，并继续向新的更高的目标前

1986 年 1 月 24 日，王涛在全国石油工业局厂领导干部会议上的讲话

“六五”计划执行期间，是我国石油工业发展最好时期之一。主要标志是胜利地完成了稳定和巩固 1 亿吨原油年产量的任务，并继续向新的更高目标前进，石油工业进入了一个新的发展时期。“六五”时期，全国石油勘探有了很大发展，新增石油地质储量 31 亿吨，比“五五”多增加 11 亿吨；原油产量持续增长，累计生产原油 5.48 亿吨，比“五五”多产油 5200 万吨；累计上缴国家税利和能源基金 322 亿元，相当于同期国家基建投资和地质事业费总额的 2.5 倍；累计出口原油创汇 188 亿美元，相当于“五五”出口创汇总额的 2.1 倍。这五年生产建设上的成果和取得的经济效益，都好于以往几个五年计划。

——摘自 1986 年 1 月 24 日王涛在全国石油工业局厂领导干部会议上的讲话

“七五”（1986—1990 年）计划完成概况

按照国民经济持续稳定协调发展的方针，经过各石油企事业单位共同努力，全面完成了石油工业“七五”计划，取得了良好的经济效益和社会效益。

油气储量。五年全国新增探明石油地质储量 27 亿吨，加上新增控制石油地质储量 8.5 亿吨，基本上相当于“六五”期间新增储量的水平。与此同时，新增探明天然气地质储量 1900 亿立方米，新增控制天然气地质储量 360 亿立方米，是历史上天然气储量增长最快的时期。

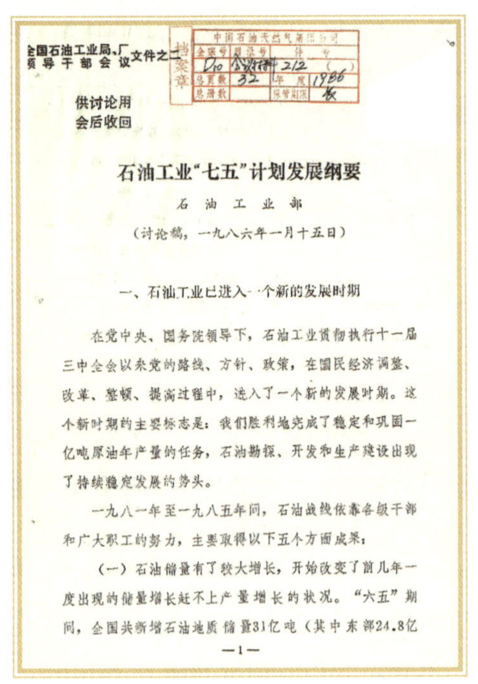

全国石油工业局、厂领导干部会议文件之二

供讨论用
会后收回

石油工业"七五"计划发展纲要

石 油 工 业 部

（讨论稿，一九八六年一月十五日）

一、石油工业已进入一个新的发展时期

在党中央、国务院领导下，石油工业贯彻执行十一届三中全会以来党的路线、方针、政策，在国民经济调整、改革、整顿、提高过程中，进入了一个新的发展时期。这个新时期的主要标志是：我们胜利地完成了稳定和巩固一亿吨原油年产量的任务，石油勘探、开发和生产建设出现了持续稳定发展的势头。

一九八一年至一九八五年间，石油战线依靠各级干部和广大职工的努力，主要取得以下五个方面成果：

（一）石油储量有了较大增长，开始改变了前几年一度出现的储量增长赶不上产量增长的状况。"六五"期间，全国共新增石油地质储量31亿吨（其中东部24.8亿

—1—

1986 年 1 月 15 日，石油工业“七五”计划发展纲要

会议文件之十　　机密

王涛同志在石油工业局厂领导干部会议上的工作报告

（一九九一年二月四日）

同志们：

这次石油工业局厂领导干部会议是经国务院批准召开的。会议的主要任务是：学习贯彻党的十三届七中全会精神，认真总结"七五"期间石油战线工作，研究制定"八五"发展计划和今后十年规划，安排部署一九九一年主要工作。这是在石油工业进入发展关键时期召开的一次重要会议。

几天来，同志们学习了七中全会文件，交流了典型经验。大庆、胜利、辽河、四川、塔里木、玉门油气田和探区，新疆石油管理局采油二厂、江汉石油管理局钻头厂及总公司勘探局、开发生产局同志，在大会上发了言。大家还要讨论《石油工业"八五"发展计划及十年设想》，以及

— 1 —

1991 年 2 月 4 日，王涛在石油工业局厂领导干部会议上的工作报告

油气产量。五年全国共生产原油 67775 万吨，比“六五”增加 12878 万吨；生产天然气 700 亿立方米，比“六五”增加 81 亿立方米，分别增长 24% 和 13%。

产能建设。五年全国新建原油生产能力 7800 万吨，比“六五”增长 56%。新建天然气生产能力 51 亿立方米，比“六五”增长 52%。

经济效益和社会效益。五年石油工业上交国家税利 290 亿元，为同期国家预算内投资的 1.94 倍；并提供出口原油 1.3 亿多吨、成品油 610 多万吨，为国家创汇 145 亿美元。

结合油气田开发建设工作，为老少边穷地区办了一批实事。五年间投入这些地区扶贫项目的建设资金共 40 亿元。

在油气生产发展的基础上，农副业生产取得了新的发展，石油职工生活逐步得到改善。1990 年全行业职工人均货币工资收入比 1985 年增长 85%，扣除物价上涨因素，实际收入仍增长 12%。

——摘自 1991 年 2 月 4 日王涛在石油工业局厂领导干部会议上的工作报告

“八五”（1991—1995 年）计划完成概况

油气储量。五年累计探明石油地质储量 28 亿吨、天然气地质储量 5500 亿立方米，分别比“七五”多探明 3 亿吨和 3594 亿立方米。五年探明天然气地质储量相当于前 40 年总和。

1991年9月，石油工业（陆上）"八五"发展计划及十年设想

油气产量。五年累计生产原油69516万吨、天然气802.7亿立方米，比"七五"多产油2141万吨、多产气97.7亿立方米。

油气销售。五年累计提供统配商品原油65841万吨，外供商品天然气469.1亿立方米，分别比国家配置计划多提供354万吨和43亿立方米。

原油加工。五年累计加工原油6245万吨，生产四大类产品3509万吨，均比"七五"翻了一番。

多种经营。五年累计实现销售收入663.7亿元，实现税利61.4亿元，年均增长速度分别为31.5%和27.2%。

经济效益。五年共实现销售收入4520亿元，比"七五"增加2997亿元；上缴税费526亿元，比"七五"增加363亿元；原油出口创汇124亿美元。通过国家调整油价和企业加强管理，1994年全行业扭转了连续6年的政策性亏损。职工收入有了明显增加。

——摘自1996年1月22日总公司1996年工作会议报告

"九五"（1996—2000年）计划完成概况

石油勘探开发。"九五"期间，新增探明石油地质储量24.4亿吨，比"八五"增长18.4%；新建原油生产能力5252万吨，累计生产原油54222万吨（含延长油矿和海外份额油），比"八五"增长11.6%。

天然气勘探开发。"九五"期间，新增探明天然气地质储量9298亿立方米，比"八五"增长72%；新建天然气生产能力106亿立方米，比"八五"增长116%；累计生产天然气793亿立方米，比"八五"增长24.7%。

炼油化工。到2000年，原油加工能力10705万吨/年，占全国43%；2000年加工原油8232万吨（含地方炼厂），约占全国42%；乙烯生产能力达到146万吨，约占全国35%；合成树脂和合成橡胶生产能力，分别占全国18%和26%。炼化业务发展成为集团公司支柱产业，上下游一体化增强了抵御市场风险能力。

市场营销。区内油品批发市场占有率从1998年的75%提高到2000年的92%；区外市场从无到有，市场占有率两年达到25%，基本形成以区内为主、辐射全国的成品油营销网络。

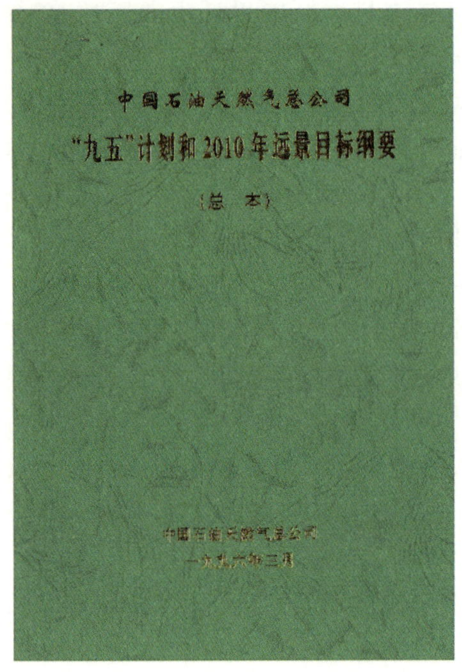

1996年3月，中国石油天然气总公司“九五”计划和2010年远景目标纲要

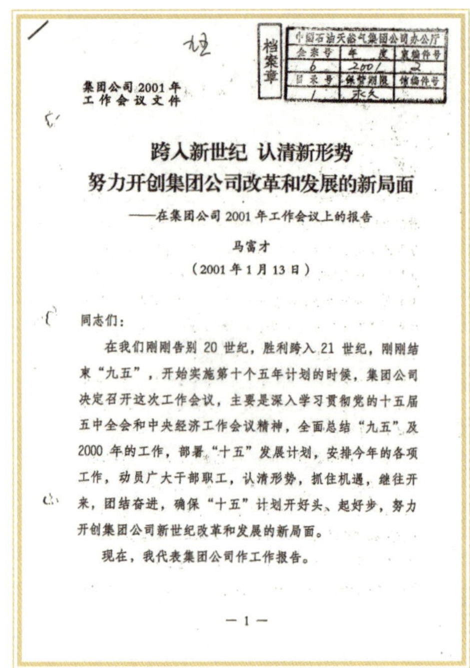

档案章

中国石油天然气集团公司办公厅		
全宗号	年 度	案卷件号
6	2001	2
目录号	保管期限	馆编件号
1	永久	

集团公司2001年
工作会议文件

跨入新世纪 认清新形势
努力开创集团公司改革和发展的新局面

——在集团公司2001年工作会议上的报告

马富才

（2001年1月13日）

同志们：

在我们刚刚告别20世纪，胜利跨入21世纪，刚刚结束“九五”，开始实施第十个五年计划的时候，集团公司决定召开这次工作会议，主要是深入学习贯彻党的十五届五中全会和中央经济工作会议精神，全面总结“九五”及2000年的工作，部署“十五”发展计划，安排今年的各项工作，动员广大干部职工，认清形势，抓住机遇，继往开来，团结奋进，确保“十五”计划开好头、起好步，努力开创集团公司新世纪改革和发展的新局面。

现在，我代表集团公司作工作报告。

—1—

2001年1月13日，马富才在集团公司2001年工作会议上的报告

兰州石化厂区夜景

国际化经营。五年间，共签订 7 个海外石油勘探开发合同、1 个炼厂项目合同和 1 个管道项目合同。截至 2000 年底，海外共获得份额石油可采储量 4.6 亿吨，原油年生产能力达到 1350 万吨；累计获得份额油 1000 万吨以上，份额销售收入 13 亿美元；累计完成技术服务、工程承包和物资装备出口 26.6 亿美元；对外合作取得明显成效，累计在 64 个区块签订 49 个勘探开发合同；炼油化工签订合作项目 7 个。

经济效益。五年累计实现销售收入 14796 亿元，比“八五”增加 10235 亿元；实现利润总额 1040 亿元，比“八五”增加 1026 亿元；上缴国家税费（不含所得税）1511.5 亿元，比“八五”增加 987.5 亿元。同时，职工收入也有明显增加。

——摘自 2001 年 1 月 13 日马富才在集团公司 2001 年工作会议上的报告

“十五”（2001—2005 年）计划完成概况

规模实力。五年累计实现主营业务收入 24406 亿元、利润总额 4751 亿元、税费 4573 亿元，其中 2005 年比 2000 年分别增长 94.7%、247.9% 和 102.6%。2005 年全员劳动生产率超过 30 万元，比 2000 年增长一倍多。截至 2005 年底，集团公司资产总额、所有者权益分别达到 11665 亿元和 7374 亿元，比“九五”末分别增长 77.7% 和 87.2%，净资产收益率达到 16.3%。中国石油在世界 500 强中的综合排名上升至 46 位，在世界最大 50 家石油公司排名中保持前十位，H 股总市值超过万亿港元。

国内油气勘探开发。油气勘探取得一系列重大突破，资源接替不足的矛盾有所缓解。五年发现和落实 3 个 3 亿—5 亿吨级、11 个亿吨级规模的油田以及 8 个千亿立方米规模大气田，新增天然气储量为“九五”的 1.8 倍。原油产量稳中有升，在部分油田产量调减的情况下，2005 年达到 10585 万吨，比 2000 年增产 226 万吨。天然气产量快速增长，2005 年达到 367 亿立方米，比 2000 年增长了一倍。

炼油化工。炼油业务形成了 3 个千万吨级和 12 个 500 万吨级炼厂，原油加工能力比“九五”末提高 18% 以上；2005 年加工原油、生产成品油分别比“九五”末提高 37.9% 和 52.7%；产品品种趋于多样化，油品质量和高附加值产品比例明显提升。化工业务突出主导产品和规模化生产，乙烯生产能力比“九五”末提高近 48%。

销售业务。销售业务形成产销一体化的管理体制和覆盖全国的营销网络体系。与“九五”末相比，加油站数量增长 60%，成品油销售量增长 70.9%，占全国市场份额的 40% 以上；成品油零售量增加近 3.5 倍，零售市场份额由 15.1% 提高到 31%；化工产品直销率提高 34 个百分点、达到 63%，统销率 89%。

国际业务。海外油气业务由单一的合作开采向跨国并购、风险勘探和上下游一体化跨越。苏丹 3/7 区千万吨级大油田的发现，以及成功收购原油生产能力达千万吨的哈萨克斯坦 PK 石油公司，标志着海外油气业务步入规模化发展阶段。2005 年海外原油作业产量达到 3582 万吨，年均增长 21.5%；天然气作业产量达到 40.2 亿立方米，年均增长 40.5%。国际贸易增长迅速，2005 年完成贸易量、贸易额比 2000 年增长 2.5 倍和 3.3 倍。

中国石油天然气集团公司文件

中油计字〔2001〕53 号

关于印发《中国石油天然气集团公司“十五”计划纲要》、《中国石油天然气集团公司未上市企业“十五”计划纲要》和《关于加快未上市企业经济结构调整的若干意见》的通知

各有关单位：

现将《中国石油天然气集团公司“十五”计划纲要》、《中国石油天然气集团公司未上市企业“十五”计划纲要》和《关于加快未上市企业经济结构调整的若干意见》印发给你们。请结合本单位实际，认真贯彻执行。

2001 年 2 月 20 日，关于印发《中国石油天然气集团公司“十五”计划纲要》《中国石油天然气集团公司未上市企业“十五”计划纲要》和《关于加快未上市企业经济结构调整的若干意见》的通知

石油机械装备出口到 59 个国家和地区，工程技术服务业务走向国际的步伐加快，占总收入的比重达到 20% 以上。

未上市企业。2005 年，主营业务收入达到 2211 亿元，比 2000 年增长 1.6 倍；实现利润 105 亿元，比 2000 年减亏增盈 190 亿元；全员劳动生产率于由 2000 年的 2.6 万元提高到 2005 年的 9 万元，平均增长 29%。

重点工程。“十五”新建油气管道 12137 千米，建成西气东输、陕京二线、兰成渝成品油管道、忠武输气管道、中哈原油管道等一大批重点工程，管道总长度达到 32344 千米，是 2000 年的 1.6 倍，覆盖全国的现代储运网络骨架基本形成。五年共新建原油生产能力 5873 万吨，天然气生产能力 308 亿立方米。

科技进步。“十五”共承担国家级科技项目 15 项，集团公司级科技项目 379 项，登记科技成果 5110 项，获国家授权专利 2584 项，获国家科学技术进步奖和技术发明奖 29 项，其中一等奖 4 项。

获“中国企业新纪录十大创新项目”的西气东输中卫黄河跨越工程

人力资源开发。大力实施人才强企战略，加快三支人才队伍建设。首批评聘集团公司和企业两级技术专家1000多人。五年间培养硕士、博士780人，培训员工380多万人次，新提拔任用副局级以上领导干部485人次。

——摘自2006年1月14日陈耕在集团公司2006年工作会议上的报告

“十一五”（2006—2010年）计划完成概况

规模实力。集团公司资产总额达到2.62万亿元，比“十五”末翻一番多。2010年实现营业收入1.73万亿元、利润1676亿元，上缴税费3182亿元。公司价值、国际竞争力和影响力明显提升，国有重要骨干企业作用得到充分发挥。

主要生产经营指标。国内累计新增探明油气地质储量当量超过50亿吨，是获得储量最多、成果最大的时期之一。2010年国内外油气当量产量突破2亿吨，其中国内油气当量产量1.63亿吨，海外油气权益当量产量4430万吨；原油加工总量超过1.5亿吨。国内成品油销售量突破1亿吨，天然气销售量669亿立方米，化工产品商品量1828万吨。

布局结构调整。国内五个规模油气区巩固发展，天然气产量占油气总当量的比例提高到35.4%。新建境内外油气管道2.7万千米，四大油气战略通道建设全面推进。公司产炼销结构明显改善，成品油市场份额逐步上升，统筹利用两种资源、两个市场保障国家能源安全的能力明显增强。

国际业务。五个油气合作区战略布局初步完成，合作规模和领域快速拓展，中亚天然气合作取得里程碑式进展，中东地区油气合作实现战略突破，油气作业当量产量8673万吨。国际贸易量1.95亿吨，三个国际油气运营中心建设初现端倪。物资装备出口额五年超过100亿美元。海外业务营业收入占集团公司总收入的比例超过1/3。

整体协调发展。大规模业务整合和专业化重组基本完成，油气核心业务更加突出，工程技术、工程建设等专业化公司的服务保障能力和市场竞争力显著增强，装备制造业

中哈原油管道施工现场

中油商业机密 125

中国石油天然气集团公司文件

中油计字〔2006〕56 号

关于印发《中国石油天然气集团公司“十一五”发展计划纲要》的通知

各有关单位：

为深入贯彻党的十六届五中全会精神，全面落实科学发展观，实现率先建成一流的社会主义现代化企业和具有较强国际竞争力跨国企业集团的总体目标，集团公司制定了《中国石油天然气集团公司“十一五”发展计划纲要》，并经 2006 年工作会议讨论通过，现印发给你们，请结合本单位实际情况，认真贯彻实施。

二〇〇六年一月二十六日

—1—

2006 年 1 月 26 日，关于印发《中国石油天然气集团公司“十一五”发展计划纲要》的通知

务产业集中度明显提升，矿区服务业务配套发展，金融业务初具规模。集团公司呈现出上下游、国内外、油气业务与服务保障业务相互促进、协调发展的良好态势，综合一体化优势得到充分发挥。

科技创新。研发形成 20 项具有国际竞争力的重大核心配套技术、10 余项重大装备和软件及系列自主创新产品。“大庆油田 4000 万吨持续稳产技术”获国家科技进步奖特等奖。上游技术国内领先地位更加巩固，下游技术与国内外先进水平差距明显缩短，长输油气管道工程建设等领域的技术实现由追随向领跑的转化。以 ERP 为核心的集中统一信息系统平台基本形成。

民生工程。石油石化矿区住房条件、居住环境、生活服务明显改善，医疗卫生、文体设施等继续配套完善，覆盖各个困难群体的扶贫帮困机制基本建立，职工群众生活的基本需求得到较高水平保障，形成了共享企业发展创新成果的和谐环境。

——摘自 2011 年 1 月 12 日集团公司 2011 年工作会议报告

“十二五”（2011—2015 年）计划完成概况

五年来，集团公司着力稳增长、调结构、强基础、促改革、惠民生，推动各项工作取得新进展。

国内油气储量高峰增长，新发现一批亿吨级和千亿立方米级规模油气储量区，油气当量产量连创新高，对外合作产量和效益贡献持续增加，长庆油田建成国内最大的油气田，集团公司勘探开发业务国内主导地位进一步巩固；海外油气业务布局基本完成，五大油气合作区巩固发展，四大战略通道和三大油气运营中心基本形成，海外油气权益当量产量快速增长，年均增幅 10.2%；炼化战略布局和结构不断优化，经营状况大幅改善，四川石化等重点项目建成投产，新形成一批大型炼化基地，油品质量升级如期实现；销售网络进一步完善，加油站总数超过 2 万座，成品油销量、零售量和单站日销量稳步增长，营销质量和水平持续提升；天然气与管道业务快速成长，天然气销量年均增长 12.8%，建成西气东输二线等一批重点油气储运设施，新增管道里程 2.5 万千米，天然气已经成为集团公司的重要增长点；工程技术、工程建设和装备制造等业务外部市场和高端市场开拓

能力不断提升，转型升级步伐加快；金融业务初具规模，助力主业发展和创效能力有效增强；矿区服务业务市场化、社会化持续推进并取得积极进展。同时，科技创新成果丰硕，依法治企和管理水平持续提升，内部改革迈出新的步伐，安全环保形势稳定好转。

经过“十二五”的发展，集团公司综合实力和国际竞争力显著增强，在世界500强和50家大石油公司中的排名分别从2010年第10位和第5位上升至第4位和第3位；原油产量、天然气产量、原油加工量分别跃居国际可比公司第1位、第2位和第3位；资产规模超过4万亿元，是“十一五”末的1.5倍；年均实现营业收入2.5万亿元、利润总额1620亿元、上交税费3890亿元，与“十一五”相比，分别增长106%、持平和1.7倍，为国家经济社会发展做出重要贡献。

——摘自2016年1月21日王宜林在集团公司2016年工作会议上的主题报告

集团公司工作会议
会议文件之一

认清严峻形势　坚持稳健发展
开创建设世界一流综合性国际能源公司新局面
——在集团公司2016年工作会议上的主题报告

王宜林

（2016年1月21日）

同志们：

这次会议的主要任务是，全面贯彻党的十八届五中全会及中央经济工作会议精神，落实国务院国资委部署要求，总结2015年和“十二五”工作，分析公司发展面临的形势，部署“十三五”和2016年重点工作，动员全体干部员工认清严峻形势，坚持稳健发展，开创建设世界一流综合性国际能源公司新局面，为国家推动能源革命和全面建成小康社会作出新贡献。下面，我代表集团公司党组作主题工作报告。

一、公司发展面临的形势

当前，集团公司正站在“十三五”发展新的历史起点上，处于承前启后、继往开来的重要阶段。要清醒看到，今后五年我们前进的道路并不平坦，既具有发展的良好基础和有利条件，也面

—1—

2016年1月21日，王宜林在集团公司2016年工作会议上的主题报告

长庆油田苏里格气田

“十三五”（2016—2020年）计划进展情况

2016年生产油气当量2.6亿吨，加工原油1.92亿吨，销售成品油1.72亿吨、天然气1390.4亿立方米；在原油结算价格同比下降21.4%、天然气实现价格下降18.3%的情况下，实现营业收入1.87万亿元、利润507.2亿元（其中经营利润262.2亿元）、税费3137.9亿元，自由现金流120.2亿元。

2017年国内外完成油气当量产量2.74亿吨，其中，国内生产原油10254万吨、天然气1033亿立方米，加工原油1.52亿吨、销售成品油1.14亿吨、销售天然气1519亿立方米，国际贸易量4.7亿吨，同比均稳定增长。全年实现营业收入2.33万亿元、利润总额533亿元、境内税费3282亿元，分别比上年增长24.5%、5.1%和5%。自由现金流976亿元、连续两年增长，财务状况更加稳健。

2018年上半年国内外油气产量当量14115.9万吨，销售成品油9930.1万吨、天然气897.7亿立方米，同比分别增长3%、8.3%和13.3%。实现营业收入1.31万亿元、利润632.8亿元，分别增长17.5%和110.1%。有息债务余额、资本负债率较年初分别下降1.5%和0.3%个百分点，自由现金流为正。

——摘自2017年1月15日、2018年1月25日王宜林在集团公司工作会议上的主题报告及2018年7月31章建华在集团公司领导干部工作会议上的生产经营工作报告

中国石油天然气集团公司文件

中油计〔2016〕88号

关于印发《中国石油天然气集团公司“十三五”发展规划纲要》的通知

各企事业单位，总部各部门，各专业分公司：

中国石油天然气集团公司“十三五”发展规划已经集团公司第二届董事会第四次会议审议批准，现将《中国石油天然气集团公司“十三五”发展规划纲要》予以印发，请认真贯彻实施。

中国石油集团公司

2016年3月28日

（此件发至处级）

— 1 —

2016年3月28日，关于印发《中国石油天然气集团公司“十三五”发展规划纲要》的通知

青海油田扎哈泉致密油大型压裂现场

大连 LNG 项目全景图

塔里木油田克深 10 井作业现场

五 重大业务发展

党的十一届三中全会以后，中国石油抓住改革开放的历史机遇，加快油气勘探步伐，加快油气田上产节奏。西部地区20世纪80年代以来，相继组织塔里木石油会战、吐哈石油会战均取得重大突破，准噶尔盆地在断裂带和盆地沙漠腹部连获突破，新疆地区形成南北呼应、比翼齐飞、三大油田竞相生辉的油气生产基地。长庆油田异军突起，2013年建成西部大庆。东部地区依靠科技进步保持油田稳产增产。40年来，国内油气勘探累计新增探明石油和天然气地质储量分别占全国的60%和70%以上，累计生产原油超过40亿吨、天然气近1.5万亿立方米，分别占全国的60%和70%以上。截至2017年，先后建成大庆、华北、辽河、新疆、长庆5个千万吨级大油田和西南、塔里木、长庆3个百亿立方米级大气田。

截至2017年，中国石油新增探明油气当量储量连续11年超过10亿吨，一批千万吨级大油气田和千万吨炼油百万吨乙烯工程建成投产，运营里程85500多千米的油气管网将清洁能源送到祖国各地，为加快推进绿色发展，助力美丽中国和生态文明建设做出重要贡献。

本篇主要记述国内重大油气勘探开发及有关业务。

组织实施塔里木石油会战

1988 年 12 月，根据新疆石油管理局南疆石油勘探公司在轮南 1 井、轮南 2 井实现重大突破的形势，中国石油天然气总公司向党中央、国务院呈报《关于加快塔里木盆地油气勘探的报告》，于 1989 年 3 月成立塔里木石油勘探开发指挥部，作为总公司派出机构和总甲方，按照“两新两高”方针，调集精兵强将，组织实施石油会战。

会战借鉴国际油公司的新型管理体制，全面推行甲乙方合同制和项目管理，实现“两新两高”，即建立新的油公司管理体制，不搞大而全、小而全，广泛采用新体制、新技术，力求打出高水平、高效益。塔里木会战指挥部建立了精干高效的甲方油公司主体，实行开发公司和作业区两级直线管理，开发公司集管理和生产职能于一体，作业区按相对独立的油田划分，不设中间环节，直接管到岗位；不组建专业施工队伍，通过建立服务市场吸引石油系统最好的队伍和设备参加会战；不组建生活后勤服务，后勤保障依托社会；人事管理实行固定、借聘、临时工“三位一体”的劳动用工制度。逐步培育形成十大专业市场体系，引入规范的招标竞争机制，构成了甲乙方合同制组织会战的新型管理体制。

会战过程中，全探区一线与二、三线的人员比例一直保持在 3 : 1，甲乙方人员比例为 1 : 5，体现出队伍精干高效的优势；直接用于勘探开发的投资一直保持在占总投资的 95% 以上，资金使用效率大幅提升；钻井质量和速度接近世界先进水平；油田经济效益在陆上石油工业名列前茅。“两新两高”是中国石油在建立现代企业制度过程中的一次

人民日报

RENMIN RIBAO

2009年3月 22 星期日

走进群众心里 访出社会和谐

——全国公安机关“大走访”爱民实践活动纪实

20年来，塔里木油田已发展成我国最大的天然气产区和重要的石油生产基地——

创新托起塔里木

甲方体制——石油会战模式的创新

三种新模式——开放型科研体系的建立

小麦旱情缓解 总体长势较

农业部开展农药监管助春耕

2009 年 3 月 22 日，《人民日报》报道塔里木油田发展成我国最大的天然气产区和重要的石油生产基地

002

中国石油天然气总公司文件

(89)中油体改字第529号

批转体改办《关于逐步建立塔里木石油勘探开发新型管理体制的意见》的通知

各石油企事业单位，机关各部、室：

总公司同意经济体制改革办公室《关于逐步建立塔里木石油勘探开发新型管理体制的意见》，现予批转，请结合本单位、本部门情况，认真贯彻执行。

塔里木盆地的石油勘探和开发，对石油工业今后的发展，具有重大战略意义。总公司决定，采用新的工艺技术

—1—

003

和新型管理体制，在塔里木展开一场高水平、高效益的石油勘探开发会战。塔里木石油勘探开发指挥部按照“两新两高”的方针，已经展开了多方面的工作。《意见》提出的逐步建立塔里木石油勘探开发新型管理体制的原则构想，方向是对头的，对近期工作提出的各项建议，也比较切实可行。塔里木石油勘探开发指挥部要进一步组织实施，并在实践中继续探索，不断完善和提高。塔里木石油勘探开发采用新的管理体制，是石油企业管理体制改革比较全面的试验，各石油企事业单位、机关各部门要积极支持与配合。《意见》提出的一些具体办法，可供各单位在深化改革中参考。

中国石油天然气总公司

一九八九年八月三十一日

抄送：总公司机关各部室，存档（3），共印200份。

—2—

1989年8月31日，总公司批转体改办《关于逐步建立塔里木石油勘探开发新型管理体制的意见》

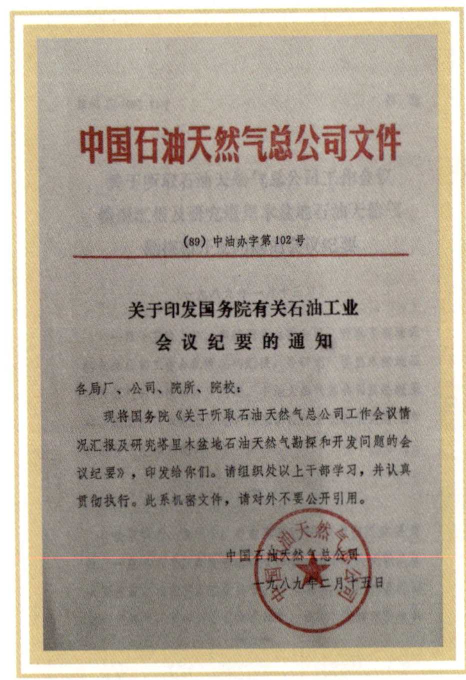

中国石油天然气总公司文件

(89)中油办字第102号

关于印发国务院有关石油工业会议纪要的通知

各局厂、公司、院所、院校：

现将国务院《关于听取石油天然气总公司工作会议情况汇报及研究塔里木盆地石油天然气勘探和开发问题的会议纪要》，印发给你们。请组织处以上干部学习，并认真贯彻执行。此系机密文件，请对外不要公开引用。

中国石油天然气总公司

一九八九年十二月十五日

1989年12月15日，总公司《关于印发国务院有关石油工业会议纪要的通知》

012

财政部文件

(92)财工字第417号

关于核定塔里木油田财务体制的函

中国石油天然气总公司：

根据国务院国阅（1990）130号及国阅（1991）62号文件的精神，塔里木油田实行“借钱还油，以油养油”的政策。现对有关财务问题作如下规定：

一、塔里木油田的财务关系隶属于中国石油天然气总公司，为中央直属企业。实行独立核算，自负盈亏，开发投资，自偿自还的体制。

二、塔里木油田生产的原油，由中国石油天然气总公司按国家定向自行在国内外经营销售并在中国银行开立专户，保证还款资金来源。在国内销售可按国际价格收取外汇。所得收入，其平价部分按国家规定的税率缴纳产品税。

三、塔里木油田销售原油所得收入在按规定交纳

1992年9月19日，财政部《关于核定塔里木油田财务体制的函》

1989 年 10 月 18 日，塔中 1 井喷出工业油流

1991 年 1 月 1 日，塔里木石油勘探开发指挥部在库尔勒火车西站举行首列火车原油外运剪彩仪式

成功探索，新体制产生了良好的示范效应，为后续吐哈、冀东等新区勘探开发所采用。

到1991年底，参加会战的队伍计有45个钻井队、30个物探队和新上的7个试油队、2个酸化压裂队、6个筑路队等作业队伍，国际石油专业技术服务公司、国内科研单位均作为乙方参加，总人数达1.9万多人。会战很快在塔北和塔克拉玛干沙漠腹地取得一系列战略性突破，原油产量以每年50万吨的速度增长，初步实现了油气勘探开发的良性循环。

1997年，会战指挥部展开大规模技术攻关，取得一系列重大突破。特别是创新海相碳酸盐岩油气成藏理论，塔里木盆地塔中—塔北形成10亿吨大油气区，截至2017年，累计探明石油地质储量9.7亿吨，探明天然气地质储量6672亿立方米；生产原油412万吨，天然气34亿立方米，成为塔里木油田的主力区。克拉2大气田的发现，直接促成西气东输工程的立项和开工，使塔里木成为主气源地。2002年，塔里木油田原油产量达到500万吨，2005年油气当量产量突破1000万吨，2008年油气当量产量突破2000万吨。到2017年，塔里木共发现大中型油气田29个，其中26个投入开发，年当量产量达到2533万吨，向西气东输供气2001亿立方米。

组织实施吐哈石油会战

1989年1月5日，吐鲁番—哈密盆地（简称吐哈盆地）首口科学探索井——台参1井获得工业油流，发现鄯善油田，大规模石油勘探开发会战由此拉开序幕。

1991年初，吐鲁番地区的石油勘探开发被列入国家“八五”计划和《国民经济和社会发展十年规划》。2月25日，吐哈石油勘探开发会战指挥部成立，在总公司直接领导下，以玉门油田为主体，华北、长庆、中原等23个单位的1万多名石油工人汇集吐哈盆地，拉开了大会战的帷幕。吐哈石油会战贯彻执行总公司“两新两高”工作方针，全面推行项目管理和甲乙方合同制，实行专业化承包和社会化服务，用新体制主导会战，用新技术支持会战，高速度高效益开发建设新油田。

到1995年12月，共钻探井183口，开发井657口，总进尺257.7万米，相继发现巴喀、丘东等14个油气田和6个工业性含油气构造（区块）；累计探明石油地质储量2.1亿吨（含凝析油），天然气储量731亿立方米（含溶解气）；高标准组织鄯善、温米、丘陵等主体油田300万吨原油生产能力与100万米^3/日天然气处理等配套地面工程建设；累计生产原油559.6万吨，实现了会战的主要预期目标。在较短时间内建成“百万吨油田百人管理”的国内一流水平油田。

截至2017年底，吐哈油气勘探开发范围扩大到吐哈、三塘湖、民和等五个中小型盆地，区域跨新疆、甘肃、青海三省(自治区)，探矿权面积4.64万平方千米，先后落实鄯善弧形带、鲁克沁稠油带等7个亿吨级油气富集带，高效开发鄯善、丘陵、鲁克沁等23个油气田，已成为新疆三大油田之一。累计生产油气当量产量7306万吨，实现销售收入1428亿元、利润331亿元，上交各项税费258亿元。

1991 年 11 月 20 日，吐哈油气区鄯善油田生产的原油正式外运

台参一井

原油年产达到1.5亿吨

“八五”期间，中国石油大力实施“稳定东部，发展西部”战略方针，加快新区开发和老油田稳产增产，1995年生产原油1.5亿吨。

“八五”是陆上石油工业发展的一个重要时期。陆上油气田开发形势面临较大困难，多数主力油田采出可采石油地质储量已接近60%，即将进入高含水后期和产量总递减的开发阶段。1990年12月，中国石油天然气总公司在大庆召开“全国油气田开发技术座谈会”，确定总公司20世纪90年代的开发方针：稳定发展东部老区，争取这一地区石油产量略有增长，大力加快塔里木新区勘探开发，安排好油气资源的战略接替，实现全国油气生产的持续稳定增长。1993年8月30日，总公司发出《关于搞好未动用储量市场管理工作的通知》，决定建立储量市场，并制定相关办法。1994年3月，总公司在胜利油田召开“东部地区油田开发工作会议”，要求各油气田努力做好五项工作：重新认识地下；搞好老油田加密调整增加可采石油地质储量；继续搞好控水稳油；大力开展三次采油提高采收率；加强滚动勘探开发，并对加快发展低渗透、稠油、滩海油田的开发确定了具体目标。

通过贯彻落实总公司相关要求，大力推进控水稳油、聚合物驱工业化生产和西部新油田开发建设，陆上原油产量保持了稳定增长。1995年，陆上产油14065万吨，五年增长了363万吨，平均每年增长72.6万吨；海上原油产量972万吨，超过“八五”计划产量500万吨，全国原油年产量突破1.5亿吨，提前5年实现2000年原油产量目标。

大庆油田连续27年稳产5000万吨

2002年12月31日，大庆油田年产原油5013.1万吨。这是大庆油田从1976年年产量首次跃上5000万吨后，连续27年实现5000万吨以上高产稳产。

大庆油田是我国最大的油田，也是世界上为数不多的特大型砂岩油田之一。自1960年投入开发建设以来，大庆油田形成一整套非均质大型陆相砂岩油田地质开发理论及工程技术系列，指导和促进油田科学开发原油产量高速增长。

油田开发进入高含水后期，面对诸多开发矛盾，大庆油田依靠科技，实施稳油控水工程，不断加大油田开发的技术含量，确立以三次加密调整、三次采油和外围三低油藏为重点的主攻方向，使老区挖潜效果显著，三次采油技术进一步成熟并投入工业化应用，海拉尔等外围油田得到有效开发。聚合物驱油技术进入大规模推广应用阶段，年原油生产能力达到1000万吨以上，创造了世界同类油田开发史上的奇迹。

人民日报

RENMIN RIBAO

国务院电贺大庆连续十年产油五千万吨

石油部在大庆油田召开庆祝大会号召全国各油田向大庆学习

群众的眼睛看着我们

重庆市管县城 乡经济活跃

把城乡两方面的优势结合起来

福建乡镇企业有十九万多家

四分之一的农村劳动力务工

1986 年 1 月 27 日，《人民日报》报道国务院电贺大庆连续十年产油五千万吨

1986 年 1 月，大庆油田年产原油 5000 万吨稳产十年庆祝大会

1995 年 9 月 20 日，大庆油田召开庆祝开发建设 35 周年暨年产 5000 万吨稳产 20 周年总结表彰大会

长庆油田建成西部大庆

2013 年，长庆油田年产原油 2432 万吨、天然气 346.8 亿立方米，油气当量 5195 万吨，连续 10 年实现油气当量产量增产，平均年增长超过 420 万吨，如期建成西部大庆，成为我国重要的能源战略接替区和陆上天然气管网枢纽中心。

长庆油田生产区域横跨陕、甘、宁、蒙、晋五省（自治区），属于西部大开发战略重点资源接替区域，世界上典型的“三低”（低渗透、低压力、低丰度）致密性油气藏，开发难度极大。多年来，通过不断探索，创新集成了针对致密油气藏规模高效开发的主体技术和技术序列，使油田获得了跨越式发展，成为我国近 10 年油气储量产量增长最快的油田。2003 年长庆油田油气当量产量首次突破 1000 万吨；2007 年油气当量产量突破 2000 万吨；2009 年油气当量产量突破 3000 万吨；2011 年油气当量产量突破 4000 万吨；2013 年油气当量产量迅速攀升至 5000 万吨以上，成为国内最大的油气田。

面对资源品位持续下降、低油价导致投资成本控制压力不断增强的不利局面，长庆油田迎难而上，不断调整和改善勘探开发方式。在油气勘探上，围绕重点区域进行精细勘探和高效勘探，2017 年，油田新增探明石油地质储量占集团公司新增储量的 49%；在油田开发上，实施精细注采调控和层内分注，攻关三次采油技术，近年原油产量均保持在 2400 万吨左右；在气田开发上，通过优化间歇井生产制度、大规模开展排水采气作业对气井实施精细管理，提高了主力气田采收率。技术创新为长庆油田持续稳定高产提供了重要的技术保障，充分利用信息技术打造数字化油田，全面推广无人值守，实施智能

中國石油報
CHINA PETROLEUM DAILY
2014年1月 17日
星期五 第6012期
□中国石油天然气集团公司主办
□国内统一刊号:CN11-0037
□邮发代号:1-78
□互联网址:www.zgsyb.com.cn
□官方微博:http://weibo.com/zgsybs
□国外发行代号:D4792 □今日8版

2014年1月17日，《中国石油报》报道西部大庆高质量高水平如期建成

长庆油田年油气产量当量迈上5000万吨

西部大庆高质量高水平如期建成

本报讯 （记者薛梅）1月16日，集团公司董事长、党组书记周吉平在集团公司2014年工作会议上正式披露：长庆油田如期高质量高水平建成西部大庆。

来自中国石油生产运行处数字显示，2013年长庆油田生产原油2432万吨，天然气346.8亿立方米，油气产量当量达到5195万吨，成为中国石油工业发展史上又一个里程碑。

从中国石油2013年国内油气产量来看，长庆油田贡献了超过20%的原油，近40%的天然气。从油气增量来看，长庆油田在2003年油气产量当量突破1000万吨后，10年连续增产，成为我国陆上油气产量最高、上产速度最快的油气田，与连续11年保持原油4000万吨稳产的大庆油田一起跻身国内油气田第一梯队。

西部大庆如期建成的战略意义还在于，长庆油田2013年天然气产量占国内天然气总产量的1/4，承担着向北京、天津、河北、山东，以及陕西、宁夏、内蒙古区域40多个大中城市供应天然气的重任。近些年，长庆油田天然气快速上产，2013年增幅超过56亿立方米，在我国空气污染治理及生态文明建设中作用日益显著。

长庆油田开发的鄂尔多斯盆地油气资源，属于世界典型的“三低”油气藏，曾被国际权威机构断定为没有开发效益的边际油田。然而在最近10年间，长庆油田赶超国内其他油气田，重塑我国油气生产格局。解放思想引入市场机制、对外开发合作、创新技术和管理等成为解读“长庆传奇”的脚注。

在市场机制方面，长庆油田积极引入民营队伍、国内国际服务公司等共同建设西部大庆，竞争带来生产效率大幅提升，使得昔日无法有效开发的低品位油气藏实现效益开发，苏里格“5+1”模式就是典型代表。在对外开发合作上，长庆油田与壳牌合作的长北项目，与道达尔在苏南地区的合作堪称国际能源合作典范，多年来一直为长庆效益开发输送营养；得益于标准化、模块化、市场化、数字化“四化”等创新管理经验，长庆油田建成西部大庆时的员工总量仍保持在年油气产量当量2000万吨时的规模，生产组织效率达到国际一流油气田水平。科技创新是解放“三低”油气藏的关键因素，以黄土塬、沙漠地震勘探，水平井及储层压裂改造为代表的系列技术相继突破，大幅降低了致密性油气资源开发成本，打通了增储上产快速通道，将长庆效益开发提升至新水平。

一位石油老专家指出：“建成西部大庆是中国油气田开发的新起点，要总结推广长庆经验，让老油田获得新生，新油田获得发展。中国油气田开发、非常规油气资源开发前景值得期待。”

建成西部大庆后，长庆油田的可持续发展成为社会各界关注的话题。长庆油田已连续12年新增油气储量和产量领跑全国，仅2013年，新增石油探明地质储量、天然气探明加基本探明地质储量就分别超过3亿多吨和6000亿立方米，可持续发展底气足。

长庆油田一位员工说：“建成西部大庆，圆了三代长庆石油人的梦，我们有信心把长庆油田建设得更好。”

化生产和管理，数字化覆盖率93%以上。2017年长庆油田油气当量产量5316万吨，其中原油产量2372万吨、天然气产量369亿立方米，实现连续5年5000万吨以上规模高效稳产。

成品油销售突破1亿吨

为完善企业生产价值链，保障油田生产后路畅通，围绕建设国际水准销售企业目标，中国石油全力推进网络开发，努力扩大市场占有率，销售业务实现新突破，2010年成品油销量突破1亿吨。

按照“做强做优销售业务，不断增强市场保障能力和影响力”总体要求，成品油销售业务重点在沿海、沿江、沿成品油管线的重要位置，合理布局集散库、优化匹配分销库，大力开发重点城市、中心城市、高速公路等高效市场加油站，持续开展攻坚战、保卫战、阵地战、挖潜战“四大战役”，增量开发与存量挖潜双驱动，突出开发与投运，推进加油站提质改造，完善投资政策，推动市场网络快速发展。“十一五”期间，在全国31个省（自治区、直辖市）建立了营销机构和较完善的营销网络。信息化建设实现新突破，基本实现“一卡在手，全国加油”，销售业务“十一五”规划目标全面实现。截至2010年，国内拥有各类加油站 21399 座，基本覆盖县级以上地区，加油站客流量达到 1100 万人次 / 日。拥有资产型油库 307 座，库容 1400 万立方米；长输管道 6000 千米；在用公路罐车 9441 台；各类海上运输船舶 180 余艘，储运销条件的日渐完善，为油品销售的增长提供了保障。

“十二五”以来，面对成品油消费结构发生转变、柴油出现刚性拐点等市场变化，销售业务从提升产业链整体利益出发，突出市场导向，坚持量效并举、灵活营销，全力保份额、降库存、疏通炼厂后路。重点优化网络布局，加油站总数量稳步增加到 2.1 万座以上；连续多年深入推进精细化管理，铁路运输、水运损耗降幅均进过 50%；非油利润增幅接近 300%。2016 年油品总销量从 2010 年的 1.02 亿吨增加到 1.7 亿吨。

中國石油報

CHINA PETROLEUM DAILY

2016 年 12 月 23 日 星期五 第 6744 期

中国石油天然气集团公司主办

国内统一刊号：CN11-0037 邮发代号：1-78 国外发行代号：D4792 今日 8 版

互联网址：www.zgsyb.com.cn 官方微博：http://weibo.com/zgsybs 中国石油报微信公众号：zgsybwx

“弘扬石油精神、推进稳健发展”报告会宣讲 40 场

在交流中传递信心 在共鸣中凝聚力量

中国石油昆仑加油卡发卡量破亿

得到国内 1/3 车主充分认可

刘跃珍在集团公司部分单位总会计师述职评议会上强调：

发挥优势履职尽责

2016 年 12 月 23 日，《中国石油报》报道昆仑加油卡发卡量破亿

海拔 5000 米的西藏那曲市双湖加油站，是迄今世界上海拔最高的加油站

发现国内最大单体海相整装气藏

2014年2月10日，中国石油在四川盆地发现国内最大单体海相整装气藏。经国土资源部审定，安岳气田磨溪区块寒武系龙王庙组新增探明天然气地质储量4403.85亿立方米，技术可采天然气地质储量3082亿立方米。这是当时我国发现的单体规模最大的特大型海相碳酸盐岩整装气藏。

审定结果显示，气藏储量规模大、含气面积大，气井产量高、气藏压力高，天然气组分好、勘探效益好、试采效果好，平均单井测试日产天然气110万立方米，投产气井平均日产天然气60万立方米。

四川盆地磨溪区块龙王庙组气藏205井生产作业现场

安岳气田横跨川渝两省（直辖市），地质构造上处于川中古隆起，情况复杂。磨溪龙王庙组气藏从发现到探明再到10亿立方米试采工程投产成功，仅用不到2年时间。一期40亿立方米产能建设已全面展开，二期60亿立方米产能建设已经启动，随着勘探开发的持续推进，该气藏的天然气储量、产量规模还将进一步扩大。截至2014年2月，该区块累计试采气超过6亿立方米。截至2015年底，高石梯—磨溪地区下古生界—震旦系累计提交天然气三级地质储量1.56万亿立方米，并获2016年中国石油天然气勘探重大发现成果特等奖。

长庆油田累计探明石油地质储量超48亿吨

截至2017年底，长庆油田累计探明石油地质储量超48亿吨，连续7年新增探明石油地质储量超3亿吨，并新发现了宜川、黄龙两个气田。该项成果通过了国土资源部油气储量评审办公室2017年度中国石油新增油气探明储量评审会评审。

长庆油田生产现场

1970年开始，长庆油田就在世界罕见的低压、低渗透油气田上找油。当年在宁夏马家滩、李庄子获得371万吨探明石油地质储量。1970年至2002年，长庆油田共提交探明石油地质储量10亿吨。2003年以来，通过储量增长高峰期工程，长庆油田油藏勘探评价迈出三大步：连续5年提交探明石油地质储量超1亿吨，连续3年提交探明石油地质储量超2亿吨，连续7年提交探明石油地质储量超3亿吨，不断刷新石油储量贡献率。长庆油田新增年度探明石油地质储量占中国石油年度新增石油地质储量的50%以上，占全国年度新增石油地质储量的30%以上。

2017年，长庆油田围绕“提交优质储量实现勘探增效”主线，从战略层面明确提出勘探开发一体化的工作要求，淡化勘探评价与油气开发界面，努力推进勘探、评价、开发的无缝衔接，将勘探与开发结合，地质与工艺结合，室内与现场结合，新区与老区结合，技术与效益结合，充分利用勘探评价的新发现、新成果，优选建产目标，实现优质储量优先动用，为增储挖潜注入新活力。2017年，长庆油田完钻探井评价井937口、骨架井58口，实现32个高产目标区，扩大了20个油藏规模，高效勘探成果显著。

油品质量升级助力“蓝天保卫战”

2011年以来，中国石油助力“蓝天保卫战”，加大投入力度，加强技术创新，油品质量实现从国Ⅲ标准到国Ⅴ标准的“两连跳”。

2013年完成国Ⅳ标准汽油升级，2014年完成国Ⅳ标准柴油升级，到2015年底，中国石油25家炼油企业中，19家企业具备国Ⅴ标准车用汽油生产能力，所有炼油企业具备

2017 年 8 月 12 日，云南石化公司国Ⅴ标准成品油专列正式首发出厂，第一批成品油走向云南市场

国Ⅴ标准车用柴油生产条件，普通柴油质量比国家标准要求提前一年多达到国Ⅳ标准。2016 年 1 月 1 日起向东部 11 个省（直辖市）供应国Ⅴ标准车用汽油、柴油，2016 年底所有炼油企业按照国家部署全部完成国Ⅴ标准油品升级工作。

按照 2019 年 1 月 1 日起，全国全面供应符合国Ⅵ标准的车用汽油、柴油，取消普通柴油标准，2016 年 6 月逐步开展项目前期工作及工程建设，国Ⅵ标准车用汽油、柴油投资项目共计 25 项。2018 年，北京、天津、山西、河南全省（直辖市），河北、山东部分地区，已升级到国Ⅵ标准油品。到 2018 年底，中国石油所有炼化企业车用汽油、柴油质量全部达到国Ⅵ A 阶段标准，不再生产普通柴油。

新疆油田玛湖凹陷发现 10 亿吨级世界最大砾岩油田

2017 年 11 月 30 日，新疆油田公司在准噶尔盆地玛湖凹陷中心区发现了 10 亿吨级砾岩大油区，成为目前世界上发现的最大砾岩油田。

克拉玛依油田是中华人民共和国成立后发现的第一个大油田。经过半个多世纪勘探开发，作为产能建设主体的断裂带勘探程度较高，寻求重大突破的难度加大。20 世纪 90 年代以来，新疆油田公司转变观念，“立足大凹陷，寻找大油田”，提出“跳出断裂带，走向斜坡区”重大勘探新思路。2005 年以来，依托国家与中国石油重大专项，针对资源潜力、沉积、成藏模式不清等勘探难题，集中优势科技资源，围绕砾岩成藏理论与勘探关键技术等难题，攻克“甜点”预测与增产改造两大瓶颈技术，创立了凹陷区砾岩油藏勘探理论技术体系。通过创新地质认识，强化技术攻关，突出效益勘探，首次发现了目前已知全球最

新疆玛湖油田生产现场

古老的碱湖优质烃源岩。2017年，玛湖地区勘探实现重大突破，探明石油地质储量5.2亿吨，新增三级石油地质储量12.4亿吨，发现了全球最大砾岩油田——玛湖油田，形成储量规模超10亿吨的百里油区，相当于再造一个克拉玛依油田。截至2017年底已建产能605万吨，“十三五”末将实现年产原油500万吨以上，成为中国石油规模增储上产的新基地。

天然气产量突破千亿立方米

中国石油坚持资源战略主体地位，工作重心向勘探倾斜，天然气勘探不断取得重大突破，促进了天然气产量的快速增长。2017年天然气产量首次突破千亿立方米，达到1033亿立方米，同比增长5.3%，占国内天然气产量的70.1%、消费量的44%。

中国石油克服资源劣质化程度加剧、效益开发难度加大等诸多挑战，积极推进从重产量向产量效益并重、从重地质储量向重经济可采储量、从靠投资拉动向靠创新驱动、从传统生产向精益生产“四个转变”，突出高效勘探、低成本开发、加快天然气和绿色安全发展“四大任务”，坚定不移推进天然气业务高质量发展，适应国民经济发展对天然气的需要。一方面，稳步推进常规天然气开发，形成了长庆、塔里木、西南三个年产规模超200亿立方米的大气区；另一方面，积极拓展新领域，按照勘探开发一体化思路，加快非常规资源的开发，积极实施长宁、威远、昭通年产120亿立方米页岩气开发方案，煤层气产量稳步上升，2017年实现了产气千亿立方米的突破。

四川威远页岩气大型加砂压裂作业现场

天然气产量突破千亿立方米，意味着中国石油稳油增气取得阶段性成果，天然气在油气结构中占比达 46.4%，成为中国石油新的经济增长点和效益贡献点。

非常规油气勘探开发取得重大进展

中国石油非常规油气资源勘探开发取得重大进展，生产规模逐年扩大，建成了多个重要生产区块和开发试验基地。2017 年，在煤层气、页岩油（气）、致密油（气）等领域获得勘探新成果，产能建设项目加快推进，关键及配套技术不断创新和应用。

页岩气勘探开发坚持一体化，产能建设按计划推进，开发生产形势良好，2017 年共生产页岩气 30 亿立方米。陕西鄂东地区页岩气勘探取得新突破，显示该地区具有良好的勘探开发前景。四川盆地南部地区页岩气勘探开发规模不断扩大，2017 年新增探明页岩气地质储量 1565 亿立方米。长宁—威远和昭通两大页岩气示范区建设进一步加快，优质储层钻遇率、单井产量大幅提高。

煤层气勘探开发持续以山西沁水盆地和陕西鄂东气田两大产区为重点，同时不断拓展新领域，取得了重要进展。新疆煤层气勘探取得实质性进展，后峡区块构造格局和煤层分布特征基本明晰；和什托洛盖区块完钻 2 口探井，地质认识基本明朗；准东五彩湾地区勘探前景广阔，具备万亿立方米煤层气规模，已经初步优选 5 个煤层气有利含气区。老区块综合调整治理初见成效，集团公司全年生产煤层气 17.9 亿立方米。

煤层气公司大宁—吉县区块吉2-45井及周边井钻井生产现场

致密油（气）持续推动在鄂尔多斯、四川、松辽、柴达木及三塘湖等盆地规模开发。长庆油田经过多年探索，形成了致密油Ⅰ+Ⅱ+Ⅲ类储层开发主体技术，建立了3个致密油水平井体积压裂试验区和3个致密油规模开发试验区，致密油单井产量显著提高。新疆油田进一步推动玛湖凹陷致密油经济有效开发，吉木萨尔致密油产能评价取得重大进展。大庆油田先后开辟14个致密油试验区，其中10个已经建成投产，产能达20万吨/年。山西大宁—吉县区块致密油勘探取得重大突破，河西、河东地区多口试气井获高产气流。集团公司不断扩大二氧化碳干法加砂压裂、大排量缝控体积压裂等技术应用，推动致密油（气）产量增长，提升开发效益。

新增探明油气地质储量当量连续11年超过10亿吨

2017年，国内全年新增探明石油地质储量65945万吨，新增探明天然气地质储量5698亿立方米，新增探明油气地质储量当量连续11年超过10亿吨，油气储量持续高峰增长。

坚持实施“稳定东部、发展西部，国内为主、国外补充，油气并举，节约开发并重”的方针，强化勘探的主体地位，以获取经济可动用储量和效益产量为重点，不断推进技术创新，科学组织国内油气勘探活动，深入开展非常规油气资源勘探和国内对外合作勘探开发业务。面对日益复杂的地质条件和外部环境，优化部署，加强预探和风险勘探，推进老区精细勘探，集中力量和投资，大力实施高效勘探，在准噶尔、塔里木、四川等盆地先后获得多项重要发现，鄂尔多斯、松辽、渤海湾等盆地落实一批优质规模可建储量。2017 年新区新领域勘探取得 12 项重要发现，石油勘探形成 6 个亿吨级整装规模储量区，天然气勘探形成 5 个千亿立方米整装规模储量区，新增油气储量继续保持高位增长，进一步夯实了稳油增气的资源基础。

同时，积极开展新区风险勘探，共取得 12 项战略突破，累计新增可采储量 13 亿吨当量。共申报风险勘探目标 887 个，部署 220 个，在已实施完成的 201 口井中，71 口井获工业油气流，钻探成功率高达 35%，超出 20% 的既定目标水平，并远超国外同类勘探项目成果水平。通过不断深化地质认识、强化工程技术攻关，在碳酸盐岩、前陆冲断带、火山岩、碎屑岩岩性地层四个重要勘探接替领域，特别是以往久攻不克的地区或领域发现一批重大突破及发现，取得 12 项战略突破，发现安岳、克深、玛湖等一批大油气田。至 2017 年 7 月底，新区新领域风险勘探取得显著成效，累计新增探明地质储量 30 亿吨当量，累计新增可采储量 13 亿吨当量，相当于每年新增 2 至 3 个大型油田。

风险勘探的成功实施不仅给中国石油国内油气勘探带来深刻的变革，而且成功应用于中国石油海外油气勘探业务。截至 2017 年 7 月底，海外油气勘探业务共取得 40 项油气发现，累计新增探明加控制石油地质储量 5.5 亿吨、天然气地质储量 3200 亿立方米。

西南油气田页岩气开发现场

一批千万吨级大油气田建成投产

持续加快新区产能建设和老区稳产增产，一批千万吨级大油气田建成投产。2017 年，国内外油气当量产量达 2.74 亿吨。

中国石油以寻找大油气田为主要目标，新区新领域勘探不断取得重大突破和重要发现，新增油气地质储量保持高位增长。到 2017 年底，连续 11 年年国内新增探明油气地质储量当量超过 10 亿吨，为油气产量持续增长提供了资源基础。国内油气开发针对大多数主力油田处于高含水和高采出的状况，通过三次采油等综合措施，千方百计提高老油田采收率，自然递减、综合递减和含水上升速度得到有效控制；同时加快新区产能建设，推进新疆、长庆、四川等新区重点产能建设，加快投产速度，力争早日见产，国内一批千万吨级油气田陆续建成投产。

1966 年，大庆油田突破 1000 万吨大关，当年生产原油 1060.9 万吨。在高速开发 50 年后，2017 年油气当量产量仍保持在 4271.81 万吨。华北油田 1977 年生产原油突破 1000 万吨，达 1229.83 万吨；1979 年生产原油 1733 万吨，创历史最高值。

改革开放后，油气勘探开发快速发展，千万吨级油田相继建成投产：1986 年辽河油田原油产量突破 1000 万吨，连续 32 年实现千万吨以上稳产。2002 年 11 月 24 日，新疆油田生产原油 1010 万吨，成为我国西部第一个千万吨级大油田；2017 年，新疆油田生产

1979 年，华北油田原油产量 1733 万吨，达到历史最高值

1986 年，辽河油田原油产量突破 1000 万吨

2002 年，新疆油田原油产量突破 1000 万吨

2003 年，长庆油田油气当量产量突破 1000 万吨

2005 年，塔里木油田油气当量产量突破 1000 万吨

2006 年，西南油气田油气当量产量突破 1000 万吨

原油 1131 万吨、天然气 28.4 亿立方米，连续 16 年生产原油超千万吨。2003 年 12 月 1 日，长庆油田油气产量突破 1000 万吨；自 2013 年油气当量产量突破 5000 万吨以来，实现连续 5 年 5000 万吨以上规模高产稳产，2017 年油气当量产量 5316 万吨，其中原油 2372 万吨、天然气 369 亿立方米。2005 年 12 月 16 日，塔里木油田油气当量产量突破 1000 万吨大关；2017 年，塔里木油田油气当量产量实现 2533 万吨，向西气东输供气 211.5 亿立方米，累计向西气东输供气 2001 亿立方米，向南疆五地州供气超 280 亿立方米。2006 年 12 月 3 日，西南油气田油气产量突破 1000 万吨。

一批千万吨炼油百万吨乙烯工程建成投产

2000 年，中国石油年原油加工能力突破 1 亿吨，达到 10867 万吨；2016 年加工原油 1.92 亿吨；2017 年炼油一次加工能力占全国的 25%，排名国内第二、世界第三；乙烯产能占国内的 26%，排名国内第二、世界第六。炼油能力 1.95 亿吨 / 年，乙烯能力 591 万吨 / 年。

中国石油统筹国内外两种资源，建立与国内资源和四大战略通道相匹配的炼油化工体系。通过调整结构、优化升级、加快布局、规模发展，炼化业务规模实力、创效能力、市场竞争力都得到快速提升，已形成大连石化、抚顺石化、兰州石化、独山子石化、四川石化、广西石化、大连西太平洋石化、吉林石化、辽阳石化、云南石化等 10 个千万吨级炼

2008 年 8 月，大连石化年原油加工能力突破 2000 万吨

2009 年 7 月，独山子石化千万吨炼油百万吨乙烯工程建成投产

2010 年 9 月，广西石化千万吨炼油工程建成投产

2012 年，抚顺石化千万吨炼油百万吨乙烯工程建成投产

2014 年，四川石化千万吨炼油、80 万吨乙烯项目投产

油基地，大庆石化、吉林石化、抚顺石化、辽阳石化、独山子石化、兰州石化、四川石化等 7 个乙烯生产基地，辽阳石化、乌鲁木齐石化 2 个芳烃生产基地等一批特色炼化企业。

2009 年 8 月，独山子千万吨炼油装置一次投料试车成功；9 月，百万吨乙烯装置一次投料试车成功。2010 年 9 月，广西石化 1000 万吨 / 年炼油工程建成投产；2014 年 8 月，广西石化含硫油配套项目建成投产。2009 年 10 月，抚顺石化 800 万吨 / 年常减压蒸馏装置建成投产；2012 年 10 月，抚顺石化 80 万吨 / 年乙烯装置建成投产。2012 年 10 月，大庆石化 120 万吨 / 年乙烯改扩建工程建成投产。2014 年 3 月，四川石化 1000 万吨 / 年炼油、80 万吨 / 年乙烯建成投产。2017 年 8 月，云南石化 1300 万吨 / 年炼油项目建成投产。一批千万吨级炼油和百万吨乙烯工程的建设，使集团公司原油加工能力大幅提升。

西部大开发标志性工程——西气东输工程建成投产

西气东输工程最初特指 2004 年建成投产的西气东输一线工程，发展到今天，是指以中国西部和中亚天然气为主气源，以中国东南部地区为主要目标消费市场，以干线管道、支干线管道和储气库为主体，连接沿线用户，形成横贯中国大部的天然气供气系统。工程主要由西气东输一线、二线和三线组成。全部建成后，管线总长度超过 2 万千米，年输气能力 770 亿立方米。

西气东输一线西起新疆塔里木轮南油气田，东至上海白鹤镇，全长 4380 千米，包括 1 条主干线和 3 条支干线及其配套支线，年输气能力为 170 亿立方米。自西向东横贯新疆、甘肃、宁夏、陕西、山西、河南、安徽、江苏、上海、浙江 10 个省（自治区、直辖市）。2002 年 2 月 6 日，工程项目获国务院批准，同年 7 月 4 日全线开工，2004 年 12 月 30 日实现全线商业运营。

西气东输二线以中亚天然气为主力气源，西起新疆霍尔果斯口岸，与中亚天然气管道相连，南至香港、东达上海，包括 1 条主干线和 8 条支干线及其配套支线，全长 8819 千米，年输气量 300 亿立方米，可稳定供气 30 年以上。途经新疆、甘肃、宁夏、陕西、河南、湖北、江西、广东、广西、浙江、上海、江苏、湖南、山东 14 个省（自治区、直辖市）以及香港特别行政区。工程 2008 年 2 月正式开工建设，2012 年 12 月全线建成投产。

西气东输三线以中亚天然气为主供气源，新疆煤制天然气为补充气源。管线西起新疆霍尔果斯，途经新疆、甘肃、宁夏、陕西、河南、湖北、湖南、江西、福建、广东 10 个省（自治区、直辖市），终于福州，全长 6840 千米，包括 1 条主干线、5 条支干线。设计年输气能力 300 亿立方米。工程于 2012 年 10 月 16 日开工建设，其中，中卫—靖边联络线于 2017 年 11 月 27 日建成投产，管道全长 377 千米，全线预计 2019 年完工。

西气东输一线、二级和三线通过中卫、靖边、枣阳、吉安等枢纽站实现互通互连和集中调控，并通过冀宁联络线、中卫—靖边联络线、淮武联络线、中武线、涩宁兰管道，实现了塔里木、长庆、川渝和青海四大气区的联网，为全国天然气管网的形成奠定了坚实的基础。

人民日报

RENMIN RIBAO

人民网 网址：http://www.people.com.cn 手机：http://wap.people.com.cn

2008年2月

23

星期六

西气东输二线工程开工建设

胡锦涛发来贺信 温家宝作出批示

中共中央政治局召开会议

决定召开十七届二中全会

中共中央总书记胡锦涛主持会议

2008 年 2 月 23 日，《人民日报》报道西气东输二线工程开工建设

西气东输工程管道建设现场

西气东输二线香港支线试运投产现场

陕京输气管道工程为“北京蓝天”做贡献

20世纪90年代，陕北大气田发现后，为全面气化北京、保护首都环境，中国石油加快建成陕京输气管道工程。随着天然气需求的快速增长，陕京输气管道工程扩展为包括一线、二线、三线、四线工程。

一线输气管道工程起自陕西靖边天然气净化厂首站，途经陕西、山西、河北、北京等3省1市，止于北京石景山区衙门口末站，线路全长918千米，设计输气量33亿米^3/年。工程于1996年3月5日开工，1997年9月10日干线建成投产，为保障北京供气均衡，配套建设了3座地下储气库。

二线输气管道工程起自陕西榆林首站，途经陕西、山西、河北、北京等3省1市，止于北京末站，全长935.4千米，设计输气量120亿米^3/年。2005年7月1日榆林首站开始天然气置换，7月3日天然气到达永清站，7月20日正式向北京等地供气投产。为满足陕京二线增输要求，进行了陕京二线的增输工程。2008年4月1日起，新建兴县压气站，扩建阳曲和石家庄压气站，改扩建榆林压气站。2009年10月31日，陕京二线增输改造工程建成投产，输气能力增加至170亿米^3/年。

三线输气管道工程起自陕西榆林市，止于北京昌平区西沙屯，全长992千米，设计输气量150亿米^3/年。陕京三线工程于2009年5月15日开工，2010年12月19日，干线建成投产。

四线输气管道工程起自陕西靖边，止于北京市高丽营末站，全长1098千米，设计输气量250亿米^3/年。该管线于2016年7月30日开工建设，2017年11月27日建成投产。

陕京管道检查作业

陕京管道施工现场

持续推进节能减排低碳发展

中国石油把成为国家生态文明建设进程中重要参与者、贡献者视为光荣使命，以建设世界一流综合性国际能源公司为目标，持续推进节能减排构建低碳未来。

全面实施升级计划，引领智能环保。2017 年，全面实施了中国石油《污染达标升级计划》《生态保护行动纲要》《低碳发展路线图》，持续完善中国石油全面达标、在线监控的环境风险管控模式，以及保护优先、严守红线的生态环境保障机制。同时，全面落实国家《大气污染防治行动计划》《水污染防治行动计划》《土壤污染防治行动计划》的重要任务部署，扎实提升环保基础管理能力，持续提高油气生产过程环境绩效，环保工作再上新台阶。

积极履行国际责任，促进低碳发展。2017 年，《巴黎气候协议》的执行遇到新挑战，中国作为一个负责任的发展中大国，承诺应对气候变化的决心、目标和政策行动不会改变。中国石油坚决贯彻国家低碳发展战略，积极参与油气行业气候倡议组织（OGCI）的各项合作，参与制定《OGCI-2040 年低碳排放路线图》和《油气行业 2100 年净零排放情景方案》。2017 年，不断加强碳排放管理，建立覆盖海内外的温室气体排放管理平台，全面完成了集团公司所属国内外企业的温室气体排放核算工作，确定了温室气体减排战略方向，努力控制并减缓温室气体排放，加大研发力度，建立了低碳发展的“中国石油模式”。凭借在绿色低碳发展方面的优异表现，中国石油连续七次当选由中国新闻社、中国新闻周刊评选的“中国低碳榜样”企业。

加大勘探开发和储运设施建设，天然气管网覆盖全国 30 个省（自治区、直辖市）和

2006年6月9日，我国建设项目环境保护的最高奖项“国家环境友好工程”奖在北京人民大会堂隆重颁发。西气东输管道工程居首批10项获奖工程首位，中国石油新疆油田公司石西油田开发建设工程名列其中

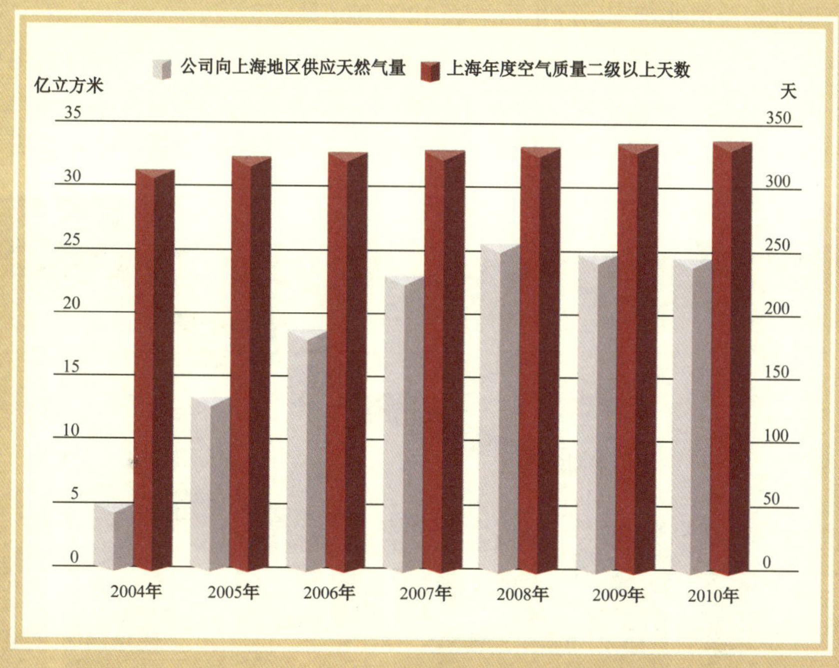

2004—2010年西气东输工程向上海供应天然气量与上海年度空气质量优良天数柱状图

香港特别行政区，受益人口超过4亿。着力提高能源清洁化水平、加快油品质量升级改造，23个国V标准汽油、柴油质量升级项目全部按计划完成。加快实施重点节能工程，大力开发低碳技术，推广高效节能技术，努力减少自用能消耗。2017年累计实现节能量88万吨标准煤、节水量1241万立方米。

2017年，中国石油发布了《低碳发展路线图》，承诺“既要做社会能源供应的守护者，又要做清洁能源低碳转型的推动者”，从生产供给侧、经营需求侧和发展新动能等方面控制并减缓二氧化碳等温室气体排放。积极支持中国碳汇林建设和植树造林活动，与国家林业局共同发起成立中国绿色碳汇基金。作为油气行业气候倡议组织在中国的唯一成员，中国石油深度参与应对气候变化的国际合作，参与了一系列该组织温室气体减排的相关研究。目前，油气行业气候倡议组织已经制定了该组织的低排放路线图，就气候变化行动达成一致。绿色发展战略实施5年来，中国石油国内温室气体排放总量下降6.1%。

大力发展绿色金融

2017年7月，中国石油所属昆仑金融租赁公司向国家电力投资集团公司发放首批贷款6000万元，用以支持河北霸州垃圾焚烧发电厂建设。该项目是中国石油重点绿色金融项目之一，昆仑金融租赁公司将提供2亿元资金用于项目购买环保发电设备，项目建成后可处理北京新机场及河北雄安新区生活垃圾1200吨/日。

落实国家“十三五”规划大力发展绿色金融倡议，中国石油积极参与水电、风电、光伏发电、垃圾发电等清洁能源及环保项目建设，绿色能源金融租赁体系初见规模。先后投资了重庆、贵阳、漳浦等城市的清洁能源项目，有效缓解了城市电力供需矛盾，降

塔里木油田广泛应用太阳能，实现节能环保

低了燃煤发电在电力结构中的占比，为城市周边新农村建设、发展特色旅游等提供了能源保障和环境保护。截至 2017 年底，中国石油共为 7 个清洁能源项目提供了融资租赁服务，每年可减少二氧化碳排放上百万吨。按照优先发展石油天然气、水电、核电、风电、光伏发电并举的投放政策，持续加大绿色金融业务在清洁能源市场的开拓力度，助推我国能源转型。到 2020 年，绿色金融将成为中国石油的支柱业务之一。

推动绿色发展建设美丽中国

中国石油积极履行环保责任，着眼清洁能源可持续发展，为建设美丽中国提供绿色能源保障。把天然气开发利用作为推进绿色发展的现实途径，2017 年天然气国内产量达到 1032.7 亿立方米，首次突破 1000 亿立方米，同比增长 5.3%，占到国内天然气产量的 70.1%；供应量超过 1500 亿立方米，占全国总消费量的 70%。据测算，1000 亿立方米燃烧值接近于 1 亿吨石油，相当于替代国内 1.33 亿吨煤炭，也相当于减排二氧化碳 1.42 亿吨、二氧化硫 220 万吨。按一棵树每年吸收 100 千克二氧化碳来计算，相当于植树 14.2 亿棵。

非常规能源页岩气、煤层气及可燃冰等非常规天然气领域取得重大进展。在长宁—威远、昭通国家级页岩气示范区 2017 年投产井 213 口，年产气 30 亿立方米，冬季保供日产量达 1000 万立方米。“十三五”规划明确 2020 年页岩气产量实现 100 亿立方米工作目标，然后再用一个 5 年计划的时间，要达到 200 亿立方米。2017 年 5 月，南海神狐海域蓝鲸 1 号钻井平台在水深 1266 米海底天然气水合物矿藏中开采出天然气，连续产气 60 天，累计产气量超过 30.9 万立方米，标志着中国“可燃冰”试采圆满成功。

在加大清洁能源利用的同时，中国石油通过创新节能减排理念、技术、管理和机制，

唐山 LNG 项目一期工程投产

不断提高能效和减少排放，降低污染水平。2016 年，中国石油四项主要污染物排放都呈下降趋势，其中二氧化硫、氮氧化物下降均超过 10%，创历史纪录。在 2017 年度科学技术进步奖名单上，中国石油获基础研究一等奖的“驱油用甜菜碱表面活性剂分子设计与合成项目”，有效降低了对地层的影响。

加大投资、加快新技术研发和应用，推动成品油质量升级。所属 26 家炼化企业均具备国Ⅴ生产能力。2018 年已实现全国全面供应国Ⅴ标准汽油、柴油，“2+26”城市全部供应国Ⅵ标准油品，对减少移动污染源排放起到积极作用。

中国石油“领衔”的跨国天然气管道和国内天然气骨干管网设施建设不断提速。2017 年投产的中靖联络线和陕京四线一期工程，将华北地区管道日输气能力提升至 1.5 亿立方米。中国石油还通过“气化门头沟”“LNG 点供气化河北”等措施，推进京津冀及周边地区煤改气工作，已实现北京城区零燃煤，为首都蓝天做出了积极贡献。2018 年 2 月 13 日，生态环境部给集团公司发来感谢信，对中国石油为改善区域生态环境质量做出的积极贡献表示诚挚感谢。生态环境部在信中，对中国石油加快成品油质量升级、加大天然气供应、加快燃气管网建设等工作均给予高度评价。

“中国版”原油期货国际交易正式挂牌

2018 年 3 月 26 日，中国原油期货国际交易在上海国际能源交易中心 (INE) 正式挂牌。

上市当日，9 月交货的原油主力合约 SC1809 成交 4.07 万手、成交 176.4 亿元；开盘成交价格 440 元 / 桶，下午报收 430 元 / 桶。按收盘价可折合成 68.51 美元 / 桶，比 3 月 23 日美国纽约商业交易所西得克萨斯中间基原油 (WTI)9 月交货的 64.16 美元 / 桶价格稍高，

2018 年 3 月 26 日，中国原油期货正式挂牌交易

与伦敦洲际交易所布伦特原油9月交货的68.42美元/桶价格基本持平。9月7日，上海原油期货首行合约SC1809全部顺利完成交割，标志着中国原油期货上市成功。

中国原油期货从酝酿到正式上线历经17年，旨在打造“反映中国及亚太市场供求关系的原油定价基准”。21世纪以来，亚太地区逐渐成为全球最大的石油消费市场，中国也在2017年成为全球最大原油进口国。但世界两大基准期货油价布伦特和WTI价格长期以来都是油价风向标，亚太地区缺乏权威原油基准价格，“亚洲溢价”使我国进口原油每年要多支出约20亿美元。

“中国版”原油期货合约作为我国第一个对外开放的期货品种，采用人民币计价、净价交易、保税交割，引起国内外市场参与者、监管机构高度关注。此次交割顺利完成，证明上海原油期货的制度设计和交易规则为市场接受，体现了该制度品种服务实体经济功能的发挥，充分体现了原油期货对现货市场的价格发现，有助于加快人民币国际化进程，增强中国在全球石油市场中的影响力。

全力服务支持雄安新区建设

2018年5月9日，集团公司党组书记、董事长王宜林赴雄安新区专题调研并主持召开集团公司支持雄安新区建设座谈会，部署中国石油强化政治担当，全力服务和支持雄安新区建设；着眼高质量发展，统筹做好集团公司雄安新区业务发展总体规划；大力实施“气化雄安”工程，保障清洁能源供应；突出开放合作，实现共同发展。

党中央、国务院决定设立雄安新区以来，集团公司高度重视，相关部门和单位做了大量工作，组织开展相关规划研究，多次与雄安新区对接，形成了集团公司支持雄安新区

中國石油報
CHINA PETROLEUM DAILY
2018年5月10日
星期四 第7091期
中国石油天然气集团有限公司主办
国内统一刊号:CN11-0037 邮发代号:1-78 国外发行代号:D4792
互联网址:www.zgsyb.com.cn
官方微博:http://weibo.com/zgsybs
中国石油报微信公众号:zgsybwx

两石油企业与杭燃集团签订战略合作协议
助推杭州生态文明建设

王宜林赴雄安新区专题调研并主持召开集团公司支持雄安新区建设座谈会时强调
着眼高质量发展 保障清洁能源供应
中国石油全力服务支持雄安新区建设

章建华会见甘肃省副省长李沛兴

深入开展“四个诠释”岗位实践活动
大庆油田干字
迎着问题走 围着难点转

2018年5月10日，《中国石油报》报道王宜林赴雄安新区调研，部署全力服务支持雄安新区建设

建设的意见。为落实集团公司部署和《京津冀及周边地区2017—2018年秋冬季大气污染综合治理攻坚行动方案》要求，集团公司制定详细的大气污染防治督察方案，组织80多名专家，分三路对所属单位大气污染防治工作进行督察。2017年9月启动的第一轮督察，集中检查京津冀及周边地区“2+26”城市所属企业的污染源状况，第二轮督察主要对第一轮督察中发现的问题进行“回头看”，2018年3月9日第三轮督察结束，对前两轮督察未整改的问题进行跟踪验证。截至3月9日，问题整改基本结束，集团公司京津冀及周边地区“2+26”城市所有企业全部实现燃煤锅炉清零，所有加油站（库）油气排放浓度均满足相关标准要求，所有高架源均安装了烟气排放自动监控设施并与地方政府联网。

2017年8月，中国石油正式组建成立河北销售雄安分公司，负责容城、雄县、安新辖区内加油站管理经营，承担雄安新区成品油资源保供，履行新能源项目开发、品牌形象打造等职责。2018年春节期间，河北销售雄安分公司7天油品销售同比增长57%，其中汽油销量同比增长58.7%。截至2018年6月，河北销售雄安分公司的工商管理注册已获雄安新区管委会批准，配合新区建设重点和目标，正按三个阶段实施融入计划，助力雄安新区发展。

渤海湾盆地潜山原生油气藏勘探获重要突破

2018年7月29日，歧北潜山歧古8井日产天然气突破16万立方米且不含硫化氢，日产凝析油46.3立方米，渤海湾盆地潜山原生油气藏勘探获重要突破。

歧北潜山位于歧口凹陷西南缘腹地，是隐伏在古近系斜坡之下的断鼻潜山构造。以往认为该潜山埋藏在古近系斜坡下，新生古储油源条件差，古生界煤系地层广泛分布且埋深约3500米，低于二次生烃门限(4000米)，古生古储油源缺乏，难以部署。2017年，大港油田利用煤系烃源岩取心资料系统开展生烃评价，认识到煤系烃源岩富氢组分高，早生早排，具有持续排烃潜力，提出二次生烃门限为3300米、原生油气藏成藏条件优越的新认识。以此理论为指导，大港油田重新构建生烃模式，重新开展资源评价，按照探索原生油气藏勘探潜力，评价古生界含油气性思路，部署实施甩开预探井——歧古8井。7月12日，奥陶系峰峰组获高产油气流，不含硫化氢，是歧北潜山奥陶系首口突破井。油气样品地化分析证实，奥陶系油气来自上古生界煤系源岩，实现歧北潜山古生界原生油气藏勘探的重大突破与规模增储，为渤海湾盆地类似潜山原生油气藏勘探提供了借鉴。

上古生界煤系源岩是渤海湾盆地一套重要生烃层系。与冀中、辽河坳陷不同，黄骅坳陷保留有相对较为完整的石炭—二叠系地层，煤系源岩厚度大、分布广、生烃强度大，具有原生油气藏勘探独有的地质条件。2016年以来，大港油田以多层系潜山内幕油气成藏理论为指导，调整勘探思路，重构成藏模式，以多层系潜山内幕为勘探对象，相继在港北潜山石炭系、二叠系、中生界获突破，在乌马营—王官屯潜山二叠系实现规模增储，展示出大港探区潜山良好勘探前景。歧古8井高产且不含硫化氢的认识，为埕海等奥陶系潜山重新评价、盘活油气资源及开发动用提供了重要依据。

大港油田潜山勘探工作现场

内蒙古巴彦河套新区新盆地勘探获重大突破

中国石油内蒙古巴彦河套新区新盆地勘探获重大突破，华北油田、长庆油田相继在该区勘探获得高产工业油流，打破了河套盆地2万多平方千米找油40余年沉寂的局面。

2017年8月7日，中国石油矿权区块流转改革实施不到一年时间，首批流转区块内蒙古巴彦河套探区传来喜讯，华北油田在这个探区吉兰泰坳陷部署的预探井吉华2X井，在2000米井段内发现一、二类总计195米厚油层，在对37米油层试油后获高产工业油流。至此，华北油田仅用7个月时间，就打成3口工业油流井，有望成为华北油田现实的储量接替区块。巴彦河套探区从20世纪70年代就开始预探，先后实施20余口井没有突破。华北油田接手后，选准吉兰泰构造带及周缘为勘探突破口。2017年3月以来，相继钻探的两口井在几百米深处获日产2立方米工业油流，成为中国石油新区快速高效勘探突破的成功案例。在此基础上，从2016年底就开始研究部署的吉华2X井，于2017年7月3日开钻，7月28日对白垩系上部油层射孔并初步求产，日产纯油10.26立方米。

2018年8月15日，长庆油田在内蒙古巴彦河套盆地勘探获重大突破。长庆油田在内蒙古河套盆地油气勘探始于20世纪70年代末期，普查落实了河套盆地“两隆三坳”的地质构造格局，先后完钻探井19口，13口井见到含油气显示未获得工业油气流。近年来，长庆油田进一步加强了河套等外围盆地的油气勘探力度，于2017年5月在河套盆地临河凹陷吉兰泰地区部署探井松5井，该井于2017年11月13日开钻，2018年7月15日完钻，初产试油自喷获得日产油流12.6立方米，9月3日试油又获62.6立方米高产油气流，展现出良好的勘探前景，为全面推动河套盆地扩大勘探开发夯实了基础。

天然气终端利用业务发展迅速

2008 年，集团公司全面进军国内天然气终端利用业务，经过十年的市场开拓，成为国内最大的天然气终端利用企业之一。

2008 年，集团公司重组吐哈油田、管道局、华油集团的城市燃气业务，成立昆仑燃气；以深圳石油实业 CNG 业务为基础，组建昆仑利用；中油香港转型发展，实施“以气代油”战略，“三个昆仑”横空出世。2009—2010 年，昆仑燃气先后整合集团公司 36 家炼化和油气田企业 LPG 销售业务，实现 LPG 全面统销。2012 年，昆仑燃气与昆仑利用重组，昆仑利用大部分业务纳入昆仑燃气。2015 年，昆仑能源与昆仑燃气重组，实现终端利用业务投融资平台与管理平台的统一。2016 年，昆仑能源与京唐、大连、江苏三大 LNG 接收站重组，实现 LNG 接收站业务投资主体与管理主体的统一。从“三个昆仑”到“六企合一”，天然气终端利用业务在重组、整合、融合中发展壮大。

截至 2018 年 9 月，昆仑能源业务扩展到 31 个省（自治区、直辖市），开发城镇燃气项目 340 个，各类用户 923 万户，比 2008 年增长 6 倍；天然气管道和城镇燃气管网超过 5.7 万千米，增长 14 倍；终端加气站点 1494 个，增长 9 倍。LNG 接卸能力占国内三分之一以上，LNG 加工能力占国内四分之一以上，形成从接卸、加工、储运、气化装车到车船加注完整的 LNG 产业链。LPG 库容超过 10 万立方米，年周转能力 180 万吨，年运能达 690 万吨。

累计销售天然气 1103 亿立方米，年复合增长率 35.9%；累计接卸 LNG 4291 万吨，气化装车量年复合增长率 44.2%；累计生产 LNG 470 万吨；累计销售 LPG 4895 万吨，年复合增长率 5.9%。十年来，昆仑能源业务以中石油 10% 左右的天然气资源，在终端利用环节累计创造利润超过 80 亿元，LPG 销售累计为集团公司增效超过 100 亿元。

昆仑能源华北分公司顺义气库

六　重要国际合作与交流

改革开放40年来，中国石油从“引进来”到“走出去”，实现跨越发展。

1978年开始积极“引进来”，从海洋石油率先对外开放到陆上石油对外合作，从陆上南方11省（自治区）对外合作勘探开发逐步扩大到北方10省(自治区),从技工贸结合引进关键装备技术、引进服务队伍拓展到中下游炼化销售领域。实施全方位、多形式、立体化的国际化经营。

1993年开始“走出去”,获得秘鲁北部塔拉拉油田七区作业权,中国石油开启了国际化运营的新阶段。先后中标巴布亚新几内亚、苏丹、委内瑞拉和哈萨克斯坦等一批油气合作项目，对外合作迈出新的步伐，逐步开创油气资源勘探开发、工程技术服务和国际贸易三位一体的海外合作新局面。

2013年以来，紧紧抓住国家“一带一路”倡议的战略机遇期，持续深化与沿线国家全方位油气合作，扩大合作领域，丰富合作方式，推动油气投资、技术服务、工程建设、油气贸易、炼化销售、管道储运等业务一体化发展，国际化经营能力和水平全面提升。形成海外五大油气合作区、四大油气供应通道和三大油气运营中心，海外业务进入规模化发展阶段。2017年实现油气权益当量产量8980万吨，并在低油价下保持较强的盈利能力。为保障国家能源安全和油品供应，建设世界一流综合性国际能源公司目标在努力奋斗。

中国石油对外合作迈出第一步

1978年3月26日，中共中央、国务院作出海洋石油对外合作的决策后，石油部即以勘探开发公司的名义开始对外联络，邀请有关公司来中国现场调查，签署物探协议等，经过调研、审批、谈判，签订正式的对外合作合同。

1. 海洋石油对外合作第一批合同

1980年5月29日，石油部以中国石油天然气勘探开发公司名义与法国埃尔夫—阿奎坦公司和道达尔公司在北京分别签署渤海中部石臼坨—渤东海区和北部湾东北部海区石油勘探、开发、生产合同。同日，与日本日中石油开发株式会社和埕北石油开发株式会社，在日本东京分别签署在渤海西部、南部和埕北油田合作发展石油勘探、开发、生产合同。合同采取“低风险，合作开发，原油补偿，中方固定留成”的模式，这是中国与外国公司双边谈判签署的海洋石油资源对外合作第一批石油合同。

1983年5月10日，中国海洋石油总公司同中标的外国石油公司签订合作合同

截至2010年底，中国海洋石油总公司国内油气产量首次达5180万吨油当量，在我国海域成功建成了一个“海上大庆”。中国海油的油气供应总量达7525万吨油当量，比2005年增长一倍，形成了国内油气、海外油气、引进LNG共同发展的多元化、国际化能源供应格局。

2. 陆上石油对外合作第一个合同

1978年，在海洋石油率先对外开放后，1984年8月，经国务院批准，成立中国石油天然气勘探开发公司，具有独立法人资格，隶属石油工业部，负责陆上石油对外合作。9月，

Profile

A historic Australia-China onshore petroleum venture has reported initial seismic progress at a significant joint venture committee meeting - the first to be held in Australia

China project historic first onshore

MORE than 300km of seismic survey has been completed by the Australian consortium and the Hainan Corporation of the China National Oil Development Corporation on Hainan Island, The People's Republic of China.

Key role for operator CSR

Attending the first joint management committee meeting of the Hainan project held in Australia (from left) Robert Mollah, General Manager CSR Orient Oil Pty Ltd, Shang Zhi Zhang, General Manager Hainan Corporation, Yang Jing An, China National Oil Development Corp, and Mal Larkins, General Manager AAR Ltd

Page 4 — Petroleum News, June, 1986

1986 年 7 月，《人民日报》海外版刊载海南福山区块对外合作联管会议的报道

《人民日报》发布了中国政府决定对外合作开采陆上石油资源的消息。

1985 年 2 月 13 日，国务院批准开放南方 10 省（自治区）陆上石油对外合作；5 月 28 日，中国石油天然气勘探开发公司海南公司与澳大利亚东方糖业石油有限公司（CSR，50% 权益）、布鲁肯希尔中国公司（BHP，20% 权益）、贝新石油公司（Basin，20% 权益）、贝斯资源有限公司（Based，10% 权益）签署《海南岛福山凹陷风险勘探合同》。这是改革开放后，中国陆上石油资源对外合作第一个合同，同年 7 月 1 日合同生效，合同面积 2812 平方千米，合同金额 2070 万美元。经过 6 年风险勘探，外方累计实施二维地震 1217 千米，钻探井 6 口、进尺 1.6 万米，发现了金凤含油气构造，但因油气田规模小等原因，1991 年 12 月，外方决定退出，转为自营。福山石油合同的签署，迈出了陆上石油资源对外合作实质性的第一步。

陆上石油对外合作硕果累累

陆上石油对外合作为不同历史时期我国石油工业的发展做出了重要贡献。

改革开放之初，对外合作引进了紧缺的资金、人才、技术和装备。1993 年 1 月 20 日，国务院批准将陆上石油对外合作区域由南方扩大到北方，进行三轮国际招标和多轮双边谈判，为塔里木盆地、南方海相盆地、松辽盆地、四川盆地和渤海湾盆地滩海地区

2007 年 4 月 20 日，长北天然气处理厂投产庆典

风险勘探提供了宝贵经验和资料。10 月 7 日，国务院颁布《中华人民共和国对外合作开采陆上石油资源条例》，为规范国内陆上石油资源对外合作勘探开发提供法律保障。中国石油重组改制后，对外合作充分发挥窗口、平台作用，持续引进资金、技术和管理理念。与 SHELL、TOTAL、CHEVRON、BP、EXXONMOBIL、ROC、HESS、EOG、ENI 等一批国际石油公司开展合作，涌现出长庆长北、大港赵东等精品项目，推动低渗透、非常规、滩海、稠油、高含硫油气等难动用资源的规模效益安全开发利用，为国内勘探开发破解类似难题起到引领示范作用，为中国石油“走出去”参与国际石油合作起到了铺路石作用。进入新时代，对外合作按照“特色发展、互利双赢、发挥优势、服务整体”的工作方针，天然气产量实现跨越式增长，冬季日供气能力达到 3500 万立方米，与 BP、SHELL 积极探索深层页岩气和 CO_2-EOR 合作新模式，形成“稳油增气、非常并进”的发展新格局，2018 年有望同时迈上“天然气产量百亿立方米、油气当量千万吨”新台阶。

截至 2017 年底，对外合作先后与美、英、法以及香港等 12 个国家和地区的 58 家石油公司签订了 80 个石油合同、13 个联合研究协议，合同区面积 37.1 万平方千米。2018 年在执行项目 34 个，合同面积 2.8 万平方千米，国内主要含油气盆地均有分布；累计探明油气地质储量 14.4 亿吨油当量，累计生产油气 1.1 亿吨油当量；成功合作开发了大港赵东、辽河冷家堡、新疆九$_1$—九$_5$等三个累产原油超千万吨和长庆长北累产天然气超 370 亿立方米的大中型油气田；引入了以双分支水平井、滩海油气高效集成开发技术、卓越运营管理（OE）、全生命周期完整项目管理为代表的国际先进技术与管理理念，提升了中国石油的国际形象和品牌价值，为集团公司建设世界一流综合性国际能源公司做出应有的贡献。

陆上石油对外合作优秀项目

中国石油于 2007 年、2016 年分别表彰对外合作优秀项目，其中，赵东项目、长北项目连续获奖，川中项目、大安项目榜上有名。

1. 我国第一个百万吨级滩海合作油田——赵东油田

1991 年中国石油把环渤海湾 5 米水深以内滩海、极浅海地区确定为稳定东部的主要战场之一，为了解决当时滩海地区陆上装备下不去、海上装备进不来的难题。1993 年 2 月 10 日，中国石油与美国路安中国公司签订了《渤海湾浅海地区赵东区块石油勘探开发生产合同》，合同初始面积 197 平方千米，勘探期 7 年，合同期 30 年。

1994 年 5 月完钻的赵东 C–1 井在明化镇获得高产油流后，另外 7 口预探井和评价井也获工业油流，勘探期探井成功率 67%。C–4 井区提交石油地质储量 1167 万吨，标志赵东油田发现并探明了整装高产油田。1997 年 D 区评价又有新发现，2001 年 3 月开始开发建设，作业者美国阿帕契（中国）公司充分利用自身和承包商的优势，应用了空气枪地震等先进物探设备与技术，以及浅海大型平台建造与安装、水平井与大斜度井、套管钻井、多层压裂防砂完井等一批当时处于世界领先或先进水平的开发技术，极大地提高了作业效率，截至 2003 年底第一阶段建设全部竣工，仅用两年半的时间，完成了中国当时最大最重的固定式海上钻井平台 ODA 的建设和 25 口井钻完井作业，建成了中国石油第一个百万吨生产能力的滩海油田。2003 年 9 月进入商业生产，从 2004 年起连续十年稳产 100 万吨，2006 年达到最高产量 128.4 万吨。截至 2017 年底，赵东项目累计上报探明地质储量超 1 亿吨，累计生产原油超 1300 万吨。2015 年 4 月中方接管澳大利亚洛克石油（中国）公司的赵东项目作业权。

赵东 C/D 中心平台和 C–4 卫星平台组合图

2. 陆上天然气开发最大国际合作项目——长北项目

20 世纪 90 年代，为了缓解当时天然气开发技术、下游市场和资金三大难题，与外国公司加强上下游一体化合作，1999 年 9 月 23 日，中国石油与 SHELL 签订《鄂尔多斯盆地长北区块天然气开发和生产合同》，合同初始面积 1588 平方千米，合同期 30 年。

2000 年 7 月长 1 井开钻，2005 年 5 月进入开发建设，2006 年 12 月开始向北京供气。2008 年 8 月，天然气日产量达到 1000 万立方米，比开发方案提前 2 年建成年产 30 亿立方米生产能力，是“北京奥运”保供主力气田之一。2010 年产气量突破 35 亿立方米。截至 2017 年底，年产气连续十年超 30 亿立方米，最高日产气能力 1350 万立方米，是长庆油田“调峰应急、保障供气”的主力气田之一。长北项目整体应用双分支水平井技术，获 27 口日产气超百万方的高产井，占完井总数的 60%，安全管理体系和文化被誉为中国石油“上游 HSE 管理样板”，采用卓越运营管理理念，开发方案编制按照总体部署、分布实施、稀井高产和区块接替的开发理念，执行符合率 100%。2018 年长北项目累计产气突破 400 亿立方米，2016 年 1 月 20 日，中国石油正式接替壳牌成为长北项目一期作业者。

长北项目天然气处理厂

3. 陆上第一个天然气合作项目——川中项目

川中地区致密气藏气水关系复杂，单井产量低，规模效益开发难度较大。1997 年 8 月 18 日，中国石油与美国安然油气公司签订《四川盆地川中区块石油开发和生产合同》，合同初始面积 7525 平方千米，合同期 30 年，是中国陆上第一个天然气对外合作项目。

项目合作者均为独立石油公司，始终坚持探索适用开发技术。1999 年 2 月，安然公

川中项目八角场压裂现场

司实施了国内最大规模的大型加砂压裂，柏灵顿公司试验了大型环空压裂，康菲公司试验应用了混合液压裂。2008 年，EOG（依欧格）在成为川中项目的新作业者之后，在角 64-2H 井成功首次实施了 14 段多级压裂，水平段长超千米，并在该井首次利用微地震监测技术，水平长度、压裂段数创当时国内纪录。2012 年后，川中项目把重点开发层系转移到沙溪庙组，采用水平井、斜井多段多级压裂技术进行试验并取得了重要突破。2017 年，70-2H 井实施了项目有史以来最大规模压裂，日产气超 30 万立方米，沙溪庙组（产量已占 70%）从发现到商业开发到占主导地位，对四川盆地致密气开发有重要示范意义。

4. 松辽盆地最大的难动用储量合作项目——大安项目

大安项目位于吉林省大安市境内，属于低丰度、低渗透、低产能的边际效益油田，合作之前储量难以动用。1997 年 12 月 16 日，中国石油与澳大利亚环球石油公司签订《吉林省大安油田开发和生产石油合同》，合同初始面积 253 平方千米，合同期 30 年，2001 年 12 月 20 日，作业者更改为 MI 能源公司。

大安项目油气联合处理站

2001 年 10 月 1 日，MI 能源公司在合作后第一口新井 D206 － 9 上采用斯仑贝谢公司技术实施压裂，投产后初期产量达 8.9 吨，比该井区以往井平均单井初期日产高出 1 倍。2004 年项目进入开发建设期，2004—2012 年产量逐年递增，2012 年达到最高值 83.4 万吨。大安项目自开发以来，坚持高质量投入，利用国外先进开发技术，实施水平井开发、缝网压裂、侧钻水平井、水井调剖、精细化注水等工作，使大安合作区的各项开发指标保持较高水平。2012 年第一口水平井 DAP1，初期产量达到 24.4 吨，是该区普通直井的 6.1 倍。大安项目不断引进成熟的注水开发技术，2014 年以来自然递减率呈下降趋势。DB 块 2015 年开始开展集中周期注水方案，自然递减由 2014 年的 17% 下降到 2017 年的 8.1%，含水上升率由 17.3% 下降到 11.2%。2014 年油价下跌以来，大安项目坚持精细化管理，积极部署降本增效，连续 3 年单位操作成本控制在 9 美元 / 桶以下。

陆上高含硫天然气最大合作项目——川东北项目

川东北地区深层天然气具有高温、高压、高含硫的特点，为学习引进国外高含硫气田安全开发技术和经验，2007 年 12 月 18 日，中国石油与优尼科东海有限公司（雪佛龙公司的全资子公司）签订《四川盆地川东北区块天然气开发和生产合同》，合同初始面积 1969 平方千米，合同期 30 年。

2008 年 2 月 1 日，川东北石油合同正式执行。合作区块内共有罗家寨、滚子坪、铁山坡、渡口河和七里北 5 个气田。首期开发的罗家寨气田围绕首气延误、超批复投资等问题，合作双方积极沟通协调，于 2016 年 1 月 25 日投产，并于同年 6 月 15 日满产，日处理能力 900 万立方米、年生产能力 30 亿立方米。川东北项目通过实施质量安全全过程管控和

川东北项目宣汉净化厂

资产完整性管理，构建以管道泄漏检测为核心的应急管理系统，实现了项目的“本质安全”。项目始终坚持质量控制和HSE管理至上的理念，注重项目设计、材料设备采办，采用国际标准施工建设，已建工程质量可靠。项目的先进理念和做法，为四川盆地安岳气田龙王庙组的开发建设起到了借鉴作用，填补了国内多项相关标准规范的空白，在中国石油参与建设的阿联酋BAB气田（硫化氢35%）、土库曼复兴气田二期（硫化氢13%）地面设施设计中得到运用，给中国石油的工程技术、工程建设单位带来了主动参与的安全文化，并获得了雪佛龙全球年度安全奖、项目最佳合作伙伴奖等。

陆上首个中方担当作业者的项目——苏里格南项目

苏里格南地区气藏埋藏深、单井产量低、开发难度大。2006年3月2日，中国石油与TOTAL签订《鄂尔多斯盆地苏里格南区块天然气开发和生产合同》，合同初始面积2392平方千米，合同期30年。

苏里格南项目合作双方最大地发挥了各自优势，中国石油首次担当作业者，发挥本地化优势、承包商资源和开发经验，TOTAL发挥地学与钻井方面的专业特长，三维地震波松比优选井位效果明显、丛式布井降低用地与成本，工厂化批量钻完井提高作业效率，通过合作双方的共同努力，项目成功实现了产量稳步上升，2012年首次实现天然气开采，2014年油气当量产量突破百万吨，2017年产气突破20亿立方米；钻完井成本逐年下降，近年来加大应用小井眼钻完井技术，钻井周期持续缩短，套管、钻井液等材料消耗和岩屑减少35%～45%，降本及环保优势明显，已在鄂尔多斯盆地得到推广应用。通过深入合作，中外双方逐渐形成统一战略目标，天然气产量逐年上升。

苏里格南项目集气站

利用外资引进先进技术和关键设备

在实行一亿吨原油包干和海上大陆架及陆上对外开放的同时，国家允许石油工业采取多种方式引进国外先进技术和国内暂时不能生产的先进装备，并允许利用外资，特别是政府贷款开发油田，为迅速提高中国石油工业技术水平创造了有利条件。在引进内容上，由买单机和成套设备，发展到技贸结合和许可证贸易的方式，引进组装技术、制造技术、新工艺、新技术。在引进方式上，采用购买、雇佣、租赁、咨询、合作研究、培训等多种方式方法。在利用外资上，主要采用两种方式：一是利用国外贷款，解决急需建设而又缺乏资金的工程项目；二是吸收外资直接投资，成立合资（合作）企业。与外商从单纯买卖关系逐步发展到以双方互利为基础、较长时间的经济技术合作关系，如技贸结合、合资经营、合作生产、工业合作等。从 1981 年开始，石油部从包干出口原油的外汇留成中动用 28 亿多美元，用于引进技术，购置数字地震仪、电子计算机，组装和生产休斯钻头等，使队伍装备水平和技术水平都有很大提高。先后有 270 个地震队全部换装更新了引进的数字地震仪，使用性能良好的震源车和沙漠运输车，勘探能力和勘探成功率大大提高。

1984 年 9 月，中美合资成立中国岩心研究有限公司，通过合资经营引进美国国际岩心公司的仪器设备和技术，研制国产化开发实验装备。1985 年，石油部与第一机械工业部共同出资，采取技贸结合的方式，由大庆石油管理局配合天津电机厂，引进美国雷达公

先进的勘探设备加快西部勘探开发步伐

大庆油田引进新技术，建成电潜泵厂

我国引进的第一部深井电动钻机在四川7016队投产

司潜油电泵成套技术。1988年8月，从联邦德国萨尔茨吉特公司引进的当时中国最大的焊管生产线——16英寸（约40.6厘米）直缝焊管机组在宝鸡石油钢管厂建成投产。期间，通过技贸结合、引进生产线和制造技术的方式，对江汉钻头厂、济南柴油机厂、成都机械厂、西安仪器厂部分产品进行了技术改造，成立合资厂，组装生产石油设备仪器。合同规定在一定期限内，既可满足国内需要，还可贴牌出口国际市场，使中国石油装备制造能力和技术水平与国际接轨，极大地缩小了中外技术发展差距，赶超了国际标准。

首次石油企业外事工作会议作出国际化经营战略部署

1993年2月22—26日，中国石油天然气总公司在北京召开首次石油企业外事工作会议。会议阐述实施国际化经营战略的重要意义、战略机遇和经营策略，部署实施国际化经营战略，扩大对外合作范围。这次会议被称为陆上石油全面实施“引进来”与“走出去”国际化经营战略的动员会和誓师会。

会议强调，要在国内进一步扩大开放，引进国外的资金、技术和管理经验，加快石油工业发展步伐；要积极走出国门，在国外进行石油资源合作勘探开发活动。力争通过3～5年的努力，实现国际化经营的五个目标：一是建立起一支能够胜任石油对外合作的高素质队伍；二是建立起一个实施全球战略的对外工作网络；三是通过参与国际油气合作勘探开发，争取拿到一部分国外油气资源；四是在国外建立起一批合作项目和合资企业，

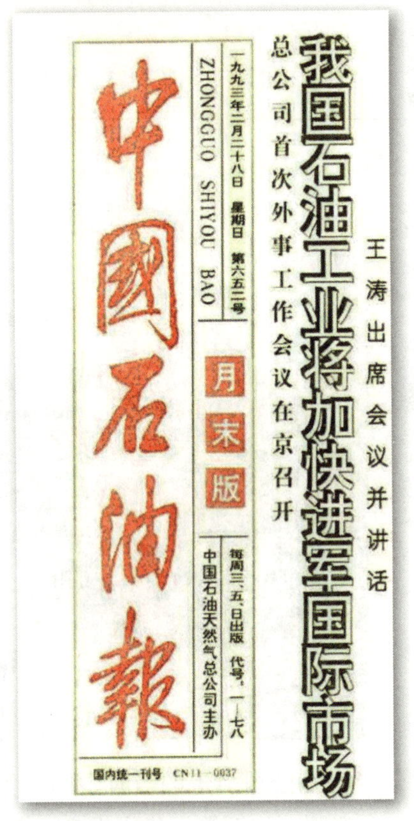

中國石油報 月末版

一九九三年二月二十八日 星期日 第六五二号

ZHONGGUO SHIYOU BAO

每周三、五、日出版 代号：一—七八

中国石油天然气总公司主办

国内统一刊号 CN11—0037

我国石油工业将加快进军国际市场

总公司首次外事工作会议在京召开

王涛出席会议并讲话

1993年2月28日，《中国石油报》报道总公司首次外事工作会议在京召开

中油阅〔1993〕11号

王涛同志在总公司外事工作会议结束时的讲话

（一九九三年二月二十六日）

（据录音整理）

同志们：

这次总公司外事工作会议一共开了五天，今天就要结束了。外交部美大司副司长杨洁篪同志、国务院外事办副局长雷蔚成同志，前来参加今天的会议。这是对我们外事工作很大的支持，我们表示热烈的欢迎和衷心的感谢！

这次外事工作会议很重要。这是我们石油战线在邓小平同志南巡重要谈话和党的十四大精神指引下，加快实施石油工业发展三大战略，进一步扩大对外开放、搞好对外合作的一次重要会议。在这次会上，张永一同志代表总公司党组作了工作报告。这个报告是经过党组扩大会议讨论过的，也是根据我们当前面临的形势及今后任务提出来的。我党

—1—

1993年2月26日，《王涛同志在总公司外事工作会议结束时的讲话》

开辟和占领一部分国际市场；五是在国际上建立起中国石油的信誉和形象。王涛要求抓住机遇，加快步伐，认真实施石油工业对外开放战略；统一思想，理顺关系，充分发挥总公司整体优势；抓紧培训各类人才，加速对外队伍建设；继续保持和发扬石油战线光荣传统，用大庆精神到国外去进行新的创业；加强外事纪律，从严带队伍。

海外油气资源合作25年成果丰硕

1993年，中国石油面对复杂多变的全球政治经济形势、激烈竞争的国际市场和动荡不安的资源国投资环境，逐步实现了从老油田提高采收率到风险勘探的重大突破，从尝试小项目到涉足大型油气田开发建设运营，从参与资源国区块投标的自主开发到深谙国际资本与金融市场的兼并收购，从一个国家起步到基本建成中亚—俄罗斯、中东、非洲、美洲和亚太五大海外油气合作区，成为国际油气市场瞩目的焦点。2011年12月22日，中国石油海外投资项目油气作业总产量达10020万吨/年；权益产量达5018万吨/年，建成首个“海外大庆”。

1997 年 9 月 14 日，中国第一船境外份额油运抵秦皇岛港。15 日，举办接船仪式

2013 年 4 月 7 日，集团公司董事长周吉平在三亚拜会墨西哥总统培尼亚（中）并签署协议

2015 年 10 月 16 日，集团公司副总经理、股份公司总裁汪东进（前排左）拜会乍得共和国总统代比

自2013年以来，积极参与“一带一路”建设，取得丰硕成果。其中，中亚—俄罗斯油气合作区以建成中石油海外“一带一路”油气核心合作区为目标，保障西北油气战略通道的安全平稳运行，落实好油源与气源，保障国家能源安全供给，确保阿克纠宾、PK、复兴等主力油气田稳产的同时，加强滚动勘探和天然气、液化气勘探开发，亚马尔项目一期建成投产。中东油气合作区以建成中石油海外最能发挥综合一体化优势的高端合作区为目标，大力推进新油田产能工程建设和老油田上产工程，伊朗北阿扎德甘项目和伊拉克哈法亚项目二期顺利投产，并根据中东局势变化做好策略研究和安保防恐工作。非洲油气合作区在巩固苏丹项目合作成果基础上，以建成综合石油海外最具影响力的常规油气重点合作区为目标，统一西非项目管理，设立西非公司，在乍得和尼日尔继续大力开展风险勘探，为“西非战略”夯实资源基础；继续在有条件的资源国扩展上下游一体化建设模式。美洲油气合作区以建成综合石油海外非常规油气高效开发特色合作区为目标，在巩固发展拉美地区老项目基础上，积极推动委内瑞拉重油项目和加拿大油砂项目等产能建设。亚太油气合作区以建成综合石油海外重要的天然气及一体化项目合作区为目标，继续在印度尼西亚、澳大利亚等重点资源国拓展天然气与非常规气业务。

2017年海外油气资源合作作业产量达16274万吨；权益产量达8980万吨，同比增长17.2%。其中，原油作业产量13618万吨，权益产量6880万吨；天然气作业产量333亿立方米，权益产量255亿立方米。

伊拉克哈法亚项目

2016 年，伊朗北阿扎德甘项目正式投产

建成我国四大跨国油气战略通道

为保障国家能源安全和国内油气供给需要，2003 年起，中国石油全面启动和建设陆上西北、东北、西南和海上“四大”跨国油气战略通道。

1. 西北通道

陆上西北通道包括中哈原油管道、中亚天然气管道 A/B/C 线和 D 线。

中哈原油管道。是我国第一条从陆路进口原油的跨国输油管道，也是哈萨克斯坦唯一不经过第三国直接输送到终端消费市场的原油外输通道。管道长 2800 多千米，起自哈萨克斯坦西部阿特劳，途经肯基亚克、库姆克尔和阿塔苏，从阿拉山口进入中国，终点为阿拉山口—独山子输油管道首站。1997 年 9 月 24 日，中国石油与哈萨克斯坦能源部在阿拉木图签订《关于油田开发和管道建设项目的总协议》。2004 年 7 月，中国石油和哈萨克斯坦国家石油运输股份公司（KTO）各自参股 50% 成立“中哈管道有限责任公司”（KCP），负责中哈原油管道项目投资、工程建设、管道运营管理等业务。中哈原油管道规划年输油能力 2000 万吨。2006 年 5 月 25 日，中哈原油管道油头抵达阿拉山口末站，进入中国。这是中国石油史上首次通过管道进口原油。管道二期一阶段工程肯基亚克—库姆克尔段长 794.1 千米，2009 年 7 月建成投产，实现由哈萨克斯坦西部到中国新疆全线贯通，拓展了我国原油进口渠道，在中国地缘政治格局中具有突出战略地位。

2004 年 9 月 28 日，集团公司总经理陈耕（左 3）参加哈萨克斯坦阿塔苏中哈原油管道开工典礼

2013 年 4 月 6 日，中哈签署原油管道扩建原则协议后，集团公司总经理周吉平拜会哈萨克斯坦国总统纳扎尔巴耶夫

中哈原油管道输油站

土库曼斯坦阿姆河第一天然气处理厂

土库曼斯坦阿姆河右岸巴哥德雷合同区天然气项目地面工程施工现场

中亚天然气管道 A/B/C 线和 D 线。中亚天然气管道是中国第一条引进境外天然气资源的陆上能源通道。A/B/C 国外线起自土库曼斯坦，途经乌兹别克斯坦、哈萨克斯坦南部到中哈交界的新疆霍尔果斯站，D 线起自土库曼斯坦和乌兹别克斯坦边境的乌兹别克斯坦首站，途经乌兹别克斯坦、塔吉克斯坦、吉尔吉斯斯坦三国，止于新疆乌恰末站，与西气东输五线相连。管道 A/B 线双线并行敷设，单线长度 1833 千米，设计输气能力 300 亿米 ^{3}/ 年。气源来自土库曼斯坦，进国内为西气东输二线、三线。A/B 线工程 2007 年 8 月启动建设，2009 年 12 月 14 日通气。2012 年 10 月达到设计输气能力。管道 C 线与 A/B 线并行敷设，线路总长度 1830 千米，设计输气能力 250 亿米 ^{3}/ 年。气源来自土库曼斯坦、乌兹别克斯坦、哈萨克斯坦三国，与西气东输三线相连。2012 年 9 月全面开工建设，2014 年 5 月 31 日进气投产。管道 D 线线路全长 1000 千米，气源为土库曼斯坦南约洛坦气田和雅什拉尔气田，全线建成后年输气量将达到 300 亿立方米。2014 年 9 月 13 日，中国国家主席习近平和塔吉克斯坦总统拉赫蒙为 D 线塔吉克斯坦段开工揭幕。

中亚天然气管道 8 年时间已向国内输气突破 2000 亿立方米，惠及国内 27 个省（自治区、直辖市）和香港特别行政区 3 亿多人。

2. 东北通道

东北通道：包括中俄原油管道（东线）和中俄天然气管道（东线）。

中俄原油管道（东线）。起自俄罗斯远东管道斯科沃罗季诺分输站，经俄边境加林达计量站，止于中国大庆末站，全长 1030 千米，俄罗斯境内 63.4 千米，中国境内 965 千

中俄原油管道东线施工现场

2015 年 6 月 29 日，中俄东线天然气管道中国境内段建设正式开工

米，横跨两国边境段1.15千米，设计年输量1500万吨。管道东线项目1996年开始商谈。2008年10月28日，中国石油与俄罗斯管道运输公司签署《关于斯科沃罗季诺—中俄边境原油管道建设与运营的原则协议》，双方确定管道建设的模式、投资方式、管道投产时间和下一步工作计划等基本原则。2009年2月17日，中国国务院副总理王岐山和俄罗斯副总理谢钦签署《中华人民共和国政府与俄罗斯联邦政府能源谈判机制会谈纪要》，共同出席关于修建中俄原油管道、长期原油贸易、贷款等一揽子合作项目协议签字仪式。中国石油与俄罗斯管道运输公司签署从俄罗斯斯科沃罗季诺—中国边境的管道设计、建设和运营协议，并与俄罗斯石油公司和俄罗斯管道运输公司分别签署开展长期原油贸易的协议。2009年4月27日和5月18日，中俄两国分别举行各自境内管道的开工仪式。2010年9月27日中俄原油管道东线竣工，11月1日管道开始原油充填和试运营；2011年1月1日管道实现全线投入运营。中俄原油管道东线复线工程于2016年7月20日开工，2017年11月12日竣工，2018年1月1日正式投入运营。按照协议，中俄双方将通过该管道实现合同期20年，每年3000万吨的原油长期贸易。

中俄天然气管道（东线）。俄罗斯段在雅库茨克2014年9月开工；中国段起自黑龙江黑河市，终点上海市，全长3170千米，并行利用已建管道1800千米，年输气能力380亿立方米。2015年6月29日，中国段一期（黑河至吉林省长岭县及长春市段）工程开工建设，截至2018年8月底工程完成过半，预计2019年12月投产运营。

3. 西南通道

西南通道主要指中缅原油管道和天然气管道。这一工程作为我国四大油气战略通道之一，是中缅两国政府的重大决策，符合两国“互利双赢、共同发展”的长远利益，对于

2010年10月，中缅油气管道工程（中国境内段）开工仪式

2010 年，中缅油气管道施工现场

中缅天然气管道投产通气成功

进一步保证国家能源安全、改善我国能源消费结构和石油石化工业总体布局，优化资源配置具有重要意义。

中缅原油管道工程全长1420千米，起自缅甸马德岛，设计输量2200万吨/年，设有工艺站场5座和1座规模为30万吨级的原油码头，年接卸能力2200万吨。其中缅甸段771千米，由中国石油与缅甸油气公司共同出资建设，2015年1月30日试投产；中国段649千米，2017年4月10日正式投运。

中缅天然气管道起自缅甸皎漂，在中国瑞丽进入国内。其中缅甸段由中国石油、缅甸油气公司、韩国大宇国际公司、韩国燃气公司、印度石油天然气公司、印度燃气公司共同出资建设，长793千米，缅甸下载点前设计输量120亿米^3/年（缅甸分输20%输量），设有6座工艺站场。工程2010年6月3日在缅甸正式开工，2013年7月28日投产向中国通气。

4. 海上通道

以海上油轮船队为主要运输工具，与原油码头和液化天然气项目等组成油气供应链，形成海上战略通道。江苏、大连、唐山三个LNG接收站相继建成投产，江苏如东港于2018年7月19日接收俄罗斯亚马尔项目第一船液化天然气。

发展国际贸易　建成海外三大油气运营中心

1992年12月，国务院批准，中国石油天然气总公司与中国化工进出口总公司合资组建中国联合石油公司，负责经营国内原油出口业务，中国石油系统石油石化产品进出口业务，石油生产建设所需设备、器材和技术进出口业务，进出口石油仓储运输业务等。

1993年1月，中国联合石油有限责任公司正式成立，初始注册资本1亿元，2010年增资后注册资本12.7亿元。到2018年，由中国石油持股70%，中化集团公司持股30%。中国联合石油有限责任公司负责中国石油国营贸易配额项下国际贸易业务。

1. 油气化工产品国际贸易

2002年1月，中国石油国际事业有限公司成立，初始注册资本2亿元，经四次增资后注册资本181亿元。由中国石油天然气股份有限公司100%控股。国际事业公司负责非国营贸易配额项下国际贸易业务，以及境内沿海沿边口岸设施、海外贸易运作平台的投资建设和经营管理。中国石油国际贸易业务由国际事业公司统一归口管理和组织实施。国际事业公司与中国联合石油公司合署办公，分账核算。

2016年12月，集团公司总部机关职能优化与机构改革方案明确“赋予国际事业公司国际贸易专业分公司职责，加挂股份公司国际贸易分公司牌子，统筹优化海外权益油销售、

全球最大油船靠泊大连港中石油国际码头

油气资源进口、国内油气供需平衡”，内部仍按实体运作。

国际事业公司成立多年来，在全球开展原油、成品油、天然气、石化产品国际贸易和境内外期货业务，持续推进海外油气运营中心建设和运营管理。海外营销网络得到不断巩固和拓展，贸易范围遍及全球80多个国家和地区，基本覆盖全球主要油气资源和市场地。2017年实现贸易量4.7亿吨，贸易额1726亿美元，分别同比增长4.5%和30.1%。

2. 建成海外三大油气运营中心

按照中国石油总体战略规划部署，为实现建设综合性国际能源贸易公司目标，2008年正式启动集“贸易、加工、仓储、运输”四位一体的海外油气运营中心建设，旨通过资产、贸易、物流的有机结合，在整个贸易价值链上实现资源掌控和优化。介入油气价格形成区贸易业务运作，熟悉其运行规则；更多掌控资源，拓展高端市场，通过优化运作提高贸易抗风险和盈利能力；促进中国市场和国际成熟市场的协同运作，提高知情权和话语权；通过参与国际油气价格形成过程，完善国内市场油气价格形成机制。

亚洲油气运营中心。以新加坡核心贸易区为基地，区域涵盖东北亚、东南亚、南亚、澳洲。2008年新加坡寰宇油库、码头项目投产运营；2009年国际事业新加坡公司完成收购新加坡石油公司（SPC），同时取得SPC持有的新加坡炼油厂（SRC）50%股份；2010年国际事业日本公司收购日本大阪炼油公司49%的股权。亚洲运营中心逐步发展成为地区行业领先者，形成了较强的市场影响力和话语权。

新加坡油库码头

欧洲油气运营中心。以伦敦核心贸易区为基础，涵盖欧洲和西非、北非地区。依托欧非油气资源和英法炼油厂项目为平台，开展本土贸易，扩大区域贸易规模。2011 年国际事业伦敦公司收购英力士集团，成立贸易合资公司（Petroineos Trading Ltd）和炼油合资公司（Petroineos Refining Ltd）。欧洲运营中心市场地位不断提升，是欧洲地区唯一一家油气电并举的中资能源企业，成为“布伦特精英俱乐部”成员。

美洲油气运营中心。以美洲核心贸易区为基础，涵盖南美、中南美和北美地区。以南北美地区市场开拓和资源掌控为重点，启动拉美市场大开发，扩大美洲本地贸易，开展跨区贸易运作，积极参与 WTI 基准油和天然气亨利指数交易，成为美洲地区重要的油气交易商。

至此，中国石油基本建成以新加坡、伦敦和休斯敦为中心的亚洲、欧洲、美洲三大油气运营中心。按照“做大做强亚洲油气运营中心、做精做优欧洲油气运营中心，做实做深美洲油气运营中心”的总体部署，提升功能定位，聚焦主营业务，突出“全球性能”，实现从“海外油气运营中心”向“全球油气运营中心”的转变，不断推进增强分享全球资源和市场的能力，提升影响力和话语权。

海外油气资源合作创业初期的“四个第一”

1993 年，中国石油“走出去”后，经历了艰苦卓绝的努力，合作初期创造了“四个第一”。

1.“海外生产的第一桶原油”

1993 年 7 月 5 日，中国石油收购加拿大阿尔伯塔省卡尔加里东北的北瑞宁油田（North Twining）15.9% 工作权益，享有 51.5 万桶油当量储量份额和 19.5 年开采年限。7 月 15 日，中国石油加拿大公司在北瑞宁油田（North Twining）生产出海外第一桶份额原油。时任中国石油天然气总公司总经理王涛题词：“中国石油天然气总公司在海外生产的第一桶原油”。海外第一桶原油的诞生，是中国石油“走出去”开展国际化经营取得的初步成果，也为探索海外油气合作提供了经验。

中国石油海外生产的第一桶原油

2. 海外油气资源合作第一标

1993 年 3 月，中国石油战胜众多竞争对手，中标秘鲁北部塔拉拉油田七区块。这是我国海外油气资源合作的第一标。塔拉拉油田七区已有 100 多年历史，是世界上最早开发的油田之一，当时已到废弃边缘。1994 年 4 月中标秘鲁塔拉拉油田六区块。

中国石油经过精细地层分析，发现上述两个区块与国内东部油田相似，同属典型的复杂断块油田。于是将中国国内技术和经验与秘鲁石油地质特点相结合，通过重新认识地层厚度，重新分析油水界面，获得勘探突破。特别是在六区 4226 井打出日产 3302 桶特高产量，成为秘鲁历史上措施产量最高的一口井，在秘鲁引起极大轰动。经过不懈努力，6 区、7 区成为秘鲁塔拉拉地区唯一在 1994—1997 年产量持续增长的区块，1997 年最高日产达到 7000 多桶，年产 196.2 万桶，在国际上树起了中国石油良好形象。

秘鲁项目采油作业

秘鲁项目“千桶井”石碑

3. 中国石油首次在海外进行风险勘探

1995年1月18日，中国石油天然气勘探开发公司与美国、加拿大、日本等4国8家公司组成联合作业集团，通过投标竞争，获得巴布亚新几内亚独立国政府颁发的PPL.174区块勘探许可证，合同区面积506平方千米。该项目为中国石油首次在海外进行风险勘探并担任作业者。3月3日设立中国石油天然气勘探开发公司巴布亚新几内亚有限公司，聘任周吉平为勘探开发公司瓦努阿图有限公司总经理兼巴布亚新几内亚公司总经理。1996年1月10日，按照国际化运作方式组织实施的中国石油海外第一口探井——卡姆西构造1号探井开钻。3月5日探井完钻，累计钻穿3套目的层，砂岩厚度134米，未获得油气

1995年，巴布亚新几内亚卡姆西构造1号探井井场

发现。但中方作业者富有成效的工作赢得巴布亚新几内亚政府和伙伴公司的赞誉。巴布亚新几内亚政府能源石油部长为此致函中国石油天然气总公司总经理王涛，对中国石油在技术与管理上的成功表示祝贺。

4. 中苏石油资源合作第一个油田项目

1995 年 6 月 2 日，中国石油天然气总公司总经理王涛在北京会见来访的苏丹能源与矿产部部长萨拉赫丁·穆罕默德·卡拉尔一行。双方就发展中苏两国石油工业界合作及石油天然气勘探开发项目进行磋商。卡拉尔邀请中国石油参与苏丹炼油厂和管线建设项目合作。中方表示愿与苏丹分享中国石油的技术和经验，帮助苏丹发展石油工业，并希望苏丹能利用政府间贷款作为发展双方合作的基础。6 月初，总公司国际合作局局长吴耀文率团赴苏丹洽谈穆格莱德盆地 6 区石油合作合同。9 月 25 日，苏丹总统巴希尔访华期间，两国政府签署关于中国向苏丹提供政府优惠贷款框架协议。9 月 26 日，中国石油与苏丹能源矿产部就苏丹第 6 区块对外招标石油资源勘探开发在北京签订《苏丹共和国与中国石油天然气总公司石油产品分成协议》。总公司获得苏丹穆格莱德盆地 6 区块石油勘探开发权。12 月 8 日吴耀文同中国进出口银行代表签署贷款协议，苏丹 6 区项目获得中国进出口银行转贷 1 亿元人民币政府优惠贷款。1996 年 1 月 1 日协议正式生效。为执行项目需要，中方即组织力量，筹备设立中油国际（苏丹）公司。

2002 年 10 月 30 日，中国石油与苏丹能源矿产部签署《苏丹 6 区产品分成协议的补充协议》《管线协议》和《租地协议》。2003 年 4 月 12 日，6 区 Naha1 井试油获高产轻质原油，标志着富拉地区稀油勘探获得重大突破。2004 年 3 月 13 日，6 区一期年产 60 万

苏丹 6 区油田

吨产能建设工程和富拉油田原油外输管道工程投产。7 月 26 日，6 区原油通过富拉—喀土穆输油管线到达喀土穆末站，6 区进入商业开采阶段。2006 年 8 月 26 日，6 区二期地面工程建设全面竣工，200 万吨产能建设顺利完成。2010 年 12 月 1 日，三期产能建设完成，稀油成功注入 124 区原油管道，12 月 10 日实现首次装船外运。

海外合作发展的 1997 年三大关键项目

1993 年开始，初期海外油气资源合作，按照“审慎而行，循序渐进，步步为营，分步实施，埋头苦干”的工作方针，探索尝试低风险的小型项目，取得一定经验，培训部分人员后，1997 年苏丹、哈萨克斯坦、委内瑞拉三大项目投标成功，迈上快速发展的台阶。被国际石油界誉为 1997 年世界石油市场上的一匹“黑马”。

1. 中标苏丹 124 项目

在实施苏丹 6 区项目的同时，中国石油扩大了在苏丹的合作。1996 年 11 月 29 日中标苏丹 124 区石油勘探开发项目（合同面积 4.9 万平方千米）。苏丹政府同意由中国石油控股 40%，牵头组建国际石油投资集团（包括马来西亚国家石油公司、加拿大 SPC 公司及苏丹国家石油公司）联合开发 124 区石油资源。吴耀文代表中方和其他合作伙伴一同与苏丹政府草签苏丹 124 区石油勘探开发产品分成协议。1997 年 3 月 1 日，吴耀文会同合作伙伴代表与苏丹政府在喀土穆签订《苏丹 124 区项目产品分成协议》等 13 个合同和协议。6 月 1 日 4 个伙伴公司按照国际惯例联合组建新的商业作业公司——大尼罗石油作业有限公司。

1996 年 11 月 29 日，四国合作伙伴与苏丹政府草签 124 区项目协议

2. 中标哈萨克斯坦阿克纠宾项目

中油阿克纠宾油气股份公司是中国石油在中亚地区运营的第一个油气合作项目，也是中国石油当时拥有份额油比例最大的海外油气合作项目。

阿克纠宾油气股份公司为哈萨克斯坦第四大石油公司。公司位于哈萨克斯坦西北部的阿克纠宾州，拥有让纳若尔油田、肯基亚克盐上油田、肯基亚克盐下油田和北特鲁瓦油田的 4 个开发许可证和滨里海盆地东缘中区风险勘探区块的勘探许可权，原油产量和油气当量分别在哈萨克斯坦位居第四位和第五位。1997 年初哈萨克斯坦政府对阿克纠宾公司项目进行公开招标，出售其 60% 的股份。3 月 11 日中国石油参与竞标，5 月 14 日中标，6 月 4 日签订《股份销售购买协议》，以 3.2 亿美元购买阿克纠宾公司 5967296 股普通股，占其总股份的 60.34%，占有投票权普通股总数的 66.7%，获得阿克纠宾公司资产及经营管理权。9 月 26 日，中国石油、阿克纠宾公司和哈萨克斯坦国家投资委员会签署《哈萨克斯坦共和国阿克纠宾州让纳若尔油田、肯基亚克盐上油田和肯基亚克盐下油田油气开采合同》，正式完成阿克纠宾公司股权交割。2000 年 3 月 30 日，中油阿克纠宾公司挂牌，中方正式接收公司经营管理权。同日召开股东大会，选举产生新一届董事会，吴耀文任董事长、王仲才任总经理。

哈萨克斯坦阿克纠宾项目

3. 中标委内瑞拉陆湖项目

1997年6月4—5日，中国石油获得卡拉高莱斯（CARACOLES）油田和英特甘博（INTERCAMPO NORTE）油田20年开发操作权。同年10月，中油国际（委内瑞拉）公司（CNPC America Ltd.）向委内瑞拉国家石油公司提交卡拉高莱斯油田和英特甘博油田20年开发方案。1998年2月和5月，中方分别接管英特甘博和卡拉高莱斯两个油田。中国石油由此进入被西方石油公司长期垄断的委内瑞拉石油市场，运用成熟开发理论，发扬吃苦耐劳、严细认真优良传统，成功实施滚动扩边、水平井开采、老井挖潜等措施，实现两个边际油田快速上产。原油日产水平由接管时的4904桶，提高到2000年底的40000桶，增长8倍，接近油田历史高水平，在该轮招标的32个项目中名列前茅。

委内瑞拉英特甘博湖项目

海外合作在苏丹建成“三个第一”

1. 建成海外（苏丹）第一个千万吨级大油田

1999年5月22日，苏丹124区黑格里格（Heglig）油田项目接管后第一口井出油。5月31日，苏丹124区油田生产的原油进入中心处理站，宣布油田投产。苏丹总统巴希尔等政府要员及伙伴公司代表参加投产庆典。巴希尔发表讲话热情赞颂中苏友谊“是中国人民帮助我们开发了石油，中国石油贡献最大。感谢中国石油，感谢中国政府，感谢中国人民。”

苏丹 124 区油气处理厂

2000 年 12 月 20 日，尤尼提（Uniti）油田日产原油突破 20 万桶，124 区年产量达到 1000 万吨规模。这是中国石油海外建成的第一个千万吨级大油田。

2. 建成苏丹第一条原油长输管道

苏丹 124 区至苏丹港长输管道 1506 千米，由大尼罗公司投资，中国石油工程建设公司负责工程施工总包。这是中国石油海外合作建设的第一条输油管道，也是非洲历史上最长的一条输油管道。管道南起黑格里格（Heglig）油田，北至苏丹港，年输油能力超过 1500 万吨。1998 年 5 月 1 日管道开工建设，1999 年 4 月 30 日管道实现机械完工，5 月 31 日实现上下游整体投产联合试运，124 区油田原油进入输油系统。6 月 22 日 1 号泵站正式启动，管道投入运行。8 月 19 日原油经长输管道安全抵达苏丹港末站，8 月 30 日 124 区首船原油装船出口。2014 年 8 月 31 日按合同协议将苏丹 124 区石油管道所有权与运营权移交给苏丹政府。此前管道已累计输油逾 11 亿桶，装船 1000 余艘。

1998年8月30日，苏丹 124 区首船原油在苏丹港装船出口

1999年8月30日，苏丹政府在苏丹港举行原油装船出口庆典

3. 海外（苏丹）合资建成第一个炼油厂

1997年3月1日，中国石油与苏丹能矿部签署合资建设喀土穆炼油厂协议。中国石油和苏丹能源矿产部各持股50%。合资公司名称为喀土穆炼油有限公司。采用中方标准设计建造的苏丹喀土穆炼油厂，是中国石油在海外合资建设的第一座整装大型燃料型炼油厂。

1998年5月26日，苏丹炼油项目开工建设，2000年5月16日建成投产，原油加工能力为250万吨/年。2004年9月18日至2006年6月30日，完成二期扩建工程，加工能力达500万吨/年。

苏丹喀土穆炼油厂建成投产，结束了苏丹石油产品长期依赖进口的历史，使苏丹率先成为非洲使用无铅汽油的国家，被中苏两国元首称为“中苏合作的典范”。

苏丹喀土穆炼油厂

东南亚地区最大油气合作投资项目——印尼项目

2002 年 4 月 12 日，中国石油天然气股份有限公司与美国戴文能源公司（Devon Energy）在美国休斯敦签署中国石油收购美国戴文能源公司在印度尼西亚全部油气资产的协议，正式并购美国戴文能源公司在印度尼西亚的 6 个区块全部油气资产。实现上市的中国石油天然气股份有限公司海外资产零的突破。

2002 年 6 月，中国石油天然气股份有限公司位于雅加达的中油国际（印度尼西亚）有限责任公司（简称印尼公司）成立，完成接收并负责经营中国石油在东南亚地区最大油气合作投资项目——印尼项目。

印度尼西亚加邦（Jabung）油气田现场

印尼公司坚持油气并举方针，采用中国石油先进的油田开发技术，实施精细油藏描述与老油田后期开发综合调整治理等技术攻关和应用，减缓老油田的递减，提高油田采收率，使探井成功率达 68%，储量替换率大于 1。油气年产量由 2002 年的 221 万吨增长到 2013 年的 517 万吨，年递增速度 15.7%。2017 年面对油气产量不断递减和油价持续低迷的严峻形势，全面强化生产经营精细管理，稳步推进勘探开发，有效控减成本，力争优质高效，全年实现油气当量 387 万吨。

中国最大的石油上下游海外并购项目

中国石油为提升国际竞争力，2005 年 10 月 26 日以 41.8 亿美元成功收购哈萨克斯坦 PK 石油公司（PetroKazakhstan Inc.，简称 PK 公司），是当时中国企业走出国门最大的单笔投资项目和第一个大型上市公司整体并购交易，也是当年全球能源业第二大企业并购案。

中國石油報

ZHONGGUO SHIYOU BAO

2005 年 10 月 28 日　星期五　第 3964 期　□今日八版　□每周一二三四五出版

□国内统一刊号：CN11-0037　□邮发代号：1-78　□国外发行代号：D4792

□中国石油天然气集团公司主办　□网址：www.oilnews.com.cn

中国石油在首届中国绿博会获三项大奖

中国石油集团成功收购哈 PK 公司

济柴产品出口实现新突破

2005 年 10 月 28 日，《中国石油报》报道中国石油集团成功收购哈 PK 公司

PK 公司 1986 年在加拿大注册成立，是一家从事油气资产收购、勘探、开发、炼油及原油和炼化产品销售的上下游一体化的国际石油公司，是哈萨克斯坦第三大外国石油生产商、最大的综合性石油公司、第三大炼化产品供应商。

哈萨克斯坦 PK 项目

中国石油 2005 年 4 月开始启动 PK 项目收购程序，6 月 30 日准时进行意向性报价，要求收购 PK 公司全部发行股票。8 月 15 日获国家批准，8 月 17 日完成终报价并获得优先谈判权，8 月 22 日签署安排协议并通过媒体发布公告，10 月 18 日 PK 公司股东大会投票表决通过中国石油以每股 55 美元的价格 100% 收购 PK 公司。

由于俄罗斯鲁克石油坚持就 PK 公司图尔盖项目 50% 行使优先权的争议，10 月 26 日加拿大阿尔伯达省皇家法院出具不带任何“条件”的终裁决，批准中国石油 100% 收购 PK 公司，当日下午 6 时完成交割、付款、取得股权证书并完成注册登记，收购交易完成。10 月 31 日《人民日报》以《“中国式”收购贵在一个“实”字》为题报道此事。

中标伊拉克战后首轮国际招标第一标

鲁迈拉项目是中国石油在伊拉克第一轮招标中唯一成功中标的项目，也是中国石油首次在国际大石油公司主导下，以合同者身份参与作业的巨型石油项目，实现了中国石油在伊拉克油气市场新项目开发的重大突破，具有里程碑意义。

鲁迈拉油田位于伊拉克南部的巴士拉省，1953 年发现，1972 年投产，为伊拉克最大的油田，石油储量位居世界第六。包括南、北鲁迈拉油田两个部分。历经三场战争和 10 多年国际制裁及国际金融危机冲击，伊拉克新政府急需石油收入恢复经济。2008 年 6 月伊拉克政府对外宣布第一轮石油招标计划，拿出 8 个油气田进行首轮国际投标。这是 30 多年后伊拉克首次对外开放石油市场，引起国际社会的广泛关注和国际石油公司的强烈兴趣。包括中国石油与 BP 等 35 家公司首轮即通过投标资格预审。

经过角逐，2009 年 6 月 30 日中国石油和 BP 联合中标鲁迈拉项目。2009 年 11 月 3 日鲁迈拉油田服务合同正式签署，12 月 17 生效。中国石油拥有项目 37% 的权益，BP（作业者）和伊拉克国家石油销售公司（SOMO）分别拥有项目 38% 和 25% 的权益。2014 年 9 月 4 日经过合同修订，SOMO 代表合同者持有的 25% 干股权益降低为 6%，中国石油权益由 37% 增加到 46.37%，BP 权益由 38% 增至 47.63%。

伊拉克鲁迈拉油田

鲁迈拉油田档案

鲁迈拉油田位于伊拉克南部城市巴士拉以西50公里，是巨型油田，储量位居世界第六。油田分南北两部分，南鲁迈拉油田和北鲁迈拉油田共占地1800平方公里。南鲁迈拉油田探明储量为19.6亿吨，北鲁迈拉油田探明储量为11.2亿吨，鲁迈拉总储量多达170亿桶。2009年6月30日，中国石油与BP联合竞得了伊拉克鲁迈拉油田20年服务合同。

鲁迈拉油田地面生产设施一部分建于20世纪50年代早期，一部分建于20世纪70—80年代。目前多数仍在运行并维持当前的原油产量。总体上看，油气生产设施完好性较好，设施加以适当维护仍可维持未来10年至20年的生产运行。

目前运行的生产设施总体上比较简单（长期低含水、伴生气不回收），伊拉克南方石油公司生产的原油均没有经过稳定，预计投资者将被要求生产标准蒸汽压的商品原油。因此，目前运行的脱气站油气处理工艺中须增加原油稳定工艺（改造工程）。

伊拉克鲁迈拉油田档案

海外最大的液化天然气项目投产

2017年12月8日，中俄能源合作重大项目——亚马尔液化天然气（LNG）项目正式投产。这是目前全球在北极地区开展的最大液化天然气工程，被誉为“北极圈上的能源明珠”。该项目是“一带一路”倡议提出后实施的首个海外特大型项目，也是中国在俄罗斯最大的投资项目。一期工程正式投产使极地天然气成为未来全球能源新的增长点，全部投产后每年将有超过400万吨LNG运往中国。

2018年7月19日，中国首船亚马尔LNG经北极东北航道运抵江苏如东接收站

中俄亚马尔 LNG 项目施工现场

2018年7月19日，首船17万立方米的LNG通过北极航道顺利到达江苏如东港。中国石油总经理章建华、俄罗斯能源部部长亚历山大·诺瓦克、俄罗斯诺瓦泰克公司总裁米赫尔松等出席在如东港的入港仪式并剪彩。新华社报道，亚马尔项目第二条生产线于2018年8月9日投产，并且首次装船，装船量为17万立方米。

煤层气资源对外合作

1996年3月，经国务院批准，中国石油天然气总公司、煤炭工业部、地质矿产部联合组建中联煤层气有限责任公司（简称中联煤公司）。5月中联煤公司在北京注册成立，注册资本1亿元人民币，中国石油、煤炭部、地矿部各自筹资三分之一。主要任务是从事煤层气资源的勘探、开发、输送、销售和利用，并经国务院授权享有对外合作进行煤层气勘探、开发、生产的专营权。12月国家对外贸易经济合作部同意中联煤公司经营对外贸易业务，进出口业务由煤炭工业部归口管理。

2008年4月，国资委对中联煤公司股权进行调整后，中国石油不再持有中联煤公司股权。同时，将中联煤公司持有的国家工程研究中心股权按双方各50%的比例划分给中国石油和中煤集团公司。5月，根据协议，将中联煤公司所有的山西沁水盆地区块和安泽屯留区块（扣除柿庄南、柿庄北区块）、内蒙古自治区鄂尔多斯盆地东缘区块（扣除临兴、神府区块）、新疆维吾尔自治区硫磺沟区块及若干外围省份共计25个、总面积2.13万平方千米的区块划给中国石油。其中对外合作区块11个。

2008年6月，股份公司决定组建中石油煤层气有限责任公司（简称煤层气公司），负责煤层气的勘探、开发、生产和销售，煤层气及其产品的输送、加工、利用和销售，执行和实施所持矿区区域范围内的对外合作煤层气合同，煤层气田范围内的浅层气勘探、开发和利用等。同时，股份公司将从中联煤层气有限责任公司分割的25个煤层气区块中的沁水盆地等4个区块划给华北油田分公司，其余总面积1.68万平方千米的21个区块划

山西煤层气处理中心

给煤层气公司，生产区域主要集中在山西省、陕西省。截至 2013 年 12 月，累计探明煤层气地质储量 1800 亿立方米，累计完成钻井 2300 口、压裂 2100 口、排采井 2000 余口、入管网井 1700 余口。累计实现商品量 3 亿多立方米。

2017 年，煤层气勘探开发以山西沁水盆地和陕西鄂东气田两大产区为重点，不断拓展新领域，取得重要进展。新疆煤层气勘探取得实质性进展，后峡区块构造格局和煤层分布特征基本明晰；和什托洛盖区块完钻 2 口探井，地质认识基本明朗；准东五彩湾地区勘探前景广阔，具备万亿立方米煤层气规模，已经初步优选 5 个煤层气有利含气区。老区块综合调整治理初见成效，保德区块持续高产稳产，韩城区块产量止跌趋稳。沁水盆地高煤阶气井实现增产提效，长治、临汾区域及二连盆地低煤阶资源区均取得良好的开发，马必东、大宁—吉县和吉尔嘎朗图等新区产能建设和试采工作稳步实施，石楼西、三交、成庄煤层气对外合作项目进展顺利。全年生产煤层气 17.9 亿立方米。

装备制造和出口业务向“制造＋服务”转型

1987 年 6 月，石油部成立石油投资开发公司，7 月更名为中国石油技术开发公司。经过 30 多年发展，该公司已成为中国石油装备制造和出口业务的“窗口”。

装备制造业务向“制造＋服务”模式转型

12000 米钻机研制成功

中国石油装备制造和出口业务加快向“制造＋服务”模式转型，推进产能转移和国际产能合作，通过技术营销和特色服务带动产品提档和产业升级，营销网络布局日趋完善。截至2017年底，生产制造的石油物资装备已经出口到全球80多个国家和地区。装备制造和出口业务逐步实现从装备制造商向综合服务商转型，目前制定完成了2.0版“电泵租赁＋一体化服务”“钢管销售＋保供服务”“钻机销售＋一体化服务”等十大标准化服务模式。装备制造和出口业务持续推动产品创新和技术升级，推进产品向价值链中高端迈进。持续实施自主创新重大技术装备推广应用计划项目，进一步加大推广应用力度。国际产能及技术合作取得新进展。

工程技术和工程建设服务企业从总承包商转变为综合服务商

1980年国务院批准成立中国石油工程建设公司，按照政府间协议和民间贸易两种方式，对外进行石油工程承包。中国石油钻井队走出国门承包伊拉克等国家的钻井工程服务，管道施工队伍承包伊拉克等国家的管道施工。到1988年先后与科威特、伊拉克、日本、法国、德国、意大利等20多个国家100多个公司建立业务联系，签订工程承包和劳务合同50多项，派出5400多人到9个国家承包石油勘探和建设工程。

“八五”以来，与科威特、巴基斯坦等国家签订对外工程和劳务承包合同66个，完成合同金额7.9亿美元。特别是在上游资源合作项目带动下，对外工程承包、技术服务合同大幅增加，1997年与1992年相比，对外工程承包合同金额增长8.1倍。组建中石油技术服务有限公司，地震、钻井、测试、录井等专业技术服务队伍打入苏丹、泰国、菲律宾、

川庆钻探公司在新西兰进行钻井作业

秘鲁、加拿大、美国等十几个国家，1997 年中标和签订技术服务合同 24 个，合同额 6790 余万美元。

2000 年组建中石油国际工程有限公司，开拓海外国际市场，加快转型升级，优化业务结构，技术水平和业务保障能力持续提升。2008 年集团公司设立工程技术、工程建设两个业务板块，努力建设“六精”队伍，形成“十大利器”，突出配套成熟技术和特色技术研发应用，从总承包商向综合服务商转变。在全球开展物探、钻井、测井、录井等技术服务，到 2015 年，动用队伍达 4352 个，截至 2017 年底，有工程技术服务队伍 5007 支，分别在全球 51 个国家开展物探、钻井、测井、录井、井下作业、海洋工程等油气田技术服务。2017 年工程建设共承担国内外油气田地面工程、油气储运、炼油化工、环境工程等重点建设项目 43 项。

中俄开创“贷款换石油”能源合作新模式

为保障中国国内日益增长的油气资源需求，经国家批准，2005 年 1 月 8 日，中国石油天然气集团公司总经理陈耕与俄罗斯石油公司总裁波格丹奇科夫在北京签署《中国石油天然气集团公司与俄罗斯石油公司关于在石油领域开展合作的协议》。同时，中国石油控股的中国联合石油有限责任公司与俄罗斯石油公司签署 4840 万吨《铁路原油购销合同》；中国进出口银行、国家开发银行和中国石油与俄罗斯外经银行签署 60 亿美元贷款合同。由此开创“贷款换石油”的能源合作新模式。

2005 年 1 月 8 日，中俄签署 60 亿美元贷款合同

积极响应并助力“一带一路”倡议

能源合作是“一带一路”建设的先行产业和重要引擎。自 20 世纪 90 年代始，中国石油就在中亚、俄罗斯、东非、中东、东南亚等国家和地区开展油气合作。20 多年的海外油气合作，成为“一带一路”倡议的先行探路者与坚定执行者。2013 年，习近平主席提出“一带一路”倡议，中国石油积极响应并助力倡议，积极参与“一带一路”建设，进一步深化国际油气合作，取得丰硕成果。

在中亚—俄罗斯地区，哈萨克斯坦阿克纠宾项目、PK 项目年油气产量都超千万吨；俄罗斯亚马尔 LNG 项目一期、乌兹别克斯坦卡拉库利气田一期、土库曼斯坦阿姆河天然气项目萨曼杰佩气田增压工程一期、中亚天然气管道 C 线、中俄原油管道二线工程、中哈天然气管道二期 (哈南线) 等一批重点工程纷纷建成投产；中俄东线天然气管道、哈萨

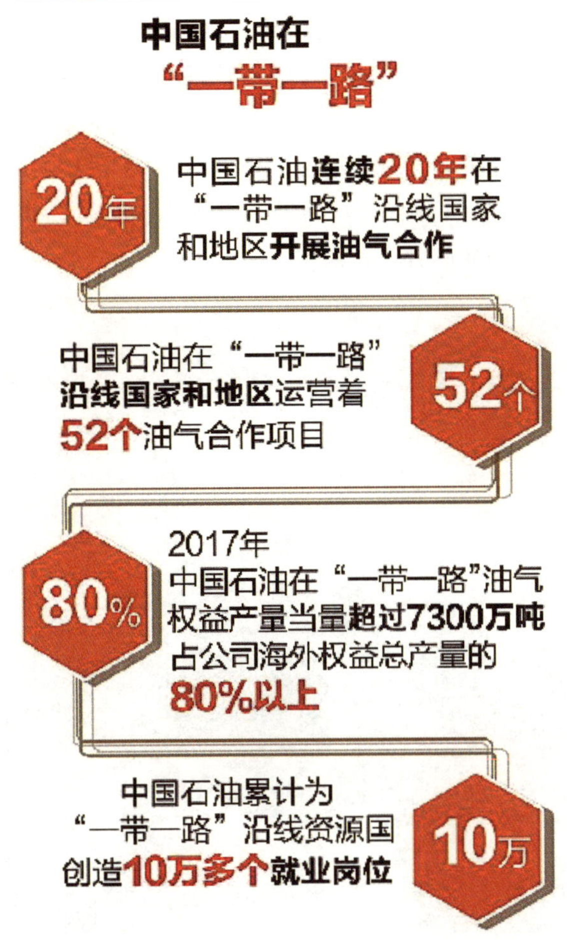

中国石油在“一带一路”成果示意图

2017 年 5 月，中国石油在北京首次成功举办"一带一路"油气合作圆桌会议

克斯坦亚洲钢管有限责任公司、乌兹别克斯坦中乌天然气管道新布哈拉调控中心先后开工建设；哈萨克斯坦和土库曼斯坦项目分别迎来中哈、中土油气合作20周年和10周年。在中东地区，伊朗北阿扎德甘项目和伊拉克哈法亚项目二期、绿洲项目顺利投产；与阿布扎比国家石油公司签署购股协议，获得阿布扎比ADCO陆上油田开发项目8%的权益。在亚太地区，印尼项目连续15年稳定生产，中缅油气管道工程相继开工建设并成功投运。2017年5月，中国石油在北京首次成功举办“一带一路”油气合作圆桌会议，邀请中国政府能源主管部门、国际能源组织、国内外油气公司及金融机构的20余名官员和企业高管，围绕构建“一带一路”合作新模式、新机制这一主题进行深入交流，并在此期间与多家油气企业签署协议，持续深化和扩大与合作伙伴在项目融资、管道运输、储气库建设、油气供应及天然气发电等多领域的合作。

截至2017年底，在“一带一路”沿线19个国家运作49个油气合作项目，累计投资占中国石油海外总投资的60%以上，累计油气权益产量占海外权益产量的50%左右。中国石油五大海外油气合作区中，中亚—俄罗斯、中东、亚太3个合作区均位于“一带一路”沿线重要区域。中国石油建设的4条国际油气运输通道中，中亚、中俄、中缅油气管道分别架起了西北、东北和西南方向的油气桥梁。中国石油建立的三大油气运营中心，亚洲油气运营中心已经成为亚太地区具有较强影响力的资源供应商和交易商。

世界石油大会首次在中国召开

1993年4月，世界石油大会40个常任理事国通过秘密投票，中国获得第十五届世界石油大会主办权。

1997年10月12日—15日，第十五届世界石油大会在北京召开，大会的主题是“技术和全球化引导石油工业进入21世纪”。这是世界石油大会首次在中国举办，也是中国石油工业历史上具有里程碑意义的一次盛会。世界石油大会主席凡德·米尔说，第十五届世界石油大会在中国召开，说明中国的石油工业、科技发展对世界石油工业做出了不可否认的贡献。

中国政府高度重视这次大会。江泽民等党和国家领导人出席开幕式，国家主席江泽民在大会致辞中指出，“我们将继续坚持立足国内，扩大开放，走向世界，在平等相待、互惠互利的基础上，积极推动中国与世界各国石油界的交流与合作，实现共同发展”。大会主席凡德·米尔、大会组委会主席王涛、北京市市长贾庆林也在开幕式上分别致辞。

来自世界91个国家和地区的5000多位代表出席会议及参加展览活动。其中有各国石油界的高级官员、知名能源专家、学者和企业家，包括28个国家的石油或能源部长与政府官员，69家跨国石油公司、国家石油公司的总裁，以及世界石油大会的高级官员和世界能源理事会、国际天然气联盟、国际能源署、石油输出国组织等国际能源组织的代表，是历届世界石油大会中高层人士出席最多、代表范围最广的一次大会。

1997 年 10 月，第十五届世界石油大会在北京召开

会议期间共举行 6 次全体大会，王涛在大会上作题为《中国的石油天然气工业》主旨报告；还举办 21 个分组论坛、10 个回顾与展望报告会和部长级论坛，共发布论文 345 篇。

会议期间还举办 97′ 国际石油天然气及石油化工展览会，以及有 33 个国家委员会参加的第 15 届世界石油大会国家委员会展览。经大会组织，有 500 多名代表报名参观北京石油勘探开发研究院、大港油田、石油地球物理勘探局等 7 家石油单位。

这届世界石油大会盛况空前、圆满成功。凡德 · 米尔致信江泽民同志说："第十五届世界石油大会反映了中国在全球石油工业中的良好声誉。中国的热情好客将长久地留在与会人员的记忆里，并已经切实地提高了世界石油大会组织在国际上的地位。"

中非"互利共赢、合作发展"

2018 年 9 月 3—4 日，2018 年中非合作论坛在北京举行。中非领导人齐聚北京，围绕"合作共赢，携手构建更加紧密的中非命运共同体"主题，共叙友情，工商合作，共话未来。集团公司董事长、党组书记王宜林出席开幕式，参加中非领导人与工商界代表高层对话暨第六届中非企业家大会相关活动，并在 4 日举行的中非企业家大会"推进工业化合作，助力共赢发展"专题研讨时发言，向与会嘉宾介绍中国石油推进中非工业化合作历程和斐然成就。

自 1996 年中国和苏丹签署第一个石油合作合同开始，20 多年来，中国石油发挥自身石油工业产业链一体化优势，克服一切艰难险阻，秉承"互利共赢、合作发展"的理念，

2018 年 9 月 3 日，集团公司董事长王宜林参加中非领导人与工商界代表高层对话会暨第六届中非企业家大会

与非洲资源国合作伙伴真诚相待，齐心协力，石油领域合作取得丰硕成果，为资源国经济、社会和工业化发展提供了重要助力。截至 2018 年 8 月，中国石油在苏丹、南苏丹、阿尔及利亚、尼日尔、乍得、莫桑比克等 8 个国家有 17 个合作项目，工程服务业务遍及非洲 30 个国家的油气合作区，已成为中国石油重要的海外油气合作区之一。为非洲资源国累计贡献财政收入超过 600 亿元，累计提供就业岗位超过 12 万个，主要合作资源国实现了成品油自给；累计权益投资达 800 亿美元以上，建成年产 1.1 亿吨原油生产能力，以自身特有的技术、管理和成本优势为各资源国油气高效勘探开发提供了有力支持。同时，中国石油工程建设技术服务业务雇用当地员工近 2 万人，通过持续扩大本土化合作，加强本地人才培养，带动了资源国石油工业配套服务能力大幅提升，促进了非洲资源国整体工业化发展。

七　重大科技创新

改革开放以来，中国石油贯彻“科教兴国”战略，大力实施科技创新，深化科技体制机制改革，培育大批高层次科技人才，持续突破重大核心技术瓶颈，充分发挥科技创新的支撑引领作用，取得了一大批重要科学技术成果，有效地服务和支撑了中国石油的改革与发展。

从渤海湾盆地复式油气聚集（区）带勘探理论及实践，到大庆油田高含水期“稳油控水”系统工程、高含水后期4000万吨以上持续稳产高效勘探开发技术，以及大型油气田及煤层气开发技术重大专项科技攻关、古老碳酸盐岩成藏理论、三元复合驱、超低渗透油气藏开发等技术的配套完善，有效支撑了国内油气增储上产；从炼油化工技术水平显著提升，到大型炼油厂系列自主成套技术成功应用于多套装置建设，有力支撑了油品质量升级，提高了高端化工产品竞争力；从“入地”工程装备创新，到形成一批具有自主知识产权的技术利器；从建设“共享中国石油”，到互联网与绿色发展深度融合，促进能源结构绿色转型；从石油行业标准到国际石油标准参与制定，中国石油国际话语权和影响力显著增强；从苏丹石油项目起步，到海外科技形成十大优势技术，推动了海外五大油气合作区快速发展，有效地服务和支撑了国家能源安全。

从“科技兴油”到创新战略实施

1995 年，针对影响石油工业生产发展和经济效益提高的关键环节，总公司实施“科技兴油”战略，重点组织开展包括前沿科学研究、基础科学研究、配套技术及重大项目等多项专题攻关工作。“七五”期间，通过科技攻关和引进、消化、吸收国外先进技术，已形成油气综合勘探、高含水期采油、大型压裂酸化、科学钻井与定向钻井、稠油和高凝油开采等几套主要工艺技术系列。我国石油工业勘探开发主体技术，在总体上达到世界 20 世纪 80 年代初期水平，有的进入世界先进行列。

“八五”期间，总公司提出加速石油科技进步的总体规划和目标。根据全国科学技术大会精神，继续坚持“科技兴油”战略，针对影响生产发展和效益提高的关键环节，重点组织实施科研攻关，研究相应配套技术。到 1995 年底，为陆上石油工业提供 150 项水平较高、效益显著的科技成果，成果应用率 80% 以上，科技进步对石油经济增长的贡献率 43%，有 48 项获国家级奖励，总体科技水平达到世界 20 世纪 90 年代水平。其中，胜利油田研制成功的步行坐底式钻井平台被评为 1992 年国家十大科技成就之一；大庆油田稳油控水系统工程（1996 年获国家科技进步奖特等奖）、塔里木沙漠公路修筑技术（1996 年获国家科技进步奖一等奖）被评为 1995 年国家十大科技成就。

中國石油報

ZHONGGUO SHIYOU BAO

1995 年 9 月 18 日 星期一

●第1140号 ●代号1 78 ●国内统一刊号 CN11—0037

●中国石油天然气总公司主办 ●每周一、三、五、日出版

朱镕基视察吐哈油田

本报讯 （记者鲁全国）9月11日，中共中央政治局常委、国务院副总理朱镕基视察了吐哈油田。

朱镕基在新疆维吾尔自治区党委代书记王乐泉、自治区主席阿不来提·阿不都热西提和中国石油天然气总公司总经理王涛、副总经理邱中建等领导的陪同下，来到吐哈温米油田联合站，亲切慰问了当班职工。

朱镕基在作业区中心控制室，听取了温米油田生产情况汇报后，观看了油田计算机管理系统，询问了温米油田投入资金及回收投资的情况。他还饶有兴趣地参观了作业区生产现场，并与职工合影留念。接着，他又来到在温米油田施工的华北4525钻井队，登上钻机操作平台，和当班职工亲切交谈。当他得知该井昨天气测和地质录井都见到了油气显示时，露出了满意的笑容。

实施科技兴油战略 促进石油工业发展

总公司第五次科技大会开幕

独山子乙烯工程建成投

总公司致电祝贺投料试车一次成功

本报讯 （记者王明毅 董耀辉）9月14日，总公司给新疆独山子乙烯工程指挥部发出贺电，祝贺独山子乙烯工程投料试车一次成功。

独山子乙烯工程乙烯裂解装置于8月15日生产出合格乙烯，从投料到生产出合格乙烯共用了7天8小时48分，创造了国内同行业试车的先进水平。

独山子乙烯工程是总公司和新疆维吾尔族自治区共同投资兴建的大型石化工程。1989年1月30日，国务院批准立项并列为国家“八五”重点工程。1992年5月18日，国务院批准开工。李鹏总理非常关心该工程，曾先后6次对工程作过重要讲话和指示。

经过5年筹备、3年建设，独山子乙烯工程于1995年8月6日投料试车，标志着工程正式投产。

继乙烯投料试车一次成功后，乙二醇、顺丁橡胶、聚丙烯、聚乙烯等装置相继投产，生产出乙二醇、环氧乙烷、顺丁橡胶、聚乙烯、聚丙烯等合格产品。特别是8月30日生产出合格聚乙烯粉料，取得了催化剂制备一次成功、聚合一次成功、造粒一次成功的好成绩。截至9月12日，新疆独山子乙烯工程已生产出6种合格产品2640吨，已销售500多吨。

投产后的独山子乙烯工程，可年产14万吨乙烯和其他化工产品16万吨，这对新疆自治区的经济发展有着

1995 年 9 月 18 日，《中国石油报》报道总公司实施“科技兴油”战略

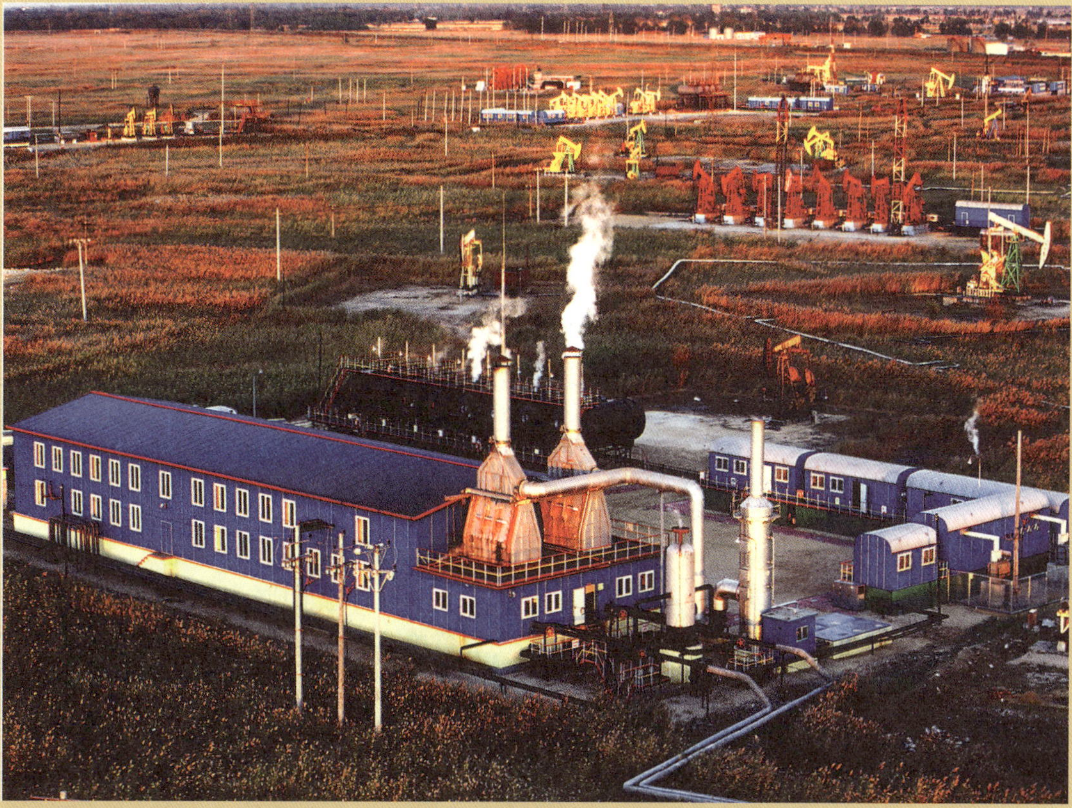

辽河油田稠油热采

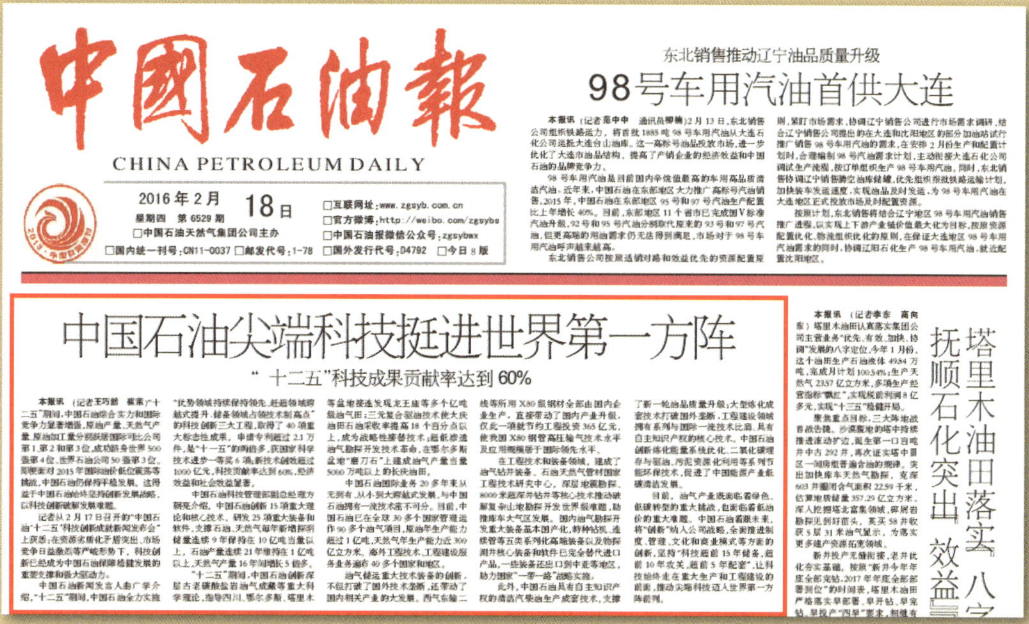

中國石油報

CHINA PETROLEUM DAILY

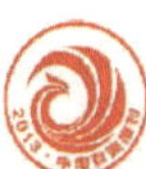

2016年2月 18日

星期四 第6529期

□中国石油天然气集团公司主办

□国内统一刊号：CN11-0037 □邮发代号：1-78

□互联网址：www.zgsyb.com.cn

□官方微博：http://weibo.com/zgsybs

□中国石油报微信公众号：zgsybwx

□国外发行代号：D4792 □今日8版

东北销售推动辽宁油品质量升级

98号车用汽油首供大连

本报讯 （记者范中中 通讯员柳楠）2月13日，东北销售公司组织铁路运力，将首批1885吨98号车用汽油从大连石化公司运抵大连台山油库。这一高标号油品投放市场，进一步优化了大连市油品结构，提高了产销企业的经济效益和中国石油的品牌竞争力。

98号车用汽油是目前国内辛烷值最高的车用高品质清洁汽油。近年来，中国石油在东部地区大力推广高标号汽油销售。2015年，中国石油在东部地区95号和97号汽油生产配置比上年增长40%。目前，东部地区11个省市已完成国Ⅴ标准汽油升级，92号和95号汽油分别取代原来的93号和97号汽油，但更高端的用油需求仍无法得到满足，市场对于98号车用汽油呼声越来越高。

东北销售公司按照适销对路和效益优先的资源配置原则，紧盯市场需求，协调辽宁销售公司进行市场需求调研，结合辽宁销售公司提出的在大连和沈阳地区的部分加油站试行推广销售98号车用汽油的需求，在安排2月份生产和配置计划时，合理编制98号汽油需求计划，主动衔接大连石化公司调试生产流程，按订单组织生产98号车用汽油。同时，东北销售协调辽宁销售腾空油库储罐，优先组织报批铁路运输计划，加快装车发运速度，实现油品及时发运，为98号车用汽油在大连地区正式投放市场及时配置资源。

按照计划，东北销售将结合辽宁地区98号车用汽油销售推广进程，以实现上下游产业链价值最大化为目标，按照资源配置优化、物流组织优化的原则，在保证大连地区98号车用汽油需求的同时，协调辽阳石化生产98号车用汽油，就近配置沈阳地区。

中国石油尖端科技挺进世界第一方阵

"十二五"科技成果贡献率达到60%

本报讯 （记者王巧然 崔茉）"十二五"期间，中国石油综合实力和国际竞争力显著增强，原油产量、天然气产量、原油加工量分别跃居国际可比公司第1、第2和第3位，成功跻身世界500强第4位、世界石油公司50强第3位。即便面对2015年国际油价低位震荡等挑战，中国石油仍保持平稳发展。这得益于中国石油始终坚持创新发展战略，以科技创新破解发展难题。

记者从2月17日召开的"中国石油'十二五'科技创新成就新闻发布会"上获悉：在资源劣质化矛盾突出、市场竞争日益激烈等严峻形势下，科技创新已经成为中国石油保障稳健发展的重要支撑和强大驱动力。

中国石油新闻发言人由广学介绍，"十二五"期间，中国石油全力实施"优势领域持续保持领先、赶超领域跨越式提升、储备领域占领技术制高点"的科技创新三大工程，取得了40项重大标志性成果。申请专利超过2.1万件，是"十一五"的两倍多，获国家科学技术进步一等奖6项；新技术创效超过1000亿元，科技贡献率达到60%，经济效益和社会效益显著。

中国石油科技管理部副总经理方朝亮介绍，中国石油创新15项重大理论和核心技术，研发25项重大装备和软件，支撑石油、天然气每年新增探明储量连续9年保持在10亿吨当量以上，石油产量连续21年维持在1亿吨以上，天然气产量16年间增长5倍多。

"十二五"期间，中国石油创新深层古老碳酸盐岩油气成藏等重大科学理论，指导四川、鄂尔多斯、塔里木等盆地接连发现龙王庙等多个亿吨级油气田；三元复合驱油技术使大庆油田石油采收率提高18个百分点以上，成为战略性接替技术；超低渗透油气勘探开发技术革命，在鄂尔多斯盆地"磨刀石"上建成油气产量当量5000万吨以上的长庆油田。

中国石油国际业务20多年来从无到有、从小到大跨越式发展，与中国石油拥有一流技术密不可分。目前，中国石油已在全球30多个国家管理运作90多个油气项目，原油年生产能力超过1亿吨，天然气年生产能力近300亿立方米。海外工程技术、工程建设服务业务遍布40多个国家和地区。

油气储运重大技术装备的创新，不但打破了国外技术垄断，还带动了国内相关产业的大发展。西气东输二线等所用X80级钢材全部由国内企业生产，直接带动了国内产业升级，仅此一项就节约工程投资365亿元，使我国X80钢管高压输气技术水平及应用规模居于国际领先水平。

在工程技术和装备领域，建成了油气钻井装备、石油天然气管材国家工程技术研究中心，深层地震勘探、8000米超深井钻井等核心技术推动破解复杂山地勘探开发世界级难题，助推库车大气区发展。国内油气勘探开发重大装备基本国产化，特种钻机、连续管等五类系列化高端装备以及物探测井核心装备和软件已完全替代进口产品，一些装备还出口到中亚等地区，助力国家"一带一路"战略实施。

此外，中国石油具有自主知识产权的清洁汽柴油生产成套技术，支撑了新一轮油品质量升级；大型炼化成套技术打破国外垄断，工程建设领域拥有系列与国际一流技术比肩、具有自主知识产权的核心技术。中国石油创新炼化能量系统优化、二氧化碳埋存与驱油、污泥资源化利用等系列节能环保技术，促进了中国能源产业低碳清洁发展。

目前，油气产业既面临着绿色、低碳转型的重大挑战，也面临着低油价的重大难题。中国石油着眼未来，将"创新"纳入公司战略，全面推进制度、管理、文化和商业模式等方面的创新，坚持"科技超前15年储备，超前10年攻关，超前5年配套"，让科技始终走在重大生产和工程建设的前面，推动尖端科技迈入世界第一方阵前列。

塔里木油田落实『八字

抚顺石化突出『效益』

本报讯 （记者李东 高向东）塔里木油田认真落实集团公司主营业务"优先、有效、加快、协调"发展的八字定位，今年1月份，这个油田生产石油液体49.84万吨，完成月计划100.54%；生产天然气23.57亿立方米，多项生产经营指标"飘红"，实现税前利润8亿多元，实现"十三五"稳健开局。

聚焦重点目标，三大阵地战首战告捷。沙漠腹地的塔中持续推进滚动扩边，诞生第一口百吨井中古292井，再次证实塔中Ⅲ区一间房组普遍含油的规律。突出加快库车天然气勘探，克深603井圈闭含气面积22.59千米，估算地质储量357.29亿立方米。深入挖掘塔北富集领域，碎屑岩勘探见到好苗头，英买58井收获5层31米油气显示，为落实更多建产资源拓宽领域。

新井投产无缝衔接，老井优化夯实基础。按照"新井今年年底全部完钻，2017年年度全部部署到位"的时间表，塔里木油田严格落实早部署、早开钻、早完钻、早投产"四早"要求，相继有

2016年2月18日，《中国石油报》报道中国石油"十二五"科技成果贡献率达到60%

1996年被国家计划委员会、科学技术委员会和财政部评为“对国民经济贡献巨大的十大攻关成果”中，“塔里木油气资源评价研究”“大中型天然气田形成条件、分布规律和勘探技术研究”“三次采油新技术研究”“水平井钻井成套技术研究”4个项目入选，占10项成果的4项。

1997年，总公司12项科技成果获国家级奖励，其中“大中型天然气田形成条件、分布规律和勘探技术研究”“石油水平井钻井成套技术”2个项目获国家科技进步奖一等奖。三维地震技术得到推广，斜井、水平井、侧钻井技术得到发展，在塔里木打成我国最深的水平井解放128井，穿过7条裂缝系统，日产油168立方米、天然气108万立方米。三次采油技术有了新发展，聚合物工业化应用进一步扩大，全年增产原油350万吨，复合驱、注气驱、微生物驱等三次采油新技术的研究进展顺利。

2000年以来，在资源劣质化矛盾突出、市场竞争日益激烈等严峻形势下，科技创新已经成为中国石油保障稳健发展的重要支撑和强大驱动力。“十二五”期间，中国石油将“创新”纳入发展战略，全力实施“优势领域持续保持领先、赶超领域跨越式提升、储备领域占领技术制高点”的科技创新三大工程，取得了40项重大标志性成果，申请专利超过2.1万件，获国家科学进步奖一等奖6项；新技术创效超过1000亿元，科技贡献率60%，经济效益和社会效益显著。2016年2月18日，《中国石油报》头版头条发表《中国石油尖端科技挺进世界第一方阵，“十二五”科技成果贡献率达到60%》，《人民日报》《科技日报》等各大主流媒体也对中国石油“十二五”科技创新成就进行报道。

形成“一个整体、两个层次”科技创新体系

2007年集团公司和股份公司实施科技管理和研发机构重组整合，总部管理部门和地区公司管理机构职能的调整，减少了重复、分散，进一步提高了工作效率。

“十一五”期间，总部层面，2006年组建了钻井工程技术研究院、石油化工研究院；2007年组建了安全环保技术研究院，改组加强了经济技术研究院；2008年将海外研究中心并入勘探开发研究院，进一步明确了廊坊分院、西北分院和杭州分院的定位和发展方向，实现了国内与国外、石油与天然气、勘探与开发的科研和技术支持的一体化；2010年，改组充实了石油管工程技术研究院，同时与综合性国际能源公司建设相适应，启动了休斯敦研发中心筹备，海外研发体系建设迈出重要一步。与主营业务发展相适应、精干高效的公司直属科研院所，瞄准主营业务需求，集中优势科技资源进行攻关，在基础理论研究、重大共性关键技术攻关、高端装备研制和前沿储备技术研发等方面取得了重大突破和进展，有力提升了集团公司核心竞争力。

企业层面，规划了企业特色技术发展布局，依托重点企业建立了物探、测井和管道等领域的专业技术中心。适应专业化重组和业务整合的要求，调整和优化部分企业科研机构的定位和功能，进一步突出了企业特色技术优势，为成熟技术的推广应用和生产建设的

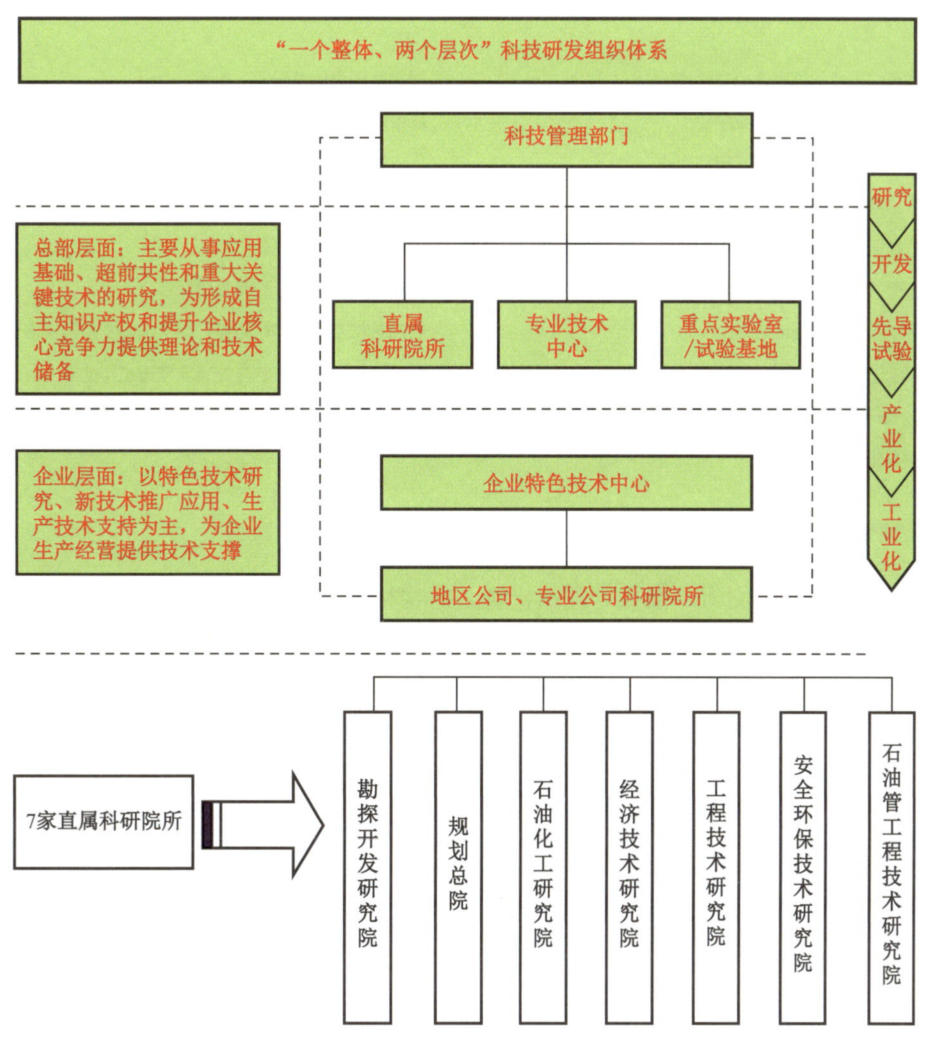

"一个整体、两个层次"科技研发组织体系

平稳运行提供了有力保障。

依托直属科研院所和油气田企业成立了大庆提高采收率等 5 个海外业务对口技术支持中心，加强了海外业务技术支撑体系的建设。通过科技资源优化配置，逐步完善了中国石油专业配套、学科齐全、技术力量雄厚的"一个整体、两个层次"科技研发组织体系。

"十三五"以来，中国石油科技改革重点领域取得实质性突破，一系列国家要求、公司决策、员工期盼的重点改革任务相继落实：修订完善科技奖励制度，出台科技成果转化创效奖励办法(试行)，设立专项奖金，有效调动了科技人员的积极性。建成科技管理系统 3.0，总部和 3 个专业公司 2017 年科技项目上线运行，成立勘探、开发、炼化和工程技术 4 个专业技术专家委员会，设立直属研究院基础科学和战略储备技术研究基金，

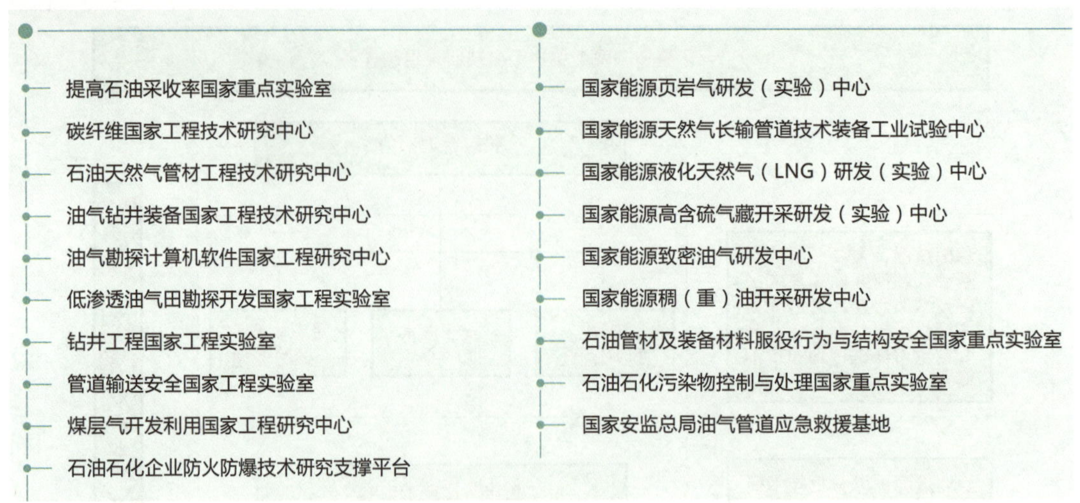

中国石油国家级研发平台

有针对性地加强原始创新，推行管理新机制，简化科技规划预算编制，科研经费使用，赋予科研人员更大自主权，释放创新活力。

“大庆油田发现过程中的地球科学工作”
1982 年获国家自然科学奖一等奖

1982 年 7 月，“大庆油田发现过程中的地球科学工作”获国家自然科学奖一等奖。完成人包括李四光、黄汲清、谢家荣、韩景行、朱大绶、吕华、王懋基、朱夏、关士聪等（地质部），张文昭、杨继良、钟其权、翁文波、余伯良、邱中建、田在艺、胡朝元、赵声振、李德生等（石油部），张文佑、侯德封、顾功叙、顾知微（中国科学院）。

在大庆油田发现的过程中，进行了大量的地球科学工作。1955 年开始，根据地质学家关于“中国有油”的认识，在全国范围内开展了石油地质普查和地球物理勘探，特别是对松花江流域进行调查。通过这些工作，为发现大庆油田以及东部一系列油田提供了可靠资料和科学依据。

1958 年，石油普查勘探工作的重点从西部向东部进行战略转移，在松辽盆地中央坳陷发现了南北向的大同镇长垣构造。经过地震详查，又在长垣的南部圈出了高台子等构造。经过钻探，1959 年 9 月松基三井喷出了工业油流，从而发现大庆油田。

1982 年“大庆油田发现过程中的科学工作”被授予国家自然科学奖一等奖。

国家自然科学奖是中华人民共和国国家科学技术奖励之一，设一、二等两个奖励等级。国家自然科学奖一等奖是自然科学领域的国家最高奖。国家自然科学奖的获奖者要求在基础研究和应用基础研究中做出重大科学发现，并符合“前人尚未发现或者尚未阐明”“具有重大科学价值”“得到国内外自然科学界公认”三大评审标准。

1982 年 7 月，“大庆油田发现过程中的地球科学工作”获国家自然科学奖一等奖

“渤海湾盆地复式油气聚集（区）带勘探理论及实践”1985 年获国家科学技术进步奖特等奖

1985 年，“渤海湾盆地复式油气聚集（区）带勘探理论及实践”获得国家科学技术进步奖特等奖，并成为中国石油工业两项重大科技成果之一。

20 世纪 80 年代初，胜利油田出现油气储量增长慢、新建产能少、原油产量大幅度下降的被动局面。为扭转胜利探区油田越找越小、资源越找越贫、勘探路子越走越窄的困境，石油地质工作者深入总结渤海湾盆地油气成藏条件及油气藏分布规律，在 1982 年初大庆全国石油工作会议上，首次提出独具特色的复式油气聚集（区）带理论。

渤海湾盆地复式油气聚集（区）带勘探理论认为，渤海湾盆地是一个油气资源丰富、石油地质条件复杂的复合油气区，具有多期成盆演化、三套主力烃源岩、多次油气运聚高峰、三套含油体系、多种油藏类型的复式油气聚集特征，并以“五环式”分布为油气藏展布基本模式，形成五类复式油气聚集带。

该理论取得了 5 个方面创新：（1）在构造演化上，研究了构造特征和盆地演化的动力学成因，明确济阳坳陷多期成盆的演化历史。（2）在沉积发育上，阐明了济阳坳陷古近—新近系河湖沉积具有物源方向多、沉积体系多、相带和岩性变化快的沉积特点。

专家学者开展全国油气资源评价研究

大港油田埕海 1 号人工岛

（3）建立了陆相油源岩评价标准和油气资源定量计算方法。（4）指明了断陷盆地有利油气聚集带，建立了5种复式油气聚集带成藏模式。（5）提出了滚动勘探和勘探开发一体化初步构想。

渤海湾盆地复式油气聚集（区）带勘探理论的建立和发展是我国对世界石油地质理论的重要贡献，极大丰富了陆相石油地质理论，对胜利油田乃至渤海湾盆地勘探具有决定性和根本性意义，对陆相断陷盆地油气勘探具有重要指导作用。

“大庆油田长期高产稳产的注水开发技术”
1985年获国家科技进步奖特等奖

大庆油田的发展史，就是一部石油工业的科技进步史。为确保稳产十年规划第二阶段即1981—1986年目标的实现，为后续稳产做好技术准备，1981年到1985年大庆油田除继续采用行之有效的稳产技术措施和配套工艺外，还根据油田开发全面调整的要求和高含水开采期的特点，将需要解决的生产技术课题作为一项系统工程，组织油田地质、油藏工程、测井、钻井、采油工艺、油气集输和水处理等多部门、多学科的科技人员联合攻关，超前研究，形成了“大庆油田长期高产稳产的注水开发技术”，对大庆油田“六五”期间继续保持年产原油5000万吨、实现10年稳产目标起到了关键作用。1985年获国家科学技术进步奖特等奖。

证　书

获奖项目：大庆油田长期高产稳产的注水开发技术

获奖单位：大庆石油管理局

奖励等级：特　等

奖励日期：一九八五年

85-T-001

国家科学技术进步奖
评审委员会

1985年，“大庆油田长期高产稳产的注水开发技术”获国家科学技术进步奖特等奖

“大庆油田高含水期‘稳油控水’系统工程”
1996 年获国家科技进步奖特等奖

1990 年，大庆油田已连续 15 年保持年产原油 5000 万吨以上高产稳产，油田全面进入高含水开发阶段，综合含水率近 80%。为寻找一条既不大幅度提液，又能保持稳产之路，大庆油田立足基本地质特征和注水开发特点，解放思想，科学决策，组织实施高含水期“稳油控水”系统工程。

“稳油控水”系统工程，突破了国内外同类型油田的开发模式，创造了具有大庆特色的新模式；提出并形成了高含水期稳油控水结构调整的新概念、新方法和新技术，在总体技术水平、推广应用规模及实际效果上，处于国际领先水平；在 0.2 米以上薄层开采中，形成了地质、油藏、测井、钻井和采油工程综合配套技术，并达到年产原油 1500 万吨的生产能力，在当时国际上属于首创。“八五”五年间，“稳油控水”系统工程累计多产原油 610.9 万吨，合计增收节支 150 亿元，1995 年被评为“全国十大科技成就奖”，获 1996 年全国科技进步奖特等奖。

“稳油控水”系统工程为大庆油田连续 27 年保持年产 5000 万吨以上原油产量做出巨大贡献，为石油工业实现“稳定东部、发展西部”战略目标，支持国民经济持续快速健康发展提供了重要的能源保证。

中國石油報

ZHONGGUO SHIYOU BAO

1996 年 12 月 20 日 星期五

●第1491期 ●邮发代号1—78 ●国内统一刊号 CN11—0687

●中国石油天然气总公司主办 ●每周一、三、五、日出版

总公司炼化系统挖潜增效成果显著

大庆油田创世界同类油田开发奇迹

高含水期稳油控水工程成效显著

荣获1996年度国家科技进步特等奖

四川石油局掀起学习李昌全

大气田之子人人称典范 身后故事事事见精

发展杯 头条新闻竞赛

1996 年 12 月 20 日，《中国石油报》报道大庆油田高含水期稳油控水工程成效显著

科技進步奬
証書
为表彰在促进科学技术进步工作中做出重大贡献者，特颁发国家科技进步奖证书，以资鼓励。
获奖项目：大庆油田高含水期“稳油控水”系统工程
获奖单位：大庆石油管理局
奖励等级：特等奖
奖励时间：一九九六年十二月
证书号：04-0-001-01
中华人民共和国
国家科学技术委员会主任
宋健

1996年，大庆油田高含水期“稳油控水”系统工程获国家科技进步奖特等奖

“大庆油田4000万吨以上持续稳产技术”2011年再获国家科技进步奖特等奖

大庆油田进入高含水后期开发，按当时的资源和技术，产量每年将递减200万吨以上，到2009年将下降到3000万吨以下。为满足国家对能源的需求，1996年大庆油田提出到2009年保持4000万吨以上高产稳产的新一轮目标。针对开发面临的一系列世界级难题，1996年开始陆续启动国家、集团公司和大庆油田公司级科研攻关项目，组织3000多人参加4个研究、试验和推广一体化研发团队。

经过10年持续攻关，形成支撑大庆油田4000万吨以上持续稳产的新一代技术，取得4个方面的技术创新成果：（1）自主研发高度分散剩余油定量描述与精细采油配套技术，实现储层精细描述、剩余油定量识别和精细高效挖潜，达到国际领先水平；（2）首创聚合物黏弹性驱油理论及聚合物驱高效开发技术，在国内外首次揭示聚合物驱可以提高驱油效率的机理，创新聚合物黏弹性驱油理论，引领世界三次采油技术的发展；（3）首次揭示大型陆相坳陷盆地负向构造带的转变，迎来老探区石油储量增长的新高峰；（4）创新并实施超大容量多样化注采液处理利用配套技术，实现特大型油田安全、清洁和高效运行。

国家科学技术进步奖

证 书

为表彰国家科学技术进步奖获得者，特颁发此证书。

项目名称：大庆油田高含水后期4000万吨以上持续稳产高效勘探开发技术

奖励等级：特等

获 奖 者：大庆油田有限责任公司

中华人民共和国国务院

2010年11月29日

证书号：2010-J-210-0-01-D01

“大庆油田高含水后期4000万吨以上持续稳产高效勘探开发技术”获国家科技进步奖特等奖

这一技术获得发明、创新和应用31种新设备、26项新技术及14种新工艺，形成可适应每年高达10亿立方米多样化注采液的新一代降本增效五大地面工程技术体系；获国家发明专利49件，实用新型专利88件；中国石油软件著作权9件；发表论文322篇，专著6部；形成各种新技术标准52件。2011年，获国家科技进步奖特等奖。应用该技术大庆油田累计产油6.8亿吨，累计增油5774万吨，主体油田采收率突破50%，比国内外同类油田高10～15个百分点。

塔克拉玛干沙漠中建设第一条公路

为加快塔克拉玛干沙漠腹地勘探步伐，中国石油1989年提出修建一条通往沙漠腹地的等级公路。中央财经领导小组在下发文件中指出：沙漠公路工程是促进地方经济发展的基础工程，不仅是石油专用路，也是连接北疆、南疆的重要大通道。

由中国石油塔里木油田出资建设、维护的塔里木沙漠公路，是全球流动大沙漠中修建的第一条等级公路。被列入国家“八五”期间重大科技攻关项目的塔里木盆地沙漠公路于1995年10月4日全线通车，开创了在塔克拉玛干流动性沙漠中，多快好省地修建国家二级（下限）公路的先例。

塔里木沙漠石油公路工程技术研究由塔里木石油勘探开发指挥部共17个部门、科

科技進步獎
証書

为表彰在促进科学技术进步工作中做出重大贡献者，特颁发国家科技进步奖证书，以资鼓励。

获奖项目：塔里木沙漠石油公路工程技术研究

获奖单位：塔里木石油勘探开发指挥部

奖励等级：一等奖

奖励时间：一九九六年十二月

证书号：07-1-001-01

中华人民共和国
国家科学技术委员会主任 宋健

1996 年，“塔里木沙漠石油公路工程技术研究”项目获国家科技进步奖

研单位的联合协作，提前一年圆满完成了国家“八五”科技攻关计划目标，取得了沙漠公路科研攻关的一系列新认识、新成果，形成了一整套实用、先进的技术，并迅速转化为生产建设成果。在沙漠公路选线、防沙治沙、路基稳定和路面结构、施工养护、沿线水文地质和工程地质、塔里木河桥水文及导流防护设施、环境评价 7 个方面，开创出一套适合我国国情和塔克拉玛干沙漠特殊自然环境的先进、实用、配套的沙漠公路工程技术，切实解决了在塔克拉玛干大沙漠中修筑公路的一系列技术关键问题，取得了十大项新技术成果（包括一批新认识、新方法、新工艺、新材料），其中 3 项达到国际先进水平、4 项达到国内领先水平、8 项达到国内先进水平。经国家科学技术委员会评定该攻关工作成果突出，在国内外都属创举，开创了科技攻关紧密与工程建设结合的典型范例。

为了给这条 522 千米横贯塔克拉玛干大沙漠的公路建立永久性生物防沙体系，改善沙漠生态环境，中国石油经过近 10 年的科研攻关、先导试验和油田内部防护林工程建设，总结出了适合塔里木沙漠公路生态防护林建设的配套技术，积累了丰富的基础资料和施工管护经验。形成了以防风固沙为宗旨、改善生态环境为目标、绿化美化相结合的生产区域建设模式，1996 年“塔里木沙漠公路工程”获“95 国家十项重大科技成就奖”，“塔里木沙漠石油公路工程技术研究”获 1996 年度国家科技进步奖一等奖。2008 年，荣获“国家环境友好工程”称号，2014 年入选中国公路网发起评选的“中国十大最美公路”。

塔里木沙漠公路

牵头实施“大型油气田及煤层气开发”国家科技重大专项

2006年国务院办公厅下发《关于组织实施科技重大专项任务分工的通知》，明确中国石油天然气集团公司作为十大民口专项中的第五个，即“大型油气田及煤层气开发”重大专项的牵头单位。

油气开发专项是国家16个科技重大专项之一，也是民口科技重大专项中唯一由企业牵头组织实施的专项。在中国石油牵头组织下，中国石化、中国海油等30多家企业、80多所高校和科研院所参与攻关的国家油气专项于2006年正式启动，计划2020年结束。

经过10多年攻关，截至2016年已形成六大技术系列、20项关键技术，研制13项重大装备，建设22项示范工程。这些技术和装备应用从陆地到海洋，从国内到国外，陆上勘探开发由中浅层挺进6000米深层，海上由浅海进入1500米深水，工程核心技术与装备实现从无到有，非常规油气取得重大突破；成功发现安岳、普光、克深等一批大气田，新增石油探明储量100多亿吨、天然气6万多亿立方米，增产原油超过10亿吨、天然气5000多亿立方米，油气行业的自主创新能力和核心竞争力大幅提升，为国家能源安全提供有力保障。

2016年5月31日—6月7日，国家“十二五”科技创新成就展在北京展览馆隆重举行。“大型油气田及煤层气开发”专项通过实物、技术模型、展板、宣传片、数字墙等多种形式集中展示专项重大技术成果。2016年6月3日，习近平总书记亲临展台，仔细观看展览模型并询问油气勘探开发技术研发进展等情况，央视新闻联播进行了专题报道。

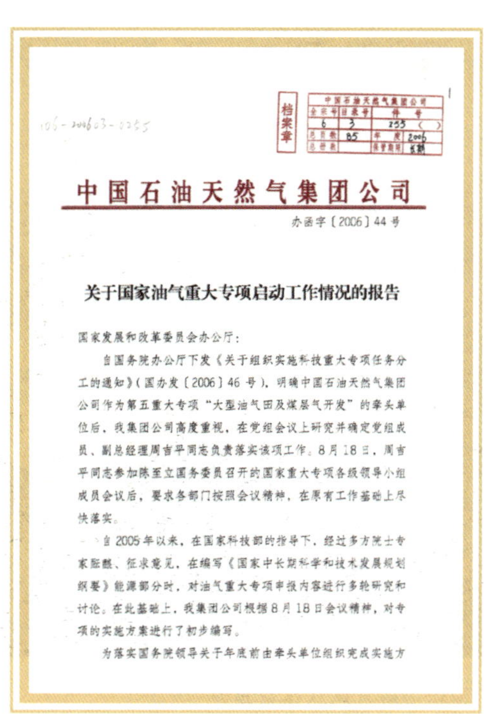

档案章

中国石油天然气集团公司

办函字〔2006〕44号

关于国家油气重大专项启动工作情况的报告

国家发展和改革委员会办公厅：

自国务院办公厅下发《关于组织实施科技重大专项任务分工的通知》（国办发〔2006〕46号），明确中国石油天然气集团公司作为第五重大专项“大型油气田及煤层气开发”的牵头单位后，我集团公司高度重视，在党组会议上研究并确定党组成员、副总经理周吉平同志负责落实该项工作。8月18日，周吉平同志参加陈至立国务委员召开的国家重大专项各级领导小组成员会议后，要求各部门按照会议精神，在原有工作基础上尽快落实。

自2005年以来，在国家科技部的指导下，经过多方院士专家酝酿、征求意见，在编写《国家中长期科学和技术发展规划纲要》能源部分时，对油气重大专项申报内容进行多轮研究和讨论。在此基础上，我集团公司根据8月18日会议精神，对专项的实施方案进行了初步编写。

为落实国务院领导关于年底前由牵头单位组织完成实施方

2006年8月29日，集团公司《关于国家油气重大专项启动工作情况的报告》

总承包的中国海域天然气水合物首次试采获历史性成功

2017年5月18日，由国土资源部中国地质调查局组织实施，中国石油天然气集团公司参与的我国首次海域天然气水合物（可燃冰）试采在南海神狐海域实现连续超过7天稳定产气，试采取得圆满成功，实现了我国天然气水合物开发的历史性突破。中共中央、国务院贺电表扬。

在党中央、国务院的坚强领导下，在财政部、发展改革委、科技部等有关部门的大力支持下，在中国石油天然气集团公司、中集集团公司等单位的全力配合下，2017年5月10日起，中国地质调查局从我国南海神狐海域水深1266米海底以下203～277米的天然气水合物矿藏开采出天然气。经试气点火，连续产气8天，最高产量3.5万米^3/天，平均日产超1.6万立方米，累计产气超12万立方米，天然气产量稳定，甲烷含量最高达99.5%，实现了预定目标。这次试采成功是我国首次，也是世界第一次成功实现资源量全球占比90%以上、开发难度最大的泥质粉砂型天然气水合物安全可控开采，为实现天然气水合物商业性开发利用提供了技术储备，积累了宝贵经验，打破了我国在能源勘查开发领域长期“跟跑”的局面，取得了理论、技术、工程和装备自主创新，实现了在这一领域由“跟跑”到“领跑”的历史性跨越，对保障能源安全、推动绿色发展、建设海洋强国具有重要而深远的意义。

我国南海神狐海域可燃冰试采现场

2017 年 5 月 18 日，我国可燃冰试采成功庆祝现场

科技成果支撑主营业务发展

中国石油高度重视科技工作，把科技创新作为转变发展方式的着力点，持续加大科技投入力度。特别是“十一五”以来，平均每年科技投入超过 100 亿元，启动了一批重大科技专项和现场试验项目，一批成果相继涌现。1978—2017 年，获国家奖 602 项，其中，获国家科学技术进步奖特等奖 4 项、一等奖 31 项，获自然科学一等奖 1 项。中国石油“十五”获国家科技奖成果 30 项，“十一五”获 41 项，“十二五”获 28 项，“十三五”前两年获 8 项。这些科技成果，不仅为我国油气行业及相关领域解决了一系列难题，大大增强了我国和中国石油的持续创新能力，而且提升了中国石油在国际上的综合竞争力。

“大庆油田发现过程中的地球科学工作”获国家自然科学一等奖，大庆油田持续稳产连续 3 次获国家科技进步奖特等奖；塔里木沙漠石油公路工程技术研究、大中型天然气田形成条件、分布规律和勘探技术研究等获得一等奖。2010 年以来，大庆油田高含水后期 4000 万吨以上持续稳产高效勘探开发技术获 2010 年度国家科学技术进步奖特等奖；西气东输工程技术及应用项目获 2010 年度国家科学技术进步奖一等奖；中国石油海外合作油气田规模高效开发关键技术获 2011 年国家科技进步奖一等奖；环烷基稠油生产高端产品技术研究开发与工业化应用获 2011 年国家科技进步奖一等奖，是集团公司炼化科技

2003 年，“苏丹 Muglad 盆地 124 区高效勘探的技术与实践”获国家科学技术进步奖一等奖

2012 年，中国石油 5 项成果在国家科学技术奖励大会上获得奖励

领域首次获国家科学技术进步奖一等奖；5000 万吨级特低渗透—致密油气田勘探开发与重大理论技术创新获 2015 年国家科学技术进步奖一等奖。

中国石油勘探开发研究院、中国石油大学（北京）等完成的中国天然气成因及鉴别项目获 2010 年度国家自然科学奖二等奖。

“十二五”以来，集团公司炼油化工技术水平显著提升，推动炼化业务不断发展壮大。国Ⅳ、国Ⅴ标准清洁汽油、柴油生产成套技术的成功研发，有力支撑了油品质量升级；千万吨级大型炼油厂、百万吨级乙烯及 PTA 等系列自主成套技术成功应用于多套装置建设，摆脱了长期受制于人的局面；碳纤维和大比重航空煤油技术助力我国航天工程发展，提高了高端化工产品竞争力。

炼化技术从弱到强跨越发展

改革开放以来，中国石油炼化技术从弱到强，在成套技术、国产化、大型化、精细化等方面取得长足进步，成果丰硕。2000 年以来，特别是近 10 年，中国石油炼油技术和催化剂研发成果突出，自主创新技术覆盖 80% 以上炼油过程；化工重点催化剂和新产品开发取得突破，自主创新技术覆盖 50% 以上化工过程。

克拉玛依石化炼油厂

自2007年以来，中国石油炼油化工领域共获授权国内专利1240项，其中发明专利1040项。此外，获授权国外专利34项。由克拉玛依石化等单位承担的“环烷基稠油生产高端产品技术研究开发与工业化应用”项目于2011年获国家科学技术进步奖一等奖。“高分子量抗盐聚丙烯酰胺工业化生产技术的研究开发与应用”“催化裂化汽油辅助反应器改质降烯烃技术的开发和应用”“原位晶化型重油高效转化催化裂化催化剂及其工程化成套技术”“重油催化裂化后反应系统关键装备技术开发与应用”“提高轻质油品收率的两段提升管催化裂化新技术”等10项科研项目获国家科学技术进步奖二等奖。

“十二五”期间，中国石油炼油科技实现跨越发展：攻克环烷基稠油生产高端产品深加工技术国际性难题，实现我国稠油深加工技术从空白到国际先进的历史性跨越，收获中国石油历史上炼油领域第一个国家科学技术进步奖一等奖；炼油主体系列催化剂和千万吨级大型炼油厂技术，高性能炼油催化材料及绿色制备技术以及高档润滑油、沥青等取得重大突破，高档系列内燃机油复合剂研制和工业化应用2012年获国家科学技术进步奖二等奖；为中国石油新一轮汽油质量升级提供重要支撑的催化裂化汽油加氢系列催化剂和工艺设计成套技术，2015年获国家科学技术进步奖二等奖。

中国石油自主设计的广西石化千万吨炼油项目，2013年获IPMA国际卓越项目管理特大型项目金奖，2014年获石油优质工程奖、中国项目管理成就奖、国家优质工程奖。

炼油自主技术支撑清洁油品生产

为应对我国汽油质量升级、石油资源重劣质化程度不断加剧、我国成品油消费结构变化以及增产低碳化工原料和炼化一体化的迫切要求，以石油化工研究院为主的研发团队相继指导开发出了系列高活性稳定性的活性组分新材料和中大孔结构的载体新材料，为系列催化裂化催化剂产品的开发和成功应用奠定了坚实的理论基础和技术支撑。

国家强制推行车用汽油、柴油新标准，攻克汽油、柴油质量升级技术成为国家重大需求。中国石油自主创新开发了活性金属组分高度分散及分子筛酸性与孔道结构精细调变等8项关键催化剂制备技术，解决金属活性相纵向多层堆垛和横向高度分散相互矛盾等多项催化剂制备难题，研制9个牌号加氢脱硫改质系列催化剂，形成PHG、M-PHG、GARDES成套技术，成功破解深度脱硫、降烯烃和保持辛烷值这一制约汽油清洁化的世界级难题，有力支撑中国石油的汽油质量升级，推动了我国石油炼制技术的进步。柴油质量升级过程中，PHF超低硫柴油加氢精制技术团队先后为国内外32家企业的42套装置提供了综合技术服务，先后在15套装置成功实现25次开工应用，公司内部市场占有率43%，累计应用装置处理规模2500多万吨/年、应用催化剂2300多吨。PHF超低硫柴油加氢精制技术作为一项重要的内部优势自主产品，为中国石油圆满完成国Ⅴ标准、国Ⅵ标准柴油质量升级做出重要贡献。

中国石油清洁油品生产系列成果多次入选中国石油十大科技进展。“新型FCC汽油

宁夏石化 120 万吨 / 年催化汽油加氢装置

降烯烃催化剂的研制与工业化开发”“原位晶化型重油高效转化催化剂及其工程化成套技术开发”“国 IV 清洁汽油生产成套技术”“高汽油收率低碳排放系列催化裂化催化剂工业应用”分别获 2004 年度、2008 年度、2015 年度、2017 年度国家科学技术进步奖二等奖。

聚烯烃产品走向高端化

开发具有自主知识产权的不含“塑化剂”的安全环保的催化剂技术是提高聚丙烯业务市场竞争力的关键。为应对聚烯烃产品质量升级的需求、解决催化剂的自主化难题，中国石油以石油化工研究院为主的研发团队相继研发新型磺酰基内给电子体等专有技术，形成一整套具有自主知识产权的聚烯烃催化剂技术，为开发系列高性能产品提供了坚强有力的技术支持。通过重大科技专项的实施，“产销研用管”新产品开发创新体系初步形成，开发出医用料、车用料、家电料、电缆料、管材料、大中空、纤维料等 100 个聚烯烃新产品，成绩突出。

中国石油自主开发的集“催化剂、设备、工艺”于一体的具有完全自主知识产权的乙烯三聚合成己烯 -1 技术，填补中国石油共聚单体生产技术空白，率先在国内开展辛烯 -1 合成工业试验，并承担该领域的国家级项目，形成中国石油特色自主品牌技术及聚乙烯

中国石油液体橡胶应用于航天领域

提档升级的重要技术。该技术成功实现产业化，对于推动聚烯烃行业转型升级、深化供给侧结构改革具有重要的引领性作用。截至2018年8月，中国石油自主研发的己烯-1技术已在大庆石化、兰州石化推广。韩国LG、俄罗斯CIC、美国英威达等国外企业也对该技术表示出引进意向。

合成橡胶新产品开发实现系列化、定制化。环保型合成橡胶产品实现系列化，打破欧盟环保技术壁垒。中国石油拥有粉末橡胶、液体橡胶等特色产品，同时开展合成橡胶加工应用技术及特色弹性体研究，在乳聚丁苯橡胶成套技术、丁腈橡胶成套技术、环保化平台技术和系列新产品开发方面走在了国内同行的前列。2017年中国石油牵头承担国家重点研发计划项目“高性能合成橡胶产业化关键技术”，成为国内合成橡胶产业技术进步的“领头羊”。

大炼油大乙烯实现自主设计

通过“千万吨级大型炼厂成套技术研究开发与工业应用”重大科技专项成功实施，中国石油完全具备千万吨级炼油厂的设计能力，炼油技术短板得到补齐。该专项攻克了减压深拔等78项特色关键技术，成功开发出1套大型炼油厂总体优化技术，以及催化裂化、汽柴油加氢等10套主要生产装置成套技术工艺包，形成中国石油拥有自主知识产权的千万吨级大型炼油厂成套技术，总体技术达到国际先进水平。专项申请专利118件、认定技术秘密45项，建成一支高水平的工程设计创新团队。开发技术在40余家单位80多套工业装置上得到工业应用与验证，累计新增效益15亿元以上。中国石油大型炼油厂建设技术水平得到跨越式提升，实现自主工艺技术、自主工程设计、自主施工与管理，主要生产装置的工艺技术占有率由攻关前的30%提升到80%，为中国石油炼油业务提升核心竞争力，提供坚强有力的技术支撑和保障。

为攻克大型乙烯成套技术，中国石油于2008年设立重大科技专项，并承担科技部的国家科技支撑计划“百万吨级乙烯成套工艺技术、关键装备研发及示范应用”研究，从裂解组分预测技术、裂解炉、分离工艺、配套催化剂及关键装备多个方面攻克大型乙烯核心成套工艺技术和工程化难题，并于2012年10月5日在“大庆石化120万吨/年乙烯改扩建工程”中获得应用并开车成功，生产出合格的乙烯产品，也标志着我国成为世界上第4

2012 年，大庆石化 120 万吨 / 年乙烯改扩建工程建成投产

个自主掌握大型乙烯成套技术的国家。截至 2018 年 8 月，中国石油乙烯技术申请专利 83 件（其中发明专利 38 件）、软件著作权 3 项，认定技术秘密 20 余项。大庆乙烯、神华宁煤乙烯、广东石化、长庆和塔里木 2 套乙烷制乙烯等 7 项工程采用了中国石油乙烯技术，其中 2 项已经建成投产，中国石油大型乙烯装置技术水平得到快速提升，迈入国际先进乙烯技术行列。

炼化能量系统优化挖潜增效

2008 年以来，中国石油先后设立两期炼化能量系统优化重大科技专项，攻克技术瓶颈、建立技术体系，实施工程示范、全面推广应用，培养技术骨干、提升创新能力，整体填补中国石油在该领域技术、人才和软件工具的空白，实现了从无到有、从有到强的跨越发展。

10 年来，能量系统优化专项技术在锦州石化、吉林石化、兰州石化等 3 家大型炼化企业建成炼油、乙烯、公用工程和能源管控 5 项示范工程，在抚顺石化、辽阳石化、锦西石化等 11 家炼化企业建成炼油和乙烯 12 项重点推广工程，在大庆石化、乌鲁木齐石化等 16 家炼化企业建成 16 项炼油培训推广工程，实现节能 55 万吨标准煤 / 年、增效 10 亿元 / 年。

中国石油研究形成炼油领域能量系统优化技术的首个国家标准，规范炼油企业能量系统优化工作的技术路线和实施步骤，有效提升中国石油在该领域的知名度；形成具有自主知识产权的成套技术体系、工具平台和专业人才队伍，技术水平整体达到国内领先，部分达到国际先进，大幅提高了中国石油炼化生产操作、技术改造和运营管理水平，也为未来智能化炼油厂研究与建设奠定了坚实的技术和人才基础。

能量系统优化推广专项在锦西石化应用

“六统一”实现信息化跨越式发展

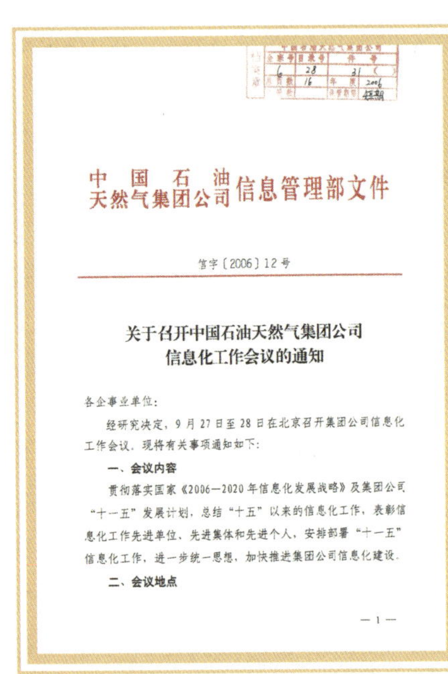

中国石油天然气集团公司信息管理部文件

信字〔2006〕12号

关于召开中国石油天然气集团公司信息化工作会议的通知

各企事业单位：

经研究决定，9月27日至28日在北京召开集团公司信息化工作会议，现将有关事项通知如下：

一、会议内容

贯彻落实国家《2006—2020年信息化发展战略》及集团公司“十一五”发展计划，总结“十五”以来的信息化工作，表彰信息化工作先进单位、先进集体和先进个人，安排部署“十一五”信息化工作，进一步统一思想，加快推进集团公司信息化建设。

二、会议地点

— 1 —

2006 年，集团公司《关于召开中国石油天然气集团公司信息化工作会议的通知》

中国石油将信息化纳入世界一流综合性国际能源公司建设的目标体系，作为提质增效转型升级的高效引擎，坚持“统一规划、统一标准、统一设计、统一投资、统一建设、统一管理”的原则，制定实施系统支持各项业务的信息技术总体规划，大力加强信息化建设，着力推进“两化”融合，正在迈向共享智能的新阶段。

2004 年 2 月 4 日，股份公司提出信息化工作要遵循统一方针，就是坚持信息化工作统一规划、统一设计。2006 年 9 月，集团公司明确，信息化项目建设要遵循“六统一”原则。

“十一五”以来，集团公司信息化工作通过实现五大集成，推动五大创新。即建成应用以 ERP 为核心的集成平台，实现信息系统应用集成；建成应用可扩展的物联网系统平台，实现信息化与自动化集成；建成应用具有云计算能力的数据中心，实现软硬件资源集成；建成移动应用平台，实现无线

中國石油報

CHINA PETROLEUM DAILY

2006 年 9 月 28 日 星期四 第 4197 期

集团公司下发通知要求

做好国庆节期间各项安全工作

中央企业职工技能大赛石油石化行业竞赛圆满落幕

中国石油摘得百枚奖牌

集团公司信息化工作会议提出

信息化建设要集中统一总体规划全面推进

2006 年 9 月 28 日，《中国石油报》报道集团公司信息化工作会议

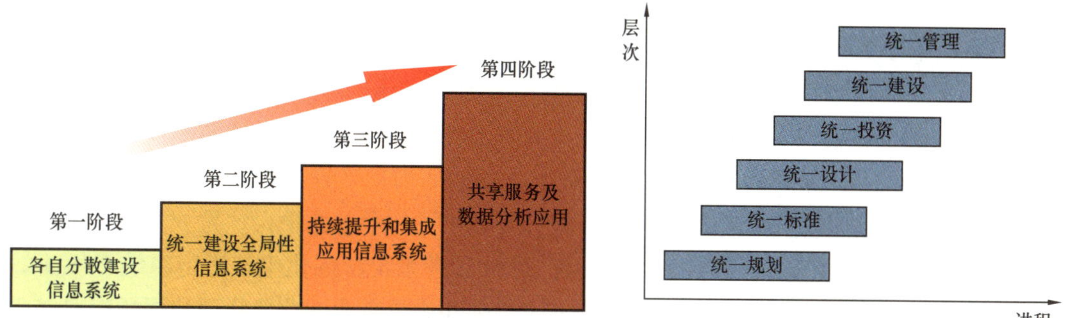

信息系统发展阶段示意图

与有线网络集成；建成应用信息安全体系，实现信息安全与信息系统集成；推动生产组织和运行方式、经营管理方式、商业模式、业务决策方式、日常工作五大创新，助力企业从传统管理向现代管理转变，为企业创新发展提供有力支撑。

集团公司一直按照总体规划持续推进信息化建设，先后建成应用涵盖生产管理、经营管理、办公管理和辅助决策的 50 个集中统一信息系统，搭建形成五大集成平台，实现了从分散建设向集中建设、从集中建设向集成应用的阶段性跨越。

从“智慧油田”到“共享中国石油”

中国石油积极采用物联网、大数据、云计算、人工智能等先进技术，在建设“数字化油田”“智能炼厂”“智慧加油站”等方面取得新进展，在“互联网+”培育新业态新模式方面取得新突破。中国石油油田物联网的成功应用入选国家发改委办公厅高技术司评选的国家发改委“互联网+”行动百佳实践案例。

“十三五”以来，中国石油做出建设“共享中国石油”的战略部署，明确了信息化从集中集成迈向共享智能新阶段的发展方向。通过信息化持续提升完善，创新形成以各类共享中心为主要特征的生产、经营、管理、服务新模式，实现数据、信息、知识、经验等无形资源的充分共享，推动人、财、物等有形资源的共享应用和整体优化。重点建设五大共享中心：

（1）生产运行共享中心。通过物联网、设备运行监控和工业安全视频系统等建设与应用，促进数据自动采集、远程传输和分析应用，形成各类生产运行监控、设备运营维护等中心，实时掌握生产、设备运行状态，准确调度指挥现场作业人员精准操作，大幅提高生产运行管理水平。

（2）专家共享中心。利用信息技术高效整合各领域、内外部专家资源，使业务专家通过信息系统集中分享知识经验，对生产经营疑难问题及时开展群诊群策，远程在线指挥现场作业。在石油工程技术领域已建设40多个远程作业支持中心，形成总部部门、地区公司、生产现场三级远程作业支持体系，有效提高生产作业效率、质量和安全管理。

（3）服务共享中心。通过搭建共享服务信息平台，集中专业队伍，实现服务共享，全面支持财务、人事、采购等共享服务中心建设和运营。财务共享服务业务已在试点单位分批上线运行，形成可复制的推广模板；人力资源领域即将启动共享服务业务。

（4）信息技术共享中心。一方面，利用已建成的信息系统，将生产经营管理搬到网上运行，为业务流程规范、标准统一、转型升级提供了技术支撑平台。另一方面，依托信息化内部支持队伍构建形成ERP、油气生产数据管理系统、炼化生产运行系统、加油站管理系统等信息技术共享中心，统一支持集团总部和成员企业的业务管理和现场作业。

（5）云资源共享中心。通过云计算平台的持续完善和拓展应用，形成中国石油“三朵云”。完善业务应用云，将统建系统全部迁移到云平台运行，形成统一、标准化的应用开发环境、运行环境和数据环境；搭建符合互联网应用特点的电子商务云，支持B2B大规模采购，满足B2C高并发交易需要；搭建科学计算云，集中共享应用设计、处理等专业软件资源，为科研开发、工程设计等业务提供共享计算服务。

集团公司人力资源共享服务试点工作于2017年11月底正式启动。2018年9月18日，集团公司人力资源共享服务试点推进会在西安召开。长庆油田、长庆石化和管研院与共享服务西安中心签订了人力资源共享服务协议，标志着三家单位“薪酬服务”“员工服务”“退休手续办理”等首批试点业务正式交付运营，目前已覆盖员工超7.2万人。

智慧能源时代的中国石油

苏里格数字化生产管理平台

集团公司财务共享平台在试点过程中，积极创新应用智能化信息技术，先后上线5款16个虚拟智能化“小铁人”机器人，处理效率达到人工10倍以上，同时结合业务流程优化和专业化、标准化、智能化、精益化管理，财务共享业务实际用工效率提升43%，集约效应、规模效益切实显现。2018年10月10日，集团公司召开财务共享服务扩大试点启动视频会和海外财务共享工作启动会，进一步推动财务共享平台建设。

中国石油在国内率先建成信息系统之间、信息化与自动化等五大集成平台，推动了传统管理向现代化管理转变，带动了商业模式、生产组织、财务管理、办公应用，以及分析决策方式创新，信息化整体水平走在中央企业前列、部分达到国际领先。实施“互联网+”行动计划，推进营销模式创新，发展新业态。积极利用互联网、移动应用、社交平台等信息网络资源，推进油品、天然气、化工品、装备产品网上营销，优化采购和分销方式，拓宽客户服务渠道；加快加油站管理系统升级，建设智慧加油站，上线加油站3.0等，用新理念、新技术提升网络营销水平和客户满意度。

2018年，中国石油持续提升信息化水平，全面完成信息化应用集成建设，进一步迈向共享服务与数据分析应用的新阶段。

互联网与绿色发展深度融合建设美丽中国

2001年以来，中国石油基于“互联网+”的大数据库管理基础系统初具规模，研发和建成污染源在线监测系统，监测点分布在13个省（自治区、直辖市）的11个油气田企业、23个炼化企业、3个装备制造企业，具有远程实时监控、随时掌握、超标预警和事前防控

北京油气调控中心中央控制室

功能，每天 24 小时全天候运行，管理和监控所有废水、废气、废物污染源，能够发挥生态环境数据互联互通和开放共享的作用。在线监测系统先后成为“国家重点监控企业污染源自动监控数据传输有效率考核基数”监测点、“2016 年国家重点监控企业名单”监测点，为中国石油和全国污染物总量减排核算提供基础数据。截至 2016 年底，重点污染源监测点 304 个，涵盖国家要求监控的 243 个重点监测点；在线监测数据传输有效率 97.8%，远远高于国家 75% 的考核要求。中国石油污染物排放达标率逐年提升，由 2014 年 84% 上升至 2016 年 97.5%。

重大科技攻关促进中国石油能源革命和低碳转型

中国石油把大力发展天然气作为战略性和成长性工程，构建清洁低碳、安全高效的现代能源体系，是中国石油能源“转型变革、创新发展”的最鲜明特色。

中国石油从 20 世纪 80 年代中期组织开展天然气科技攻关工作，将天然气勘探开发科技攻关放在重大专项首位。2007 年以来，针对四川盆地天然气勘探的世界级难题，依托国家和中国石油重大科技专项展开联合攻关，取得重大科学发现和理论技术创新。克拉通内裂陷的发现、碳酸盐岩沉积模式和储层形成机制等重大创新，推动了世界元古界—寒武系成藏理论创新和勘探，达到国际领先水平。

进入新世纪，随着我国国民经济的发展，特别是汽车工业的迅速发展，对汽油、柴油及润滑油等油品的质量不断提出新的要求。汽车尾气已成为我国城市大气污染的主要来源，中国石油制定更加严格的环保标准，加快国内成品油质量升级进程。2011 年 10 月，

2011 年 10 月 28 日，中国石油生产的航空生物燃料在首次航空燃料油验证飞行中应用成功

中国石油生产的航空生物燃料在波音747客机验证飞行成功，引发了国内生产航空生物燃料的热潮。“十二五”期间，中国石油形成自主知识产权的航空生物燃料生产成套技术。“十三五”将形成万吨级航空生物燃料生产成套技术工艺包，开展工业试验，推进航空生物燃料产业化进程。这对于实现石油资源的部分替代、减少温室气体排放和改善生态环境具有重要意义，同时对于加速新能源业务发展起到积极的推动作用。

“中国石油低碳关键技术研究”重大科技专项，在节能提效、减排与资源化，战略与标准三大领域开展技术攻关与工程示范，重点解决碳排放强度大，污水升级达标困难，污泥资源化率不高等关键问题。中国石油以安全环保关键技术研究与应用项目和低碳技术重大专项等为项目依托，以HSE重点实验室为硬件支撑，成功申请“石油石化污染物控制与处理”国家重点实验室，促进和提高科研项目研究水平。通过5年多攻关，在节能提效、减排与资源化、战略与标准三大领域取得系列重大创新成果，建立低碳评价系列指标体系、低碳标准体系、低碳数据管理平台，构建了中国石油低碳技术发展路线图，初步形成国家石油低碳技术体系。

中国石油工业标准增强国际影响力和话语权

我国石油工业标准化，在改革开放之前，只在油品标准、石油机械产品标准和石油工程建设标准3个方面开展一些标准化工作。1982年第二次全国科技大会召开，石油工业标准工作逐步在油气勘探、开发等专业领域开展进来，特别是1984年11月4日成立“石油工业标准化技术委员会”以后，石油工业标准化的工作领域逐步发展到近20个专业，并形成了石油工业标准化管理体系、石油工业标准体系、石油工业标准出版体系、石油工业标准实施监督体系等完整的工作体系。特别是2000年，随着国家企业改革的深化，国家重新确立三大油公司的管理职能，按照新的管理模式，重新成立了石油工业标准化技术委员会，新的石油工业标准化技术委员会委员主要来自中国石油、中国石化、中国海洋石油及相关科研单位，在国家标准化管理委员会和国家石油和化学工业局共同领导下，承担和石油天然气包括海洋石油天然气的国家标准和行业标准归口管理工作，下设17个专业标准化技术委员会。石油工业标准化技术委员会秘书处设在石油工业标准化研究所（中国石油勘探开发研究院）。

集团公司重组改制以来，特别是“十二五”以来，各生产经营业务牢牢把握标准先行的工作原则，在扩大经营规模、拓展业务领域时，首先确立科学有效的标准体系，解决无标可依，无标操作现象。中国石油2007年成立集团公司标准化委员会，2009年，集团公司首次发布了企业标准体系表，形成了20个专业、7544项标准组成的集团公司标准体系，为标准制修订工作提供科学依据。截至2016年底，共制定国际标准、国外先进标准、国家标准、石油行业标准、石化行业标准、能源行业标准、其他行业标准、地方标准和集团公司企业标准、地区公司企业标准共计16053项，与“十一五”末期的2009年相比，制定标准数量增长较快，7年间增长了33.8%；其中，制定石油工业上游领域国家标准和行业标准（含煤层气、页岩气标准）1419 项，占全部石油天然气上游领域国家标准和行业标准比例约为 70%；制定石油工业下游领域国家标准和行业标准 230 项，占全部石油天然气下游领域国家标准和行业标准比例为 22%，基本建立了覆盖上中下游，与集团公司综合性国际能源公司发展目标相适应的企业标准体系。“十二五”期间，随着页岩气、煤层气、致密气等一批非常规油气勘探开发标准，以及计量、社会安全、物资采购等管理专业标准的纳入，企业标准体系结构进一步健全完善。中国石油使用的国家、行业、地方及企业标准共约 26000 项，基本满足了企业生产经营和管理需要。特别是中国石油在创新战略实施中，努力推进科技成果与技术标准的互动协调，在对相关国内外标准、产品制造、现场应用以及前期科研成果的基础上，整合提炼自主制定、起草了一批行业标准、国家标准，甚至制定发布了多项国际标准。

中国石油主导和参与 20 多项国际标准和国际先进标准制修订工作，仅 2018 年就发布了 3 项，而且实现上中下游多点开花、齐头并进，体现了行业的科技创新和进步，增强了中国石油工业的国际影响力和话语权。

石油装备制造创新添彩“中国制造”

改革开放以来，中国石油坚持创新驱动发展战略，围绕油气生产需要，努力推进装备制造向高端、绿色、国际化方向发展。7000～12000 米超深井钻机系列化生产，实现了泥

渤海装备辽河重工公司建造的中国石油第一座拥有完全自主知识产权的自升式钻井平台 CP-300

浆泵、顶驱等钻机八大件自主研发，自主生产设计国内首座自升式海上平台，3000米深水防喷器组及控制系统等一批具有颠覆性、创造性的油气装备应运而生，为油气勘探开发、炼化储运提供强有力的支撑和保障，并带动冶炼、机械等相关制造行业实现跨越式发展。中国石油装备已成为海外市场的一颗闪亮新星。特别是“十一五”以来，中国石油安排部署50余项重大科技攻关项目，科技投入超过1500亿元。X80等高钢级管线钢、大功率压缩机、3万千瓦特烟气轮机、液化天然气（LNG）装备制造等一批满足清洁生产迫切需求的绿色油气装备频频现身生产最前沿，X90/X100钢管、管件小批量试制等为未来建设大输量管道完成了超前技术储备。

中国石油工程技术和装备制造形成一批具有自主知识产权的技术利器，物探处理解释一体化、快速与成像测井、控压钻井等重大工程技术装备和软件的研制推广，提升了工程技术服务业务的保障能力和核心竞争力；高钢级大口径管道建设和管网集中调控技术的创新发展，保障了中亚、中俄及西气东输等油气战略管道的建成投产和安全平稳运行。

具有自主知识产权的工程技术利器，大大降低油气生产成本，如国产化连续管作业装备降低购置成本30%以上，精细控压钻井系统等一大批自主技术装备取代进口，推动中国石油从国内走向海外，从陆地走向海洋；还在分支井、大位移井、欠平衡井以及地质导向等多项技术集成上获得突破，在推进带压作业、连续管作业等生产方式变革方面取得显著成效，对提高中国石油工程技术支撑能力和服务水平意义重大。特大型烟气轮机关键技术取得突破，其气动设计、结构设计、高温材料的选用及制造、主要零部件的加工工艺均处于国际先进水平，是世界上最大的烟气轮机之一，使我国成为继美国之后世界上第2个拥有设计、制造特大烟气轮机的国家；YL型烟气轮机出厂台数占世界总产量的60%，国内市场占有率超过95%。

中国石油装备制造企业跟上国内外先进公司的发展步伐，坚持以创新发展为主题、以智能制造为目标、以提质增效为中心、以精益生产管理为重点，探索制造+服务模式，立足打赢效益发展攻坚战，努力实现可持续发展，添彩“中国制造2025”。

石油科学家培育计划助力创新战略

2018年8月29日，“石油科学家培育协议”签约仪式在西安举行，在集团公司人事与科技部门见证下，12家培育单位和26名培育对象共同签署培育协议，标志着集团公司科技领军人才培育工作进入新阶段。

实施“石油科学家培育计划”是集团公司党组落实“人才驱动创新，创新驱动发展”理念，结合专业技术岗位序列制度改革，推进高端领军人才队伍建设的重要人才工程。培育计划对已经取得一定成就并具有一定培养基础和潜力的科技人才进行重点培育，着力培养造就一批学术水平高、创新能力强，能为企业创造突出效益，在世界石油学术领域有影响力的石油科学家，保障集团公司战略目标实现。26 名重点培育对象中有三届以上集团公司高级技术专家，获得国家级奖项的主要贡献者，承担国家级科研项目的副项目长和承担集团公司科研项目的项目长、副项目长。

集团公司突出“私人订制”式培养，以“定准人、建特区、给项目、保经费、促交流”为主线，打造高端人才培育示范区。建立专家工作室，实行专家负责制，赋予培育对象人、财、物的选择权与支配权。通过加快落实科研任务，在持续立项方面给予支持；加大培育和科研经费投入力度，支撑开展科研活动和团队建设；积极支持和组织对全球先进科研理念和技术的学习，参与国际交流和学术活动，培养更多在相应领域具有学术权威性、技术话语权的一流人才。

中外科研人员研究处理地震资料

八 党的建设与企业文化

中国石油历来重视党的领导和党的建设，在从严治党、基层党建、思想建设、企业文化等方面积累了丰富经验，取得了积极成效。

中国的石油工业体系就是依靠党的政治优势和石油人的顽强拼搏精神建立起来的，中国石油始终坚持党的领导的重大政治原则，坚持党建推动改革发展的独特优势，坚持石油战线的优良传统作风。党的十八大以来，集团公司新一届党组深刻吸取教训，旗帜鲜明地反腐倡廉，大力正风肃纪，切实清除政治雾霾，坚决肃清周永康、蒋洁敏、廖永远、王永春等人的流毒影响，团结带领广大干部员工，坚决把党的政治建设摆在首位，确保石油队伍绝对忠诚可靠；强化党的思想建设，用习近平新时代中国特色社会主义思想武装头脑、指导实践、推动工作；提升党建工作科学化水平，发挥国有大型企业独特政治优势；创新从严治党方式，努力构筑不想腐的堤坝，营造广大干部员工新时代新担当新作为的良好氛围。

石油精神传承历久弥新。大庆会战时期培育形成的大庆精神，成为我们党和中华民族精神的重要组成部分，激励着一代又一代石油人为国分忧、为油奉献。石油精神集中体现了广大石油人的思想观念和价值追求，是中国石油核心竞争力和独特文化优势的灵魂与根基。“我为祖国献石油”是石油人最质朴的信念。以“苦干实干”“三老四严”为核心的石油精神和一整套优良传统作风，是中国石油乃至中国工业界的重要精神财富，得到历届党和国家领导人的高度肯定。改革开放 40 年来，石油精神体系不断丰富完善，与时代主题同步，与企业发展同频，与群众感情共鸣，释放文化软实力的巨大能量，强力推动企业稳健发展、高质量发展。

中共中央肯定大庆精神

1981 年 9 月 24 日，国家经委党组向中共中央书记处呈报《关于工业学大庆问题的报告》。认为“对大庆基本经验应该肯定”“工业学大庆运动主流是好的，对其历史作用应该加以肯定”。报告提出“大庆油田在生产建设实践中，创造了许多好的经验，其中最可贵的是他们从油田的实际出发，认真学习和运用毛泽东思想，在实际斗争中培育出来的大庆精神。大庆职工面对苏联霸权主义的封锁，发愤图强、自力更生、以实际行动为中国人民争气的爱国主义精神和民族自豪感；在严重困难面前，无所畏惧、勇挑重担、靠自己双手艰苦创业的革命精神；在生产建设中，一丝不苟、认真负责、讲究科学、‘三老四严’、踏踏实实做好本职工作的求实精神；在处理国家和个人关系上，胸怀全局、忘我劳动、为国家分担困难、不计较个人得失的献身精神，等等。这些都是中国工人阶级优秀品质的表现，是需要大力提倡和发扬的。过去我们靠这种精神，甩掉了石油工业落后的帽子；今后还要靠这种精神，推进社会主义现代化建设。”

12 月 18 日，中共中央发出《中共中央转发国家经委党组〈关于工业学大庆问题的报告〉的通知》，中共中央文件把集中体现石油企业精神的大庆精神高度概括为“爱国、创业、求实、献身”。1990 年 2 月江泽民总书记视察大庆油田时，把大庆精神进一步概括为“爱国、创业、求实、奉献”。2003 年 5 月，集团公司党组决定将其作为集团公司的企业精神。

人民日报

RENMIN RIBAO

1981年12月 26 星期六

三年来大学教师评定职称工作取得成就

高校拥有教授、副教授、讲师15万多人

党中央转发经委报告，向全国党政军各级领导机关发出通知

发扬大庆艰苦创业精神推进四化建设

要求工交战线坚持从实际出发学习包括大庆基本经验在内的一切好经验，进一步提高生产水平

大庆不愧为我国工交战线的先进典型

把科学态度和革命精神结合起来知难而进

坚持思想领先原则建设好职工队伍

适应新形势把工交生产提高到一个新水平

1981 年 12 月 26 日，《人民日报》报道发扬大庆艰苦创业精神推进四化建设

同工种基层队社会主义劳动竞赛

1984年，石油工业部决定开展同工种基层队社会主义劳动竞赛。这种竞赛既继承了石油战线加强基层党支部建设、加强基础工作、加强基本功训练的“三基”工作的光荣传统，又适应了改革、开放、搞活的新形势需要，它通过鼓励先进、鞭策后进，能够进一步激发职工队伍的前进信心和竞争意识，促进队伍素质和经济效益的全面提高，对于加强石油战线两个文明建设有着十分重要的作用。以金、银、铜牌队为榜样，深入开展社会主义劳动竞赛，把石油战线基层建设提高到一个新的水平。

基层组织是企业组织结构最基本的单元，基层队伍特别是野外一线队伍的素质如何，直接影响石油工业的发展速度、质量和经济效益。随着勘探开发领域进一步向沙漠、海洋、高原、山地开拓，向地层更深处和复杂油气藏进军，生产难度越来越大，对基层队伍特别是野外一线队伍素质提出了更高要求。基层队伍素质，主要体现在三个方面：一是一线技术作业水平，即生产能力水平，包括装备水平、工艺水平和工人操作水平；二是管理水平，包括管理制度、管理秩序、工作流程、标准定额、考核指标体系和考核奖惩办法等；三是人的觉悟和人的积极性以及从行为上表现出来的人的干劲。同工种基层队社会主义劳动竞赛，就是把这三者有机地结合起来，坚持两个文明建设一起抓，全面提高职工队伍素质的好形式。这种竞赛是在同工种之间进行的，可比性强，谁先进、谁后进，对照竞赛标准一比就知道。因此，可以避免以往有些竞赛中出现过的形式主义做法，评出来的金、

同工种基层队社会主义劳动竞赛相关文件

银、铜牌队，指标实实在在，令人心服口服。同时，它把对基层队的要求、思想政治工作、基础工作、生产任务等各项指标捆到一起综合考核，既解决物质文明建设的问题，又解决精神文明建设的问题，真正做到了两个文明建设一起抓。

1985 年，石油工业部先后在勘探、开发、钻井、井下、基建等系统进行评比表彰先进基层队。1986 年，石油部下发《关于石油企业同工种基层队劳动竞赛组织评比办法改进意见》，同工种先进基层队以金、银、铜牌队命名评比表彰。同工种基层队劳动竞赛，夯实了“三基”工作，这是石油工业的优良传统，是大庆精神铁人精神的重要组成部分，是中国石油的独特优势，为实现企业可持续发展、促进管理提升、提高效率效益和发展质量起到了一定作用。

开展学习大庆经验、发扬大庆精神教育

1989 年 9 月 24 日，中国石油天然气总公司在大庆油田召开石油企事业单位领导干部会议，作出在石油战线进一步开展学习大庆、宣传大庆、发扬大庆精神的群众运动的决定。

大庆油田 30 年艰苦奋斗的历程，在生产建设和经营管理上取得了巨大成就：在大庆长垣和外围地区开发建设了 14 个不同规模的油气田，逐步建成了以石油、天然气和石油

中國石油報

ZHONGGUO SHIYOU BAO

1989年9月27日 星期三

总公司在大庆召开石油企事业单位领导干部会议

学习大庆经验 发扬大庆精神

中顾委常委康世恩出席会议，王涛总经理主持会议

全国石油新技术推广成绩斐然

投入1元钱，获益6元多，每年获益10多亿元

管道局走出国门搞承包 创汇达一千多万美元

在庆祝大庆油田发现30年之际

电视连续剧《铁人》在大庆首映

江汉油田一场油井大火被扑灭

扎扎实实学大庆 振奋精神抓上产

中原油田原油产量回升

征文硕果累累 职工文化大赛

1989 年 9 月 27 日，《中国石油报》报道学习大庆经验，发扬大庆精神

178

中国石油天然气总公司

(89) 中油办字第654号　　王　涛　签　发

关于在石油战线进一步开展学习
大庆经验、发扬大庆精神群众运动的报告

党中央、国务院：

经国务院批准，我们于九月二十四日至二十八日，在大庆油田召开了石油企事业单位领导干部会议，并于九月二十七日召开了庆祝大庆油田发现三十周年大会。中顾委常委康世恩同志出席指导会议并作了讲话。

会议期间，国务院于九月二十五日向大庆油田发来了

—1—

1989年10月27日，总公司上报党中央、国务院《关于在石油战线进一步开展学习大庆经验、发扬大庆精神群众运动的报告》

2007年7月26日，"老会战"回忆与铁人并肩战斗的峥嵘岁月

大庆油田钢铁 1205 钻井队是一面永不褪色的旗帜

化工为主的大型生产基地，累计生产原油 10 亿吨，累计生产商品天然气 146 亿立方米；通过对地层的再认识和老油田调整挖潜以及扩大外围勘探，石油地质储量比会战初期核定储量增长了 84.6%；逐步形成了一套勘探开发大型砂岩油田、保持长期稳产高产的地质理论和工艺技术系列，在年产原油 5000 多万吨的水平上，连续稳产了 14 个年头；累计向国家财政上缴税费 716 亿元，相当于同期国家给油田投资总额的 20.3 倍，并基本建成了一个以油气生产为主体的、工农业生产比较协调的、功能比较齐全的社会主义新型矿区城市。

30 年来大庆油田还建设了一支能够坚持社会主义方向的、以铁人精神为代表的、符合“四有”要求的石油职工队伍，并先后调出 8.8 万多名干部、工人参加兄弟油田会战。

大庆油田之所以能够取得上述成就，一是坚持党对企业的政治领导，保证油田沿着社会主义方向前进；二是坚持“两论”起家基本功，指导油田勘探、开发生产建设不断发展；三是全心全意依靠工人阶级，办好社会主义企业；四是坚持加强思想政治工作，下功夫抓好职工队伍建设；五是从大庆油田生产建设实际出发，坚定不移地推进科学技术进步；六是坚持艰苦奋斗精神，不断向新的目标攀登。

开展学习大庆经验、发展大庆精神教育，对于石油工业更好地坚持四项基本原则，坚持改革开放，进一步振奋广大职工精神，推动石油工业持续稳定发展具有极为重要的意义。各石油企事业单位按照总公司要求，精心组织部署，迅速开展了有声有色的学习宣传大庆经验、发扬大庆精神的群众运动。

“三讲”教育和“三优一满意”活动

1997 年，中国石油总部机关被列为开展“三讲”教育活动的试点单位。“三讲”教育，即以“讲学习、讲政治、讲正气”为主要内容的党性党风教育。党组决定分批对处级以上党员干部按照思想动员、调查摸底、组织学习、自我总结和组织整改 5 个步骤进行轮训，务求实效。

讲学习，就是要学习邓小平建设有中国特色社会主义理论，学会运用这一科学理论总揽全局，指导工作，解决问题，增强贯彻执行党的基本路线、方针、政策的自觉性。讲政治，就是要紧密团结在党中央周围，在政治上、思想上与党中央保持高度一致。对陆上石油工业来讲，就是要集中精力加快发展步伐，努力实现“九五”期间“两个基本”“两个翻番”“两个前列”目标，为国民经济和社会发展做出更大贡献。讲正气，就是要讲共产主义的理想和信念，为建设有中国特色社会主义而奋斗。各级领导干部要带头向“新时期铁人”王启民和“铁人式的好工人”王为民学习，身体力行共产主义道德，大力弘扬党的优良传统和大庆精神铁人精神，全心全意为人民服务。

总公司党组把思想政治建设作为班子建设的首要任务，坚持中心组学习制度，做到年度学习有计划，阶段学习有重点，学习日可串不可占，常年学习不断线。为深化“三讲”教育效果，起到表率示范作用，总公司机关开展了“创建优质服务、优良作风、优美环境的文明机关，做基层满意的机关工作人员”的“三优一满意”活动，机关党委制定《中国石油天然气总公司机关工作人员守则》和《关于在总公司机关开展“创三优文明机关，做基层满意的工作人员”活动的试行办法》。“三优一满意”是具体体现“三讲”成果的实际行动。各石油企事业单位党委做到人员、时间、内容三落实，自学与集中学习相结合、读书与辅导相结合、学习思考与专题研讨相结合。

通过开展“三讲”教育和“三优一满意”活动，党员干部的政治素质得到提高，作

中國石油報

ZHONGGUO SHIYOU BAO

1997年 3月5日 星期三

●第1444期 ●邮发代号1—78 ●国内统一刊号CN11 6037

●中国石油天然气总公司主办 ●每周一、三、五、日出版

瞄准兴油目标　力求重点突破

总公司科技工作会议召开

本报讯 （记者李书龙 通讯员刘轨义）为期4天的1997年总公司科技工作会议于2月28日结束。以理清思路、突出重点作为主题的科技工作会议，围绕科技兴油目标，提出了总公司“九五”十大重点攻关项目，要求全行业科技工作突出重点，分清层次展开，努力解决分散、重复、滞后、转化慢的问题。

会议总结1996年科技工作认为，一年多来，全面启动“九五”规划，已取得一批阶段性成果；积极运用计划和市场两种机制促进科技成果的转化，使科技的投入产出比达到1：5；全年技术交易额突破6亿元，石油高新技术产业年产值超过10亿元，科技管理工作逐步由粗放型向集约型转变，目前已有11000多项各类科技成果登记入库，以待成果共享。会议确定了今年科技工作的原则：突出重点，转变机制，加强管理，分清层次，统筹安排，协调发展。并根据这一原则对工作进行了部署。

总公司副总经理马富才发表重要讲话，要求石油科技工作者充分认识肩负的重大责任和历史使命，切实贯彻总公司工作会议精神，进一步搞好科技工作。要求集中力量抓好关系到总公司“九五”、“十五”、甚至“十一五”发展的十大科技项目，要抓好课题人员的落实，特别要选准项目负责人，对重大项目要投资倾斜。总公司科技局已决定把45％的科研经费用在10大项目上。要加强对重大项目的管理，对这十大项目，要分项落

马富才要求进一步加快科技成果向生产力的转化，切实加强对科技工作全过程的管理，进一步培育和发展技术市场，进一步扩大科技成果的工程化和产业化，研究制定促进科技成果转化的政策。要求按照大科技的思想，切实加强对各项科技工作、各种科技活动、各方面科技力量、各种渠道科研经费的统筹安排和统一部署，实行科技资源的优化配置。

中国石油学会会长金钟超到会并就科技工作者的宏观意识和规模效益观念发表了讲话。

据悉，44个石油企事业单位及总公司部分厅局共120余名代表参加了会议。大庆油田、

总公司“三讲”教育“三优一满意”活动开始启动

1997 年 3 月 5 日，《中国石油报》报道总公司开展“三讲”教育和“三优一满意”活动

风建设有了明显改观，机关整体业务能力得到改善，为基层排忧解难、专业服务的能力得到进一步提升，员工队伍凝聚力不断增强，以饱满的精神状态、顽强的战斗力投入到石油工业改革发展和生产建设之中。

选树石油英模

在我国石油工业发展历程中，涌现出了以“铁人”王进喜为代表的第一代铁人、以“新时期铁人”王启民为代表的第二代铁人、以“大庆新铁人”李新民为代表的第三代铁人等一批又一批先进模范人物。

1997 年，总公司党组作出向“新时期铁人”王启民、“铁人式的好工人”王为民学习的决定；编辑出版《奉献者之歌》一书，选编以王启民为代表的 39 名优秀共产党员的先进事迹；录制《党旗下的风采》电视专题片，宣传先进基层党组织和党员英模的感人事迹，在系统内掀起学习先进的热潮。此后，相继推出一批先进典型，如“全国十大杰出工人”牛星壮、“全国五四奖章”获得者秦文贵、“全国十大杰出青年岗位能手”王明华等，在社会上引起强烈的反响，在全国形成了“石油英模现象”，促进职工队伍建设。到 1997 年底，

中共中国石油天然气总公司党组

(97)中油党字第 10 号

关于授予王启民同志“新时期铁人”、
授予王为民同志“铁人式的好工人”荣誉称号
开展向王启民、王为民学习活动的决定

各石油企事业单位党委：

改革开放以来，总公司系统广大职工在党的路线方针政策的指引下，继承和发扬石油工业光荣传统和大庆精神、铁人精神，艰苦奋斗，无私奉献，为我国石油工业和国民经济的发展做出了重要贡献，涌现出一大批铁人式的先进模范人物，王启民、王为民同志就是其中的杰出代表。1997 年 1 月 17 日他们受到江泽民总书记和李鹏总理的亲切接见。

王启民同志 1961 年于北京石油学院地质系毕业，志愿

—1—

1997 年 1 月 21 日，《关于授予王启民同志“新时期铁人”、授予王为民同志“铁人式的好工人”荣誉称号，开展向王启民、王为民学习活动的决定》

“新时期铁人”王启民

“铁人式的好工人”王为民

中共中国石油天然气集团公司党组文件

中油党组〔2011〕46 号

关于授予李新民“大庆新铁人”荣誉称号
开展向李新民同志学习活动的决定

各企事业单位党委，直属党委：

中国石油的发展史，是一代又一代石油人继承和发扬大庆精神铁人精神的创业史、奋斗史、奉献史。在建设综合性国际能源公司的伟大实践中，广大干部员工以铁人王进喜和“新时期铁人”王启民、“当代青年榜样”秦文贵等为楷模，继承传统，开拓创新，艰苦奋斗，拼搏奉献，涌现出了一批铁人式的先进典型，李新民同志就是其中的杰出代表。

李新民，男，1967 年 6 月出生，1990 年 7 月参加工作，1994 年 5 月加入中国共产党，曾在铁人王进喜带领的 1205 钻井队担

— 1 —

2011 年 6 月 28 日，《关于授予李新民“大庆新铁人”荣誉称号，开展向李新民同志学习活动的决定》

“大庆新铁人”李新民

总公司有 15 个企业被中共中央宣传部、全国总工会和国家经济贸易委员会授予“全国思想政治工作优秀企业”称号。总公司累计建立国家示范文明小区 9 个、国家级文明小区 18 个、省级文明小区 117 个，居全国各行业前列。

打造企业精神教育基地，选树石油英模群体。自 2004 年开始，集团公司分 5 批将“铁人王进喜纪念馆”、玉门油田“石油摇篮展览馆”、长庆油田“好汉坡”、塔里木油田“克拉 2 井”、青海油田冷湖“四号公墓”、炼化系统“五朵金花”装置等 153 个场所 (单位) 命名为“中国石油企业精神教育基地”。持续开展“中国石油榜样”系列宣传，选树宣传“中国科技界榜样”侯祥麟、“时代先锋”苏永地、“中华高技能人才楷模”束滨霞、“班组长的榜样”王海、“加油站经理的榜样”王萍等全国先进典型，以及新时期“十大标兵”“十大杰出青年”“十大爱心模范”“十大金花”等系列典型。2009 年，铁人王进喜、“新时期铁人”王启民、“当代青年榜样”秦文贵当选“100 位新中国成立以来感动中国人物”。2011 年，“大庆新铁人”李新民作为第三代铁人代表在全国创先争优表彰大会上发言。

2012 年 1 月 8 日，中国石油天然气集团公司在北京召开海外油气合作表彰大会，庆祝高水平、高质量建成“海外大庆”，认真总结海外业务发展成果和经验，表彰奖励做出突出贡献的先进集体和先进个人。国务院国资委、中华全国总工会、共青团中央、全国妇联、国家人力资源和社会保障部、中国石油天然气集团公司领导出席会议。会议宣读表彰决定：中华全国总工会授予中国石油海外油气合作中的 15 个单位“全国五一劳动奖状”、30 个

单位“全国工人先锋号”、20 名个人“全国五一劳动奖章”；共青团中央授予 3 个单位“全国青年文明号”、5 名个人“全国青年岗位能手”称号；全国妇联授予 4 名个人“全国三八红旗手”、3 个单位“全国三八红旗集体”称号；集团公司授予海外油气合作“十大杰出员工”、100 名“模范员工”、300 名“优秀员工”和 150 个“先进集体”称号。海外油气合作“十大杰出员工”代表、“全国五一劳动奖章”获得者、“铁人奖章”获得者、伊拉克公司鲁迈拉项目副总经理王贵海做大会发言，海外油气合作“模范员工”、集团公司劳动模范、“中国石油奖章”获得者、东方地球物理公司利比亚项目部总经理张继兴同志的爱人李芳代表海外员工家属发言，广大海外员工异国他乡艰苦创业，前线后方一股劲，职工家属一条心，舍小家为国家，为油拼搏 18 载，创造出“中国速度”“中国标准”和“中国奇迹”。

5 月 3 日，集团公司新时期群英会在北京举行。100 多名来自中国石油各个时期、各条战线各类英雄模范和先进集体代表欢聚一堂，“三代铁人”成为会议一大亮点。第一代铁人代表、“五面红旗”之一朱洪昌，第二代铁人代表、“新时期铁人”王启民，第三代铁人代表、“大庆新铁人”李新民先后发言；“四个大庆”建设集体代表，大庆油田中十六联、尼罗河公司 124 项目、长庆油田刘玲玲站、塔里木油田塔中作业区，基层先进班组代表、抚顺石化公司“王海班”荣誉班长王海等先后发言；“铁人”王进喜的孙辈王洪波、第一位全国石油劳动模范郭孟和的孙辈郭玉庆、大庆会战“五面红旗”之一薛国邦的孙辈薛庆，代表“铁三代”向年轻一代石油人发出《永做大庆精神铁人精神传人的倡议书》；三代铁人代表朱洪昌、王启民、李新民，向“铁三代”代表王洪波、郭玉庆、薛庆赠送了铁人像。

形成特色鲜明的石油企业文化

中国石油历来重视企业文化建设，在继承石油工业优良传统的基础上，坚持发扬大庆精神铁人精神，着力培育符合现代企业发展方向、具有鲜明时代特征和石油特色的企业文化，培育形成了以“我为祖国献石油”为主导的基本理念体系。2000 年，集团公司把企业文化建设作为“十五”期间重点实施的“十大工程”之一。2002 年，集团公司将“爱国、创业、求实、奉献”的大庆精神作为集团公司企业精神并赋予新的时代内涵，将“诚信、创新、业绩、和谐”作为集团公司的核心经营管理理念。2003 年 5 月，集团公司颁布《企业文化建设纲要（试行）》，确定了企业文化建设的统一规范和统一的企业形象标识。2004 年 7 月，集团公司对《企业文化建设纲要（试行）》进行调整和补充，将企业的核心经营理念丰富为“诚信、创新、业绩、和谐、安全”，并将安全理念阐释为：以人为本，安全第一。2005 年 12 月，按照集团公司强化中国石油整体观念的要求，中国石油新标识正式启用。2006 年，集团公司提出以“奉献能源、创造和谐”为企业宗旨。此后集团公司在统一企业精神、企业宗旨、核心经营管理理念和企业标识“四统一”的前提下，结

中共中国石油天然气集团公司党组文件

中油党字〔2003〕21号

关于印发《中国石油天然气集团公司企业文化建设纲要（试行）》的通知

各企事业单位：

为贯彻“三个代表”重要思想，大力加强企业文化建设，促进集团公司实现“两个转变”，全面推进具有国际竞争力的跨国企业集团建设，集团公司党组组织制定了《中国石油天然气集团公司企业文化建设纲要（试行）》。现印发给你们，请认真贯彻执行。

各单位要从全面贯彻落实“三个代表”重要思想的战略高度，充分认识加强企业文化建设的重要性和紧迫性，把企业文化建设放在突出位置来抓，促进企业的持续健康快速发展。各单位要将贯彻执行本《纲要》的情况及时上报集团公司。

— 1 —

2003年，关于印发《中国石油天然气集团公司企业文化建设纲要（试行）》的通知

中共中国石油天然气集团公司党组文件

中油党组〔2013〕31号

关于印发《中国石油企业文化建设工作条例》的通知

各企事业单位党委，直属党委：

现将《中国石油企业文化建设工作条例》印发给你们，请结合实际贯彻落实。

中共中国石油天然气集团公司党组

2013年5月22日

— 1 —

2013年，关于印发《中国石油企业文化建设工作条例》的通知

合企业实际，重点突出“安全文化”“环保文化”“廉洁文化”“班站文化”建设工作，又确立了“我为祖国献石油”的核心价值观，“环保优先、安全第一、质量至上、以人为本”的管理理念和“互利共赢、合作发展”的国际合作理念。2009年，通过组织征集“新中国成立60年最具影响力的60句石油名言”，梳理了“宁肯少活二十年，拼命也要拿下大油田”“只有荒凉的沙漠，没有荒凉的人生”“宁让黑发变白发，也要把‘白丝’变‘黑丝’”“缺氧不缺精神，艰苦不怕吃苦”等石油人共同崇尚的人生信念。2013年，制定《中国石油企业文化建设工作条例》，进一步丰富和完善了中国石油企业文化体系。

注重企业文化建设与党建、精神文明建设、思想政治工作和企业管理的有机结合，加强企业文化的载体阵地建设和安全文化、环保文化等子文化建设，将石油企业长期形成的“岗位责任制”“三老四严”“四个一样”“五个过硬”的作风理念，“有红旗就扛，有排头就站”的进取意识和“基层建设、基础工作、基本功训练”的“三基”工作等纳入企业管理体系，为企业改革发展和基层建设提供强有力的文化支撑。在国际化经营中，面对海外特殊多变的环境和众多国际竞争对手的挑战，广大石油职工把中国石油“艰苦奋斗”的优良传统和“爱国、创业、求实、奉献”的企业精神，与国际规范有机结合，使之成为中国石油走向世界的强大精神动力。

“只有荒凉的沙漠，没有荒凉的人生”的塔里木精神

2004年，集团公司领导接见先进单位和先进个人代表

树立基层党的建设“百面红旗”

2003 年 9 月 14—16 日，中国石油天然气集团公司基层党的建设工作会议在北京召开，系统总结重组改制 5 年来集团公司基层建设主要成绩和工作经验，认真分析新时期基层建设面临的新形势，进一步强化基层建设，为建设具有国际竞争力的跨国企业集团奠定坚实基础。

会议表彰了物探、钻井、采油、炼油、化工、油品销售等 10 个系列、116 个基层单位为集团公司基层建设“百面红旗”。与会代表以“跨国企业集团与基层建设”为主题，在“红旗论坛”上为夯实跨国企业集团建设基础建言献策。会后，集团公司组织“百面红旗”代表赴大庆学习观摩了 15 个“百面红旗”单位，以及“三老四严、四个一样”发源地、铁人第一口井等大庆会战传统教育基地，代表们表示，要发扬大庆精神，“创铁人基层队，争当行业一强”，让千万面红旗在中国石油高高飘扬。

为更好激发基层干部职工全力推进集团公司发展的积极性和创造性，集团公司对“百面红旗”单位按人均 1 万元奖励，人员不足 10 人单位按 10 万元奖励，奖金的 70% 用于基层建设，共计受奖人员 10392 人，奖金额超过 1 亿元。

2005 年，中国石油制定和落实《集团公司基层建设纲要》，评比选树基层建设“百面红旗”单位，深入开展“创铁人基层队，当行业一强”等活动，表彰基层建设“百面红旗”单位并产生了深远的“红旗效应”，实施了“千队示范工程”。

中國石油報

ZHONGGUO SHIYOU BAO

实践“三个代表”　弘扬铁人精神

集团公司隆重表彰百面红旗单位

以“三个代表”重要思想为指导　推动基层建设工作再创新水平

集团公司基层党的建设工作会议隆重开幕

李奇生、王勇应邀出席并讲话，对集团公司基层党建工作创造的鲜活经验给予高度评价

马富才作重要讲话，陈耕主持会议，郑虎宣读关于表彰集团公司百面红旗单位的决定

2003 年 9 月 15 日，《中国石油报》报道集团公司基层党的建设工作会议隆重开幕

基层党的建设“百面红旗”部分获奖单位

中国石油企业标识

2004 年 12 月 26 日，中国石油天然气集团公司在全系统正式启用“宝石花”标识，集团公司、股份公司及各企事业单位原有形象标识一律停止使用。

中国石油标识从“油滴”到“红黄椭圆”，再到“宝石花”，经历了几次变化。

1996 年 8 月 25 日，中国石油天然气总公司正式启用“油滴”标识。“油滴”标识由中国石油天然气总公司的中文简称“中油”和英文缩写“CNPC”配以火焰、油滴、地球等图案组成，图案颜色选定红、黑、蓝、白四色，力求给人以整体、厚重、单纯、寓情寄意的视觉印象。

1998 年 10 月，中国石油天然气集团公司决定在全系统正式启用“红黄椭圆”标识，停止使用“油滴”标识。

“红黄椭圆”标识整体呈椭圆形，引用中国国旗的红、黄两色，两种颜色各占一半，中间标列中国石油天然气集团公司英文缩写“CNPC”字样。配套的标志旗为蓝色，中间是集团公司的标志徽，标志徽正下方为“中国石油”字样。

“红黄长方形”图案标识由中国石油天然气股份有限公司中文简称“中国石油”和英文简称“PetroChina”加上红、黄两种颜色组合而成（取自国际石油界原油和天然气的标色），代表股份公司是油气勘探、生产、炼制、运输、销售业务上下游一体化的特大型上市公司。

中国石油使用过的形象标识

2004年，中国石油统一品牌标识

2004年12月，“红黄椭圆”标识和“红黄长方形”标识停止使用。

“宝石花”标识色泽为红色和黄色，取中国国旗基本色并体现石油和天然气的行业特点。标识整体呈圆形，寓意中国石油全球化、国际化的发展战略。十等分的花瓣图形，象征中国石油多项主营业务的集合。红色基底凸显方形一角，不仅体现中国石油的基础深厚，而且寓意中国石油无限的凝聚力与创造力。外观呈花朵状，体现了中国石油注重环境，创造能源与环境和谐的社会责任。标识的中心太阳初升，光芒四射，象征着中国石油朝气蓬勃，前程似锦。

2004年12月24日，集团公司统一标识工作视频会议

“共擎石油一面大旗”

2006年1月14—18日，集团公司工作会议在北京召开。会议提出“共擎石油一面大旗”，具体体现就是落实“四统一”，即规范使用统一的企业标识、统一的企业精神、统一的核心经营管理理念和统一的企业宗旨。统一的企业标识，就是统一使用“宝石花”标识，塑造良好的外部形象；统一的企业精神，就是将“爱国、创业、求实、奉献”的大庆精神作为集团公司的企业精神，在全集团内大力弘扬，使之成为激励广大干部员工不竭的精神动力；统一的核心经营管理理念，就是大力倡导“诚信、创新、业绩、和谐、安全”的理念，并贯彻到生产经营管理各项工作中；统一的企业宗旨，就是积极践行“奉献能源、创造和谐”的宗旨，努力实现能源与环境、企业与社会及企业内部的和谐。

“宝石花”已深深植根中国石油员工心中

“四统一”是集团公司“共擎石油一面大旗”的共同思想基础。2007年后，按照集约化、专业化、一体化的思路，通过整合集团公司和股份公司机关、推进专业化重组和业务资产重组、实施未上市企业由上市企业托管、建立统一规范的基本制度架构，以及健全完善地区协调机制等一系列措施，进一步从组织体制、业务管理和制度上保证“共擎石油一面大旗”的落实。

深入开展保持共产党员先进性教育活动

在继续学习邓小平理论的同时，集团公司认真组织干部员工学习贯彻江泽民总书记“三个代表”重要思想、党的十五届五中全会精神、中央思想政治工作会议精神、中央经济工作会议精神，以“三个代表”重要思想和中央一系列精神指导企业改革和发展的各项工作。

2005年，按照中共中央要求，在全党开展以实践“三个代表”重要思想为主要内容的保持共产党员先进性教育活动。集团公司作为中央政治局常委黄菊同志的企业联系点，在集团公司总部及所属企事业单位分两批开展了保持共产党员先进性教育活动，全体党员受到了一次深刻的思想教育，党员干部培训面达95%以上。

活动围绕如何坚定共产主义理想信念，在思想政治上保持先进性；如何坚持服务意识，在履行职责上保持先进性；如何坚持廉洁奉公和艰苦奋斗，在作风上保持先进性开展学习教育，取得了显著成效。一是广大党员受到了一次深刻的马克思主义教育；二是基层党组织的创造力、凝聚力、战斗力进一步提高；三是党组织和党员服务群众的行动更加自觉，党员干部的作风进一步改进；四是各地区各部门按照科学发展观的要求，进一步清理了发

2005 年 3 月，中国石油天然气集团公司保持共产党员先进性教育活动党员干部会议

展思路，努力解决影响改革发展稳定的一些主要问题，积极促进经济社会又快又好发展；五是各级党组织进一步推动了保持共产党员先进性长效机制建设；六是各级党组织认真总结先进性教育活动的成功实践和党的先进性建设的历史经验，深入研究党的先进性建设规律，丰富了党的先进性建设理论。

集团公司先后三次在国务院国资委党员先进性教育活动有关会议上介绍经验，中央电视台、《人民日报》等中央媒体多次报道集团公司开展党员先进性教育活动的情况。

开展深入学习实践科学发展观活动

2009 年 2 月 27 日，集体公司下发《关于中国石油天然气集团公司开展深入学习实践科学发展观活动有关事宜的通知》，3 月 6 日深入学习实践科学发展观活动正式启动。活动开展以来，紧紧围绕“科学发展上水平”这一核心目标，破解科学发展瓶颈问题，创新企业科学发展思路，提高领导科学发展的能力，增强化“危”为“机”迎接新发展的国际竞争力，突出实践特色，抓住党员干部这个关键，贯彻群众路线，加强分类指导，把学习实践活动引向深入，取得实质性成效。

2009 年 4 月 13—14 日，时任中央政治局常委、中央书记处书记、国家副主席、中央深入学习实践科学发展观活动领导小组组长的习近平，到中国石油天然气集团公司总部调研，参加中央企业学习实践活动座谈会。听取中国石油等五家企业情况汇报，在中国石油现场调研时强调，要继续弘扬、始终秉承大庆精神铁人精神，并与时俱进，赋予新的时代内涵。走到大庆油田采油一厂学习实践活动展示台前，习近平说，这是“三老四严”

的发源地。大庆精神铁人精神永远不过时，要继续弘扬、始终秉承，并与时俱进，赋予新的时代内涵。习近平对中央企业学习实践活动中的好做法好经验给予肯定。特别提到中国石油在学习实践活动中做到了“三分四清两落实”，“四清”就是干什么清、为什么干清、怎么干清、干的效果清。“两落实”就是专项工作落实到人、职能任务落实到部门。

集团公司按照中央提出的“党员干部受教育、科学发展上水平、人民群众得实惠”的总体要求，以各级领导班子和党员领导干部为重点，以“转变发展方式创造新优势，把握历史机遇实现新发展”为活动载体，紧紧围绕综合性国际能源公司建设，突出科学发展上水平这个核心，精心部署，扎实推进，确保了学习实践活动有力有序有效开展。

中国石油天然气集团公司

政工函〔2009〕7号

关于中国石油天然气集团公司开展深入学习实践科学发展观活动有关事宜的通知

各企事业单位党委：

根据《中共中央关于在全党开展深入学习实践科学发展观活动的意见》和《国务院国资委党委关于在中央企业开展深入学习实践科学发展观活动的实施意见》的指示精神，集团公司学习实践活动将在2009年3月初正式启动，现将关事宜通知如下：

一、学习实践活动的组织领导

根据《中共中央关于在全党开展深入学习实践科学发展观活动的意见》（中共中央文件 中发[2008]14号）中“国有企业和高等学校等单位学习实践活动的领导关系，按照干部管理权限确定，党的关系在地方的由地方党委协助”的规定，各企事业单位开展学习实践活动要在集团公司党组领导下进行，各企事业单位党委按照《中国石油天然气集团公司开展深入学习实践科学发展观活动的实施方案》和集团公司党组有关要求具体组织实施

— 1 —

2009年2月27日，关于中国石油天然气集团公司开展深入学习实践科学发展观活动有关事宜的通知

经过各级党组织和全体党员干部的共同努力，集团公司已经完成学习调研、分析检查、整改落实三个阶段六个重点环节的各项工作。截至当年7月16日，共有1878个党委31419个党支部，58万名党员参加。

2009年7月16—18日，中国石油天然气集团公司深入学习科学发展观活动暨2009年领导干部会议在吉林石化公司召开。学习贯彻中央领导同志视察集团公司的一系列重要指示，总结回顾学习实践活动情况和成效，进一步明确转变发展方式的思路和措施，动员和组织广大干部员工认清形势，坚定信心，埋头苦干，努力创造新优势、实现新发展，持续推进综合性国际能源公司建设，为发展我国的石油工业、保障国家能源安全做出新贡献。

深入开展党的群众路线教育实践活动

2013年，按照中央统一部署，作为第一批参加教育实践活动的中央企业，集团公司深入开展党的群众路线教育实践活动。集团公司党组高度重视，成立以党组书记、董事长周吉平为组长的领导小组，于7月1日召开专题会议启动教育实践活动，7月2日下发《中国石油天然气集团公司深入开展党的群众路线教育实践活动实施方案》，7月4日召开近万人参加的动员部署视频会，7月9日总部机关及各专业分公司召开动员部署会议。集团公司党组以“一级做给一级看”的务实作风，有序启动教育实践活动，带头深入学习调研，扎实推进教育实践活动。

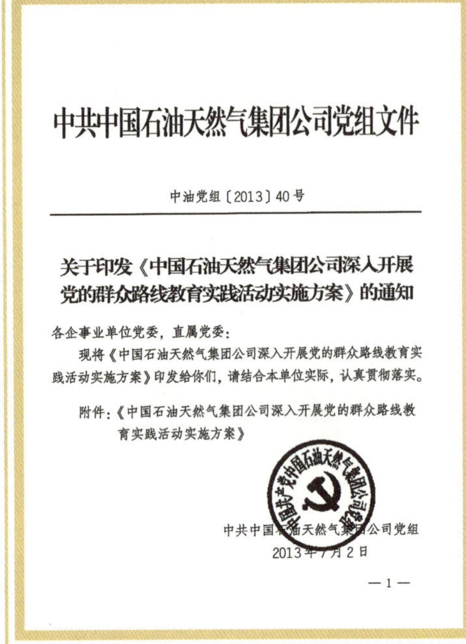
中共中国石油天然气集团公司党组文件

中油党组〔2013〕40号

关于印发《中国石油天然气集团公司深入开展党的群众路线教育实践活动实施方案》的通知

各企事业单位党委，直属党委：

现将《中国石油天然气集团公司深入开展党的群众路线教育实践活动实施方案》印发给你们，请结合本单位实际，认真贯彻落实。

附件：《中国石油天然气集团公司深入开展党的群众路线教育实践活动实施方案》

中共中国石油天然气集团公司党组
2013年7月2日

—1—

2013年7月2日，关于印发《中国石油天然气集团公司深入开展党的群众路线教育实践活动实施方案》的通知

集团公司采用“131222”工作法确保教育实践活动高标准高质量运行。“三分四清两落实”是集团公司组织教育实践活动的显著特点。集团公司党的群众路线教育实践活动突出一个“实”字，坚持用“三老四严、四个一样”作风开展教育实践活动，努力把活动成效体现在建设世界水平的综合性国际能源公司上。党组成员带队深入到40个企业开展查思想、查制度、查管理、查隐患、查纪律、查作风的“六查”工作。集团公司举办“大庆新铁人”李新民同志先进事迹报告会，加深对教育实践活动的认识，学铁人找差距。

集团公司各企事业单位开展教育实践活动中，始终突出教育实践活动的教育性，把学习教育贯穿活动始终。深入学习教育，广泛征求意见和建议，坚持边学边查边改，召开一次高质量的专题民主生活会，着力打造长效机制，推动教育实践活动不断深入。9月22—23日，周吉平到陕西石油石化企业调研，看望一线干部员工，进一步传达中共中央的有关精神以及集团公司党组的工作要求，开展党的群众路线教育实践活动现场调研。12月3—5日，周吉平到长庆油田调研，并参加长庆油田公司领导班子专题民主生活会，认真听取领导班子和班子成员的对照检查发言及开展的相互批评。

2014年1月13日，周吉平主持召开集团公司教育实践活动整改落实工作推进和总结部署会，强调要认真学习贯彻落实习近平总书记讲话精神，按照中央要求全力以赴抓好整改落实、建章立制和活动总结工作，一鼓作气把问题整改到位，一以贯之抓好作风建设，不断巩固和扩大教育实践活动成果，为全面深化改革、推进世界水平综合性国际能源公司建设提供强有力保证。

经过一年的持续推进，集团公司所有教育实践活动整改措施全部按计划进行，集团公司党组、所属152个企事业单位、33个总部机关部门及专业分公司，48万名党员全部参加活动，取得实实在在的成效。

深入开展“三严三实”专题教育

为贯彻落实全面从严治党要求，巩固和拓展党的群众路线教育实践活动成果，持续深入推进党的思想政治建设和作风建设，按照中央统一部署，根据国务院国资委党委有关

要求，2015 年，集团公司在副处级以上领导干部中开展“三严三实”专题教育。

2015 年 5 月，集团公司党组印发了关于开展“三严三实”专题教育实施方案。5 月 19 日，党组书记、董事长王宜林以视频会议方式向全集团公司处级以上干部讲专题党课。他强调，要扎扎实实开展好专题教育，积极践行“三严三实”要求，大力弘扬大庆精神铁人精神和优良传统作风，努力建设一支讲党性、守规矩、重自律、敢担当、崇实干、行正道的企业领导干部队伍。党组成员分别讲授“三严三实”专题党课。

中共中国石油天然气集团公司党组文件

中油党组〔2015〕51 号

关于印发《中共中国石油天然气集团公司党组关于开展“三严三实”专题教育实施方案》的通知

各企事业单位党委，直属党委：

现将《中共中国石油天然气集团公司党组关于开展“三严三实”专题教育实施方案》印发给你们，请结合实际认真贯彻执行。

习近平总书记多次强调，各级领导干部要严以修身、严以用权、严以律己，谋事要实、创业要实、做人要实。这是共产党人最基本的政治品格和做人准则，也是党员、干部的修身之本、为政之道、成事之要。在集团公司副处级以上领导干部中开展“三严三实”专题教育，是集团公司党的群众路线教育实践活动的延

— 1 —

2015 年 5 月 19 日，关于印发《中共中国石油天然气集团公司党组关于开展“三严三实”专题教育实施方案》的通知

7 月 7 日、8 月 21 日、11 月 27 日，党组书记王宜林 3 次主持集团公司党组“三严三实”专题教育第一、第二、第三专题集中研讨会，强调要以史为镜，唤醒传统意识，回归严实作风，进一步增强践行“三严三实”的自觉性、主动性、坚定性，始终保持廉洁自律，带头践行严实要求，严以用权、真抓实干，实实在在谋事创业做人，团结带领百万石油员工，重塑石油新形象，为推进集团公司持续健康发展而努力奋斗。

12 月 17 日，集团公司“三严三实”专题教育暨“重塑中国石油良好形象”大讨论活动工作推进会在北京召开，强调要深入贯彻落实中央和集团公司党组部署要求，以更认真

2015 年 5 月 19 日，集团公司党组书记、董事长王宜林讲专题教育党课

的态度、更严格的要求、更有力的措施，进一步开展好“三严三实”专题教育和大讨论活动。

12 月 28 日，集团公司党组召开“三严三实”专题民主生活会，强调要继续发扬严和实的精神，落实专题教育“三个见实效”目标要求，针对查摆的问题，完善问题清单、责任清单、整改清单，切实抓好整改。

深入开展“弘扬光荣传统，重塑良好形象”大讨论活动

2015 年 7 月，集团公司党组决定在全系统开展以“弘扬光荣传统、重塑良好形象”为主题的大讨论活动。8 月 4 日，召开大讨论活动部署会，会上，党组书记、董事长王宜林强调，企业形象关乎队伍凝聚力战斗力，关乎事业成败。大力弘扬光荣传统，尽快扭转公司形象严重受损的被动局面，是当前和今后一个时期一项重要而紧迫的任务。

重塑形象是贯彻落实中央精神的实际行动，是赢得社会公众理解认同的重要举措，是百万石油员工的共同愿望，是推进集团公司稳健发展的内在要求。重塑形象必须坚持问题导向，突出重点、多措并举，整体推进、务求实效。要突出党对国有企业领导这个核心，突出领导干部这个“关键少数”，突出依法治企这个战略举措，突出提升质量效益这个立足点，突出大庆精神铁人精神这个灵魂。开展重塑形象大讨论活动要准确把握活动主题和总体要求，切实加强活动组织领导，突出抓好学习讨论、查找问题、整改提升 3 个活动关键环节，强化活动统筹协调。

会后，各企事业单位深入贯彻落实会议精神，坚持问题导向，创新方式方法，结合

中國石油報

CHINA PETROLEUM DAILY

2015年8月4日

全面深入整改 重塑石油形象

——落实中央巡视反馈意见中国石油集中整改综述

以上率下 层层落实

立行立改 标本兼治

巡视整改进行时

突出加强党对国有企业领

——贯彻落实领导干部会议

2015 年 8 月 4 日，《中国石油报》报道全面深入整改、重塑石油形象

实际精心组织开展大讨论活动，迅速打响重塑良好形象攻坚战，为推进集团公司稳健发展凝心聚力。

各企事业单位纷纷召开班子会、领导干部会、理论中心组学习会等专题会议，采取集中学习、座谈讨论、专题研讨、心得交流等方式，原原本本地学习传达王宜林董事长的重要讲话精神，层层宣讲，层层解读，统一思想，凝聚共识。广泛征求意见，汇聚全员智慧，把情况摸清楚，把措施研究透，围绕党组要求和本单位实际，制定针对性、操作性、实效性强的实施方案。突出大庆精神铁人精神这个灵魂，引导干部员工从石油优良传统作风中汲取力量，将其转化为敬业、守纪、实干、奉献的具体行动，推动大讨论活动落地生根。大讨论活动启动以来，集团公司上下迅速展开强大的宣传攻势，充分借助内外部媒体力量，引导宣传，引领舆论，激发了讨论热情、促进了形象提升。

通过大讨论，广大干部员工人人争当企业形象大使，干事创业的热情和力量不断凝聚，“我当个石油工人多荣耀”的自豪感再度激发构建法治企业、阳光企业进程加快推进，依法办事、科学决策、民主管理更加规范，公司形象受损的被动局面得以扭转，“忠诚担当、风清气正、守法合规、稳健和谐”的良好形象重回公众视野，企业影响力和品牌美誉度进一步提升。

践行“石油精神”

2016 年 6 月习近平总书记作出批示：“石油精神”是攻坚克难，夺取胜利的宝贵财富，什么时候都不能丢。要结合“两学一做”学习教育，大力弘扬以“苦干实干”“三老四严”为核心的“石油精神”，深挖其蕴含的时代内涵，凝聚新时期干事创业的精神力量。同时，还有 5 位中央领导同志针对“石油精神”作出批示。

大庆会战时期“铁人”王进喜以“宁肯少活二十年，拼命也要拿下大油田”的英雄气概，成为石油工人的杰出代表、中国工人阶级的先锋战士。“新时期铁人”王启民以“宁肯把心血熬干，也要让油田稳产再高产”的冲天干劲，为大庆油田持续高产稳产做出重要贡献。“大庆新铁人”李新民以“宁肯历尽千难万险，也要为祖国献石油”的坚强意志，实现了铁人老队长把井打到国外去的石油梦想，铸就了“爱国、创业、求实、奉献”的大庆精神铁人精神。

克拉玛依几代石油人从最初在戈壁荒滩“安下心、扎下根，不出油、不死心”的豪迈誓言，到“献了青春献终身，献了终身献子孙”的无私奉献，60 多年来，以“我为祖国献石油”的爱国情怀，凝聚成“爱国奉献、艰苦创业、民族团结、求真务实、追求卓越”的克拉玛依精神；玉门石油人以艰苦奋斗为核心、“三大四出”为特征、无私奉献为精髓、自强不息为实质的玉门精神，成为激励一代代玉门石油人坚忍不拔、顽强拼搏的精神动力；青海石油人在“生命禁区”缺氧不缺精神，他们以“顾全大局、艰苦创业、为油奉献”的柴达木精神，开启了青海油田艰苦卓绝的创业征程；长庆石油人凭借创业进取的“好汉

“弘扬石油精神，重塑良好形象”劳模·青年论坛

坡精神”成就了西部大庆的壮举；塔里木石油人用青春写下“只有荒凉的沙漠，没有荒凉的人生”，开启了天然气“东输”的“西气”之源；在国际化发展进程中，海外石油人发扬以“忠诚、创业、求实、奉献”为主要内涵的“海外创业精神”，在“一带一路”建设中彰显了良好精神风貌。以“铁人”为代表的石油队伍筑梦—追梦—圆梦的信仰足印，展现了一代代石油人从“石油梦”融入“中国梦”的创业史、奋斗史、奉献史和创新史，成为中国石油建设世界一流综合性国际能源公司的宝贵精神财富。

2016年6月23日，集团公司党组召开专题会议，传达学习习近平等中央领导同志重要批示精神，研究部署学习宣传贯彻事宜。6月29日，集团公司召开学习贯彻中央领导同志关于大力弘扬“石油精神”重要批示精神视频会议，要求全体干部员工深刻领会中央领导同志重要批示的重大意义，切实组织好学习贯彻。

以视频会议为总动员，中国石油掀起学习宣传践行“石油精神”热潮。2016年11月，集团公司党组下发《关于深入推进重塑公司良好形象工作的意见》，部署深化重塑形象工作，努力推进形象建设常态化长效化。将每年6月第一周明确为“弘扬石油精神、重塑良好形象”活动周。2017年、2018年连续两年通过学习教育、持续整改、典型宣传、劳模·青年论坛、公众开放日等方式，组织开展了活动周，建立起弘扬石油精神的长效机制。

持续开展“形势、目标、任务、责任”主题教育活动

自2003年以来，中国石油连续16年在全体干部员工中部署开展“形势、目标、任务、责任”主题教育活动，每年聚焦一个主题，集中一个季度时间，引导干部职工认清形势，落实目标，牢记任务，履行责任，为企业发展提供强有力的精神动力和思想保证。特别是2018年，结合重塑良好形象大讨论活动开展主题教育，领导带头宣讲，层层传递压力，

层层汇聚动力，引导全体员工立足岗位，落实开源节流、降本增效、提质增效各项措施，坚决打赢应对低油价这场硬仗。

连续16年不换频道地开展主题教育，取得了明显成效：首先是紧紧围绕企业中心工作，有针对性地开展主题教育。主题教育紧密围绕企业中心工作，紧扣发展主线，牢牢抓住制约发展的瓶颈问题，影响生产经营的关键难题，以及员工群众关注的焦点、难点和疑点问题，认真研究，缜密分析，科学归纳，精心提炼，确定主题，挑选内容，拓展渠道，使教育内容上既具有丰富的内涵又具有鲜明的特色，在时间衔接上既巩固延续又持续深化。其次是采取符合企业实际情况的宣贯方法。特别是在组织宣讲过程中，既注重宣讲内容的准确程度，又注重宣讲内容的生动程度，更注重针对不同群体、不同客观条件，创新方式方法，提高受众群体的接受程度，真正让基层干部员工听进去、记得住、想明白、受触动，从而增强“形势、目标、任务、责任”主题教育的实效性。

深入开展“两学一做”学习教育

2016年4月19日，根据中央统一部署，集团公司党组印发《中国石油天然气集团公司开展“学党章党规、学系列讲话，做合格党员”学习教育实施方案》的通知，在全集团范围部署开展“两学一做”学习教育。

4月26日，集团公司召开“两学一做”学习教育安排部署会，贯彻落实习近平总书记的重要指示、中央“两学一做”学习教育工作座谈会精神、国务院国资委党委动员部署会要求，进一步安排部署集团公司“两学一做”学习教育。

5月12日下午，集团公司党组书记、董事长王宜林以普通党员身份，参加集团公司办公厅第一党支部党课学习，与支部党员谈学习心得、话工作体会。党组领导带头参加所在党支部党课学习，为集团公司4万多个基层党组织、70多万名党员深入推进“两学一做”学习教育做示范、添动力。

10月31日，按照国务院国资委党委要求，集团公司党组召开“两学一做”专题民主生活会，围绕“增强‘四个意识’、严守政治纪律政治规矩”这一主题，联系党组班子和个人实际深入查摆问题，深刻分析原因，严

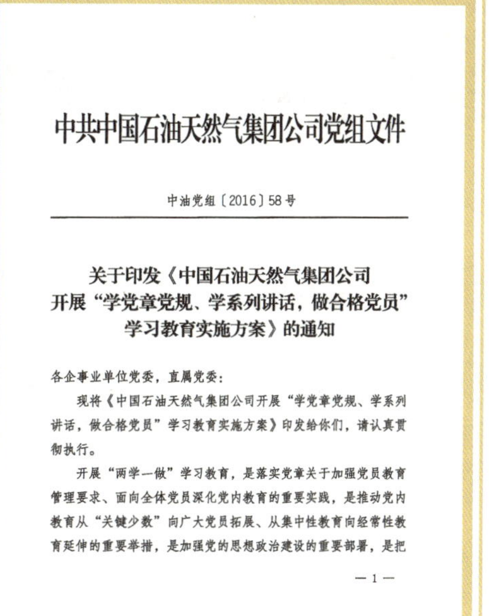

中共中国石油天然气集团公司党组文件

中油党组〔2016〕58号

关于印发《中国石油天然气集团公司
开展“学党章党规、学系列讲话，做合格党员”
学习教育实施方案》的通知

各企事业单位党委，直属党委：

现将《中国石油天然气集团公司开展“学党章党规、学系列讲话，做合格党员”学习教育实施方案》印发给你们，请认真贯彻执行。

开展“两学一做”学习教育，是落实党章关于加强党员教育管理要求、面向全体党员深化党内教育的重要实践，是推动党内教育从“关键少数”向广大党员拓展、从集中性教育向经常性教育延伸的重要举措，是加强党的思想政治建设的重要部署，是把

—1—

2016年4月19日，关于印发《中国石油天然气集团公司开展“学党章党规、学系列讲话，做合格党员”学习教育实施方案》的通知

2016 年 10 月 31 日，集团公司党组全体同志重温入党誓词，集团公司党组书记、董事长王宜林领誓

肃认真开展批评与自我批评，制定改进措施。党组书记王宜林主持会议并带领全体党组成员重温入党誓词。面对鲜红的党旗，王宜林指出，入党誓词是党员对党和人民做出的庄严承诺，党组各位同志重温入党誓词，就是要不忘初心，进一步唤醒党员意识，坚定中国特色社会主义理想信念，牢记党的宗旨，坚决听党话跟党走，恪守自身肩负的责任和义务，以更加昂扬的斗志和务实的作风，推进稳健发展、重塑良好形象，把中国石油建设成为党和国家最可信赖的骨干力量，践行对党的庄严承诺。

“两学一做”学习教育的开展，做到了把贯彻中央精神同立足企业实际相结合、抓好“关键少数”同覆盖全体党员相结合、提升理论武装同强化实践锻炼相结合，在集团公司掀起学党章党规、学系列讲话的持续热潮，形成争当“四讲四有”合格党员的浓厚氛围。

“党建工作三大平台”完善党建工作机制

提升党建工作科学化水平，发挥国有大型企业独特政治优势。党的十八大以来，集团公司把全面从严治党纳入公司“十三五”发展规划，把深化党建制度改革纳入企业改革“1+9”总体框架，推动建立系统完备、科学规范、运行有效的党建工作制度体系；将党建工作要求写入公司章程，把党组织内嵌到公司治理结构中，把党组织集体研究作为董事会和经理层决策前置程序。

搭建起党建工作研究、交流、信息三大平台，瞄准理论问题、实践问题、现实问题开展党建研究，高质量完成国务院国资委党委“加强国有企业境外单位党的建设研究”和全国党建研究会“工人党员数量与质量问题研究”等课题研究；推进党建信息化平台建设，

2018 年 5 月 2 日，中国石油天然气集团有限公司党建信息化平台全面推广应用启动会

以“互联网 + 党建”为目标，运用云计算、大数据、移动社交等最新技术，建设全覆盖、全过程、全维度的党建信息化平台。通过“党组建网、党委用网、支部靠网、党员上网”实现党的领导从组织无缝覆盖到工作有效覆盖，提高党建工作规范化、信息化、科学化水平。

党建信息化平台建设，是推进集团公司党建工作信息化、规范化、科学化的重要举措。2018 年 5 月 2 日，集团公司召开党建信息化平台全面推广应用启动会，标志着集团公司党建信息化进入新阶段，“互联网 + 党建”和“智慧党建”工作取得新进展，党建“三个体系”“三个平台”建设取得新成效。7 月 15 日，党建信息化平台全面推广应用上线，集团公司 4 万多个基层党组织、70 多万名党员实现全覆盖。党建信息化平台将党建工作带入“大党建、大平台、新格局”的全新阶段，为保持集团公司党的建设走在中央企业前列、各个企业党的建设走在所在地区前列目标夯实了基础。

党建信息化平台已成为精品工程和中国石油党建特色品牌，为建设世界一流综合性国际能源公司提供坚强政治保障，也为国企铸牢“根”和“魂”提供了石油样本。下一步，中国石油瞄准更高目标，“智慧党建”将树立大党建一盘棋思维，将组织建设、宣传思想文化、纪检、工会、共青团、统战、维稳等工作“一网纳入”，实现业务汇聚、资源汇聚、组织汇聚、人才汇聚，强化协同、共融、共享，让更多的石油人增强归属感。

深入开展“四个诠释”岗位实践活动

2017 年，为充分展现集团公司广大党员坚决听党话、跟党走的决心信心，努力营造迎接党的十九大胜利召开的浓厚氛围，集团公司党组决定在全体党员中深入开展“践行四合格四诠释，弘扬石油精神，喜迎党的十九大”岗位实践活动（简称“四个诠释”岗位实践活动）。

2017 年 2 月 28 日，集团公司党组印发活动方案，指出“四个合格”（政治合格、执行纪律合格、品德合格、发挥作用合格）是检验党员“两学一做”学习教育成果的标尺，是新时期对党员的新要求。“四个诠释”（用担当诠释忠诚、用实干诠释尽责、用有为诠释履职、用友善诠释正气）是集团公司党组落实全面从严治党要求形成的重要思想成果，是“两学一做”学习教育的特色实践，是“四个合格”在中国石油的具体化。

“四个诠释”岗位实践活动面向全体党员，突出实践、重在实干，是一次广泛生动的“实践性党课”，是集团公司“两学一做”学习教育的深化拓展，是中国石油全体党员带头弘扬石油精神，带头“撸起袖子加油干”，推进企业稳健发展的具体行动，也是引领和带动百万石油员工永远听党话、跟党走，以优异成绩迎接党的十九大胜利召开的重要载体。2017 年 6 月 27 日，集团公司党组书记王宜林向全系统讲授“四个诠释”专题党课，各级党组织书记在“七一”前集中讲党课 3.77 万场次。

“四个诠释”岗位实践活动深入开展以来，集团公司党组用担当诠释忠诚，以苦干实干推动高质量发展。从狠抓开源节流降本增效到全面深化改革持续攻坚；从原油一亿吨

集团公司领导与“全国五一劳动奖章”获得者亲切交谈

共产党员在中俄东线工程施工现场向党旗庄严宣誓

共产党员开展主题党日活动，在现场签署党员承诺书

稳产到天然气产量首破千亿立方米；从“一带一路”油气合作稳步推进到石油良好形象重回公众视野。召开会议、狠抓落实、全力推进，党组多次研究、筹划，主管领导亲自督办、安排。集团公司各级领导干部改革破冰勇敢挑起重担、降本增效主动积极作为、以苦干实干、攻坚克难、强化作风积极推进集团公司高质量发展，助力集团公司打造世界一流企业，诠释新时代“石油担当”。

2018 年“七一”前夕，集团公司各级党组织深入开展“四个诠释”主题党日活动，坚定党员理想信念，激励党员不忘初心，发挥先锋模范作用，进一步增强党组织的凝聚力和向心力。

党风廉政建设和反腐败工作

党的十八大以来，在集团公司党组坚强领导下，集团公司各级纪检监察机构深入学习党的十八大、十九大和中央纪委历次全会精神，忠诚履行党章赋予的职责使命，持续深化“三转”，聚焦监督执纪问责，强力正风肃纪反腐，为集团公司稳健发展提供了坚强纪律保障。

坚持以党的政治建设为统领，忠实履行“两个维护”特殊历史使命和重大政治责任。各级纪检监察机构牢固树立“四个意识”，重点加强对党的十九大精神、党中央大政方针贯彻落实和党章党规执行情况的监督检查，以实际行动维护以习近平同志为核心的党中

2015 年 3 月 1 日，中央第二巡视组专项巡视中国石油天然气集团公司工作动员会

央权威和集中统一领导。把全面彻底肃清周永康、蒋洁敏等人流毒影响作为重大政治任务，严肃查办中央专案移交问题线索和涉及人员，在政治、思想、组织、制度、纪律、作风六个方面全面肃清流毒影响，重塑良好形象。

以钉钉子精神打好作风建设持久战，巩固拓展落实中央八项规定精神成果。坚守年节假期，持续开展监督检查。每逢节日假期、敏感时段向全员下发节日禁令、重申纪律要求，紧盯公款吃喝、公款送礼、公车私用等问题开展常态化监督检查。对“四风”顽疾和隐形变异问题，集中开展专项整治。着眼巩固深化，持续健全长效机制。不断细化完善改作风、反“四风”的配套制度和具体措施，防范“四风”的制度“笼子”逐步收紧扎密。

坚定不移深化政治巡视，全面实现三年巡视全覆盖。紧跟中央要求，推进巡视工作步步深入。以“四个意识”为政治标杆，以

中共中国石油天然气集团公司党组文件

中油党组〔2015〕45 号　　签发人：周吉平

关于贯彻落实习近平总书记重要指示精神加强党风廉政建设和反腐败工作情况的报告

国务院国资委党委：

按照通知要求，现将中国石油集团党组贯彻落实习近平总书记系列重要指示精神、进一步加强党风廉政建设和反腐败工作情况报告如下。

一、学习贯彻习近平总书记重要讲话精神情况

（一）原原本本传达习近平总书记重要讲话精神

2014 年 12 月 15 日，党组召开会议传达学习中央经济工作会议精神。集团公司党组书记周吉平传达了习近平总书记和李克强总理在中央经济工作会议上的重要讲话精神，并就集团公司学习

— 1 —

2015 年 4 月 7 日，《关于贯彻落实习近平总书记重要指示精神加强党风廉政建设和反腐败工作情况的报告》

党章党规党纪为尺子，把维护党中央权威和集中统一领导作为根本政治任务，聚焦政治巡视，严肃党内政治生活，净化企业政治生态。

持续保持惩治腐败的高压态势，在减少存量、遏制增量上积极作为。始终保持高压态势，做到力度不减尺度不松。以猛药去疴、重典治乱的决心和刮骨疗毒、壮士断腕的勇气大力惩治腐败。

以强化权力制约监督为重点，推进企业守法合规水平不断提升。加强顶层设计，强化标本兼治。研究制定建立健全不敢腐不能腐不想腐有效机制的意见，围绕规范人财物事权力运行，着力形成相互配合、环环相扣的权力监督制约和风险防范机制。

持续深化“三转”，打造监督执纪铁军。创新体制机制，形成监督合力。成立党风廉政建设和反腐败工作领导小组，形成纪检监察部、审计部和其他业务部门各负其责、信息共享、重点协调、联动推进的联合监督机制。

集团公司召开2018年党风廉政建设和反腐败工作会议

王宜林强调，持之以恒正风肃纪巩固发展反腐败斗争压倒性态势，一刻不停歇地推动全面从严治党向纵深发展

1月27日至28日，集团公司召开2018年党风廉政建设和反腐败工作会议，深入学习贯彻习近平新时代中国特色社会主义思想和党的十九大精神，全面贯彻落实十九届中央纪委二次全会及中央企业党风廉政建设和反腐败工作会议各项部署，总结党的十八大以来特别是近三年集团公司党风廉政建设和反腐败工作情况，研究部署2018年工作任务，推动集团公司全面从严治党向纵深发展。

集团公司党组书记、董事长王宜林出席会议并讲话，党组副书记、总经理章建华传达十九届中央纪委二次全会、中央企业党风廉政建设和反腐败工作会议精神，党组副书记徐文荣主持会议，党组成员汪东进宣读集团公司纪检监察系统先进集体、先进工作者、优秀纪律审查组表彰决定，公司领导喻宝才、刘跃珍、刘宏斌、侯启军、段良伟、覃伟中出席会议，党组纪检组组长徐吉明做工作报告并结合具体工作提出要求。

王宜林指出，中央纪委二次全会以及中央企业党风廉政建设和反腐败工作会议，对全面贯彻落实党的十九大精神、深入推进全面从严治党做出了新部署、提出了新要求，特别是习近平总书记在中央纪委二次全会上的重要讲话，彰显了党中央坚定不移全面从严治党的鲜明

2018 年 1 月 27 日，集团公司 2018 年党风廉政建设和反腐败工作会议（集团公司网站宣传页）

九　社会公益

中国石油自觉履行经济责任、政治责任、社会责任，积极响应联合国2030年可持续发展议程目标倡议，落实中国政府关于扶贫减贫的方针政策，聚焦民生、产业、智力、医疗四大领域，结合公司业务和受援地资源、市场优势，开展精准扶贫，提升当地自我发展能力。

在上中下游各领域全面扩大与国有资本、社会资本和国外资本的合资合作，通过项目运作，支持地方建设，创造就业岗位，带动关联产业发展，促进地方经济发展。持续在新疆、西藏、青海、河南、江西等国内20多个省（自治区、直辖市），实施基础设施改造、教育培训和健康医疗等公益项目。同时通过设立石油奖学金、发放互助金、捐建希望小学、培训教师等多种方式，支持国内教育事业，帮助更多贫困地区的学子实现求学梦想。在海外社区公益建设中，尊重资源与业务所在国的文化习俗，致力于与所在国建立长期稳定的合作关系，将公司发展融入当地经济社会发展中，积极创造社会经济价值，共同促进当地社区的繁荣发展。这些活动的开展，对展示中国石油良好形象发挥了积极的社会效应。

支持陕北地方石油工业

陕北延长油矿是中国大陆第一口油井诞生的地方，也是中国大陆最先商业开发的油田，为中国革命和建设做出重要贡献。1959 年在企业下放中移交陕西省管理，1966 年进一步下放给延安地区管辖。由于地方财力物力所限，油田发展十分缓慢，1980 年原油产量仅 5.3 万吨。

改革开放后，1981 年在石油部支持下，实行产量包干、以油养油政策，油田发展显现生机。1981 年 11 月，石油部决定将延安地区石油资源的开发利用委托延长油矿统一管理，实行长庆油田、延长油矿、县办钻采公司三方联合开发，多层次承包，调动了地方开发石油的积极性，先后有 7 个县办起了钻采公司。到 1993 年，延长油矿和县办钻采公司原油产量分别从 1986 年的 17 万吨和 2000 吨，增加到 42 万吨和 15.2 万吨。

1982 年和 1986 年，石油部副部长焦力人两次到陕北调研，出台帮扶政策，提供资金、人才、技术、物资支持，千方百计支持延长油矿发展。1987 年 6 月，长庆石油勘探局将直罗、下寺湾两个油田 165 口井及地面设施（资产原值 5726.7 万元）无偿移交给延长油矿。1994 年经主管部门同意，长庆石油勘探局又向地方油矿和县办钻采公司转让了一部分探明储量区块，开放了部分勘探开发区域。1994 年 4 月 13 日，陕西省与中国石油签署合作协议，商定将 5 个区块近 5000 平方千米区域由长庆油田与延安、榆林两市

1907 年，在陕北延长县钻探的中国陆上第一口油井

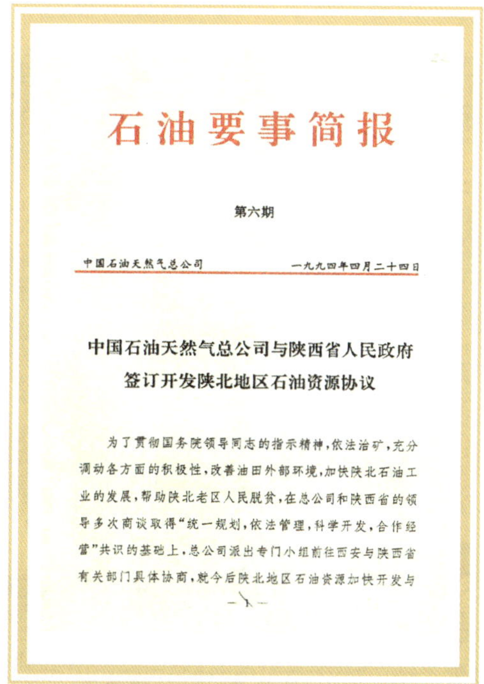
石油要事简报

第六期

中国石油天然气总公司　　一九九四年四月二十四日

中国石油天然气总公司与陕西省人民政府
签订开发陕北地区石油资源协议

为了贯彻国务院领导同志的指示精神，依法治矿，充分调动各方面的积极性，改善油田外部环境，加快陕北石油工业的发展，帮助陕北老区人民脱贫，在总公司和陕西省的领导多次商谈取得"统一规划，依法管理，科学开发，合作经营"共识的基础上，总公司派出专门小组前往西安与陕西省有关部门具体协商，就今后陕北地区石油资源加快开发与

—1—

1994 年 4 月 24 日，《中国石油天然气总公司与陕西省人民政府签订开发陕北地区石油资源协议》

所属各县合作开发，进一步调动了地方发展石油工业的积极性。陕北各县先后成立 15 家钻采公司，参与合资开发石油的联营体多达 900 多个，陕北石油工业发展推动了地方基础设施建设，增加了大量就业岗位和地方财政收入，使 8 个国家级贫困县提前脱贫。在此期间，由于相应法规和监管没有跟上，各种法人和自然人进入陕北石油资源开采领域，石油开采秩序混乱。为扭转分散混乱的石油开发局面，有关部门和地方政府几次进行整顿，逐步规范了石油开采秩序。2005 年 9 月，陕西省将延长油矿和延安、榆林两市所属炼油企业及 14 个县办钻采公司，以股权重组方式整合成立延长石油（集团）有限公司，成为中国大陆第一个大型地方石油企业，陕北地方石油工业由此进入新的发展阶段。

柯克亚油气田开发建设及南疆三项工程

1983 年 8 月，中央领导在南疆喀什考察期间，听取喀什地区党政负责人汇报，了解到南疆喀什、和田、克孜勒苏柯尔克孜三地州缺少工农业生产用油和化肥情况，当地党政领导人建议开发南疆柯克亚油气田的油气资源，建设一座石化工厂，以缓解三地州工农生产用油和化肥严重短缺的问题。中央领导委托国务委员康世恩到南疆三地州调研，实地了解三地州经济发展和柯克亚油气田资源情况。

1983 年 9 月 6—12 日，康世恩赴南疆三地州和柯克亚油气田实地考察调研，9 月 27 日向中央呈递报告，建议开发柯克亚油气田，帮助三地州发展经济，“在今后三年内，

南疆柯克亚油田发现井——柯一井

请计委商石油部办

国务院收电

新疆维吾尔自治区人民政府　　1983年12月21日　发来

等级　加急　　中机总号　(83)3473　　顺序号　178

已送：国务院总理、副总理、国务委员、副秘书长，中央办公厅②、国务院办公厅②、中研室③、计委②、经委②、石油部、化工部、石油化工总公司，宋汉良同志。　　(36分)

关于柯克亚油气田油气利用工程当前急需解决的几个问题的请示

国务院并康世恩国务委员、国家计委：

我区南疆柯克亚油气田油气利用工程自同意列入一九八四年国家计划后，石油部、化工部、中国石化总公司、四川省和新疆有关部门、设计单位的负责同志及工程技术人员共九十余人于十一月下旬到南疆有关地区选择厂址。经现场踏勘、考察调研和多方面对比、论证，最终从喀什、莎车、叶城、泽普、柯克亚五个点中，筛选出泽普石油

中央办公厅机要局　12月22日1时35分收　12月22日10时20分印出

1983 年 12 月 21 日，新疆维吾尔自治区人民政府关于柯克亚油气田油气利用工程的请示

建成生产能力为年产原油 15 万吨、天然气 2 亿立方米的采炼油体系，并相应建设一座 15 万吨炼油厂，一座 6 万吨中型合成氨厂，一座 1 万吨的液化气厂。”10 月 3 日，邓小平、胡耀邦等领导批阅了这份报告，指示国家计委将柯克亚油气田开发及三个建设项目列入国家计划。柯克亚油气田开发建设及南疆三项工程，是当时国家在新疆建设的最大扶贫工程，总投资达 5 亿元。

1986 年 5 月 1 日，三项工程在南疆泽普开工。1989 年各项工程进入试车阶段，1990 年 8 月下旬通过国家竣工验收，正式投产。截至 2013 年 12 月，累计生产汽油 261.1 万吨、柴油 325.4 万吨、化肥 576.2 万吨。这些产品全部销往南疆地区。

南疆天然气利民工程

南疆五地州（喀什地区、和田地区、克孜勒苏柯尔克孜自治州、阿克苏地区、巴音郭楞蒙古自治州）地处中国经济欠发达和生态环境最脆弱的地区，贫困县约占一半。1999 年以来，中国石油先后开展“气化南疆工程”“南疆天然气利民工程”，加快塔里木油田中小气田开发和长输管线建设，使南疆各族百姓尽快用上天然气。

2013 年 8 月，南疆天然气利民工程全面建成投产，形成覆盖南疆 5 地州 26 个县市、新疆生产建设兵团 20 个团场的供气管网，每年供气 20 亿立方米，400 多万南疆各族民众逐渐告别了以煤炭、红柳等为生活燃料的历史，用上了清洁高效的天然气。每年可减少二氧化碳排放 520 万吨，南疆较为脆弱的生态环境进一步得到改善。

南疆人民用上清洁的天然气

国家发展和改革委员会文件

发改能源〔2011〕523号

国家发展改革委关于
南疆天然气利民工程规划的批复

中国石油天然气集团公司：

报来《关于报批〈中国石油南疆天然气利民工程规划〉的请示》（中油计〔2010〕418号）及有关材料收悉。经研究，现批复如下：

一、为促进新疆跨越式发展和长治久安，解决南疆三地州城镇居民基本用能问题，加快实施南疆三地州气化工程，提高当地人民生活质量，促进地方经济发展，同意你公司上报的南疆天然气利民工程规划方案。

二、该规划主要内容为新建天然气管道2485公里，其中干线管道4条，总长度约1891公里；支线管道19条，总长度约594公里。干线管道分别为：英买力–喀什管道，长度668公里，设计输气

— 1 —

2011年3月15日，《国家发展改革委关于南疆天然气利民工程规划的批复》

南疆天然气利民管网试投运后，喀什油气运行中心基地末站运行人员加强巡检工作，确保天然气外输正常运行

新疆定点扶贫县全部实现脱贫摘帽

1994 年起，中国石油坚持开发式扶贫方针，对新疆北部 8 个国家级贫困县进行持续定点扶贫。在国家“八七扶贫”（1994 — 2000 年）以来，定点帮扶托里、尼勒克、巴里坤、木垒、福海等 5 个国家级贫困县；在新时期（2001 — 2018 年）开发扶贫期间，中国石油定点帮扶托里、尼勒克、巴里坤、察布查尔、吉木乃、青河 6 个县。截至 2018 年 9 月，定点扶贫县全部脱贫摘帽。

新疆定点扶贫有多种形式。一是建设扶贫开发项目。配合地方政府建设和完善一批与农牧民生产生活息息相关的基础性扶贫开发项目，改善当地民生。二是实施安居工程。中国石油累计投入 3187 万元援建牧民定居和抗震安居房，并配套建设了道路、供水、供电、通信、广播电视等基本生产生活设施，改善了当地居民的居住条件。三是重视智力扶贫。

中国石油援建巴里坤县石油希望小学

中国石油“互联网＋扶贫”新疆项目启动暨善品公社·巴里坤甜瓜上市发布会

中国石油持续开展智力扶贫，投资兴建学校、援建职业技术培训中心、希望小学和村文化室，加大定点扶贫县基层干部、致富带头人、教师及医护工作者培训力度，积极开展电子商务、乡村旅游扶贫培训，累计培训人员 200 多人次；推广“益师计划”，培训当地教师 1200 多人次；开展基层党建扶贫培训，培训基层青年干部 100 多人次。四是推进产业化扶贫。投入 2000 多万元，陆续援建红花产业园、牲畜养殖合作社、奶制品加工厂等产业项目，推动地区特色经济发展，带动群众稳定增收脱贫。五是开展健康扶贫。中国石油新建和改扩建 9 个乡镇卫生院，赠送病床、药柜、办公桌椅等设备设施，解决 66 万多人就医难问题。每年安排所属医院在定点扶贫县开展医疗巡诊，捐赠药品，累计诊疗患者 2200 多人次。2006 年以来，集团公司以基础设施、产业扶贫、安居房、教育等领域为重点，在新疆共实施了 320 项扶贫开发项目，累计投入项目资金 3.2 亿元，推动了当地的经济社会发展。

对口支援西藏

2002 年 7 月，中国石油积极贯彻落实中央第四次西藏工作会议精神，开始对西藏那曲地区双湖特别区实施对口支援。为从根本上改变双湖特别区农牧民的生活状况，专门成立了援藏工作领导小组，提出以“抓好双湖基础设施建设为近中期规划，以提高农牧民整体素质和生活水平为长远目标”的援藏工作指导方针，制定了切实可行的措施。不仅对西

中共中央组织部
人　　事　　部　文件

组通字〔2003〕38 号

关于印发《第三次对口支援西藏干部工作座谈会纪要》的通知

有关省区市党委组织部、政府人事厅（局），中央和国家机关有关部委、有关人民团体干部（人事）部门，部分国有重要骨干企业党组（党委）：

现将《第三次对口支援西藏干部工作座谈会纪要》印发给你们，请遵照执行。执行过程中遇到的新情况、新问题，请及时报告。

中共中央组织部　　人事部

2003 年 10 月 23 日

— 1 —

2003 年 10 月 23 日，关于印发《第三次对口支援西藏干部工作座谈会纪要》的通知

中国石油援建的西藏乡镇医院

中国石油向西藏双湖特别区援建的太阳能发电站

2018 年，中国石油医疗队在西藏双湖特别区开展义诊

藏进行资金和物资援助，还先后派出 13 名援藏干部赴双湖特别区挂职，直接参与援助工作。2009 年，在调查研究的基础上，确定由“项目援建为主”转为“科技智力和项目援建并举、科技智力先行”的援藏思路。

双湖特别区牧民群众居住极度分散，电力资源十分有限，用电难一直困扰着双湖特别区居民。针对双湖日照强、可以充分利用太阳能资源的特点，中国石油于 2003—2015 年在双湖各乡实施光伏光明工程。光伏光明工程利用风能、太阳能发电，解决了县政府宾馆太阳能取暖和县城主要道路、居民区和 1239 户牧民生活照明问题，绝大多数牧民告别了靠酥油灯照明的历史；31 个村委会和 7 个乡镇卫生院及牧民能够收看卫星电视，改善了牧民群众文化生活。

2002 以来，中国石油对口支援西藏双湖特别区累计投入援藏资金超过 3.3 亿元，共实施完成 110 个援藏项目，促进了双湖特别区经济社会发展和民生切实改善，使双湖特别区人均收入在西藏那曲地区 11 个县区中位居首位。

对口援助青海

2010 年，国家启动援助青海计划，中国石油天然气集团公司结对支援帮扶冷湖。自 2010 年开始，中国石油对冷湖进行了大量帮扶，这些帮扶主要集中在民生项目，包括城镇供水系统的升级改造，解决锅炉燃气、居民生活用气等问题；同时，还援建冷湖设施农业种植园项目，改变冷湖没有农业的历史。

2011 — 2016 年，集团公司援青累计投资金 4871 万元，实施 4 个项目。中国石油投入 2133 万元援建的冷湖饮水工程于 2012 年 4 月 15 日启动。该工程对冷湖已有供水系统的泵站、水线、消毒过滤系统等进行了全面改造升级，同年9月15日投产供水，使冷湖镇2000多户居民彻底告别喝了40多年的“黄汤水”。

冷湖天然气工程总投资760万元，于2012年9月开工建设，2013年12月21日，冷湖镇最后一台煤改气锅炉点炉成功。完全依靠煤炭取暖、供暖的历史在冷湖镇画上了句号。

2016年，投资2258万元建设农业种植园，当年完工。建成园区占地面积789平方米，可实现无土栽培3192平方米，有效缓解当地群众吃菜难问题。

2017年，按照中共中央组织部要求，集团公司对口援青地点改为青海省海西州格尔木市，2017—2018年援青资金预算3000万元，支持唐古拉镇旅游及服务设施建设。

中国石油投入2000多万元为青海冷湖建设农业种植园

支援三峡库区建设

1996年起，中国石油大力支援三峡库区建设，对三峡库区的重庆开县进行对口支援，实施饮水、医院、学校、交通、移民搬迁等项目援助。投入250万元建设开县东城片区天然气供气主干线及配套设施，使8万搬迁居民用上了天然气；援建开县3.5万米^3/日天然气脱硫站项目和新城安康天然气加气站项目，加气规模达1万米^3/日。

2011年援助重庆开县移民工程资金累计达4578万元，切实改善了当地民生。2012年，西南油气田公司与开县签署《重庆市开县人民政府西南油气田公司对口支援合作框架协议》，当年全面完成开县赵家镇周都村“美丽乡村”建设，被国务院三峡工程建设委员会评为“全国对口支援三峡工程库区移民工作先进集体”。2013年在重庆开县投入300万元，援建刘家湾移民安置项目，解决100多户村民“移得出、稳得住、能致富”问题。2014年在重庆开县温泉镇、紫水乡开展两条道路援建项目，解决了周边8000多名居民出行问题。

开展助农活动

每年农忙时节，农业生产用油及化肥等物资需求量急剧攀升。中国石油把保证农用物资生产供应作为头等大事，提前研究、周密部署、制订详细方案，生产、销售、调运等全链条发力，确保农用物资优先供应。炼化企业深入田间地头了解农需情况，根据市场和销售情况组织生产运行，严控规范操作，确保农资产品质量。2018年，全国未发生一起

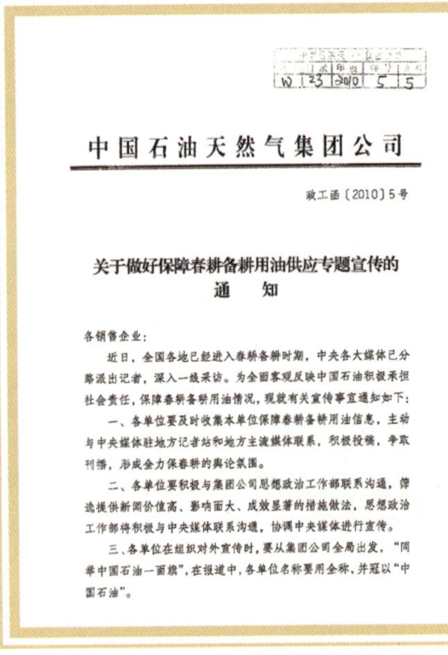

W 23 2010 5 5

中国石油天然气集团公司

政工函〔2010〕5号

关于做好保障春耕备耕用油供应专题宣传的通知

各销售企业：

近日，全国各地已经进入春耕备耕时期，中央各大媒体已分路派出记者，深入一线采访。为全面客观反映中国石油积极承担社会责任，保障春耕备耕用油情况，现就有关宣传事宜通知如下：

一、各单位要及时收集本单位保障春耕备耕用油信息，主动与中央媒体驻地方记者站和地方主流媒体联系，积极投稿，争取刊播，形成全力保春耕的舆论氛围。

二、各单位要积极与集团公司思想政治工作部联系沟通，筛选提供新闻价值高、影响面大、成效显著的措施做法，思想政治工作部将积极与中央媒体联系沟通，协调中央媒体进行宣传。

三、各单位在组织对外宣传时，要从集团公司全局出发，“同举中国石油一面旗”，在报道中，各单位名称要用全称、并冠以“中国石油”。

2010年4月7日，集团公司《关于做好保障春耕备耕用油供应专题宣传的通知》

销售企业保障“三夏”油品供应

质量计量纠纷和安全环保事故，产品抽检合格率100%。销售企业主动开展24小时配送服务，开辟绿色通道，提供油品、化肥等农用物资，开展预约订货、送货上门等特色化服务，便民服务延伸至田间地头，在农业物资领域树立服务“三农”品牌形象。

开展“情系母亲水窖，助力新农村建设”捐助活动

中国石油长期积极参与和支持“母亲水窖”“母亲健康快车”等公益活动，认真践行“奉献能源，创造和谐”的企业宗旨。

2006年，在西部地区企业开展“情系‘母亲水窖’，助力新农村建设”捐助活动，共有8185个党支部、133048名党员和5274名群众参与捐助活动，共计捐款1030万元，为甘肃、宁夏、新疆、青海等西部省（自治区）贫困落后地区捐建“母亲水窖”10300口。

2012年，集团公司党组决定，在广大共产党员中开展“情系‘母亲水窖’，创先争优献爱心”捐助活动，共产党员、入党积极分子及员工捐款2567.5万元，用于建设2万口“母亲水窖”、购置50辆“母亲健康快车”，集团公司也捐购50辆“母亲健康快车”。

中国石油援建的“母亲水窖”

连续8年当选“中国低碳榜样”企业

凭借在绿色低碳发展方面的优异表现，中国石油连续8年当选“中国低碳榜样”企业。

作为国内最大的油气生产供应企业和我国绿色清洁能源的提供者、贡献者和坚守者，中国石油坚持绿色低碳发展战略，积极参与国际合作，致力于建设世界一流综合性国际能源公司。在联合国气候变化框架公约第21次缔约方大会上，中国石油承诺：认同全球气温升幅控制在2摄氏度以内的共识。同时，2015年中国石油正式加入国际油气行业气候倡议组织（OGCI）。

中国石油连续 8 年获“中国低碳榜样”称号

中国石油不断加大节能减排技术研发利用力度，实施节能减排“双十”工程，严格控制污染物排放，加强能量系统优化管控。大力发展天然气，通过国内生产和国外进口，40 年来累计向国内供应天然气 1.69 万亿立方米，占国内供应量的 70% 以上，相当于替代标准煤 34.1 亿吨，减少排放二氧化碳排放 63.1 亿吨、二氧化硫 4300 万吨、氮氧化物 2400 万吨、烟尘等颗粒物 1250 万吨，为进一步打好打赢“蓝天保卫战”奠定了基础。积极推进油品质量升级，按照国家规划部署，提早筹划升级方案，积极推动技术改造，全面按期完成历次车用油品质量升级任务，油品质量升级实现“三连跳”，用 10 年时间走过了欧美国家 20 年的油品升级道路。持续改善生产经营过程环境绩效并积极参与生态文明公益事业，近 5 年累计实现节能 543 万吨标准煤、节水 9543 万立方米、节地 5972 公顷；主要污染物排放量逐年下降，年均投入 1.4 亿元用于环保公益事业，在国内 13 个省（自治区、直辖市）累计建设碳汇林超过 3 亿亩，在“一带一路”沿线国家获环保类立项 30 余项。

东北地区各油田企业抗击特大洪水袭击

1998 年入汛后，东北地区突发百年不遇的特大洪水，大庆油田、吉林油田、辽河油田遭受严重的洪涝灾害，导致 6500 多口油井被淹，部分设施、公路受到严重损失，对油田生产造成极大影响。在突如其来的灾害面前，各级党政班子紧急部署，广泛动员，有力组织；领导干部以身作则，身先士卒，亲临抗洪一线指挥抢险；党团员冲锋在前，发挥先锋模范作用，哪里最危险，他们便战斗在哪里；广大职工心系灾情全力以赴，顽强奋战，整个石油抗洪大军团结一致，万众一心，严防死守，终于取得了抗洪抢险的全面胜利。

自 8 月 14 日以来，在嫩江洪峰的强大冲击下，嫩江杜蒙拉海大堤和肇源胖头泡大堤相继决口，洪水从西面和南面袭向大庆油田北部的林甸县，在洪水包围大庆的严峻形势下，大庆油田组织 1.5 万名职工开赴抗洪前线，筑坝固堤，抗击洪水，保卫家园，保卫油田。16 日，集团公司总经理马富才亲赴嫩江大堤指挥抗洪，慰问抗洪抢险职工。此次抗洪抢险中，大庆石油管理局共出动 32.5 万人次，投入编织袋 425.5 万条，最终取得抗洪抢险的胜利。在抗洪的同时，大庆人也在积极地保证油田的正常生产。抗洪期间，原油产量一直稳产在每日 15 万吨左右，因洪水、内涝所造成的损失仅为 2%，大庆人对实现大灾之年

1998 年，集团公司总经理马富才（右 1）亲赴大庆油田指导抗洪救灾工作

1998 年，大庆油田抗洪现场

不减产充满了信心。

进入 8 月，流经辽河油田的大凌河、绕阳河、双台子河、蒲河相继发生了汛情，使冷家油田开发公司、曙光采油厂等单位的 2029 口油井被淹。面对险情，辽河油田 13 万名职工万众一心，奋力抗洪保井，由于组织到位，措施得力，没关一口井，原油生产按计划进行。

水灾使吉林油田生产建设受到严重影响，2071 口油井不能正常生产，748 口油井被迫关井。为把洪涝灾害造成的损失降到最低，吉林油田 7 万名职工战洪灾，排内涝，全力恢复生产，掀起生产自救高潮。

在这次抗洪抢险斗争中，党中央、国务院始终关注着抗洪前线。8 月 19 日晚 11 时 50 分，全国人大常委会委员长李鹏打电话给大庆抗洪前线指挥部：提出“三保”方针，即保哈尔滨、保齐齐哈尔和保大庆油田，要不惜一切代价，全力以赴确保大庆的安全。8 月 19 日，国务院副总理、国家防汛抗旱总指挥部总指挥温家宝飞抵大庆油田指挥抗洪抢险工作。8 月 26 日，中共中央政治局常委、国家副主席胡锦涛到大庆抗洪前线视察抗洪抢险工作并向抗洪军民表示亲切慰问并讲话。

百年不遇的特大洪水，给集团公司所属的大庆油田、辽河油田和吉林油田都造成了很大的损失。集团公司一方面组织职工抗洪抢险，奋勇自救；一方面积极组织职工为灾区人民捐款捐物，全力支援受灾地区抗洪救灾，160万名石油职工纷纷慷慨解囊，全系统捐赠物资超1.2亿元，为灾区人民献上一片爱心。抗洪斗争的胜利，是伟大抗洪精神的体现，是大庆精神和石油光荣传统作风真实写照。

全力支持汶川地震抗震救灾

2008年5月12日，四川省汶川发生里氏8.0级特大地震，造成重大人员伤亡和经济损失。灾难发生后，集团公司迅速启动应急预案，全力配合、协助当地政府，紧急抢救被

2008年5月，中国石油保证抗震救灾油品供应

2008年6月2日，中国石油供应的抗震救灾抢险油料通过直升机吊运至唐家山堰塞湖抢险现场

困群众，积极开展生产自救，最大限度降低灾害损失，竭尽全力保障灾区油气供应。在重大自然灾害面前，我们与灾区人民一道，经历了灾难，也经受住了考验，义不容辞地承担起了国有重要骨干企业抗震救灾的责任。

在抗震过程中，集团公司总部共捐款 2300 万元，中国石油职工向灾区捐款捐物总计超过 1 亿元。同时，紧急提供 18 部 T-700 型海事卫星电话，帐篷 5500 余套；派遣专职抢险救援队 3 支 85 人，以及 300 多名专职医护消防抢险人员、110 多台套专用抢险器材装备在灾区开展救灾工作；累计向四川灾区调入成品油约 25 万吨。

积极参与天津港“8・12”事故救援保障

天津港“8・12”瑞海公司危险品仓库特别重大火灾爆炸事故发生后，集团公司坚决贯彻党中央、国务院的决策部署，迅速组织有关单位全力支持、积极参与事故应急救援、现场危化物清理和油品保供等工作。参与救援保障的单位临危不惧、科学施策、安全处置，有力保障了救援工作的顺利开展。

中国石油天然气管道局先后派出百人抢险团队，应用带压开孔及注氮技术，圆满完成集装箱和罐体安全破拆、危险气瓶处置、钢结构厂房切割、干燥气体清洗和无人机航拍技术支持等抢险任务；抚顺石化分公司组织专业抢险队伍先后三次进入事故现场，排查爆炸事故面积 3.5 万平方米，清理固体氰化钠 70 千克；大港石化分公司抽调多名专家深入爆炸核心区，及时组织调运 1700 千克石蜡油，参与现场遗留危化物鉴别和处置；大港油田分公司认真做好现场罐车残骸内危化品清理，组织油田医院紧急救治事故伤员、配送急需医疗物资；天津销售分公司所属加油站开通救援车辆绿色加油通道，为救援官兵和民众免费发放食品和矿泉水；安全环保技术研究院主动派出应急专家到事故核心区核实险情，向国家相关部委提出污水处理和应急监测方面的建设性意见。

集团公司参与事故救援保障工作，受到社会各界广泛肯定。天津市人民政府先后给集团公司和相关单位发来感谢信；新华社、中央电视台、北京电视台和天津电视台等社会各界媒体，对集团

中国石油天然气集团公司文件

中油办〔2015〕381 号

关于表彰参与天津港“8・12”事故救援保障工作有关单位的通报

各企事业单位，各专业分公司，总部各部门：

天津港“8・12”瑞海公司危险品仓库特别重大火灾爆炸事故发生后，集团公司坚决贯彻党中央国务院的决策部署，迅速组织有关单位全力支持、积极参与事故应急救援、现场危化物清理和油品保供等工作。参与救援保障的单位临危不惧、科学施策、安全处置，有力保障了救援工作的顺利开展。

中国石油天然气管道局先后派出百人抢险团队，应用带压开孔及注氮技术，圆满完成集装箱和罐体安全破拆、危险气瓶处置、钢结构厂房切割、干燥气体清洗和无人机航拍技术支持等抢险任

—1—

2015 年 10 月 8 日，集团公司《关于表彰参与天津港“8・12”事故救援保障工作有关单位的通报》

2015 年 8 月，天津港中国石油抢险队破拆集装箱

公司参战单位抢险救援事迹展开跟踪报道；国务院国资委网站、微博、微信对集团公司全力保障事故救援进行重点宣传，充分展示了集团公司积极履行社会责任的良好形象。

全力保障国家举办大型活动

20 世纪 90 年代以来，中国石油全力支持国家举办大型活动。

保障第 11 届北京亚运会供气。1990 年 9 月 22 日至 10 月 12 日，第 11 届亚洲运动会在北京举行。中国石油作为亚运会天然气供应单位，积极制定保供措施，向北京日供气 25 万立方米，确保亚运会稳定安全供气。

支持北京举办第 29 届奥运会。中国石油认真履行社会责任，把服务奥运、支持奥运作为重要义务和使命，2005 年 5 月 30 日与北京奥组委签署协议，成为北京奥运会原油和天然气合作伙伴。积极投资建设陕京二线，为北京能源结构调整、实现“绿色奥运”提供可靠资源保障。2005 年 11 月 11 日作为唯一赞助商，赞助 2008 年北京奥运会吉祥物发布暨倒计时 1000 天仪式活动，2006 年中国石油组织开展“绿色奥运、绿色石油”万里行等大型主题活动，赢得了广泛赞扬，树立起良好的公众形象。2018 年 7 月 20 日，2022 年北京冬奥会和冬残奥会官方油气合作伙伴签约仪式在北京冬奥组委办公园区举行。中国石油成为北京冬奥会官方油气合作伙伴。

绿色能源助力上海世博会。2010 年，中国石油作为上海世博会的全球合作伙伴，积极履行经济、环境和社会责任，荣获“中央企业参与 2010 年上海世博会突出贡献奖”。完善上海产品销售网络、天然气管道及物流设施建设，高标准高质量满足世博会对油气

中国石油为北京奥运会提供清洁能源

“绿色奥运、绿色石油”万里行签名活动到拉萨

2010 年，上海世界博览会石油馆

2018 年 7 月 20 日，2022 年北京冬奥会和冬残奥会官方油气合作伙伴签约仪式在北京冬奥组委办公园区举行

产品供应和服务要求，为世博会提供清洁能源。世博会期间，西气东输管道向上海输送天然气超过 12 亿立方米，为世博园各场馆供应天然气 1325 万立方米，为上海提供工业燃料、公交车和出租车加气等服务，减少有害物质排放 20 万吨，减少二氧化碳酸性气体排放 412 万吨。

由中国石油、中国石化、中国海油联合建设的石油馆，参展面积 6200 平方米，演绎了中华民族 2000 余年的石油文明历史，浓缩了中国石油工业发展的辉煌历程；参展 184 天，361 万人次参观，创造了人气奇迹；5 项国家专利技术，2 项吉尼斯世界纪录，获得了“石油馆为世博添光彩”的美誉。石油馆先后荣获上海市“五好”先进党组织、优秀集体、工人先锋号、文明场馆等殊荣，涌现出上海市先进个人、优秀党员、青年岗位能手 12 人，上海世博园区世博文明服务标兵、先进个人 314 人次。

设立“中国石油奖学金”

中国石油奖学金设立于 2001 年 11 月，2002 年正式启动。中国石油一次性捐资 3000 万元并承诺每年将基金资本运营收益作为奖学金，先后在 7 所石油石化院校和 15 所国家“211”重点院校设立优秀生奖、励志奖和人才引进贡献奖，长期资助和奖励优秀大学生。截至 2010 年底，中国石油奖学金设立 10 年累计奖励学生 7872 人、教师 572 人，其中 2302 名贫困家庭的优秀学生在中国石油奖学金资助下完成学业。

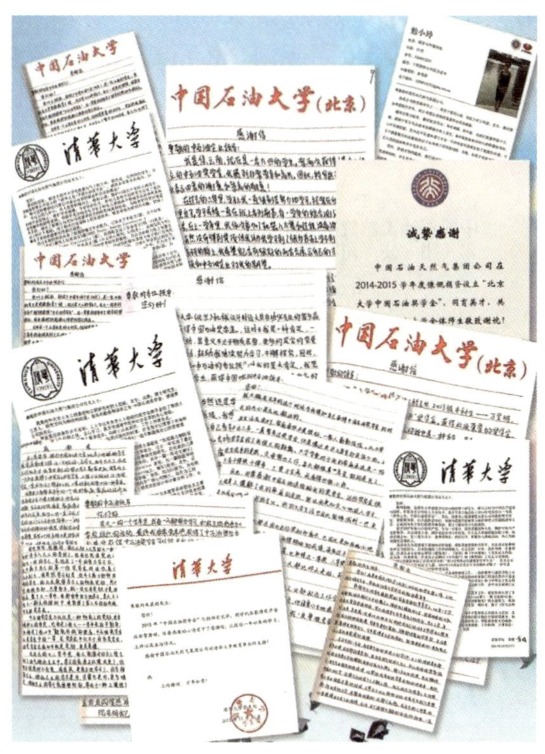

部分“中国石油奖学金”获得者的感谢信

2011 年中国石油与北京大学、清华大学、中国石油大学（北京）等 13 所高校签署合作协议，设立新一轮中国石油奖学金，并进一步向贫困生倾斜。2012 年提供 55 万元资助福建长汀、连城、沙县、邵武等 22 个县市 110 名品学兼优的贫困学生实现大学梦想。2012 年获中国扶贫基金会“新长城教育扶贫突出贡献单位”称号。2013 年与西安石油大学等高校开展企校联合研发项目，在贵州结对帮扶西冲小学学生，并为贫困学子提供助学金。2014 年中国石油奖学金共奖励、资助贫困生和优秀学子 635 名。多年来向中国扶贫基金会捐赠资金，资助中国地质大学、同济大学、云南农业大学等 18 所高校 1000 余名特困大学生完成学业。1995 年 6 月以来，中国石油华北油田实施“油城助学”活动，累计发放助学金和奖学金 160 余万元，救助贫困学生 1396 人次，其中 249 名学生实现大学梦。

“旭航”助学项目

“旭航”助学项目是中国石油与中国扶贫基金会共同发起的、专注于教育领域的公益项目，旨在帮助贫困高中生群体顺利完成学业，获得进入高等学府继续深造的机会，成长为栋梁之材。

在“旭航”项目施助的高中，可以由学生个人提出申请，通过校、村、县及中国扶贫基金会四级审核后，符合条件的学生将得到中国石油资助。助学金用于为受助学生在校学习生活提供资金帮助，标准为每人每年 2000 元。奖学金用于为考入普通高校二本及以上的受助学生提供一次性升学奖励，标准为每人 5000 元。同时，帮助受助学生成立互助小组，使受助学生有机会互帮互助、相互鼓励，发挥各自在管理、学习、生活等方面的特长，

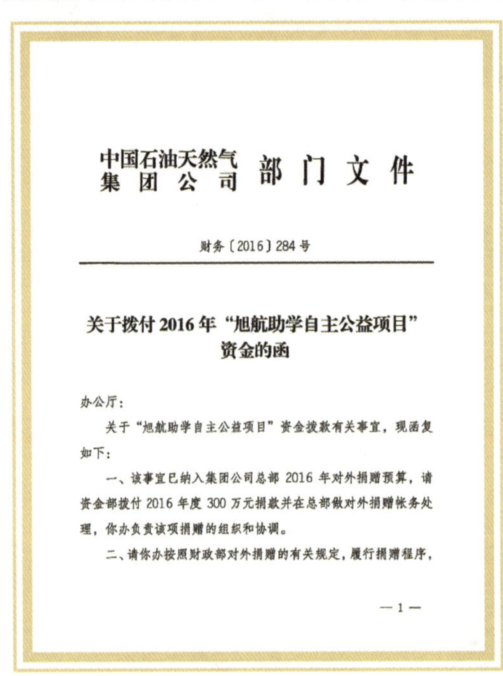
中国石油天然气集团公司 部门文件

财务〔2016〕284 号

关于拨付 2016 年“旭航助学自主公益项目”资金的函

办公厅：

关于“旭航助学自主公益项目”资金拨款有关事宜，现函复如下：

一、该事宜已纳入集团公司总部 2016 年对外捐赠预算，请资金部拨付 2016 年度 300 万元捐款并在总部做对外捐赠帐务处理，你办负责该项捐赠的组织和协调。

二、请你办按照财政部对外捐赠的有关规定，履行捐赠程序，

—1—

2016 年 8 月 16 日，集团公司《关于拨付 2016 年“旭航助学自主公益项目”资金的函》

旭航助学为爱加油

在河南省信阳市新县一中门口，“旭航”项目爱心服务点的中国石油加油员在给爱心送考车里的学子赠送饮用水

更好地成长成才。

“旭航”助学项目首期在四川、河南两省开展。按照“革命老区国家级贫困县、贫困生较为集中”的学校选取原则，确定在四川省的通江县通江中学、阿坝州小金县小金中学和河南省驻马店市上蔡县上蔡一中、信阳市新县中学等学校实施。

2015 年 3 月，助学项目启动助学金申请工作。依据“家庭贫困、学习优良”的原则，由学生个人提出申请，经过学生所在村、学校、县教育局和中国扶贫基金会专项项目组四级筛查，在选定资助的四所学校各选取了 50 名高三学生作为资助对象，并在高中最后一个学期，为这 200 名学生每人提供 1000 元助学金。

2015 年高考结束后，依照承诺，中国石油“旭航”助学项目代表走进受助学校，考取二本及以上的高校学生每人发放 5000 元奖学金，在为这些品学兼优的学生送上祝福的同时，鼓励更多学生以他们为榜样，奋发图强。

“旭航”助学首期资助的 200 名学生，2015 年高考成绩二本分数线上线率达到了 72.5%，分别被哈尔滨工业大学、中国青年政治学院、西南石油大学、大连海事大学等院校录取。

“宝石花”志愿者服务

在中国石油所属企业，常年活跃着一支支青年队伍，他们在岗位兢兢业业奉献，在矿区倾情播撒爱心，开展爱心帮扶活动，投身社会公益事业。

四川石化公司“宝石花”志愿服务队开展活动

中国共产主义青年团
中国石油天然气集团公司 工作委员会文件

中油团工〔2016〕1号

关于表彰中国石油“宝石花”青年志愿服务新媒体作品征集大赛优秀作品和优秀组织单位的通知

各企事业单位团委、直属团委：

为进一步传承雷锋精神和大庆精神铁人精神，深化“重塑形象 青春建功”主题教育实践活动，广泛动员中国石油团员青年积极培育和践行社会主义核心价值观，宣传展示“宝石花”青年志愿服务工作的理论成果和实践经验，树立中国石油青年志愿者服务企业、奉献社会、共建和谐的良好形象，集团公司团工委组织

— 1 —

2016年3月4日，《关于表彰中国石油“宝石花”青年志愿服务新媒体作品征集大赛优秀作品和优秀组织单位的通知》

在各级团组织领导下，中国石油青年志愿者按照团中央、国务院国资委有关精神，追求“奉献、友爱、互助、进步”，以“学雷锋树新风，学铁人立新功”为主题，多年来集中开展了大量丰富多彩的活动，不断完善中国石油特色的志愿服务体系。

中国石油青年“宝石花”志愿服务总队6862支，招募注册青年志愿者18.4万人，2016年服务达44.6万个小时。

“温暖回家路 · 铁骑返乡”活动

“温暖回家路·铁骑返乡”活动2012年从福建省启动，逐渐扩大到江西、湖北、湖南、广西等省（自治区），利用中国石油国道、省道的加油站网络，每50～100千米设置1座“温暖回家路·铁骑返乡”爱心驿站，免费向农民工兄弟提供加油、快餐、姜汤热茶、联系维修、昆仑天蝎摩托车机油、保险、交通反光背心和休息室等帮助。2016年春节开展的“温暖回家路·铁骑返乡”活动，被评为“全国青年志愿服务项目大赛”金奖。截至2018年春节，连续7年累计服务农民工14万人。

“温暖回家路·铁骑返乡”专用油卡

创新信息扶贫模式

2007 年开始，集团公司尝试购买中央电视台广告时段，为国家扶贫开发工作重点县免费播出全国农产品深加工招商项目广告，进一步解决贫困地区农产品难卖的问题，提高贫困地区特色产品、资源的知名度和农产品附加值，帮助农村富余劳动力转移就业，为地方政府开辟税源。

通过多年的不断积累，央视已经成为中国优质农产品的最佳宣发平台。2016 年、2017 年，连续两年央视都推出了“我为中国农产品代言”的大型公益活动，20 多位省长部长和 20 多位社会各界的知名人士，走上了央视的舞台，来推荐各地的优质农产品。2018 年，央视又举办了两场全国贫困地区的农产品产销对接活动，在活动中由贫困地区的代表来推荐当地的特色农产品，参加活动的采购商、经销商、批发市场还有电商平台进行交流互动，通过现场对接的形式，来促进双方直接对接，从现场签下订单。

截至 2017 年底，央视已经为全国 30 多个贫困县的农产品牵线搭桥。

中國石油報

CHINA PETROLEUM DAILY

2007年11月 26日 星期一 第4479期

□国内统一刊号:CN11-0037 □国外发行代号:D4792

□中国石油天然气集团公司主办 □今日8版

□邮发代号:1-78 □互联网址:www.oilnews.com.cn □每周一二三四五出版

农产品深加工招商项目免费广告已惠及全国45个贫困县

国务院扶贫办赞扬中国石油助农致富

压减耕地千余亩 关闭机井六眼

青海油田力助敦煌生态

克石化杯

2007年11月26日，《中国石油报》报道国务院扶贫办赞扬中国石油助农致富

海外社区公益建设

在海外市场，中国石油积极参与资源国社区公益建设，取得了显著成效。

在苏丹，中国石油捐资修建机场、道路、桥梁等基础设施和医院、诊所、学校等公用设施，累计投资公益事业3200多万美元，先后为当地建学校22所、诊所101所，打水井156口，受益人超过100万人。

在哈萨克斯坦，为孤寡老人和参加卫国战争的老战士提供经济住房近百套，为学校、医院、市政提供无偿援助，建立一个年产90吨蔬菜的温室农业基地，受到当地政府关注和公众好评。

在印度尼西亚，投入1300多万美元用于项目所在社区发展计划，涉及道路、桥梁等基础设施建设，教育、医疗条件改善，农牧业发展，为边远乡村提供优惠的能源供应等。

在缅甸，出资2000多万美元开展111个社会公益项目，其中包括新建和改建中小学校67所、医院3所、医疗站23所，支持中缅油气管道沿线地区电网、道路和饮水设施建设等。2015年缅甸发生特大水灾后，集团公司与合作伙伴及时伸出援手，向4个受灾省邦共捐助1亿缅币，帮助灾民重建美好家园。

在委内瑞拉，MPE3项目在油田周边开展安居工程，参与奥里诺科重油带油田周边道路平整和修护工程，惠及9200多名当地居民。苏马诺项目向油田所在地学校捐赠衣物、

中国石油援助的哈萨克斯坦孤儿院的孩子

中国石油援建委内瑞拉木薯加工厂

电器等用品，改善学生学习和生活条件。2012年，胡宁4项目面向当地社区开展的“送微笑、送温暖”爱心活动，为当地小学生捐赠文具用品等百余件。陆湖项目为卡伊科·塞科村印第安居民援建木薯种植园和加工厂，帮助当地发展木薯种植和加工项目；2007年出资约24万美元援建一座木薯加工厂，2008年8月木薯加工厂投产，初期日产木薯饼1800张，高峰期日产木薯饼8000张，成为安索阿特吉州第二大木薯加工厂，产量规模在委内瑞拉名列第三。木薯种植和加工项目解决部分社区家属就业问题，使多数家庭脱离过去的贫困生活。2010年6月，委内瑞拉国家石油公司在其官方网站对木薯加工项目进行报道：“陆湖项目合资公司和中国石油向卡拉高莱斯木薯加工厂捐赠工服及设备，使300多名当地人受益。”

在厄瓜多尔，通过“泛厄瓜多尔”基金会，先后为75名残疾青年提供职业培训等援助，并为他们在劳动中反对歧视提供强有力的支持；在油区援建2个社区诊所常年提供“送诊到乡”巡诊服务、“送教上门”宣教服务和“送药到户”疾病防治服务，平均每年分别使5000至8000名社区居民享受到了基本医疗服务。在秘鲁，6/7区项目出资修建的希望小学2006年10月在塔拉拉落成，这是中国石油在海外援建的第一所希望小学。多年来，6/7区项目每年都向学校提供资助。

“互利共赢、合作发展”惠及非洲各资源国

近20年来，中国石油致力于与非洲各资源国建立长期稳定的合作关系，通过投资和项目合作，先后帮助苏丹、乍得、尼日尔等国家建立了油田、管道、炼油化工一体化完整的石油工业体系；在致力于服务资源国经济发展，为其提供稳定油气供给的同时，积极履行社会责任，努力营造友好和谐的发展环境和氛围。截至2018年8月底，中国石油在非洲油气合作中，已为当地社会提供近万个就业岗位。

中国石油在非洲通过捐建医院、道路、桥梁、学校等公益事业，为当地群众提供免费医疗服务和药品，营造社区和谐。为解决当地居民的饮水问题，中国石油通过联合作业公司为油区附近的百姓打水井160多口，并常年坚持在路边设立饮用水取水点，为极度缺水的边远村落送水送粮。喀土穆炼油厂专门增加一条净水管线，供应当地居民饮水，使当地居民喝上了净化水。为方便当地百姓出行，中国石油苏丹项目捐赠1000万美元修建的麦罗维友谊大桥于2008年1月通车。在苏丹，中国石油不仅向社会福利部捐助资金用于改善孤儿院、养老院的生活环境，改进社会医疗机构的医疗设施及培训残疾学校技工等，而且多次购买生活物资、体育器材、学习用品等前往孤儿院和孤儿学校看望孤儿。在突尼斯，中国石油持续积极地参与公益事业，努力回报社会，2013年向油田区块所属省政府和社会各界捐赠10万突尼斯第纳尔。

针对非洲很多国家教学设施简陋和孩子失学较多的情况，中国石油捐资修建教学楼，送上教学用品；为当地大学设立教育和培训基金，补充图书资料，选出优秀教师和学生

中国石油援建的苏丹医院

中国石油随队医生为所在国居民义诊

中国石油援建苏丹的饮水设施

到中国接受培训和深造。同时，中国石油持续推行企业人才本土化战略，致力于人力资源国际化选拔、专业化培养、本地化使用，为员工搭建良好成长平台，促进员工和企业的共同进步和全面发展，累计培训当地员工4万多人次。非洲项目加大当地员工赴中国培训的资金投入，并资助资源国留学生500多人。突尼斯项目在工程招投标和物资采购中，优先考虑当地承包商；在人员招聘上，遵循本土化原则，尽量多招聘当地员工。

中国石油在非洲注重环境保护。尼日尔项目在施工作业中严格保护油田作业区原有生态环境，包括保护地面植被、树木，禁止猎杀野生动物及鸟类等；及时清理作业垃圾和废物；在泥浆池铺垫防渗膜，井队搬迁后及时处理回填。尼日利亚项目注重员工劳动保护，遵守所有与健康和工作场所安全有关的适用法律。项目组织员工参加安全生产知识培训与演练，提高自我防护能力。同时，积极做好员工的医疗保障工作，2013年，在资金有限的情况下，组织当地员工到医疗条件较好的医院进行全面体检。

2001—2013年底，中国石油非洲项目和其他海外项目对所在国各项社会公益事业总投入达3亿多美元，200多万人受益。

支持资源国教育发展

在国际合作中，中国石油秉承“互利双赢、共同发展”理念，与资源国建立长期稳定的伙伴关系，关注并采取多种方式参与推动当地教育事业发展，为当地提供就业机会、培养人才，积极带动当地社会经济发展。

在非洲，中国石油资助苏丹高校和研究机构发展，以项目公司名义或通过联合作业公司为油区附近的村寨和部落捐建学校并改善教学条件，为适龄儿童提供上学机会。捐资 70 万美元建成喀土穆炼油厂友谊学校，在学校正常运行后，每年为学校赠送 1 万美元的文具。捐资 70 万美元在苏丹南方朱巴大学设立教育和培训基金，为苏丹培养更多现代化人才创造良好条件。2010 年 7 月 28 日，朱巴大学电脑中心落成，占地面积 2000 平方米，可保证 60 名学生同时上机。2014 年与南苏丹教育科技部在朱巴签署教科书捐赠协议，向油区附近学校捐赠 1.5 万本教科书，改善当地教学条件。2013 年在坦桑尼亚天然气处理厂及管线输送项目建设过程中，向当地学校捐助服装、文具、书籍等用品。在乍得，恩贾梅纳炼厂成为乍得 SOS 儿童村合作伙伴。2014 年为坦桑尼亚 SongoSongo 岛小学和姆特瓦拉市的 Msijute 村小学捐建图书馆、体育场等基础设施，开展“传递爱心”等联谊活动，捐赠文体用品。

在中亚，2004 年 9 月与哈萨克斯坦教育部签署《关于在教育领域开展合作的协议》，向哈萨克斯坦教育部提供 135 万美元设立哈萨克斯坦“总统奖学金”，用于资助哈萨克斯坦优秀学生到中国留学接受高等教育。

在中东，2012 年资助伊拉克巴士拉大学 37.2 万元，为巴士拉大学 15 人发放 27.9 万元“希望之星”奖学金。2013 年投入 283 万元支持伊拉克瓦西特省库特市的学校修建教室和操

中国石油为苏丹投资建设的学校

场。2014 年完成伊拉克瓦西特省库特市 Ahrar 县的学校建造项目。2015 年援建校舍修缮工程。

在亚太，截至 2013 年底，在缅甸累计援建中小学校 45 所，为 1.9 万多名学生改善教学条件。

在拉美，为厄瓜多尔社区修建道路，开通达拉波瓦（Tarapoa）及周边社区校车，方便所有适龄儿童上学；与中国政府一道建设 200 所“千禧学校”并提供电脑。

连续 12 年发布《中国石油企业社会责任报告》

为搭建与利益相关方沟通交流平台，回应公众关切，提升企业形象，自 2006 年起中国石油建立社会责任报告发布制度，是国内最早发布社会责任报告的企业之一。首份社会责任报告《中国石油集团 2006 年度企业社会责任报告》2007 年以中英两个版本正式对外发布。截至 2018 年 6 月累计发布 12 年。

中国石油企业社会责任报告从能源保障、安全环保、员工发展和社会公益 4 个方面系统披露集团公司履行经济、环境和社会三大责任的做法和绩效，形成了稳定的内容结

2017 年，中国石油企业社会责任报告

构框架。在内容体系和指标体系方面，一是参照全球报告倡议组织（GRI）颁布的《可持续发展报告指南》以及国际石油行业环境保护协会（IPIECA）与美国石油学会（API）《油气行业可持续发展报告指南》，使指标体系符合国际惯例。二是结合油气行业特点和中国石油综合性能源公司特色，增加了原油加工量、油气管道长度等指标，使报告符合国际规范，兼具国情、企情。稳定的内容框架和健全的指标体系，增强了履责业绩披露的稳定性、可比性，提高了公司运营透明度。为适应移动互联传播趋势，2014 年度社会责任报告同步发布 H5 版本，发布 3 日内浏览量超过 1.4 万人次。

2009 年 4 月 20 日，联合国全球契约授予中国石油 2007 年企业社会责任报告“全球契约中国网络典范报告”奖，奖励报告在内容编写与形式展现上的创新。商务部《WTO 经济导刊》多次对中国石油企业社会责任报告给予高度评价。中国石油企业社会责任报告以在结构完整性、内容实质性、绩效可比性、可信度、可读性和创新性等 6 个方面优异表现，两次分别获“金蜜蜂优秀企业社会责任报告奖”和“金蜜蜂优秀企业社会责任报告·长青奖”。

保障能源安全，彰显使命担当，护航两个百年目标实现

大事记篇

中国石油改革开放40年波澜壮阔，恢宏而伟大。每件大事犹如一朵朵激荡的浪花，反映中国石油工业发展历史，也为人们留下许多珍贵的故事片段。解读历史事件，结识历史人物，领略石油风云，在历史与现实、伟大与平凡、光荣与梦想中激发时代的汹涌大潮。

本篇以中国石油改革开放为主题，采用编年体形式，按照重大决策、重要活动、法律法规、组织机构、重要会议、重要人物、勘探开发、炼油化工、油气销售、工程技术和工程建设、金融资本、科学技术、外事活动、合作交流和国际化经营、党的建设和企业文化、荣誉奖励、社会公益、媒体报道等18大类49个方面收录中国石油改革开放历史进程中的重大事项，涵盖党和国家领导人对中国石油的亲切关怀，以产权清晰、权责明确、政企分开、管理科学为主要内容的石油工业管理体制改革，中国石油“引进来”“走出去”，实施国际化经营的艰难探索以及取得的重要成果，客观、准确、简要地描绘出中国石油改革开放的历史长卷。

收录范围

为客观、真实反映中国石油改革开放40年(1978—2018)的发展历程,做到全面、准确、规范、精要,本记采用如下收录标准。

一、重大决策

1. 中共中央、国务院召开的重要会议,作出的有关中国石油的重大决策及发布的重要文件、条例、规定等;

2. 石油部及总公司、集团公司发布的有关中国石油的重要文件、政策、规定、决定等。

二、重要活动

1. 中共中央政治局常委、国务院主管石油工业的副总理有关中国石油的讲话、指示、批示、题词、视察(考察)活动等;

2. 石油部及总公司、集团公司主要领导有重要影响的现场考察、调研、办公活动。

三、法律法规

1. 全国人民代表大会及其常委会作出的有关中国石油的决议和颁布的法律法规;

2. 国务院及石油部颁布的对中国石油改革开放发展有重大影响的法规。

四、组织机构

1. 石油部及总公司、集团公司的设立、撤销、重组及名称变更;

2. 与石油工业改革开放密切相关的机构设立及名称变更。

五、重要会议

1. 中共中央、国务院召开的对中国石油改革开放发展产生重要影响、作出重大决策和战略部署的会议;

2. 石油部、总公司、集团公司召开的对中国石油改革开放发展产生重要影响、作出重大决策和战略部署的综合性会议。

六、重要人物

1. 石油部及总公司、集团公司主要领导的人事任免;

2. 中国科学院院士和中国工程院院士;

3. 受到党和国家嘉奖并号召学习的模范人物。

七、勘探开发

1. 各大油区(盆地)的第一口发现井;

2. 重要石油会战;

3. 亿吨级油气田以及其他在油气勘探新领域的重大发现;

4. 列入国家重点建设项目的新油气田开发建设;

5. 油气田开发生产和管理的重大变革。

八、炼油化工

1. 千万吨以上炼油及百万吨乙烯工程建设;

2. 炼化工艺、装置、技术、产品等的重大突破与创新。

九、油气销售

1. 油气管网主干线建设;

2. 全国营销网络重大布局;

3. 油气营销改革创新的重大事件。

十、工程技术和工程建设

1. 实施国家发展战略的标志性工程;

2. 列入国家五年计划的重点建设项目;

3. 创造世界最新水平的生产建设纪录;

4. 矿区建设重大调整和改革工程。

十一、金融资本

在金融、保险、资本运作方面的重大项目及事件。

十二、科学技术

国家级大型科技攻关项目,863计划、国家自然科学基金和国际合作等项目,国家级重点实验室等。

十三、外事活动

1. 党和国家主要领导人会见来访中国石油外宾及视察中国石油海外项目的活动;

2. 石油部及总公司、集团公司主要领导重要的外事接见及出访中有签约的重大活动;

3. 外国国家元首和政府总理及石油公司代表团到中国石油国内和海外项目签署重要协议和合同的参观访问与会谈活动;

4. 中国政府及中国石油代表团与外国政府及石油公司间进行的对中国石油产生重大影响或签署重要合作协议(合同、备忘录)的活动。

十四、合作交流和国际化经营

1. 重大成套设备和技术引进;

2. 国内对外开放后启动的第一批项目、带有标志性的取得重大进展和重要成果的项目;

3. 五大油气合作区(中亚—俄罗斯、中东、非洲、亚太、美洲)、四大油气战略通道(西北、东北、西南、海上)、三大油气运营中心(亚太、欧洲、北美)标志性的及在国际上产生重要影响的项目;

4. 重大国际科技交流会议与合作;

5. 组织(主办)或参加的有重大影响的国内外会议(论坛)。

十五、党的建设、思想政治工作和企业文化

1. 石油部、总公司、集团公司召开的重要的党的建设、思想政治、企业文化工作会议;

2. 石油部、总公司、集团公司就党的建设、思想政治工作、企业文化建设作出的重要报告、决定、决议以及制定的重要规章、文件;

3. 石油部、总公司、集团公司开展的党的建设、思想政治工作、企业文化建设方面的重要活动及对中国石油发展产生重大影响的活动。

十六、荣誉奖励

1. 中共中央、国务院重要贺电、贺信等;

2. 国家级(自然科学奖、技术发明奖、科技进步奖和中华人民共和国国际科学技术合作奖)一等奖以上科技奖励;

3. 中共中央、国务院,以及国家部委授予的荣誉称号,全国总工会、共青团中央、全国青联、全国妇联授予的最高荣誉和特别荣誉;

4. 石油部、总公司、集团公司授予特别荣誉称号并作出开展学习的决定;

5. 总公司、集团公司海外业务所在国政府授予的特殊荣誉奖励。

十七、社会公益

1. 新疆定点扶贫和援藏等公益活动及事件;

2. 重要海外社会公益活动。

十八、媒体报道

新华社和《人民日报》《求是》等报道及刊登的中国石油重大战略决策、重要工程、先进经验、先进人物、转折性会议以及获得国家荣誉奖励等。

1978年

1月5—31日 中共中央国务院批准，以石油化学工业部副部长孙敬文为团长、国家计划委员会副主任李人俊为顾问的中国石油代表团一行19人赴美国和日本考察石油工业。

2月 石油化学工业部召开塔里木会战会议。会议决定石油勘探战略西移，成立南疆会战领导小组。

3月5日 第五届全国人大一次会议决定康世恩任国务院副总理兼国家经济委员会主任；撤销石油化学工业部，设立石油工业部和化学工业部，宋振明任石油工业部部长，孙敬文任化学工业部部长。

3月26日 中共中央主席、国务院总理华国锋，中共中央副主席、全国人大常委会委员长叶剑英，中共中央副主席、国务院副总理李先念、中共中央副主席汪东兴等听取中国石油代表团赴美国、日本考察报告和国务院副总理兼国家经济委员会主任康世恩汇报，表示原则同意代表团建议，决定在坚持独立自主、自力更生的原则下，中国海洋石油勘探开发可以采取平等互利的补偿贸易方式，在国家指定的海域，直接与外国石油公司建立商务关系，开展对外合作。

3月 石油工业部"陆相沉积盆地油气勘探方法""早期内部注水保持油层压力的油田开发""胜利油田的发现及油气富集规律"等152项科技成果获全国科学大会奖。

4月14日 中共中央批准，宋振明任石油工业部党组书记，张文彬任石油工业部党组副书记、副部长，焦力人任石油工业部党组副书记、副部长，黄凯任石油工业部党组副书记、副部长，陈烈民任石油工业部党组副书记、副部长，孙晓风任石油工业部党组成员、副部长，张兆美任石油工业部党组成员、副部长兼政治部主任，侯祥麟、阎敦实、闵豫、李天相任石油工业部党组成员、副部长。

4月15日 国家劳动总局发文通知：经国务院领导批准，动员50342名退伍战士到石油部门参加石油工业建设。

4月 石油部以中国石油天然气勘探开发公司名义，先后邀请美国、英国、法国、日本、联邦德国、挪威、荷兰、加拿大等国30多家石油公司和联合国跨国中心，以及一些国家的官方人士来华进行意向性商务洽谈。同时，中国石油天然气勘探开发公司派出多批人员出国考察，为海洋石油对外合作做准备。

同月 石油部向中共中央、国务院领导汇报石油工业十年发展纲要，提出把石油资源勘探放在第一位，将全国划分为12个勘探区域，重点组织好渤海湾、塔里木、柴达木、四川4个盆地的勘探会战，认真搞好老油田调整改造，并提出1978年全国原油产量要实现过亿吨的奋斗目标。这个纲要得到中央肯定。

8月1日 石油部与湖北、河南、湖南、江西和四川省革委会商定，以江汉石油管理局为基础，组建鄂豫湘赣石油会战指挥部。

8月 石油部向国务院呈送《关于与外国石油公司试验风险合作的报告》。中共中央政治局委员、国务院副总理余秋里，国务院副总理康世恩分别作出批示。

9月14日 中共中央副主席、国务院副总理邓小平到大庆视察。邓小平十分关心大庆油田高产稳产，详细询问大庆蔬菜、肉食供应，还有多少人住干打垒等情况，指示："要把大庆油田建设成美丽的油田。"

10月2日 新华社发表题为《在冀中平原上，中国高速建成一个高产大油田——任丘油田》的文章。

10月23日—11月5日 美国能源部部长詹姆斯·施莱辛格率能源代表团访问中国，探讨两国能源合作问题。访问期间，国务院总理华国锋，副总理李先念、余秋里分别会见施莱辛格。

10月26日 国务院批准，中国地球物理学会专家组首次应邀赴美国参加勘探地球物理学会年会。

10月 辽河石油勘探局与美国贝克休斯、热力、贵瑞等公司签订引进注蒸汽锅炉、高温封隔器、隔热液、高温井口、高温丝扣油等注蒸汽采油设备和工具合同，开展稠油热采攻关试验。

11月13—22日 挪威石油和能源大臣耶尔德率石油代表团访问中国。国务院副总理康世恩会见代表团全体成员。石油部副部长张文彬与耶尔德举行会谈，并交换备忘录。

11月27日 胜利油田会战指挥部使用国产"胜利1号"坐底式浅海钻井船钻成第一口浅海探井——埕中1井。

本年 中国原油产量首次突破1亿吨，达到1.04亿吨，进入世界产油大国行列，列第八位。

1979年

2月6日 中共中央、国务院批准石油部、外交部关于勘探开发南黄海油气资源采取分阶段合作方式的请示。

2月6日—3月27日 石油部副部长张文彬率中国石油代表团赴英国、巴西和美国，分别与英国石油公司及美国阿科和圣太菲、美孚、德士古、埃克森等石油公司，以带风险性分阶段合作方式，签署在中国南海和南黄海进行地球物理勘探的意向书和意向性备忘录。

2月 石油部党组决定，成立甘青藏石油勘探开发会战指挥部，抽调胜利、玉门等油田职工参加甘青藏石油会战。

4月27日 中共中央、国务院批准，石油部与9家外国石油公司合作在中国南海进行地球物理勘探工作。

同日 石油部以中国石油天然气勘探开发公司名义与法国埃尔夫—阿奎坦石油公司和道达尔石油公司在北京签订在南黄海北部进行地球物理勘探的第一个协议。

5月6日 《人民日报》发表题为《运用经济手段加强企业经营管理》的报道，以

"华北油田对钻井队试行成本包干、超产节约提成奖励制度,效果良好"的副标题,介绍华北油田在企业管理方面的新做法。

5月12日—7月2日 石油部派出油田注水开发技术考察团到美国、加拿大考察,这是石油部组织的第一个大型专业技术考察团。

6月5—9日 国务院副总理康世恩访问巴西和美国,与美国能源部部长施莱辛格就中美能源合作问题举行会谈。访问期间,石油部以中国石油天然气勘探开发公司的名义与4家美国石油公司签订在南海珠江口盆地进行地球物理勘探的4个协议。

6月8日 石油部以中国石油天然气勘探开发公司的名义与英国石油公司在北京签署南黄海南部2.6万平方千米海域8000千米地震测线的地球物理勘探协议。

7月7日 石油部以中国石油天然气勘探开发公司的名义与美国阿科和圣太菲矿业公司在北京签署南海莺歌海盆地海域进行地球物理勘探的1979年3月19日备忘录的补充协议,工作面积2.23万平方千米,地震测线1万千米。

7月11日 石油部以中国石油天然气勘探开发公司的名义与美国阿莫科等6家公司在北京签署在海南岛西部2.66万平方千米海域做8000千米地震测线的地球物理勘探协议。

7月13日 石油部颁发试行《油田开发条例(草案)》,作为开发油田的基本准则,这是中国第一部油田开发条例。

同日 国务院下达关于扩大国营工业企业经营管理自主权、开征国营工业企业固定资产税、提高国营工业企业固定资产折旧率和改进折旧费使用办法和工业企业实行流动资金全额信贷等5个暂行规定。同日还颁发《关于试行"收支挂钩、全额分成、比例包干、三年不变"财政管理办法的若干规定》等文件。

7月31日 中国石油天然气勘探开发公司先后与13个国家的48家石油公司签订8个协议,在南海和南黄海合作进行地球物理勘探。

7月 南海石油勘探指挥部"南海2号"半潜式钻井平台在琼东南坳陷钻探的莺9井获日产原油37立方米。这是莺—琼盆地第一口油气发现井。

8月8日 中共中央副主席、国务院副总理邓小平视察大港油田。邓小平题词:"为把大港油田建设成为全国最大油田之一而努力"。

8月12日 中共中央副主席、国务院副总理邓小平在国务院副总理康世恩关于同外商合作勘探开发中国海洋石油问题的信上批示:"我赞成,并主张加速进行。"

8月13日 珠江口盆地珠一坳陷红棉构造珠5井在古近系测试,获日产原油296立方米。这是珠江口盆地首次获得油流,也是南海海洋石油勘探的重大突破。

8月 石油部在玉门召开全国油气田开发科研项目协调会,制定以"六大学科和十大工艺技术"为主要内容的油田开发科技发展规划。

9月9—14日 石油部副部长、中国石油学会副理事长闵豫率代表团参加在罗马尼亚布加勒斯特召开的第十届世界石油大会。大会理事会通过决议，接纳中华人民共和国世界石油大会国家委员会为该组织常任理事会成员，同时取消台湾的会员资格。

11月25日　“渤海2号”钻井船在渤海湾迁移井位作业时，遭遇特大风暴翻沉，72名职工遇难，直接经济损失3735万元人民币。

11月　石油部在河北涿县举办海洋石油勘探培训班。这是石油部首次举办的海洋石油对外合作培训班。

12月1—27日　石油部在北京召开石油企业领导干部会议。中共中央政治局委员、国务院副总理余秋里，国务院副总理康世恩到会讲话。石油部部长宋振明作会议总结。康世恩围绕“加快石油工业现代化建设，为在本世纪内创建十来个‘大庆油田’而奋斗”，提出五点要求：一是经过30年的努力，我国原油产量上了1亿吨，华国锋主席、党中央号召石油战线在本世纪内创建十来个“大庆油田”；二是要搞好勘探部署；三是要按照现代化要求，建立严格的规章制度；四是要把工作重点转移到现代化建设上来，从各级领导干部到工人都要想现代化、干现代化、学现代化，不能停在原地不动；五是石油队伍必须坚持学大庆，创建大庆式企业。

12月6日　石油部以中国石油天然气勘探开发公司的名义与日本石油公团在北京签订渤海南部和渤海西部石油勘探开发合作协议。

12月20日　石油部与美国帕克钻井公司就合作钻凿塔里木盆地柯克亚10－3斜井在北京谈判并达成协议。该井于1980年8月20日开钻，1982年1月22日完钻。这是中国首次引进外国钻井承包商提供钻井技术服务。

12月　国务院批准，大庆市和大庆石油会战指挥部实行“一套班子、两块牌子”的政企合一管理体制。

本年　石油部召开第一次石油工业科技大会。会议决定要在思想拨乱反正的基础上，从全面恢复科研机构入手，在人力、物力、财力等各方面，大力加强科技工作。

1980年

1月29日　《人民日报》头版首次报道辽河油田建成投产，年产原油500万吨、天然气17亿立方米，成为全国主要油田之一。辽河油田的建成投产，使辽宁省的钢铁、炼油、化肥工业就近得到原油和天然气供应，对支援工农业生产的发展和发挥辽宁老工业基地的作用，都有着十分重要的意义。

3月18—25日　石油地质国际学术会议在北京举行。会议由石油部以中国石油天然气勘探开发公司名义与联合国技术合作促进发展部共同举办。这是第一次在中国举办的国际石油学术会议。

3月26日　《人民日报》头版以《华北油田改进奖励制度》为题，报道华北油田在各单位试行“任务成本包干，超产节约提成，计分算奖”的办法，解决管理上吃大锅饭和奖励上的平均主义问题。

5月20日—7月4日 国务院副总理康世恩率领中国政府代表团，出访瑞士、挪威、英国、荷兰，期间考察了北海油气田对外合作勘探开发的运作管理和技术。

5月29日 石油部以中国石油天然气勘探开发公司的名义与法国埃尔夫—阿奎坦石油公司和道达尔石油公司在北京分别签署渤海中部石臼坨—渤东海区和北部湾东北部海区石油勘探、开发、生产合同。

同日 中国石油天然气勘探开发公司在东京与日本日中石油开发株式会社和埕北石油开发株式会社分别签署渤海西部、南部海域石油勘探、开发、生产合同。

5月31日 中共中央书记处书记胡耀邦、国务院副总理万里在青海格尔木接见甘青藏石油勘探开发会战指挥部负责人，听取工作汇报，并作重要讲话。

6月12日 国务院批复石油部《关于与外商合作勘探开发石油工作统一归口的建议》。

6月27日 经国务院批准，成立中国石油工程建设公司。12月15日开始营业，公司为独立经营、自负盈亏的综合性国营对外工程承包建设企业。经营范围为对外承包各类基础建设工程。

7月 石油部与有关部门合作并报请国务院同意，以中国石油天然气勘探开发公司名义与美国地球资源公司签订联合勘探(地震)柴达木盆地服务合同，利用美方先进技术设备加快柴达木油气勘探。这是中国石油工业首次引进国外石油地球物理勘探服务队伍。

8月23日 石油部在山东东营召开全国石油勘探工作会议。国务院副总理康世恩到会讲话。康世恩指出：近期内，我们石油工业的基本方针和任务就是搞好三件事：一是大力加强勘探，努力增加后备储量和新的储量，力争有重大的发现；二是狠抓老油田采收率的提高；三是要完成国务院调整方针，把一亿零六百万吨稳住，而且要争取超一点。

8月26日 西安石油勘探仪器总厂研制成功中国第一台48道数字地震仪。

9月1日 国务院批转国家计划委员会《关于开发海上石油需要解决的问题的报告》。该报告由国家计划委员会两次召集25个部委联席会议提出，涉及海上石油对外合作的税收、国产设备材料、口岸、基地、人才、生产、销售，以及税法、海上安全法等政策法规。

9月12—13日 中共中央总书记胡耀邦视察华北油田32478钻井队。

9月16日—11月13日 石油部副部长秦文彩带队出访挪威、英国和美国，实地考察外国石油公司国际合作的组织机构、工作制度和运行程序。

12月10日 石油部在北京召开全国油田领导干部会议。中共中央政治局委员、国务院副总理余秋里出席会议。

本年 石油部钻井技术培训中心在华东石油学院建立。该中心属于联合国开发计划署资助项目，由联合国和中国政府共同提供资金，1983 年扩展为勘探开发培训中心，1981—1990 年共举办勘探、开发、钻井等新技术培训班 140 多期，为中国培训专业技术人员 5000 多人次。

1981 年

1 月 华北石油管理局第一勘探公司组织 17 个钻井队及配套队伍参加大庆石油管理局喇嘛甸油田调整井施工，用 4 年多时间共钻井 1247 口，这是石油部第一次以承包方式组织局与局之间的“基地不动，队伍出征”石油钻井会战。

3 月 6 日 第五届全国人大常委会第十七次会议通过康世恩兼任石油部部长的任命。

3 月 13 日 国务院副总理兼石油部部长康世恩主持召开石油部党组会议，讨论原油产量稳产 1 亿吨包干问题，决定加紧 1 亿吨包干的请示和协调工作。

4 月 22 日 国家能源委员会、国家计划委员会、财政部、石油部联合向国务院呈报《关于明年原油产量稳住 1 亿吨需增加今年钻井和油田建设工作量的报告》，提出了 1 亿吨包干的具体方案。

5 月 13 日 渤海中日合作区第一口探井——渤中28－1－1井在古生界古潜山获日产原油 137 吨、天然气 32 万立方米，发现渤中 28－1 油田。这是海洋石油对外合作的第一口发现井。

6 月 3 日 国务院办公厅发出《国务院办公厅转发国家能源委关于协调组织石油部超产原油、成品油出口安排问题报告的通知》，批准石油部实行 1 亿吨原油产量包干方案，要求各有关部委和地方政府“参照执行”。这是中国工业部门的第一个行业大包干。

7 月 24 日 国家能源委员会正式向中共中央书记处汇报，国务院副总理兼国家经济委员会主任、石油部部长康世恩在发言中向书记处报告了具体问题，同意并经中央财经领导小组批准，中央给石油工业三条政策：第一项实行全行业年产 1 亿吨产量包干制；第二项沿海大陆架实行对外开放，开发海上油气资源；第三项利用国内外两种贷款作为资金来源。

8 月 5 日 国家经济委员会、财政部和石油部联合发出通知，对胜利油田实行原油产量包干政策试点。原油产量包干方案确定包干基数为 1600 万吨，超产部分由石油部组织出口，筹措石油发展资金。

8 月 5 日—12 月 5 日 英国石油公司根据地球物理勘探协议，在南黄海钻成两口地质参数井。这是海洋石油对外合作由外国公司完成的第一批井。

8 月 10 日 石油部实行原油产量 1 亿吨包干动员大会在北京召开。

8 月 24 日 石油部决定，东濮石油会战指挥部脱离同胜利油田会战指挥部的隶属关系，成为地师级独立企业，受河南省和石油部双重领导，以石油部领导为主。

8 月 29 日 中共中央政治局委员、国务院副总理余秋里视察胜利油田并出席胜利油田干部大会。

同日 国家经济委员会、财政部、石油部向国务院呈送《关于胜利油田实行产量包干试点办法的报告》。胜利油田实行产量包干的主要内容：胜利油田对石油部实行“五包”[①]，石油部对胜利油田实行“五定”[②]和“三保”[③]。经国务院批准，三部委于 10 月 8 日转发了这个试点办法。之后，石油部对各油气田推行“五包”“五定”“三保”办法，落实国务院的原油产量 1 亿吨包干政策。

9 月 国务院批准成立上海高桥石油化工公司。该公司由上海炼油厂、高桥炼油厂等 6 家原来分属石油部、化工部、上海市的炼油化工企事业单位横向联合组成。这是国务院在推动石油化工企业打破条块分割、实行横向联合方面的一项重要举措。

10 月 20 日 石油部向国家能源委员会、国务院呈送《关于大庆油田产量包干情况的报告》。大庆油田在落实“五包、五定、三保”责任制中，创造多种形式的内部经济责任制。其基本特点：在纵向上实行包干制，在横向上实行内部经济合同制，并根据不同专业的特点，分别采用不同的工资含量包干和费用包干等办法，把责权利统一起来。石油部向各油气田推广大庆油田实行内部经济责任制的做法。

10 月 23 日 石油部以中国石油天然气勘探开发公司的名义与美国德士古东方石油公司、雪佛龙东方有限公司在北京签署中国辽宁省高升油田高黏度原油合作进行热力开采的可行性研究协议。

11 月 11 日 美国休斯工具公司和中国中机公司、中南石油公司（江汉石油管理局）在江汉油田分别签订《关于转让牙轮钻头制造技术许可证和建设牙轮钻头厂的协议书》的《补充协议》和《关于改建江汉钻头厂第一次会谈备忘录》。

11 月 30 日—12 月 13 日 五届全国人大四次会议政府工作报告宣布：中国海洋石油对外合作的南海、南黄海部分海域已完成地震普查工作，渤海、北部湾已经有一批探井出油，前景是良好的。中国政府确定，根据互利原则，近期内招标，同外商合作，加紧勘探，尽快投入开发建设。

12 月 18 日 中共中央发出《转发国家经委党组〈关于工业学大庆问题的报告〉的通知》。《通知》指出：“大庆石油职工自力更生、艰苦创业的实践，大庆油田不断前进和发展的历史，大庆广大干部和群众创造的一套中国自行建设和管理现代化企业的经验，表明大庆不愧为中国工交战线的先进典型，大庆职工不愧为中国工人阶级的先进部分。”

---

① “五包”是指包原油产量、包原油统配商品量、包外供天然气量、包新增石油地质储量、包新区新增原油生产能力。

② “五定”是指定包干时间、定包干区域、定资金、定包干分成比例、定包干分成资金的使用。

③ “三保”是指保统管物资和部管物资的及时供应、保原油的正常外运和销售、保用电指标。

12月 国务院批准成立金陵石油化工公司，由南京炼油厂、栖霞山化肥厂、南京烷基苯厂、南京化工厂、钟山化工厂、南京塑料厂、南京长江石化厂等企业联合组成。

1982年

1月2日 中共中央、国务院颁布《关于国营工业企业进行全面整顿的决定》，从1982年起，用两三年时间，有计划有步骤地、点面结合地、分期分批地对所有国营工业企业进行整顿。4月3日，石油部发出《关于试行〈石油企业整顿和管理体制改革纲要〉的通知》，对企业整顿和改革工作作出部署。

1月12日 中央书记处书记、国务院副总理万里主持召开国务院常务会议，研究海洋石油对外合作条例和招标问题，通过《中华人民共和国对外合作开采海洋石油资源条例》。

1月16日 石油部发出《关于奖励一九八〇年度发现新油气田有功单位的通知》，首次对在油气勘探中做出突出贡献的单位进行奖励。

1月28日 国家经济委员会批准辽宁省、石油部、化工部关于成立抚顺石油工业总公司的报告。抚顺石油一厂、石油二厂、石油三厂以及抚顺化学纤维厂、抚顺化工二厂隶属该公司。

1月30日 国务院颁布《中华人民共和国对外合作开采海洋石油资源条例》。2月11日，《人民日报》等各大媒体同时公布《中华人民共和国对外合作开采海洋石油资源条例》和《标准合同》。

同日 石油部拟定海洋对外合作第一轮招标的《标准合同》。其模式要点：外商独自承担勘探风险，中外双方共同参与开发投资，限额回收投资和支付生产作业费，余额中外双方按照51∶49分成。

1月 国务院批准，石油部超产、节约自用和降低损耗的原油，可以在国内按当时国际市场价格销售。石油部成为改革开放后第一个实行价格双轨制的工业部门。

同月 石油部以中国石油天然气勘探开发公司的名义和美国地球物理服务公司在北京签订塔里木盆地地球物理勘探服务合同。合同规定，双方合作组建3支沙漠地震队。

2月8日 国务院批复成立中国海洋石油总公司，隶属石油部管理。该公司全面负责中国海洋石油对外合作开采业务，享有在对外合作海域内进行石油勘探、开发、生产和销售的专营权。13日，中共中央组织部批准秦文彩任中国海洋石油总公司总经理。15日，中国海洋石油总公司在北京挂牌成立。

2月14—25日 石油部在大庆油田召开全国石油工作会议。会议着重讨论三个问题：一是通过交流总结评比活动经验，明确在新形势下必须恢复和发扬大庆石油会战以来做好政治思想工作的基本功；二是明确石油企业整顿和管理改革的原则、步骤和具体做法；三是进一步落实完成1982年生产建设任务的主要措施。国务院副总理兼石油部部长康世恩到会讲话，要求：坚决落实1亿吨产量包干任务；努力提高炼油工业水平，用好1亿吨原油，发挥更大的经济效益；下决心搞好企业整顿和管理改革。

3月27日 中共中央决定唐克任石油部部长，康世恩不再兼任石油部部长。

4月4日 中共中央决定唐克任石油部党组书记。

5月4日 第五届全国人大常委会第二十三次会议通过康世恩为国务委员（分管石油和石化工业）、唐克为石油部部长的任命。

同日 美国石油学会批准江汉石油机械公司制造的抽油机可以使用该会会标。6月26日，《工人日报》报道："江汉石油机械制造公司生产的26B、37B型游梁式抽油机，达到了世界先进水平。"

6月11日 广西田东油田建成投产，是广西壮族自治区第一个油田。

7月 "大庆油田发现过程中的地球科学工作"获国家自然科学奖一等奖。

8月18日 中共中央主席胡耀邦视察大庆油田，在大庆油田科级以上党员干部大会上讲话。

9月7—11日 石油部以中国石油天然气勘探开发公司名义与联合国技术合作发展部共同举办的国际油田开发技术会议在大庆油田召开。会议的议题是开发地质、油藏数值模拟、油田注水开发和提高采收率研究。24个国家和阿拉伯石油输出国组织、联合国技术合作促进发展部的专家70多人出席会议，中国油田开发技术人员300多人出席会议。

11月15日 国家计划委员会、财政部批准石油部《关于中原油田增加使用世界银行贷款的报告》，同意中原油田使用世界银行1亿美元贷款。

1983年

1月 根据国务院决定，石油工业实施第一步"利改税"。石油企业实现利润先按55%的税率缴纳国营企业所得税，再上缴税后利润；税后利润上缴指标由财政部核定。

同月 在国务院召开的利用外资会议上，国务委员康世恩宣布，中原油田将成为石油工业第一个集中利用外资的单位，要借助外资引进先进的石油勘探开发技术和设备，把中原油田建设成现代化的油气工业基地，为中国石油工业的现代化探索出一条成功之路。

2月10日 国家经济委员会、国家计划委员会、国家经济体制改革委员会、财政部联合向中共中央、国务院上报关于成立中国石油化工总公司的报告。

2月19日 中共中央、国务院发出《中共中央、国务院批转国家经委等四部、委〈关于成立中国石油化工总公司的报告〉的通知》，决定组建中国石油化工总公司，对分属石油部、化工部、纺织部等部门和地方管理的炼油、石油化工和化纤企业,实行集中领导,统筹规划,统一管理;并决定成立中国石油化工总公司筹备小组,由康世恩分管,具体筹备工作由李人俊和陈锦华负责。7 月 12 日,中国石油化工总公司成立大会在人民大会堂举行,李人俊任董事长,陈锦华任总经理。

3 月 12 日 国务院批复石油部《关于组织中原油田生产建设技术攻关会战的报告》。4 月 6—13 日,中原油田科技攻关会战领导小组召开第一次工作会议,研究确定了会战的主要任务和目标。国务委员康世恩、石油部部长唐克出席会议。

5 月 10 日 中国海洋石油总公司与英国石油公司、澳大利亚布鲁肯希尔、巴西石油、加拿大兰吉尔、加拿大石油五家石油公司组成的集团,在北京签署南海珠江口 14/29、26/14、27/31、28/27,以及南黄海南部 23/26 五个石油合同。这是中国海洋对外合作第一轮招标签署的第一批合同。

5 月 18 日 中共中央总书记胡耀邦视察克拉玛依,参观了克拉玛依 1 号井和克拉玛依矿史陈列馆,并为石油战线题词。

6 月 黑龙江省委、省政府批准大庆政企分开,大庆市和大庆石油管理局实行"两套班子、两块牌子"。

7 月 4—12 日 石油部在北京召开石油工业领导干部会议。石油部部长唐克作总结讲话。

7 月 7 日 中共中央政治局委员、国务院副总理余秋里等中央领导和石油部领导视察辽河高升油田并参观美国引进的注汽锅炉,了解工作情况,并对如何搞好稠油开发作指示。

7 月 20 日 中共中央总书记胡耀邦视察长庆油田。

7 月 25—29 日 国家计划委员会在长庆油田召开全国第二次天然气勘探开发技术座谈会。会议讨论和规划"六五"后两年全国特别是鄂尔多斯盆地勘探开发工作,并确定"陕甘宁盆地上古生界煤层气藏分布规律及勘探方向"为国家"六五"科技攻关项目,由长庆油田会战指挥部承担。

7 月 27 日 中共中央总书记胡耀邦在视察青海省海西蒙古族藏族自治州大柴旦镇期间,听取青海油田勘探处的工作汇报,并在海西蒙古族藏族自治州德令哈为石油职工题词:"立下愚公志,开发柴达木"。

8 月 6 日 国务委员康世恩会见西方石油公司董事长哈默博士。

同日 中国海洋石油总公司与美国西方等 7 家石油公司在北京签署南海珠江口 26/29、28/23 两个石油勘探、开发、生产合作合同。

8 月 20—31 日 中国西部石油勘探会议在新疆克拉玛依市召开。石油部部长唐克、总地质师阎敦实出席会议。国务委员康世恩作总结讲话,指出:这次会议是西北石油发展史上一个重要的转折点,要打开西北石油勘探的新局面,1990 年后西北地区原油产量要大上。

8 月 28 日—9 月 2 日 世界石油大会中国国家委员会主席、中国石油代表团团长侯祥麟率代表团参加在英国伦敦召开的第十一届世界石油大会。大会主题是"下世纪的石油工业"。这是中国首次参加世界石油大会的学术活动和常任理事会会议。

9 月 3 日—10 月 20 日 以石油部部长唐克为团长的中国石油代表团应邀访问英国、挪威、联邦德国、意大利和法国。英国首相撒切尔夫人、挪威首相维洛克会见唐克。12 月 22 日,石油部向国务院呈送《中国石油代表团赴西欧五国考察报告》。中共中央政治局委员、国务院副总理万里,中共中央政治局候补委员、国务院副总理姚依林,中共中央顾问委员会副主任薄一波分别作出批示。

9 月 5 日 中国海洋石油总公司与日本石油公团在北京签署南海珠江口 28/14 合同。

9 月 5—12 日 国务委员康世恩考察新疆和田、喀什、克孜勒苏柯尔克孜自治州,了解当地经济情况。9 月 27 日,康世恩向中共中央、国务院呈报《关于加强新疆石油勘探工作的报告》,提出在南疆地区建设“三项工程”。10 月 3 日,中共中央领导批准。

9 月 23 日 中国海洋石油总公司与美国埃索、英国壳牌石油公司在北京签署南海珠江口 40/01、04/27 两个石油合同。

9 月 26 日 石油部在北京召开全国石油企业整顿工作座谈会。会议的主要议题是以提高经济效益为目标,进一步搞好企业整顿,提高企业素质,并对企业整顿工作提出新的要求。石油部副部长李敬作题为《提高质量,加快步伐,全面完成石油企业的整顿工作》的报告,总结一年多来石油企业整顿情况,要求石油企业在 1984 年底以前全部完成整顿验收工作。

11 月 3—9 日 应石油部邀请,英国能源大臣彼得·沃克来中国访问。国务院副总理李鹏和国务委员康世恩分别会见彼得·沃克。石油部部长唐克、中国海洋石油总公司总经理秦文彩与彼得·沃克就加强石油领域合作等事宜进行了会谈。

11 月 29 日 中国海洋石油总公司与美国菲利普斯和派克顿石油公司在北京签署珠江口 15/11 合同。

12 月 1 日 中共中央顾问委员会主任邓小平会见美国阿科公司董事长安德森。邓小平指出,与美方合作开发南海油气田是件好事。

12 月 2 日 中国海洋石油总公司与意大利阿吉普、美国德士古和雪佛龙公司在北京签署珠江口 16/08 合同。

12 月 中共中央总书记胡耀邦视察四川泸州天然气化工厂,为该厂题词:“奋发图强”。

本年 乌鲁木齐石油化工厂、大庆石油化工总厂、大庆石油管理局石油化工会战指挥部、北京石油设计院、北京石油化工科学研究院(不包括油田化学室)、石油规划设计总院(炼油部分)、石油科技情报研究所(炼油部分)、石油成套技术引进公司(炼油化工部分)、荆门炼油厂、北京长城高级润滑油公司、第二工程公司、第三工程公司、第四工程公司、东风储备油库、红旗储备油库、汉平储备油库、第二炼油设计研究院、抚顺石油炼制研究所、石油勘探公司、兰州石油学校等 20 家企事业单位划归中国石油化工总公司管理。

1984 年

1 月　国家开始对石油企业实行第二步"利改税"。

2 月 11—13 日　中共中央总书记胡耀邦视察胜利油田，在油田干部大会上发表讲话，并为石油战线职工题词："一部艰难创业史，百万覆地翻天人"。为胜利油田题词："建立第二个大庆，献给开国四十周年"。

5 月 3 日　中共中央总书记胡耀邦在访问朝鲜途中，专程取道盘锦线，在专列上听取辽河石油勘探局关于辽河油田基本情况和近期发展设想的汇报。中共中央政治局委员、中央军委副主席杨尚昆一起听取汇报。胡耀邦勉励辽河油田再接再厉，争取个"油老三"。

5 月 5—26 日　石油部召开全国石油工业局厂领导干部会议。石油部部长唐克作报告，分析石油工业当前形势，提出今后七年石油工业发展方针、任务和下一步工作部署。国务委员康世恩作题为《石油工业在新的发展时期要再创新局面》的讲话，明确了 20 世纪末石油工业发展的战略目标；要求近三五年内夺取一批高产油井，尽快把产量搞上去；要认真地有步骤地进行改革，进一步调动企业和职工积极性，进一步解放思想，扩展视野，勇于探索，知难而进。

5 月 24 日　国务院办公厅转发《关于研究石油部、石化总公司扩大进出口权问题的会议纪要》。

5 月 29 日　中国海洋石油总公司与法国道达尔石油公司在湛江签署北部湾涠 10－3 油田评价性试生产协议。

6 月 1 日　大庆石油管理局与法国德希尼布公司、法国石油研究院、埃尔夫—阿奎坦公司签署"大庆油田萨中地区提高采收率可行性研究"合作项目合同。

6 月 19 日　中国自行设计建造的第一座半潜式海上石油钻井平台——勘探 3 号在上海建成，投入东海作业。

7 月 17 日　中共中央办公厅、国务院办公厅《转发国家经委〈关于中原油区工农共建文明矿、文明村情况的调查报告〉的通知》。7 月 30 日，《人民日报》以《逐鹿中原——记中原油田的开发和建设》为题，介绍中原油田的开发建设情况。

7 月 27 日　中共中央总书记胡耀邦视察新疆泽普期间听取南疆石油勘探指挥部情况汇报。

8 月 24 日　石油部成立中国石油天然气勘探开发公司。公司总部设在北京，在广州设立分公司。公司负责石油部自筹外汇的石油技术、设备引进工作和开展对外经济技术合作与科技合作。

8 月 27 日—9 月 17 日　石油部派出油田开发考察组赴苏联，考察第二巴库（乌拉尔—伏尔加油区）砂岩油田注水开发和油区及油田保持稳产的经验措施。这是相隔 20 多年后中国石油代表团再次访问苏联。

9 月 12—13 日　中共中央总书记胡耀

邦看望华北石油管理局勘探一公司二连前线 32478 钻井队全体队员。

9 月 19 日 石油部颁发《石油工业部工资改革方案》,实行新的工资制度,统一简化工资标准,实行关键艰苦岗位津贴。

9 月 20—24 日 北京国际石油地质会议在北京科学会堂召开。会议由石油部以中国石油天然气勘探开发公司名义和环太平洋能源与矿产资源理事会共同举办。

10 月 20—21 日 中共中央总书记胡耀邦视察中国海洋渤海石油公司,并题词:“创建海洋大庆,造就一代新人”。

11 月 22 日 中国海洋石油总公司发布珠江口、莺歌海盆地东部和南黄海对外合作勘探开发的第二轮招标通知书,招标区块 22 个,面积 10.83 万平方千米。

11 月 22 日—12 月 9 日 中国海洋渤海石油公司在辽东湾自营钻探的锦州 20-2-1井在古近系测试,发现锦州 20-2 凝析气田。这是辽东湾第一口发现井,也是该公司对外合作以来自营的第一口探井。

12 月 20 日 辽河石油勘探局研制成功新型双侧向测井仪。这是国内首创的新型测井仪器。

12 月 20 日—1985 年 1 月 11 日 根据中国、苏联单项科技合作协议,苏联石油考察组来中国考察胜利油田勘探开发、钻井、采油工艺、油气集输和石油设备等技术,并参观大庆油田、石油物探局、石油勘探开发科学研究院和华东石油学院。这是间隔 20 多年后第一个来中国访问的苏联石油专家综合性考察组。

12 月 30—31 日 中共中央总书记胡耀邦视察华北油田,在华北石油管理局干部大会上作重要讲话,并题词。

12 月 全国原油加工能力突破 1 亿吨。

本年 石油企业全部通过所在省、自治区、直辖市政府和石油部企业整顿联合检查验收,石油企业整顿工作结束。

1985 年

1 月 23 日 国家原油大流量计量检定站在大庆油田成立。

2 月 13 日 国务院《批转石油工业部关于对外合作开采陆上石油资源的请示的通知》,同意苏、浙、皖、闽、湘、赣、滇、黔、桂、粤 10 个省(自治区)加内蒙古二连地区可以对外合作。3 月 30 日,石油部宣布:对外开放南方 10 个省(自治区)石油的勘探开发,欢迎外国石油公司投资合作。

3 月 4—5 日 中共中央政治局委员、全国人大常务委员会委员长彭真视察胜利油田,并作重要指示。

3 月 24 日 四川石油管理局钻井一队按钻井劳务合同在伊拉克祖拜尔油田承钻的 ZB-90 井开钻,是中国钻井队第一次进入国际石油市场。

5 月 28 日 中国石油天然气勘探开发公司与澳大利亚 CSR 等 4 家公司签订中国

陆上石油对外合作第一个合同《海南岛福山凹陷风险勘探合同》。9月1日,合同生效。

6月13日 中共中央决定王涛任石油工业部部长、党组书记,免去唐克的石油工业部部长、党组书记职务。

6月18日 第六届全国人大常委会第十一次会议通过王涛为石油工业部部长的任命。

7月5日 DFS－V120道数字地震仪生产线在西安石油勘探仪器总厂地震仪分厂投入生产。该生产线由石油部从美国得克萨斯仪器公司引进。

7月24日 中共中央总书记胡耀邦视察克拉玛依油田,并为正在建设的"克拉玛依油田勘探开发三十年纪念碑"题写碑名。

8月21日 石油部部长王涛在塔里木盆地勘探工作汇报会上宣布,石油部党组决定"七五"期间"六上"塔里木。

9月18日 石油部与美国休斯工具公司以技贸结合的方式合作改建的江汉钻头厂投产。

10月8—14日 石油部在北京召开油田主要领导干部会议。会议强调:坚持把油气勘探工作放在首位,持续不断地增加石油、天然气储量;把天然气勘探放到与石油勘探同等重要位置上来。继续搞好老油田综合调整和技术改造,加快新油田、新区块的开发建设,保证全国原油、天然气产量持续稳定增长。在勘探布局上,"七五"期间,全国勘探工作的重点依然是东部地区,同时要加快西部、海上的勘探步伐。

10月21日 华北油田向北京输送天然气工程建成投产。11月25日,华北油田向北京输气,日输气10万立方米。

11月8日 中国海洋石油总公司与日本石油资源开发株式会社、华南石油开发株式会社和日本矿业株式会社在北京签署南海珠江口东部10/06石油合同。这是第二轮招标签署的第一个合同。

11月15日 中国海洋石油总公司与美国埃索、英国壳牌石油公司在北京签署珠江口39/11区块石油合同。

11月 大庆石油管理局提出大庆油田第二个十年稳产的油田开发规划,主要内容为转变开采方式,开展二次加密调整,搞好老油田高台子油层和外围新油田开发等。

12月30日 石油部党组作出《关于向模范思想政治工作者熊元启同志学习的决定》。1986年4月28日,中共中央宣传部发出《关于向优秀政工干部熊元启同志学习的通知》,号召全国政工干部学习熊元启自信、自强、自尊的"三自"精神。

本年 石油部出资496万元人民币、第一机械工业部出资354万元人民币,采取技贸结合的方式,由大庆石油管理局配合天津电机厂,引进美国雷达公司潜油电泵成套技术,并从美国购进500套电潜泵机组,由对方提供机组制造工艺资料和整套机械加工图纸。1992年大庆电泵厂成为国家级潜油电泵中心。

本年 1亿吨原油包干5年取得显著成效:5年累计出口石油3375万吨,出口创汇额占全国创汇总额的26.86%；5年筹集勘探开发基金126亿元人民币，新增石油地质储量比前5年多54%。

1986年

1月1日　玉门炼油厂生产的－35℃军用柴油获国家金质奖。

1月20—28日　全国石油工业局厂领导干部会议在大庆油田召开。重点讨论《石油工业"七五"计划发展纲要（草案）》，讨论部署"七五"规划、1986年生产计划、大庆油田年产五千万吨原油再稳产十年的方案、胜利油田建设第二个大庆的方案和石油企业改革方案。

1月25日　国务院发出《致大庆油田全体职工的贺电》，对大庆油田在年产原油5000万吨的水平上实现连续稳产10年的目标，表示祝贺和慰问。中华全国总工会、黑龙江省委、省政府和石油部局厂领导干部会议同时向大庆油田发来贺电、贺信。

1月　石油部召开大庆油田年产原油5000万吨稳产10年庆祝大会。

3月20日　新疆石油管理局塔里木盆地沙漠勘探项目管理经理部在库尔勒成立。7月10日，更名为南疆石油勘探公司。南疆石油勘探公司采用全国招标、择优录用、以甲乙方合同制为主要形式的新体制，按国际规范进行管理，为陆上石油工业体制改革探索一条新途径。

4月8日　《人民日报》头版报道：华北油田重视依靠科学技术进步，推动油田建设，10年来原油年产量都保持在1000万吨以上，累计上缴利润相当于国家总投资的5倍半，为中国的石油开发做出了重要贡献。

4月21日　石油部教育工作会议在北京召开。石油部部长王涛指出：要把教育和人才培养工作摆在石油工业的战略地位。

5月1日　新疆泽普石化三项工程正式开工建设，厂址设在泽普石油基地生产区，工程投资5亿元人民币。

5月15日　全国科学技术进步奖励大会在北京召开。石油部30项科技成果获国家科学技术进步奖。其中："大庆油田长期高产稳产的注水开发技术""渤海湾盆地复式油气聚集带勘探理论及实践"获国家科学技术进步奖特等奖；"东海及南海北部大陆架含油气盆地的发现及油气资源评价""埕北油田A钻井平台设计和海洋丛式钻井技术""稠油注蒸汽吞吐工艺技术""数字地震勘探技术的应用与发展""喷射钻井技术的研究与应用"获国家科学技术进步奖一等奖。

6月29日　石油部部长王涛在新疆石油管理局和克拉玛依市干部大会上指出：塔里木盆地的勘探，必须实行新的管理体制，改变"大而全""小而全""大锅饭"的做法。

7月19—27日　石油工业基层建设工作会议在大庆召开。要求把石油职工队伍建设成为一支符合"四有"要求的、掌握现代化科学技术和管理知识的、能打硬仗的队伍，主要依靠现有120万名石油职工完成“七五”期间的任务。指出石油战线基层建设工作的根本方向是要坚持“两个文明建设一起抓”；加强石油战线基层建设工作，必须从领导干部抓起，从领导机关抓起；提出要建立部、局(公司)、厂处三级责任制度，依据职责分工建立逐级考核制度。会议讨论了石油部起草的《关于推行项目管理的暂行办法》。

8月29日 中共中央总书记胡耀邦在视察青海省格尔木市期间，听取青海油田工作汇报，考察筹建中的年产100万吨炼油厂，为青海油田题词：“一定要开发柴达木油田”。

9月15日 石油部第二次科学技术进步大会在北京召开。会议明确了石油科学技术两个阶段的目标，即经过5年的努力，使我国石油勘探、开发的主要工艺技术在总体上达到20世纪80年代初期世界水平，并在某些方面居于世界领先地位；再经过10年左右的努力，争取在20世纪末，使我国石油工业的主要工艺技术达到当时的世界水平，并培养一大批具有国际第一流水平的石油专家。

9月25日 中国自行研制的第一艘半潜式海上石油钻井平台“渤海3号”通过国家级产品鉴定，表明中国已经能够独立建造海上石油勘探、钻井、采油等全部成套设备。

10月1日 新华社报道：大庆已成为一座新兴的石油化工城市，跨入世界十大油田行列。

11月29日 国家经济委员会授予大庆石油管理局“六五”全国技术进步企业全优奖，胜利油田会战指挥部、石油地球物理勘探局、辽河石油勘探局、江汉石油管理局江汉钻头厂、西安石油勘探仪器总厂、宝鸡石油机械厂被国家经济委员会评为“六五”全国技术进步先进企业。

11月 石油部决定将延安地区石油资源的开发利用委托延长油矿统一管理，实行长庆油田、延长油矿、县办钻采公司三方联合开发，多层次承包，调动了地方开发石油的积极性。

12月20—29日 全国石油工业局厂领导干部会议在胜利油田召开。国务委员康世恩作题为《党的十二大提出到本世纪末工农业年总产值“翻两番”的宏伟目标，石油工业怎么办》的讲话。石油部部长王涛作工作报告。

12月 由新疆石油管理局6048钻井队承钻的库尔楚南1井，在陆上石油钻井施工中首次实行日费制承包。

本年 石油部委托石油勘探开发科学研究院负责实施科学探索井项目。目的是立足研究院最新研究成果和综合研究与技术力量优势，从陆上油气中长期战略发展出发，通过前期选位评价与风险分析、随钻研究以及钻后评价等三环节一条龙全程科学的探索，为陆上油气勘探开拓新区、新层系和新领域，推进科研成果转化为生产力。先后获得重大突破：台参1井开辟了中国西北地区侏罗系油气勘探新领域，陕参1井打开了华北下古生界原生油气藏勘探新局面，濮深8井打开了东濮坳陷西洼南部勘探新区域。

1987年

2月12日 国防科工委和石油部共同研制成功的“银河地震数据处理系统”投产庆祝大会在河北涿州召开。该系统整机处理能力达到国际水平。

2月24日 国务院第132次常务会议研究崖13-1气田天然气开发和下游利用问题。由于国际油价下跌,使气田外汇平衡发生困难,国务院要求对气田采取慎重态度。4月16日,中共中央政治局委员、国务院副总理李鹏,国务委员康世恩召开会议,决定将气田天然气一部分生产化肥,一部分液化出口。

3月30日 国务院批转国家计划委员会、国家经济委员会、财政部、石油部《关于在全国实行天然气商品量常数包干办法的报告》,决定从1987年4月1日起在全国实行天然气商品量常数包干,每年包干基数67.5亿立方米,一定四年不变。

3月 美国阿莫科石油公司在珠江口29/04合同区所钻流花11-1-1井在新近系珠江组测试,日产原油330吨,发现流花11-1储量上亿吨大油田。

6月12日 渤海埕北油田建成投产。6月30日,中国海洋石油总公司接替日本埕北开发株式会社成为油田操作管理者。这是对外合作按国际标准建成投入开发的第一个海上油田。

6月30日 中国石油开发公司在北京钓鱼台国宾馆举行新闻发布会,对外宣布“共担风险、合资开发、联合管理,我当作业者,中方总承包”的陆上石油对外合作方式。

6月 国家批准建设青海石油三项工程:尕斯库勒油田年产120万吨建设工程、尕斯库勒至格尔木输油管道工程和格尔木炼油厂年产100万吨建设工程。

7月14日 第二届国家级科学技术进步奖评审结果在北京揭晓,石油部和中国海洋石油总公司共获奖33项,其中“中国煤成气的开发研究”“塔里木盆地和准噶尔盆地沙漠腹地地震勘探新技术”“银河地震数据处理系统”获一等奖。

9月3日 塔里木盆地北部轮南1井在三叠系获得日产原油28.1立方米、天然气2488立方米,是塔北地区首次在三叠系地层获得重要发现。

9月10—16日 石油部在大庆油田召开石油企业深化改革座谈会。会议总结交流大庆油田等企业推进改革、搞活企业的经验,研究解决推行厂长负责制有关问题,部署安排企业升级工作。

9月 中国第一台沙漠钻机25-60DS在宝鸡石油机械厂研制成功。

10月20日 中国第一个高凝油田——辽河沈阳油田、第一条输送高凝油的原油管道——沈阳至抚顺输油管道建成投产。沈阳油田和沈抚管线工程是国家“七五”重点工程。沈阳油田原油地质储量2亿吨,原油凝固点67℃,开采和输送难度很大,年产原油220万吨。沈阳至抚顺输油管道的建成投产,标志着中国开发建设此类油田配套工艺技术获成功。

11月27日 石油专用卫星通信网全网开通。

同日 石油部与缅甸能源部在缅甸仰光签订《中国石油工程建设公司与缅甸缅玛石油公司为在缅甸中部盆地进行地震勘探的服务合同》。这是石油部物探局首次承担国外施工任务。

12月 国务院召开办公会议,研究解决石油工业资金困难等问题。批准从1988年1月1日起,国内高、平价原油价格统一每吨提价10元,同时实行石油及天然气储量有偿使用办法,每吨原油(天然气每千立方米)提取储量有偿使用费5元,所得收入用于建立油气勘探基金。石油主管部门可以根据勘探需要,在全国范围内统一调剂使用,并免征各种税收。此后,国家有关部门又连续5次上调储量有偿使用费提取标准,到1998年提取的标准达到原油每吨80元、天然气每千立方米40元,其中大庆等6个主要油田达到原油每吨100元。

1988年

1月20日 中国海洋石油总公司与挪威国家石油公司签署南海琼东南52/26石油合同。中国国务院代总理李鹏和挪威首相布伦特兰夫人出席签字仪式。

1月24日 全国第二口科学探索井——陕参1井开钻,该井由长庆石油勘探局6042钻井队承钻。12月2日经测试求产,日产天然气59844立方米。1989年2月2日完钻,井深4068.5米。该井是长庆靖边气田的发现井。

1月 石油部决定,对大庆油田实行以"四包"①"四挂"②为主要内容的承包经营责任制。

同月 国家调整包干政策,原油产量包干指标固定为1.06亿吨。同时对超产分成所得勘探开发基金,征收15%的能源交通建设基金和10%的预算外调节基金。

2月 石油部启动"全国注水油田提高采收率方法筛选及潜力分析"项目,共有13个油气区、82个油田、184个区块投入研究、筛选和分析。1991年1月完成《中国注水开发油田提高原油采收率潜力评价及发展战略研究》总报告,提出"三次采油"③发展

---

① "四包"是指包原油产量、包新增储量、包新建产能和包投入工作量。

② "四挂"是指工资奖金同吨油资金含量挂钩,同工作量工资含量挂钩,同多种经营效益挂钩;职工福利基金同原油产量与项目投资包干、节约分成挂钩。

③ "三次采油"是指利用各种物理、化学方法,通过注入流体或热量来改变原油黏度或改变原油与地层中的其他介质的界面张力等,驱替油层中不连续的和难开采的原油达到进一步提高原油采收率的目的。三次采油的方法主要有热力采油法、化学驱油法、混相驱油法等。

方向。20世纪90年代陆续在大港、大庆、胜利、河南、新疆、辽河、吉林等油区开展先导试验,1996年进入工业化推广,2005年全国三次采油规模达到1800万吨,工艺技术和生产规模均居世界领先水平。

3月25日—4月13日 第七届全国人大一次会议审议通过《国务院机构改革方案》,决定撤销石油工业部、煤炭工业部、电力工业部,组建能源部,将石油工业部政府职能转交给能源部,在石油部基础上组建中国石油天然气总公司。

4月15日 冀东石油勘探开发公司成立大会在河北唐海举行。石油部决定,由石油勘探开发科学研究院对冀东石油勘探开发公司实行总承包。该公司是石油部实行的第一个大型科研与生产联合体。

5月3日 国务院任命王涛为中国石油天然气总公司总经理。

同日 根据国务院机构改革方案,原隶属石油部的中国海洋石油总公司分立。

6月25日 能源部向国务院呈报《关于组建中国石油天然气总公司的报告》。

7月6—10日 中共中央宣传部在大庆油田召开宣传思想工作座谈会。中共中央政治局常委胡启立到会讲话,并视察大庆油田。

7月15日 大庆油田、长庆油田共同研究的"限流法压裂在薄油层开发中的运用"获1988年度国家科学技术进步奖一等奖。

8月15日 中国最大的焊管生产线——16英寸(约40.6厘米)直缝焊管机组在宝鸡石油钢管厂建成投产。该生产线从联邦德国萨尔茨吉特公司引进,设计年生产各类高压油气管道20万吨。

8月29日 国务院办公厅发出《转发能源部〈关于组建中国石油天然气总公司的报告〉的通知》。通知指出,中国石油天然气总公司建立以后,原石油部在国家陆地全境(包括岛屿、海滩、水深0~5米极浅海在内)石油、天然气的生产建设和经营管理职能,由总公司行使。总公司由能源部归口管理,在国家计划中单列户头。总公司具有法人资格,保留部级待遇,并逐步过渡到按经济实体经营;在国家方针、政策指导下,自主经营,独立核算,统负盈亏。

9月17日 中国石油天然气总公司成立大会在北京举行。

9月19日 世界上第一座陆海两栖步行坐底式钻井平台胜利2号在青岛北海船厂下水试用。

9月20日 总公司在北京召开首次新闻发布会。总公司总经理王涛介绍了总公司和中国陆上石油工业的现状和未来发展前景。

11月17日 塔里木盆地北部轮南地区轮南2井获得日产原油682立方米、天然气11万立方米的高产油气流。这是继轮南1井之后的又一个重大突破。

12月19日 总公司向中共中央、国务院呈报《关于加快塔里木盆地油气勘探的报告》。

12 月 30 日 总公司决定,1989 年内在直属科研院所实行院、所长负责制。

本年 根据中国、委内瑞拉两国政府签署的两国技术合作协定,石油部与委内瑞拉国家石油公司协商签署用中国注水油田开发技术为委方编制两个油田开发调整注水方案、委方向辽河油田提供重油热采技术的技术合作合同。

本年 江汉油田第四石油机械厂采用技贸结合的方式,分别从美国西方公司、OPI 公司和 SPM 公司引进成套压裂设备、压裂泵和高压流体控制产品的制造技术。

1989 年

1 月 5 日 吐鲁番—哈密盆地台参 1 井获工业油流,发现吐哈盆地第一个大油田——鄯善油田。

1 月 10—17 日 石油工业局厂领导干部会议在河北涿州召开。会议决定从 1989 年开始,对油田企业实行"三包①、两定②、两保③"为内容的承包经营责任制。这是总公司成立后召开的第一次局厂领导干部会议。

1 月 13 日 中共中央政治局常委、国务院总理李鹏,中共中央政治局常委、国务院副总理姚依林,国务委员邹家华在北京听取总公司关于石油工业局厂领导干部工作会议及塔里木盆地勘探情况和工作部署的汇报,同意组织塔里木石油勘探开发会战。

1 月 国产优化钻井开环控制系统在中原石油勘探局研制完成。该系统在国际钻井作业领域属于首创。

3 月 4 日 总公司发布《1989、1990 年深化石油工业改革,完善承包经营责任制的实施意见》。意见规定,总公司对所属企业实行承包经营责任制,确定总公司与所属企业责权关系,建立新型经营管理制度,使企业具有明确的经济责任、相应的经营自主权,以及按承包合同规定享有独立的经济利益,促进企业建立起自我约束的经营机制。

3 月 7 日 总公司决定,成立塔里木石油勘探开发指挥部,由总公司直接领导。4 月 10 日,塔里木石油勘探开发指挥部在新疆维吾尔自治区巴音郭楞蒙古自治州库尔勒市成立。

4 月 6—20 日 中英陆上石油研讨会在北京召开,在东营、克拉玛依设两个分会场。英国 12 家石油公司和设备制造商的 20 多名专家同国内石油界近 500 名专家、技术人员等参加会议,会上就油藏工程、油气开发、集输及装备等领域的问题进行交流。

4 月 12 日 胜利油田河 50 丛式井钻井平台成功钻成 42 口井,成为当时中国陆上最大的丛式井组。

① "三包"是指包原油天然气产量,包新增储量和包新增原油天然气生产能力。

② "两定"是指定投入工作量(百万吨生产能力所需费用、亿吨储量所需勘探费用),按油田开采情况和物价上涨指数定原油、天然气生产盈亏基数。

③ "两保"是指保油田用电指标(包括由总公司核定的以油换电指标)和保原油外输、外运。

5月27日 国家计划委员会批准内蒙古三项石油工程，即开发阿尔善油田、建设阿尔善油田原油外输管道和呼和浩特炼油厂，总投资17.4亿元人民币。内蒙古三项石油工程建成投产，结束内蒙古不生产石油的历史。

6月27日 人事部授予总公司李天相、邱中建等13人为1988年度国家级有突出贡献的科技专家。

7月2日 中国第一台4500米丛式井电动钻机在中原石油勘探局研制成功。

7月7日 我国石油行业第一条化学镀镍生产线在宝鸡石油机械厂建成。

7月15日 江汉测井研究所研制成功“自然伽马能谱测井仪”“岩性密度测井仪”“油井微球型聚焦测井仪”，确定为1989年国家级新产品。

9月27日 大庆油田发现30周年庆祝大会在大庆油田举行。国务院发贺电：“30年来，大庆油田累计为国家生产原油10亿吨，累计上缴国家利润770多亿元，为国民经济发展做出了贡献。国务院特向大庆油田的干部、家属表示热烈的祝贺和亲切的慰问。”

10月19日 塔里木盆地塔中构造塔中1井经中途测试，日产原油576立方米、天然气36万立方米。

11月23—25日 中共中央政治局常委、国务院总理李鹏在结束对东南亚三国访问归国途中视察克拉玛依油田，听取关于新疆石油勘探开发情况的汇报。25日，李鹏在乌鲁木齐为新疆石油管理局题词：“艰苦奋斗，为发展新疆石油天然气工业再立新功”。为新疆石油管理局泽普石油化工厂题词：“管理好泽普石化厂，为南疆人民脱贫致富多做贡献”。

11月29日—12月3日 总公司在北京召开油气田主要领导干部会议。部署搞好石油工业治理整顿和深化改革，继续保持全国油气田生产持续稳定增长。

12月14日 云南景谷油田浅45井获工业油流，结束了云南省不产石油的历史。

12月21日 中共中央批准成立中共中国石油天然气总公司党组。王涛任党组书记。

本年 国务院批准，平价原油出厂价格每吨提价27元人民币，调价收入全部作为储量有偿使用费。

本年 国家计划委员会、国家教育委员会批准石油大学（北京）重质油加工国家重点实验室立项建设。

1990年

2月25—27日 中共中央总书记江泽民视察大庆油田。指出，大庆精神就是为国争光、为民族争气的爱国主义精神，独立自主、自力更生的艰苦创业精神，“三老四严”的求实精神，胸怀全局、为国分忧的奉献精神。大庆精神不仅石油行业要学习，全国各行各业都应该学习，并题词：“发扬大庆精神，自力更生，艰苦奋斗，为建设有中国特色的社会主义而努力奋斗”。

4 月 20—26 日 总公司 1990 年石油企事业单位干部工作会议在华北石油管理局召开。总公司总经理王涛作《关于大庆油田蹲点调查的报告》。

5 月 8—14 日 总公司在胜利油田召开项目管理工作会议。总公司经理王涛指出：“总公司决定到 1992 年，各石油企业在勘探、开发和工程建设中，都要由点到面地全面推行项目管理。”

7 月 24 日 中共中央政治局常委、中央纪律检查委员会书记乔石视察塔里木石油探区。

7 月 31 日 总公司成立国有资产管理局。该局与总公司财务部合署办公，负责总公司所属企业、事业单位国有资产的管理，包括产权变动、资产调拨、报废处理、委托中介机构进行资产评估，以及组织清产核资等。

7 月 塔里木盆地东河塘 1 井在石炭系地层中途测试获高产油气流，发现东河塘油田。这是中国陆上首次发现厚达 100 米的石炭系海相砂岩油层。

8 月 12—13 日 中共中央政治局常委、书记处书记李瑞环视察大庆油田。

8 月 23 日 中共中央总书记江泽民视察新疆塔里木轮南石油探区，并为塔里木石油勘探开发指挥部题词：“加快塔里木石油勘探开发，为实现国民经济持续稳定发展做出更大贡献”。

10 月 15—19 日 总公司在江汉石油管理局召开首届集体经济工作会议，提出“一业为主、多种经营、多元开发，充分挖掘企业潜力”的指导方针。

10 月 26 日 华北石油管理局与美国 Anadrill 公司合作实施的任平 1 井开钻，是中国陆上与国外合作的第一口中曲率半径石灰岩水平井。

10 月 28 日 中共中央总书记江泽民视察辽阳石化。

11 月 2 日 西安石油勘探仪器总厂引进美国技术建设的 3700 数控测井仪生产线在西安通过验收投产。

11 月 10 日 总公司党组发出《关于在石油战线开展向王光荣同志学习活动的决定》。号召广大共产党员、共青团员和全体石油职工、家属，以王光荣同志为榜样，艰苦奋斗，埋头苦干，知难而进，无私奉献，为祖国四化事业建功立业。王光荣同志是新疆石油管理局 7015 钻井队泥浆工，优秀共产党员。1971 年转业到石油战线，在钻井队辛勤工作 18 年，在身患癌症后，仍以顽强的毅力忍着巨大的病痛坚持在塔克拉玛干沙漠腹地的塔中 1 井工作，把自己的一生献给了祖国的石油工业和塔里木石油勘探事业。

12 月 3 日 中共中央顾问委员会常委康世恩结合大庆思想政治工作的新经验新方法，提出做好思想政治工作的六条要求。《人民日报》头版转载康世恩于 11 月 30 日在《中国青年报》发表的文章《青年知识分子成才之路——对大庆青年大学生成长的调查和思考》。

12 月 10 日　中国石油天然气开发公司与新西兰石油勘探中国有限公司、美国圣太菲资源中国公司和美国密执安诺米科中国石油公司签署《中华人民共和国湖南洞庭湖盆地石油勘探、开发、生产合同》。

同日　长庆石油勘探局靖边气田陕 5 井喷出高产气流,日产无阻流量达到 110 万立方米。这是鄂尔多斯盆地第一口日产百万立方米的高产气井。

12 月 30 日　中共十三届七中全会通过的《中共中央关于制定国民经济和社会发展十年规划和"八五"计划的建议》指出:"石油工业,采取'稳定东部、发展西部'的战略方针,保证东部老油田稳产增产,适当集中力量加强西部新油区主要是塔里木、吐鲁番地区的勘探和开发。"

1991 年

1 月 1 日　塔里木油田首车原油外运。

1 月 9 日　中共中央总书记江泽民视察吉化公司,并题词:"把吉林化学工业公司办成有中国特色的社会主义企业集团"。

1 月　国务院决定,"八五"(1991—1995 年)期间,总公司对国家实行"四包"①,国家对石油工业实行"两定"②;同时,国家对原油价格再次进行调整,平价和国内高价原油平均每吨提价 34 元人民币,其中 10 元用作石油勘探开发基金。

2 月 1 日　中国首次引进的橇装脱硫装置——日处理天然气 50 万立方米的天然气集输工程在川中竣工投产。磨溪气田投入试生产。

2 月 1—4 日　胜利油田埕科 1 井获日产原油 268 立方米。这是中国首口利用水平井技术钻成的探井。

2 月 1—7 日　石油工业局厂领导干部会议在北京召开。中共中央总书记江泽民,中共中央政治局常委、国务院总理李鹏分别对会议作出批示。提出总公司"八五"期间和今后十年的发展思路:实施"三大战略",建立"三支队伍",实现"三个良性循环",使石油工业上一个新的台阶,并为 21 世纪石油工业持续稳定发展奠定物质、技术和人才基础。

2 月 5 日　中共中央总书记江泽民视察中原油田。

2 月 25 日　吐鲁番—哈密石油勘探开发会战指挥部成立。

3 月 10 日　江汉钻头厂成功研制中国首批高速滑动轴承密封三牙轮钻头。

3 月 15 日　中共中央政治局常委、国务院总理李鹏为吉化公司题词:"发扬吉化优良传统,把吉化办成技术先进,管理科学,效益高的现代化企业"。

3 月 21 日　中共中央组织部批准成立中国石油天然气总公司党组纪律检查组。

3 月 22—26 日　首届全国工业技术进步成就展览会在北京展览馆举办,中共中央总书记江泽民,中共中央政治局常委、国务

① "四包"是指包新增石油地质储量、包新增天然气地质储量、包原油产量、包天然气产量。

② "两定"是指定石油工业建设总工作量、定原油生产亏损总额。

院总理李鹏，中共中央政治局常委、中央纪委书记、中央政法委书记乔石，中共中央政治局常委宋平，中共中央政治局常委李瑞环参观石油天然气工业展区，并称赞石油工业为国家做出的贡献。

4月9—25日 应日本石油公团，加拿大阿尔伯达省政府，美国埃克森、雪佛龙、德士古石油公司邀请，总公司总经理王涛率领中国石油代表团出访日本、加拿大和美国，并签署9个协议、备忘录和意向书。

4月18日 国家计划委员会批复，同意大庆油田配套建设聚合物工程。该工程是大庆油田实施三次采油新技术的一项重要配套工程。

5月10日 中国技术进出口总公司和英国司南普吉提工程公司关于新疆14万吨乙烯工程引进装置合同草签仪式在北京举行。中共中央政治局常委、国务院总理李鹏，全国政协副主席、国家民委主任司马义·艾买提，新疆维吾尔自治区主席铁木尔·达瓦买提，总公司总经理王涛出席签字仪式。

5月11日 准噶尔盆地腹部中央隆起带彩参2井获工业油流，发现彩南油田。

5月23日 国务院召开办公会议，研究解决石油天然气勘探生产建设资金问题，决定对原油价格实行"平转高"政策，即在"八五"期间，每年将一定数量的平价原油转为高价原油，增加的收入主要用于石油勘探开发。

6月28日 中国银行向总公司提供12亿美元贷款协议签字仪式在北京举行。这笔贷款专项用于塔里木油田勘探开发及库尔勒至鄯善的输油管线建设。

6月 总公司批准长庆石油勘探局《安塞油田整体开发方案》。方案针对安塞油田"低渗透、低压、单井产量低"的特点，制定"从简、从省、从快，采用适用新技术"的开发建设原则。1995年，安塞特低渗透油田开发配套技术被评为总公司重大科技成果，被誉为"安塞模式"在全国石油系统推广。

7月5日 总公司和日本石油公团《关于中华人民共和国塔里木盆地西南地区石油地质及地球物理调查基本协议》签字仪式在北京举行。

7月27日 中国与英荷壳牌集团合资兴办的南海石油化工项目可行性研究协议签字仪式在北京举行。中共中央政治局常委、国务院总理李鹏出席签字仪式。南海石化项目是当时我国最大的中外合资项目，总公司参股10%，建在广东省惠州市，规模为年处理500万吨重质原油和年产45万吨乙烯。

8月20日 根据中国和科威特两国政府协议，由四川石油管理局组建的中国灭火队赴科威特灭火。11月17—18日，灭火队完成任务回国。国务院总理李鹏、国务院副总理邹家华在中南海接见灭火队全体队员。李鹏赞扬灭火队胜利完成扑灭10口难度大、喷油多的油井大火的任务，为中国石油工人争了光，为祖国争了光。11月18日，总公司召开大会表彰中国灭火队，并向全体队员颁发"中国灭火队赴科威特灭火纪念奖"。

10月8日 中国石油天然气开发公司和美国能源开发公司在北京签署《江西鄱阳

湖盆地区块石油合同》。

10月14—16日 总公司在北京召开油田领导干部会议。会议研究搞好大中型石油企业的主要措施和办法,确定把石油企业的工作重点转移到依靠科技,加强管理,提高经济效益的轨道上来;发挥党组织政治核心作用,坚持和完善厂长负责制,依靠工人阶级,实现石油工业持续稳定发展。

11月1日 中共中央政治局常委、国务院总理李鹏视察胜利油田和东营市,为胜利油田题词:"希望胜利油田为实现石油发展战略,稳住东部,开发西部,做出更大的贡献"。

11月12日 中国第一台国产6000米超深井钻机——ZJ601SB型钻机在塔里木通过部级鉴定。

11月15日 铁人王进喜雕像落成暨铁人王进喜同志纪念馆开馆典礼在大庆油田举行。

11月20日 吐哈油田首列原油外运。

11月 总公司获1991年国家科学技术进步奖项目12项。其中"定向井、丛式井钻井技术研究"获国家科学技术进步奖一等奖。

12月17日 塔里木勘探开发指挥部与中国银行乌鲁木齐分行举行7亿美元贷款签字仪式。该项贷款是1991年总公司与中国银行签订12亿贷款的一部分。根据国务院指示,塔里木石油勘探开发资金以后将靠外汇贷款和外资解决,实行负债经营。

1992年

1月14—18日 石油工业局厂领导干部会议在北京召开。国务院副总理朱镕基对石油战线提出四点具体要求:一是坚定不移地按照中央确定的"稳定东部、发展西部"的方针,实现持续稳定发展;二是深化改革,转换经营机制;三是加强内部管理,继续开展"质量品种效益年"活动;四是坚持两个文明建设一起抓,坚持学大庆。会议决定,1992年起,总公司对油气田企业实行"四包①、三定②、两保③、一挂钩④"承包责任制。

2月17日 总公司授予翁文波"石油工业杰出科学家"称号。

4月19日 塔里木盆地沙漠腹地塔中4井在石炭系试获日产原油285立方米、天然气5.3万立方米,发现中国第一个沙漠油田——塔中4油田。

4月23日 中国石油天然气加拿大公司在加拿大卡尔加里注册成立,这是中国石油在海外注册的第一家公司。

5月6日 总公司在华北油田召开石油企业劳动、人事、工资制度改革工作会议,

---

① "四包"是指包分年新增探明石油储量、包分年新增天然气储量,包分年原油产量和商品量,包分年天然气产量和商品量。

② "三定"是指一定分年投资规模、二定生产盈亏、三定建设资金来源。

③ "两保"是指一保石油专用管材,二保原油、天然气外输销售。

④ "一挂钩"是指工资总额与承包任务完成情况和经济效益挂钩。

安排部署石油企业劳动、人事、工资制度改革。

5月13日 中国石油天然气勘探开发公司与美国阿莫科东方石油公司在北京签署《中国安徽省阜阳地区石油合同》。

5月 辽河石油勘探局钻采工艺研究院马明发明的高温高压双参数测量仪获第83届国际发明展览特等奖。

6月18日 中共中央政治局常委宋平视察吐哈油田。

7月23日 中国石油物资装备总公司在北京成立。该公司是负责经营石油物资、专用设备和进出口贸易的全民所有制企业。

8月7日 总公司总经理王涛在《中国石油报》头版头条发表题为《以邓小平同志南巡重要谈话为指导,在改革开放中加快石油工业发展》的文章,指出在当前全国深入贯彻小平同志重要谈话的形势下,石油战线的根本任务,主要有两条:一是深化改革、扩大开放;二是加快发展。

8月16日 中共中央总书记江泽民同志视察兰州炼油厂和兰化公司。为兰州炼油厂题词:"发扬高严细实厂风,创办一流石化企业"。为兰化公司题词:"重振兰化雄风"。

9月11日 总公司和甘肃省人民政府在兰州培黎学校举行纪念伟大的国际主义战士、已故新西兰友人路易·艾黎暨培黎石油学校建校50周年活动。

9月23日 总公司印发《石油工业国有资产管理暂行办法》。开始组织开展国有资产清产核资工作,完成所有权界定、固定资产价值重估、土地清查及估价、核实国有资产占有量、核定资本金和资本管理建章建制等。

10月 总公司物探局在国际反承包招标竞争中首次中标,获得新西兰石油勘探公司承包的湖南洞庭湖盆地合同区块地震勘探反承包合同。

11月9日 胜利石油管理局埕岛油田投入开发。这是中国最大的浅海油田。

11月15日 中国第一台9000米石油钻机由中原石油勘探局钻井公司在塔里木盆地东河7-7井钻井施工。

12月5日 总公司成立国际公司筹备组,并先后组建了中亚、中俄等公司,作为其地区性对外合作子公司。

12月9日 中国第一家石油交易所——南京石油交易所成立。

12月 总公司机关实施机构改革,下放管理权限,简化管理项目和程序。

同月 总公司与美国强思公司在美国洛杉矶全资创办中美石油开发公司,中方占股份90%。

1993年

1月9日 经国务院批准,中国联合石油有限责任公司在北京人民大会堂举行开业典礼。该公司是总公司和外经贸部下属中国化工进出口总公司各按 50% 比例出资并按《中华人民共和国公司法》组建的股份制企业。它的成立使总公司获得部分进出口贸易权，为国际化经营提供一个重要窗口。

1 月 18 日　总公司召开全国石油企事业单位电话会议。会议全面总结 1992 年石油工业所取得的成绩和存在的问题，重点就 1993 年改革开放和生产建设任务做了安排。总公司总经理王涛在电话会上讲话。

1 月 20 日　国务院批复总公司《关于扩大陆上石油对外合作的请示》，同意扩大陆上石油对外合作并分两种类型进行。2 月 17 日，总公司在北京人民大会堂举行中国陆上石油扩大对外合作新闻发布会，宣布从即日起，油气风险勘探地区由南方 11 省（自治区）扩大到 21 个省（自治区）市，新增加北方 10 个省（自治区）市的 12 个地区总面积 41.79 万平方千米；合作内容从风险勘探扩大到老油田提高采收率。

1 月　国务院决定，从 1993 年起，给予石油企业 5% 的原油自销权，给予炼油企业 9% 的成品油自销权，同时取消石油最高限价。

同月　全国石油系统第一家股份制企业——胜利石油管理局大明（集团）股份有限公司在胜利油田发行股票。

2 月 9 日　总公司与日本三菱商事株式会社在北京签署合资成立香港中菱石油有限公司协议，着手开展土库曼斯坦天然气勘探开发项目有关工程建设的可行性研究。

2 月 10 日　中国北方陆上（包括滩海）第一个石油合作双边谈判风险勘探项目《中华人民共和国渤海湾浅海地区赵东区块石油勘探开发和生产合同》在北京签约。

2 月 17 日　总公司在北京人民大会堂举行新闻发布会，王涛总经理宣布，经国务院批准，陆上石油对外合作区域由南方 11 省（自治区）扩到北方 10 省（自治区）。中共中央政治局常委、国务院总理李鹏会前接见了外国公司代表。

2 月 19 日　国内陆上石油对外合作双边谈判风险勘探项目《中国江苏省苏北盆地东部地区石油勘探开发和生产合同》在北京签约。

2 月 22—26 日　总公司召开首次石油企业外事工作会议。会上提出，力争通过三到五年的努力，实现国际化经营的五个目标：一是建立起一支能够适应对外合作的高素质队伍；二是建立起一个实施全球战略的对外工作网络；三是通过参与国际油气合作勘探开发，争取拿到一部分国外的油气资源；四是在国外建立起一批合作项目和合资企业，开辟和占领一部分国际市场；五是在国际上建立起总公司的信誉和形象。

2 月　大港油田 ZJ20 注聚合物装置研制成功，达到国际先进水平。

3 月 1 日　总公司在塔里木盆地东南部划出 5 个区块，总面积 7.27 万平方千米，实施陆上石油风险勘探首轮国际对外招标。

3 月 5 日　总公司中标泰国邦亚区块合作项目。10 月，总公司香港公司购买美国 NCII 公司权益，取得泰国邦亚石油区块开发项目的作业权，由控股的中美石油开发公司具体运营。

3 月 15—31 日　第八届全国人大一次会议通过国务院机构改革方案，决定撤销能源部。总公司由国家计划委员会负责联系。

3 月 29 日—4 月 7 日　总公司总经理

王涛率领中国石油代表团赴美国参加中美石油界联合举行的石油合作研讨会，以增进相互间了解，扩大双方经济贸易和技术合作。

3月 总公司中标秘鲁塔拉拉油田第七区块生产服务合同项目，这是总公司第一个中标的海外生产服务合同。

4月1日 国家物价局发出通知，从5月1日起，对计划内成品油价格实行“平转高”，统一执行计划内高价，计划外销售成品油实行市场价。此前，经国务院批准，国产原油价格在连续三年“平转高”的基础上，1993年将总公司3000万吨计划内平价原油转为高价销售。

4月2日 中国石油代表团与美国哈里伯顿公司等在美国休斯敦签订有关油气勘探开发仪器设备的7项合同和协议。

4月23日 中国在世界石油大会执行局维也纳会议上获1997年第十五届世界石油大会举办权。

5月3日 中国石油天然气总公司、中国石油化工总公司和上海市人民政府共同发起设立的上海石油交易所开业，进行原油、汽油、柴油现货远期合同和期货合约交易。标志着中国石油企业在从计划经济向社会主义市场经济过渡中迈开了新步伐。

6月1日 吐哈油田在新疆鄯善建成中国陆上油田第一个按国际油田管理标准运行的自动化采油作业区。作业区有309口油水井、19座计配站、10座注水站、1座联合站、1座油水处理厂和一套分布式自动控制系统。

6月2日 中共中央政治局常委、全国人大常委会委员长乔石到四川石油管理局南充炼油厂视察催化裂化装置。

6月10日 中共中央总书记、国家主席江泽民视察宝鸡石油钢管厂。

6月16—21日 总公司石油企业计划管理改革座谈会在冀东油田召开。决定将三级计划管理改为总公司、油田两级管理。

6月23日—7月14日 华北油田向北京供气的后备气源井——霸33井，因当地村民在井口偷接管线盗窃凝析油，引起特大火灾。7月14日凌晨压住井喷。在21天抢险中，油田共计投入人力9551人次，各种车辆5474台次，井场及道路临时占地4000余亩，抢险消耗大量物资器材，造成直接经济损失2430.43万元人民币。

7月15日 总公司在加拿大北湍宁油田生产出中国石油工业发展史上第一桶海外份额原油。3月，总公司签订加拿大北湍宁老油田开发项目合同，以245万加元购入阿尔伯达省北湍宁油田15.8865%工作权益，享有51.5万桶油当量的储量份额和19.5年的剩余开采年限。

7月18日 中共中央总书记、国家主席江泽民视察青海油田格尔木炼油厂，并题词：“办好格尔木炼油厂，支援边防建设，造福青藏人民”。

7月24日 全国油气田改革工作会议在辽河油田召开。会议要求各油气田在解体“大而全”“小而全”基础上，走“油公司”路子，形成以“油公司”为核心、施工作业和辅助生产企业为紧密层、生活服务企业为半紧密层的油田企业集团管理体制。

8月23日 总公司党组作出《关于开

展向王为民同志学习活动的决定》。

8 月 24 日　国务院新闻办公室在北京梅地亚中心举行新闻发布会。总公司总经理王涛向中外记者介绍中国陆上石油工业改革开放和发展形势。

9 月 18 日　总公司引进的第一条钻杆内涂层生产线在华北石油管理局第一机械厂建成投产。

9 月 23—25 日　中共中央政治局常委、国务院副总理朱镕基视察克拉玛依油田和独山子乙烯工程。

9 月 28 日　青海石油三项工程之一的格尔木炼油厂一期工程建成试投产。

10 月 10 日　中国石油大学举行建校 40 周年纪念大会。中共中央总书记、国家主席江泽民题词:“办好石油大学,培养优秀人才”。中共中央政治局常委、国务院总理李鹏题词:“为发展石油工业培养合格的人才”。

10—11 月　由石油物探局等 5 个单位组成的西藏探险小分队完成对藏北羌塘盆地、库木库里盆地实地踏勘。这是石油勘探队伍第一次进入藏北无人区。

11 月 3 日　北京市政府、中国石油、中国石化和中国海油共同出资设立的北京石油交易所在北京亚运村开业。

12 月 9 日　总公司与国务院政策研究室在北京联合召开石油工业改革与发展高级研讨会。总公司总经理王涛作题为《我国石油工业形势和发展战略》的发言。

12 月 20 日　总公司与美国埃索(中国)有限公司、日本住友株式会社和日本印度尼西亚石油株式会社在北京共同签署《中华人民共和国塔里木盆地东南部第三区块勘探开发和生产合同》。这是陆上石油对外合作首轮国际招标签署的第一个石油合同。

12 月 27 日　在中共中央总书记、国家主席江泽民主持召开的中央财经领导小组第八次会议上提出,石油工业的发展必须继续贯彻“稳定东部、发展西部,国内为主、国外补充,油气并举,节约开发并重”的方针。

12 月　中国石油天然气总公司获国家科学技术进步奖项目 9 项。其中,“KJ8920 石油地质勘探油田开发大型数据处理系统”获国家科学技术进步奖一等奖。

本年　中国从石油净出口国变为石油净进口国,全年进出口相抵,净进口石油 981.51 万吨。

1994 年

1 月 1 日　总公司取得加拿大南普斯库比、贝克、庄海勒 3 个区块开发项目工作权益。

1 月 8 日　由总公司控股 90% 的中美石油开发公司秘鲁分公司接管秘鲁塔拉拉油田七区项目作业权。

1 月 17 日　总公司举行新闻发布会,总公司总经理王涛对外宣布:中国陆上石油对外合作从现在开始进行第二轮国际招标,并着手第三轮的准备工作。

1 月 19—24 日　总公司工作会议在北京召开。总公司总经理王涛作题为《加大改革开放力度,加快生产建设步伐,开创陆上石油工业发展的新局面》的工作报告。决定从1994年开始，对油气田企业实行“两定[1]、两自[2]、一挂钩[3]”生产经营责任制。

1月29日 中国石油勘探系统第一套用于地震资料处理的并行向量计算机CONVEX－3210双机数据处理系统在长庆石油勘探局投入使用。

2月8日 中国石油天然气总公司与意大利阿吉普公司、法国埃尔夫石油公司、日本能源株式会社、日本石油资源株式会社、美国德士古公司在北京签署《中华人民共和国塔里木盆地东南部第一区块（牙通古孜）石油勘探开发和生产合同》。5月1日合同开始执行。

2月26日 第十五届世界石油大会组委会在北京召开成立大会。中共中央政治局常委、国务院总理李鹏向大会致信祝贺。会议决定，总公司总经理王涛担任组委会主席，第十五届世界石油大会于1997年10月在北京召开。这是首次在中国举办世界石油大会。

3月22日 中国陆上石油对外合作第一轮招标——地球物理风险勘探项目《塔里木盆地东南部第四区块物探协议》在北京签约。

3月25—31日 总公司东部地区油田开发工作会议在胜利油田召开。会议提出“纯东部，硬稳定”。进行二次创业，开辟第二战场，实现东部油区稳定发展。

4月5日 国务院发出《国务院批转国家计委、国家经贸委关于改革原油、成品油流通体制的意见的通知》，对国产原油、成品油资源实行国家统一配置；对国产原油、成品油实行国家统一定价；对原计划内、外油价并轨提价，国内原油实行两个档次价格，由国家计划委员会商有关部门具体研究制定。全国所有炼油厂生产的成品油都实行统一出厂价格。自1982年以来实行的国内原油、成品油价格双轨制至此终结。

4月12日 中共中央政治局常委、国务院副总理朱镕基视察大庆油田。

4月13日 总公司与陕西省政府在西安签署《关于开发陕北地区石油资源协议》。

4月17日 总公司在长庆油田召开加快鄂尔多斯盆地油气勘探开发技术座谈会，根据“稳定东部、发展西部”战略方针，研究如何加快陕甘宁盆地油气勘探开发问题，为陕甘宁地区制定了“33551”的中长期发展规划目标。

4月23日 总公司决定，成立国际勘探开发合作局，与中国石油天然气勘探开发公司合署办公。7月2日，总公司召开国际勘探开发合作局成立大会。总公司总经理王涛指出，加快对外合作的步伐，既要引进国外资金、技术到中国来勘探，也要组织力量，有计划地到国外去搞勘探开发，参与世界石油资源的分配；要把队伍建设放在第一位，锻炼队伍，培养干部，壮大力量，树立形象。

---

① “两定”是指核定油气配置量、核定上缴利润和储量有偿使用费。

② “两自”是指在完成“两定”指标的前提下，企业以效益为中心，增收节支，做到生产经营自负盈亏，建设资金自求平衡。

③ “一挂钩”是指继续实行工资总额与企业增加值和实现利润挂钩，坚持严考核、硬兑现，逐步形成正常的工资增长机制。

5 月 4 日 中国石油天然气总公司总经理王涛与化学工业部部长顾秀莲在北京签署经济技术合作协议。

5 月 24 日 总公司三项制度改革经验交流会在青岛召开。会议确定当年工作重点:控制职工总量,搞好人员分离;推行“三岗制”和“三干法”,搞活用人机制;加强职工培训考核,提高队伍素质;加快养老保险制度的改革,建立具有石油特点的社会保险体系。

5 月 29 日—6 月 1 日 总公司总经理王涛率代表团参加在挪威斯塔万格召开的第十四届世界石油大会。大会主题:“持续发展的世界石油工业面临的机遇与挑战”。6 月 1 日,大会在闭幕式上宣布第十五届世界石油大会将于 1997 年在中国北京召开,并将会旗传递给世界石油大会中国国家委员会主任侯祥麟。王涛在此次大会上当选为世界石油大会副主席。

5 月 29 日—6 月 20 日 应伊拉克政府邀请,总公司与北方工业(集团)总公司联合组团首次赴伊拉克考察,商谈石油合作事宜,并与伊拉克石油部签订了合作开发艾哈代布油田的初步协议。

5 月 在纪念毛泽东为延长石油厂厂长陈振夏题词“埋头苦干”50 周年之际,中共中央政治局常委、国务院总理李鹏为延长油矿题词:“埋头苦干,再立新功”。

6 月 3 日 中国工程院成立大会上公布了首批 96 名院士名单,作为工程院成立倡议人之一的中国科学院院士、原石油部副部长侯祥麟入选中国工程院院士。

6 月 10—14 日 总公司总经理王涛率中国石油代表团出访秘鲁,期间拜会秘鲁代总统、议会议长海梅·吉山田中。14 日,到中国石油海外合作项目秘鲁塔拉拉油田指导工作。

6 月 28 日 江泽民、刘华清、胡锦涛等中央领导接见出席中央国家机关“七一”表彰会的中国石油代表并与他们合影留念。

7 月 11—13 日 国务院副总理邹家华到塔里木油田视察时总公司作工作汇报,提出关于油气外输和下游利用安排问题,并提出建设天然气外输工程的设想,希望国家将这项工程纳入“九五”计划和 15 年规划。

8 月 10 日 总公司成立扶贫领导小组。年内开展新疆北部 8 个国家级贫困县定点扶贫工作。

8 月 彩南油田基本建成,成为我国第一个投入开发的整装沙漠油田。1995 年 8 月,彩南油田通过验收。该油田引进美国贝克休斯公司的油区微机自动化监控系统,是中国第一个实行集中处理、全部计量和抽油井自动化控制的油田。

10 月 6 日 中国石油教育学会在北京成立。宗旨是“团结石油教育工作者,探索行业办学的规律,促进我国石油教育的改革和发展”。

10 月 20 日 总公司物探局与厄瓜多尔国家石油公司签订《在厄瓜多尔丛林地区进行地震采集技术服务承包合同》,这是物探局首次通过公开竞标进入国际勘探市场。

11 月 7 日 在国务院召开的现代企业制度试点工作会议上,大港石油管理局被确定为全国百家现代企业制度试点企业之一。1992 年 8 月总公司确定大港石油管理局为综合改革试点单位。

11 月 21 日 中国浅海第一座组合式采油平台——埕岛中心 1 号平台在胜利埕岛油田埕北 11C 井组就位插桩升船成功。

11 月 26 日 新疆南疆焉耆盆地的焉参 1 井喷油，日产原油 104 立方米、天然气 5 万立方米，发现宝浪油田。

11 月 中国与俄罗斯两国政府签署《中国石油天然气总公司与俄罗斯西伯利亚远东石油股份公司会谈备忘录》，俄罗斯安加尔斯克至中国大庆的输油管道项目前期工作启动。

12 月 19 日 总公司发布《中国石油天然气总公司对外合作开采陆上石油资源暂行管理办法》，明确国际合作局负责管理对外合作开采陆上石油资源工作；勘探开发公司负责陆上石油对外合作合同的执行，统筹对外合作区油气产品等营销工作；成立南方石油天然气勘探开发公司，具体负责南方 11 省(区)石油对外合作合同的执行工作。

12 月 21 日 总公司中标秘鲁塔拉拉油田 6 区块。

12 月 23 日 国家计委交通能源司批准同意中国石油天然气总公司从俄罗斯东西伯利亚进口天然气。

12 月 27 日 总公司在北京人民大会堂举行公开发表邓小平有关发展江苏石油工业指示座谈会。

本年 总公司实现利润 98.7 亿元人民币，结束连续 6 年全行业政策性亏损。

1995 年

1 月 10—16 日 总公司 1995 年工作会议在北京召开。会议讨论确定总公司《关于以经济效益为中心，加快发展若干问题的意见》。中共中央政治局委员、国务院副总理邹家华与部分会议代表座谈并作重要指出。

1 月 18 日 中国石油天然气勘探开发公司与美国、加拿大、日本等国的 8 家公司组成作业集团，竞标获得巴布亚新几内亚独立国政府颁发的 PPL.174 区块勘探许可证，合同区面积 506 平方千米。该项目为总公司首次在海外进行风险勘探并担任作业者。

1 月 27 日 根据党中央、国务院关于“发展要有新思路”的指示精神，总公司印发《关于以经济效益为中心加快发展若干问题的意见》。

2 月 21—25 日 总公司党组纪检组、监察局在北京召开 1995 年石油纪检监察工作会议。会议确定要重点抓好贯彻落实国有企业领导干部廉洁自律“四项规定”，查处大案要案，纠正不正之风，开展以企业外部投资为重点的资金管理使用效能监察和加强党风廉政教育等五个方面的工作，并作具体部署。

2 月 28 日 在总公司举行的地球软件发布会上，物探局发布中国自行研制的有独立版权的 GRIStation 三维交互综合解释工作站软件系统，结束了该领域长期以来完全依赖进口的历史。

3月24日　总公司总经理王涛在长庆油田现场办公时，提出建设长庆气区到北京、西安、银川、呼和浩特4条输气管线。

4月7日　国家主席江泽民在北京会见埃克森公司董事长兼首席执行官雷蒙德。总公司与埃克森公司签署《松辽盆地西北部深部地层区块石油勘探开发和生产合同》和《青海大风山—鄂博梁区块石油勘探开发和生产合同》。

4月14日　中共中央政治局常委、国务院总理李鹏在听取国家计委、中国石油、中国海油汇报“九五”计划和2010年远景目标规划后指出，石油工业要坚持“稳定东部，发展西部”的方针。

4月26日—5月3日　第二届全国工业企业技术进步成就展览会在北京举办。党和国家领导人江泽民、李鹏、李岚清、吴邦国、姜春云、罗干等先后参观了石油馆展厅，对总公司近年来取得的科研成果表示祝贺。

4月28日　华北油田45123钻井队在蒙古国承钻的第一口石油探井开钻。蒙古国总统奥其尔巴特参加开钻仪式。

5月14日　中共中央政治局委员、国务院副总理吴邦国视察青海油田格尔木炼油厂。

6月8日　国务院批准，总公司在北京举行新闻发布会，总公司总经理王涛宣布从1995年6月9日起，对塔里木盆地和准噶尔盆地的部分地区进行陆上石油第三轮国际招标。

6月13—17日　总公司石油企业三项制度改革工作会议在中原油田召开。会议确定劳动人事工资制度改革的重点和目标。

6月24日　中共中央总书记、国家主席江泽民视察吉化30万吨/年乙烯工程建设工地。

7月13日　总公司印发《关于石油企事业单位全面实行劳动合同制的实施意见》，要求自1995年1月1日起，两年之内对全部从业人员通过订立劳动合同建立劳动关系。

7月15日　中共中央政治局常委、中央书记处书记胡锦涛视察青海石油管理局格尔木炼油厂。听取汇报后，向101援藏工程全体建设者表示祝贺和慰问。胡锦涛说：“希望大家再接再厉，保质保量按期完成任务，为援藏、为西藏30周年大庆献上一份厚礼。”

7月21日　中国石油天然气总公司与美国科麦奇公司、美国能源开发公司和中华能源资源公司组成的作业者集团在北京签署《冀东蛤坨区块石油勘探开发和生产合同》和《冀东老堡区块石油勘探开发和生产合同》。10月1日，合同开始执行。

8月23日　中共中央政治局委员、国务院副总理邹家华率领国务院赴青海考察团视察格尔木炼油厂。

9月11日　中共中央政治局常委、国务院副总理朱镕基视察吐哈油田。

9月19日　国家体改委和中国石油天然气总公司联合发文批复大港油田现代企业制度试点方案，同意“由大港石油管理局依照《中华人民共和国公司法》改组为国有独资公司,更名为大港油田集团有限责任公司”,大港石油管理局现代企业制度试点展开。

9月20日 大庆油田开发建设35周年暨高产稳产20周年总结表彰大会在大庆油田举行。中共中央总书记、国家主席江泽民为大庆油田题词:“发扬大庆精神,搞好二次创业”。中共中央政治局常委、国务院总理李鹏为大庆油田题词:“继续发扬爱国、创业、求实、奉献的大庆精神”。

9月25日 苏丹总统巴希尔访华期间,在江泽民主席推动下,签署关于中国向苏丹提供政府优惠贷款框架协议。26日,总公司与苏丹能源与矿产部在北京签署《苏丹能源与矿产部与中国石油天然气总公司石油产品分成协议》,中方获得穆格莱德盆地6区块石油勘探开采权。1996年1月1日,协议生效。这是中国石油在非洲国家的第一个石油合同。

9月 总公司组织开发生产局派代表赴加拿大考察,引进蒸汽辅助重力驱油(SAGD)及双水平井技术。

10月4日 由塔里木油田出资建设、维护的塔里木沙漠公路全线通车。这是全球流动大沙漠中修建的第一条等级公路。

10月9—12日 中国国务院总理李鹏访问秘鲁。访问期间,为中美石油开发公司秘鲁公司题词:“开发国际石油资源,为中秘友谊合作服务”。

10月10日 中油财务有限责任公司在北京正式成立。该公司是经中国人民银行批准设立、为总公司成员单位经营金融业务的非银行金融机构。12月18日正式开业。

同日 中共中央政治局委员、国务院副总理吴邦国视察胜利油田。

10月17日 总公司华北石油监事会成立,监事会由总公司、国家经济贸易委员会、国有资产管理局、财政部、中国工商银行和华北油田等代表组成。这标志着国有资产监管制度首次在石油系统开始实施。

11月7日 由中国石油工程建设公司总承包、中原油田建筑集团总公司施工的巴基斯坦印度河55号公路13合同段(51千米),以“工程质量全优”通过巴基斯坦国家公路局专家验收组验收检查。该工程总投资1.21亿元人民币,是中国石油施工企业在国外承包的第一个工程项目。

11月11日 中共中央政治局常委、国务院总理李鹏,中共中央政治局委员、国务院副总理邹家华视察江汉油田。李鹏为江汉油田发现30周年题词:“发扬钻头精神,继续攀登高峰”。

11月23—28日 总公司西部油气勘探工作会议在新疆库尔勒召开。会议要求西部油气资源开发必须实行上下游一体化,油气并举,油气并用,边勘探、边开发,形成资源、资金和人才接替三个方面的良性循环,争取更大的经济效益和综合社会效益。

同月 总公司勘探局、吉林油田和中国科学院共同研制的全国首套天然气液化装置在吉林油田伊通液化天然气站试产成功。

12月8日 中国石油海外合作项目苏丹6区项目获得中国进出口银行转贷的1

亿元人民币政府优惠贷款。

12月15日 全国原油年产量突破1.5亿吨，提前5年实现国家提出的2000年原油产量目标。

12月21日 总公司与美国德士古（中国）公司在北京签署《四川盆地雅安区块石油勘探开发和生产合同》和《四川盆地乐山区块石油勘探开发和生产合同》。

12月28日—1996年1月2日 总公司总经理王涛率领中国石油代表团一行17人访问科威特。访问期间，王涛分别会见科威特首相、第一副首相兼外交大臣以及科威特石油大臣、工贸大臣和科威特石油公司主席，出席有关合同签字仪式，并参观科威特有关石油生产和炼油设施。

12月30日 中国石油工程建设公司中标科威特集输站项目，与胜利油田工程建设总公司联合签署科威特石油集输站工程建设合同，合同额3.98亿美元。这是当时中国公司通过国际投标获得的合同额最大的工程建设项目。

12月 总公司总经理王涛率中国石油代表团出访意大利，与阿吉普公司董事长莫斯卡托达成“合作设立中意石油公司，共同开拓海外油气勘探开发业务”的共识。

1996年

1月15—17日 中共中央政治局委员、国务院副总理邹家华在陕西视察期间，听取总公司领导关于陕西油气开发和利用的工作汇报，了解陕甘宁盆地中部大气田储量及丰度和开发效益等情况。邹家华指出，陕西石油天然气的勘探突破，对陕西、甘肃、宁夏乃至全国，都是一件非常幸运的事，要赶快搞下游工程。今后将根据矿产资源国家所有这个总原则，由国家统一批准，对矿产资源管理开发采取区块管理办法。

1月22—26日 总公司工作会议在北京召开。总公司总经理王涛作题为《积极推进两个根本性转变，为实现陆上石油工业“九五”发展目标而奋斗》的工作报告。

1月23日 中共中央总书记、国家主席江泽民对陆上石油工业作出重要批示：“石油部门是为我国社会主义现代化建设创造了卓越功勋的部门。石油工人是中国工人阶级的一支英雄队伍。希望你们继续全心全意依靠工人阶级，发扬大庆精神和艰苦奋斗、‘三老四严’的优良传统，努力实现两个根本性转变，坚持‘稳定东部、发展西部’的方针，努力完成‘九五’任务，为国家做出更大贡献。”中共中央政治局常委、国务院总理李鹏，中共中央政治局常委、国务院副总理朱镕基，中共中央政治局委员、国务院副总理邹家华同时作出批示。

2月5日 总公司与意大利阿吉普（海外）有限公司、美国德士古（中国）有限公司在北京签署《新疆塔里木盆地南部第6区块石油勘探开发和生产合同》和《新疆塔里木盆地南部第7区块石油勘探开发和生产合同》。

2月11日 总公司总经理王涛代表总公司和百万石油员工赴昆明向云南地震灾区人民表示慰问，并捐款100万元人民币。

2月28日 中共中央政治局委员、国务院副总理吴邦国，中共中央政治局委员、国务院副总理邹家华在中国社会科学院撰写报呈的《中原油田的改革经验值得高度重视》调查报告上批示。

3月5日 陕西靖边至北京输气管道工程（陕京一线）开工建设。陕京输气管道工程是为支持北京申办奥运会、解决陕北气田向北京年供气15亿立方米的国家“九五”重点工程。3月12日，中共中央政治局常委、国务院总理李鹏为陕京输气管道工程题词：“建设好陕京输气管道，为发展经济，保护环境，提高生活水平作出新的贡献”。1997年8月18日，陕京天然气管道全线贯通。

3月21日 中共中央政治局常委、国务院总理李鹏，中共中央政治局常委、中央书记处书记胡锦涛，中共中央政治局委员、国务院副总理吴邦国分别在中南海接见总公司领导，以及大庆石油管理局新老领导班子主要成员，听取关于大庆油田的工作汇报。李鹏、胡锦涛、吴邦国分别作重要讲话。

3月23日 总公司向新疆喀什地区伽师县、克孜勒苏柯尔克孜自治州阿图什市地震灾区捐款捐物价值123.1万元人民币。

4月1日 总公司职工捐资30万元人民币兴建的新疆木垒哈萨克自治县石油希望小学举行落成典礼，总公司总经理王涛为学校题写校名。

4月4日 中国石油天然气总公司与美国JKR国际有限公司在北京正式签署《中华人民共和国松辽盆地吉林油田民114和乾130低渗透油田区块合作开发合同》。这是总公司首次与外方合作开发未动用难采储量。

4月6日 《康世恩论中国石油工业》《回忆康世恩》发行座谈会在北京举行。

4月17日 隆昌气矿纪念馆在四川隆昌市圣灯镇落成开馆。隆昌气矿是毛泽东视察过的唯一石油企业。

4月25日 总公司印发《中国石油天然气总公司渤海湾地区浅海石油作业安全规定》。这是总公司就浅海石油作业安全管理发布的第一个规定。

同日 中国、俄罗斯两国政府签署《中华人民共和国政府和俄罗斯联邦政府关于共同开展能源领域合作的协议》。授权总公司和俄罗斯能源部负责，合作开展从俄罗斯东西伯利亚向中国、经中国过境向第三国输送原油（天然气）管道项目的初步技术经济论证。

5月12日 总公司与尼日利亚石油资源部在尼日利亚首都阿布贾签署《石油工业合作协议》。中国国务院总理李鹏、尼日利亚国家元首阿巴查主持签字仪式。

5月17日 中联煤层气有限责任公司在北京成立。该公司由总公司、煤炭工业部、地质矿产部共同出资设立。

5月22日 总公司印发《深化石油系统职工养老保险制度改革实施方案》。截至1999年末，总公司146万名职工全部建立了养老保险个人账户。

6月28日 中国石油第一股——“石油大明”股票在深圳证券交易所挂牌上市，胜利油田大明（集团）股份有限公司作为股票发起人，发行新股3000万股。

7月1日 中国石油天然气总公司与香港HAFNTUM有限公司在北京签署《克拉玛依九$_1$—九$_5$区块石油开发生产合同》。9月1日，合同开始执行。

7月2—3日 中共中央政治局常委、国务院总理李鹏，中共中央政治局委员、国务院副总理姜春云视察大庆油田。李鹏题词："科技研究领先，保持原油稳产""铁人精神代代相传""用大庆精神育人，培养跨世纪人才"。

7月6日 总公司和中国北方工业（集团）总公司与伊拉克政府在巴格达草签艾哈代布油田石油开发合同。

7月17—20日 总公司南方油气勘探工作会议在海南三亚召开。会议总结南方油气勘探实践，提出"九五"油气勘探的目标和部署，决定把南方地区作为总公司油气勘探战略准备区。

7月23日 中共中央政治局常委、全国政协主席李瑞环视察青海油田格尔木炼油厂。

8月8日 总公司与加拿大皇朝能源有限公司在北京签署大庆油田肇州州13区块复杂油藏开发生产合同。

8月9日 总公司与英荷皇家壳牌勘探（中国）有限公司在北京签署《渤海湾盆地辽河清水区块深层石油合同》。

8月12—16日 总公司改革与管理经验交流会在中原油田召开。

8月26—31日 中共中央政治局委员、国务院副总理吴邦国视察塔里木、吐哈、克拉玛依三大油田及独山子、乌鲁木齐石化两家炼化企业。

9月6日 中共中央政治局常委、国务院总理李鹏视察塔里木油田。指出，陆上石油工业总的方针是"稳定东部，发展西部"，发展西部寄希望于新疆三大油田，特别是塔里木油田。要继续发扬艰苦奋斗、勤俭办一切事业的拼搏精神，争取"九五"有一个较大的发展，在21世纪的前10年有更大的发展，在新疆能够建成第二个大庆。

9月9日 中共中央政治局常委、国务院总理李鹏在西宁听取青海石油管理局工作汇报，并题词："发扬艰苦创业精神，开发柴达木"。

9月13日 总公司召开陆上石油系统首届青年岗位能手表彰暨事迹报告会。总公司总经理王涛提出"争雄、争光、争气"三争精神。

9月16日 中共中央政治局常委、国务院总理李鹏在宁夏回族自治区银川市听取长庆石油勘探局工作汇报。

9月17日 总公司油气田企业体制改革研讨会在大港油田召开，研究油气田企业解体"小而全"、进行专业化重组等问题。

10月17日 中共中央政治局常委、国务院总理李鹏在三峡工程移民对口支援工作会议期间，为四川石油管理局题词："开发石油天然气，为三峡经济做贡献"。

10月21日 新港石油合作开发部在克拉玛依举行开业典礼。这是总公司以股份制形式与香港地区开展油气合作并在香港上市的第一个项目。

11月13日 应邀在委内瑞拉访问的中共中央政治局常委、国务院总理李鹏，与委内瑞拉总统卡尔德拉共同主持签署《关于共同开展石油领域合作的协定》《关于合作开发乳化油项目可行性研究协议和乳化油购售协议》等石油合作协议。

11月29日 总公司中标苏丹124区石油勘探开发项目。苏丹政府同意由总公司牵头组建国际石油投资集团，联合开发124区石油资源。1997年6月1日，124区联合作业公司——大尼罗石油作业有限公司成立。总公司代表周吉平出任首任总裁。该公司由总公司（持股40%）、马来西亚国家石油公司（持干股30%）、加拿大SPC（持股25%）和苏丹国家石油公司（持干股5%）共同出资设立。

12月16日 总公司总经理王涛在塔里木探区处级以上领导干部会议上作题为《寻找大油田》的讲话，对在塔里木寻找大油田的目标、方向、时间等作阐述，要求在2000年以前有所突破。

12月17—19日 1996年度国家科学技术奖励大会在北京召开，总公司11项成果获奖。其中“大庆油田高含水期‘稳油控水’系统工程”获国家科学技术进步奖特等奖，“塔里木沙漠石油公路工程技术研究”获国家科学技术进步奖一等奖。

12月19日 中共中央政治局委员、国务院副总理吴邦国在重庆市听取总公司工作汇报，并作重要批示。

12月26日 根据吉林省人民政府《关于吉林省油田管理局改制为吉林石油集团的批复》，吉林省油田管理局正式改制为吉林石油集团有限责任公司，以其为核心企业（母公司）组建吉林石油集团。

12月 《中国石油天然气工业年鉴（1996）》正式出版发行。这是中国石油工业史上第一部年鉴。

本年 总公司制定并开始实施“511对外合作骨干培养工程”，即用5年时间，筹措1亿元人民币，培养专业人才1000名。到2000年共举办5期，培训对外合作骨干935名。为中国石油国际合作事业发展提供了人才支持。

1997年

1月13日 中共中央政治局委员、国务院副总理吴邦国听取总公司工作汇报，并作重要指示。

1月14日 中共中央总书记、国家主席江泽民在中南海听取总公司工作汇报，并作重要指示。

同日 总公司印发《资产经营责任制暂行办法》，对试点单位考核国有资产保值增值率、内部上缴率、油气商品配置率和储采平衡率；实行企业工资总额增长与企业国有资产保值增值率和内部上缴率指标完成情况挂钩。

1月15—21日 总公司1997年工作会议在北京召开。确定工作重点是加大勘探力度，提高开发水平，实现“稳中求进”，储量产量持续增长;加快结构调整,推进“三改一加强”①,提高经济效益,销售收入、财政上缴、实现利润创出新水平;加强领导班子建设,培育“四有”②职工队伍,提高思想道德素质,开创精神文明建设新局面。发展方针是稳定东部、发展西部、油气并举,立足国内、开拓国际。总公司总经理王涛作题为《发扬大庆精神,推进两个根本转变,努力实现陆上石油工业持续稳定发展》的工作报告。

1月17日 中共中央总书记、国家主席江泽民,中共中央政治局常委、国务院总理李鹏在北京人民大会堂接见总公司1997年工作会议的全体代表并发表重要讲话。

1月21日 总公司党组作出《关于授予王启民同志“新时期铁人”、授予王为民“铁人式的好工人”荣誉称号,开展向王启民、王为民学习活动的决定》。

1月30日—2月2日 总公司纪检监察工作会议在北京召开。

2月1日 总公司颁发《关于加强中国石油天然气总公司系统社会主义精神文明建设的实施意见》,提出“两个走在前列”③的奋斗目标。

2月28日 总公司机关召开干部大会,动员和部署机关和在京单位处级以上干部中开展“讲学习、讲政治、讲正气”的党性党风教育和开展“创建优质服务、优良作风、优美环境的文明机关,做基层满意的工作人员”的活动。

3月1日 总公司、马来西亚国家石油公司、加拿大SPC公司、苏丹国家石油公司与苏丹政府在苏丹首都喀土穆正式签署《124区勘探开发产品分成协议》和《黑格里到苏丹港原油管道协议》等13个协议,合作区面积5万平方千米。合作伙伴间同时签订了联合作业协议。

同日 总公司与苏丹政府签署合资建设喀土穆炼油厂的协议。协议规定,喀土穆炼油厂原油年加工能力为250万吨,计划投资6.4亿美元,双方各出资50%。

3月1日—6月28日 根据“稳定东部,发展西部。油气并举、立足国内、开拓国际”的战略方针,总公司编制《“九五”至2010年炼油化工及天然气发展规划研究》,提出天然气发展战略是西气东输、川气出川、外气引进、管道成网、用气发电、以气顶油、扩大民用、发展化工。战略目标是大力发展天然气工业,优化我国能源结构,减轻环境污染,提高人民生活质量。主要战略部署是加强国内外天然气勘探,奠定资源基础;开拓下游市场,落实用气项目;抓紧输气管线建设。

3月16日 引额济克(额尔齐斯河—克拉玛依)工程开工建设。该工程全长329千米,是国家大(Ⅱ)型工程,2000年8月1日建成通水。

---

① “三改一加强”是指通过改革建立新的体制和机制,通过改组优化内部各类结构,通过改造推进企业技术进步,通过加强管理发挥各种生产要素的作用,全面提高企业的整体素质。

② “四有”是指有理想、有道德、有文化、有纪律。

③ “两个走在前列”是指各石油企事业单位的精神文明建设走在所在地区的前列,总公司的精神文明建设走在全国各行业的前列。

3月27日 总公司调整中国石油天然气勘探开发公司职能和机构设置。调整后该公司仍与总公司国际合作局合署办公，除负责陆上对外合作经营管理外，增加了负责国外石油勘探开发合同项目执行的管理、协调、服务、监督和统一经营职能；根据海外项目需要在海外设立子公司、分公司和合资公司；原总公司所属中美公司、加拿大公司、国际苏丹公司、苏丹124区块、伊拉克绿洲公司、中油中亚石油公司、亚澳公司作为勘探开发公司的分公司、子公司和合资公司。原总公司海外权益所属资产及派出人员一并划归中国石油天然气勘探开发公司，由该公司统一经营管理、统一核算。中国石油天然气勘探开发公司以"中国石油国际有限责任公司"名称在国外注册。

4月8日 中共中央政治局常委、国务院副总理朱镕基听取总公司海外项目工作汇报并作重要指示。

4月17日 中共中央宣传部、国家经济贸易委员会、全国总工会、国家科学技术委员会、黑龙江省委、总公司在人民大会堂举行"新时期铁人"王启民的先进事迹报告会。

4月24日 《人民日报》刊载总公司党组署名文章《论大庆精神》，重申大庆精神的内涵是为国争光、为民族争气的爱国主义精神，独立自主、自力更生的艰苦创业精神，讲究科学、"三老四严"的求实精神，胸怀全局、为国分忧的奉献精神，是这四种精神的有机统一。强调："30多年来，大庆精神以其不朽的生命力和巨大的历史作用，证明她是我国社会主义建设时期的宝贵精神财富。"

4月28日 中国当时最深一口水平井——塔里木解放128井测试施工。5月4日完钻，日产原油168吨、天然气108.4万立方米。完钻井深5750.30米，井垂深5331.70米，1998年8月被中国企业新纪录审定委员会评为中国企业新纪录。

5月4日 中共中央总书记、国家主席江泽民，中共中央政治局常委、书记处书记胡锦涛在中南海怀仁堂会见"中国青年五四奖章"获得者、青海石油管理局高级工程师秦文贵和全国杰出青年岗位能手、江汉油田开发处采油二队采油女工王明华。

5月 中国当时规模最大的北一区断西原对比试验的扩大三元复合驱矿场试验，在大庆油田采油一厂正式投产。该试验在原中区西部试验区注采井距106米的基础上扩大到250米，属于国家"九五"重点科技攻关项目之一。

6月4日 总公司在哈萨克斯坦政府出售阿克纠宾油田股份的国际竞标中获胜，与哈萨克斯坦政府签订购买阿克纠宾油气公司60.3%股份的协议。

6月4—5日 总公司中标委内瑞拉英特甘博油田和卡拉高莱斯油田项目，并出资购得全部权益，总标值3.59亿美元。7月29日，总公司与委内瑞拉勘探开发公司和委内瑞拉国家石油公司分别签署卡拉高莱斯油田作业协议和英特甘博油田作业协议。

6月5日 中国国务院总理李鹏、国务院副总理吴邦国和意大利总理普罗迪出席在北京人民大会堂举行的《中国石油天然气总公司与意大利阿吉普公司共同组建海联营公司的协议》签字仪式。总公司副总经理黄炎与阿吉普公司董事长古·莫斯卡托在协议书上签字。

6月6日　总公司与美国雪佛龙公司在北京签订《渤海湾胜利沾化东区块深层勘探开发和生产合同》。

6月7日　中国石油天然气总公司在哈萨克斯坦和委内瑞拉连中三标，中共中央政治局常委、国务院总理李鹏向总公司祝贺，并作批示。

6月10日　中日合资钻杆生产线在华北石油管理局第一机械厂建成投产。该生产线年设计生产能力为1.68万吨，当时居中国第一、世界第三。

6月16日　中国石油天然气总公司与美国能源开发（中国）公司在北京签订《渤海湾浅海胜利油田埕子口区块石油合同》。

6月19日　中共中央政治局委员、国务院副总理邹家华在河北涿州视察陕京输气管道建设工地。

6月27日　总公司发布SY/T 6276—1997《石油天然气工业健康、安全与环境管理体系》、SY/T 6280—1997《石油地震队健康、安全与环境管理规范》和SY/T 6283—1997《石油天然气钻井健康、安全与环境管理体系指南》3项行业标准。这是总公司首次发布有关石油天然气工业健康、安全与环境管理体系行业标准。

同日　总公司与俄罗斯联邦燃料能源部签署《中国石油天然气总公司和俄罗斯联邦燃料能源部关于组织实施石油天然气领域合作项目的协议》。

7月1日　塔中4油田建成投产，设计原油年生产能力250万吨。

7月　中国石油海外合作项目秘鲁6区4226井在塔拉拉组砂岩补孔，获日初产原油3302桶的高产油流，在秘鲁石油界引起轰动，成为秘鲁当年日产油量最高的一口井。秘鲁总统到油田现场考察。当地媒体称这是“本世纪以来秘鲁石油界的最大新闻”。

8月15日　总公司印发《中国石油天然气总公司关于全心全意依靠职工办企业的若干问题的意见（试行）》，这是全国首个全行业贯彻落实“依靠”方针的规定。《人民日报》对此在头版报道，全国总工会将总公司作为试点向全国推广。

8月18日　总公司与美国安然公司在北京签订《四川川中区块石油开发和生产合同》。

8月19日　中国著名石油地质学家孙健初诞辰100周年纪念会在北京举行。

9月10日　陕京输气管线工程竣工投产典礼在陕京输气管道北京调控中心举行。陕京输气管线是我国陆上当时距离最长、管径最大、所经地区地质条件最为复杂、自动化程度最高的天然气输送管线。

9月14日　总公司首批6万吨境外（秘鲁）份额油经东南亚换购，由“柳河号”油轮运抵秦皇岛码头。9月15日，举办接船仪式。

9月15日　总公司与加拿大泛华能源公司在北京签订《大港油田孔南区块石油开发和生产合同》，这是当时中国陆上石油与国外签订的合作开发未动用难采储量最大的一项合同。11月13日，合同开始执行。

9月24日　中国国务院副总理李岚清

访问哈萨克斯坦，与哈萨克斯坦共和国副总理舒克耶夫分别代表两国政府签署《关于在石油天然气领域合作协议》。

同日 总公司与哈萨克斯坦能源部在阿拉木图签订《关于油田开发和管道建设项目的总协议》。国务院总理李鹏、副总理李岚清出席签字仪式。李鹏为哈萨克斯坦项目题词："加强石油开发合作，发展中哈两国经济"。

9 月 26 日 总公司与哈萨克斯坦国家投资署签订《阿克纠宾石油作业合同》，并完成股权交割，获得阿克纠宾油气公司的经营管理权。10 月初，总公司正式接管阿克纠宾油气公司。

10 月 3 日 总公司在哈萨克斯坦阿克纠宾油田获得的首列份额原油共 27 节油罐车，从哈萨克斯坦阿克纠宾斯克火车站发出，行程 3220.9 千米，于 10 月 11 日经阿拉山口运抵新疆独山子石化。21 日，总公司在独山子石化举行接油仪式。

10 月 7 日 中国石油对外合作项目大港赵东合作区块 C－4 探井试油获日产原油 2000 余吨、天然气 30 万立方米。合作方美国阿帕契公司和路易斯安那石油公司同时发布新闻称，C－4 探井为 1997 年世界级高产井。

10 月 12 日 第十五届世界石油大会在北京召开。大会主题是"技术和全球化引导石油工业进入 21 世纪"。党和国家领导人江泽民、吴邦国、贾庆林、温家宝、吴仪、宋健、朱光亚出席开幕式。中共中央总书记、国家主席江泽民致辞。世界石油大会副主席、中国组委会主席王涛在开幕式上致辞。

10 月 13—14 日 中共中央政治局常委、国务院副总理朱镕基，中共中央政治局常委、全国人大委员长乔石，中共中央政治局常委、全国政协主席李瑞环，参观 1997 年国际石油天然气及石油化工展览会。

11 月 10 日 中国、俄罗斯两国政府签署《中华人民共和国和俄罗斯联邦关于经济和科技合作基本方向的谅解备忘录》，决定开展石油天然气工业合作。

11 月 24 日 总公司与意大利阿吉普公司在北京签署《中华人民共和国渤海湾北堡西区块石油勘探开发和生产合同》。

11 月 26 日 石油大学"211 工程"建设项目可行性报告获国家计划委员会批复，石油大学列入国家"211 工程"建设项目。

11 月 总公司与壳牌勘探公司签署关于中亚地区天然气资源和产能的评估以及管输至中国市场可能性的联合研究协议。协议中将此项工作定名为"Lunar"项目，1998 年 12 月，双方工作组提交了包括资源、管道、市场和商务研究的联合报告。

12 月 2 日 新西兰著名社会活动家路易 · 艾黎诞辰 100 周年纪念会在人民大会堂举行，回顾他为中国石油工业所作的贡献。中共中央政治局常委、国务院总理李鹏为大会题词。

12 月 16 日 总公司与澳大利亚环球公司在北京签订《吉林庙 3 区块石油开发和生产合同》和《吉林大安区块石油开发和生产合同》。

12 月 22 日 1997 年度国家科技奖励大会在北京召开。总公司获自然科学奖 2 项、技术发明奖 1 项、科学技术进步奖 9 项，其中"大中型天然气田形成条件、分布规律和勘探技术研究""石油水平井钻井成套技术""6000 米电驱动沙漠钻机"获国家科学技术进步奖一等奖。

12月29日 石油勘探开发科学研究院机械所研制的首台国产DQ－60D顶部驱动钻机在塔里木盆地轮古1井通过现场工业试验和性能测试，整体技术达到国际同类产品水平。中国成为继美国、挪威、加拿大、法国之后第5个能生产顶部驱动钻井装置的国家。

12月30日 总公司与香港伯克勃瑞国际有限公司在北京签订《辽河冷家堡区块石油开发与生产合同》。

1998年

1月10—15日 总公司1998年工作会议在北京召开。会议提出总公司今后的奋斗目标是实现“两个基本、两个翻番”①。2010年的远景目标，总体上是要在国内外形成6个年产5000万吨油气田的规模，销售收入比2000年再翻一番，总公司跻身于世界十大石油公司行列。总公司总经理作题为《全面贯彻落实党的十五大精神，打好企业改革攻坚战和石油科技攻关仗，各项工作迈上新台阶》的工作报告。

1月15日 中共中央政治局常委、国务院总理李鹏，中共中央政治局委员、国务院副总理吴邦国等党和国家领导人，在北京人民大会堂接见总公司1998年工作会议的全体代表。

1月20日 位于塔里木盆地库车坳陷克拉2号构造上的克拉2井中途测试获高产天然气流，发现克拉2大气田。

2月8日 总公司印发《派驻国外工作人员工资福利待遇管理规定》。规范派驻外国工作人员的工资制度、工资支付、休假制度、保险制度及其管理与监督。

2月9日 总公司印发《关于调整队伍结构、减员增效、实施再就业工程的意见》。

3月5日 第九届全国人大一次会议审议通过国务院机构改革方案。方案有关石油行业体制改革的主要内容：将化学工业部、石油天然气总公司、石油化工总公司的政府职能合并，组建国家石油和化学工业局，由国家经济贸易委员会管理。化工部和两个总公司下属的油气田、炼油、石油化工、化肥、化纤等石油与化工企业，以及石油公司和加油站，按照上下游结合的原则，分别组建两个特大型石油石化企业集团公司和若干大型化肥、化工产品公司。

4月14日 总公司划转企业领导干部座谈会在北京召开。通报石油石化两家集团公司组建的有关情况，胜利、中原、江苏、江汉、河南、滇黔桂、安徽7个石油管理局（勘探局）和中原乙烯、华东输油局、浙江勘探处等划出企业负责人参加会议。

4月15日 总公司与苏丹能源与矿产部签署喀土穆炼油厂工程总承包合同。

4月16日 欢迎中国石化划归企业领

① “两个基本、两个翻番”是指基本实现油气资源的良性循环，基本形成油公司和企业集团体制；销售收入比2000年再翻一番，主业队伍实物劳动生产率翻一番。

导干部座谈会在北京召开。大庆石化、林源炼油厂、哈尔滨炼油厂、前郭炼油厂、大连石化、大连西太平洋石化、抚顺石化、锦西炼化、锦州石化、辽阳化纤、兰州炼化、兰州化学公司、乌鲁木齐石化、宁夏化工厂等划归企业负责人参加会议。

4月17日 国家经济贸易委员会向国务院呈报《关于组建两个特大型石油石化集团公司有关问题的请示》。中共中央政治局委员、国务院副总理吴邦国于4月27日作批示。之后，中共中央政治局常委、国务院总理朱镕基，中共中央政治局常委、国务院副总理李岚清，中共中央政治局委员、国务院副总理温家宝，分别作出批示。中国石油天然气总公司重组工作启动。

4月28日 中共中央总书记、国家主席江泽民，中共中央政治局委员、国务院副总理吴邦国参观北京世界地质大会中国石油科技成果展。

4月29日 国务院任命马富才为集团公司总经理。

4月 长城钻井公司与埃及英特贸易公司、石油设备租赁服务公司合资成立中埃合资钻井公司，这是中国陆上石油钻井系统在国外成立的第一个合资钻井公司。

5月2日 总公司召开总经理办公会，重点讨论总公司油品销售体制、机制和成品油管道问题，决定立即组建四大区销售公司，动员一切力量，开拓油品市场。

5月26日 中国石油天然气集团公司和中国石油化工集团公司划转企业交接协议书签字仪式在国家石油和化学工业局举行。

同日 中国石油海外合作项目苏丹喀土穆炼油厂和124区黑格里格至苏丹港长输管道建设动工奠基仪式在苏丹首都喀土穆举行。苏丹总统巴希尔出席。

6月2—3日 总公司减员增效和再就业工作会议在北京召开。

6月29日 中共中央政治局委员、国务院副总理吴邦国在听取总公司工作汇报后指出，核心是效益。目标明确后，要压担子，要落实到每一个企业；对新划入企业的管理要尽快到位，解决企业的难题；要面向市场，从改革入手。

7月5—6日 中共中央总书记、国家主席江泽民视察塔里木油田。听取集团公司及所属新疆石油管理局、塔里木油田、吐哈油田的工作汇报，并分别题词。

7月16日 吉化集团、吉林油田上划中国石油天然气集团公司交接签字仪式在吉林省长春市举行。

7月20—22日 集团公司第一次工作会议在北京召开。集团公司总经理马富才作题为《团结一致，开拓创新，为实现集团公司1998年的工作目标和跨世纪发展目标而奋斗》的工作报告。

7月27日 中国石油天然气集团公司、中国石油化工集团公司成立大会在人民大会堂举行。

7月28日 中国石油天然气集团公司举行揭牌仪式。

8月4日 中共中央政治局常委、全国人大常委会委员长李鹏视察大连西太平洋石化。

同日 中共中央政治局委员、国务院副总理吴邦国视察大庆油田和大庆石化，就石油石化工业改革发展进行调研。

8 月 26 日　中共中央政治局常委、中央书记处书记、国家副主席胡锦涛到大庆抗洪前线视察抗洪抢险工作。8 月，嫩江、松花江和辽河流域发生特大洪水。大庆、辽河、吉林油田均遭受洪水袭击，淹油井 6549 口，停产油井 1911 口，影响原油日产量 6797 吨，直接和间接影响原油产量 44 万吨。

9 月 5—18 日　国务院副总理吴邦国访问秘鲁、委内瑞拉期间，考察中油国际（委内瑞拉）公司石油项目。

10 月 10 日　集团公司在北京召开机关干部大会，集团公司总经理马富才动员和部署机关机构改革方案，认真落实定编、定员、定责工作。

11 月 2—3 日　国际石油工程师学会和中国石油学会、中国石油天然气集团公司共同主办的第六届中国国际石油天然气会议在北京召开。集团公司总经理马富才作题为《中国石油天然气工业的发展前景》的主题发言。

11 月 10 日　集团公司撤销国际勘探开发合作局，其对外合作管理职能划入国际合作部，由国际合作部（外事局）成立国内石油勘探开发对外合作经理部。

11 月 19 日　集团公司召开专题办公会，研究“西气东输”方案。

11 月 23 日　中共中央政治局委员、国务院副总理吴邦国就中国石油天然气集团公司和中国石油化工集团公司的重组改革工作提出：“从石油石化两大集团看，解决发展问题首先还是要考虑整体改制上市。”“石油、石化集团公司整体上市工作要抓紧抓好，把工作做在前面。”

12 月 21 日　中共中央大型企业工作委员会决定成立中国石油天然气集团公司党组，马富才任党组书记。

12 月　集团公司提出整体重组改制的工作方案。基本思路：油气生产业务与服务业务分开，构建符合国际惯例的油公司先行上市；对石油服务业务再重组，组建专业石油服务公司并争取上市；集团公司成为以资本运营为主的控股公司。

本年　集团公司“聚合物驱油技术”获国家科学技术进步奖一等奖。

1999 年

1 月 8 日　中国石油对外合作项目赵东合同区开发方案获集团公司批准，赵东合同区进入开发建设阶段。这是中国石油对外合作第一个商业性开发的整装油田。

1 月 18—22 日　集团公司 1999 年工作会议在北京召开。集团公司总经理马富才主持会议并作题为《认清形势，坚定信心，团结奋战，实现集团公司持续稳定发展》的工作报告。

2 月 10 日　集团公司重组与上市筹备组成立。

2 月 25 日　集团公司与俄罗斯尤科斯

石油公司和俄罗斯管道运输公司签署《关于开展中俄原油管道工程预可行性研究工作的协议》。中国国务院总理朱镕基与俄罗斯总理普里马科夫出席签字仪式。集团公司与俄罗斯露西亚石油股份公司签署《关于铺设从俄罗斯联邦伊尔库茨克州科维克金凝析气田到中华人民共和国以及可能的第三国用户输送天然气管道和开发科维克金凝析气田可行性研究总协议》。

4月1日 集团公司党组原则通过重组与上市筹备组拟定的上市方案。

4月9日 集团公司印发《中国石油天然气集团公司关于深化劳动用工制度改革的意见》。

4月9—10日 中共中央政治局委员、国务院副总理吴邦国视察抚顺石油化工公司和辽阳石油化纤公司。强调:化纤企业当前面临的核心问题是要统一思想,加大改革力度,使企业真正进入市场,要利用现有设备和技术力量,积极改进工艺,加速新产品开发,多生产高附加值、差别化、功能化的产品。

4月19日 中共中央政治局常委、中央纪委书记尉健行视察大港油田。指出:大港油田比较早地探索厂务公开的经验,已经形成一套比较健全的领导体制、工作格局和程序,不仅促进了大港油田的改革和发展,也为天津市和全国开展厂务公开提供了启示和借鉴。

5月3日 中共中央宣传部、共青团中央、青海省省委、集团公司在人民大会堂联合举行秦文贵同志先进事迹报告会。

5月6日 中共中央政治局委员、国务院副总理吴邦国在北京中南海听取集团公司重组与上市工作汇报,同意集团公司重组改制上市方案。

5月14日 中共中央政治局委员、国务院副总理吴邦国,中共中央政治局委员、国务院副总理温家宝对集团公司重组与上市的报告分别作出批示。5月18日,中共中央政治局常委、国务院总理朱镕基对报告作出启动批示。

5月24日 国务院批转国家经济贸易委员会等部委《关于清理整顿小炼油厂和规范原油成品油流通秩序的意见》,决定实行成品油集中批发体制,授予中国石油、中国石化成品油批发专营权,共同承担中国成品油市场批发业务。

5月31日 中国石油海外合作项目苏丹124区油田投产。

6月7—8日 集团公司企事业单位领导干部会议在北京召开。会议主题是贯彻落实国务院领导重要批示精神,动员和部署重组改制工作。

6月13日 集团公司启动大港油田、吐哈油田、吉化集团公司、乌鲁木齐石化和辽宁省石油总公司5家企业重组试点。

6月21日 集团公司印发《中国石油天然气集团公司关于进行企业重组的意见》,要求各企业结合本单位实际情况制定重组实施方案上报集团公司,对企业重组的指导思想、原则、任务和步骤提出明确要求。

6月22日 中国石油海外合作项目苏丹124区至苏丹港长输管道投入运行。管道全长1506千米,这是非洲第一条长输管道。这是集团公司在非洲第一个海外合资管道建设项目。

6月24日 中共中央总书记、国家主席江泽民视察胜利油田。

7月28—29日 集团公司企事业单位领导干部会议在北京召开。会议主要议题:传达贯彻中共中央文件及中央、国务院召开的经济工作座谈会精神,贯彻落实中央关于经济工作的部署,分析认清经济形势,统一思想认识,搞好生产经营和重组改制工作。

8月16日 中共中央政治局常委、国务院副总理吴邦国在《国内动态清样》刊登的《专家建议应以大庆油田为核心实施重组》一文上对大庆油田重组作出重要批示。

8月26日 石油物探局与挪威NOREX石油公司签订《伊朗波斯湾海上1万千米二维勘探服务合同》,实现了中国石油物探国际勘探海上项目零突破。

8月28日 塔里木输油输气分公司获国家环境管理体系颁发的ISO 14001绿色证书。这是石油企业第一家取得国家绿色证书的单位。

8月30日 中国石油海外合作项目苏丹124区首船原油装船出口,销往壳牌新加坡炼油厂。苏丹从石油进口国成为石油出口国。苏丹政府在苏丹港举行原油出口庆典活动。

8月31日 乍得总统、中非总统、埃及和埃塞俄比亚石油部长、伊朗和沙特石油部副部长,到中国石油工程建设(集团)公司承建的苏丹喀土穆炼油厂现场考察。随同前往考察的有南非、加拿大、法国、摩洛哥、俄罗斯、约旦、也门、马来西亚、苏丹等国高级官员。

9月3日 集团公司党组印发《关于在企业重组改制中设置党组织、工会组织、共青团组织有关意见》,要求无论企业资产怎样重组、产权关系怎样变化、管理体制和经营机制怎样调整,党的建设和思想政治工作始终不放松。

9月10日 中共中央政治局常委、中央书记处书记、国家副主席胡锦涛到兰州炼油化工总厂、兰州化学工业公司视察。

同日 集团公司召开机关重组改革动员大会。集团公司副总经理吴耀文就集团公司机关重组和组建股份公司机关方案作出说明。集团公司总经理马富才作动员讲话。

9月17日 集团公司向国务院汇报重组与上市情况。会议由吴邦国副总理主持。会议采用边汇报、边讨论的方式,就集团公司重组与上市问题进行了研究,对上市、债转股、海外资产处置、非上市部分的发展、职工持股、项目审批、税收政策、土地等问题形成了有关意见。

9月20日—10月18日 中华人民共和国成立50周年全国工业成就展在北京展览馆举行。期间,国务院总理朱镕基等党和国家领导人参观石油展厅。

9月23日 集团公司和壳牌勘探(中国)有限公司在北京签署《中华人民共和国鄂尔多斯盆地长北区块天然气开发和生产合同》。这是当时中国陆上对外合作开发天然气的最大项目。

9月25日 庆祝中华人民共和国成立50周年、大庆油田发现40周年大会在大庆油田举行。国务院发来贺电。

10月22日 中共中央政治局常委、国务院总理朱镕基在兰州听取长庆石油勘探局工作汇报，并作重要指示。

10月27日 集团公司历时4个多月的机构、业务、资产和人员的分开分立工作完成，企业重组工作结束。这次企业重组涉及企事业单位53个、职工156万人、资产近6000亿元人民币。

10月28日 中国石油天然气股份有限公司创立大会暨首次股东大会在北京召开。会议由集团公司召集，发起人代表马富才主持会议。

10月29日 中共中央政治局常委、全国政协主席李瑞环视察大连西太平洋石化。

同日 股份公司首届董事会第一次会议在北京召开，经出席会议的公司董事表决通过选举马富才为公司董事会董事长，阎三忠、黄炎为副董事长；聘任黄炎为公司总裁。

10月 财政部批准股份公司从2000年起，停止油田维护费和储量有偿使用费核算办法，实行油气勘探费用和探井干井支出直接计入损益，开发建设支出形成的资产按直线折旧法折旧。标志着中国石油财会制度开始与国际接轨。

11月26日 首届“中华铁人文学奖”在北京人民大会堂颁奖，56部作品获奖。中共中央政治局常委、全国政协主席李瑞环为“中华铁人文学奖”题写奖名。

12月3日 股份公司临时股东大会在北京召开，股份公司董事长马富才主持会议。出席会议的股东代表100%的股份表决权。经投票表决，大会通过了《关于同意转为社会募集股份并上市公司的决议》《关于修改公司章程的决议》《关于聘任监事的决议》，并批准聘任刘鸿儒、吴志攀为股份公司首届监事会独立监事。

12月4日 中共中央政治局常委、全国人大常委会委员长李鹏视察吐哈油田。

12月13日 对外贸易经济合作部发出《关于赋予中国石油天然气股份有限公司原油、成品油外贸经营权的批复》，同意赋予股份公司原油、成品油进出口经营权，并由股份公司控股的中国联合石油有限责任公司作为对外贸易窗口。集团公司不再经营原油、成品油进出口业务，保留其他商品和技术进出口经营权。

12月14日 股份公司公布机构设置方案，建立起适应市场要求的管理框架。

12月23日 国家经济贸易委员会发出《关于同意中国石油天然气股份有限公司转为境外募集公司的复函》，同意股份公司境外募集股份并上市。

2000年

1月18—22日 集团公司2000年工作会议在北京召开。集团公司总经理马富才作题为《团结奋斗，开拓前进，夺取集团公司改革和发展的新胜利》的工作报告。18日，举行股份公司揭牌仪式。

1月28日 中共中央政治局常委、国务院总理朱镕基在与部分国有大中型企业代表座谈时，听取塔里木油田关于塔里木天然气资源落实情况的汇报，对塔里木“西气东输”气源工程作出重要指示。

2月9日 集团公司召开石油高等院校领导干部会议。根据国务院关于普通高校管理体制划转的通知,集团公司所属7所高等院校进行划转和更名。

2月14日 国务院听取集团公司总经理马富才关于西气东输工程初步方案的汇报,原则同意实施西气东输工程,要求加快各项前期准备工作,严格进行科学论证,抓紧可行性研究,尽快按基本建设程序报批,并决定成立国家西气东输工程建设领导小组。

3月10日 中共中央政治局委员、国务院副总理吴邦国在中南海听取集团公司领导马富才、黄炎等关于股份公司发行股份和上市方案的汇报,原则同意公司发行方案。

3月11—13日 股份公司董事长马富才和总裁黄炎率路演团12人分红、黄两队赴香港,开始全球路演。

3月23日 中国石油海外合作项目苏丹124区项目首船份额原油从苏丹港起航运往中国。

3月24日 集团公司经营的油气勘探、开发项目的探矿权和采矿权全部变更到股份公司名下。

3月25日 西气东输工作会议在北京召开。会议宣布成立国家西气东输工程建设领导小组。西气东输项目前期工作启动。

4月6日 美国当地时间,股份公司股票在美国纽约证券交易所挂牌上市。美国存托股(ADS)代号PTR。

4月7日 股份公司股票在香港联合交易所挂牌上市,股票代号0857。股份公司董事长马富才、总裁黄炎出席挂牌仪式。

4月17日 集团公司副总经理吴耀文与委内瑞拉石油公司总裁恰瓦尔迪尼在委内瑞拉首都加拉加斯签署《乳化油项目谅解备忘录》。委内瑞拉总统查韦斯出席签字仪式并讲话,高度赞誉中国与委内瑞拉两国政府和人民之间的友谊,高度评价中国在委内瑞拉石油领域投资的重要性。

4月21日 中共中央政治局常委、国务院总理朱镕基考察抚顺石化。

4月 集团公司塔里木塔中作业区被共青团中央授予"全国青年文明号标兵"称号,被中共中央宣传部选为思想政治工作典型。

5月12日 中国石油海外合作项目苏丹喀土穆炼油厂投产,年加工能力250万吨。6月30日在苏丹首都喀土穆举行炼油厂投产庆典仪式,苏丹总统巴希尔出席庆典。

5月26日 集团公司与意大利阿吉普中国公司在北京签署《柴达木盆地涩北区块石油勘探和生产合同》。

6月5日 集团公司总经理马富才在《中国石油报》发表《树立新形象,开拓新局面》一文。该文首次提出集团公司"创造能源与环境的和谐"的社会责任理念。

同日 国家工商行政管理局发出《关于中国石油天然气股份有限公司、中国石油化工股份有限公司的分公司登记注册有关问题的通知》,明确两个股份公司的地区分公司可以为其管理的经营单位办理登记注册。

6月16日 股份公司发布《中国石油天然气股份有限公司国际贸易管理办法》,规定对股份公司各所属企业国际贸易业务,实行统一对外窗口、统一工作制度、归口分级管理。

6月18日 中共中央总书记、国家主席江泽民考察兰州炼化分公司和兰州炼油化工总厂。希望兰州炼化分公司、兰州炼油化工总厂抓好两个文明建设，加强党的建设，搞好队伍稳定，在新时期发挥好国有大中型骨干企业的作用，争做新的贡献。

6月30日 股份公司首次股东年会在北京召开。

7月2日 集团公司总经理马富才在土库曼斯坦，与土库曼斯坦石油部签署《石油和天然气领域合作谅解备忘录》。

7月29日 新疆准噶尔盆地南缘四棵树凹陷古近—新近系、白垩系勘探获重大突破，卡6井获高产油气流。这是继陆梁油田发现后的又一战略性重大突破。

7月 四川盆地川东石柱区方斗山构造带西翼寨沟湾潜伏构造寨沟1井石炭系获日产77万立方米高产工业气流，实现长江以东石炭系勘探战略性突破。

8月26日 长庆油田在鄂尔多斯盆地西部苏里格庙地区钻探的苏6井，经压裂试气获日产120万立方米高产气流，发现苏里格特大气田。

9月5日 集团公司领导干部会议在北京召开。集团公司总经理马富才作题为《抓住机遇，深化改革，推进集团公司整体协调发展》的工作报告。

9月7日 中共中央政治局常委、国务院总理朱镕基考察塔里木轮南油田。指出，西气东输工程是拉开西部大开发序幕的标志性重大项目，也是实施西部地区大开发战略重要的一步棋。新疆作为西气东输工程的源头地区，要充分利用这一难得的历史机遇，积极配合做好相关工作和发展相关产业，使工程建设真正成为新疆经济发展的强大推动力。石油企业要加快勘探开发步伐，找油找气，尽快开发，这对国民经济发展的意义非常重大，要加快可行性研究，加快西气东输建设，打响西部大开发的第一炮。

10月1日 厄立特里亚总统在苏丹能源与矿产部部长贾兹陪同下考察中国石油海外合作项目苏丹喀土穆炼油厂。

11月11日 中国石油及合作伙伴与苏丹能源与矿产部在喀土穆签署《苏丹37区石油勘探与产品分成协议》。

11月14—16日 国务院副总理吴邦国率领中国政府代表团访问苏丹，考察集团公司苏丹石油合作项目。

12月4日 集团公司印发《关于做好企业内部退养与企业有偿解除劳动合同职工中党员、团员、工会会员组织管理工作的意见》。

2001年

1月8—16日 股份公司勘探与生产分公司组织开展1992年以来首次新增原油生产能力及老油田产能核销审查。

1月12日 中共中央政治局委员、国务院副总理吴邦国听取集团公司工作汇报并作指示。

1月13—16日 集团公司2001年工作会议在北京召开。集团公司总经理马富才作题为《跨入新世纪,认清新形势,努力开创集团公司改革和发展的新局面》的工作报告,要求抓好“十大工程”。

1月22日 国务院副总理吴邦国就长庆天然气勘探获得重大突破表示祝贺,并作重要指示。

2月17日 集团公司印发《中国石油天然气集团公司“十五”计划纲要》《中国石油天然气集团公司未上市企业“十五”计划纲要》《关于加快未上市企业经济结构调整的若干意见》。

2月19日 2000年度国家科学技术奖励大会在北京召开。集团公司“大港油田陆上高成熟探区千米桥潜山大型凝析气藏成藏系统与勘探”获国家科学技术进步奖一等奖。

2月28日 股份公司和33家意向用户在北京签署《西气东输项目天然气购销及管道运输意向书》。

3月1日 由集团公司总经理马富才命名的中国石油海外第一座加油站——苏丹喀土穆“Al Amarat加油站”投入运营。

3月17日 集团公司党组召开“三讲”学习教育活动电视电话动员会议。

3月22日 股份公司与英国石油全球投资有限公司签署《经修订和重撰的合资经营合同》《中油BP江门石油有限公司章程》《成品油供应框架协议》《加油站投入与运营管理协议》《补偿金分担协议》。

同日 中国石油天然气股份有限公司与江门市旅游总公司签署《江门阿科威登堡燃料有限公司中方权益转让协议》。

4月3—5日 《西气东输塔里木年输120亿立方米天然气总体开发方案》在北京通过股份公司组织的专家组审查。该方案涉及克拉2气田以及英买力等5个凝析气田。

4月17日 在中国国家主席江泽民和委内瑞拉总统查韦斯共同见证下,集团公司总经理马富才和委内瑞拉国家石油公司总裁拉梅达在委内瑞拉首都加拉加斯签署《奥里乳化油合作协议》。

4月23日 股份公司首次发布年度业绩公告。

5月11日 中国国务院总理朱镕基在访问巴基斯坦期间,与巴基斯坦总统穆沙拉夫出席了中国石油工程建设(集团)公司总承包的巴基斯坦成品油管线项目推进协议签字仪式。

5月17日 对外贸易经济合作部《关于同意设立“中国石油天然气国际有限公司”的批复》,同意股份公司在英属维尔京群岛独资设立中国石油天然气国际有限公司。

6月8日 中共中央政治局常委、国家副主席胡锦涛考察吐哈石油基地。

6月8—19日 塔里木盆地库车坳陷秋里塔格构造带东段迪那2号构造钻探的迪那2井,经试油在古近—新近系获日产油145.2立方米、天然气217.8万立方米,发现迪那2大气田。

6月29日 集团公司召开纪念中国共产党建党80周年暨表彰大会。

7月6日 “能源一号”电子商务网站投入试运行。

7月15日 中国国家发展计划委员会、俄罗斯联邦政府能源部、中国石油天然气集团公司、俄罗斯管道运输公司、俄罗斯尤科斯石油公司签署《中国石油天然气集团公司和俄罗斯管道运输公司、俄罗斯尤科斯石油公司关于开展铺设俄罗斯至中国原油管道项目可行性研究主要原则的协议》。

7月17—18日 集团公司召开住房制度改革工作会议。

7月26日 国家发展计划委员会发出《国家计委关于调整原油管道运输价格的通知》,决定自2001年8月1日起,适当提高输油管线运输价格。

8月30日 准噶尔盆地腹部马桥凸起北背斜钻探的盆5井在侏罗纪三工河组获日产原油82立方米、天然气25万立方米,发现储量规模近亿吨的莫索湾油田。

9月3日 中国石油国际事业有限责任公司在北京成立,为股份公司控股、专门从事国际贸易的子公司,与中国联合石油有限责任公司合署办公。

同日 中国石油天然气国际(勘探开发)有限公司在北京成立。

9月12—14日 国务院总理朱镕基访问哈萨克斯坦。称赞中国石油阿克纠宾项目是“中哈两国合作成功的典范”。

9月17—20日 首届世界石油大会亚洲地区会议在上海召开。会议主题:“技术与合作——亚洲石油工业的一个重大战略”。会议由中国国家委员会向世界石油大会提出,是一次新的尝试。

9月19日 吉林燃料乙醇有限责任公司在吉林成立。该公司是经国务院批准建立的中国首个大型生物质能源生产企业。

9月23日 国务院《关于修改〈中华人民共和国对外合作开采陆上石油资源条例〉的决定》,修订后的《条例》批准中国石油和中国石化的对外合作专营权。

10月3日 中国与哈萨克斯坦签署哈萨克斯坦西北管道项目合作框架协议。

10月9日 集团公司总经理马富才在北京会见台湾“中油公司”总经理潘文炎。双方签署合作意向书,并召开石油贸易研讨会。

10月17日 国家发展计划委员会发出通知,进一步改革成品油价格形成机制。

11月9日 长庆油田在鄂尔多斯盆地西峰地区西17井获得日产34.7吨油流,发现储量规模超亿吨级的西峰油田。

11月16日 集团公司出资3000万元人民币在15所重点高等院校设立“中国石油奖学金”基金,每年发放约188万元奖学金,奖励优秀生和优秀特困生。

11月19日 集团公司中标哈萨克斯坦滨里海东部中区块油气勘探开发项目,获得资源使用权。

12月7日 股份公司与香港中汇公司在北京签署《大庆肇州油田州十三(三至六)区块开发和生产石油合同》。

12月11—14日 在中国国家主席江泽民和缅甸联邦和平发展委员会主席丹瑞共同见证下,集团公司与缅甸能源部石油与天然气公司在缅甸首都仰光签署IOR4区块提高采收率合同。12日，集团公司总经理马富才、缅甸能源部副部长吴丹泰在IOR4合同上背书，批准IOR4合同。14日，缅甸国家投资委员会主席颁发IOR4投资许可证。2009年2月，该项目撤资。

12月12日　国务院第117次总理办公会议审议同意西气东输工程可行性研究报告及与外方谈判的主要程序。

同日　涩宁兰输气管道工程竣工典礼在兰州举行。管道全长930千米，管径660毫米，设计年输量20亿立方米。

12月27日　集团公司、中油燃料油公司与委内瑞拉BITOR公司共同签署奥里乳化油《合资经营协议》。委内瑞拉总统查韦斯出席签字仪式。

12月29日　股份公司与壳牌国际天然气有限公司、俄罗斯天然气工业股份公司、俄罗斯动力机械有限公司、香港中华煤气有限公司共同签署《为完成西气东输合营框架协议奠定基础的阶段性协议》。

12月30日　国家经济贸易委员会、财政部、国家税务总局和海关总署认定中国石油天然气集团公司技术中心为国家级技术中心，成为全国大型企业集团中首家获得国家认证的国家级技术中心。

2002年

1月15日　经中国保险监督管理委员会批准，集团公司与意大利忠利保险有限公司合资组建中意人寿保险有限公司，该公司是中国加入WTO后首家获准成立的中外合资保险公司。

同日　中国石油海外合作项目、苏丹第一个石油化工项目——喀土穆石油化工厂建成投产。该项目由集团公司和苏丹政府共同出资建设，以喀土穆炼油厂的石油液化气为原料，每年生产1.5万吨、4种规格的聚丙烯树脂。

1月22—25日　集团公司2002年工作会议在北京召开。集团公司总经理马富才作题为《与时俱进，开拓创新，为建设具有国际竞争力的跨国企业集团而奋斗》的工作报告。集团公司与6家特困企业签订扭亏脱困责任书，股份公司与所属分公司、子公司签订业绩合同。会议讨论《关于存续企业深化改革的若干意见》。

1月24日　集团公司与土库曼斯坦石油康采恩签署《古姆达格油田提高采收率技术服务合同》。合同于同年4月生效，集团公司拥有100%权益。

2月1日　2001年度国家科学技术奖励大会在北京召开。集团公司“克拉2大气田的发现和山地超高压气藏勘探技术”获国家科学技术进步奖一等奖。

2月3日　中国石油天然气管道局第三工程公司在杭州穿越钱塘江工程中，创造出定向钻穿越江河2308米的世界纪录。

3月7日　集团公司购买欧洲发展银行持有的阿塞拜疆K&K项目30%权益。K&K项目为产品分成合同，是集团公司在阿塞拜疆的第一个石油勘探开发项目。

3月22日　股份公司决定，将对外合作经理部并入中国石油国际（勘探开发）公司，由该公司对勘探开发涉外项目实施一体化管理。

3月24日 股份公司和印度尼西亚国家石油公司在北京签署合作谅解备忘录。中国国家主席江泽民和印度尼西亚总统梅加瓦蒂出席签字仪式。

3月27日 中共中央总书记、国家主席江泽民到陕西榆林考察，听取长庆油田油气勘探开发汇报。

3月28日 股份公司服务商标 Petro－China 经国家工商行政管理总局商标局核准注册。

4月12日 股份公司与美国戴文能源公司签署协议，收购戴文能源公司在印度尼西亚的油气资产。6月18日，收购交割完成。项目共有6个区块，中国石油国际（勘探开发）有限公司成为其中5个区块的作业者。这是上市后股份公司海外资产零的突破。

4月13日 集团公司与利比亚国家石油公司在的黎波里签署石油合作合同。

4月26日 中国石油天然气勘探开发公司联合中国（香港）石油有限公司，与阿曼 Mazoon Petrogas 公司签署购买阿曼5区块项目合同，集团公司共购入该区块50%权益。联合作业公司7月15日成立，7月28日接管该项目。

4月29日 吉林石化北方一公司工会主席李贺获全国"五一"劳动奖章。集团公司党组命名李贺为"党的好干部、职工群众的贴心人"，并号召广大党员干部向李贺学习。

5月22日 国家科学技术部在北京召开新闻发布会，向海内外媒体介绍长庆气区苏里格天然气勘探的重大突破。

6月6日 集团公司通过中油阿克纠宾油气股份公司以风险勘探合同模式，与哈萨克斯坦能源矿产部签署滨里海盆地东缘中区块项目合同，集团公司拥有60.3%的权益。

6月12日 中共中央政治局常委、国家副主席胡锦涛考察大连西太平洋石化。

6月17日 "十五"国家重大技术装备项目"西气东输工程X70钢级大口径直缝埋弧钢管国产化项目"在华北石油钢管厂通过集团公司鉴定。

6月19日 集团公司与俄罗斯萨哈国家油气公司在北京签署《中国石油天然气集团公司和萨哈国家油气公司关于石油工业合作的协议》和《关于开发俄罗斯萨哈自治共和国恰扬金和其他气田以及铺设向中国供气管道项目的预可行性研究（萨哈—中国）项目总报告》。

6月24日 集团公司与吉尔吉斯斯坦国家石油天然气公司在北京签署《关于开展石油领域双边合作的协议》。

6月25日 四川盆地川西地区邛西潜伏构造邛西3井，采用欠平衡钻井技术和不压井施工新工艺，在低孔隙度低渗透率的须家河组二段获日产天然气43.1249万立方米高产气流。

6月26日 股份公司"大型工业企业集团电子商务典型应用"被国家科学技术部列为全国工业企业唯一电子商务国家级示范工程。

7月4日 西气东输工程开工典礼在北京人民大会堂举行。中共中央总书记、国家主席江泽民发来贺信。中共中央政治局委员、国务院副总理吴邦国出席开工典礼并发出开工指令。

同日 集团公司在北京人民大会堂与英荷皇家壳牌公司、俄罗斯天然气工业股份公司、埃克森美孚公司签署《西气东输工程合营框架协议》。

7月17日 中共中央政治局委员、国务院副总理吴邦国考察吉林石化,强调要抓紧帮助吉林石化理清发展思路,加快吉林石化的扭亏和技术改造步伐。

8月13—14日 中共中央政治局常委、中央纪委书记尉健行考察塔里木油田。

8月27—28日 中共中央政治局委员、国务院副总理吴邦国考察塔里木油田。

9月1—25日 准噶尔盆地石南21井预探侏罗系头屯河组获日产原油18.3吨、天然气2120立方米,发现储量规模亿吨级的石南油田。

9月24日 集团公司在北京召开企事业单位领导干部会议。会议主题是传达、学习和贯彻《中共中央、国务院关于进一步做好下岗失业人员再就业工作的通知》和全国再就业工作会议精神,分析集团公司减员分流和再就业工作面临的形势,讨论研究集团公司结构调整、减员分流和促进再就业工作的任务和措施。集团公司总经理马富才作大会总结讲话。

9月26日 集团公司与股份公司签署资产重组协议,对未上市销售企业进行重组。

10月25日 集团公司党组印发《关于在深化改革中进一步推行厂务公开工作的意见》。

11月18日 兰州经成都至重庆的兰成渝成品油管道正式投入商业运营。该管道于1998年12月18日开工建设,于2002年7月6日全线贯通。管道全长1249千米。

11月28日 中国石油海外合作项目苏丹37区项目发现亿吨级油田。

12月2日 大庆油田徐家围子构造徐深1井获日产天然气53万立方米,发现储量规模5000亿立方米的庆深气田。

同日 “中国石油天然气集团公司HSE管理体系”和“在役油气管道安全评估技术研究与应用”获第一届国家安全生产科技成果一等奖。

12月3日 股份公司第二届董事会第一次会议在北京召开。会议选举马富才连任股份公司董事长,聘任陈耕为股份公司总裁。

12月5日 中国石油集团东方地球物理勘探有限责任公司成立。该公司以物探局为主体,与新疆、青海、吐哈、长庆、华北和大港6个石油管理局(勘探局、指挥部)的物探公司(地调处)重组而成。

12月6日 中国石油集团测井有限公司成立。该公司由吐哈、青海、华北、长庆4个石油管理局(勘探局、指挥部)的测井公司及西安仪器厂、江汉测井所重组设立。

12月12日 长庆油田在甘肃西峰油田经过两年开发试验和试采,日产原油突破400吨,在4500平方千米面积内累计探明原油地质储量3.1亿吨。

12月24日 新疆油田原油年产量突破1000万吨,成为中国西部第一个千万吨级大油田。

12 月 28 日 集团公司第一座海外成品油库在苏丹喀土穆竣工。2003 年 1 月 1 日,油库工程投产。

本年 大庆油田生产原油5013万吨,天然气 20.2 亿立方米,连续 27 年实现年产原油 5000 万吨以上。

2003 年

1 月 15—18 日 集团公司2003 年工作会议在北京召开。集团公司总经理马富才作题为《深入贯彻落实党的十六大精神,全面推进具有国际竞争力的跨国企业集团建设》的工作报告,提出今后一段时期集团公司实现“两个转变”(由国内石油公司向跨国石油公司转变,由单纯“油气生产商”向具有复合功能的“油气供应商”转变),建设具有国际竞争力的跨国企业集团的目标。

1 月 17 日 中国石油海外合作苏丹 124 区项目 100 万桶原油装船自苏丹港启运回国,标志该项目投资全部回收。

1 月 28 日 中国石油海外合作项目苏丹 37 区块 7E 区的第一口探井(Palogue - 1 井)8 层 DST 测试作业出油,日产原油 1.07 万桶,发现亿吨级法鲁济油田。

2 月 21 日 集团公司印发《关于贯彻落实〈关于国有大中型企业主辅分离、辅业改制分流安置富余人员的实施办法〉的实施意见》。

2 月 28 日 2002 年度国家科学技术奖励大会在北京召开。集团公司“苏里格大型气田发现及综合勘探技术”获 2002 年度国家科学技术进步奖一等奖。党和国家领导人江泽民、胡锦涛、朱镕基等出席大会并为获奖代表颁奖。

3 月 2 日 集团公司和叙利亚石油与矿产资源部、叙利亚石油公司在大马士革签订叙利亚《GBEIBE 油田开发生产合同》。

3 月 28 日 哈萨克斯坦肯基亚克至阿特劳管道一期工程建成投产。该管道由中油国际(哈萨克斯坦)有限责任公司与哈萨克斯坦油气运输公司联合经营,于 12 月 16 日竣工,该项目为集团公司在中亚地区第一个海外合资管道建设项目。

4 月 10 日 中共中央总书记、国家主席胡锦涛视察集团公司湛江油库施工现场。该油库是集团公司与委内瑞拉合作开发和引进奥里乳化油项目的配套工程。

4 月 集团公司捐款 2000 万元人民币支持非典型性肺炎防治工作。

5 月 4 日 中共中央政治局常委、中央纪委书记吴官正考察大庆石油管理局 1205 钻井队。

同日 中共中央政治局常委李长春考察大连西太平洋石化。

5 月 13 日 集团公司中标阿尔及利亚阿达尔上下游一体化项目。

5 月 15 日 中共中央政治局常委、中央纪委书记吴官正考察长庆油田。

同日 东方地球物理勘探有限责任公司中标墨西哥三维地震采集项目,合同额 9360 万美元。这是全球地球物理勘探市场近 20 年来数额最大的陆上地震采集项目。

5月19日 集团公司颁布《企业文化建设纲要(试行)》。纲要确定集团公司企业文化建设的统一规范;赋予"爱国、创业、求实、奉献"的大庆精神新的时代内涵,并作为集团公司统一的企业精神;归纳形成"诚信、创新、业绩、和谐"的企业核心经营理念;规范使用统一的企业形象标识。

5月28日 集团公司和俄罗斯尤科斯石油公司在俄罗斯首都莫斯科签署《关于〈中俄原油管道原油长期购销合同〉基本原则和共识的总协议》和关于600万吨原油的铁路购销合同。这是两国当时最大的一宗原油贸易合同。

5月30日 中共中央政治局常委、全国政协主席贾庆林考察大庆油田。

6月1日 中共中央政治局常委、国务院总理温家宝考察抚顺石油化工公司和抚顺石化分公司。

同日 中共中央政治局常委李长春考察吉林石化。

6月3日 国家主席胡锦涛访问哈萨克斯坦期间,集团公司与哈萨克斯坦国家油气公司签订《关于共同开展哈萨克斯坦—中国原油管道分段建设投资论证研究的协议》,与哈萨克斯坦共和国财政部国有资产与私有化委员会签订《关于中国石油天然气集团公司在哈萨克斯坦共和国油气领域进一步扩大投资的协议》。

6月20日 集团公司与Lumbaqui石油公司签署厄瓜多尔11区块油田100%股权转让协议。这是集团公司在厄瓜多尔石油上游市场开拓中签订的第一个石油投资合作项目。

7月10日 股份公司发布施行《中国石油天然气股份有限公司高级管理人员年薪制管理办法(试行)》和《中国石油天然气股份有限公司地区公司分类管理暂行办法》。前者首次引入年薪制;后者在取消用行政级别管理企业的办法,按照管理幅度、难度和贡献大小对地区公司实行分类管理上取得突破。

7月14日 集团公司与阿尔及利亚国家石油天然气公司,在阿尔及尔签署阿尔及利亚阿达尔项目《阿达尔上游风险服务合同》《阿达尔炼厂股东协议》。

7月15日 集团公司召开企事业单位领导干部电视会议。会议传达中共中央政治局常委、国务院副总理黄菊听取集团公司工作汇报后的重要指示。要求广大干部职工进一步凝聚力量,全力以赴抓好生产经营,坚定不移地推进企业改革,周密细致地落实各项措施,确保完成各项工作任务。

7月25日 国务院召开全国整治油气田及输油气管道生产治安秩序专项行动电视电话会议。公安部、国家发展和改革委员会等八部委联合下发专项行动方案。油气田及输油气管道生产治安秩序整治专项行动展开。

7月26日 西气东输三江口长江盾构隧道全线贯通。国家西气东输工程建设领导小组发来贺信。长江盾构隧道工程是西气东输三大控制性工程之一,隧道全长1992米。

7月27日 鄂尔多斯盆地苏里格气田探明储量通过国家评审,新增探明天然气地质储量3131.77亿立方米,累计探明天然气地质储量5336.52亿立方米。

8月1日 中共中央政治局常委、国务院总理温家宝考察大庆石油管理局1205钻井队、大庆石化和大庆炼化。指出:要把铁人精神一代代传下去,把爱国、创业、求实、奉献的大庆精神发扬光大,把艰苦奋斗的优良传统一代代保持下去。

8月2日 中共中央政治局常委、国务院总理温家宝听取吉林石化扭亏工作汇报,强调要抓好改造、改革和创新工作,搞好企业内部管理,立足自身,艰苦奋斗。

8月8日 集团公司总经理马富才在北京拜会尼日尔共和国总理哈马·阿马杜,与尼日尔签署《关于在尼日尔石油领域开展双边合作的框架协议》。

8月11日 兰州石化年产能500万吨常减压装置开车投产一次成功。兰州石化原油年加工能力增加到1000万吨,成为中国西部第一个千万吨级炼油基地。

8月28日 集团公司与苏丹能源与矿产部在喀土穆签署《喀土穆炼油厂扩建协议》《富拉油田原油外输管线建设协议》《喀土穆炼油厂扩建贷款协议》《苏丹国家石油公司与东方地球物理勘探公司合资意向书》。苏丹总统巴希尔出席签字仪式。

8月28—31日 中共中央政治局常委、国务院副总理黄菊先后考察锦州石化、辽阳石化和大连西太平洋石化。

8月29日 集团公司与厄瓜多尔国家石油公司在西安签署《中国石油天然气集团公司与厄瓜多尔能矿部及国家石油公司在石油领域合作协议》。厄瓜多尔总统卢西奥·古铁雷斯·博武阿访问长庆油田。

9月14—16日 集团公司在北京召开首次基层党的建设工作会议。会议总结基层工作的主要经验,提出新时期基层建设工作的主要目标和任务,公布《关于表彰集团公司百面红旗单位的决定》。大庆石油管理局物探公司2287地震队等115个基层单位获集团公司"百面红旗单位"称号。

10月2日 在石油大学庆祝建校50周年庆典仪式上,教育部与中国石油、中国石化、中国海油和中国化工进出口总公司签署共建石油大学协议书。

10月2—8日 受中共中央总书记、国家主席胡锦涛的委托,中共中央政治局常委李长春专程到王进喜曾工作过的大庆1205钻井队慰问石油职工,勉励大庆石油职工继续发扬铁人精神,赋予铁人精神新的时代内涵,在全面建设小康社会的征程中再立新功。

10月8日 集团公司纪念铁人王进喜诞辰80周年大会在大庆油田召开。同日,铁人王进喜纪念馆奠基仪式在大庆油田举行。

10月16日 中国运载火箭试制生产总装公司致信玉门油田,感谢玉门炼化总厂生产的特种油品为中国首次载人航天飞行做出的贡献。

10月21日 中共中央政治局常委李长春考察西气东输郑州分输压气站。

10月21—22日 中共中央政治局常委、国家副主席曾庆红考察辽阳石化和抚顺石化。

10月24—26日 中共中央政治局常委、国务院副总理黄菊到大庆石油管理局1205钻井队看望和慰问钻井职工,并考察大庆石化和吉林石化。

11月8—17日 中国、俄罗斯、韩国三国石油公司分别在俄罗斯伊尔库茨克和莫斯科进行“从俄罗斯伊尔库茨克科维克金气田向中国和韩国供气项目的可行性研究”项目验收，并举行签字仪式。

11 月 18 日　中国首台 33000 千瓦特大功率烟气轮机由兰州炼化总厂研制成功。

11 月 21 日　集团公司与秘鲁国家石油公司在北京签署秘鲁 1 - AB/8 区块项目转让合作协议。

11 月 23 日　集团公司和阿尔及利亚 SORALCHIN 炼油厂签署阿尔及利亚炼油厂总承包合同。

12 月 1 日　长庆油田油气产量当量突破 1000 万吨。

12 月 5 日　股份公司与斯伦贝谢公司在北京人民大会堂签订 2004—2006 年测井技术服务合作合同。

12 月 9 日　中国石油海外合作项目苏丹 37 区项目重点探井在 2200 米深度完钻，解释油层 1 层 16 米，试油获得商业油流，发现 37 区第二个亿吨级储量油田。

12 月 10 日　集团公司与尼日尔政府在尼亚美签署协议，获得在尼日尔泰内雷和比尔马地区勘探开发石油、从事管道运输及原油贸易活动的许可证。

12 月 18 日　集团公司在瑞士签署购买瑞士克里维登石油公司 25% 股份的购股协议，集团公司成为乍得共和国 H 区块间接合作伙伴。

12 月 20 日　中国石油奖学金首次在北京颁发，80 名优秀大学生获奖。

12 月 23 日　四川盆地罗家寨 16H 井钻井作业发生井喷，高含硫化氢天然气造成中毒窒息死亡 243 人。后经国务院安全生产管理局事故调查组调查认定为特别重大责任安全事故。

12 月 28 日　东方地球物理勘探公司主营业务全球市场份额由 9% 提高到 13%，陆上地震勘探占全球合同总额的37.03%，居全球第一位。

本年　面对“非典”疫情，集团公司成立由副总经理郑虎任组长的集团公司非典型性肺炎防治工作领导小组，设立联络员及建立疫情报告制度，发出《关于进一步做好非典型性肺炎防治工作，确保生产经营正常运行和职工队伍稳定的通知》，各级党组织响应党中央号召，动员和组织广大党员和干部职工抗击“非典”，一手抓防治“非典”，一手抓生产经营，夺取双胜利。

2004 年

1 月 6 日　集团公司 2004 年工作会议在北京通过总部视频会议系统召开。集团公司总经理马富才作题为《抓住机遇，加快发展，全力打造具有国际竞争力的跨国企业集团》的工作报告。

1 月 21 日　集团公司决定将每年的 12 月 23 日作为集团公司安全生产警示日。

2 月 2—5 日　国家主席胡锦涛对阿尔及利亚进行国事访问。2 月 4 日，集团公司与阿尔及利亚国家石油公司在阿尔及利亚签署《中国石油天然气集团公司与阿尔及利亚国家石油公司关于在石油领域开展双边合作协议书》。

2月20日 2003年度国家科学技术奖励大会在北京召开。集团公司“苏丹穆格莱德(Muglad)盆地124区高效勘探的理论与实践”获国家科学技术进步奖一等奖。

3月1日 集团公司印发《中国石油天然气集团公司建设具有国际竞争力跨国企业集团战略纲要》。

3月20日 中共中央政治局常委、中央纪委书记吴官正考察宁夏石化。

4月8日 中共中央、国务院批准陈耕为集团公司总经理、党组书记。

4月17日 中共中央政治局常委、中央政法委书记罗干考察兰州石化。

5月17日 在中国国家主席胡锦涛和哈萨克斯坦总统纳扎尔巴耶夫共同见证下，集团公司总经理陈耕与哈萨克斯坦国家石油公司总裁卡拉巴林在北京人民大会堂签署《关于哈萨克斯坦共和国阿塔苏至中华人民共和国阿拉山口原油管道建设基本原则协议》。

5月19日 股份公司第二届董事会第六次会议在北京召开。会议选举陈耕为股份公司董事长。

5月20日 国土资源部批准授予集团公司南中国海南部海域18个油气勘查项目的探矿权，总面积12.68万平方千米。集团公司开始进入近海石油勘探领域。

6月3日 根据国务院《关于中央企业分离办社会职能试点工作有关问题的通知》，集团公司召开分离办社会职能视频会议。集团公司分离办社会职能移交工作展开。

6月9日 中共中央政治局常委、中央纪委书记吴官正考察塔里木油田。

6月15日 在中国国家主席胡锦涛和乌兹别克斯坦总统卡里莫夫共同见证下，集团公司总经理陈耕与乌兹别克斯坦国家石油天然气公司董事会主席阿齐佐夫在塔什干签署《中国石油天然气集团公司与乌兹别克斯坦国家石油天然气公司在石油天然气领域开展互惠合作的协议》。

6月22日 在中国国家主席胡锦涛和叙利亚总统巴沙尔·阿萨德共同见证下，集团公司总经理陈耕与叙利亚石油与矿产资源部长易卜拉欣·哈达迪在北京签署《中国石油天然气集团公司与叙利亚阿拉伯共和国石油及矿产资源部石油领域合作协议》。

6月30日 集团公司与哈萨克斯坦运输公司在哈萨克斯坦阿斯塔纳签署《中哈管道有限责任公司创建协议》，由中国石油天然气勘探开发公司和哈萨克斯坦国家石油运输股份公司合资成立中哈管道有限责任公司，双方各持股50%。7月6日，中哈管道有限责任公司成立，中哈管道建设项目启动。

7月1日 集团公司对《企业文化建设纲要(试行)》进行了调整和补充，将企业的核心经营管理理念改为“诚信、创新、业绩、和谐、安全”，并将安全理念阐释为：以人为本，安全第一。

7月15—17日 集团公司在南戴河召开领导干部会议。集团公司总经理陈耕作题为《认清形势、振奋精神，团结一心、再创辉煌》的工作报告。会议明确要求上市和未上市企业要“共举一面旗、同唱一首歌，做到发展共谋、责任共担、稳定共抓、环境共建”。

7月22日 纳米比亚共和国总统萨姆·努乔马访问宁夏石化。

7月26日 中共中央政治局常委、中央纪委书记吴官正考察兰州石化。

8月13日 集团公司党组决定，整合集团公司和股份公司国际勘探开发业务，设立中油勘探开发有限公司，统一管理集团公司和股份公司在海外的资产和业务。8月19日，召开海外业务整合动员大会。

8月29日 中共中央政治局常委、全国人大常委会委员长吴邦国考察大连石化。

9月6日 集团公司与毛里塔尼亚工业和矿产部在北京签署《毛里塔尼亚海岸盆地12区块及陆上陶丹尼盆地Ta13、Ta21区块产品分成协议》。

9月25日 集团公司捐资120万美元建设的苏丹喀土穆炼油厂友谊医院建成投用。苏丹总统巴希尔为医院落成揭幕。

10月10日 集团公司与科威特海外石油勘探公司签约，合作开发突尼斯SLK油田。

10月14日 在中国国家主席胡锦涛和俄罗斯总统普京共同见证下，集团公司与俄罗斯天然气工业股份公司在北京签署《战略合作协议》。

10月17—20日 首届世界石油大会青年论坛在北京召开，主题为“青年与创新——石油工业的未来”。本次论坛由世界石油大会中国国家委员会倡导并获准负责组织。

11月13日 中共中央政治局常委、国务院总理温家宝考察锦州石化。

11月16日 重庆忠县至武汉输气管道工程建成投运。该管道于2003年8月28日开工建设，全长1375.4千米。

11月22—23日 国家主席胡锦涛访问古巴期间，集团公司与古巴石油部在哈瓦那签署合作协议。

11月30日 国务院国有资产监督管理委员会公布第一批49家中央企业主业，确定集团公司三大类主营业务为：原油、天然气勘探开发、开采；石油炼制、石油化工及其他化工产品的生产、储运及贸易，石油、天然气管道运输及贸易；相关工程技术研究与服务。

12月1日 塔里木克拉2气田建成投产，是“西气东输”的主力气源。

12月23日 在中国国家主席胡锦涛和委内瑞拉总统查韦斯共同见证下，集团公司与委内瑞拉能源矿产部在北京签署《中国石油天然气集团公司与委内瑞拉能源矿产部关于苏玛诺油田开发合作协议》。

12月24日 集团公司统一标识工作视频会议在北京召开。集团公司党组成员、纪检组组长李克成出席会议并讲话，强调要强化“中国石油”整体观念，强化“中国石油”品牌意识，从集团公司整体发展战略高度，从集团公司在国民经济建设中所担负的政治、经济、社会责任的高度，支持标识整合。26日中国石油新标识启用。

12月29日 股份公司与12家用户签订《天然气销售协议》，西气东输每年120亿立方米的商业气量全部售出。

12月30日 西气东输工程投产庆典

暨表彰大会在北京人民大会堂举行。中共中央总书记、国家主席胡锦涛致信祝贺，中共中央政治局委员、国务院副总理曾培炎宣布西气东输工程全线建成投产。

本年 集团公司党组命名铁人王进喜纪念馆等30个场所为首批“中国石油天然气集团公司企业精神教育基地”。

本年 大连石化实际加工原油1200.11万吨，成为集团公司第一个原油实际加工量超过千万吨的炼化企业。

本年 集团公司先后与18省(自治区、直辖市)签订移交协议，涉及33个成员企业，移交社会职能机构464个，其中中小学431个，公检法机构33个；向省、市级主管部门移交机构28个，向地市级主管部门移交机构436个，共移交各类人员54606人，确保了原有管理机构职能基本不变和队伍的稳定。

2005年

1月8日 集团公司总经理陈耕与俄罗斯石油公司总裁波格丹奇科夫在北京签署《中国石油天然气集团公司与俄罗斯石油公司关于在石油领域开展合作的协议》。同时，中国石油控股的中国联合石油有限责任公司与俄罗斯石油公司签署4840万吨《铁路原油购销合同》；中国进出口银行、国家开发银行和中国石油与俄罗斯外经银行签署60亿美元贷款合同。由此开创“贷款换石油”的能源合作新模式。

1月15—19日 集团公司2005年工作会议在北京召开。集团公司总经理陈耕作题为《用科学发展观统领全局，实现集团公司持续有效较快协调发展》的工作报告，提出持续、有效、较快、协调发展的方针。

1月25—28日 中共中央政治局常委、国家副主席曾庆红访问秘鲁和委内瑞拉。集团公司与秘鲁共和国能源矿产部在秘鲁首都利马签署《中国石油天然气集团公司与秘鲁共和国能源矿产部进一步扩大在石油天然气勘探开发、炼油化工等领域合作谅解备忘录》。

1月26日 集团公司党组发出《关于在集团公司深入开展保持共产党员先进性教育活动的通知》。2月21日，集团公司党组召开保持共产党员先进性教育动员大会。集团公司党组书记、总经理陈耕作动员报告，中央督导组组长出席会议并讲话。3月20日，中共中央政治局常委、国务院副总理黄菊主持召开座谈会，听取陈耕关于集团公司开展先进性教育活动和工作情况的汇报，参观集团公司先进性教育活动图片和资料展览。集团公司是黄菊保持共产党员先进性教育活动的联系点。

1月27日 集团公司颁布《中国石油天然气集团公司基层建设纲要》。

3月1日 西部管道全线开工。管道干线包括原油和成品油两条输油管道，西起新疆乌鲁木齐，东到甘肃兰州，途经新疆和甘肃两省(自治区)共28个县(市)，两条主干管道及支线总长近4000千米。

3月6日 中油阿克纠宾油气股份公司投资建设的哈萨克斯坦肯基亚克至让那诺尔油气处理厂的油气混输管线工程建成

投产。该工程标志着集团公司在油气混输技术领域进入世界前列。

3月21日 中共中央政治局常委、国家副主席曾庆红考察大庆油田，指出："大庆精神、铁人精神不能丢，这是我们的政治优势，是宝贵的精神财富。"

同日 中共中央政治局常委、国务院副总理黄菊考察塔里木油田。

3月23日 中央政治局常委、国务院副总理黄菊出席中国石油天然气集团公司党员干部大会并作重要讲话。

4月13—14日 集团公司科技大会在北京举行。会议提出，推进科技进步与创新、增强企业自主创新能力，是中国石油一项重大战略任务。要全面贯彻落实科学发展观，解放思想，开拓创新，努力开创科技发展的新局面，为建设具有较强国际竞争力的跨国企业集团而努力奋斗。

4月21日 集团公司党组作出《关于向"中国石油科技楷模"苏永地同志学习的决定》。

同日 中国石油海外合作项目苏丹37区Gumry-1井完成全部6层测试，累计试油日产量2160立方米，创37区最高纪录，集团公司发贺信，祝贺37区第三大油田的发现。

4月30日—5月1日 中共中央政治局常委、国务院总理温家宝考察青海油田格尔木炼油厂。

5月9日 集团公司与伊朗国家石油公司在德黑兰签署伊朗3区块勘探开发服务合同。该项目是集团公司在伊朗成功签订的第一个勘探开发合同。

5月10日 集团公司与阿尔及利亚国家石油天然气公司在阿尔及利亚首都阿尔及尔签署建设阿尔及利亚基克达凝析油炼厂项目。

5月25日 在中国国家主席胡锦涛和乌兹别克斯坦总统卡里莫夫共同见证下，集团公司与乌兹别克斯坦国家油气控股公司在塔什干签署关于成立合资企业在乌兹别克斯坦共和国境内开展油气田勘探开发工作的协议。

同日 塔里木盆地塔克拉玛干沙漠腹地塔中82井获日产油15.36立方米、天然气1万立方米。

5月30日 集团公司与北京奥林匹克组织委员会在北京签署协议，成为北京2008年奥运会石油和天然气合作伙伴。

6月17日 准噶尔盆地的安5井获高产油气流。日产原油105立方米、天然气6600立方米。年底，入选美国石油地质家协会《勘探家》杂志评选的"2005年全球重大油气勘探新发现"。

6月18日 位于四川达州宣汉县的罗家寨气田开发建设工程启动。这是中国首个投入大规模开发的高含硫气田。

6月21日 集团公司党组在北京召开保持共产党员先进性教育活动总结暨纪念"七一"表彰大会。

7月1日 中共中国工程院党组、中国石油天然气集团公司党组、中国石油化工集团公司党组作出《关于开展向侯祥麟同志学习活动的决定》，号召全国科技界及石油、石化系统全体科技工作者向侯祥麟学习。

同日 在中国国家主席胡锦涛和俄罗

斯总统普京见证下,中国石油天然气集团公司总经理陈耕同俄罗斯石油公司总裁巴格丹奇科夫在克里姆林宫签署长期合作协议。

同日 陕京二线天然气管道竣工投产。该管道西起陕西榆林,途经山西、河北,东至北京,全长935.4千米,管径1016毫米,设计压力10兆帕,设计年输量120亿立方米。

7月20日 集团公司与土库曼斯坦油气与矿产资源部签署《中国石油天然气集团公司与土库曼斯坦关于油气与矿产资源部在石油领域合作基本协议》。

7月24日 苏丹总统巴希尔、第一副总统加朗及30多名政府部长,前往中国石油海外合作项目——苏丹37区,参加该项目发电厂投产和法鲁济新建机场建成庆典,苏丹总统巴希尔为庆典仪式剪彩。

7月26—29日 集团公司在河北南戴河召开领导干部会议。集团公司总经理陈耕作题为《关于集团公司发展战略问题》的报告。

7月27日 中共中央政治局常委、国务院副总理黄菊考察乌鲁木齐石化。

8月19日 中国石油对外合作项目大港赵东油田ZD-C39(HP)井建成投产,日产原油1018吨,是当时集团公司水平位移和垂直深度比最大的大位移水平采油井。

8月21—23日 中共中央政治局常委、国家副主席曾庆红考察新疆克拉玛依、独山子石油石化企业。

8月22日 新疆独山子石化改扩建年产能千万吨炼油、新建年产能百万吨乙烯工程奠基仪式在独山子举行,中共中央政治局常委、国家副主席曾庆红出席奠基仪式。

8月23日 中共中央政治局常委李长春考察兰州石化。

8月26日 中国石油工程建设(集团)公司承建的巴基斯坦成品油管线项目竣工庆典在卡拉奇举行。巴基斯坦总统穆沙拉夫出席庆典,并向中国石油工程建设(集团)公司颁发了杰出贡献证书和纪念奖。

8月30日 集团公司与马来西亚国家石油公司、尼日利亚EXPRESS石油公司、苏丹国家石油公司和苏丹HI-TECH集团公司等5家公司组成的联合体,与苏丹政府在苏丹喀土穆签署苏丹15区块项目产品分成协议。这是集团公司首次进入苏丹海洋石油天然气勘探领域。

8月31日 集团公司与哈萨克斯坦国家油气股份公司在北京人民大会堂签署《关于联合开展哈萨克斯坦—中国天然气管道可行性研究的协议》。

9月8日 集团公司与乌兹别克国家油气公司、俄罗斯鲁克公司、马来西亚国家石油公司和韩国国家石油公司共同签署各占20%股份组成的咸海财团成立协议。

9月16日 侯祥麟先进事迹报告会在北京人民大会堂举行。中共中央政治局常委、国务院总理温家宝出席报告会。

9月25日 吉林油田长岭断陷风险探井长深1井获日产天然气46.09万立方米,发现储量规模558亿立方米的长深气田。

9月25—29日 世界石油大会理事会高级副主席、中国国家委员会主任王涛率中国代表团出席在南非约翰内斯堡召开的第十八届世界石油大会。大会主题是“打造能源未来——共同合作、实现可持续发展”。25日王涛获得由世界石油大会理事会颁发的“杰出成就奖”,中国石油天然气勘探开发公司董事长吴耀文当选世界石油大会理事会副主席。

9 月 28 日 中共中央政治局常委、中央政法委书记罗干率中央代表团视察乌鲁木齐石化。

10 月 26 日 集团公司宣布:收购哈萨克斯坦 PK 石油公司。这是当时中国公司最大的一宗国际上市公司整体并购交易。10 月 31 日《人民日报》以《“中石油式”收购贵在一个“实”字》为题报道此事。

11 月 4 日 华北油田塔里木钻井工程公司承钻的塔里木盆地英深 1 井,平稳钻进至 7222 米,创当时中国陆上超深井钻探最深纪录。

11 月 8 日 中共中央政治局常委、全国政协主席贾庆林考察兰州石化。

11 月 11 日 集团公司独家赞助北京 2008 年奥运会吉祥物发布仪式。

11 月 13 日 吉林石化双苯厂苯胺车间装置发生爆炸着火事故,引发松花江重大水污染事件。

11 月 15—16 日 中共中央政治局常委李长春考察中国石油苏丹项目,并出席喀土穆炼油厂“扩建一期投产一周年暨二期主体完工”庆典。

11 月 23—25 日 集团公司召开股权分置改革座谈会,启动所属 5 家控股上市公司和 17 家参股上市公司股权分置改革工作。

11 月 29 日 股份公司与集团公司的海外业务整合项目交割。自 2005 年 12 月 30 日起,股份公司将其全资子公司中国石油天然气国际(勘探开发)有限公司的全部股权转至中油勘探开发有限公司。

12 月 4 日 集团公司领导干部视频会议在北京召开,强调要从吉林石化双苯厂爆炸事故和重大水污染事件中深刻吸取教训,把加强安全生产和环保工作的各项措施落到实处。

12 月 9 日 宝鸡石油机械有限责任公司研制的中国首台 9000 米交流变频超深井钻机通过审查验收。先后获得 5 项国家专利。

12 月 15 日 中哈原油管道一期工程(阿塔苏至阿拉山口段)竣工投产。

12 月 16 日 塔里木油田年生产油气当量达到 1000 万吨。

12 月 23 日 国家发改委决定改革天然气出厂价格形成机制。

2006 年

1 月 9 日 2005 年度国家科学技术奖励大会在北京召开。集团公司“塔里木盆地高压凝析气田开发技术研究及应用”获国家科学技术进步奖一等奖。

1 月 11 日 集团公司向第四届全国特殊奥林匹克运动大会捐款 1000 万元人民币。

1 月 14—18 日 集团公司 2006 年工作会议在北京召开。集团公司总经理陈耕作题为《用科学发展观统领全局,着力提升国际竞争力,把跨国企业集团建设全面推向前进》的工作报告。

1月25日 布隆迪总统在苏丹能矿部部长贾兹的陪同下参观中苏石油合作项目苏丹喀土穆炼油厂。

2月18日 集团公司和中国石油化工集团公司联合参与收购的加拿大 EnCana（厄瓜多尔）项目在英国伦敦完成资产交割，是中国两大石油公司首度在海外油气领域成功进行合作。

2月24日 集团公司决定，对冀东石油勘探开发公司、青海石油管理局、林源炼油厂实施重组。

3月21日 在中国国家主席胡锦涛和俄罗斯总统普京共同见证下，集团公司分别与俄罗斯天然气工业股份公司、俄罗斯石油公司和俄罗斯管道运输公司在北京人民大会堂签署《中国石油天然气集团公司与俄罗斯天然气工业股份公司关于从俄罗斯向中国供应天然气的谅解备忘录》《关于中国石油天然气集团公司与俄罗斯石油公司在中国、俄罗斯成立合资企业深化石油合作的基本原则协议》《中国石油天然气集团公司和俄罗斯管道运输公司会谈纪要》。

4月3日 中国国家主席胡锦涛与土库曼斯坦总统尼亚佐夫在北京签署《中国政府和土库曼斯坦政府关于实施中土天然气管道项目及向中国销售土天然气总协议》。集团公司总经理陈耕与土库曼斯坦油气工业和矿产资源部部长古尔班穆拉特 · 阿塔耶夫在北京签署《中国石油天然气集团公司与土库曼斯坦油气工业和矿产资源部关于开展中土天然气合作项目的基本原则协议》。

4月26日 在中国国家主席胡锦涛和尼日利亚总统奥巴桑乔共同见证下，集团公司与尼日利亚石油国务部在尼日利亚首都阿布贾签署石油合作协议。

6月4日 集团公司第一口煤层气井——华北油田山西沁水煤层气田晋平2－2井获工业气流。

6月8日 集团公司与乌兹别克斯坦国家油气公司在北京签署陆上5个油气区块勘探协议。这是集团公司首次进入乌兹别克斯坦勘探领域。

6月9日 西气东输管道工程被授予"国家环境友好工程"奖。

6月17日 在中国国务院总理温家宝和埃及总理纳齐夫共同见证下，中国寰球工程公司与埃及矿产资源局在埃及总理府签署埃及新河谷省露天磷矿露天开采项目的合作备忘录。

6月21日 阿富汗总统米德 · 卡尔扎伊参观乌鲁木齐石化。

7月1日 中共中央总书记、国家主席胡锦涛考察青海油田格尔木炼油厂。

7月11日 中哈原油管道全线贯通输油。

7月12日 集团公司召开新闻发布会，宣布塔里木盆地西南部、中部和东部9个风险勘探区、共11万平方千米矿区面向国际石油公司开放。

7月20—22日 集团公司在河北南戴河召开领导干部会议，专题研究安全发展、清洁发展问题。集团公司总经理陈耕作题为《深入贯彻落实科学发展观，实现集团公司安全发展清洁发展》的报告。

7月25日 抚顺石化年产60万吨酮苯脱蜡装置一次投料试车成功，成为当时世界最大的石蜡生产基地。

8月10日 中共中央政治局常委、国务院总理温家宝考察大庆油田，并主持召开座谈会，专题研究大庆可持续发展问题。

8月12日 中共中央政治局常委、国家副主席曾庆红考察吉林油田。

8月18日 集团公司与相关单位联合承担的松辽盆地科学钻探一号井在大庆油田开钻。松科1井工程是国家“973”计划“白垩纪地球表层系统重大地质事件与温室气候变化”项目的重要组成部分。

同日 集团公司向甘肃庆阳人畜饮水工程捐资5000万元人民币，向公益事业和教育事业捐资2600万元人民币。

8月23日 苏丹37区原油外输管道全线贯通。管道全长1376千米，是当时世界上最长的高凝油输送管道。

8月24日 在中国国家主席胡锦涛和委内瑞拉总统查韦斯共同见证下，集团公司与委内瑞拉能源与石油部在北京签署《中国石油天然气集团公司与委内瑞拉国家石油公司共同开发苏马诺油田的合资经营协议》《中国石油天然气集团公司与委内瑞拉国家石油公司联合开发奥里诺科重油带胡宁4区块合资框架协议》等有关协议。

8月30日 苏丹37区首船原油外运，标志着该项目千万吨级大油田投产外输成功。苏丹37区项目是集团公司在苏丹的大型石油合作项目之一。

9月6—7日 中共中央总书记、国家主席胡锦涛考察克拉玛依，指出，克拉玛依是中华人民共和国发现的第一个大油田，是中国西部第一个年产千万吨的大油田，也是一个已有50年历史但仍然充满青春活力、正在向大油气田迅速迈进的世纪大油田。

9月22—23日 集团公司在北京召开大庆油田可持续发展研讨会，专题讨论大庆油田创建百年油田、实现可持续发展的规划、目标和措施。

9月25日 大庆油田三次采油累计超过1亿吨，成为世界最大的三次采油技术研发和生产基地。

9月26日 由中共中央政治局常委、国务院总理温家宝题写馆名的“铁人王进喜纪念馆”和“大庆油田历史陈列馆”落成开馆。

10月16日 集团公司总经理陈耕与俄罗斯石油公司总裁巴格丹奇科夫在莫斯科签署《东方能源有限责任公司创建协议》。

10月21日 西部成品油管道竣工投产。

11月9日 中共中央批准蒋洁敏[①]任集团公司党组书记，10日，国务院任命蒋洁敏为集团公司总经理。

同日 中国石油天然气集团公司与俄罗斯石油公司在北京签署《合资成立石油加工和成品油销售企业合同》。

11月12—15日 首届世界重油大会在

① 2013年9月1日，据中央纪委监察部网站消息，蒋洁敏涉嫌严重违纪，接受组织调查。2014年6月30日，给予蒋洁敏开除党籍处分，报请给予行政开除处分，将涉嫌犯罪问题及线索移送司法机关依法处理。2015年10月12日，湖北汉江中院一审判处有期徒刑16年。

北京召开，大会主题为“重油——全球能源的未来?”会议由集团公司与加拿大阿尔伯达省政府共同发起、倡议和主办。

11 月 16 日 在中国国家主席胡锦涛和越南共产党总书记农德孟、越南国家主席阮明哲共同见证下，中国寰球工程公司与越南化学工业集团公司在越南首都河内签署越南宁平煤头化肥项目总承包合同。该项目是越南化肥工业的一个战略性项目。

12 月 3 日 西南油气田天然气年产量达到 123.8 亿立方米，原油年产量达到 13.56 万吨，油气产量超过 1000 万吨油当量，成为中国石油第一个以天然气生产为主的千万吨级油气田。

12 月 20 日 经国土资源部储量评审中心终审，长庆姬塬油田新增探明石油地质储量 10680 万吨，可采储量 2122 万吨，成为鄂尔多斯盆地探明的又一个亿吨级整装油田。

12 月 28 日 集团公司在北京举行新产品发布会，宣布：重大专项成果 EILog 测井装备和国家“十五”重大技术装备研制项目专题 CGDS－I 近钻头地质导向钻井系统研制成功。这两项技术装备打破外国公司技术垄断，在中国石油技术装备史上具有里程碑意义。

本年 集团公司党组在党员中开展“情系母亲水窖，助力新农村建设”捐助活动，将西部地区企业、总部机关、在京直属单位共产党员捐献的 1030 万元人民币落实到 8 个省（自治区、直辖市）的 10300 个家庭，共兴建 10300 口“母亲水窖”。

本年 长庆油田原油产量超过1000万吨，成为集团公司第四个千万吨级油田。

2007 年

1 月 23—25 日 集团公司 2007 年工作会议在北京召开。集团公司总经理作题为《全面落实科学发展观，努力构建和谐企业，为国家能源保障做出新贡献》的工作报告。

1 月 26 日 中共中央总书记、国家主席胡锦涛考察吉林燃料乙醇有限责任公司。

2 月 2 日 中共中央总书记、国家主席胡锦涛访问苏丹。在苏丹总统巴希尔的陪同下，考察中苏石油合作项目喀土穆炼油厂，并题词：“中苏合作的典范”。

2 月 3 日 中共中央政治局常委、国务院总理温家宝考察吉林油田。

2 月 15 日 股份公司改革长输油气管道建设管理体制，实行建设与管理分开。

2 月 16 日 中共中央政治局常委、国务院总理温家宝考察抚顺石化乙烯厂。

2 月 18 日 中共中央总书记、国家主席胡锦涛考察兰州石化。

2 月 28 日 集团公司在北京召开 2006 年度企业社会责任报告新闻发布会。这是集团公司首次独立发布企业社会责任报告。

3 月 1 日 股份公司与壳牌中国勘探与生产分公司联合宣布，双方合作开发的长北天然气田投入商业生产。作为北京奥运会保障气源之一向陕京二线供气。

3月25日 中共中央政治局常委李长春访问委内瑞拉，考察中国石油委内瑞拉公司。

4月4日 中国和土库曼斯坦在阿什哈巴德签署中土天然气合作总协议。

4月 经中国保险业监督管理委员会批准，中意财产保险有限公司在北京成立。该公司由中油财务公司与意大利忠利集团共同出资设立。

5月1日 中共中央政治局常委、国务院总理温家宝考察冀东南堡油田。

6月1日 中国石油海外合作项目阿尔及利亚炼油项目60万吨/年催化裂化装置一次投料成功。该项目是阿尔及利亚第一套重油深加工装置。

6月3日 中共中央政治局常委、全国政协主席贾庆林考察广西石化炼油建设工程。

6月18日—7月3日 中共中央宣传部“走出去”优秀企业采访团，赴集团公司与苏丹、哈萨克斯坦合作项目采访。7月12日、13日，新华社、中央电视台以及《人民日报》《经济日报》《中国石油报》等多家媒体，以《中石油：社会责任打造国际地位》《携手共发展 合作谱新篇》《中国石油：互利共赢的能源合作》《互利共赢铸丰碑——中石油海外事业造福当地经济社会10年纪实》为题，系列报道集团公司开拓国际市场，开展境外合作的情况。

6月21日 冀（河北安平）宁（江苏南京）天然气管道工程全线竣工。全长1242千米。

6月29—30日 中共中央政治局常委、全国政协主席贾庆林考察冀东油田。

6月 作为北京2008年奥运会合作伙伴，集团公司成立奥运空气质量保障工作领导小组，制定《奥运空气质量保障工作实施方案》，实施油气回收改造、油品升级和天然气供应三大工程，提供清洁能源，助力绿色奥运。

7月6日 由宝鸡石油钢管有限责任公司自营出口的印度东气西送管线60万吨钢管制造合同完成。是当时国际上一次性授标最大的钢管制造合同，创中国石油装备制造业产品出口的新纪录。

7月15日 中国首台连续油管疲劳试验机在集团公司宝鸡石油钢管有限责任公司研制成功，该项目是国家“863”项目，填补国内该领域空白。

7月17日 在中国国家主席胡锦涛与土库曼斯坦共和国总统别尔德穆哈梅多夫见证下，集团公司分别与土库曼斯坦油气资源管理利用署签署《土库曼斯坦总统下属油气资源利用和管理署和中国石油国际有限责任公司关于土库曼斯坦境内合同区域产品分成合同》，与土库曼斯坦国家天然气康采恩签署《中国石油天然气集团公司和土库曼斯坦国家天然气康采恩购销天然气协议》。

7月18—20日 集团公司2007年领导干部会议在大庆油田召开。集团公司总经理作题为《发扬大庆精神，加强基层建设，努力实现集团公司科学发展和谐发展》的主题报告。

7月20日 集团公司与国家林业局、中国绿化基金会等联合发起设立中国绿色碳基金成立仪式在北京人民大会堂举行。

中共中央政治局常委、全国政协主席、中国绿化基金会名誉主席贾庆林出席仪式，并为集团公司颁发捐资荣誉证书。集团公司作为主要发起方捐资3亿元人民币，用于支持和推动中国林业碳汇活动。

7月28日 商务部授予股份公司等一批企业原油经营资格，成为2006年12月商务部颁布《原油市场管理办法》后首批授予原油经营资格的企业。

7月31日 集团公司与俄罗斯石油公司合资成立的东方能源有限责任公司在俄罗斯伊尔库茨克州政府举行的勘探区块招标中，获上伊恰尔和西乔两个勘探区块作业权，实现集团公司在俄罗斯上游勘探开发合作历史性突破。

8月2日 集团公司决定成立物资采购管理部，对物资采购与招标工作实行集中统一管理。

8月16日 中哈石油合作10周年庆典在哈萨克斯坦首都阿斯塔纳举行。中国国务院总理温家宝，哈萨克斯坦总统纳扎尔巴耶夫、议会主席托卡耶夫、总理卡西姆·马西莫夫发来贺信。

8月18日 在中国国家主席胡锦涛和哈萨克斯坦总统纳扎尔巴耶夫共同见证下，集团公司和哈萨克斯坦国家石油公司在阿斯塔纳签署《关于中哈原油管道二期工程建设和运营的协议》。

同日 中共中央政治局常委、国务院总理温家宝考察新疆油田和独山子石化。

8月29日 中国土库曼斯坦天然气合作勘探开发项目开工庆典仪式在土库曼斯坦阿姆河右岸气田举行。土库曼斯坦总统别尔德穆罕默多夫主持庆典并讲话，向集团公司颁发土库曼斯坦阿姆河右岸合作区勘探、开发许可证等文件，在土库曼斯坦历史上将此类文件授予外国公司尚属首次。

9月6日 在中国国家主席胡锦涛和澳大利亚总理霍华德共同见证下，集团公司与澳德赛能源公司在澳大利亚悉尼签署年销售200万吨液化天然气购销协议。

9月18日 中国国务院总理温家宝签署发布国务院令第506号——《中华人民共和国对外合作开采陆上石油资源条例》。其中第三十条修改为："对外合作开采煤层气资源由中联煤层气有限责任公司、国务院指定的其他公司实施专营，并参照本条例执行。"

9月20日 在中国国家主席胡锦涛和乍得总统代比共同见证下，集团公司与乍得石油部在北京签署《中国石油天然气集团公司与乍得政府炼油厂合资协议》。

9月21日 乍得总统代比参观中国石油勘探开发研究院。

9月24日 中国证券监督管理委员会发行审核委员会发布审核公告，核准股份公司首次公开发行A股。

10月24日 在中国国家主席胡锦涛和哥斯达黎加总统奥斯卡·阿里亚斯·桑切斯共同见证下，集团公司与哥斯达黎加外交部在北京签署《中国石油天然气集团公司与哥斯达黎加国家石油公司石油合作框架协议》。

10月27日 中国纺织工业设计院划转为集团公司全资子公司。2009年12月更名为中国昆仑工程公司。

10月30日 集团公司与俄罗斯石油公司合资组建的东方石化有限责任公司开

始营业。

11月5日 中国石油A股股票在上海证券交易所挂牌上市。股票代码是601857。

11月8日 集团公司与哈萨克斯坦国家石油公司，在哈萨克斯坦首都签署《中国石油天然气集团公司与哈萨克斯坦国家油气股份公司关于中哈天然气管道建设和运营的基本原则协议》。

11月12日 集团公司与马来西亚常青集团国际有限公司在北京签署《中华人民共和国松辽盆地扶余1号区块石油勘探开发和生产合同》。

11月15日 中国首台具有自主知识产权的12000米特深井石油钻机通过验收，于11月20日下线出厂。这是当时世界上第一台陆地用12000米交流变频电驱动钻机，也是当时全球技术最先进的特深井陆地石油钻机。

11月29日 克拉2气田天然气年产量突破100亿立方米。

12月2日 毛里塔尼亚总统在苏丹能矿部部长陪同下参观中苏石油合作项目苏丹喀土穆炼油厂。

12月5日 新疆准噶尔盆地玛河气田开发建设工程竣工投产。玛河气田是准噶尔盆地当时发现的最大整装气田，天然气日外输量150万立方米。

12月16日 塔里木盆地轮东1井完钻，完钻井深7620米，是集团公司当时钻成的最深探井。

12月18日 股份公司与美国雪佛龙公司在北京签署《中华人民共和国四川盆地川东北区块天然气开发和生产合同》。

12月20日 长庆油田全年生产油气2007.73万吨油当量，首次突破2000万吨，成为中国第三大油气田。

12月21日 北京油气调控中心接管兰银、港沧、中沧、沧淄、轮库、鄯乌、庆哈7条天然气管道的调度运行管理业务。至此，股份公司所属29条在役长输油气管道，全部纳入北京油气调控中心集中调度运行和监视控制，管道总长度约2.2万千米。

12月25日 集团公司整合新疆石油管理局、吐哈石油勘探开发指挥部（含2006年2月由玉门石油管理局、青海石油管理局并入的钻井队伍）的钻井、测井、录井力量，组建中国石油集团西部钻探工程有限公司。

12月28日 集团公司决定，自2008年1月1日起，中国石油天然气第七建设公司和工程技术研究院的业务、资产及人员整体并入中国石油集团海洋工程有限公司，由重组后的中国石油集团海洋工程有限公司统一领导。

12月 集团公司将管道局所属大庆、长春、沈阳、大连、锦州、秦皇岛、北京、中原和长庆9个输油气公司及长吉输油气分公司划归股份公司管道分公司管理。

同月 集团公司启动企业年金建立工作，印发《中国石油天然气集团公司企业年金管理办法》。

本年 集团公司印发《集团公司“五型”[①]班组建设实施意见》，着力提高职工队伍凝聚力、战斗力和执行力。

---

① “五型”是指学习型、安全型、清洁型、节约型、和谐型。

本年 塔里木油田全年生产天然气154.1亿立方米，成为中国第一大天然气生产基地。

2008年

1月1日 集团公司向北京市场供应国Ⅳ标准汽油、柴油。

1月8日 2007年度国家科学技术奖励大会在北京召开。集团公司"中低丰度岩性地层油气藏大面积成藏地质理论、勘探技术及重大发现"获国家科学技术进步奖一等奖。

1月16—18日 集团公司2008年工作会议在河北廊坊召开。集团公司总经理作题为《深入学习贯彻党的十七大精神，努力建设综合性国际能源公司》的工作报告。

1月17日 集团公司捐资1000万美元建造的苏丹麦罗维友谊大桥建成通车，成为尼罗河上从喀土穆以北至埃及阿斯旺大坝之间唯一的大桥。

1月20日 中国科学院、中国工程院公布2007年度中国十大科技进展，宝鸡石油机械有限公司研制成功的12000米陆上特深井石油钻机位列第二。

2月6日 乍得首都恩贾梅纳发生反政府武装袭击。集团公司快速启动应急预案，采取有效措施，借助国际援助，疏散和撤离在乍得开展业务的27名国际雇员、近500名当地雇员以及188名中方员工，避免了可能造成的人员伤亡和经济损失。

2月22日 国家"十一五"规划重大项目——西气东输二线工程开工仪式在北京人民大会堂举行。中共中央总书记、国家主席胡锦涛发来贺信，要求把西气东输二线工程建设成为一流工程，中共中央政治局常委、国务院总理温家宝作出重要批示，国务院副总理曾培炎出席开工仪式并下达开工令。这是中国第一条引进境外天然气的大型管道工程，是保障国家油气供应安全的重大骨干工程。

2月24日 宝鸡石油机械有限责任公司自主研发的中国首台人工岛7000米环轨移动模块钻机在冀东南堡油田1号人工岛开钻。

4月2日 在中共中央政治局常委李长春和叙利亚总理拉吉·奥托拉共同见证下，集团公司和叙利亚石油矿产资源部在叙利亚首都大马士革总理府签署《中—叙合资建设炼厂合作协议》和《中—叙石油领域合作框架协议》。

4月7日 国资委对中联煤层气有限公司股权调整，将总面积2.13万平方千米的25个区块(其中对外合作区块11个)划给中国石油天然气集团公司。

4月10日 在中国国务院总理温家宝和卡塔尔首相阿勒萨尼共同见证下，集团公司与卡塔尔石油国际公司在北京签署《战略合作谅解备忘录》，集团公司与卡塔尔天然气公司、壳牌集团年销售300万吨液化天然气购销协议同时签署。

5月3日 《人民日报》发表题为《一束霞光映满天》的通讯，报道辽河油田束滨霞采油站员工在站长束滨霞的带领下,永不服输、勤练技能,总结出“采油站管理六法”的事迹。

5月6日 中共中央政治局常委、中央纪委书记贺国强考察冀东南堡油田。

5月9日 在中国国务院副总理回良玉和委内瑞拉总统查韦斯共同见证下,集团公司副总经理周吉平分别与委内瑞拉能源与石油部部长、国家石油公司总裁拉斐尔·拉米雷斯·卡雷尼奥和委内瑞拉国家石油公司副总裁阿斯德鲁瓦尔·查韦斯,在委内瑞拉首都加拉加斯签署《开发奥里诺科重油带胡宁4区块成立合资公司的框架协议》《中国炼厂项目合资框架协议》。

5月12日 四川省汶川县发生里氏8.0级特大地震。5月14日,集团公司启动实施“百万石油员工抗震救灾捐款重建百所学校爱心行动”。至2008年底,集团公司和广大员工累计为汶川地震灾区捐款捐物折合人民币3.43亿元,其中,共产党员缴纳特殊党费1.33亿元人民币。

5月16日 股份公司第四届第一次董事会会议选举周吉平为副董事长,聘任周吉平为总裁。

5月18日 铁人王进喜纪念馆被国家文物局组织开展的首批国家一级博物馆评估认定为国家一级博物馆。

6月2日 集团公司与尼日尔政府在尼日尔总理府签署Agadem区块勘探合同。

6月23日 在中国国家副主席习近平和卡塔尔王储谢赫塔米姆·本·哈马德·本·哈利法·阿勒萨尼共同见证下,集团公司总经理,卡塔尔副首相兼能源工业大臣、卡塔尔石油国际主席和壳牌集团执行董事在多哈共同签署在中国合资建立炼油和化工生产及销售一体化工厂意向书。

6月27日 中国国家主席胡锦涛致信阿姆河天然气项目巴格德雷合同区第一天然气处理厂奠基仪式,指出:作为一项横跨四国的宏伟工程,中土天然气管道项目的开工建设,对深化中土能源合作,加快土库曼斯坦天然气资源勘探开发和能源出口的多元化,促进本地区能源建设和经济社会发展具有重要意义。

6月29日 中共中央政治局常委、国务院副总理李克强到中国石油驻河北企业考察。

6月30日 集团公司承担的北京奥运空气质量保障三项工程竣工。

6月 股份公司决定组建中国石油煤层气有限公司。9月,正式注册,名称为中石油煤层气有限责任公司。

7月3日 大庆油田有限责任公司承担的国家重大科学基础研究计划“火山岩油气藏的形成机制与分布规律”项目启动。这是首个由企业牵头、企业专家担任首席科学家的国家973重大科学基础研究项目。

7月18—20日 集团公司领导干部会议在陕西延安召开。集团公司总经理作题为《艰苦奋斗,埋头苦干,不断开创科学发展新局面》的主题报告。

7月20日 “中国石油林”揭牌仪式在延安市清凉山举行。集团公司出资1000万元人民币参加延安市开展的“我为延安种棵树”活动。

7月22日 中共中央政治局常委李长春到大庆油田考察。

7月23日 集团公司重点风险探井莫

深1井完钻。该井位于准噶尔盆地腹部莫索湾地区,设计井深7380米,完钻井深7500米,创当时中国陆上钻井最深纪录。

8月1日　集团公司与北京奥组委、北京市燃气集团有限责任公司签署《北京2008奥运会、残奥会采购天然气备忘录》,确定北京2008年奥运会主火炬塔、奥运村(残奥村)、媒体村等使用天然气的供气流程、供气标准及三方责任。

8月5日　集团公司与上海世博局签署2010年上海世博会全球合作伙伴协议,成为上海世博会全球合作伙伴,以赞助企业和参展企业双重身份参与上海世博会。

8月7日　大连石化年加工能力1000万吨加工含硫原油技术改造项目中的6套主体生产装置建成并一次开车成功。大连石化原油配套年加工能力达到2050万吨,成为全国最大的含硫原油加工基地。

8月8日　第29届奥林匹克运动会在北京召开。集团公司经陕京管道输送的长庆天然气成为奥运会会场主火炬气源。

8月14日　中共中央政治局常委、国务院总理温家宝考察中国寰球工程公司承建的神华宁煤煤基烯烃项目。

8月29日　在中国国家主席胡锦涛和土库曼斯坦总统别尔德穆罕默多夫共同见证下,集团公司与土库曼斯坦国家天然气康采恩在土库曼斯坦首都阿什哈巴德总统府签署《中国石油天然气集团公司与土库曼斯坦国家天然气康采恩关于扩大天然气合作的框架协议》《中国石油天然气集团公司与土库曼斯坦国家天然气康采恩天然气购销协议技术协议》。

9月10日　中国首套多功能海洋3000米钻修井机在宝鸡石油机械有限责任公司出厂,是国内首次实现对这种钻修井机整个系统的独立自主设计研制。

9月17日　集团公司圆满完成北京奥运会和残奥会油气保供任务。

9月18日　土库曼斯坦总统别尔德穆罕默多夫考察川庆钻探承建的巴格德雷合同区第一天然气处理厂施工现场。

9月24日　在中国国家主席胡锦涛与委内瑞拉总统查韦斯共同见证下,集团公司与国家开发银行、委内瑞拉国家石油公司、委内瑞拉经济与社会发展银行签订关于进一步扩大中委联合融资基金的四方谅解备忘录。

9月25日　集团公司与天津产权交易中心和芝加哥气候交易所共同出资设立的天津排放权交易所揭牌。集团公司持股53%,为最大出资方和创始会员。

10月4日　中共中央政治局常委、国务院总理温家宝考察广西石化千万吨炼油施工现场。

10月20日　中共中央政治局常委、全国政协主席贾庆林考察吉林油田。

10月21日　集团公司自行设计建造的第一艘成品油轮“辽油129号”下水。油轮总载重1.26万吨,航速12.6节,续航能力6000海里,历时两年建造完成。

10月26日　集团公司与乍得石油部合资建设的恩贾梅纳炼油厂在乍得首都恩贾梅纳奠基。乍得总统代比为炼油厂奠基。

10月27日　中国石油海外合作项目尼日尔津德尔炼油厂开工建设。尼日尔共和国总统坦贾、总理奥马尔出席奠基仪式。

10月28日 在中国国务院总理温家宝和俄罗斯总理普京共同见证下，中国和俄罗斯两国政府在莫斯科签署《关于在石油领域合作的谅解备忘录》，集团公司与俄罗斯管道运输公司签署《关于斯科沃罗基诺至中俄边境原油管道建设与运营的原则协议》。

10月30日 中国首条螺旋钢管预精焊生产线在渤海石油装备制造有限公司投产。

10月31日 在中国国务院总理温家宝和哈萨克斯坦政府总理卡西姆·马西莫夫共同见证下，集团公司与哈萨克斯坦国家石油天然气公司在阿斯塔纳签署《关于在天然气及天然气管道领域扩大合作的框架协议》。

同日 新疆油田彩南经石西至克拉玛依(彩—石—克)输气管道扩能改造工程竣工投产，环绕准噶尔盆地的油气主干网建成，新疆油田油气年输送能力分别达到1500万吨和120亿立方米。

11月2日 中共中央政治局常委、国务院总理温家宝在《长庆油田建设5000万吨油气生产基地的报告》上批示："长庆油田建成年产5000万吨油气生产基地，是关系国家能源安全的战略大事，要全面贯彻科学发展观，全力推进。"

11月10日 集团公司和伊拉克石油部在伊拉克首都巴格达签署《艾哈代布油田开发服务合同》。这是伊拉克战后第一批对外石油合作项目。

11月17日 在中国国家主席胡锦涛和哥斯达黎加总统阿里亚斯·桑切斯共同见证下，集团公司与哥斯达黎加国家石油公司在哥斯达黎加首都圣何塞签署《中国石油天然气集团公司与哥斯达黎加国家石油公司炼厂合资公司协议》。这是两国建交以来的第一个油气合作项目。

11月23日 集团公司与国际石油投资公司(阿联酋阿布扎比国家石油公司所属全资子公司)在阿联酋签订阿布扎比原油管线项目总承包合同，是当时集团公司在海外承揽的规模最大的工程建设总承包项目。

11月24日 集团公司与古巴国家石油公司在哈瓦那签署《关于在石油领域扩大合作的框架协议》。

11月26日 股份公司和美国雪佛龙公司在成都签署《中华人民共和国川东北区块天然气购销协议》。

11月30日 中国石油科技创新基地奠基仪式在北京昌平举行。

12月5日 纪念改革开放30周年暨《当代中国石油工业》续卷(1986—2005年)出版座谈会在北京举行。该书由中国石油、中国石化、中国海油三大公司共同组织编纂完成。

12月12日 塔里木油田全年生产油气当量突破2000万吨。

12月17日 新疆克拉美丽气田千亿立方米探明储量通过国土资源部评审确认，成为准噶尔盆地首个千亿立方米整装大气田。15日，克拉美丽气田竣工投产，日产天然气150万立方米。

12月20日 《中国石油勘探开发百科全书》(1—4卷)在北京举行首发式。该套书是我国迄今唯一一部总结现代石油勘探开发科学知识的大型工具书。设有约6000条目，近630万字，图表近2200幅。

12月23日 集团公司举行中国石油大厦落成典礼暨铁人雕像揭幕仪式。

12月28日 国务院扶贫领导小组授予集团公司“中央国家机关定点扶贫先进单位”称号。

2009年

1月2日 中央电视台《新闻联播》以头条新闻报道“大庆、长庆油田科技引擎给老油田带来新活力”。《人民日报》、新华网、中央人民广播电台和中国国际广播电台对大庆油田稳产4000万吨、长庆油田年产量突破2500万吨的发展成果作了报道。

1月8—10日 集团公司2009年工作会议在河北廊坊召开。集团公司总经理作题为《坚持科学发展，深化改革开放，积极推进综合性国际能源公司建设》的工作报告。

1月17日 中共中央政治局常委、国务院副总理李克强到兰州石化考察。

2月7日 西气东输二线东段工程开工仪式在深圳观澜镇举行。中共中央政治局常委、国务院副总理李克强，中共中央政治局委员、广东省省委书记汪洋和香港特别行政区行政长官曾荫权出席开工仪式。

2月13日 中共中央政治局常委、中央纪委书记贺国强到集团公司总部、有关在京单位和北京油气调控中心考察调研。

2月17日 集团公司在北京分别与俄罗斯石油公司、俄罗斯国家石油管道运输公司签署关于开展长期原油贸易协议，以及从俄罗斯斯科沃罗季诺到中国边境的管道设计、建设和运营协议。

3月5日 集团公司与英国石油公司签署《伊拉克鲁迈拉和祖拜尔油田的联合投标协议》。

3月6日 集团公司开展深入学习实践科学发展观活动动员大会在北京召开。

3月19—20日 党和国家领导人胡锦涛、吴邦国、温家宝、贾庆林、李克强等分别到北京展览馆，参观2009中国国际节能减排和新能源科技博览会。中共中央总书记、国家主席胡锦涛对中国石油在油气开发技术和节能减排方面取得的成果，尤其是水平井枝术、稠油热采及污水处理、海油陆采技术表示赞赏。

3月25日 中共中央政治局常委、国务院总理温家宝对大庆油田累计生产原油突破20亿吨表示祝贺，并作出批示。

3月26日 在中共中央政治局常委李长春访问缅甸期间，中缅双方签署《关于建设中缅原油和天然气管道的政府协议》。

4月13日 中油国际(乍得)公司在玛耶地区钻探的Prosopis－1井，在第二层测试获日产原油4310桶、天然气3.2万立方米，加上第一层测试累计折合日产油气超千吨。这是集团公司乍得合作项目发现的第一口千吨级探井。

4月13—14日 中共中央政治局常委、国家副主席、中央深入学习实践科学发展观活动领导小组组长习近平到集团公司总部考察。主持召开中央企业学习实践活动座谈会,听取集团公司工作汇报,并发表重要讲话。

4月16日 在中国国家主席胡锦涛、哈萨克斯坦总统纳扎尔巴耶夫共同见证下,集团公司与哈萨克斯坦国家油气股份公司在北京签署《中国石油天然气集团公司与哈萨克斯坦国家油气股份公司关于扩大石油天然气领域合作及50亿美元融资支持的框架协议》。

同日 哈萨克斯坦总统纳扎尔巴耶夫在中国国务院副总理王岐山陪同下,到集团公司总部访问,参观北京油气调控中心。

同日 中国石油(土库曼斯坦)阿姆河天然气公司ERP系统上线运行。这是集团公司在海外第一个上线运行的ERP项目。

4月23日 《中国石油天然气集团公司(哈萨克斯坦)2008可持续发展报告》在北京发布,这是集团公司首次发布国别报告。

4月27日 中俄原油管道俄罗斯境内段开工仪式在俄罗斯阿穆尔州斯克沃罗季诺市施工现场举行。

5月18日 中俄原油管道中国境内段工程在黑龙江省漠河县兴安镇开工。中共中央政治局委员、国务院副总理王岐山出席开工仪式。

6月3日 中国石油天然气集团公司与伊朗国家石油公司签署伊朗南帕尔斯气田第11区开发服务合同。

6月7—9日 中共中央政治局常委、国家副主席、中央深入学习实践科学发展观活动领导小组组长习近平分别到长庆油田陇东生产指挥中心和兰州石化考察,调研企业开展深入学习实践科学发展观活动情况。习近平强调要以科学发展观为指导办好企业,不断加强企业管理,加强自主创新和安全环保工作,实现可持续发展。

6月12日 中共中央政治局常委、全国政协主席贾庆林到辽河油田考察调研。

6月14日 吉林石化碳纤维厂揭牌,是中国第一个碳纤维生产基地。

6月16日 在中国国家副主席习近平和缅甸联邦国家和平与发展委员会副主席貌埃共同见证下,集团公司副总经理和缅甸驻中国大使在北京人民大会堂签署《中国石油天然气集团公司与缅甸联邦能源部关于开发、运营和管理中缅原油管道项目的谅解备忘录》。

6月17—19日 中共中央政治局常委、国家副主席习近平到塔里木油田、新疆油田、独山子石化考察调研。指出:要以科学发展观为指导,充分发挥新疆资源优势,加快发展油气业务,弘扬大庆精神、铁人精神,精益求精地完成大工程建设,以优异成绩向共和国献礼、向祖国人民献礼。

6月20日 中共中央政治局常委、国务院总理温家宝考察中油宝世顺(秦皇岛)钢管有限公司。

6月24日 中共中央政治局常委、国务院副总理李克强考察中国石油海外企业土库曼斯坦阿姆河天然气公司并发表讲话。

6月26—28日 在大庆油田发现50周年前夕,中共中央总书记、国家主席胡锦涛专程考察大庆油田。充分肯定大庆油田为中国石油工业发展做出的贡献,强调大庆精神永远是激励我们不畏艰难、勇往直前的宝贵精神财富。要弘扬大庆精神,继续艰苦创业,为中国石油工业的发展做出更大贡献。

6月27日　在中国国务院副总理李克强和乌兹别克斯坦共和国第一副总理阿济莫夫共同见证下,集团公司与乌兹别克国家石油天然气股份公司在塔什干分别签署《关于扩大油气领域合作的协议》《关于联合开发乌国明格布拉克油田合作原则协议第一号补充协议和关于成立合资公司联合开发卡拉吉达—贡哈纳区块卡拉吉达构造的原则协议》。

6月28日　塔里木盆地又一个地质储量超千亿立方米的大气田——迪那2气田建成投产。迪那2气田是塔里木油田第二大气田,与先期投产的牙哈、克拉2、英买力等气田一起使塔里木油田天然气总产能突破200亿立方米。

6月29日　《人民日报》发表题为《永远做"油田精品"》的通讯,报道大庆油田第一采油厂中十六联合站牢记大庆精神铁人精神,用"三老四严""四个一样"精神锤炼队伍,创建"管理样板站"的事迹。

6月30日　集团公司与英国石油公司在伊拉克第一轮国际油气田招标中成功中标鲁迈拉油田作业权。

7月16—18日　集团公司深入学习实践科学发展观活动总结暨领导干部会议在吉林石化召开。集团公司总经理作题为《巩固扩大学习实践活动成果,加快转变发展方式,持续推进科学发展》的主题报告。

7月17日　吉林石化年产1000万吨炼油扩建暨年产40万吨ABS建设项目开工奠基仪式在吉林石化合成树脂厂举行。

7月25日　中共中央政治局常委、国务院总理温家宝考察吉林石化碳纤维厂和吉林燃料乙醇有限责任公司。

同日　中国石油工程建设公司总承包的阿尔及利亚年产500万吨炼油厂项目一次投产成功。

8月7日　中共中央政治局常委、国务院副总理李克强到大庆油田1205钻井队和大庆石化考察调研。

8月14日　在中国国家副主席习近平和阿联酋阿布扎比酋长国王储穆罕默德·本·扎耶德·阿勒纳哈扬见证下,集团公司和阿布扎比国家石油公司在北京人民大会堂签署《中国石油天然气集团公司与阿布扎比国家石油公司谅解备忘录》。

8月18日　玉门油田开发70周年庆祝大会在酒泉基地举行。

8月24日　中共中央总书记、国家主席胡锦涛考察独山子石化。指出:要推进自主创新,大力加强人才培养,努力实现科学管理,把独山子石化建设好、运行好、管理好,使其真正成为国际一流的现代化石化基地,更好地带动新疆经济发展,造福新疆各族人民。

9月1日　中共中央政治局常委、国务院副总理李克强参观第五届中国吉林·东北亚投资贸易博览会吉林石化分公司展区。勉励吉林石化加快碳纤维产业化步伐,为应对金融危机做出应有贡献。

9月21日　中共中央政治局常委、国家副主席习近平到大庆1205钻井队、大庆油田勘探开发研究院采收率研究室调研考察。

同日　中国西部大开发标志性工程、国内最大的炼化一体化工程——独山子石化千万吨炼油百万吨乙烯工程建成投产。10

月4日,中共中央总书记、国家主席、中央军委主席胡锦涛在中石油独山子石化工程建成投产的报告上批示:“谨对独山子石化千万吨炼油、百万吨乙烯建成投产表示热烈祝贺。”

9月22日 大庆油田发现50周年庆祝大会在大庆油田举行。中共中央政治局常委、国家副主席习近平,中共中央政治局委员、国务院副总理张德江出席庆祝大会。习近平指出:“大庆精神铁人精神已成为中华民族伟大精神的重要组成部分,永远是激励中国人民不畏艰难、勇往直前的宝贵精神财富。”“要结合新的实际,一如既往、与时俱进地大力弘扬大庆精神铁人精神,保持艰苦奋斗、锐意进取的精神风貌。”

9月 中国石油大庆油田开发建设工程、西气东输管道工程、独山子石化年产千万吨炼油百万吨乙烯工程3个项目入选中华人民共和国成立60周年“百项经典建设工程”评选。

同月 在由中共中央组织部、宣传部、统战部等11个部门联合开展的“双百”评选活动中,王进喜、王启民和秦文贵当选“100位新中国成立以来感动中国人物”。

10月5—9日 第二十四届世界天然气大会在阿根廷首都布宜诺斯艾利斯召开,集团公司代表团52人首次出席大会,并首次参加会议展览。

10月13日 在中国国务院总理温家宝与俄罗斯总理普京共同见证下,集团公司与俄罗斯天然气股份公司在北京人民大会堂签署《关于俄罗斯向中国出口天然气的框架协议》;与俄罗斯石油股份公司签署《中国石油天然气集团公司与俄罗斯石油股份公司关于推进上下游合作的谅解备忘录》。

10月17日 中共中央政治局常委、国务院总理温家宝考察兰州石化。

11月3日 集团公司、英国石油公司、伊拉克国家石油销售公司,与伊拉克南方石油公司在巴格达签署《伊拉克鲁迈拉油田服务合同》。12月17日,伊拉克政府批准鲁迈拉油田技术服务,鲁迈拉项目进入实施阶段。

11月10日 土库曼斯坦总统别尔德穆罕默多夫视察中国石油海外合作项目——阿姆河天然气第一天然气处理厂。

11月12日 中共中央政治局常委、全国人大常委会委员长吴邦国考察兰州石化。

11月15日 中共中央政治局常委、中央书记处书记、国家副主席、中央深入学习实践科学发展观活动领导小组组长习近平,到长庆油田红专南路社区调研了解第三批学习实践活动及和谐社区建设情况。

11月16日 集团公司开发的中国首座数字化规模化煤层气田示范工程在华北油田煤层气分公司山西沁水煤层气处理中心竣工投产。

11月18日 宝鸡石油钢管有限责任公司自行研制生产的国内首套CT80级、直径31.8毫米、壁厚3.18毫米、长度7600米的连续油管在川渝气田龙岗20井首次下井试验成功,打破外国公司对该类产品的垄断。

12月1日 土库曼斯坦阿姆河右岸天然气进入中亚天然气管道。

12月2日 中共中央政治局委员、国务院副总理张德江在集团公司中亚天然气项目建设情况汇报上批示:“中石油克服重重困难,实现了中亚天然气项目一期工程竣工投运,并同时完成国内西气东输二线西段工程,创造了新的奇迹。谨向所有参加工程的建设者致以崇高敬意!希望加强各项后续工作,特别是要确保安全运营。”

12月3日 中共中央政治局常委、国务院副总理李克强在集团公司中亚天然气项目建设情况汇报上批示:“中亚天然气项目建设取得重大进展,可喜可贺。中石油参与此项工作的同志们,尤其是在第一线的建设者克服种种困难,表现出难能可贵的精神,谨致敬意并表示衷心感谢,并望再接再厉、再创佳绩。”

12月4日 中共中央政治局常委、国务院总理温家宝在集团公司中亚天然气项目建设情况汇报上批示:“确保天然气供应和安全运营,关系国家经济发展、人民生活和社会稳定,具有战略意义。要加强我国与中亚国家的油气合作,加快已定项目的建设,确保工程质量。对中石油如期圆满完成任务,谨表示祝贺。”

12月7日 中共中央总书记、国家主席胡锦涛主持召开出访哈萨克斯坦和土库曼斯坦的筹备会,就中亚天然气项目竣工作出重要指示。要求:推进中亚合作是中国的能源战略之一,要把落实周边外交布局内容和建设国际大通道结合起来,全面加强务实合作。能源领域的合作已有完整的规划和路线图,要一步步落实。对外合作必须坚持互利共赢的方针,才能实现持久合作。

12月9日 大庆石化自主研发的ABS600纳米大粒径附聚胶乳工业化生产获得成功。ABS600纳米大粒径附聚胶乳技术是配合集团公司10万~18万吨/年ABS成套技术开发项目而开发研制的,标志着集团公司拥有国际一流的具有自主知识产权的大粒径附聚胶乳专有技术。

12月11日 在伊拉克第二轮油田对外招标中,由股份公司、法国道达尔公司及马来西亚国家石油公司组成的竞标团以每桶1.4美元的服务费回报竞得哈法亚油田开发项目。

12月12日 中亚天然气管道哈萨克斯坦国段工程竣工庆典在哈萨克斯坦首都阿斯塔纳举行,中国国家主席胡锦涛和哈萨克斯坦总统纳扎尔巴耶夫出席庆典。胡锦涛和纳扎尔巴耶夫观看中亚天然气管道沙盘,听取管道工程情况介绍。14日,在中国国家主席胡锦涛和哈萨克斯坦总统纳扎尔巴耶夫共同见证下,集团公司与哈萨克斯坦国家石油天然气股份公司在哈萨克斯坦首都阿斯塔纳签署《中哈天然气管道二期融资安排谅解备忘录》。

12月14日 中国国家主席胡锦涛同土库曼斯坦总统别尔德穆哈梅多夫、哈萨克斯坦总统纳扎尔巴耶夫、乌兹别克斯坦总统卡里莫夫共同出席在土库曼斯坦阿姆河右岸巴哥德雷合同区第一天然气处理厂举行的中亚天然气管道通气仪式,祝贺工程如期竣工并分别致辞。四国元首在管道通气仪式阀门处开启阀门。胡锦涛指出,中亚天然气管道项目是中国、土库曼斯坦、乌兹别克斯坦、哈萨克斯坦精诚团结、互利合作的典范,承载着四国人民世代友好、互利共赢的良好愿望。

同日 西气东输增输工程建成,包括新增12座压气站,改建8座压气站,输气能力由原设计的年产120亿立方米增至年产170亿立方米。

12月16日 长庆油田苏里格气田日产天然气达到3038万立方米，成为年产能上百亿立方米的大气田。

12月17日 中亚天然气管道乌兹别克斯坦段管线暨首站正式运营。

12月19日 长庆油田全年累计生产油气达到3006.06万吨油当量，成为仅次于大庆油田的中国第二大油气田。

12月20日 中国国家副主席习近平和缅甸联邦国家和平与发展委员会副主席貌埃在缅甸首都内比都出席中缅原油管道权利与义务协议签署仪式。集团公司和缅甸能源部在协议上签字。

12月25日 吉林油田长岭气田年产10亿立方米天然气综合配套项目建成投产，是中国首个集天然气开采、二氧化碳埋存驱油于一体的工业化项目。

12月31日 西气东输二线（西段）工程（西起新疆霍尔果斯口岸，南至广州）建成投产。是中国第一条引入境外天然气的大型管道工程。

2010年

1月1日 中共中央政治局常委、国务院总理温家宝视察大庆油田。

1月11日 2009年度国家科学技术奖励大会在北京召开。中国石油有9项成果获奖，其中，“大庆油田高含水后期4000万吨以上持续稳产高效勘探开发技术”获国家科学技术进步奖特等奖；“西气东输工程技术及应用”获国家科学技术进步奖一等奖。

1月14—16日 集团公司2010年工作会议在河北廊坊召开。集团公司总经理作题为《转变发展方式，调整优化结构，不断增强全面协调可持续发展能力》的工作报告。

1月17日 中国石油尼罗河公司位于苏丹红海盆地15区块的海上勘探钻井作业正式启动。该区Tokar－1探井的开钻是中国石油海外海上勘探钻井作业的开始。

1月25日 辽阳石化开发低凝点柴油获得重大突破，顺利生产出符合国家标准的－50号柴油，成为中国石油首家生产此牌号民用柴油的企业。

1月27日 股份公司与法国道达尔公司、马来西亚石油公司同伊拉克南方石油公司组成联合体，在巴格达与伊拉克米桑石油公司签署为期20年的哈法亚油田开发生产服务合同。股份公司为作业者。

2月1日 国家知识产权局在北京揭晓第十一届中国专利奖，中国石油为专利权人的“超高分子量聚丙烯酰胺合成工艺技术中的水解方法”获金奖。

2月10日 集团公司与加拿大阿萨巴斯卡油砂公司正式签署相关文件并完成麦肯河（MacKay River）和道沃（Dover）两个油砂项目的交割。

同日 集团公司召开2010年第一次常务会议，审议并原则通过了新能源和生物能源业务发展规划，确定了加强非常规化石能源和可再生能源工作，重点发展与主营业务相近的煤层气、页岩气、燃料乙醇和油砂等新能源。

2月24日 西气东输管道工程在北京顺利通过国家竣工验收。西气东输已经覆盖110多个城市、3000多家大中型企业，全线下游分输用户已增至126家，近3亿人受益。

3月1日 集团公司与美国斯伦贝谢公司在北京举行2010—2012年测井服务合作签字仪式。

3月15日 上海世博会石油馆吉祥物“油宝宝”在北京与公众首次见面。

3月18日 在中国国务院总理温家宝和孟加拉国总理哈西娜的共同见证下，集团公司与孟加拉国驻华大使孟什·法兹·艾哈迈德签署《中孟石油天然气领域合作谅解备忘录》。

3月22日 中共中央政治局常委、国务院副总理李克强考察乌鲁木齐石化。

4月9日 宝鸡钢管公司成功试制第一根X100钢级直径1219毫米×15.3毫米螺旋焊管。X100螺旋焊管试制成功，填补了国内空白，同时也为西气东输三线试验段应用X100螺旋焊管打下良好基础。

4月14日 中共中央政治局常委、全国人大常委会委员长吴邦国考察吉林石化，并题词：“以自主创新引领可持续发展”。

同日 青海省玉树县发生7.1级地震，集团公司立即启动应急预案，第一时间将救灾捐款、药品和油品等送往灾区。

4月15日 上海世博会石油馆“油立方”试运营。

4月16日 中共中央政治局常委、国务院副总理李克强考察抚顺石化。

4月17日 在委内瑞拉总统查韦斯的见证下，集团公司、国家开发银行与委内瑞拉社会发展银行、委内瑞拉国家石油公司、委内瑞拉财政部、委内瑞拉能源矿产部四方代表签署《中委长期融资合作框架协议》。

4月20日 国务院同意将集团公司列入煤层气对外合作第一批试点企业。

5月16日 股份公司与壳牌公司共同就卡塔尔D区块与卡塔尔石油公司签署天然气勘探与产品分成协议，协议有效期30年。

5月19日 集团公司与壳牌公司达成协议，获得壳牌全资子公司壳牌叙利亚油气开发公司35%的权益。

6月3日 中国国务院总理温家宝和缅甸联邦政府总理吴登盛在缅甸首都内比都，共同触摸标志中缅油气管道开工的电子球，中缅石油天然气管道工程正式开工建设。在中缅两国总理的共同见证下，集团公司与缅甸国家油气公司签署《东南亚原油管道有限公司股东协议》《东南亚天然气管道有限公司权利与义务协议》《东南亚天然气管道有限公司股东协议》。

6月7日 在全国两院院士大会上，中国科学院最高奖项——陈嘉庚科学奖，中国工程院最高奖项——光华工程奖揭晓，中国石油勘探院李德生、钻井研究院苏义脑和新疆油田况军分别获得陈嘉庚地球科学奖、光华工程奖和光华工程青年奖。

6月9日 在中国国家主席胡锦涛和乌兹别克斯坦总统卡里莫夫的共同见证下，集团公司与乌兹别克斯坦国家油气公司在乌兹别克斯坦首都塔什干签署《关于天然气购销的框架协议》。

6月12日 在中国国家主席胡锦涛和哈萨克斯坦总统纳扎尔巴耶夫的共同见证

下，集团公司和哈萨克斯坦国家油气公司在哈萨克斯坦总统府签订《关于中哈天然气管道二期设计、融资、建设、运行原则协议》。

6月18日　中共中央政治局常委、中央纪委书记贺国强考察中国石油阿姆河天然气项目。

同日　根据中国银监会批复精神，集团公司决定，克拉玛依市商业银行股份有限公司更名为昆仑银行股份有限公司。

6月22日　中国工程院院士、大庆油田科学技术委员会副主任王德民获国际石油工程师学会“提高采收率开拓奖”。

7月1日　伊拉克鲁迈拉项目作业管理权正式移交至英国石油公司、中国石油和伊拉克南方石油公司三方组成的鲁迈拉油田作业管理机构ROO。3日，三方举行伊拉克鲁迈拉油田作业权移交庆典活动，标志着联合体正式接管油田并开始油田作业。

7月10日　中共中央政治局委员、国务院副总理张德江考察兰州石化。

7月14日　中国石油南疆天然气利民工程在新疆喀什开工。

同日　中国石油塔里木大化肥项目（年产45万吨合成氨、80万吨尿素）在新疆库尔勒市举行投产庆典仪式。该项目为我国当时陆上单套装置生产能力最大的现代化化肥装置。

7月16—18日　集团公司2010年领导干部会议在新疆独山子召开。集团公司总经理作题为《加快转变发展方式，努力实现科学发展》的报告。

7月19日　乌鲁木齐石化100万吨/年对二甲苯芳烃工程，在新疆乌鲁木齐市举行竣工投产仪式，是世界上单系列规模最大的工程。

8月3日　中国石油管道“八三”工程会战40周年庆祝大会在廊坊召开。朱镕基为“八三”管道40周年题词：“中国石油管道建设队伍组建40年来，奋力拼搏，忠诚奉献，建成了一个大型、现代化、国际化的企业，我曾是管道一员，回首往事，感慨万千；展望未来，挑战尤烈。老骥伏枥，唯望后来同志，再接再厉，再造辉煌。”

8月11日　集团公司宣告“水平井裸眼分段压裂酸化工具及其配套技术”自主研发并生产成功。标志着中国石油自主研制高端工具及其技术获得重大突破。

8月22日　中亚天然气管道B线投产成功。至此，由管道局EPC总承包建设的中亚管道A线、B线共计1970千米（总长3672千米）管道全部竣工投产。

8月25日　股份公司宣布，所属子公司中石油国际投资有限公司与澳洲壳牌能源控股有限公司以50∶50比例组成的联合体，成功收购澳Arrow公司。

8月29日　中俄原油管道俄罗斯境内段投产进油，俄罗斯总理普京在现场发表讲话并开启中俄原油管道进油阀门。

同日　26.7万立方米LNG码头在大连竣工。这是中国石油建成的第一个LNG码头，也是当时国内最大、中国北方第一个LNG码头。

9月7日　全国班组建设会议在辽宁抚顺召开，中华全国总工会、工业和信息化部、国务院国资委、中华全国工商业联合会等四部门作出《关于开展向“王海班”学习活动的决定》。授予包括“王海班”等7个中国石油基层班组的全国103个班组"社会主义劳动竞赛先进班组"称号。

9月8日 广西石化千万吨炼油工程竣工投产。

9月10日 中缅油气管道工程中国境内段开工。

9月21日 中俄天津1300万吨/年炼油项目奠基仪式在天津滨海新区南港工业区举行。在国务院副总理王岐山和俄罗斯联邦政府副总理谢钦的见证下,集团公司与俄罗斯石油公司在天津共同签署关于中俄东方石化(天津)有限公司1300万吨/年炼油工程可行性研究报告的协议。

9月26日 涩宁兰复线管道工程全线建成并投入运营。

9月27日 中俄原油管道工程全线竣工。

同日 在中国国家主席胡锦涛和俄罗斯总统梅德韦杰夫共同见证下,集团公司与俄罗斯管道运输公司、俄罗斯天然气工业股份公司、俄罗斯石油公司在北京分别签署《俄罗斯斯科沃罗季诺输油站至中国漠河输油站原油管道运行的相互关系及合作总协议》《俄罗斯向中国供气主要条款框架协议》《中俄原油管道填充油供油合同》。

9月29日 集团公司正式发布质量方针和质量目标,质量方针为"诚实守信,精益求精",质量目标是"零事故、零缺陷,国内领先、国际一流"。这是中国石油首次发布质量方针和质量目标。

9月 集团公司决定,对所属企业液化气销售业务实施整合,由昆仑燃气公司统一销售。

10月14—16日 集团公司工会工作会议暨"五型"班组建设大庆石化现场经验交流会在大庆召开。会议首次以集团公司名义用班组长李天照、王海、束滨霞、刘玲玲、曹树祥、李树林、丛强、赵林源、王萍、尚丽群10人的名字命名10个班组。

10月31日 上海世博会石油馆安全平稳运行188天宣布闭馆。世博会期间,接待观众361万人次,播放4D影片《石油梦想》1.32万场。实现"安全、成功、精彩、难忘"目标,展示中国石油良好品牌形象。

11月9日 集团公司与壳牌集团签署《加拿大油气项目一体化合作备忘录》《鄂尔多斯盆地大宁区块煤层气项目联合评价协议》。

11月25日 塔里木油田放空气回收与利用工程(CDM)成功注册为联合国清洁发展机制项目,获长达8年的碳减排交易许可。这是我国第一例针对放空天然气回收实施的清洁发展机制项目。

12月1日 中国—委内瑞拉第九次能源分委会合作协议签字仪式在北京举行。集团公司与委内瑞拉能源石油部签署胡宁4项目合资经营协议。

12月15日 吉林油田长岭气田全面建成投产。长岭气田是国内第一个高含碳气田,投产后吉林油田天然气年产量增至16亿立方米。

12月17日 全国方志系统表彰先进大会在人民大会堂举行。集团公司4个单位和7名个人获中国地方志指导小组授予的"全国方志系统先进集体"和"全国方志系统先进工作者"称号。这是中国石油首次受到全国方志系统表彰奖励。

12月21日 中哈天然气管道二期工程在哈萨克斯坦阿克纠宾举行开工仪式。哈萨克斯坦总统纳扎尔巴耶夫下达开工令。

12月25日 中国石油加油站管理系统全面建成应用。在1.6万座加油站全面部署,实现“一卡在手,全国加油”。

12月31日 陕京三线(陕西榆林至北京昌平西沙屯)天然气管道工程全线贯通。管道直径1016毫米,设计年输量150亿立方米。

2011年

1月1日 中俄原油管道满输,正式投入生产运行。俄罗斯将通过这条管道每年向中国供应1500万吨原油,合同期20年。

1月10日 在中国国务院副总理李克强和英国副首相克莱格的见证下,股份公司与英国英力士集团在英国签署框架协议,对双方在欧洲建立贸易和炼油合资公司进行原则性安排。与此同时,集团公司和英力士集团就炼化高新技术合作签署战略合作框架协议。7月1日正式运营,标志着中国石油欧洲油气运营中心建设取得实质性进展,对于开拓欧洲高端市场,在全球范围内优化资源和市场配置具有重要意义。

1月12—14日 集团公司2011年工作会议在河北廊坊召开。集团公司总经理作题为《深入贯彻落实科学发展观,为实现“十二五”发展目标而奋斗》的工作报告。

1月14日 2010年度国家科学技术奖励大会在北京召开。“大庆油田高含水后期4000万吨以上持续稳产高效勘探开发技术”项目获2010年度国家科学技术进步奖特等奖。“西气东输工程技术及应用”项目获国家科学技术进步奖一等奖。

1月17日 吉林油田召开建矿50周年庆祝大会。

1月30日 国家储委在北京审查并通过山西郑庄区块里必井区308亿立方米煤层气探明储量。至此,中国石油在沁水盆地累计探明地质储量1152亿立方米。这是我国首个整装千亿立方米规模储量煤层气田,也是全球为数不多的投入规模开发的高煤阶煤层气田。

2月19日 川东北天然气项目产能建设正式启动,该项目是我国陆上最大的天然气上游对外合作项目。

2月21日 在中国国家主席胡锦涛和哈萨克斯坦总统努尔苏丹·纳扎尔巴耶夫的见证下,集团公司与哈萨克斯坦国家油气公司在北京签署了《关于哈萨克斯坦乌里赫套项目合作的原则协议》。

3月1日 中国石油109名从利比亚撤离的员工安全抵达北京。至此,2月22日到27日,通过包租4架飞机,飞行9个架次,利用13个商业航班,中国石油在利比亚工作的392名员工成功撤离,全部安全回国。

同日 西气东输二线(西段)工程被水利部命名为全国“水土保持示范工程”。

本月 由宝鸡石油机械有限责任公司自主研制的钻井泵缸套内外表面同时冷却装置,获得美国专利与商标局的发明专利授权。这是中国石油物资装备制造企业获得的第一个美国发明专利。

4月4日 在中共中央政治局常委、全国政协主席贾庆林和缅甸副总统丁昂敏乌的共同见证下,集团公司与缅甸能源部在内比都签署《关于援建和改造缅甸当地医院的合作意向书》。

4月8日 中共中央政治局常委、国务院副总理李克强考察吉林石化。

4月30日 中国石油集团钻井工程技术研究院依托国家科技重大专项自主研制的PCDS-Ⅰ精细控压钻井系统,在四川蓬莱9井欠平衡控压钻井首次试验取得成功,标志着我国控压钻井装备与技术达到国际先进水平。

5月11日 中共中央政治局委员、国务院副总理张德江到长庆油田第二采气厂榆林天然气处理厂调研。

同日 新旧原油管道成功在广东大亚湾海底实现对接,宣告中国石油、中国石化、中国海油三大石油公司联手完成国内首次海底管道封堵改线项目,填补了海底管道封堵改线技术的空白。

6月5日 在中国国家副主席习近平和古巴国务委员会主席劳尔·卡斯特罗的共同见证下,集团公司与古巴国家石油公司在古巴首都哈瓦那分别签署《中国石油天然气集团公司与古巴国家石油公司扩大合作框架协议》及《工程建设领域合作谅解备忘录》等3个合作文件。

6月6日 中共中央政治局常委、国家副主席习近平考察长城钻探古巴项目GW139钻井队。

6月15日 江苏LNG项目外输跨海管道工程竣工,是世界首例跨海长度超过10千米的工程,开创了大跨度管道施工的先河。

6月17日 装载200万桶原油的超级油轮“九华山”号顺利靠泊大连新港30万吨原油码头,这是中国石油伊拉克公司鲁迈拉项目提取的第一船投资回收油。标志着中国石油伊拉克公司鲁迈拉项目开始实现投资和费用回收并获取报酬,迈入滚动高效发展阶段。

6月18日 中共中央政治局常委、全国人大常委会委员长吴邦国考察乌鲁木齐石化。

同日 秦沈(秦皇岛至沈阳)天然气管道全线建成投产,管线全长406.13千米,管道直径1016毫米,设计年输量80亿立方米,是当时我国东北地区口径最大、压力最高和距离最长的天然气管道,也是连接东北和华北地区天然气管网的重要通道。

6月21日 中国石油艾哈代布油田一期年300万吨产能建设项目提前投产成功。

6月28日 苏丹共和国总统巴希尔访问集团公司。在巴希尔总统的见证下,集团公司与苏丹石油部签署深化油气领域合作谅解备忘录。

6月29日 乍得第一个炼油化工项目——恩贾梅纳炼厂成功投产,标志着中国石油乍得一期百万吨上下游一体化项目全面投产运行,中国石油非洲油气合作区建设取得重要进展。

7月3日 股份公司在北京宣布,已于7月1日与英国英力士集团控股有限公司圆满完成设立贸易和炼油合资公司的交易。

合资公司由中国石油国际事业(伦敦)有限公司与英力士投资(泽西)有限公司共同设立。

7月9—11日 中共中央政治局常委、全国政协主席贾庆林考察吉林石化。

7月11—13日 集团公司2011年领导干部会议在宁夏银川召开。集团公司总经理作《发扬大庆精神,加强“三基”工作,进一步夯实可持续发展基础》的报告。

7月13日 在中共中央政治局常委、中央纪委书记贺国强和中阿两国大使的见证下,集团公司与阿布扎比国家石油公司(ADNOC)签署为期20年原油供应原则协议。

8月10日 伊拉克艾哈代布项目原油外输管道全线投产成功。该管道由外输1线和外输4线组成,全长400千米。

8月13日 中共中央政治局常委、全国政协主席贾庆林考察宝鸡石油钢管厂。

8月23日 集团公司在北京举办ERP系统整体上线揭牌仪式。集团公司ERP项目2002年完成可行性研究,2005年启动试点实施。ERP系统已按计划在集团公司132个企事业单位全面上线运行。

8月24日 集团公司与蒙古矿产资源与能源部在乌兰巴托签署《关于扩大在石油领域合作的备忘录》。

8月27日 中共中央政治局常委李长春考察吉林石化。

9月21日 在中共中央政治局常委、全国人大常委会委员长吴邦国和乌兹别克斯坦最高会议参议院主席萨比罗夫的共同见证下,集团公司与乌兹别克斯坦国家油气公司在乌兹别克斯坦议会大厦签署中乌企业间关于《中亚天然气管道C线建设和运营协议》。

同日 由中国石油、中国石化和中国海油联合主办的首届中国石油工业录井技术交流会在北京会议中心召开。这是中国录井界第一次全国性、高层次技术会议。

9月26日 在中共中央政治局常委、全国人大常委会委员长吴邦国和哈萨克斯坦第一副总理舒克耶夫共同见证下,集团公司和哈萨克斯坦国家油气公司在阿斯塔纳北京签署《关于中哈天然气管道C线设计、融资、建设和运营的基本原则协议》。

9月 集团公司党组印发《中国石油天然气集团公司基层党支部工作条例》,这是集团公司第一部针对企业基层党支部工作的法规性文件。

10月3日 中国石油援助中缅油气管道沿线8所学校的合同签约仪式在缅甸首都内比都举行。

10月9日 集团公司与中信集团签署《哈萨克斯坦油气领域的整体合作框架协议》。

10月12日 第一部全景展示中国油气田开发历史与现状的大型史志类丛书《中国油气田开发志》出版。全套丛书共62卷,涉及775个油气田,7600多万字,填补了我国专业志书的一项空白。

10月27日 中共中央批准周吉平任中国石油天然气集团公司总经理。

11月4日 集团公司党组在北京召开扩大会议,宣布中共中央、国务院关于集团公司主要领导调整的决定:按照加快建立中国特色现代国有企业制度的有关精神，中国石油天然气集团公司设立董事会。

11 月 8 日　中石油江苏液化天然气项目投产，这是中国石油首个自主设计、自主采办、自主施工、自主运营的 LNG 项目。

11 月 23 日　中国国家主席胡锦涛与土库曼斯坦总统别尔德穆哈梅多夫在北京举行会谈，共同签署《关于全面深化中土友好合作关系的联合声明》和《关于土库曼斯坦向中国增供天然气的协议》。

11 月 28 日　中尼油气合作阿加德姆一体化项目竣工暨津德尔炼厂投产庆典在津德尔炼厂举行。这标志着尼日尔从此告别石油依靠进口的历史，步入产油国行列，成品油也将实现自主生产，并出口国际市场。尼日尔总统穆罕默杜·优素福出席投产庆典。

12 月 4—8 日　第 20 届世界石油大会在卡塔尔首都多哈展览中心召开。集团公司总经理周吉平全票当选为新一届世界石油理事会副主席。

12 月 6 日　中国首台长输管道 20 兆瓦级电驱压缩机组成套设备顺利出厂。加上此前成功研制的 30 兆瓦级燃驱压缩机组和高压大口径全焊接球阀，天然气长输管道三大关键设备全部实现国产化。中国石油是项目具体实施的牵头单位。

12 月 26 日　长庆油田年产油气当量突破 4000 万吨。

本年　集团公司海外油气作业产量突破 **1** 亿吨，权益产量达到 5175 万吨。

2012 年

1 月 8 日　中国石油在北京召开海外油气合作表彰大会。国务院国资委、中华全国总工会、全国妇联、共青团中央分别对先进单位和个人予以嘉奖。

同日　“大庆新铁人”、大庆油田钻探工程公司伊拉克鲁迈拉项目部副经理李新民当选“2011 年中国企业十大新闻人物”。

1 月 9—11 日　集团公司 2012 年工作会议在河北廊坊召开。集团公司总经理周吉平作题为《把握稳中求进，注重质量效益，持续推进综合性国际能源公司建设》的工作报告。

1 月 17 日　在中国国务院总理温家宝和阿联酋阿布扎比王储穆罕默德的见证下，中国石油与阿布扎比国家石油公司签署战略合作协议。

1 月 18 日　在中国国务院总理温家宝和卡塔尔首相兼外交大臣哈马德的见证下，中国石油与卡塔尔石油国际有限公司、壳牌（中国）有限公司签署浙江台州炼化一体化项目合资原则协议。

1 月 21 日　中共中央政治局常委、国务院总理温家宝视察长庆油田。

2 月 14 日　2011 年度国家科学技术奖励大会在北京召开，中国石油 9 项成果获奖，其中“中国石油海外合作油气田规模高效开发关键技术”和“环烷基稠油生产高端产品技术研究开发与工业化应用”获国家科学技术进步奖一等奖。

3月1日 集团公司党组下发《关于深入开展学雷锋活动的实施意见》，要求大力弘扬大庆精神铁人精神和雷锋精神，推动学雷锋活动常态化，促进社会主义核心价值体系建设，不断提高石油员工思想道德素质和文明程度。

3月2日 西气东输二线香港管道工程在广东深圳大铲岛附近海域施工现场开工。中共中央政治局常委、国务院副总理李克强致信祝贺工程开工。管道全长29.04千米，设计年输气量60亿立方米，是中央政府支持香港特别行政区持续发展繁荣的一项重要举措。

3月15日 中石油国际投资公司与加拿大阿萨巴斯卡油砂公司完成麦凯河项目剩余40%油砂资产交割，中方持有项目100%权益。麦凯河油田具有建成800万吨/年产能的潜力。

3月18日 中石油阿姆河天然气勘探开发（北京）有限公司巴格德雷合同区希林古伊－21井探井酸化后获得高产天然气流，日产量达到152万立方米。

3月20日 集团公司与壳牌中国勘探与生产有限公司签订《中华人民共和国四川盆地富顺—永川区块天然气勘探、开发和生产合同》。

4月1日 中共中央政治局常委、国务院总理温家宝考察广西石化。

4月17日 集团公司大司库系统上线启动仪式在北京举行，正式进入全面推广应用阶段，开创了中央企业在资金管理、产融结合方面的先河，标志着集团公司财务管理步入新的历史阶段。

5月15日 股份公司、壳牌加拿大有限公司、韩国天然气公司和日本三菱公司宣布，将联合开发在加拿大不列颠哥伦比亚省凯提马特建厂出口液化天然气（LNG）的项目。

5月30日 西气东输三线管道项目合资合作框架协议在北京签署。中国石油引入全国社会保障基金理事会、城市基础设施产业投资基金和宝钢集团有限公司等作为股东，共同出资建设西三线项目；中国工商银行股份有限公司私人理财资金通过产业投资基金平台介入。这种合作开创了全民资本和民营资本共同投资大型中央企业国家重点项目的新模式，标志着中国石油对全民及民营资本的开放迈出新步伐。

5月30—31日 长庆油田主要承担建设的低渗透油气田勘探开发国家工程实验室建设项目顺利通过国家级验收。实验室拥有各类重大仪器设备200多台（套），整体实验装备水平达到国内领先水平。

6月4日 塔吉克斯坦总统拉赫蒙访问中国石油，在拉赫蒙见证下，集团公司与塔吉克斯坦能源和工业部签署《中国石油与塔吉克斯坦共和国能源和工业部合作备忘录》。

6月4—8日 第25届世界天然气大会在马来西亚吉隆坡举行。集团公司总经理周吉平作《快速发展的世界和中国天然气市场》的主题演讲。

6月14日 中国载人航天工程办公室颁发荣誉证书，对兰州石化协助“天宫一号”与“神舟八号”飞船交会对接任务成功所做的配套工作给予肯定和感谢。兰州石化为配合国家重大航天工程所生产的特种液体橡胶产品，生产技术具有完全自主知识产权，成功应用于“嫦娥二号”探月工程及“天宫一号”。

6月16日 哈法亚油田一期年产原油500万吨产能建设成功投产。哈法亚项目是中国石油作为作业者在海外规模最大的投资项目，被伊拉克政府称赞为“速度最快、执行最好的项目”。

6月28日 集团公司与壳牌中国勘探与生产有限公司签订《中华人民共和国鄂尔多斯盆地大宁区块天然气勘探、开发和生产合同》。

7月1日 集团公司和陕西省联合组建的陕西延安石油天然气有限公司举行成立揭牌暨第一口油井开钻仪式。

7月12—14日 集团公司2012年领导干部会议在成都召开。集团公司总经理作题为《继续加强科学管理，全面提升发展质量》的主题报告。

7月15日 阿拉伯联合酋长国重要战略性工程——中国石油总承包的陆海一体、年输油能力7500万吨的阿布扎比原油管线项目投产庆典在富查伊拉港举行。该管线从阿联酋西部主要油田哈卜善油田至东部富查伊拉港，总长424.22千米，设计日额定输量为150万桶原油。

7月21—23日 中国石油600万美元援助缅甸项目重点工程——缅甸若开邦皎漂县岛英第一高中新校舍工程和安镇德岛高中新校舍工程移交仪式分别在两所学校举行。

7月25日 股份公司收购法国苏伊士环能集团卡塔尔海上第四区块40%石油勘探开发权益，获得卡塔尔能源和工业部正式批准。

7月28日 中共中央政治局常委、全国政协主席贾庆林考察大庆油田创业城项目。

7月31日 中亚天然气管道乌兹别克斯坦段2号压气站开机运行，乌兹别克斯坦天然气正式进入中亚管道，成为继土库曼斯坦天然气之后中亚管道的又一重要气源。

8月5日 国家重点建设工程项目、大庆石化年产120万吨乙烯改扩建工程的主体生产装置之一——年产8万吨顺丁橡胶装置开车投产一次成功，并生产出合格橡胶产品。大庆石化顺丁橡胶生产能力增至16万吨/年，成为全国最大的顺丁橡胶生产基地。

8月8日 集团公司、新疆维吾尔自治区和新疆生产建设兵团在北京签署协议，三方合作勘探开发新疆克拉玛依红山油田油气资源。

8月16日 在中国国家主席胡锦涛和哥斯达黎加共和国总统劳拉·钦奇利亚·米兰达的共同见证下，集团公司总经理周吉平与哥斯达黎加国家石油公司总经理赫拉何·比亚罗斯在北京签署《中国石油与哥斯达黎加国家石油公司培训框架协议》。

8月19日 华气安塞LNG项目一次投产成功，标志着中国石油自主开发的双循环混合冷剂大型液化技术（DMR）获得成功，是中国石油大型液化天然气技术的重大突破。

8月30日 中国石油重点建设工程项目——大庆炼化年产30万吨聚丙烯二套装置投产成功，聚丙烯生产能力增至年产60万吨，成为中国石油最先进聚丙烯生产基地。

9月11日　中共中央政治局常委、全国人大常委会委员长吴邦国慰问中国石油伊朗合作项目员工。

同日　集团公司与西门子股份公司在德国慕尼黑签署《货物与服务采购供应框架协议》《最佳实践与经验分享备忘录》《装备制造领域合作备忘录》3项合作协议。

9月14日　中共中央政治局常委、全国人大常委会委员长吴邦国听取中国石油关于中缅油气管道项目（缅甸段）建设情况的汇报。

9月28日　中国石油管道公司"螺旋焊缝缺陷检测与评价技术在完整性管理中的应用"获得美国机械工程师协会（ASME）授予的"全球管道奖"。这是我国管道业至此获得的最高奖项。

10月1日　中国石油加拿大项目公司麦凯河油砂项目第一口井SAGD井成功开钻，加拿大油砂项目正式进入开发实施。该项目是中国石油海外项目首次采用SAGD技术进行油砂开发，首次采用斜直井钻机进行表层施工。

10月10日　中国石油"十二五"重点安全节能改造项目——大庆石化炼油厂年加工能力600万吨常减压装置投产开车一次成功，大庆石化原油年加工能力达到1000万吨。

10月16日　西气东输三线工程开工仪式在北京举行。中共中央政治局常委、国务院副总理李克强作出批示："西气东输三线是具有战略意义的能源运输大动脉，横跨我国边疆、内地和沿海10省（自治区）。开工建设这一重大工程，将使沿线上亿群众用上清洁可靠的天然气，推动能源结构优化和节能减排，促进区域协调发展，能够带动设备、材料等相关产业，扩大国内需求，支撑和助推经济社会发展。要求参与施工建设的全体干部职工，高度重视工程质量和生态环保，精心施工，严格管理，优质安全高效地完成西气东输三线工程。"

10月20日　中亚天然气管道哈萨克斯坦2号压气站2台机组加载运行，标志着中亚天然气管道A/B线全线每年300亿立方米设计输气能力建设全部完成，日输气能力提升至8900万立方米。

10月24日　中缅油气管道澜沧江跨越工程贯通并交付铺管，标志着我国首座3条油气管道并行跨越大桥顺利完工。

10月28日　抚顺石化"千万吨炼油、百万吨乙烯"工程全面建成投产，拥有年产1150万吨炼油、100万吨乙烯的加工能力，石蜡、润滑油基础油、烷基苯和合成树脂4个世界级原料生产基地。

11月6日　宁夏石化年产500万吨炼油改扩建工程总结会在青岛举行。这项工程是国内大型工程建设领域首个试水工厂化EPC总承包项目，18个月建成，20个月投产，开创了中国石油炼油工程建设史上的先河。

11月8日　坦桑尼亚天然气处理厂及输送管线项目开工，坦桑尼亚联合共和国总统基奎特为项目开工揭牌。

11月16日　国家发改委、科技部、财政部、海关总署和税务总局在第十四届中国国际高新技术成果交易会上联合发布公告，渤海石油装备制造有限公司正式通过第十九批国家级企业技术中心认定，成为国内石油行业钢材深加工制造领域唯一国家级企业技术中心。

11月19日 集团公司在北京召开领导干部会议，强调要以党的十八大精神为指导，紧密团结在以习近平同志为总书记的党中央周围，动员广大干部员工迅速兴起学习宣传贯彻党的十八大精神的热潮，统一思想、凝聚力量，为实现党的十八大提出的战略目标而努力奋斗。

11月28日 国内最长、输量最大的稠油输送管道——新疆油田风城稠油外输管道投产，管线全长102.26千米，设计年输送稠油量为400万吨。

11月29日 国内首个燃料油现货交易平台——北京石油交易所“中国燃料油现货交易平台”启动仪式在北京举行。

本月 抚顺石化国内首家辛烯共聚工业化试生产成功，填补我国以辛烯为共聚单体的聚乙烯产品空白，改变了我国在辛烯和乙烯共聚产品领域完全依靠进口的现状。

12月11日 集团公司与澳大利亚必和必拓公司签署协议，以总价16.3亿美元收购必和必拓公司位于西澳大利亚海上天然气项目西布劳斯20%权益和东布劳斯8.33%权益。这是中国石油首次进入澳洲西北大陆架海上天然气合作领域。

12月27日 集团公司党组下发《中共中国石油天然气集团公司党组关于改进工作作风、密切联系群众的若干规定》。

12月30日 西气东输二线工程全线建成投产。作为我国首条引进境外天然气资源的战略通道工程，西二线是当时世界上线路最长、工程量最大和钢级最高的天然气管道。西二线起于新疆霍尔果斯首站，途经15个省（自治区、直辖市），止于香港特别行政区，全长8704千米，设计年输气能力300亿立方米，可稳定供气30年以上。西二线与国内外20多条管道连接贯通，在国内形成近4万千米天然气管网，基本覆盖我国28个省（自治区、直辖市）和香港，对保障国家能源安全、优化能源消费结构、节能减排和加快经济发展方式转变具有重大意义。

2013年

1月4日 独山子—乌鲁木齐原油管道投入商业运行。该管道起点为阿拉山口—独山子原油管道独山子末站，终点为西部原油管道乌鲁木齐末站，线路全长229.6千米，设计年输量1000万吨。

1月8日 集团公司与民营企业合作的纽带——日东原油管道（日照至东明）投产运行。该管道全长462千米，一期年输油量为1000万吨。

1月18日 2012年度国家科学技术奖励大会在北京召开，中国石油5项成果获奖。其中，“水平井钻完井多段压裂增产关键技术及规模化工业应用”科技成果获国家科学技术进步奖一等奖。

1月23—25日 集团公司2013年工作会议在河北廊坊召开。集团公司总经理周吉平作题为《坚持稳中求进，大力开拓创新，确保企业持续健康发展和谐稳定》的工作报告。

2月20日 股份公司与美国康菲石油

公司在北京签署合作协议。

3 月 13 日 集团公司与意大利埃尼集团在北京签署两项合作协议。中国石油将收购埃尼集团全资子公司埃尼东非公司 28.57% 的股权，从而间接获得莫桑比克 4 区块项目 20% 的权益。双方签订联合研究协议，共同对中国四川盆地荣昌北非常规资源开发进行研究。

同日 兰成（兰州至成都）原油管道工程全线贯通。兰成原油管道全长 880 千米，设计年输量 1000 万吨。

3 月 26 日 国家发展和改革委员会公布国内成品油价格形成新机制，成品油调价周期由 22 个工作日缩短至 10 个工作日；取消挂靠国际市场油种平均价格波动 4% 的调价幅度限制，并适当调整国内成品油价格挂靠的国际市场原油品种。

3 月 27 日 集团公司总经理周吉平在北京会见来访的台湾“中油股份有限公司”董事长林圣忠一行。双方就进一步加强交流与合作交换意见，签署《尼日尔 Agadem 区块勘探许可联合作业协议》《中东阿曼原油及西非低硫原油供应长约》。

4 月 6 日 在中国国家主席习近平和哈萨克斯坦总统纳扎尔巴耶夫的见证下，集团公司总经理周吉平和哈萨克斯坦国家石油公司代表别尔利巴耶夫共同签署《中国石油天然气集团公司与哈萨克斯坦国家石油公司关于中哈原油管道扩建原则协议》。

同日 集团公司总经理周吉平在海南三亚拜会缅甸联邦共和国总统吴登盛。吴登盛赞扬中缅油气合作取得的成绩，中方承诺建设优质、安全、绿色、友谊的中缅管道。

同日 在墨西哥总统培尼亚见证下，集团公司总经理周吉平与墨西哥国家石油公司总裁埃米利奥·洛索亚签署石油合作备忘录。

4 月 9 日 中共中央政治局常委、国务院副总理张高丽考察乌鲁木齐石化。

4 月 11 日 中央批准周吉平同志任中国石油天然气集团公司董事长、党组书记，免去其中国石油天然气集团公司总经理职务。

4 月 13 日 由渤海装备公司石油机械厂研制的橇装式 LNG（液化天然气）加注站，在昆仑华港燃气集团河北省文安市场投用。这是中国石油首个自主研制成功的 LNG 橇装装备，对加快燃气市场布局具有重要意义。

4 月 16 日 集团公司在北京召开干部大会。中共中央组织部副部长王尔乘宣布中央关于集团公司主要领导调整的决定：周吉平同志任中国石油天然气集团公司董事长、党组书记，免去其中国石油天然气集团公司总经理职务。

4 月 20 日 四川省雅安市芦山县发生里氏 7.0 级地震。集团公司两次召开紧急会议全面部署抗震救灾工作，提出“山塌路断油不断气不断”，全力以赴保证灾区成品油和天然气供应，累计捐款 8800.9 万元。

4 月 25 日 股份公司董事会选举周吉平为中国石油天然气股份有限公司董事长。

4 月 30 日 国务院决定任命周吉平为中国石油天然气集团公司董事长，免去其中国石油天然气集团公司总经理职务。

5 月 12 日 中卫—贵阳天然气管线乌

江跨越工程贯通，成为中国石油管道建设史上跨度最大的管道索跨工程。乌江跨越工程为中贵管线铜梁至贵阳段三大控制性工程之一，地处贵州省遵义县与息峰县交界处，为大跨度钢结构桥面木行架悬索桥，全跨长310千米，总跨度480米，主塔高40米。

5月20日　塔吉克斯坦共和国总统埃莫马利·拉赫蒙访问中国石油总部，与集团公司董事长周吉平就加强油气合作举行会谈。双方签署《中国石油天然气集团公司与塔吉克斯坦共和国能源和工业部进一步深化油气合作的框架协议》。

6月3日　在中国国家主席习近平和哥斯达黎加总统钦奇利亚的见证下，集团公司董事长周吉平与哥斯达黎加国家石油公司总裁赫拉何、中国国家开发银行董事长胡怀邦、哥斯达黎加国家银行总裁佛南多在哥斯达黎加首都圣何塞，签署《中国石油与哥斯达黎加国家石油公司莫因炼厂合资公司融资文件》。

6月6日　集团公司董事长周吉平在厄瓜多尔首都基多拜会厄瓜多尔副总统格拉斯，双方签署厄瓜多尔太平洋炼厂和上游石油区块开发一体化合作框架协议。

6月6—7日　中国石油基层建设经验交流暨"千队示范"新疆油田现场会召开。

6月18日　集团公司与塔吉克斯坦能源工业部、道达尔公司(TOTAL)、克能石油公司(TETHYS)在塔吉克斯坦首都杜尚别共同签署塔吉克斯坦伯格达(BOKHTAR)区块项目油气合作交割协议。中国石油和道达尔公司分别拥有这个项目33.335%的权益，克能石油公司占权益的33.33%。

6月21日　中俄签署增供原油长期贸易合同。

6月26日　中国石油油气管道合资合作战略协议在北京签署，标志着国有资本对民间资本的开放迈出实质性步伐，开辟了民营资本参与战略性行业的新通道，推动了国内投资融资领域创新和金融体制改革。

7月4日　集团公司党的群众路线教育实践活动动员部署视频会议在北京召开。会议强调，确保教育实践活动取得实效，促进集团公司各项事业持续健康发展。

7月7日　新疆呼图壁储气库投产成功。作为中国石油目前规模最大、建设难度最大的储气库建设项目，呼图壁储气库是西气东输管网首个大型配套系统，也是西气东输二线首座大型储气库，总库容为107亿立方米，生产库容为45.1亿立方米。

7月28日　股份公司董事会聘任汪东进为公司总裁，周吉平不再兼任股份公司总裁职务。

7月29日　集团公司董事长周吉平在北京会见埃克森美孚公司高级副总裁艾博森一行，双方就加强合作进行会谈，签署鄂尔多斯盆地长东区块联合研究协议和有关海外项目合作协议。

7月29—31日　集团公司2013年领导干部会议在北京召开。董事长、党组书记周吉平代表党组作《坚持战略发展，突出质量效益，努力建设世界水平的综合性能源公司》的主题报告。

8月16日　"中国梦·劳动美"铁人精神永传承报告会在北京人民大会堂举行。"大庆新铁人"大庆钻探公司伊拉克哈法亚项目部经理兼1205海外钻井队队长李新民等年度人物代表作先进事迹报告，唱响劳动光荣主旋律，汇聚产业报国正能量。

8月19日　在中国国家主席习近平和肯尼亚总统肯雅塔的见证下，集团公司董事长周吉平与肯尼亚能源与石油部部长奇尔奇尔在北京签署《中国石油天然气集团公司与肯尼亚政府能源与石油部关于促进肯尼亚地热开发和发电的谅解备忘录》。

8月23日　股份公司与台湾“中油股份有限公司”在北京签署关于尼日尔阿加德姆(Agadem)项目权益转让交割确认书，中国石油向台湾“中油股份有限公司”转让阿加德姆项目上游区块包括勘探、开发和油田至炼厂管道20%的合同权益。这是中国石油与台湾“中油股份有限公司”在海外上游项目合作中取得的重大突破，是海峡两岸在能源领域合作交流的重大进展。

8月24日　集团公司党组成员集体赴西柏坡参观学习。参观结束后，集团公司党组书记周吉平主持召开党组学习座谈会，号召集团公司全体党员特别是领导干部，从自身做起，牢记“两个务必”，始终坚持党的群众路线，坚决反对和克服“四风”，为全面建成世界水平综合性国际能源公司开拓进取、团结奋斗。

8月28日　集团公司召开领导干部视频会议，传达中央有关精神和中央领导同志的重要指示，通报王永春、李华林、冉新权、王道富涉嫌严重违纪、接受组织调查的情况，通报集团公司党组会议情况和党组决定。

9月2日　集团公司召开总部机关主要负责人会议，传达中央有关精神和中央领导同志的重要指示，通报国务院国资委原主任蒋洁敏涉嫌严重违纪、正在接受组织调查的情况。

9月3日　在中国国家主席习近平和土库曼斯坦总统别尔德穆哈梅多夫的共同见证下，集团公司董事长周吉平与土库曼斯坦天然气康采恩总裁阿卜杜拉耶夫，在土库曼斯坦首都阿什哈巴德总统府签署《中国石油天然气集团公司与土库曼斯坦天然气康采恩关于土库曼斯坦加尔金内什气田300亿米^3/年商品气产能建设工程设计、采购、施工(EPC)交钥匙合同》和《中国石油天然气集团公司与土库曼斯坦天然气康采恩关于土库曼斯坦增供250亿米^3/年天然气的购销协议》。

9月4日　国家主席习近平出席中国石油承建的复兴气田南约洛坦100亿米^3/年产能建设项目竣工投产仪式。

9月5日　在中国国家主席习近平和俄罗斯总统普京的见证下，集团公司董事长周吉平与俄罗斯天然气工业股份公司总裁米勒在圣彼得堡签署《俄罗斯通过东线管道向中国供应天然气的框架协议》，与诺瓦泰克股份公司总裁米赫尔松签署《中国石油天然气集团公司与诺瓦泰克股份公司关于收购亚马尔液化天然气股份公司股份的股份收购协议》。

9月7日　国家主席习近平出席中哈天然气管道二期第一阶段工程投产仪式。该工程第一阶段为巴佐伊至奇姆肯特段，线路长度1143千米，设计年输气能力100亿立方米。

9月8日　集团公司董事长周吉平拜会乌兹别克斯坦第一副总理阿济莫夫，中乌双方代表和INDORAMA(新加坡)公司代表签署《关于中国石油天然气集团公司与乌兹别克斯坦国家油气公司、INDORAMA(新加坡)公司共同在乌兹别克斯坦石油姆巴列克天然气处理厂建设天然气化工厂的谅解备忘录》。周吉平还会见乌兹别克斯坦石油公司董事会主席费祖拉耶夫,双方签署《新丝绸之路石油天然气有限责任公司创建协议》和《新丝绸之路石油天然气有限责任公司章程》。

9月9日 在中国国家主席习近平和乌兹别克斯坦总统卡里莫夫的共同见证下,两国政府代表签订《关于建设和运营中乌天然气管道的原则协议第二补充议定书》《关于乌兹别克斯坦白松和苏尔汗区块油气地质勘探和开发可行性研究谅解备忘录》《关于成立合资公司补充勘探和开发卡拉库里投资区块油气田的原则协议》。

9月22日 集团公司董事长周吉平在北京拜会委内瑞拉玻利瓦尔共和国总统尼古拉斯·马杜罗·莫罗斯。双方就进一步深化油气领域的合作交换意见,签署《胡宁10整体区块联合开发框架协议》。

9月27日 新疆风城油田作业区2号稠油处理站采出液流进生产系统,标志着中国最大的稠油处理站正式投产。风城油田作业区管理着中国目前发现的最大整装稠油油藏。

10月2日 广西石化千万吨炼油项目获得IPMA国际卓越项目管理(特大型项目)最高奖——金奖。这是继神舟六号载人飞船项目、中海油惠州炼油项目之后,中国第三个获此殊荣的特大型项目。IPMA颁发的特大型项目金奖是国际项目管理界的最高荣誉。

10月9日 在巴西里约国际管道会议上,管道公司自主研发的"含蜡原油纳米降凝剂制备与配套工艺应用技术研究"被授予"全球管道奖",成为全球连续2年获此奖励的首家企业。

10月10日 集团公司举行纪念铁人王进喜同志诞辰90周年弘扬大庆精神铁人精神座谈会。会议强调,一如既往地高举大庆精神铁人精神旗帜,矢志不渝地践行和弘扬大庆精神铁人精神,全心全意依靠职工群众办企业,凝聚起发展的强大力量,推动中国石油科学发展、和谐发展。

10月17日 中共中央政治局常委、国务院副总理张高丽在北京会见俄罗斯总统能源发展战略和生态安全委员会秘书长、俄罗斯石油公司总裁谢钦。期间,集团公司董事长周吉平与谢钦签署扩大东西伯利亚上游项目合作谅解备忘录,开发东西伯利亚和远东有规模储量的油气田。

10月20日 中缅天然气管道干线建成投产。该管道干线全长2520千米,其中,缅甸段793千米,国内段1727千米。

10月21日 巴西利布拉油田举行首轮产品分成合同招标,由巴西国家石油公司、荷兰壳牌、法国道达尔、中国石油天然气集团公司和中国海洋石油有限公司组成的投标联合体中标,中国石油拥有10%的权益,这是中国石油首次中标深海油田开发项目。

10月22日 在中国国务院总理李克强与俄罗斯总理梅德韦杰夫的见证下,集团公司董事长周吉平在北京分别与俄罗斯诺瓦泰克公司总裁米赫尔松签署亚马尔公司LNG购销框架协议,与俄罗斯石油公司总裁谢钦签署关于天津炼厂投产进度和供油主要条件的文件。

10月26日 南疆天然气利民工程全

线竣工投产,每年近20亿立方米天然气将通过这条管道输送到南疆5地州42县(市),400多万名各族群众受益。

10月30日　中国石油与壳牌页岩油联合研发中心揭牌仪式在勘探院举行,开启了全球页岩油技术的联合研发。

11月1日　兰郑长(兰州—郑州—长沙)成品油管道干线全线建成投产。管道全长2737.8千米,其中干线全长2080千米、支线全长657.8千米,年最大输送量1500万吨。

11月11日　中国石油海外卫星通信主站正式开通运行,标志着中国石油卫星通信网具备覆盖全球的能力,将为中国石油"走出去"战略提供强有力的通信保障。

11月12日　中国石油首个致密气重大科技攻关专项——致密气藏开发重大工程技术研究在北京通过验收。这是中国石油在致密气领域设立的首个重大专项,填补了中国石油致密气开发工程技术标准规范体系的空白。

11月13日　股份公司附属中油勘探控股公司及中油勘探国际控股公司,与巴西国家石油公司国际(荷兰)公司及巴西国家石油公司国际(西班牙)公司签订收购协议,以约26亿美元收购巴西国家石油公司所属的巴西能源秘鲁公司全部股份。

12月9日　集团公司副总经理、股份公司总裁汪东进在北京会见来访的美国斯伦贝谢公司首席执行官纪康博一行。双方签署《全球战略合作框架协议》。

12月27日　集团公司决定从2014年起调整优化绩效考核指标体系,突出质量效益,弱化规模速度,效益类指标权重从35%提高到70%,引导企业加快发展方式转变。

本年　长庆油田生产原油2432万吨、天然气346.8亿立方米,油气当量产量达到5195万吨,成为我国陆上油气产量最高、上产速度最快的油气田。

本年　中国石油海外业务油气作业当量产量1.23亿吨,其中,原油作业产量首次突破1亿吨,权益油气当量产量达到5920万吨。

2014年

1月14日　2013年中国石油与国际石油科技十大进展公布。"深层天然气理论与技术创新支撑克拉苏大气区的高效勘探开发"和"海域深水沉积体系识别描述及有利储层预测技术有效规避勘探风险"分列中国石油与国际石油科技十大进展第一位。

1月16—18日　集团公司2014年工作会议在河北廊坊召开。集团公司董事长周吉平作题为《坚定正确方向,推进改革创新,为全面建成世界水平综合性能源公司而奋斗》主题报告。

1月24日　集团公司党的群众路线教育实践活动总结(视频)大会在中国石油总部召开。

2月9日　中国石油发现国内最大单体海相整装气藏——安岳气田磨溪区块龙王庙组气藏。

3月14日　集团公司宣布成立全面深

化改革领导小组，组长由党组书记、董事长周吉平担任。

4月1日 集团公司2014年巡视工作启动会在北京召开。

4月8日 集团公司董事长周吉平在北京会见壳牌集团首席执行官范伯登一行。双方签署《中国石油和壳牌集团全球合作协议》。

4月17日 集团公司董事长、全面深化改革领导小组组长周吉平主持召开全面深化改革领导小组第一次会议。会议审议通过集团公司全面深化改革领导小组工作规则、专项小组工作规则及组成人员名单、领导小组办公室工作细则，审议批准扩大辽河油田、吉林油田经营自主权试点建议方案和部分管道资产整合方案。

5月7日 中国石油土库曼斯坦巴格德雷合同区第二天然气处理厂竣工。土库曼斯坦总统别尔德穆哈梅多夫为工程竣工剪彩。6月26日投产。阿姆河天然气处理厂项目是完全由中国石油自主勘探、开发、建设、运营、销售的一体化建设项目。2011年12月13日动工，天然气年处理能力90亿立方米。

5月19—20日 在中国国家主席习近平和俄罗斯总统普京见证下，集团公司副总经理、股份公司总裁汪东进代表中国石油分别与俄罗斯诺瓦泰克公司签署《亚马尔LNG项目购销合同》、与俄罗斯石油公司签署《天津炼油厂投产及向该厂供应原油的工作进度表》。在中国国家主席习近平和哈萨克斯坦总统纳扎尔巴耶夫见证下，汪东进代表中国石油与哈萨克斯坦国家石油天然气公司签署《中哈管道出口原油统一管输费计算方法及各段所有者管输费收入分配方法协议》和《在哈萨克斯坦建设大口径钢管厂项目框架协议》。在塔吉克斯坦总统拉赫蒙见证下，汪东进与塔吉克斯坦外长阿斯洛夫共同签署《关于成立实施中塔天然气管道项目管理委员会协议》。汪东进与哈萨克斯坦文化部长穆哈穆季乌雷签署《关于设计和建设哈萨克斯坦国立舞蹈学校综合楼备忘录》，与吉尔吉斯斯坦能源与工业部部长阿尔德克巴耶夫签署成立落实中吉两国政府间关于中吉天然气管道建设运营合作协议的协调委员会《谅解备忘录》。

5月21日 在中国国家主席习近平和俄罗斯总统普京见证下，国家发改委副主任、能源局局长吴新雄与俄罗斯联邦能矿部部长诺瓦克代表中俄两国政府签署《中俄东线管道天然气合作项目备忘录》，集团公司董事长周吉平和俄罗斯天然气工业股份公司总裁米勒签署《中俄东线管道供气购销合同》。

5月31日 中国—中亚天然气管道C线进气投产。C线与A线、B线并行敷设，线路全长1830千米，设计年输气能力250亿立方米。

6月6日 国务院国资委、黑龙江省委省政府和中国石油在大庆召开大庆可持续发展座谈会，共同研究进一步推动大庆可持续发展的对策措施。

6月15—19日 第21届世界石油大会在俄罗斯莫斯科举行。集团公司董事长周吉平率中国石油代表团参会，并再次当选世界石油理事会副主席。

6月20日 国务院国资委在北京中国

石油总部召开集团公司建设规范董事会工作会议，宣布聘任集团公司外部董事，集团公司董事会正式成立。董事会的成立标志着集团公司向健全现代企业制度、完善法人治理结构迈出实质性步伐。

7月21日 在中国国家主席习近平和委内瑞拉总统尼古拉斯·马杜罗见证下，集团公司副总经理、股份公司总裁汪东进与委内瑞拉石油和矿业部副部长兼国家石油公司副总裁阿斯德鲁瓦尔·查韦斯共同签署《中委联合融资基金一期二次滚动油贸合同》。

7月22日 在中国国家主席习近平和古巴国务委员会主席兼部长会议主席劳尔·卡斯特罗见证下，集团公司副总经理、股份公司总裁汪东进与古巴国家石油公司总裁胡安·托雷斯·纳兰霍，在古巴首都哈瓦那签署《赛博鲁克油田原油增产分成合作框架协议》和《9000米钻机钻井服务项目合作协议》。

7月29日 中共中央决定，鉴于周永康涉嫌严重违纪，依据《中国共产党章程》《中国共产党纪律检查机关案件检查工作条例》的有关规定，由中共中央纪律检查委员会对其立案审查。集团公司党组召开会议，传达学习中央决定精神。

7月30日 集团公司2014年领导干部会议（视频）在北京召开。集团公司党组书记、董事长周吉平作重要讲话。

8月18日 中国石油哈法亚二期项目投产。哈法亚油田原油日产量突破20万桶，年产能提升至1000万吨，成为伊拉克第二轮国际石油合作项目中唯一启动并实现二期投产的项目，是中国石油与合作伙伴道达尔、马来西亚石油公司取得的又一项重要成果。

8月19日 在中国国家主席习近平和乌兹别克斯坦总统卡里莫夫见证下，集团公司董事长周吉平与乌兹别克斯坦国家石油公司主席费依祖拉耶夫签署《中国—乌兹别克斯坦天然气管道D线企业间协议》和《穆巴列克天然气化工厂合作备忘录》。

8月21日 在中国国家主席习近平和蒙古国总统查希亚·额勒贝格道尔吉见证下，集团公司副总经理刘宏斌与蒙古国石油局局长格·乌力吉布任在乌兰巴托签署《中国石油天然气集团公司和蒙古国石油局关于在石油领域加强合作的谅解备忘录》。

9月1日 中俄东线天然气管道俄罗斯境内段开工。该管道全长2680千米，从黑龙江黑河进入中国。根据协议将于2018年建成投产并向中国供气。

9月13日 中国—中亚天然气管道D线塔吉克斯坦段开工。该管线全长1000千米，其中境外段840千米，设计年输量300亿立方米。

10月13日 在中国国务院总理李克强和俄罗斯联邦政府总理梅德韦杰夫共同见证下，集团公司副总经理、股份公司总裁汪东进代表中国石油，分别与俄罗斯天然气工业股份公司总裁米勒、俄罗斯国家石油公司总裁谢钦，签署《关于中俄东线天然气管道建设和运营的技术协议》和《关于进一步深化战略合作的协议》。

10月17日 集团公司党组书记、董事长周吉平主持召开党组扩大会议，专题听取大庆油田"十三五"及可持续发展规划汇报。会议强调,高举大庆红旗,严肃负责地抓好大庆油田可持续发展,承担起建设"百年油田"的历史责任。

11月9日 在中国国家主席习近平和俄罗斯总统普京见证下,集团公司董事长周吉平代表中国石油分别与俄罗斯天然气工业股份公司和俄罗斯国家石油公司签署《关于沿西线管道从俄罗斯向中国供应天然气的框架协议》和《关于万科油田项目合作的框架协议》。

11月12日 在中国国家主席习近平和秘鲁总统乌马拉见证下,集团公司副总经理、股份公司总裁汪东进与秘鲁外交部部长古铁雷斯签署《中国石油和秘鲁能矿部关于石油天然气领域合作的谅解备忘录》。

11月14日 在中国国务院总理李克强与缅甸总统吴登盛见证下,中国石油与缅甸能源部在缅甸首都内比都签署《关于扩展中缅油气领域合作的谅解备忘录》。

12月3日 集团公司全面深化改革领导小组第三次会议召开。会议讨论集团公司全面深化改革有关重点问题,原则通过《集团公司第一批管理及审批权限调整事项》方案。

12月14日 在中国国务院总理李克强和哈萨克斯坦总理马西莫夫见证下,集团公司副总经理、股份公司总裁汪东进代表中国石油与哈萨克斯坦国家石油天然气公司总裁门巴耶夫在阿斯塔纳签署《关于双方扩大油气领域科技合作协议》。

12月22日 中国石油乍得项目格兰特宝巴柏油田原油外输。乍得总统代比出席在乍得首都恩贾梅纳以南300千米的Ronier管道首站举行的庆祝仪式,赞扬中国石油帮助乍得实现能源独立,为乍得政治社会稳定起到不可或缺的作用。

2015年

1月6日 集团公司董事长周吉平在北京拜会委内瑞拉玻利瓦尔共和国总统尼古拉斯·马杜罗·莫罗斯。双方就进一步深化油气领域合作,加快广东揭阳炼油厂建设交换意见。

1月7日 陕京三线天然气管道工程全线建成投产。

1月7—8日 集团公司党组书记、董事长周吉平主持召开党组2014年度民主生活会。会议强调要深刻吸取教训,增强纪律意识,旗帜鲜明地反对腐败,全面落实从严治党责任,始终做到讲政治、守规矩、正作风、勇担当,努力建设坚强有力的党组班子和奋发有为的干部队伍。

1月8日 哥斯达黎加共和国总统索利斯访问中国石油总部。

1月9日 2014年度国家科学技术奖励大会在北京召开。中国石油"我国油气战略通道建设与运行关键技术""极端条件下重要压力容器的设计制造与维护"获国家科学技术进步奖一等奖。

1月16日 中委航运有限公司委托中船重工建造的第4艘超级油轮"JUNIN"号正式交付,标志着中委航运超级油轮船队正式建成,中国石油成为国内行业内第一个建立具有一定规模自有船队的企业。

1月25—27日 集团公司2015年工作会议在河北廊坊召开。集团公司董事长周吉平作题为《坚持战略目标,加快改革发展,为推动能源生产和消费革命做出新贡献》的主题报告。

1月30日 中缅原油管道工程境外段试投产,马德岛港正式开港投运。该工程全长771千米,设计年输量2200万吨。

3月1日 中央第二巡视组巡视中国石油天然气集团公司工作动员会在北京召开。

3月4日 俄罗斯亚马尔项目MWP4&FWP5工程包在山东青岛海工建造基地正式开工。由海洋工程公司承建,是中国石油首个国际LNG模块化建造项目,填补了中国石油国际LNG模块建造项目空白。

3月8日 国内首座最大的20万立方米LNG储罐——江苏LNG项目二期工程T-1204储罐一次升顶成功,标志着中国石油大型LNG储罐建造技术取得重大突破。

3月16日 中央纪委决定,集团公司总经理廖永远涉嫌严重违纪违法,接受组织调查。

3月17日 集团公司董事长、党组书记周吉平主持召开总部机关领导干部会议,传达中央纪委关于廖永远涉嫌严重违纪违法接受组织调查的决定。

3月25日 中缅油气管道(国内段)工程被水利部命名为"全国水土保持生态文明工程"。

3月27日 集团公司与卡特彼勒公司在北京签署战略合作协议。

4月3日 中国石油大港油田赵东项目作业权交接仪式在大港滩海的赵东平台举行。这标志着股份公司成为继美国陆安公司、美国阿帕契公司、澳大利亚洛克公司之后赵东项目第四任作业者。

本月 集团公司召开2015年巡视工作启动会。2015年集团公司党组组建8个巡视组,采取"一托二"方式,全年开展3轮巡视,共巡视48家单位,争取利用3年时间实现所属企事业单位巡视全覆盖。

5月4日 集团公司在北京召开中层以上管理人员大会。中共中央组织部副部长王京清宣布党中央、国务院关于中国石油天然气集团公司主要领导变动的决定:王宜林同志任中国石油天然气集团公司董事长、党组书记;免去周吉平同志中国石油天然气集团公司董事长、党组书记职务,到龄退出领导班子。

5月14日 集团公司党组下发《关于开展"三严三实"专题教育实施方案》,对2015年在副处级以上领导干部中开展"三严三实"专题教育做出安排。

5月19日 集团公司党组书记、董事长王宜林以视频会议方式向集团公司全系统处级以上干部讲"三严三实"专题党课,强调要扎扎实实开展好专题教育,积极践行"三严三实"要求,大力弘扬大庆精神铁人精神和优良传统作风,努力建设一支讲党性、守规矩、重自律、敢担当、崇实干、行正道的企业领导干部队伍。

5月25日 长庆油田在陕北姬塬发现我国第一个亿吨级大型致密油田——新安边油田,提交1亿吨探明致密油地质储量。

6月15日 中央第二巡视组专项巡视

中国石油天然气集团公司情况反馈会议在北京召开。6 月 16 日，集团公司党组书记、董事长王宜林主持召开党组会议，根据中央巡视组反馈意见，研究部署整改落实工作。

6 月 18—19 日 集团公司董事长王宜林出席国务院国资委在北京召开的推进中央企业参与“一带一路”建设暨国际产能和装备制造合作工作会议，并代表中国石油作交流发言，分享中国石油积极参与“一带一路”建设经验体会。

6 月 23 日 股份公司股东大会决议，批准选举王宜林、赵政璋为股份公司董事，加入股份公司第六届董事会。任期自本次股东大会结束时开始。

6 月 24 日 集团公司董事长、全面深化改革领导小组组长王宜林主持召开集团公司全面深化改革领导小组第五次会议。王宜林强调要积极有序有效推进集团公司全面深化改革工作，坚持问题导向，立足于公司的长期稳健发展，以求真务实的态度做好改革工作的推动落实。

6 月 29 日 中俄东线天然气管道中国段开工建设。

7 月 1 日 上海石油天然气交易中心正式投入试运行。拟新建管道 3170 千米，并行利用已建管道 1800 千米。供气量逐年增长，最终达到每年 380 亿立方米。

7 月 14 日 塔里木油田克深 902 井在 8038 米完钻，在目的层位测试求产，用 5 毫米油嘴放喷，获日产天然气 30 万立方米，是中国陆上试获工业油气流最深的井。

7 月 18 日 由集团公司和新疆维吾尔自治区政府重点推进的合资合作项目——中石油克拉玛依石化有限责任公司正式挂牌运营。该公司由中国石油克拉玛依石化分公司和新疆投资发展(集团)有限责任公司合资成立，中国石油占股 99%，新疆投资集团占股 1%。合资公司保持中国石油管控模式、运营体系和品牌不变。中共中央政治局委员、新疆维吾尔自治区党委书记张春贤，集团公司党组书记、董事长王宜林为中石油克拉玛依石化有限责任公司揭牌。

7 月 30—31 日 集团公司 2015 年领导干部会议在河北廊坊召开。集团公司党组书记、董事长王宜林作题为《振奋精神，重塑形象，推进中国石油稳健发展》的主题报告。

8 月 4 日 集团公司召开“重塑中国石油良好形象”大讨论活动部署会。

8 月 14—17 日 集团公司董事长王宜林到苏丹项目调研，强调要积极应对新常态和低油价挑战，扎实推进二次创业，持续提高项目运营水平，为重塑形象、国际化战略和深化友谊做贡献。苏丹政府向王宜林颁发“双尼罗勋章”。

8 月 27 日 四川盆地页岩气勘探获重大突破。经国土资源部审定，中国石油在四川盆地威 202 井区、宁 201 井区、YS108 井区新增含气面积 207.87 平方千米，页岩气探明地质储量 1635.31 亿立方米，技术可采储量 408.83 亿立方米。这是中国石油首次提交页岩气探明地质储量。这一突破不仅开辟了油气勘探开发新领域，而且对推进我国天然气工业快速发展、保障国家能源安全具有重要意义。

8 月 30 日 克拉玛依油田发现 60 周年庆祝大会在新疆克拉玛依举行。

8 月 31 日 集团公司董事长王宜林在北京拜会哈萨克斯坦总统纳扎尔巴耶夫。

9月2日 苏丹共和国总统巴希尔到中国石油总部访问，与集团公司董事长王宜林就进一步推动油气合作向前发展举行友好会见。巴希尔为中苏石油合作20周年题写贺词：在我们庆祝两国持续开展富有成果的合作20周年这一美好时刻，我谨向中石油公司致以祝贺，贵公司20年来堪称苏中两兄弟民族互利合作的坚实桥梁、共同期望的坚强柱石。

9月3—5日 集团公司董事长王宜林应邀出席由俄罗斯政府在符拉迪沃斯托克举办的第一届东方经济论坛，并在"俄罗斯与亚太地区能源桥"圆桌会议上发言。

9月22日 集团公司首条数字化设计长输管道——哈沈线全线贯通，正式进入投产运行阶段。

9月26日 全国重点文物保护单位——"铁人第一口井"揭牌仪式在大庆油田萨55井举行，标志着"铁人第一口井"正式成为第七批全国重点文物保护单位。"铁人第一口井"（萨55井）是铁人王进喜带领1205钻井队在大庆打的第一口油井。

9月28—30日 国际石油工程师学会（SPE）2015年度技术大会在美国休斯敦举办。大会授予周吉平"2015年SPE终身成就奖"。

10月8日 集团公司董事长王宜林签发《关于表彰参与天津港"8·12"事故救援保障工作有关单位的通报》，对参与救援保障工作的中国石油天然气管道局、抚顺石化、大港石化、大港油田、天津销售和安全环保院等6家单位予以通报表彰。集团公司参与事故救援保障工作，受到社会各界广泛肯定。

10月10日 坦桑尼亚天然气处理厂及输送管线项目在姆特瓦拉举行竣工仪式。坦桑尼亚总统基奎特视察处理厂并为项目竣工揭牌。该项目由中国石油技术开发公司总承包，全长542千米，被誉为新时期"能源坦赞铁路"。

10月12日 集团公司技术序列改革试点在华北油田启动。

10月14—16日 集团公司董事长王宜林到陕西出席"深化陕西省与中央企业战略合作座谈会"，中国石油和陕西省政府签订《合作推进项目建设协议》。

10月19—23日 集团公司董事长王宜林出席中英工商峰会、第四届中英能源对话会和中英油气合作高端茶会等外事活动，并分别与BP、壳牌、道达尔集团首席执行官会晤，调研国际事业（伦敦）公司和法国拉瓦莱炼厂。

10月20日 安岳气田磨溪区块龙王庙组气藏全面建成投产，年产气能力110亿立方米，创造中国石油大型整装气藏从发现到全面投产的最快速度。

10月21日 在中国国家主席习近平和英国首相卡梅伦见证下，集团公司董事长王宜林与BP集团首席执行官戴德利在伦敦签署《中国石油天然气集团公司与BP环球投资有限公司战略合作框架协议》。

11月13日 股份公司决定，成立中石油管道有限责任公司，负责所属油气管网运营。

12月1日 中国石油经济技术研究院入选首批国家高端智库建设试点单位，成为唯一来自企业的研究机构。

12月10日 集团公司董事长、全面深化改革领导小组组长王宜林主持召开全面深化改革领导小组第七次会议，审议并原则通过《储气库业务运营管理方案》《关于进一步完善炼销贸一体化管理机制的建议》等专项改革方案。

同日 集团公司决定，调整理顺中东业务管理体制，整合伊拉克公司、伊朗公司，成立中国石油天然气集团公司中东公司，列集团公司直属单位序列管理。

同日 股份公司决定，对辽宁销售和大连销售实施整合，统一使用“中国石油天然气股份有限公司辽宁销售分公司”名称。整合后的辽宁销售行政上由股份公司直接管理，大连销售不再列股份公司直属单位管理。

12月13日 在阿联酋阿布扎比王储谢赫穆罕默德·本·扎耶德·阿勒纳哈扬的见证下，集团公司董事长王宜林与阿联酋国务部长、穆巴达拉发展公司投资委员会能源业务首席执行官贾贝尔在北京签署《中国石油天然气集团公司与穆巴达拉油气控股有限责任公司战略合作协议》。

12月16日 在中国国务院总理李克强和吉尔吉斯共和国总理萨里耶夫见证下，集团公司董事长王宜林与吉尔吉斯共和国经济部部长科若舍夫在北京签署《吉尔吉斯政府与中吉天然气管道公司的投资协议》。

12月17日 在中国国务院总理李克强和俄罗斯联邦政府总理梅德韦杰夫见证下，集团公司董事长王宜林与俄罗斯天然气工业股份公司总裁米勒在北京签署《中俄东线天然气管道项目跨境段设计和建设协议》和《中国石油和俄气石油合作谅解备忘录》。

同日 集团公司董事长王宜林在北京会见俄罗斯天然气工业股份公司总裁米勒一行。双方就加强在天然气领域合作进行深入交流并签署《中俄东线跨境段“通讯协议”》《自俄罗斯远东向中国供应天然气项目的工作计划书》《天然气发电项目的工作计划书》等合作协议。

12月31日 集团公司和壳牌中国勘探与生产有限公司签署《长北一期生产作业权移交协议》。协议的签署，标志着长北一期生产作业权移交准备工作全面完成，中国石油接替壳牌公司成为该项目的作业者。

2016年

1月8日 2015年度国家科学技术奖励大会在北京召开。中国石油长庆油田、勘探院等单位完成的“5000万吨级特低渗透—致密油气田勘探开发与重大理论技术创新”获国家科学技术进步奖一等奖。

1月18日 集团公司党组书记、董事长王宜林主持召开党组会议，专题研究党风建设和反腐败工作，审议通过《集团公司巡视工作规定》。

1月21—23日 集团公司2016年工作会议在河北廊坊召开。集团公司董事长王宜林作《认清严峻形势，坚持稳健发展，开创建设世界一流综合性国际能源公司新局面》主题报告。

2月21—28日 集团公司董事长王宜林赴美国、加拿大访问，出席在美国休斯敦举行的第35届剑桥能源周会议，发表题为

《中国经济新常态下能源企业的转型与发展》主旨演讲，会晤合作伙伴高层和股份公司独立董事，交流探讨能源行业发展和加强对外合作等问题。

3 月 10 日　集团公司与阿里巴巴集团、蚂蚁金服集团在北京签署战略合作框架协议。

3 月 20 日　集团公司董事长王宜林与道达尔集团董事长兼首席执行官潘彦磊在北京签署《中国石油天然气集团公司和道达尔股份有限公司战略合作框架协议》。

3 月 21 日　集团公司党组扩大会议在北京召开，深入学习贯彻习近平总书记在十二届全国人大四次会议黑龙江代表团审议时的"大庆就是全国标杆和旗帜，大庆精神激励着工业战线广大干部群众奋发有为"等重要讲话精神。

3 月 31 日　集团公司与 BP 集团在北京签署《中国石油天然气集团公司与 BP 内江—大足页岩气产品分成合同》。

4 月 6 日　集团公司 2016 年巡视工作启动会议在北京召开。会议提出将分三轮对 60 家所属企事业单位进行巡视，同时将对 2015 年巡视过的部分单位开展"回头看"。

4 月 8 日　集团公司印发《全面深化改革实施意见》，确定集团公司未来一个时期全面深化改革的总体思路，明确健全完善现代企业制度、推进公司治理体系和管控能力现代化国际化的主要目标，提出推进六方面重点改革、完善三方面体系等重点举措，是集团公司全面深化改革的顶层设计和行动纲领。

同日　中卫—贵阳联络线工程通过国家环境保护竣工验收，标志着我国首条南北走向大口径天然气管道主体工程正式投运。

4 月 12 日　"王德民星"命名仪式暨学术报告会在大庆油田举行。中国工程院院士、中国油田分层开发和化学驱油技术奠基人王德民，经何梁何利基金评选委员会推荐，中国科学院紫金山天文台申请，国际小行星中心命名委员会批准，国际编号为 210231 号小行星，正式命名为"王德民星"。

4 月 13 日　北阿扎德甘项目原油外输，正式启动投产。该项目具备年产原油 400 万吨、日产天然气 70 万立方米的油气生产能力，是集团公司在伊朗主要投资项目。

4 月 25 日　集团公司发布"十三五"发展规划，明确提出建设世界一流综合性国际能源公司分两步走：第一步，到 2020 年，世界一流综合性国际能源公司建设迈上新台阶；第二步，到 2030 年，建成世界一流综合性国际能源公司。"十三五"及未来一段时期要坚持稳健发展方针，推进资源、市场、国际化和创新战略。实施深化改革、开放合作、科技创新、人才强企、依法治企、安全发展六大举措，优先发展勘探开发、有效发展炼化与销售、加快发展天然气与管道、协调发展服务业务，做优原油和天然气两条价值链。

4 月 26 日　集团公司"两学一做"（学党章党规、学系列讲话，做合格党员）学习教育安排部署视频会议在北京召开。

4 月 28—29 日　集团公司科技与信息化创新大会在北京召开。集团公司董事长王宜林作题为《大力实施创新战略，引领集团公司稳健发展》重要讲话。

5月12日 集团公司党组书记、董事长王宜林以普通党员身份参加办公厅第一党支部党课学习，强调开展“两学一做”学习教育，要坚持以学促做，强化问题意识、坚持问题导向，把合格标尺立起来，把石油党员干部的良好形象树起来，以实际成效检验学习教育成果。

5月18日 在中国国家主席习近平、莫桑比克总统菲利佩·雅辛托·纽西见证下，集团公司董事长王宜林与莫桑比克国家石油公司董事长奥玛尔·密达在北京签署《中国石油天然气集团公司与莫桑比克国家石油公司合作框架协议》。

5月19日 莫桑比克共和国总统菲利佩·雅辛托·纽西访问北京中国石油总部。

5月19—20日 集团公司董事长王宜林赴重庆出席第十九届中国(重庆)国际投资暨全球采购会，与重庆市政府签署“十三五”时期战略合作协议。

5月27日 川东北天然气项目罗家寨高含硫气田开发建设工程全面投产，天然气日处理能力达到900万立方米、年生产能力达到30亿立方米，是集团公司国内陆上最大的高含硫天然气对外合作项目。

5月30日 中国国务院副总理张高丽在索契与俄罗斯副总理德沃尔科维奇共同主持中俄能源合作委员会第十三次会议，集团公司董事长王宜林出席会议，并与德沃尔科维奇、俄罗斯能源部部长诺瓦克、俄罗斯天然气工业股份公司总裁米勒、俄罗斯诺瓦泰克公司总裁米赫尔松等举行会谈。在俄罗斯期间，王宜林出席驻俄罗斯企业工作汇报座谈会，强调要积极落实国家“一带一路”倡议，进一步加强在俄罗斯业务的统筹协调，在现有合作基础上进一步挖掘潜力，不断深化和拓展双方合作空间，实现海外业务优质高效可持续发展。

6月3日 中共中央总书记、国家主席习近平到北京展览馆参观国家“十二五”科技创新成就展时莅临油气开发重大专项展台，详细询问油田上产稳产、深水深层油气勘探开发技术等有关情况。集团公司董事长王宜林汇报“油气开发专项”最新研究进展和公司科技创新成果。

6月24日 股份公司发布公告，美国联邦最高法院全面驳回美国投资者对中国石油及其部分前任高管的起诉，公司在这场历时2年10个月的证券集团诉讼案件中全面胜诉，在国内外资本市场引起巨大反响。

6月25日 在中国国家主席习近平和俄罗斯总统普京见证下，集团公司董事长王宜林与俄罗斯天然气工业股份公司总裁米勒在北京签署《在中华人民共和国境内开展地下储气库、天然气发电项目合作谅解备忘录》。

6月28日 集团公司决定，在原工程技术专业分公司基础上组建中国石油集团工程有限公司。为法人实体。

6月29日 集团公司在北京召开视频会议，传达学习习近平总书记等中央领导同志对大力弘扬“石油精神”作出的重要批示。石油工业培育形成了大庆精神铁人精神、好汉坡精神、柴达木精神等各具特色的企业精神，以及“三老四严”“四个一样”等优良传统作风。在新的历史时期，习近平总书记把石油工业优良传统集中概括和凝练升华为以“苦干实干”“三老四严”为核心的“石油精神”。会议强调要深刻领会中央领导同志重要批示的重大意义，切实组织好学习贯彻，大力弘扬"石油精神"，不断夯实百万石油人共同的思想基础，充分发挥独特政治优势，着力打造"铁人式"党员干部队伍，全力应对困难和挑战，坚定不移推进稳健发展，在全力推动国家重大战略实施，在适应经济发展新常态、推进供给侧结构性改革中发挥表率作用，在贯彻落实五大发展理念、做强做优做大国有企业中发挥主力军作用，履行好保障国家能源安全的重大使命。

7月2—4日 集团公司董事长王宜林赴哈萨克斯坦进行工作访问，拜会哈萨克斯坦总统纳扎尔巴耶夫、哈萨克斯坦政府总理马西莫夫，并与哈萨克斯坦能源部部长博祖姆巴耶夫等政府官员以及国家油气公司总裁门巴耶夫就进一步加强中哈油气合作分别举行会谈，协调解决当前油气合作存在的问题，探讨进一步扩大合作机会。

7月5—6日 集团公司董事长王宜林赴乌兹别克斯坦进行工作访问，拜会乌兹别克斯坦政府第一副总理阿济莫夫、副总理伊布拉吉莫夫和国家石油天然气控股公司管理委员会主席苏尔坦诺夫。双方就保障过境管道安全、深入推动油气合作项目、协调解决当前油气合作存在的问题进行坦诚交流。

7月7日 中共中央任命章建华同志为中国石油天然气集团公司总经理。国务院国资委任命章建华为中国石油天然气集团公司董事，国务院国资委党委任命章建华同志为中国石油天然气集团公司党组副书记。

7月7—10日 集团公司董事长王宜林赴土库曼斯坦进行工作访问，拜会土库曼斯坦总统别尔德穆哈梅多夫，并与土库曼斯坦副总理卡卡耶夫、天然气康采恩总裁别格里耶夫举行会谈。双方就推动和扩大中土天然气合作，以及当前面临的形势深入坦诚交换意见。

7月12日 集团公司召开领导班子扩大会议。受中组部领导委托，中组部有关干部局负责同志宣布党中央、国务院关于中国石油天然气集团公司任职的决定：章建华同志任中国石油天然气集团公司总经理。同时，国务院国资委党委决定：章建华同志任中国石油天然气集团公司董事、党组副书记。

7月28—30日 集团公司2016年领导干部会议在大庆召开。集团公司党组书记、董事长王宜林作《加强党的建设，弘扬石油精神，为实现公司战略目标提供坚强保证》的重要讲话。

8月5日 集团公司对口援建青海冷湖设施农业种植园项目正式移交地方政府，标志着总投资4871万元，对口援建冷湖"四大工程"（其他三项为冷湖镇饮水工程、天然气入户工程、冷湖中学生物地理教学园工程）完成。

8月9日 集团公司党组制定实施《关于落实全面从严治党要求加强党的建设的意见》。

9月2—8日 集团公司董事长王宜林赴杭州出席2016年20国集团工商峰会开幕式及相关活动。

9月13日 集团公司董事长王宜林在北京拜会来访的秘鲁共和国总统佩德罗·巴勃罗·库琴斯基·戈达德。

9月19—20日 集团公司董事长王宜

林赴新加坡裕廊工业园区、中国石油国际事业(新加坡)公司等地调研,强调要充分发挥优势,落实国家战略部署,建设国际一流油气运营中心,推动油气项目合作再上新台阶。

9月21—25日 集团公司董事长王宜林赴中国石油驻澳大利亚企业调研,强调要坚定发展信心,清醒认识对澳大利亚油气合作的意义和挑战,注重商务运作,积极探索创新合作模式,持续抓好创新管理和高端国际化人才培养,促进集团公司在澳大利亚油气合作项目稳健高效发展。

9月29日 国家"千人计划"专家、中国石油集团东方地球物理勘探公司总经理高级技术顾问戴南浔博士获"2016中国政府友谊奖"。9月30日中共中央政治局常委、国务院总理李克强接见戴南浔等"2016中国政府友谊奖"获奖者、国家"千人计划"专家等50名专家。戴南浔作为国际知名的地球物理专家,潜心地震勘探偏移成像方法研究20余年,支持开发多套地球物理勘探商业软件。

10月14日 在中国国家主席习近平和孟加拉国总理哈西娜见证下,集团公司与孟加拉石油公司在达卡交换《孟加拉单点系泊及双管道项目EPC合同》签署文本。

10月27日 集团公司推进亏损企业治理、"僵尸企业"处置及特困企业治理、压缩管理层级减少法人户数三项专项工作视频会议在北京召开。

10月28日 集团公司决定,成立中国石油集团资本有限责任公司。为集团公司金融业务管理的专业化公司。

11月1日 在中国国务院总理李克强和马来西亚总理纳吉布见证下,集团公司副总经理刘宏斌与马来西亚苏里亚战略能源有限公司主席莫哈末·伊文·瑟里加·阿卜杜拉代表双方公司在北京签署《沙巴天然气管道项目施工及试运合同》和《多介质管道项目施工及试运合同》。

11月3日 集团公司党组制定下发《关于深入推进重塑公司良好形象工作的意见》,在组织开展为期一年以"弘扬光荣传统、重塑良好形象"为主题的大讨论活动基础上,进一步建立深化重塑形象工作长效机制,持续推进公司形象建设。

同日 江苏LNG项目二期工程全面建成投产,江苏LNG接收站总有效罐容68万立方米,年接卸能力达到650万吨,年气化能力达到1000万吨,拥有当时国内最大的储存和气化能力。

11月3—4日 集团公司党组扩大会议在北京召开,专题研究大庆油田及其地区可持续发展问题。

11月7日 在中国国务院总理李克强和俄罗斯总理梅德韦杰夫见证下,集团公司副总经理徐文荣与俄罗斯天然气工业股份公司总裁米勒在圣彼得堡签署《中国石油与俄气公司标准及合格评定结果互认合作协议》《中国石油与俄气公司开展天然气发动机燃料领域可行性研究合作的谅解备忘录》。

11月16—18日 集团公司董事长王宜林赴委内瑞拉进行工作调研,强调要从战略高度认识拉美地区在海外五大合作区中的重要地位,充分认识拉美地区在推进建设世界一流综合性国际能源公司中的重要使命,发挥油气合作优势,努力实现拉美油气业务跨越式发展。期间，王宜林拜会委内瑞拉总统马杜罗，并与委内瑞拉石油部部长德尔·皮诺签署《中国石油和委国家石油合作项目进展备忘录》。

11月18—19日 集团公司董事长王宜林出席在秘鲁利马举行的2016年APEC工商领导人峰会，与国际同行深入探讨油气业务创新发展。期间，王宜林拜会秘鲁总统库琴斯基，并与秘鲁能源矿产部部长贡萨罗·塔马约代表双方签署《中秘深化油气合作谅解备忘录》。

11月20日 长庆陇东油区的我国第一口致密油超长水平井可溶桥塞压裂施工成功，创造了国内陆上致密油开发史上压裂水平段最长、压裂段数最多、入地液量最大三项纪录。

11月25日 集团公司天然气销售管理体制改革动员视频会议在北京召开。此次改革对天然气销售业务实行"天然气销售分公司—区域天然气销售分公司"两级管理架构，天然气销售分公司负责公司天然气业务的管理和运营，组建五大区域天然气销售分公司作为其所属机构。

同日 股份公司决定，调整天然气销售与管道业务管理体制，天然气销售分公司和中石油管道有限公司按直属企业管理。管道分公司、西气东输管道分公司、西部管道分公司、西南管道分公司、北京油气调控中心由中石油管道有限公司实施管理。

12月7日 集团公司决定，对总部机关进行职能优化和机构改革。办公厅加挂集团公司党组办公厅牌子；人事部加挂集团公司党组组织部牌子；思想政治工作部加挂集团公司党组宣传部牌子。合并质量与标准管理部、安全环保与节能部，设立质量安全环保部，装备制造分公司承担的装备管理相关职能纳入物资采购管理部，物资采购管理部更名为物资装备部；撤销装备制造分公司。

12月9日 集团公司总部机关职能优化与机构改革实施动员会议在北京召开。

12月12日 中亚和塔里木的天然气抵达福州，西气东输三线东段工程建成通气。

12月16日 中国石油集团资本有限责任公司正式成立。

12月26日 第十八届中国专利奖颁奖大会在北京举行，勘探院"裂缝储层含油气饱和度定量计算方法"获得中国专利金奖。

12月29日 集团公司党组召开2016年度民主生活会，集团公司党组书记、董事长王宜林主持会议并讲话，强调要切实增强"四个意识"，全面从严管党治党，政治坚定对党忠诚，锻造坚强领导核心。

同日 集团公司党组制定下发《中国石油天然气集团公司深化党的建设制度改革实施方案》，明确了50项重点任务，深化企业党的思想建设、组织建设、作风建设、反腐倡廉建设等制度改革，进一步完善体制机制和制度，努力构建党的建设组织体系、制度体系、责任体系，进一步提升党建工作科学化水平。

本年 集团公司稳妥推进深化改革，全年召开全面深化改革领导小组会议8次，统筹安排61项改革重点工作，出台实施了天然气销售管理体制改革方案等一批专项改革方案，在机关简政放权、调整管理体制机制等方面取得积极进展。

2017 年

1 月 15—17 日 集团公司 2017 年工作会议在河北廊坊召开。集团公司董事长王宜林作《深化改革创新，推进稳健发展，以优异成绩迎接党的十九大胜利召开》主题报告。

1 月 18 日 中国石油反腐倡廉教育平台上线试运行。

2 月 10 日 中国石油集团资本股份有限公司（简称中油资本）正式挂牌登陆深圳证券交易所 A 股市场。

2 月 17 日 中国石油集团工程股份有限公司（简称中油工程）重组更名暨上市仪式在上海证券交易所举行。

2 月 19 日 集团公司董事长王宜林与阿布扎比国家石油公司（ADNOC）首席执行官、阿布扎比最高石油委员会成员贾贝尔在阿布扎比签署阿布扎比 ADCO 陆上油田开发项目相关购股协议。

2 月 19—22 日 集团公司董事长王宜林赴中东地区企业调研，强调要坚持“做大中东”战略不动摇，努力把中东地区打造成中国石油国际化经营和“一带一路”油气合作的“旗舰”。

2 月 24 日 集团公司董事长、全面深化改革领导小组组长王宜林主持召开全面深化改革领导小组第十六次会议。会议审议并原则通过《集团公司 2017 年全面深化改革工作要点》，以及《大庆油田电力集团深化改革升级发展框架方案》《昆仑能源有限公司扩大经营自主权改革实施方案》《中心医院社会化改革试点方案》。

2 月 28 日 集团公司党组决定在全体党员中深入开展“践行四合格四诠释，弘扬石油精神，喜迎党的十九大”岗位实践活动。

4 月 3 日 NEWCONSTANT 号油轮装载 100 万桶中国石油在阿联酋首船权益油，从富吉拉（Fujairah）港口起运。中国石油阿布扎比 AD（CO）陆上油田开发项目进入投资收益的重要阶段，开启“一带一路”中阿能源合作。

4 月 10 日 在中国国家主席习近平和缅甸总统廷觉见证下，集团公司董事长王宜林与缅甸驻华大使帝林翁代表双方在北京签署《中缅原油管道运输协议》。中缅原油管道工程在缅甸马德岛正式投运。

4 月 中国石油总部机关改革顺利落地。部门职能优化，内设机构和人员编制压减 20%，“五定”（定责、定编、定岗、定员、定上岗规范）、岗位竞聘及人员交流等各项工作全面完成。

5 月 3—6 日 集团公司董事长王宜林赴英国考察并出席中国石油与 BP 集团战略合作指导委员会第二次会议。期间，王宜林拜会英国商业、能源与产业战略部国务部长杰西 · 诺曼、苏格兰政府首席大臣尼古拉 · 斯特金等政府官员，就进一步加强双边合作交换意见。王宜林与 BP 集团首席执行官戴德立会晤，并赴格兰杰莫斯炼厂调研。

5 月 13 日 集团公司董事长王宜林在北京拜会正在中国进行国事访问并将出席“一带一路”国际合作高峰论坛的乌兹别克斯坦共和国总统米尔济约耶夫。会前，集团公司与乌兹别克斯坦国家石油公司签署了天然气购销合同补充协议和加兹里地下储气库的合作协议。

5 月 13—15 日 在"一带一路"国际合作高峰论坛举办之际，集团公司与乌兹别克斯坦国家石油天然气控股公司签署《中国石油和乌兹别克国家石油公司购销合同的补充协议》《中国石油、乌兹别克国家石油公司关于加兹里储气库合作的谅解备忘录》《中国石油、中国银行、乌兹别克国家石油公司关于新丝绸之路项目融资贷款的协议》，与阿塞拜疆国家石油公司签署《阿塞拜疆天然气化工项目 FEED/OBCE 合同》《中国石油、国家开发银行、阿塞拜疆国家石油公司关于阿塞拜疆天然气化工项目的投融资合作谅解备忘录》，与俄罗斯天然气工业公司签署《中国石油、中国交建、俄气公司、俄公路公司关于使用液化天然气作为干线公路运输车辆燃料的战略合作谅解备忘录》《中国石油、俄气公司与华能公司在天然气发电领域三方合作谅解备忘录》以及有关地下储气库建设等技术服务合同，与俄罗斯国家石油公司签署《中国石油与俄石油成立联合协调委员会协议》。

5 月 14 日 集团公司董事长王宜林出席"一带一路"国际合作高峰论坛，就"加快推进能源与金融一体化"发言。

5 月 16 日 由中国石油主办的"一带一路"油气合作圆桌会议在石油大厦举行。来自国家能源局、国际能源组织、资源国国家石油公司、国内知名油气企业及金融机构的 20 余名官员和高管围绕构建"一带一路"油气合作新模式、新机制这一主题进行了深入交流。集团公司董事长王宜林做主旨演讲。

同日 集团公司董事长王宜林在北京会见肯尼亚能源与石油部部长查尔斯·凯泰尔一行，与查尔斯·凯泰尔、中非产能合作基金董事长韩红梅共同签署《肯尼亚地热开发一体化项目框架协议》。

5 月 18 日 在南海神狐海域进行的天然气水合物试采实现连续 7 天 19 小时的稳定产气，标志着我国首次天然气水合物试采成功，党中央、国务院发来贺电。海洋工程公司作为南海神狐海域天然气水合物试采的总承包合作实施方，标志着中国石油初步具备了深海钻井、完井、试采施工能力。

5 月 25 日 中国石油在缅甸仰光发布《中缅油气管道（缅甸）企业社会责任专题报告》。这是中国石油发布的第 5 份国别社会责任报告，也是中国石油首次在项目所在国举办发布活动。

5 月 中共中央、国务院印发《关于深化石油天然气体制改革的若干意见》，明确了深化石油天然气体制改革的总体思路。

6 月 1 日 由中国石油参股 20% 的鲁伍马盆地 4 区块科洛尔气田开工仪式在莫桑比克首都马普托举行。鲁伍马盆地是全球已发现的第五大气田，4 区项目是一个巨型超深水天然气勘探开发及 LNG 一体化项目。

6 月 3 日 集团公司董事长王宜林在乍得总统府拜会总统代比。

6 月 6 日 集团公司董事长王宜林在阿斯塔纳拜会哈萨克斯坦总理萨金塔耶夫。双方签署《关于共同推进奇姆肯特炼油厂现代化改造的协议》《关于向中国出口哈萨克斯坦天然气的谅解备忘录》《哈萨克斯坦能源部与中国石油关于石油合同延期的谅解备忘录》等深化油气合作系列协议。

6 月 7 日 集团公司总部举行"弘扬石油精神、重塑良好形象"报告会。集团公司党组副书记、总经理章建华出席会议并讲话。报告会自 2016 年开讲以来，先后为国家部委、石油高校、集团公司党校和 105 家所属企事业单位报告40多场,覆盖近90万人次,反响强烈。

同日 中缅管道原油顺利抵达云南石化,标志着中缅原油管道国内段一次投产成功。与绕行马六甲海峡相比,中缅原油管道缩短运送里程1820海里,降低了运输风险和运输成本。由此开辟我国第四条原油进口通道。

6月8日 中国国家主席习近平和哈萨克斯坦总统纳扎尔巴耶夫视察阿斯塔纳世博园中国石油展台,集团公司董事长王宜林通过全息投影展示模型介绍了二氧化碳捕集埋存与提高石油采收率技术(CCS-EOR)及其绿色功能,受到赞赏。

6月16日 集团公司董事长、全面深化改革领导小组组长王宜林主持召开全面深化改革领导小组第十八次会议,审议通过《集团公司海外油气业务体制机制改革框架方案》《集团公司多种经营业务深化改革指导意见》。

6月27日 集团公司党组书记、董事长王宜林以视频会议形式为中国石油全体党员干部讲授专题党课,强调要坚决在思想上政治上行动上同以习近平同志为核心的党中央保持高度一致,用新理念新思想新战略指导新实践,勇敢地肩负起历史使命,撸起袖子加油干,坚定不移推进稳健发展,坚决做党和国家最可信赖的骨干力量。

7月3日 由中国石油、法国道达尔及当地伙伴组成的联合体在伊朗石油部与伊朗国家石油公司签署南帕斯11期天然气开发合同。

7月4日 在中国国家主席习近平和俄罗斯总统普京见证下,集团公司董事长王宜林与俄罗斯天然气工业股份公司总裁米勒在莫斯科克里姆林宫交换《中俄东线购销合同的补充协议》合作文件。

7月5日 集团公司董事长王宜林前往俄罗斯亚马尔半岛,对亚马尔液化天然气项目进行工作调研,强调要全力配合第一条生产线按期投产,扩大合作,共同开发北极油气资源。

7月9—13日 第22届世界石油大会在土耳其伊斯坦布尔会议中心举行。集团公司董事长王宜林代表中国国家委员会出席理事会全体会议,并率中国石油代表团参加大会,作题为《致力一带一路互联互通,构筑全球能源美好未来》主旨演讲。

7月20日 四川长宁H10-3井自投产以来累计生产页岩气1.0005亿立方米,成为中国石油第一口产气量过亿立方米的页岩气井。

7月27—29日 集团公司2017年领导干部会议在吉林市召开。集团公司董事长王宜林作题为《持续深化改革,加强管理创新,坚定不移推进集团公司稳健发展》的讲话。

7月 集团公司首单100亿元可交换公司债券成功发行,创造了我国证券市场上发行规模最大的一支可交换债,网下发行规模达到70亿元,网上发行规模30亿元,票面利率为询价区间下限1.00%,均创市场之最。

8月7日 宝石花医疗资产投资有限公司成立暨揭牌仪式在河北廊坊举行,这是中国石油中心医院改制、集团公司医院社会化改革工作取得的重要突破。

8月11日 集团公司公司制改制工作视频会议在北京召开。

8月24—27日 在中共中央政治局常委、国务院副总理张高丽率领中国政府代表团对苏丹进行访问期间,集团公司总经理章建华参加政府高层会晤等活动，并赴中国石油驻苏丹企业调研。

8月28日 云南石化1300万吨/年炼油项目顺利打通全部生产流程，所有产品质量合格，实现了“安全平稳绿色一次开车成功”的目标，全面转入正常生产经营阶段。

8月 国土资源部、广东省人民政府、集团公司在北京签署《推进南海神狐海域天然气水合物勘查开采先导试验区建设战略合作协议》。

9月3—4日 集团公司董事长王宜林出席在厦门举办的2017年金砖国家工商论坛开幕式及金砖国家领导人与工商理事对话会等活动。

9月12日 中国石油在上海石油天然气交易中心首次开展管道气网上竞价交易试点。这是国内举行的首次管道天然气网上竞价交易，也是中国石油推进天然气价格市场化迈出的重要一步。

9月12—14日 集团公司董事长王宜林赴意大利工作访问，代表中国石油与意大利埃尼集团首席执行官德斯卡兹签署《中国石油天然气集团公司与埃尼集团合作协议》。其间，王宜林在罗马拜会意大利总理真蒂洛尼，双方就落实两国领导人会见时达成的共识，推动和扩大中意油气等领域的合作交换意见。

10月23日 集团公司与莫桑比克国家石油公司在北京签署多项合作协议，集团公司董事长王宜林与莫桑比克矿产资源与能源部部长莱蒂西亚·克莱门斯见证双方合作协议的签署，并共同为中莫石油工程公司成立揭牌。

10月24日 集团公司总经理、党组副书记章建华当选第十九届中央纪律检查委员会委员。

11月1日 在中国国务院总理李克强和俄罗斯联邦政府总理梅德韦杰夫的见证下，集团公司董事长王宜林与俄罗斯诺瓦泰克公司总裁米赫尔松在北京签署《中国石油天然气集团公司与诺瓦泰克公司战略合作协议》。

11月3日 集团公司董事长、全面深化改革领导小组组长王宜林主持召开全面深化改革领导小组第二十次会议，专题审议《集团公司矿区物业分离移交方案》。

11月8—10日 2017年亚太经合组织（APEC）工商领导人峰会在越南中部城市岘港举行。集团公司董事长王宜林应邀出席峰会及相关活动。

11月9日 在中国国家主席习近平与美国总统特朗普见证下，集团公司总经理章建华与美国切尼尔（Cheniere）能源公司总裁杰克·福斯科在北京签署《LNG长约购销合作谅解备忘录》。

11月10日 党的十九大代表、集团公司党组副书记、总经理章建华以一名普通党员身份参加生产经营管理部党支部活动，强调要更加牢固树立“四个意识”，发挥好“四个作用”，更加自觉地用党的十九大精神武装头脑、指导实践，推动党的十九大作出的重大决策部署在中国石油落地生根。

11月12日 集团公司董事长王宜林出席在阿布扎比国家石油公司举行的2017年ADNOC首席执行官（CEO）圆桌会议。

同日 集团公司董事长王宜林与阿联酋国务部长兼阿布扎比国家石油公司首席执行官贾贝尔签署《中国石油天然气集团公司与阿布扎比国家石油公司合作谅解备忘录》。

11月15日 集团公司董事长、全面深化改革领导小组组长王宜林主持召开集团公司全面深化改革领导小组第二十一次会议。会议审议并原则通过《中国石油工程技术业务改革重组框架方案》。

同日 集团公司董事长、党组书记王宜林主持召开董事长办公会议，专题审议并原则同意《中国石油炼化业务转型升级规划》。

同日 集团公司财务共享服务试点上线仪式在长庆油田举行。

11月27日 陕京四线与西气东输三线中卫至靖边联络线全部联通，稳定进入管道运行正常状态，标志着陕京四线管道正式投入运营。

11月30日—12月1日 集团公司党组扩大会议在北京召开，专题研究新疆油气业务加快发展问题。

11月30日 新疆油田在准噶尔盆地玛湖凹陷中心区发现10亿吨级玛湖砾岩大油区，成为世界上发现的最大砾岩油田。

12月1日 集团公司党组印发《党组关于进一步贯彻落实中央八项规定精神实施细则》的通知。

12月4日 中国石油4.34万吨卡沙甘原油，经环里海输油管道CPC（Caspian Pipeline Consortium）输送，在黑海俄罗斯新罗西斯克港顺利装船出口。这是中国石油在哈萨克斯坦运销业务的重要突破。

12月8日 中俄能源合作重大项目——亚马尔液化天然气项目第一条LNG生产线正式投产。亚马尔项目是全球最大的北极LNG项目，也是“一带一路”倡议提出后实施的首个海外特大型项目。

12月14日 集团公司董事长、全面深化改革领导小组组长王宜林主持召开全面深化改革领导小组第二十二次会议并讲话。会议审议通过《六家油气田扩大经营自主权改革试点建议方案》《集团公司授权管理办法及授权清单》《工程技术服务价格市场化改革建议方案》。

12月15日 集团公司总经理章建华与韩国天然气公司代理总裁安完基在北京签署《中国石油天然气集团公司与韩国天然气公司关于天然气领域合作谅解备忘录》。

同日 国内首条管径最大、线路最长的西南油气田页岩气田集输干线投运。全长110.41千米，管径813毫米，设计年输气能力40亿立方米。

12月17日 云南成品油管网最后一条干线——安宁—曲靖管道启泵进油。至此，云南成品油管网3条干线全部投运。该管网总长932.56千米，年设计输送能力721万吨。

12月19日 经国务院国有资产监督管理委员会批准，集团公司由全民所有制企业整体改制为有限责任公司（国有独资），改制后名称变更为中国石油天然气集团有限公司（简称集团公司）。集团公司原有业务、资产、资质、债权、债务等均由改制后的公司承继，股东、公司住所、法定代表人、经营范围等均保持不变。

12月26日 集团公司工程技术业务改革重组交接签字仪式在北京举行，物探、测井、油建业务交接任务完成。12月28日，集团公司印发关于工程技术业务实施重组的通知，组建中国石油集团油田技术服务有限公司，列集团公司专业公司序列，负责集团公司所属其他工程技术服务企业、科研机构的业务管理、指导与协调。承担决策、协调、监督、党建和服务五类职能。

12月28日 集团公司与埃克森美孚公司合作的首个EPC产能建设项目西古尔纳－1油田M1正式建成投产。

本年　中国石油推行首批矿权内部流转。本次矿权内部流转采取勘探区块和未动用储量区块“1 +1 捆绑”模式，实行新体制新机制，投资计划单列、单独考核，实现市场化运作、社会化服务。旨在盘活矿权区块和未动用储量资产，激活勘探开发市场，打破“画地为牢”格局，促进高效勘探和低成本开发，实现上游板块的质量效益可持续发展，对油气体制改革具有试验性的先导意义。

2018 年

1月1日　中俄原油管道二线工程正式投入商业运营。该管道全长932.1千米，设计年输油能力1500万吨，与2011年投产的中俄原油管道漠大线绝大部分并行敷设。

1月25—27日　集团公司2018年工作会议在河北廊坊召开。集团公司董事长王宜林作题为《深入贯彻党的十九大精神，奋力开创新时代中国石油稳健发展新局面》主题报告。

1月27日　中国工业遗产保护名录首批名单正式公布。我国石油工业领域六大工业遗产入选，分别是大庆油田、玉门油矿、克拉玛依油田、独山子油矿、延长油矿、苗栗油矿。

2月26日　集团公司董事长、全面深化改革领导小组组长王宜林主持召开全面深化改革领导小组第二十三次会议，审议通过《集团公司2018年全面深化改革工作要点》。

3月15日　巴西里贝拉项目顺利完成海上提油作业，标志着中国石油第一个超深海项目——巴西里贝拉项目正式进入投资回收阶段。该项目填补了中国石油在深海油气开发生产和提油销售领域的空白。

3月21日　集团公司董事长王宜林与阿联酋国务部长兼阿布扎比国家石油公司首席执行官贾贝尔在阿布扎比共同出席布哈希尔海上油田首油仪式，阿布扎比布哈希尔海上油田实现首次采油，初始日产量2000桶。签署乌姆沙依夫—纳斯尔油田开发项目和下扎库姆油田开发项目合作协议，中国石油天然气股份有限公司获得阿布扎比两个海上油田区块各10%的权益，合作期为40年。

3月26日　中国原油期货在上海国际能源交易中心（INE），正式挂牌交易。这是中国石油工业和中国资本市场的一个重要里程碑。

3月29日　集团公司召开2018年党建工作会议，强调深入学习贯彻习近平新时代中国特色社会主义思想和党的十九大精神，坚持和加强党的全面领导，落实管党治党责任，推动党的建设质量全面提升，为集团公司稳健发展提供坚强保障。

3月30日　国内首个以工人阶级代表人物命名的学院——铁人学院正式揭牌成立。

4月8—11日　集团公司董事长王宜林出席博鳌亚洲论坛年会及相关活动。

4月15日　第一亿张中国石油昆仑加油卡售出。2008年9月26日，第一张昆仑加油卡诞生。

4月17日　集团公司“技能西部行”启动会暨青海油田技能提升启动会在敦煌召开。

5月2日　集团公司召开党建信息化平台全面推广应用启动会，集团公司党建信息化进入新阶段,“互联网＋党建”和“智慧党建”工作取得新进展,党建“三个体系”“三个平台”建设取得新成效。

5月9日 集团公司董事长王宜林参加国务院国资委在河北雄安新区召开的中央企业支持雄安新区建设座谈会,强调要强化政治担当,全力服务和支持雄安新区建设。

5月11日 集团公司董事长王宜林会见来访的雪佛龙公司董事长兼首席执行官迈克·沃斯一行,双方签署川东北项目谅解备忘录。

同日 中国石油在中阿第一个上游合作项目——陆海项目的首次提油作业,标志该项目正式进入投资回收期。

5月12日 集团公司董事长王宜林应邀出席ADNOC公司下游投资论坛等相关活动,出席驻中东企业工作汇报座谈会,强调要树立战略思维,切实把控风险,有效应对复杂多变的外部环境。以“四个诠释”岗位实践活动为抓手,努力开创中东油气业务发展新局面,为推进国家“一带一路”建设,保证集团公司实施“做大中东”战略、早日建设世界一流综合性国际能源公司。

5月23日 集团公司党组书记、董事长王宜林主持召开全面深化改革领导小组第二十四次会议并讲话。会议审议通过《集团公司驻试点城市企业退休人员社会化管理框架方案》。

5月28—30日 集团公司董事长王宜林赴川渝地区专题调研页岩气勘探开发工作,强调要提高思想认识,抓好组织协调,推进技术攻关,加强安全环保,坚持效益开发、规模开发、绿色开发,加快推进产能建设,实现川渝地区页岩气业务大发展。

5月28—30日 集团公司总经理章建华赴英国工作访问,并出席中国石油欧洲油气运营中心工作汇报座谈会。强调要积极有为做好欧洲油气业务和欧洲油气运营中心各项工作,持续提升集团公司在高端市场上的竞争力和影响力。

5月30日 川庆钻探承钻的YS112H12－1井顺利完钻。该井完钻井深5290米,钻井周期47.58天,水平段长2810米,优质页岩钻遇率100%,刷新集团公司国内页岩气井最长水平段纪录,并创昭通区域5000米以深井深最短完钻周期纪录。

6月8日 集团公司董事长王宜林与哈萨克斯坦能源部部长博祖姆巴耶夫签署《中国石油天然气集团有限公司与哈萨克斯坦能源部关于石油合同延期及深化油气领域合作的协议》,并在北京拜会来华进行国事访问并出席上海合作组织青岛峰会的哈萨克斯坦总统纳扎尔巴耶夫,双方就推动和深化中国石油在哈萨克斯坦油气合作交换意见。纳扎尔巴耶夫总统向王宜林颁发“哈萨克斯坦共和国友谊勋章”。

同日 集团公司董事长王宜林与俄罗斯天然气工业股份公司总裁米勒在北京签署《标准及合格评定结果互认合作协议的补充协议》。

6月19日 《求是》杂志发表集团公司党组署名文章——《奋力建设具有全球竞争力的世界一流企业》。

7月1日 大港储气库(群)和京58储气库(群)正式由北京天然气管道公司分别移交大港油田和华北油田管理,中国石油管道所属储气库(群)全部移交相关油田管理。

7月19日 在集团公司董事长王宜林与阿联酋国务部长兼阿布扎比国家石油公司首席执行官贾贝尔见证下,中国石油集团东方地球物理勘探有限责任公司(BGP)与阿布扎比国家石油公司(ADNOC)在阿布扎比签署海上和陆上三维采集合同,金额达16亿美元,是全球地球物理勘探行业有史以来三维采集作业金额最大一笔合同。

7月20日 在中国国家主席习近平和阿联酋副总统兼总理穆罕默德、阿布扎比王储穆罕默德见证下,集团公司董事长王宜林与阿联酋国务部长兼阿布扎比国家石油公司首席执行官贾贝尔交换《中国石油天然气集团有限公司与阿布扎比国家石油公司战略合作框架协议》。此协议于7月19日在阿布扎比签署。

同日 北京2022年冬奥会和冬残奥会官方油气合作伙伴签约仪式在北京举行。北京市副市长、北京冬奥组委执行副主席张建东与集团公司党组副书记、副总经理徐文荣签署赞助协议。集团公司总经理、党组副书记章建华出席签约仪式。

7月27日 集团公司董事长、全面深化改革领导小组组长王宜林主持召开全面深化改革领导小组第二十五次会议并讲话,强调要认真贯彻落实党中央、国务院各项改革部署,按照"问题导向、稳准原则、业务主体、统筹督导"持续推进深化改革工作,确保各项改革任务落到实处,见到实效。

7月29日 大港油田歧北潜山歧古8井日产天然气16万立方米,且不含硫化氢,日产凝析油46.3立方米。这是渤海湾盆地潜山原生油气藏勘探重要突破。

7月30—31日 集团公司2018年领导干部会议在北京召开。集团公司董事长王宜林作题为《瞄准世界一流目标,坚持稳健发展方针,扎实推动集团公司高质量发展》的讲话。

8月1—2日 集团公司深化人事劳动分配制度改革推进会在北京召开。

8月15日 长庆油田位于内蒙古巴彦淖尔市磴口县的预探井松5井试油后,获日产12.6立方米的高产工业油流。

8月30日 集团公司董事长王宜林与来访的南苏丹共和国总统基尔在中国石油大厦举行会谈。在基尔总统与中国驻南苏丹大使何向东见证下,王宜林与南苏丹石油部部长埃扎克埃尔·鲁尔签署《中国石油与南苏丹石油部合作谅解备忘录》。

8月31日 集团公司董事长王宜林在北京拜会尼日尔共和国总统伊素福。双方就推动和扩大中尼石油合作深入交换意见。

9月2日 集团公司董事长王宜林在北京拜会苏丹总统巴希尔。在苏丹总统巴希尔见证下,王宜林与苏丹石油及天然气部部长阿兹哈里签署《中国石油天然气集团有限公司与苏丹共和国石油及天然气部合作谅解备忘录》。

9月3—4日 集团公司董事长王宜林出席2018年中非合作论坛北京峰会,并在相关会议发言。

9月4日 集团公司董事长王宜林在北京拜会乍得共和国总统代比。

9月10日 华北油田苏桥储气库群全面投产,总有效库容67.38亿立方米,设计工作气量23.32亿立方米,库群平均深度在4900米以上,是当时世界上最深的储气库群。

9月11—12日 集团公司董事长王宜林出席俄罗斯第四届东方经济论坛,在"丝绸之路的十字路口"专题会议上发言。期间,与俄罗斯国家石油公司总裁谢钦签署上游合作协议,与俄罗斯天然气工业石油股份公司总裁久科夫签署技术合作协议。

9月14日 集团公司董事长王宜林在北京出席中国—委内瑞拉高级混合委员会第十六次全体会议。在委内瑞拉总统马杜罗见证下,与委内瑞拉石油部长兼国家石油公司总裁克韦多签署《阿亚库乔区300口井一体化服务合同》《加强天然气勘探和开发合作谅解备忘录》等6项合作协议。

9月17日 集团公司董事长王宜林赴新疆伊犁中国石油定点扶贫县察布查尔县调研，为中国石油生态扶贫经济林揭牌。

9月19—20日 集团公司总经理章建华赴中国石油驻委内瑞拉项目调研，强调要围绕高质量发展深化创新合作，推动中委油气一体化合作进入新的发展阶段，为集团公司"做特美洲"战略、深耕拉美油气市场、重要非常规油气合作区和深海油气合作区的建设做贡献。

9月22—26日 集团公司总经理章建华赴美国出席油气行业气候倡议组织(OGCI)2018年度系列会议，就中国石油对外披露碳排放信息的透明性和可靠性进行阐述。与BP、壳牌、道达尔、沙特阿美等OGCI成员企业交换意见，并见证《中国气候投资基金框架协议》的签署。

9月25日 集团公司董事长、全面深化改革领导小组组长王宜林，主持召开全面深化改革领导小组第二十六次会议。审议通过吐哈油田、昆仑能源、渤海装备"双百行动"综合改革实施方案。

9月27日 中共中央总书记、国家主席习近平考察辽阳石化，实地察看原油加工优化增效改造项目装置全貌和建设情况。

9月28日 哈萨克斯坦总统纳扎尔巴耶夫出席"一带一路"重点建设项目——中国石油承建的哈萨克斯坦奇姆肯特炼油厂现代化升级改造项目二期工程投产仪式。

同日 中国石油集团养老资产管理有限责任公司正式成立。

9月 集团公司党组在《学习时报》上发表《全面贯彻新发展理念，扎实推动高质量发展》署名文章。

10月7日 管道局完成楚攀天然气管道勐岗河悬索跨越管道安装任务，这是目前国内最大跨度天然气管道悬索跨越桥。

10月11日 乌兹别克斯坦国家友谊勋章颁授仪式在北京举行，集团公司董事长王宜林获此殊荣。

10月15日 集团公司董事长王宜林在北京会见挪威国家石油公司首席执行官艾达·塞特一行，双方签署《战略合作谅解备忘录》。

10月16日 集团公司董事长王宜林在北京会见巴西国家石油公司首席执行官伊万·蒙泰罗一行，双方签署《一体化项目商务模型协议》。

10月19日 四川威远输气站投运，设计年输气量90亿立方米，这是中国石油页岩气输送能力最大输气站。

10月24日 中油国际(巴西)公司佩罗巴项目首口探井Peroba-1井顺利开钻，这是中国石油迈入超深水石油勘探开发新的重要里程碑。

10月27日 中俄东线天然气管道工程黑龙江穿越段两条江底管道焊接安装任务完成，这是中国第一个跨境天然气管道江底隧道盾构工程。

11月5日 集团公司董事长王宜林出席在上海开幕的首届中国国际进口博览会，考察参观国家馆、企业馆。7日，由中国石油主办的"油气行业可持续发展论坛暨签约仪式"举行，中国石油所属企业与23家国际知名供应商签署采购协议，总金额约292亿美元。

11月8日 中国石油宣布，全面开启加油站3.0时代，打造"安全、便捷、绿色、温馨、智能"的"人·车·生活驿站"。

11月11—12日 集团公司董事长王宜林出席2018年阿布扎比首席执行官圆桌

会议和阿布扎比国际石油展览暨会议(ADIPEC)相关活动。

11 月 12 日 准噶尔盆地玛湖地区玛湖 015 井获高产工业油气流,未经压裂日产原油 405.6 立方米、天然气 3.6 万立方米。

11 月 13—14 日 集团公司董事长王宜林赴阿曼进行工作访问,强调充分发挥阿曼油气投资环境和合作政策的独特优势,拓宽合作领域,构筑"做大中东"战略支点。期间,股份公司与阿曼石油公司签署《中油国际公司与阿曼石油公司谅解备忘录》。

11 月 16—17 日 2018 年亚太经合组织(APEC)工商领导人峰会在巴布亚新几内亚首都莫尔兹比港举行。集团公司董事长王宜林应邀出席峰会,并到巴布亚新几内亚液化天然气项目现场考察。

11 月 21 日 俄罗斯亚马尔液化天然气(LNG)项目第三列工艺装置成功开车,顺利产出 LNG 液体,标志着年处理 250 亿立方米天然气、生产 1650 万吨 LNG 和 100 万吨凝析油的中俄目前最大的经济合作项目全面建成投产。

11 月 26 日 江苏 LNG 接收站扩建(三期)工程正式开工,新建两座 20 万立方米 LNG 储罐,是国家天然气产供储销体系建设工程的重点推动项目。

11 月 27 日 中国石油正式发布勘探开发梦想云平台,这是中国石油搭建的第一个主营业务智能共享平台,在国内油气行业智能化转型及我国信息化建设中具有里程碑意义。

11 月 29 日 首届中俄能源商务论坛在北京举行。集团公司董事长王宜林致辞,并与俄罗斯石油公司总裁谢钦代表双方签署科技领域合作备忘录。

同日 云南石化 1300 万吨/年炼油项目通过竣工验收,正式投产。此前,10 月 31 日,该项目获 2018 年 IPMA 国际项目卓越管理奖特大型项目银奖。

11 月 30 日 西气东输三线西段管道工程通过竣工验收,正式投产。12 月 9 日,西气东输三线东段工程通过竣工验收,正式投产。

12 月 5 日 中国石油和委内瑞拉国家石油公司合资建设的广东石化 2000 万吨炼化一体化项目建设启动仪式在揭阳举行。集团公司董事长王宜林出席启动仪式并讲话。

12 月 10 日 大庆油田物探业务重组交接签字仪式在北京举行。大庆物探业务顺利实现由大庆钻探向东方物探移交,标志着集团公司工程技术业务改革重组圆满完成。

12 月 11 日 集团公司董事长、全面深化改革领导小组组长王宜林主持召开全面深化改革领导小组第二十七次会议,审议并通过《集团公司区域招标中心顶层设计方案及实施意见》和《华油集团扩大经营自主权改革实施方案》。

12 月 12 日 塔里木油田中秋 1 井获日产天然气 33 万立方米、凝析油 21.4 立方米的高产工业油气流,这是中国石油新区新领域风险勘探的重大突破。

12 月 15 日 准噶尔盆地沙湾凹陷风险勘探获重大突破,风险探井——沙探 1 井在二叠系上乌尔禾组取得重大发现,获日产 30.25 立方米高产工业油流。

12 月 16 日 西南油气田在四川盆地钻获第一口火山岩工业气井——永探 1 井,初步测试日产天然气 22.5 万立方米,开辟天然气增储上产新领域。

12 月 18 日 庆祝改革开放 40 周年大会在北京人民大会堂举行。科技兴油保稳产的大庆"新铁人"王启民获党中央、国务院授予的改革先锋称号,颁授改革先锋奖章。

弘扬石油精神，创建世界一流，助力中华民族伟大复兴

大数据篇

改革开放40年来，中国石油的综合实力和国际竞争力大幅跃升。2017年，中国石油资产超过4万亿元，营业收入超过2.3万亿元；累计探明石油地质储量237亿吨、天然气8.8万亿立方米；国际贸易量4.69亿吨，国际贸易额1844亿美元。《财富》杂志全球500强排名从2001年的第83位上升到第4位，世界50家大石油公司综合排名从1998年的第10位上升到第3位。

一组组改革发展的数据就像一条条溪流，而40年的数据汇聚起来，犹如奔腾激荡的大潮——中国石油主要生产经营指标统计表及柱状图，中国石油主要在役管道情况，中国石油在世界最大50家石油公司中的综合排名，中国石油在《财富》杂志世界500家大公司中的排名，中国石油获各类国家科技奖统计，中国石油两院院士名录，中国石油年度工作会议及领导干部会议，中国石油签署战略合作（框架）协议列表，中国石油各级党委、党总支、党支部及党员总数统计，中国石油获荣誉称号统计，中国石油社会公益投入情况，中国石油发展史上的“第一”辑录等，这些不同侧面真实记录了中国石油改革开放闪光的足迹，展示了40年来取得的辉煌成就。

一 中国石油1978—2017年主要生产经营指标统计表及柱状图

表1 1978—1987年石油工业部资产总计 单位:亿元

年 份	资产总计
1978年	210.2
1979年	237.0
1980年	258.0
1981年	287.5
1982年	320.7
1983年	297.3
1984年	325.7
1985年	373.1
1986年	441.5
1987年	520.6

注:1.数据收录1978—1987年石油工业部时期中国石油的资产情况,1983年以后数据不包括中国石油化工总公司。
2.数据来源于《中国石油组织史资料·第一卷(下)国家部委时期(1978.3—1988.9)》。

表2 1998—2017年中国石油天然气集团公司资产总计 单位:亿元

年 份	资产总计	年 份	资产总计
1998年	5069.3	2008年	18044.5
1999年	6496.1	2009年	22214.0
2000年	6564.6	2010年	26299.6
2001年	6865.7	2011年	30278.8
2002年	7361.1	2012年	34094.2
2003年	8082.8	2013年	37573.6
2004年	9136.9	2014年	39383.7
2005年	11602.2	2015年	40341.0
2006年	13965.3	2016年	40697.6
2007年	15990.2	2017年	40987.2

注:1.数据收录1998—2017年中国石油天然气集团公司资产情况。
2.数据来源于《中国石油天然气集团公司审计报告及财务报表》。

表 3　中国石油 1988—2017 年营业(销售)收入　　　单位:亿元

年　份	营业(销售)收入	年　份	营业(销售)收入
1988 年	269.4	2003 年	4755.3
1989 年	348.4	2004 年	5712.6
1990 年	404.8	2005 年	6943.9
1991 年	536.1	2006 年	8684.8
1992 年	634.3	2007 年	10006.8
1993 年	953.8	2008 年	12730.0
1994 年	1124.7	2009 年	12182.9
1995 年	1311.8	2010 年	17208.9
1996 年	1429.3	2011 年	23812.8
1997 年	1678.3(2635.3)※	2012 年	26834.8
1998 年	2695.1	2013 年	27593.0
1999 年	3501.3	2014 年	27299.6
2000 年	3450.7	2015 年	20167.6
2001 年	3434.9	2016 年	18719.0
2002 年	3835.6	2017 年	23403.2

注:1. 1988—1998 年数据来源于《中国石油天然气工业年鉴》;1999—2017 年数据来源于《中国石油天然气集团公司审计报告及财务报表》。

2. ※按集团公司新口径计算。

表 4　中国石油 1978—2017 年利润总额　　　单位:亿元

年　份	利润总额	年　份	利润总额
1978 年	104.2	1990 年	-55.9
1979 年	105.2	1991 年	-52.8
1980 年	106.2	1992 年	-34.8
1981 年	100.5	1993 年	-26.3
1982 年	95.0	1994 年	98.7
1983 年	51.0	1995 年	86.6
1984 年	41.9	1996 年	89.8
1985 年	28.0	1997 年	102.6
1986 年	18.9	1998 年	64.8
1987 年	7.33	1999 年	175.0
1988 年	-7.4	2000 年	504.8
1989 年	-38.7	2001 年	434.4

续表

年　份	利润总额	年　份	利润总额
2002年	535.5	2010年	1726.6
2003年	726.7	2011年	1817.2
2004年	1288.5	2012年	1839.0
2005年	1769.7	2013年	1880.3
2006年	1857.6	2014年	1734.1
2007年	1919.8	2015年	824.7
2008年	1348.0	2016年	507.3
2009年	1285.6	2017年	533.4

注:1978—1987年数据来源于《中国石油组织史资料·第一卷(下)国家部委时期(1978.3—1988.9)》;1988—1998年数据来源于《中国石油天然气工业年鉴》;1999—2017年数据来源于《中国石油天然气集团公司审计报告及财务》。

表5　中国石油1988—2017年(境内)上缴(实现)税费　单位:亿元

年　份	上缴税费	年　份	上缴税费
1988年	46.4	2003年	718.8
1989年	53.9	2004年	1045.6
1990年	57.9	2005年	1281.2
1991年	63.6	2006年	1750.5
1992年	63.7	2007年	1955.7
1993年	65.4	2008年	2395.4
1994年	154.9	2009年	2425.0
1995年	180.9	2010年	2904.0
1996年	205.9	2011年	3532.8
1997年	229.2	2012年	4334.6
1998年	301.1	2013年	4157.3
1999年	314.0	2014年	4277.7
2000年	410.0	2015年	3591.8
2001年	207.0	2016年	2987.8
2002年	644.0	2017年	3147.5

注:1. 1988—1998年数据来源于《中国石油天然气工业年鉴》。

2. 1999—2017年数据来源于《中国石油天然气集团公司审计报告及财务报表》。

表 6　中国石油 1978—2017 年工业总产值　　单位:亿元

年　份	工业总产值	年　份	工业总产值
1978 年	270.5	1998 年	2127.1
1979 年	285.9	1999 年	2455.6
1980 年	300.2	2000 年	3754.4
1981 年	291.0	2001 年	3547.9
1982 年	298.8	2002 年	3510.9
1983 年	135.8	2003 年	4893.0
1984 年	175.1	2004 年	6286.2
1985 年	259.0	2005 年	8437.7
1986 年	256.1	2006 年	10423.7
1987 年	302.7	2007 年	10934.4
1988 年	311.6	2008 年	12907.6
1989 年	377.4	2009 年	10088.6
1990 年	444.6	2010 年	12765.9
1991 年	532.8	2011 年	16533.4
1992 年	640.7	2012 年	17146.4
1993 年	966.2	2013 年	16955.8
1994 年	1366.8	2014 年	16612.3
1995 年	1328.4	2015 年	11779.0
1996 年	1470.0	2016 年	10152.4
1997 年	1675.5	2017 年	12411.4

注:数据来源于集团公司规划计划部。

表7 中国石油2001—2017年工业销售产值 单位:亿元

年 份	工业销售产值	年 份	工业销售产值
2001年	3522.9	2005年	8406.0
2002年	3505.8	2006年	10356.0
2003年	4716.9	2007年	10863.0
2004年	6239.0	2008年	12788.0
2009年	10085.0	2014年	16516.0
2010年	12737.0	2015年	11728.0
2011年	16443.0	2016年	10158.0
2012年	17080.0	2017年	12388.0
2013年	16727.0		

注:数据来源于《中国石油天然气集团公司年鉴》。

表8 中国石油1985—2017年企业增加值 单位:亿元

年 份	企业增加值	年 份	企业增加值
1985年	207.3	2002年	1963.0
1986年	193.9	2003年	2491.3
1987年	234.8	2004年	2998.4
1988年	222.6	2005年	3971.6
1989年	265.3	2006年	5099.8
1990年	344.0	2007年	5679.6
1991年	423.6	2008年	5341.6
1992年	501.9	2009年	5622.0
1993年	673.1	2010年	7205.9
1994年	891.2	2011年	7560.1
1995年	1007.3	2012年	8167.1
1996年	1107.4	2013年	8141.1
1997年	1257.7	2014年	8394.0
1998年	1158.7	2015年	7287.7
1999年	1341.1	2016年	7042.9
2000年	2077.5	2017年	8371.2
2001年	1821.2		

注:数据来源于集团公司规划计划部。

表 9　中国石油 1978—2017 年累计探明石油地质储量　　单位:亿吨

年　份	累计探明石油地质储量	年　份	累计探明石油地质储量
1978 年	48.2	1998 年	136.2
1979 年	51.0	1999 年	140.2
1980 年	53.6	2000 年	143.5
1981 年	55.1	2001 年	145.8
1982 年	56.0	2002 年	147.3
1983 年	59.7	2003 年	151.4
1984 年	66.3	2004 年	156.1
1985 年	87.7	2005 年	161.7
1986 年	90.0	2006 年	167.4
1987 年	94.0	2007 年	175.6
1988 年	97.3	2008 年	181.9
1989 年	100.2	2009 年	187.6
1990 年	103.4	2010 年	193.3
1991 年	107.0	2011 年	199.7
1992 年	110.5	2012 年	205.2
1993 年	113.9	2013 年	210.8
1994 年	116.9	2014 年	216.8
1995 年	121.1	2015 年	224.1
1996 年	126.0	2016 年	230.6
1997 年	131.3	2017 年	237.2

注:1. 数据来源于股份公司勘探与生产分公司。
2. 数据收录中国石油 2017 年底在册单位相关数据,1998 年以前数据不包括后划出单位。

表10 中国石油1978—2017年累计探明天然气地质储量

单位:万亿立方米

年 份	累计探明天然气地质储量	年 份	累计探明天然气地质储量
1978年	0.18	1998年	1.47
1979年	0.21	1999年	1.56
1980年	0.23	2000年	1.97
1981年	0.23	2001年	2.37
1982年	0.24	2002年	2.66
1983年	0.26	2003年	3.04
1984年	0.29	2004年	3.24
1985年	0.34	2005年	3.60
1986年	0.36	2006年	3.93
1987年	0.39	2007年	4.36
1988年	0.43	2008年	4.78
1989年	0.47	2009年	5.24
1990年	0.51	2010年	5.70
1991年	0.55	2011年	6.11
1992年	0.75	2012年	6.56
1993年	0.87	2013年	7.05
1994年	0.97	2014年	7.53
1995年	1.05	2015年	7.93
1996年	1.14	2016年	8.47
1997年	1.25	2017年	8.80

注:1. 数据来源于股份公司勘探与生产分公司。

2. 数据收录中国石油2017年底在册单位相关数据,1998年以前数据不包括后划出单位。

表 11　中国石油 1978—2017 年国内新增探明石油地质储量　单位:万吨

年　份	新增探明石油地质储量	年　份	新增探明石油地质储量
1978 年	39675.0	1998 年	48538.0
1979 年	26088.5	1999 年	37318.0
1980 年	28068.4	2000 年	42389.0
1981 年	16160.7	2001 年	45683.0
1982 年	9691.9	2002 年	42760.0
1983 年	36905.7	2003 年	43903.0
1984 年	65361.5	2004 年	52107.0
1985 年	55421.3	2005 年	56151.6
1986 年	23737.0	2006 年	61510.8
1987 年	31089.0	2007 年	82940.3
1988 年	32696.0	2008 年	62385.4
1989 年	28752.0	2009 年	57356.1
1990 年	33205.7	2010 年	57538.3
1991 年	36281.0	2011 年	69650.4
1992 年	34392.0	2012 年	71100.1
1993 年	40326.0	2013 年	67013.5
1994 年	50136.0	2014 年	69947.1
1995 年	46032.7	2015 年	72816.6
1996 年	58384.0	2016 年	64928.7
1997 年	53407.0	2017 年	64211.1

注:1. 数据来源于股份公司勘探与生产分公司。

2. 数据收录中国石油 2017 年底在册单位相关数据,1998 年以前数据不包括后划出单位。

表12 中国石油1978—2017年国内新增探明天然气地质储量

单位:亿立方米

年 份	新增探明天然气地质储量	年 份	新增探明天然气地质储量
1978年	89.0	1998年	2229.3
1979年	397.3	1999年	918.6
1980年	119.4	2000年	4118.5
1981年	45.9	2001年	4071.8
1982年	25.1	2002年	3000.1
1983年	146.4	2003年	3838.9
1984年	284.7	2004年	2008.8
1985年	429.8	2005年	3583.3
1986年	225.1	2006年	3654.0
1987年	229.6	2007年	4453.9
1988年	398.9	2008年	4168.2
1989年	447.3	2009年	4616.0
1990年	336.7	2010年	4678.9
1991年	404.9	2011年	4092.0
1992年	1957.0	2012年	4503.8
1993年	1182.3	2013年	4923.5
1994年	1118.9	2014年	4827.3
1995年	745.1	2015年	5702.1
1996年	920.5	2016年	5419.1
1997年	1119.1	2017年	4027.6

注:1. 数据来源于股份公司勘探与生产分公司。

2. 数据收录中国石油2017年底在册单位相关数据,1998年以前数据不包括后划出单位。

表 13　中国石油 1998—2017 年国内勘探完成探井及进尺情况

年　份	完成探井(口)	进尺(万米)	年　份	完成探井(口)	进尺(万米)
1998 年	650	160.7	2008 年	1719	452.0
1999 年	625	149.3	2009 年	1901	487.5
2000 年	706	161.8	2010 年	1640	463.2
2001 年	663	167.2	2011 年	1795	484.0
2002 年	685	157.7	2012 年	1918	497.0
2003 年	548	145.8	2013 年	1746	485.8
2004 年	642	181.0	2014 年	1584	441.8
2005 年	799	218.4	2015 年	1588	441.8
2006 年	774	216.7	2016 年	1651	467.2
2007 年	1693	435.4	2017 年	1773	502.5

注:数据来源于《中国石油天然气集团公司年鉴》。

表 14　中国石油 1998—2017 年国内新获工业油气流井及探井成功率情况

年　份	新获工业油气流井(口)	综合探井成功率(%)	年　份	新获工业油气流井(口)	综合探井成功率(%)
1998 年	327	50.3	2008 年	447	44.79
1999 年	314	50.2	2009 年	420	44.78
2000 年	423	59.9	2010 年	390	44.37
2001 年	325	53.0	2011 年	435	43.2
2002 年	347	50.66	2012 年	—	—
2003 年	283	45.07	2013 年	421	50.17
2004 年	288	45.86	2014 年	441	55.27
2005 年	336	44.44	2015 年	426	52.4
2006 年	368	48.36	2016 年	404	53.59
2007 年	385	43.06	2017 年	509	56.62

注:1. 数据来源于《中国石油天然气集团公司年鉴》。

2. 2012 年数据缺失。

表15 中国石油1978—2017年国内原油产量 单位:万吨

年 份	原油产量	年 份	原油产量
1978年	10404.9	1998年	10738.0
1979年	10614.9	1999年	10706.7
1980年	10594.1	2000年	10605.4
1981年	10121.9	2001年	10655.6
1982年	10220.5	2002年	10746.4
1983年	10606.6	2003年	10954.4
1984年	11460.1	2004年	11176.1
1985年	12488.7	2005年	10595.4
1986年	13067.0	2006年	10663.6
1987年	13412.5	2007年	10772.2
1988年	13618.9	2008年	10825.2
1989年	13664.6	2009年	10313.0
1990年	13692.1	2010年	10541.0
1991年	13722.1	2011年	10754.0
1992年	13802.6	2012年	11033.0
1993年	13912.9	2013年	11260.0
1994年	13900.2	2014年	11367.0
1995年	13981.2	2015年	11142.0
1996年	14141.4	2016年	10545.0
1997年	14322.3 (10720.8)※	2017年	10254.0

注:1. 1978—1987年数据来源于《中国石油组织史资料·第一卷(下)国家部委时期(1978.3—1988.9)》;1988—1998年数据来源于《中国石油天然气工业年鉴》;1999—2017年数据来源于《中国石油天然气集团公司年鉴》。

2. ※按集团公司新口径计算。

表 16 中国石油 1978—2017 年国内天然气产量

单位:亿立方米

年 份	天然气产量	年 份	天然气产量
1978 年	137.3	1998 年	149.7
1979 年	145.2	1999 年	162.6
1980 年	142.7	2000 年	183.1
1981 年	127.4	2001 年	205.8
1982 年	119.3	2002 年	225.3
1983 年	122.1	2003 年	248.8
1984 年	124.3	2004 年	286.6
1985 年	129.3	2005 年	366.7
1986 年	137.6	2006 年	442.1
1987 年	138.9	2007 年	542.5
1988 年	139.1	2008 年	617.5
1989 年	144.9	2009 年	683.0
1990 年	147.2	2010 年	825.3
1991 年	148.4	2011 年	756.2
1992 年	151.1	2012 年	798.6
1993 年	154.9	2013 年	888.4
1994 年	159.9	2014 年	954.6
1995 年	161.5	2015 年	954.8
1996 年	164.4	2016 年	981.1
1997 年	171.8 (148.1)※	2017 年	1032.7

注:1. 数据来源于《中国石油天然气集团公司年鉴》。

2. ※数据按集团公司新口径计算。

表17　中国石油1999—2017年原油海外作业产量和海外权益份额

单位：万吨

年　份	海外作业产量	海外权益产量（份额）	年　份	海外作业产量	海外权益产量（份额）
1999年	592.0	327.0	2009年	6962.4	3432.2
2000年	1352.9	686.7	2010年	7581.6	3602.9
2001年	1623.0	828.7	2011年	8938.2	4173.2
2002年	2118.1	1012.8	2012年	8978.0	4154.6
2003年	2520.4	1293.1	2013年	10586.4	4721.1
2004年	3011.7	1642.3	2014年	10762.4	5050.0
2005年	3583.5	2003.3	2015年	11550.4	5514.7
2006年	5460.4	2807.6	2016年	12151.4	5752.8
2007年	6018.7	2997.8	2017年	13618.3	6880.1
2008年	6220.7	3050.3			

注：数据来源于集团公司规划计划部。

表18　中国石油1999—2017年天然气海外作业产量和海外权益份额

单位：亿立方米

年　份	海外作业产量	海外权益产量（份额）	年　份	海外作业产量	海外权益产量（份额）
1999年	6.4	4.0	2009年	82.0	55.1
2000年	7.4	4.8	2010年	137.0	103.8
2001年	9.3	5.8	2011年	170.6	125.7
2002年	12.6	7.7	2012年	182.0	136.6
2003年	19.2	13.9	2013年	217.0	150.5
2004年	35.5	25.9	2014年	249.1	184.5
2005年	40.2	29.1	2015年	285.6	211.9
2006年	57.6	38.0	2016年	311.3	231.9
2007年	53.6	35.1	2017年	333.3	254.5
2008年	67.4	46.6			

注：数据来源于集团公司规划计划部。

表 19　中国石油 1988—2017 年原油加工量　　单位:万吨

年　份	原油加工量		
	总　计	国　内	海　外
1988 年	—	582.9	—
1989 年		668.1	
1990 年	—	807.7	—
1991 年	—	901.3	—
1992 年	—	1046.1	—
1993 年	—	1256.8	—
1994 年	—	1403.0	—
1995 年	—	1637.4	—
1996 年	—	1819.0	—
1997 年	—	2220.7	—
1998 年	—	6895.2	—
1999 年	—	7648.6	—
2000 年	8265.4	8112.2	153.2
2001 年	8616.4	8386.0	230.4
2002 年	8733.7	8482.8	250.9
2003 年	9505.6	9254.6	251.0
2004 年	10664.9	10369.8	295.1
2005 年	11540.8	11060.6	480.2
2006 年	12406.7	11586.9	819.8
2007 年	13187.8	12272.0	915.8
2008 年	13447.4	12529.5	917.9
2009 年	14082.0	12512.2	1569.8
2010 年	16008.2	13528.6	2479.6
2011 年	17961.9	14483.5	3487.4
2012 年	19145.4	14716.1	4429.3
2013 年	18854.6	14602.0	4252.6
2014 年	19697.9	15016.0	4681.9
2015 年	19524.4	15132.3	4392.1
2016 年	19166.6	14709.2	4457.4
2017 年	19822.1	15244.6	4577.5

注:数据来源于集团公司规划计划部。

表20 中国石油1978—2017年国内汽油、煤油、柴油、润滑油产量

单位:万吨

年 份	总 计	汽油产量	煤油产量	柴油产量	润滑油产量
1978年	3353.7	991.4	356.0	1825.7	180.6
1979年	3543.5	1069.9	409.3	1872.8	191.5
1980年	3502.4	1079.0	398.5	1827.8	197.1
1981年	3354.5	1101.2	364.1	1739.3	149.9
1982年	3332.3	1100.1	381.0	1711.3	139.9
1983年	191.0	73.4	11.4	85.7	20.5
1984年	198.2	75.7	11.9	88.8	21.8
1985年	207.5	78.3	10.6	95.6	23.0
1986年	220.9	83.4	10.0	105.4	22.1
1987年	259.4	95.9	10.5	126.0	27.0
1988年	297.1	110.0	10.3	148.8	28.1
1989年	357.1	137.8	10.5	183.8	25.0
1990年	437.2	179.2	11.2	223.5	23.3
1991年	481.8	194.4	11.0	251.0	25.4
1992年	576.6	238.7	9.9	300.5	27.5
1993年	730.5	324.2	11.7	366.9	27.7
1994年	792.9	350.2	13.3	401.6	27.8
1995年	932.6	412.7	18.0	469.8	32.1
1996年	1044.6	457.1	21.4	526.7	39.4
1997年	1323.0	579.7	25.4	647.7	43.2
1998年	3954.6	1479.2	204.9	2148.2	122.2
1999年	4670.1	1607.2	254.2	2666.4	142.3
2000年	4848.5	1660.2	356.1	2737.9	118.3
2001年	5240.0	1799.7	310.8	3009.8	119.7

续表

年 份	总 计	汽油产量	煤油产量	柴油产量	润滑油产量
2002 年	5381.8	1820.9	293.7	3131.3	135.9
2003 年	5903.5	1985.4	295.7	3503.2	119.2
2004 年	6708.0	2183.9	306.1	4071.2	146.8
2005 年	7269.3	2297.7	327.2	4491.5	152.9
2006 年	7487.8	2400.3	333.5	4605.2	148.8
2007 年	7902.0	2484.0	321.6	4920.4	176.0
2008 年	8098.4	2545.6	360.1	5015.9	176.8
2009 年	8185.0	2581.50	364.3	5099.1	140.1
2010 年	8793.3	2676.3	365.8	5590.5	160.7
2011 年	9456.9	2888.9	367.9	6042.8	157.3
2012 年	9821.8	3099.5	477.8	6060.7	183.8
2013 年	9978.1	3296.4	606.1	5887.0	188.6
2014 年	10342.2	3410.0	714.3	6059.8	158.1
2015 年	10490.5	3647.3	833.8	5888.4	121.0
2016 年	10048.8	3797.4	931.8	5203.2	116.4
2017 年	10514.6	4098.1	1017.7	5235.2	163.6

注:数据来源于集团公司规划计划部。

表 21 中国石油 1988—2017 年国内石油化工产品产量 单位:万吨

年 份	乙烯产量	合成树脂产量	合成纤维产量	合成橡胶产量	尿素产量	合成氨产量
1988 年	—	—	—	—		0.4
1989 年	—	—	—	—	0.7	1.3
1990 年	—	—	—	—	4.3	4.1
1991 年	—	—	—	—	8.1	6.8
1992 年	—	—	—	—	7.9	5.7
1993 年	—	—	—	—	11.0	6.9

续表

年　份	乙烯产量	合成树脂产量	合成纤维产量	合成橡胶产量	尿素产量	合成氨产量
1994年	—	2.4	—	—	12.0	8.0
1995年	—	6.2	—	1.7	11.8	7.4
1996年	15.3	21.3	—	1.0	13.6	8.4
1997年	27.2	38.2	—	1.3	14.5	11.0
1998年	127.3	138.5	28.2	19.0	257.9	192.1
1999年	135.1	160.9	25.8	20.1	306.1	217.0
2000年	149.5	193.1	30.1	22.2	311.3	215.6
2001年	157.1	217.0	32.9	24.3	306.8	204.6
2002年	158.2	219.3	31.4	25.9	341.1	216.6
2003年	181.8	262.5	28.6	29.8	358.0	232.1
2004年	184.6	276.3	29.7	33.4	365.2	256.0
2005年	188.8	297.7	24.5	33.8	357.8	249.8
2006年	206.8	331.3	19.3	37.3	357.6	215.2
2007年	258.1	425.4	17.0	38.1	363.4	249.1
2008年	267.6	439.6	14.1	40.7	382.4	259.7
2009年	298.9	475.7	14.2	48.0	397.3	270.9
2010年	361.5	565.2	12.0	61.9	376.4	261.2
2011年	364.7	581.2	8.6	60.6	448.4	303.1
2012年	369.0	621.7	8.5	63.3	451.2	297.2
2013年	398.2	666.1	7.0	66.5	377.1	257.7
2014年	497.6	806.7	6.6	74.5	266.3	189.2
2015年	503.2	831.8	6.5	71.3	256.6	184.5
2016年	558.9	919.9	6.1	76.0	190.0	152.9
2017年	576.4	940.4	5.8	80.9	143.9	136.3

注:数据来源于集团公司规划计划部。

表 22　中国石油 2000—2017 年国内成品油销售量　　单位:万吨

年　份	国内销售量	年　份	国内销售量
2000 年	4431.1	2009 年	8874.5
2001 年	5118.0	2010 年	10247.2
2002 年	5305.2	2011 年	11497.6
2003 年	5629.0	2012 年	11662.3
2004 年	6430.0	2013 年	11832.8
2005 年	7185.5	2014 年	11701.7
2006 年	7522.4	2015 年	11625.0
2007 年	8279.5	2016 年	11303.5
2008 年	8293.1	2017 年	11416.3

注:数据来源于集团公司规划计划部。

表 23　中国石油 1995—2017 年国内天然气销售量　单位:亿立方米

年　份	天然气销售量	年　份	天然气销售量
1995 年	111.5	2007 年	453.3
1996 年	118.8	2008 年	525.3
1997 年	106.1	2009 年	593.8
1998 年	95.6	2010 年	668.6
1999 年	102.5	2011 年	827.2
2000 年	136.1	2012 年	973.0
2001 年	150.6	2013 年	1105.6
2002 年	166.2	2014 年	1194.8
2003 年	186.9	2015 年	1226.6
2004 年	222.2	2016 年	1314.5
2005 年	289.2	2017 年	1518.4
2006 年	373.7		

注:数据来源于集团公司规划计划部。

表24 中国石油1988—2017年原油管道延展(生产)长度 单位:千米

年份	总计	国内	海外
1988年	—	8376	—
1989年	—	8756	—
1990年	—	9228	—
1991年	—	9608	—
1992年	—	9829	—
1993年	—	9994	—
1994年	—	9252	—
1995年	—	9272	—
1996年	—	9253	—
1997年	—	10055	—
1998年	—	8372	—
1999年	—	8780	—
2000年	10254	8748	1506
2001年	10692	9186	1506
2002年	11170	9215	1955
2003年	11096	9141	1955
2004年	11837	9167	2670
2005年	13023	9391	3632
2006年	14818	9816	5002
2007年	17465	12463	5002
2008年	17933	12931	5002
2009年	18191	13189	5002
2010年	20603	14807	5796
2011年	20705	14807	5898
2012年	23041	16369	6672
2013年	24311	17640	6671
2014年	25785	18132	7653
2015年	25522	18917	6605
2016年	27008	18897	8111
2017年	28956	20359	8597

注:1988—1998数据来源于《中国石油天然气工业年鉴》;1999—2017年数据来源于集团公司规划计划部。

表 25　中国石油 1988—2017 年天然气管道延展(生产)长度 单位:千米

年份	总计	国内	海外
1988 年	—	6342	—
1989 年	—	6417	—
1990 年	—	6739	—
1991 年	—	6976	—
1992 年	—	7251	—
1993 年	—	7711	—
1994 年	—	7934	—
1995 年	—	8315	—
1996 年	—	9113	—
1997 年	—	9285	—
1998 年	—	11099	—
1999 年	—	11516	—
2000 年	—	11617	—
2001 年	—	12918	—
2002 年	—	13391	—
2003 年	—	15144	—
2004 年	—	18995	—
2005 年	20495	20340	155
2006 年	21293	21138	155
2007 年	22386	22231	155
2008 年	24380	24225	155
2009 年	31375	28595	2780
2010 年	36623	32801	3822
2011 年	39938	36116	3822
2012 年	44817	40995	3822
2013 年	52290	45704	6586
2014 年	58401	50836	7565
2015 年	58831	50928	7903
2016 年	59637	51734	7903
2017 年	61737	53834	7903

注:1988—1999 数据来源于《中国石油天然气工业年鉴》;1999—2017 年数据来源于集团公司规划计划部。

表 26 中国石油 1999—2017 年国内运营油气管道总里程 单位:千米

年 份	油气管道总里程	原油管道	天然气管道	成品油管道
1999 年	21498.0	8765.1	11516.0	1025.1
2000 年	21541.8	8765.1	11617.1	1025.1
2001 年	22682.2	8878.6	12644.1	1025.1
2002 年	24320.7	8878.6	13035.7	2272.1
2003 年	25820.7	8878.6	14535.7	2276.0
2004 年	30153.0	8981.5	18765.6	2460.0
2005 年	31614.9	9927.5	20115.4	2462.0
2006 年	34992.9	9927.5	21500.4	4311.0
2007 年	39316.0	12463.0	22231.0	4622.0
2008 年	41766.0	12931.0	24225.0	4610.0
2009 年	50652.0	13189.0	28595.0	8868.0
2010 年	56865.0	14807.0	32801.0	9257.0
2011 年	60257.0	14807.0	36116.0	9334.0
2012 年	66801.0	16369.0	40995.0	9437.0
2013 年	72878.0	17640.0	45704.0	9534.0
2014 年	79054.0	18132.0	50836.0	10086.0
2015 年	79936.0	18917.0	50928.0	10091.0
2016 年	81191.0	18897.0	51734.0	10560.0
2017 年	85582.0	20359.0	53834.0	11389.0

注:1998—2013 年数据来源于《中国石油组织史资料 · 第三卷(下)中国石油天然气集团公司时期(1998.7—2013.12)》;2014—2017 年数据来源于《中国石油天然气集团公司年鉴》。

表 27　中国石油 2007—2017 年海外运营油气管道总里程　单位:千米

年　份	油气管道总里程	原油管道	天然气管道
2007 年	5157.0	5002.0	155.0
2008 年	5157.0	5002.0	155.0
2009 年	7782.0	5002.0	2780.0
2010 年	9720.0	5898.0	3822.0
2011 年	10494.0	6672.0	3822.0
2012 年	10494.0	6672.0	3822.0
2013 年	13257.0	6671.0	6586.0
2014 年	15218.0	7653.0	7565.0
2015 年	14507.0	6604.0	7903.0
2016 年	14507.0	6604.0	7903.0
2017 年	16500.0	8597.0	7903.0

注:2007—2013 年数据来源于《中国石油组织史资料·第三卷(下)中国石油天然气集团公司时期(1998.7—2013.12)》;2014—2017 年数据来源于《中国石油天然气集团公司年鉴》。

表 28　中国石油 1988—2017 年国内原油管输量　单位:万吨

年　份	原油管输量	年　份	原油管输量
1988 年	12630.0	2003 年	8847.5
1989 年	13104.0	2004 年	8992.5
1990 年	13174.0	2005 年	9409.0
1991 年	13045.0	2006 年	10687.8
1992 年	12982.0	2007 年	9297.1
1993 年	12878.0	2008 年	9796.5
1994 年	13046.0	2009 年	9299.6
1995 年	13119.0	2010 年	9290.0
1996 年	12408.9	2011 年	9787.0
1997 年	13539.3	2012 年	10329.8
1998 年	10979.7	2013 年	12777.9
1999 年	11321.0	2014 年	10017.8
2000 年	11476.3	2015 年	8574.0
2001 年	8960.4	2016 年	8330.0
2002 年	8983.0	2017 年	8893.4

注:数据来源于《中国石油天然气集团公司年鉴》。

表29　中国石油1996—2017年天然气管输量　单位:亿立方米

年　份	天然气管输量	年　份	天然气管输量
1996年	105.1	2007年	256.2
1997年	111.3	2008年	346.3
1998年	107.6	2009年	337.4
1999年	118.9	2010年	494.3
2000年	130.5	2011年	580.0
2001年	150.6	2012年	743.6
2002年	—	2013年	920.1
2003年	—	2014年	921.3
2004年	65.7	2015年	913.8
2005年	120.0	2016年	949.0
2006年	317.9	2017年	1070.2

注:1.数据来源于《中国石油天然气集团公司年鉴》。
2.2002年、2003年数据缺失。

表30　中国石油2004—2017年成品油管输量　单位:万吨

年　份	成品油管输量	年　份	成品油管输量
2004年	406.1	2011年	1421.5
2005年	495.0	2012年	1491.0
2006年	516.6	2013年	1592.7
2007年	586.8	2014年	3086.0
2008年	573.0	2015年	2844.0
2009年	1124.2	2016年	2651.0
2010年	1323.4	2017年	2586.0

注:数据来源于《中国石油天然气集团公司年鉴》。

表 31　中国石油 1988—2017 年二维地震工作量　　　单位：千米

年　份	总　计	国　内	海　外
1988 年	—	111103	—
1989 年	—	104973	—
1990 年	—	99227	—
1991 年	—	104279	—
1992 年	—	107436	—
1993 年	—	120881	—
1994 年	—	110096	—
1995 年	—	94511	—
1996 年	—	92154	—
1997 年	—	80102	—
1998 年	—	58095	—
1999 年	—	58759	—
2000 年	—	45353	—
2001 年	35630	28261	7369
2002 年	45022	34550	10472
2003 年	52693	39703	13805
2004 年	61968	36668	25300
2005 年	89113	50949	38164
2006 年	90152	45399	44753
2007 年	101401	45740	55661
2008 年	114548	45535	69013
2009 年	74392	31897	42495
2010 年	81130	32953	48171
2011 年	93306	36400	56100
2012 年	96700	41400	55300
2013 年	114364	40274	74090
2014 年	103645	42798	60847
2015 年	132714	22521	110193
2016 年	162684	35919	126765
2017 年	154904	30644	124260

注：数据来源于《中国石油天然气集团公司年鉴》。

表32 中国石油1988—2017年三维地震工作量 单位:平方千米

年份	总计	国内	海外
1988年	—	3036	—
1989年	—	4942	—
1990年	—	6117	—
1991年	—	7319	—
1992年	—	7136	—
1993年	—	7786	—
1994年	—	10111	—
1995年	—	7017	—
1996年	—	6858	—
1997年	—	9550	—
1998年	—	7778	—
1999年	—	6987	—
2000年	—	7999	—
2001年	11218	9244	1974
2002年	15337	11024	4313
2003年	20245	11576	8669
2004年	33210	12752	20458
2005年	25650	12426	13224
2006年	40079	14590	25489
2007年	51792	23940	27852
2008年	58648	15834	42814
2009年	53525	15838	38142
2010年	54338	15671	38667
2011年	37618	15618	22000
2012年	57700	17900	39700
2013年	64491	17542	46949
2014年	63990	14485	49505
2015年	47219	10722	36497
2016年	58120	10844	47276
2017年	57182	10313	46869

注:数据来源于《中国石油天然气集团公司年鉴》。

表 33　中国石油 1978—2017 年钻(完)井数量　　单位:口

年 份	总 计	国 内	海 外
1978 年	—	3088	—
1979 年	—	2998	—
1980 年	—	2774	—
1981 年	—	2777	—
1982 年	—	3884	—
1983 年	—	4256	—
1984 年	—	5292	—
1985 年	—	6117	—
1986 年	—	7028	—
1987 年	—	7352	—
1988 年	—	8662	—
1989 年	—	9214	—
1990 年	—	8590	—
1991 年	—	9299	—
1992 年	—	9571	—
1993 年	—	8944	—
1994 年	—	9933	—
1995 年	—	9497	—
1996 年	—	10162	—
1997 年	—	10908	—
1998 年	—	8334	—
1999 年	—	7304	—
2000 年	6322	6374	48
2001 年	6666	6492	174
2002 年	6677	6531	146
2003 年	8510	8182	328
2004 年	9328	8873	455
2005 年	11202	10577	625
2006 年	11401	10577	824
2007 年	12790	11609	1181

续表

年 份	总 计	国 内	海 外
2008年	15161	14125	1036
2009年	12900	11570	1330
2010年	13043	11919	1124
2011年	13706	—	—
2012年	13753	—	—
2013年	13378	12035	1343
2014年	12286	10970	1316
2015年	9387	8389	998
2016年	9328	8686	642
2017年	11687	10807	880

注:1.数据来源于《中国石油天然气集团公司年鉴》。

2.2011年和2012年国内、海外钻完井数据缺失。

表34 中国石油1978—2017年钻井进尺 单位:万米

年 份	总 计	国 内	海 外
1978年	—	622.4	—
1979年	—	633.5	—
1980年	—	601.9	—
1981年	—	559.1	—
1982年	—	727.2	—
1983年	—	794.3	—
1984年	—	1024.4	—
1985年	—	1249.6	—
1986年	—	1254.8	—
1987年	—	1338.4	—
1988年	—	1517.2	—
1989年	—	1557.7	—
1990年	—	1456.0	—
1991年	—	1536.5	—

续表

年　份	总　计	国　内	海　外
1992 年	—	1587.8	—
1993 年	—	1572.3	—
1994 年	—	1651.4	—
1995 年	—	1529.8	—
1996 年	—	1670.5	—
1997 年	—	1749.8	—
1998 年	—	1261.64	—
1999 年	—	1113.78	—
2000 年	1052.9	1037.4	15.5
2001 年	1167.5	1132.0	35.5
2002 年	1194.5	1155.2	39.3
2003 年	1509.5	1437.2	72.3
2004 年	1664.8	1571.9	92.9
2005 年	1972.2	1844.7	127.5
2006 年	2331.8	2161.7	170.1
2007 年	2613.7	2422.7	191.0
2008 年	2828.4	2060.0	226.4
2009 年	2479.0	2206.6	272.4
2010 年	2519.8	2297.1	222.7
2011 年	2598.3	2338.9	259.4
2012 年	2719.5	2429.6	289.9
2013 年	2750.0	2432.0	318.0
2014 年	2492.0	2198.0	294.0
2015 年	2089.0	1838.0	251.0
2016 年	1950.0	1796.0	154.0
2017 年	2579.0	2355.0	224.0

注:数据来源于《中国石油天然气集团公司年鉴》。

表35　中国石油2000—2017年测井工作量　　单位:井次

年　份	测井工作量	年　份	测井工作量
2000年	30784	2009年	75702
2001年	28136	2010年	92748
2002年	32245	2011年	90717
2003年	35811	2012年	97498
2004年	41200	2013年	106771
2005年	49409	2014年	96672
2006年	51279	2015年	89457
2007年	75771	2016年	81725
2008年	86520	2017年	97988

注:数据来源于集团公司规划计划部。

表36　中国石油2000—2017年井下作业工作量　　单位:井次

年　份	井下作业工作量	年　份	井下作业工作量
2000年	75016	2009年	124365
2001年	94034	2010年	142364
2002年	96807	2011年	154184
2003年	103738	2012年	155749
2004年	112443	2013年	148161
2005年	125229	2014年	141485
2006年	141199	2015年	126559
2007年	169035	2016年	110757
2008年	167099	2017年	112107

注:数据来源于集团公司规划计划部。

表 37　中国石油 2000—2017 年试油测试工作量　　单位:层

年　份	试油测试工作量	年　份	试油测试工作量
2000 年	2602	2009 年	5048
2001 年	2700	2010 年	5108
2002 年	2799	2011 年	5586
2003 年	3135	2012 年	4750
2004 年	3759	2013 年	6774
2005 年	4721	2014 年	4949
2006 年	4731	2015 年	4519
2007 年	6135	2016 年	5545
2008 年	7094	2017 年	5670

注:数据来源于集团公司规划计划部。

表 38　中国石油 2000—2017 年国内录井工作量　　单位:口

年　份	录井工作量	年　份	录井工作量
2000 年	4386	2009 年	10593
2001 年	5283	2010 年	10091
2002 年	5821	2011 年	10663
2003 年	6465	2012 年	11561
2004 年	7995	2013 年	12745
2005 年	9525	2014 年	9819
2006 年	9916	2015 年	8891
2007 年	10600	2016 年	7120
2008 年	12161	2017 年	11728

注:数据来源于集团公司规划计划部。

表39　中国石油1995—2017年石油焊接钢管产量　　单位:万吨

年　份	石油焊接钢管产量	年　份	石油焊接钢管产量
1995年	30.4	2007年	112.0
1996年	35.7	2008年	171.5
1997年	36.6	2009年	223.2
1998年	33.1	2010年	180.8
1999年	15.6	2011年	251.1
2000年	29.6	2012年	269.5
2001年	23.1	2013年	204.4
2002年	48.6	2014年	63.4
2003年	82.0	2015年	69.9
2004年	85.0	2016年	145.3
2005年	113.5	2017年	161.5
2006年	84.9		

注:数据来源于《中国石油天然气集团公司年鉴》。

表40　中国石油1997—2017年石油套管产量　　单位:万吨

年　份	石油套管产量	年　份	石油套管产量
1997年	1.6	2008年	8.6
1998年	2.6	2009年	13.4
1999年	1.9	2010年	15.7
2000年	4.8	2011年	40.9
2001年	7.0	2012年	54.5
2002年	4.2	2013年	70.1
2003年	2.2	2014年	44.0
2004年	4.2	2015年	50.9
2005年	7.9	2016年	48.1
2006年	11.7	2017年	70.1
2007年	11.1		

注:数据来源于《中国石油天然气集团公司年鉴》。

表 41　中国石油 1998—2017 年钻井钢丝绳产量　　单位:万吨

年　份	钻井钢丝绳产量	年　份	钻井钢丝绳产量
1998 年	1.1	2008 年	4.8
1999 年	1.4	2009 年	4.8
2000 年	1.5	2010 年	5.1
2001 年	2.0	2011 年	5.7
2002 年	2.4	2012 年	5.9
2003 年	2.4	2013 年	6.5
2004 年	3.0	2014 年	5.1
2005 年	3.3	2015 年	4.1
2006 年	3.8	2016 年	3.8
2007 年	4.6	2017 年	5.2

注:数据来源于《中国石油天然气集团公司年鉴》。

表 42　中国石油 1995—2017 年石油钻机产量　　单位:套

年　份	钻机产量	年　份	钻机产量
1995 年	214	2007 年	116
1996 年	145	2008 年	141
1997 年	251	2009 年	86
1998 年	279	2010 年	99
1999 年	282	2011 年	108
2000 年	262	2012 年	110
2001 年	384	2013 年	108
2002 年	53	2014 年	59
2003 年	53	2015 年	53
2004 年	53	2016 年	31
2005 年	62	2017 年	23
2006 年	88		

注:数据来源于《中国石油天然气集团公司年鉴》。

表43 中国石油1995—2017年抽油机产量　　单位:台

年 份	抽油机产量	年 份	抽油机产量
1995年	3997	2007年	10303
1996年	2977	2008年	13414
1997年	4485	2009年	11702
1998年	3779	2010年	13931
1999年	3248	2011年	14981
2000年	3979	2012年	14373
2001年	4938	2013年	11527
2002年	5649	2014年	8648
2003年	5153	2015年	5747
2004年	5453	2016年	3642
2005年	8878	2017年	4267
2006年	13553		

注:数据来源于《中国石油天然气集团公司年鉴》。

表44 中国石油1996—2017年抽油杆产量　　单位:万米

年 份	抽油杆产量	年 份	抽油杆产量
1996年	541.0	2007年	603.5
1997年	616.0	2008年	564.4
1998年	548.0	2009年	530.8
1999年	428.0	2010年	514.5
2000年	416.0	2011年	572.7
2001年	432.0	2012年	581.2
2002年	536.0	2013年	764.2
2003年	490.0	2014年	727.2
2004年	471.4	2015年	692.6
2005年	564.8	2016年	579.6
2006年	545.5	2017年	494.0

注:数据来源于《中国石油天然气集团公司年鉴》。

表 45　中国石油 1995—2017 年抽油泵产量　　单位:台

年　份	抽油泵产量	年　份	抽油泵产量
1995 年	18199	2007 年	29840
1996 年	22918	2008 年	23568
1997 年	24683	2009 年	26234
1998 年	14441	2010 年	33238
1999 年	9597	2011 年	35753
2000 年	16558	2012 年	35087
2001 年	21855	2013 年	42038
2002 年	14616	2014 年	46406
2003 年	15860	2015 年	50217
2004 年	23251	2016 年	45544
2005 年	20977	2017 年	46852
2006 年	23002		

注:数据来源于《中国石油天然气集团公司年鉴》。

表 46　中国石油 1998—2017 年加油站数量　　单位:座

年　份	加油站数量	年　份	加油站数量
1998 年	5877	2008 年	17456
1999 年	6810	2009 年	17262
2000 年	11350	2010 年	17996
2001 年	12102	2011 年	19362
2002 年	13160	2012 年	19840
2003 年	15231	2013 年	20272
2004 年	17403	2014 年	20422
2005 年	18164	2015 年	20714
2006 年	18207	2016 年	20895
2007 年	18648	2017 年	21399

注:数据来源于《中国石油天然气集团公司年鉴》。

表 47 中国石油 2007—2017 年非油品业务收入 单位:亿元

非油品业务收入	非油品业务收入年 份
2007 年	6.6
2008 年	16.5
2009 年	27.9
2010 年	46.8
2011 年	64.1
2012 年	80.8
2013 年	104.8
2014 年	98.8
2015 年	124.2
2016 年	143.6
2017 年	186.0

注:数据来源于《中国石油天然气集团公司年鉴》。

表 48 中国石油 2007—2017 年非油品业务利润 单位:亿元

年 份	非油品业务利润
2007 年	1.1
2008 年	2.0
2009 年	2.9
2010 年	3.5
2011 年	5.0
2012 年	6.8
2013 年	9.1
2014 年	10.2
2015 年	14.5
2016 年	17.0
2017 年	20.6

注:数据来源于《中国石油天然气集团公司年鉴》。

表 49　中国石油 2000—2017 年国际贸易量　　单位:万吨

年　份	国际贸易量	年　份	国际贸易量
2000 年	2202.6	2009 年	15263.6
2001 年	2169.5	2010 年	19472.0
2002 年	2517.7	2011 年	25138.9
2003 年	3971.3	2012 年	30550.9
2004 年	6116.0	2013 年	35304.0
2005 年	7760.6	2014 年	38553.2
2006 年	9449.2	2015 年	42854.8
2007 年	12707.0	2016 年	44933.3
2008 年	12749.3	2017 年	46927.9

注:数据来源于集团公司规划计划部。

表 50　中国石油 2000—2017 年国际贸易额　　单位:亿美元

年　份	国际贸易额	年　份	国际贸易额
2000 年	47.5	2009 年	659.4
2001 年	39.5	2010 年	1105.1
2002 年	47.3	2011 年	1920.7
2003 年	88.4	2012 年	2398.1
2004 年	144.7	2013 年	2659.9
2005 年	204.9	2014 年	2653.2
2006 年	294.1	2015 年	1687.3
2007 年	411.6	2016 年	1412.3
2008 年	782.4	2017 年	1844.1

注:数据来源于集团公司规划计划部。

表51 中国石油1995—2017年节能量 单位:万吨标准煤

年 份	节能量	年 份	节能量
1995年	130.0	2007年	215.0
1996年	235.0	2008年	192.0
1997年	99.0	2009年	182.0
1998年	129.0	2010年	187.0
1999年	90.0	2011年	122.0
2000年	71.7	2012年	131.0
2001年	19.1	2013年	118.0
2002年	19.9	2014年	126.0
2003年	16.7	2015年	116.0
2004年	16.5	2016年	95.0
2005年	94.4	2017年	85.0
2006年	161.0		

注:1. 数据来源于《中国石油天然气集团公司年鉴》。
2. 2001—2004年数据不包括股份公司。

表52 中国石油2001—2017年节水量 单位:万立方米

年 份	节水量	年 份	节水量
2001年	1224.0	2010年	3821.0
2002年	1055.0	2011年	2353.0
2003年	1557.0	2012年	2435.0
2004年	1108.0	2013年	2440.0
2005年	6929.0	2014年	2462.0
2006年	8717.0	2015年	2061.0
2007年	7143.0	2016年	1339.0
2008年	6388.0	2017年	1241.0
2009年	4160.0		

注:1. 数据来源于《中国石油天然气集团公司年鉴》。
2. 2001—2004年数据不包括股份公司。

表 53　中国石油 2006—2017 年节约用地情况　　单位：公顷

年　份	节地量
2006 年	450
2007 年	500
2008 年	717
2009 年	898
2010 年	963
2011 年	1080
2012 年	1200
2013 年	1225
2014 年	1232
2015 年	1200
2016 年	1135
2017 年	1180

注：数据来源于《中国石油天然气集团公司企业社会责任报告》。

表 54　中国石油 2002—2014 年废水中石油类排放量情况　　单位：吨

年　份	废水中石油类排放量
2002 年	3062
2003 年	2033
2004 年	1924
2005 年	1522
2006 年	1458
2007 年	1215
2008 年	1068
2009 年	839
2010 年	778
2011 年	721
2012 年	650
2013 年	624
2014 年	507

注：数据来源于《中国石油天然气集团公司企业社会责任报告》。

表55　中国石油2002—2016年废水中化学需氧量情况　单位:吨

年　份	废水中化学需氧量	年　份	废水中化学需氧量
2002年	34420	2010年	20766
2003年	33085	2011年	19652
2004年	32513	2012年	19421
2005年	30230	2013年	18246
2006年	30314	2014年	31300
2007年	27342	2015年	28800
2008年	24991	2016年	28700
2009年	21490		

注:数据来源于《中国石油天然气集团公司企业社会责任报告》。

表56　中国石油2003—2016年废气中二氧化硫排放量情况

单位:万吨

年　份	废气中二氧化硫排放量	年　份	废气中二氧化硫排放量
2003年	13.7	2010年	16.0
2004年	14.3	2011年	15.6
2005年	17.1	2012年	15.4
2006年	16.7	2013年	14.0
2007年	17.2	2014年	19.7
2008年	16.2	2015年	14.2
2009年	14.9	2016年	12.8

注:数据来源于《中国石油天然气集团公司企业社会责任报告》。

表 57　中国石油 2000—2017 年供电量　　单位:亿千瓦·时

年　份	供电量	年　份	供电量
2000 年	216.7	2009 年	387.8
2001 年	219.9	2010 年	415.6
2002 年	220.3	2011 年	430.3
2003 年	229.3	2012 年	453.1
2004 年	239.2	2013 年	453.4
2005 年	244.8	2014 年	469.7
2006 年	249.6	2015 年	477.4
2007 年	330.7	2016 年	484.4
2008 年	362.3	2017 年	462.9

注:数据来源于集团公司规划计划部。

表 58　中国石油 2000—2017 年发电量　　单位:亿千瓦·时

年　份	发电量	年　份	发电量
2000 年	64.3	2009 年	182.0
2001 年	69.0	2010 年	193.5
2002 年	80.3	2011 年	195.5
2003 年	87.4	2012 年	201.1
2004 年	94.6	2013 年	192.3
2005 年	104.0	2014 年	198.2
2006 年	101.9	2015 年	182.8
2007 年	174.2	2016 年	178.3
2008 年	176.1	2017 年	182.9

注:数据来源于集团公司规划计划部。

表59 中国石油1978—2017年员工情况 单位:人

年 份	员工总数	年 份	员工总数
1978年	1005566	1998年	1543093
1979年	1127070	1999年	1541560
1980年	1212928	2000年	1292558
1981年	1265310	2001年	1167129
1982年	1305134	2002年	1146194
1983年	1103958	2003年	1130947
1984年	1179149	2004年	1115928
1985年	1199296	2005年	1078389
1986年	1236221	2006年	1077017
1987年	1294827	2007年	1074150
1988年	1315828	2008年	1072611
1989年	1356231	2009年	1067056
1990年	1408506	2010年	1062967
1991年	1463484	2011年	1050935
1992年	1496566	2012年	1037745
1993年	1514118	2013年	1019878
1994年	1535810	2014年	1420000
1995年	1556512	2015年	1460000
1996年	1572073	2016年	1403000
1997年	1565665	2017年	1355000

注:1. 1978—1987年数据来源于《中国石油组织史资料·第一卷(下)国家部委时期(1978.3—1988.9)》;1988—1998年数据来源于《中国石油组织史资料·第二卷中国石油天然气总公司时期(1988.9—1998.7)》;1999—2013年数据来源于《中国石油组织史资料·第三卷(下)中国石油天然气集团公司时期(1998.7—2013.12)》;2014—2017年数据来源于《中国石油天然气集团公司年鉴》。

2. 1978—1987年数据为石油工业部时期统计数据(1983—1988年数据统计不包括中国石油化工总公司);1988—1998年数据为中国石油天然气总公司时期统计数据;1998—2017年数据为中国石油天然气集团公司时期统计数据。

3. 1983—1987年数据统计不包括中国石油化工总公司;1998—2013年数据为合同化员工数。

表 60　中国石油 1978—1998 年职工岗位分类情况　　单位：人

年 份	工 人	学 徒	工程技术人员	管理人员	服务人员	其 他
1978 年	582534	86741	50314	10546	139655	40854
1979 年	641972	83982	52797	115753	185355	47211
1980 年	696671	85955	59321	125579	199490	45912
1981 年	717386	77625	64968	133685	218006	53630
1982 年	733382	54491	75985	141654	238341	61281
1983 年	606272	39563	66520	125596	213073	52933
1984 年	650149	38185	71393	133715	222423	63284
1985 年	648668	30229	77253	141413	233913	67820
1986 年	659284	25101	81968	151644	250150	68074
1987 年	682855	24932	90287	156994	270099	69660
1988 年	685977	27178	95640	157229	282085	67719
1989 年	701156	22365	113839	158387	290654	69830
1990 年	728084	24998	120691	169329	298465	66939
1991 年	741316	26319	130944	179682	311892	73331
1992 年	762469	21474	138017	182603	312924	79079
1993 年	765945	28923	140541	182972	302678	93139
1994 年	771315	21223	143134	188168	294363	117607
1995 年	781474	19405	147543	194316	300337	113437
1996 年	783242	9125	155559	202464	296982	124701
1997 年	787023	5672	159864	205238	287589	120276
1998 年	822071	3080	159430	210200	245836	102476

注：1. 1978—1987 年数据来源于《中国石油组织史资料·第一卷（下）国家部委时期（1978.3—1988.9）》；1988—1998 年数据来源于《中国石油组织史资料·第二卷中国石油天然气总公司时期（1988.9—1998.7）》。

2. “其他人员”包括农副业、长期学习、长期病伤假、出国援外、派出外单位人员。

3. 1983—1987 年数据统计不包括中国石油化工总公司。

表61　中国石油1978—1987年职工队伍人数分类情况　　单位：人

项　目	1978年	1979年	1980年	1981年	1982年	1983年	1984年	1985年	1986年	1987年
合　计	1005566	1057530	1149784	1205194	1252621	1068148	1130066	1177756	1223722	1276251
地质勘探	67540	66988	75698	79885	82636	88930	102334	84154	84837	98886
钻　井	172072	181960	189238	191426	202608	213135	223578	221779	229910	229181
采油(气)	144768	147636	166950	177530	185469	196440	209653	221354	232427	283236
井下作业	37687	39370	40819	42687	43735	45416	49146	62324	65658	45317
炼　油	114438	116366	142172	156536	159931	19461	19911	21834	23574	24869
石油化工	23794	28596	37306	35466	37260	622	2317	—	—	—
油田建设	84843	83391	84794	94823	87636	92186	95811	97796	111606	115732
炼厂建设	20019	22263	24799	25403	25489	8289	10786	10500	—	—
输油气管线	50671	48711	49619	44022	45236	45160	45069	51386	53942	50268
机械制造	76429	78629	78517	81499	78810	79118	81971	93831	96208	99104
勘察设计	8721	7996	8342	9488	9728	9230	8434	10649	10630	11395
科　研	20257	22397	24091	22854	27646	22426	24110	25436	27361	29258
文教卫生	35918	38987	43647	50637	51368	50850	57862	64050	69543	67756
其　他	148409	174240	183792	192938	215069	196880	199084	212663	218026	221249

注：1. 数据来源于《中国石油组织史资料·第一卷(下)国家部委时期(1978.3—1988.9)》。
2. 职工人数不含计划外用工人数。
3. "其他"包含油库建设、油库管理、水电队伍、运输队伍、供应队伍、管理机关以及其他人员。
4. 1984年以后数据统计不包括中国石油化工总公司。

表 62　中国石油 1988—1998 年职工队伍人数分类情况　　　单位:人

项　目	1988 年	1989 年	1990 年	1991 年	1992 年	1993 年	1994 年	1995 年	1996 年	1997 年	1998 年
合计	1296990	1339352	1402221	1458449	1492170	1514118	1535810	1556512	1572073	1565665	1543093
地质勘探	98334	92132	94094	98734	105854	94708	93135	91092	95778	73069	53723
钻井	233220	243321	252911	261800	265930	270704	261271	259307	161608	136594	86042
采油(气)	301593	323659	349338	362237	379035	396776	409272	405230	303223	333290	223037
井下作业	45340	47060	46379	48778	48843	46548	44956	48566	64674	51338	39419
炼油(化工)	28075	32956	39472	40011	40997	49844	56620	63209	54512	55258	183249
油田(炼厂)建设	114595	127072	131119	135905	138446	130310	127845	126340	—	—	—
输油气管线	51624	41861	43838	45403	45532	43820	43696	44594	49958	42859	58065
机械制造	98602	100082	102699	103198	102908	100586	101541	95520	109997	96027	92273
勘察设计	10105	10830	11042	11035	11139	10719	10868	11112	10918	11193	10531
科研	31916	31898	30855	33280	33679	37322	37709	36613	38581	—	30509
文教卫生	69315	69907	72538	74632	76220	78317	83027	90832	103479	120953	108173
管理机关	32292	31270	33342	35472	36069	34090	32294	33522	15269	15956	17340
其他	55009	56416	58917	63912	65145	80400	92064	108516	231361	447282	16253

注:1. 数据来源于《中国石油组织史资料·第二卷中国石油天然气总公司时期(1988.9—1998.7)》。
2. 1992 年以前数据不含长期学期、出国留学等不在岗人员,1992 年以后相关人员按原岗位纳入统计。

表63 中国石油1985—1998年职工文化结构情况 单位:万人

年 份	大学及以上	大 专	中 专	技 校	高 中	初 中	小学以下
1985年	8.2		8.6	9.9	10.8	48.8	24.0
1986年	9.3		9.6	11.3	17.4	50.6	23.0
1987年	10.9		10.7	12.7	17.7	51.9	22.2
1988年	12.4		11.7	14.0	18.6	51.0	20.6
1989年	14.2		12.7	16.0	18.8	51.5	19.3
1990年	16.0		13.8	17.5	20.1	52.5	18.7
1991年	17.9		14.9	19.5	20.9	53.3	17.8
1992年	19.2		15.7	21.5	22.0	52.8	16.5
1993年	9.1	11.7	16.4	23.7	23.7	52.7	12.5
1994年	9.5	12.3	17.2	25.8	24.9	51.2	11.0
1995年	10.2	13.6	18.2	27.3	26.0	49.0	10.0
1996年	11.1	14.9	18.8	28.9	26.7	46.2	9.2
1997年	11.8	16.5	19.6	28.7	27.2	43.7	8.0
1998年	12.2	17.5	17.8	28.5	31.6	42.6	5.6

注:1. 数据来源于《中国石油组织史资料·第一卷(下)国家部委时期(1978.3—1988.9)》《中国石油组织史资料·第二卷中国石油天然气总公司时期(1988.9—1998.7)》。

2. 1983—1987年数据不包括中国石油化工总公司;1988—1998年数据不含计划外用工。

表64 中国石油1985—1998年职工年龄结构情况 单位:万人

年 份	20岁以下	21~25岁	26~35岁	36~45岁	46~55岁	55岁以上
1985年	9.0	25.0	39.0	27.5	14.4	1.7
1986年	8.0	26.7	39.3	29.6	15.4	1.9
1987年	8.0	66.3		49.8		2.1
1988年	8.1	66.7		51.5		2.0
1989年	7.5	68.8		53.8		2.4
1990年	7.9	71.2		56.6		2.9
1991年	7.5	74.2		58.8		3.8
1992年	6.7	76.7		60.2		3.9

续表

年　份	20 岁以下	21～25 岁	26～35 岁	36～45 岁	46～55 岁	55 岁以上
1993 年	6.8	141.4				1.6
1994 年	6.2	144.3				1.4
1995 年	5.2	147.4				1.6
1996 年	4.6	90.0		39.7	20.1	1.5
1997 年	3.5	91.4		38.8	20.6	1.2
1998 年	2.1	85.5		43.6	20.6	1.4

注:1. 数据来源于《中国石油组织史资料·第一卷(下)国家部委时期(1978.3—1988.9)》《中国石油组织史资料·第二卷中国石油天然气总公司时期(1988.9—1998.7)》。

2. 1985—1987 年数据不包括中国石油化工总公司;1988—1998 年数据不含计划外用工。

表 65　中国石油 1978—1987 年主要专业队伍及人员情况

队　伍		1978 年	1979 年	1980 年	1981 年	1982 年	1983 年	1984 年	1985 年	1986 年	1987 年
地质队	队数(个)	42	42	42	37	41	40	48	43	52	71
	职工数(人)	1656	1752	1894	1923	2211	2433	2908	4082	5128	4727
测量队	队数(个)	16	16	19	19	18	18	25	22	23	24
	职工数(人)	588	545	654	754	672	675	836	865	843	713
地震队	队数(个)	290	294	311	289	280	280	289	289	289	290
	职工数(人)	22198	21288	26269	26556	26844	28656	30003	32699	32370	34623
重磁力队	队数(个)	9	10	11	10	9	10	13	12	13	14
	职工数(人)	411	358	424	439	416	409	457	464	459	473
电法队	队数(个)	6	7	6	6	6	6	6	6	6	6
	职工数(人)	247	228	283	285	310	233	360	294	211	250
化学放射性勘探队	队数(个)	—	—	—	—	1	1	1	—	—	—
	职工数(人)	—	—	—	—	10	10	10	—	—	—

续表

队伍		1978年	1979年	1980年	1981年	1982年	1983年	1984年	1985年	1986年	1987年
研究队	队数(个)	53	54	59	69	63	56	129	51	51	58
	职工数(人)	4563	3551	3406	4087	4144	4163	3955	3128	3151	3308
电测队	队数(个)	242	214	222	188	212	234	265	244	—	313
	职工数(人)	3058	2857	2945	3214	3883	3733	3967	4494	—	4484
射孔队	队数(个)	116	100	106	95	97	99	118	120	—	124
	职工数(人)	1284	1149	1235	1567	1453	1557	1647	1637	—	1691
气测队	队数(个)	187	192	186	145	135	147	158	167	—	169
	职工数(人)	1295	1306	1332	1305	1241	1314	1267	1346	—	1378
钻井队	队数(个)	803	793	808	806	824	835	895	967	982	991
	职工数(人)	65446	60923	68015	65245	63971	63229	67055	65638	63112	62474
试油队	队数(个)	182	184	205	194	195	202	213	214	222	225
	职工数(人)	8311	7623	8907	8471	8365	8561	8345	8501	8776	8630
水井队	队数(个)	46	42	37	32	28	28	31	31	—	33
	职工数(人)	2221	1858	1815	1389	1390	1178	1240	1258	—	1228
固井队	队数(个)	52	58	47	42	44	44	51	52	—	62
	职工数(人)	5041	4637	4279	4468	5352	5699	5240	5530	—	5277
管子站(队)	队数(个)	43	41	43	40	45	56	57	54	—	52
	职工数(人)	8302	8840	9110	9174	9015	8979	8667	8991	—	9472
井架安装队	队数(个)	62	56	61	67	75	72	75	80	—	86
	职工数(人)	5146	4725	5150	4994	5136	5647	5204	5261	—	5127

续表

队伍		1978 年	1979 年	1980 年	1981 年	1982 年	1983 年	1984 年	1985 年	1986 年	1987 年
钻机搬家队	队数(个)	21	24	26	21	19	23	27	29	—	31
	职工数(人)	1926	2128	2206	2558	1791	2144	2443	2495	—	2394
采油(气)队	队数(个)	506	525	550	568	601	642	720	737	787	836
	职工数(人)	42343	41051	43163	51715	51162	51282	53692	57179	78600	62927
输油(气)队	队数(个)	179	191	196	198	220	250	298	223	233	278
	职工数(人)	16297	16242	19134	19082	21106	22857	22937	19853	18960	21651
井下作业队	队数(个)	321	366	433	416	496	478	539	562	637	733
	职工数(人)	12651	11777	15325	16264	17493	17949	19975	20178	22472	24556
试井队	队数(个)	47	54	62	73	79	74	98	88	—	104
	职工数(人)	2359	2429	2847	3252	3503	3451	4457	3709	—	4225
油田建筑安装队	队数(个)	263	267	262	248	246	228	268	287	299	387
	职工数(人)	32855	35055	36252	30539	29032	29074	28388	27764	29039	35579
管道施工队	队数(个)	82	75	86	49	40	47	44	44	47	65
	职工数(人)	12676	11544	10314	6020	5440	5969	5435	5258	5916	5864
汽车运输队	队数(个)	387	443	449	460	520	398	470	362	—	557
	职工数(人)	38543	41223	39706	40864	42107	38211	45259	30422	—	40830

注:1. 数据来源于《中国石油组织史资料·第一卷(下)国家部委时期(1978.3—1988.9)》。

2. 1983 年以后数据统计不包括中国石油化工总公司。

表66　中国石油1988—1998年主要专业队伍及人员情况

队伍		1988年	1989年	1990年	1991年	1992年	1993年	1994年	1995年	1996年	1997年	1998年
地质队	队数(个)	79	66	67	64	83	119	122	141	220	210	121
	职工数(人)	4876	4163	4740	4537	4652	3554	3856	3777	2676	2639	1583
地震队	队数(个)	279	265	265	268	268	266	265	246	223	236	171
	职工数(人)	33513	34691	34181	36048	35319	34564	33638	33149	29208	30014	21172
电测队	队数(个)	337	339	390	416	443	405	435	418	406	422	294
	职工数(人)	4695	4943	5434	5628	6021	5321	5920	5607	5322	5265	3630
射孔队	队数(个)	127	130	132	120	131	151	166	159	183	176	106
	职工数(人)	1685	1667	1736	1810	2024	2053	2294	2199	2104	2073	1203
气测队	队数(个)	177	175	176	158	155	147	138	157	138	98	42
	职工数(人)	1509	1445	1436	1398	1536	1255	1186	1238	1055	759	342
钻井队	队数(个)	1001	1005	1002	1010	1002	1000	957	909	784	846	574
	职工数(人)	60688	60632	60818	63117	60734	59136	57238	53146	44726	45605	30694
固井队	队数(个)	60	61	59	66	70	68	67	63	69	82	48
	职工数(人)	5292	5502	5226	5659	5509	5440	5393	5209	5256	4532	3522
综合录井队	队数(个)	—	63	38	74	88	93	97	126	94	125	98
	职工数(人)	—	1584	1464	1835	2169	2005	1923	1914	1574	2483	1945
采油队	队数(个)	865	932	1018	1074	1114	1150	1177	1249	1353	1389	941
	职工数(人)	56582	60034	68636	73646	72527	78550	82312	88872	92847	91888	69669
采气队	队数(个)	38	42	43	46	54	62	67	68	73	78	63
	职工数(人)	5374	5668	5909	6662	6526	7035	8196	8511	8667	8694	7976

续表

队伍		1988年	1989年	1990年	1991年	1992年	1993年	1994年	1995年	1996年	1997年	1998年
试油队	队数(个)	192	205	210	210	194	189	205	196	176	208	145
	职工数(人)	6643	6883	6938	7720	7376	6707	7100	6628	5606	5747	4016
大修(井)队	队数(个)	103	130	137	148	151	161	159	169	133	154	114
	职工数(人)	3779	4709	5389	5490	5724	5827	6116	7694	3841	4276	3622
井下作业队	队数(个)	794	891	963	1033	1071	1052	1062	1064	1070	1128	633
	职工数(人)	25821	27508	28849	31704	31633	32509	32213	30796	27807	29728	18840
试井队	队数(个)	112	118	127	210	171	151	146	165	166	164	123
	职工数(人)	4855	5287	5487	7720	7056	6303	6656	7193	7185	6719	4912
油田建筑安装队	队数(个)	347	359	364	492	482	510	371	379	433	406	307
	职工数(人)	31126	31366	32574	32372	29733	29684	31463	31151	31626	25247	19215
管道施工队	队数(个)	49	50	57	63	63	66	77	90	95	168	—
	职工数(人)	5490	5433	6206	5998	5789	5712	5676	5676	5363	8933	—
输油(气)队	队数(个)	288	307	339	337	319	381	402	419	388	507	242
	职工数(人)	22238	23268	27098	28397	26400	30573	31236	33793	29901	34739	15767
汽车运输队	队数(个)	508	521	558	553	566	570	559	558	638	573	376
	职工数(人)	40111	39263	41370	41003	41917	39763	42108	39880	39824	35001	23836

注:数据来源于《中国石油组织史资料·第二卷中国石油天然气总公司时期(1988.9—1998.7)》。

表67 中国石油1999—2017年申请专利情况 单位:件

年 份	指标名称		年 份	指标名称	
	申请国内专利	发明专利		申请国内专利	发明专利
1999年	320	—	2009年	1725	641
2000年	154	—	2010年	2178	841
2001年	272	—	2011年	3026	1234
2002年	292	—	2012年	2719	1314
2003年	810	—	2013年	4481	1956
2004年	873	—	2014年	5095	2358
2005年	885	—	2015年	5153	2778
2006年	1062	—	2016年	5017	2797
2007年	1418	—	2017年	5050	2850
2008年	1446	552			

注:数据来源于《中国石油天然气集团公司年鉴》。

表68 中国石油1999—2017年获得授权专利情况 单位:件

年 份	指标名称		年 份	指标名称	
	获得授权专利	发明专利		获得授权专利	发明专利
1999年	229	—	2009年	1365	220
2000年	100	—	2010年	1701	300
2001年	156	—	2011年	2304	448
2002年	186	—	2012年	2297	551
2003年	626	—	2013年	3639	847
2004年	594	—	2014年	4049	914
2005年	730	—	2015年	4753	1145
2006年	793	—	2016年	4855	1205
2007年	1172	71	2017年	4879	1225
2008年	1287	159			

注:数据来源于《中国石油天然气集团公司年鉴》。

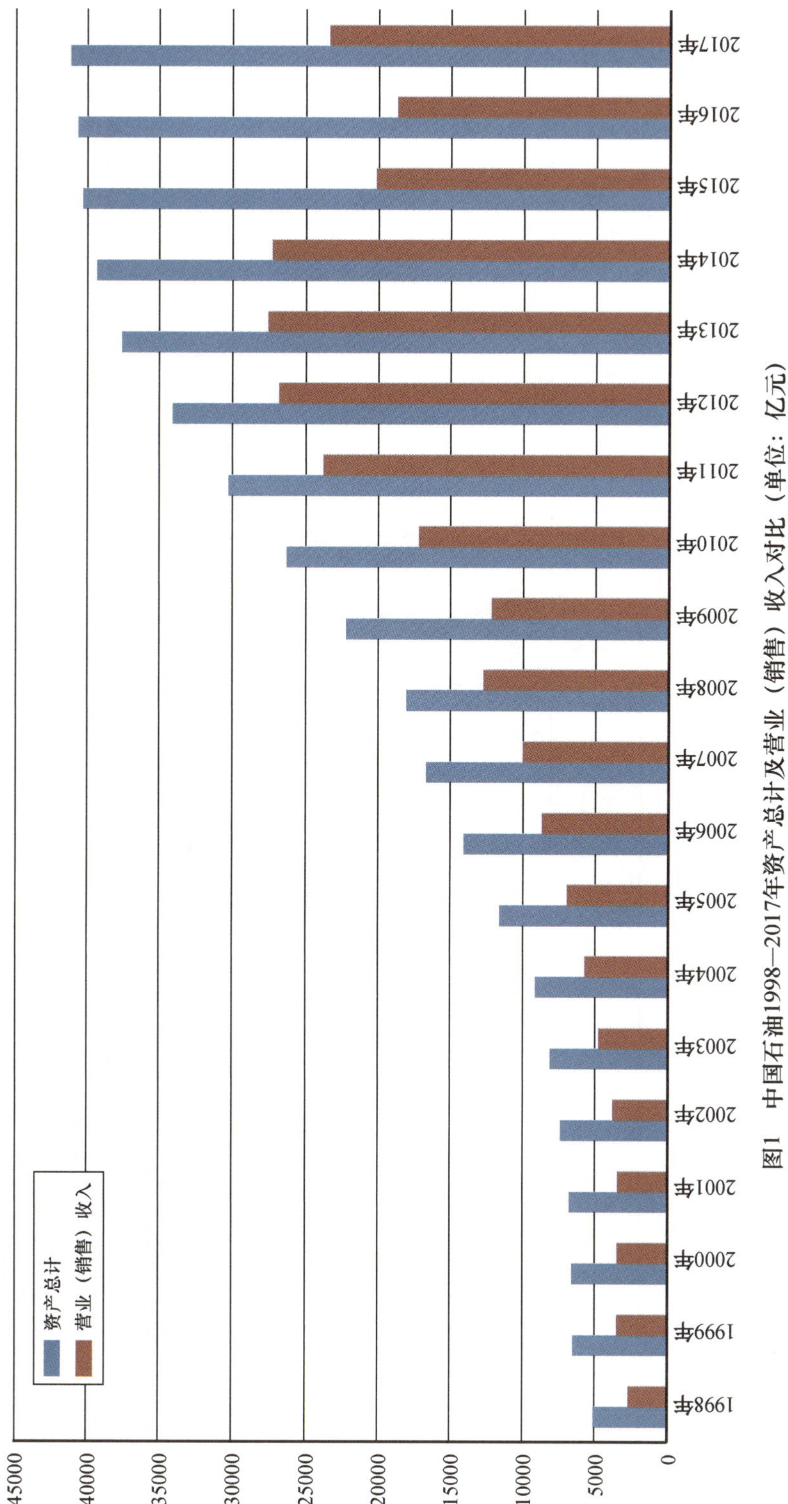

图1 中国石油1998—2017年资产总计及营业（销售）收入对比（单位：亿元）

注：数据来源于《中国石油天然气集团公司年鉴》

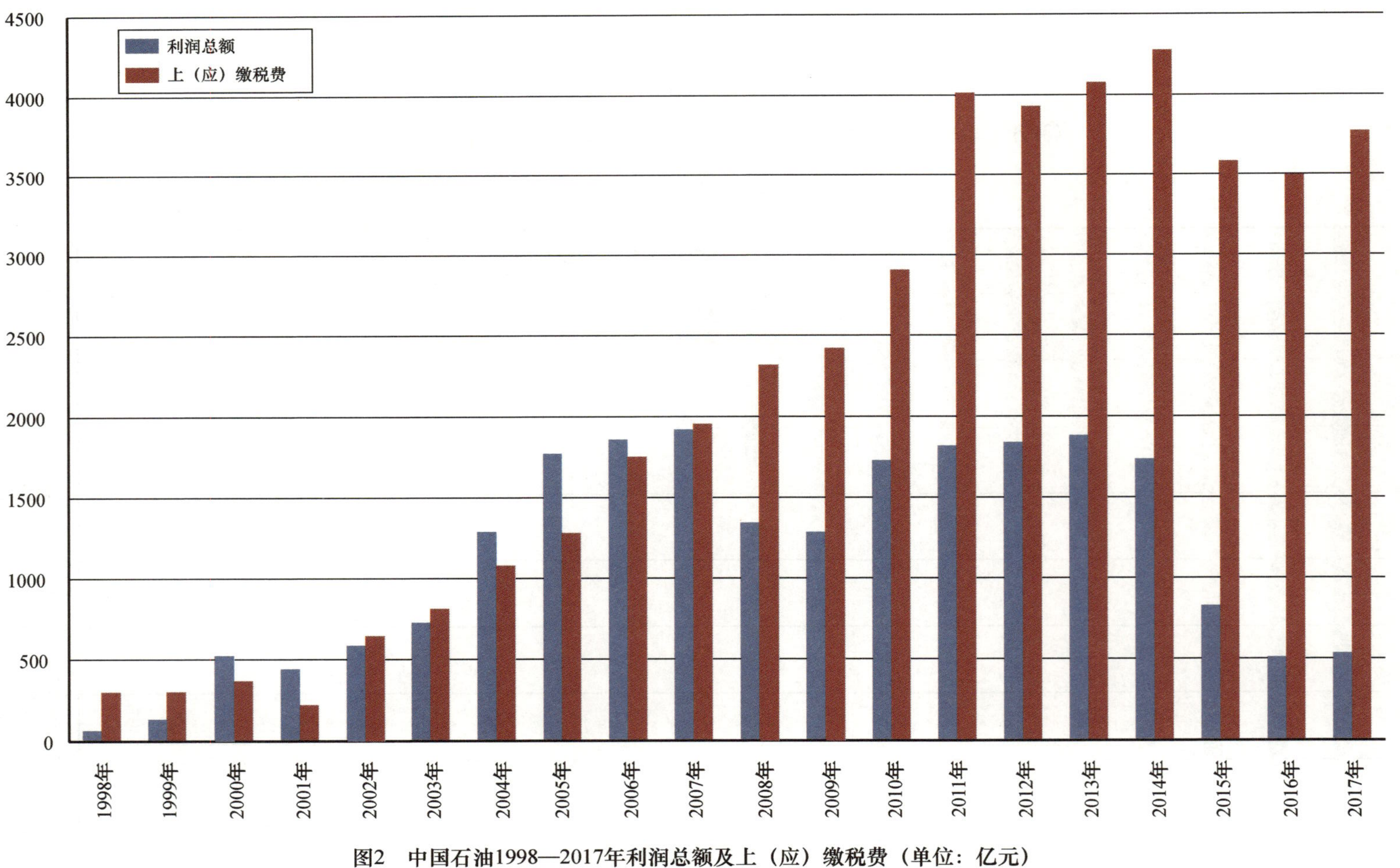

图2 中国石油1998—2017年利润总额及上（应）缴税费（单位：亿元）

注：数据来源于《中国石油天然气集团公司年鉴》

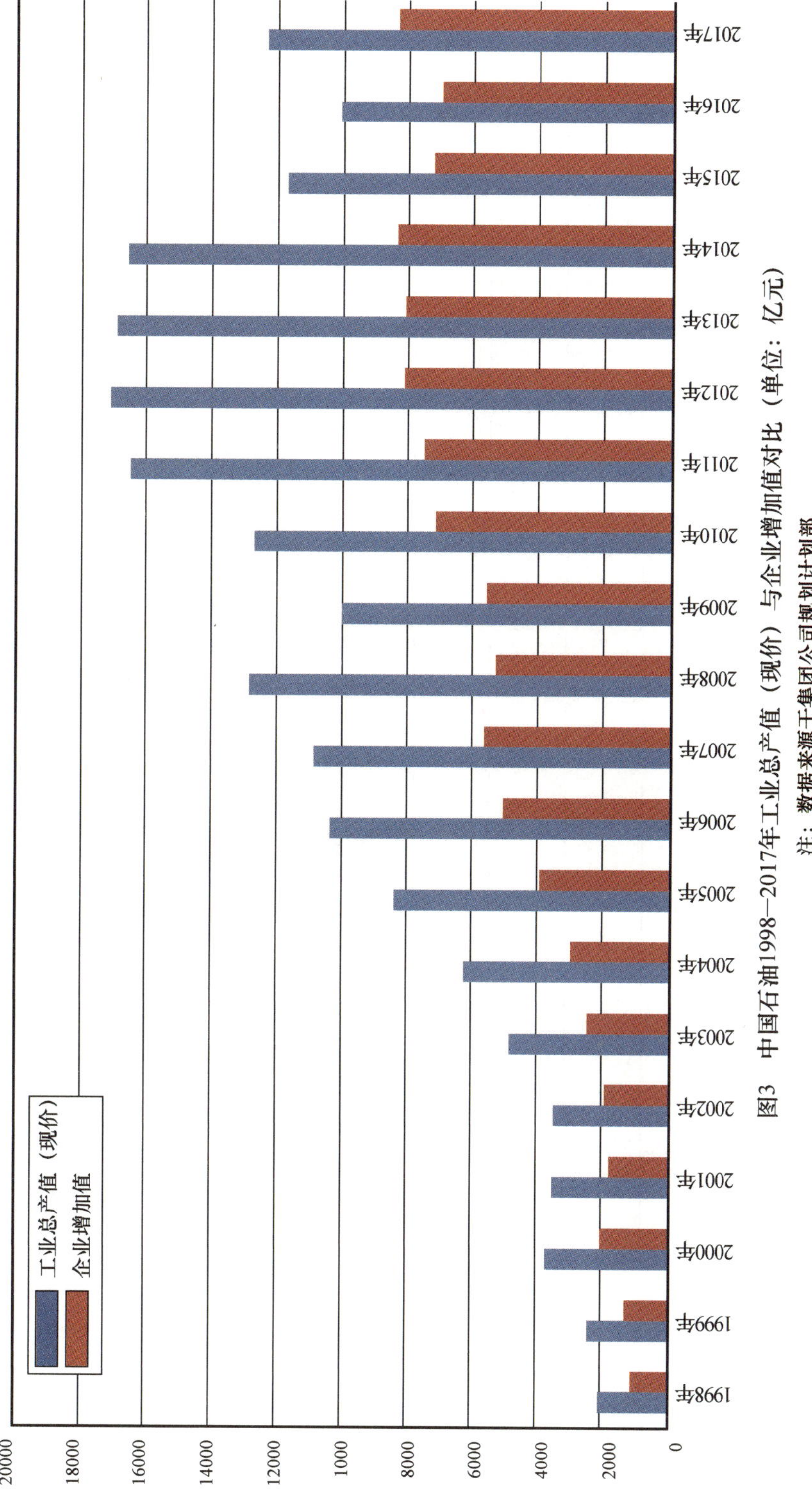

图3 中国石油1998—2017年工业总产值（现价）与企业增加值对比（单位：亿元）

注：数据来源于集团公司规划计划部

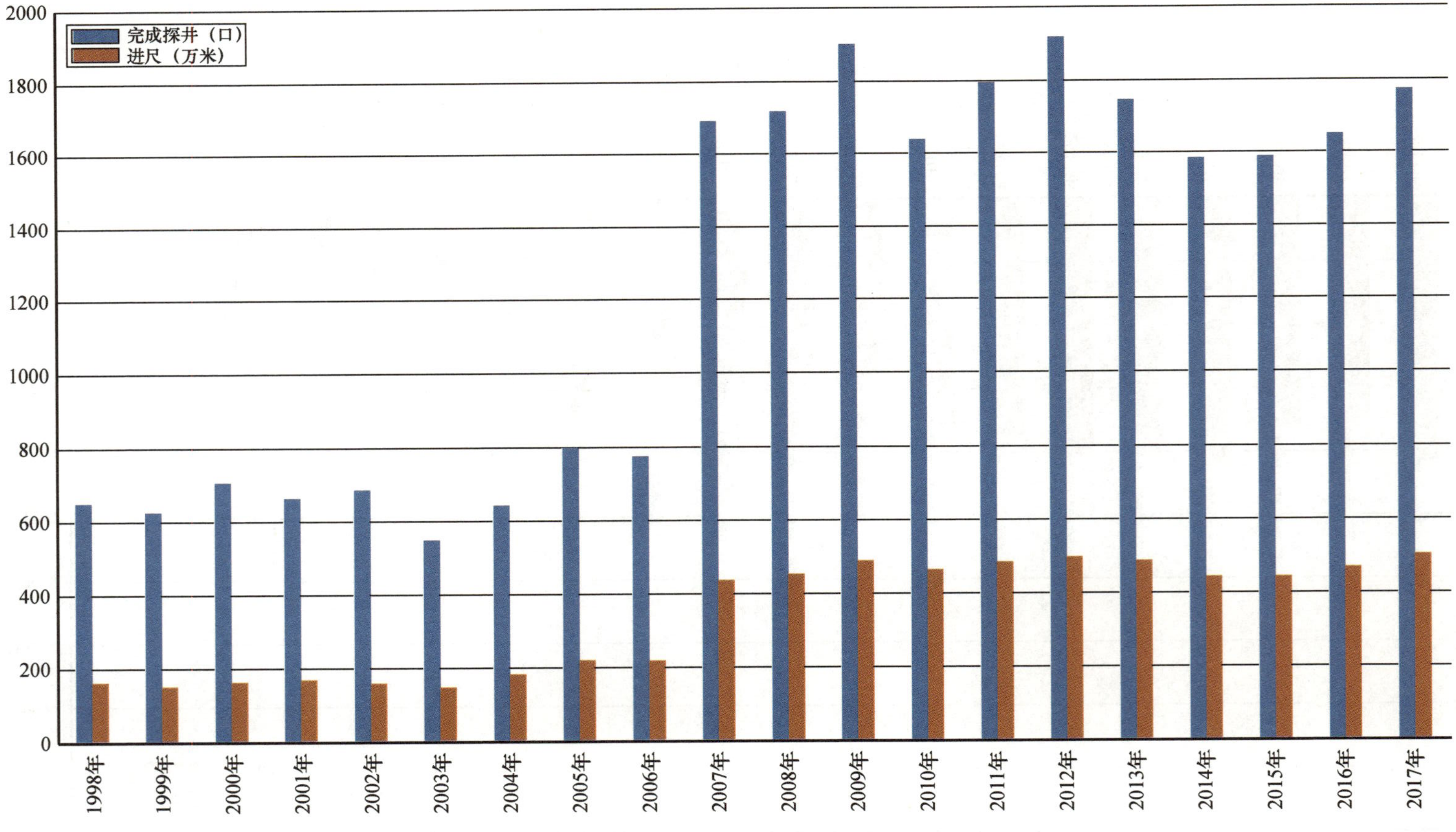

图4　中国石油1998—2017年国内勘探完成探井及进尺情况

注：数据来源于《中国石油天然气集团公司年鉴》

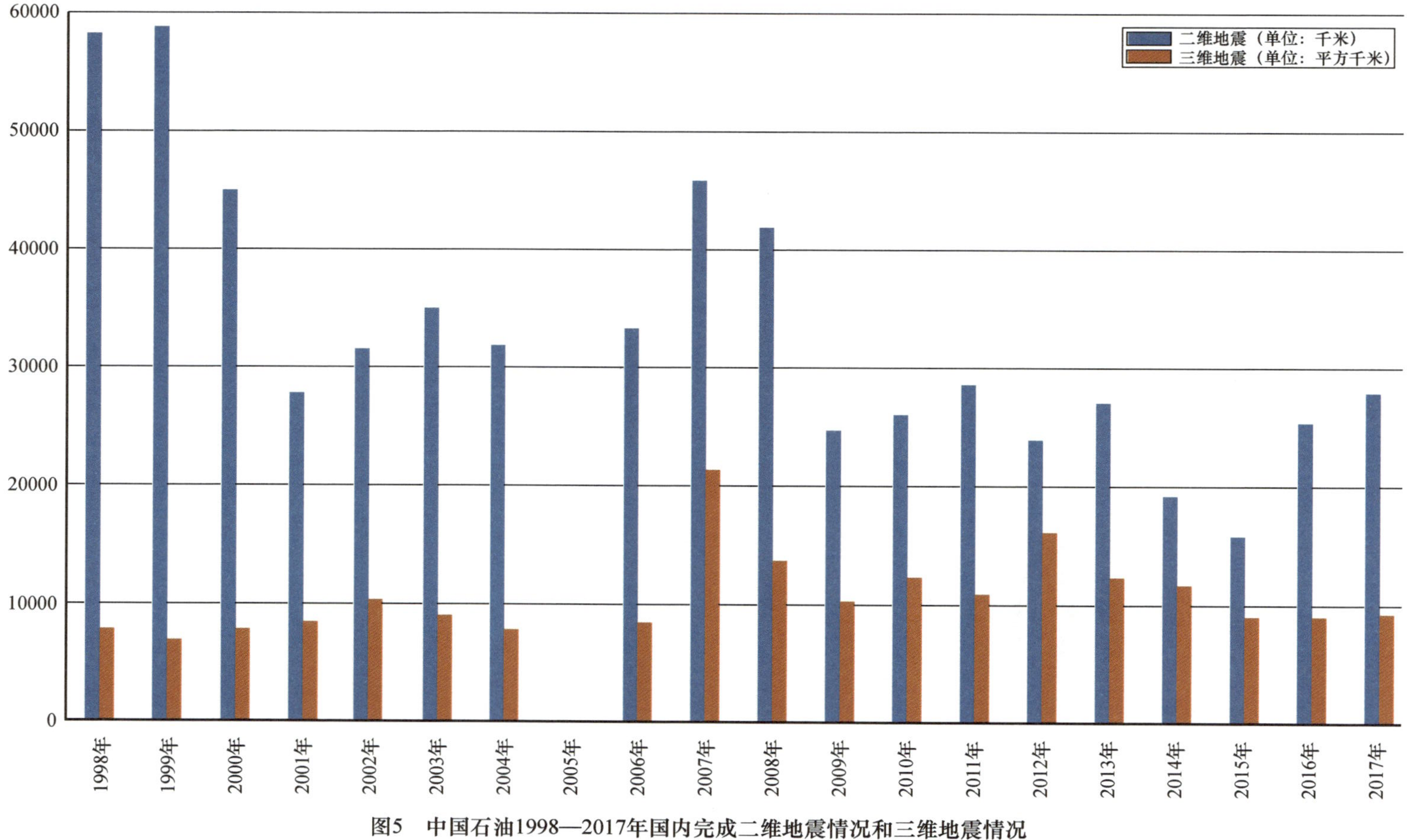

图5 中国石油1998—2017年国内完成二维地震情况和三维地震情况

注：1. 数据来源于《中国石油天然气集团公司年鉴》；2. 2005年数据缺失

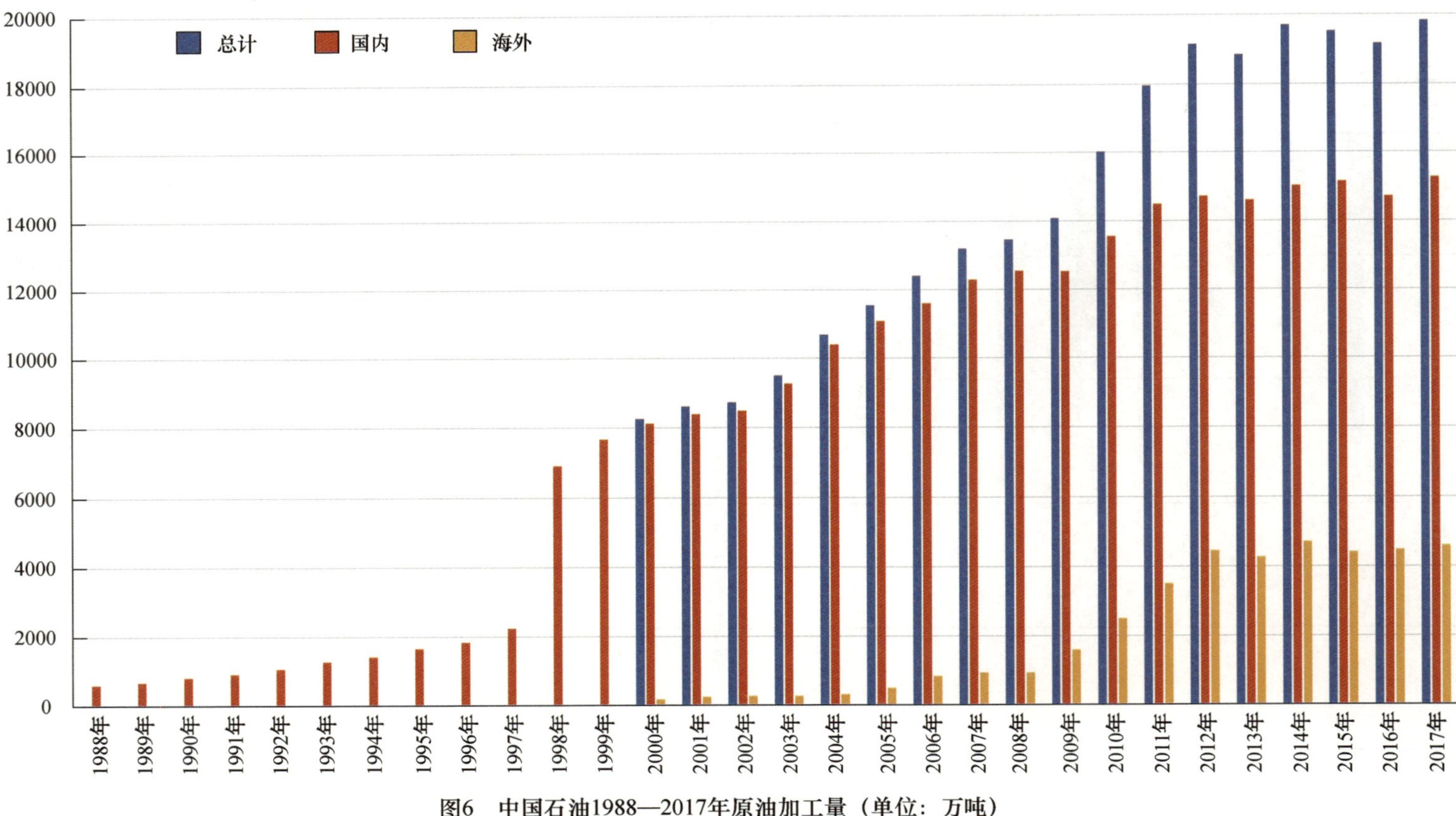

图6　中国石油1988—2017年原油加工量（单位：万吨）

注：1.数据来源于《中国石油天然气集团公司年鉴》；　2.1988—2007年数据仅有国内原油加工量

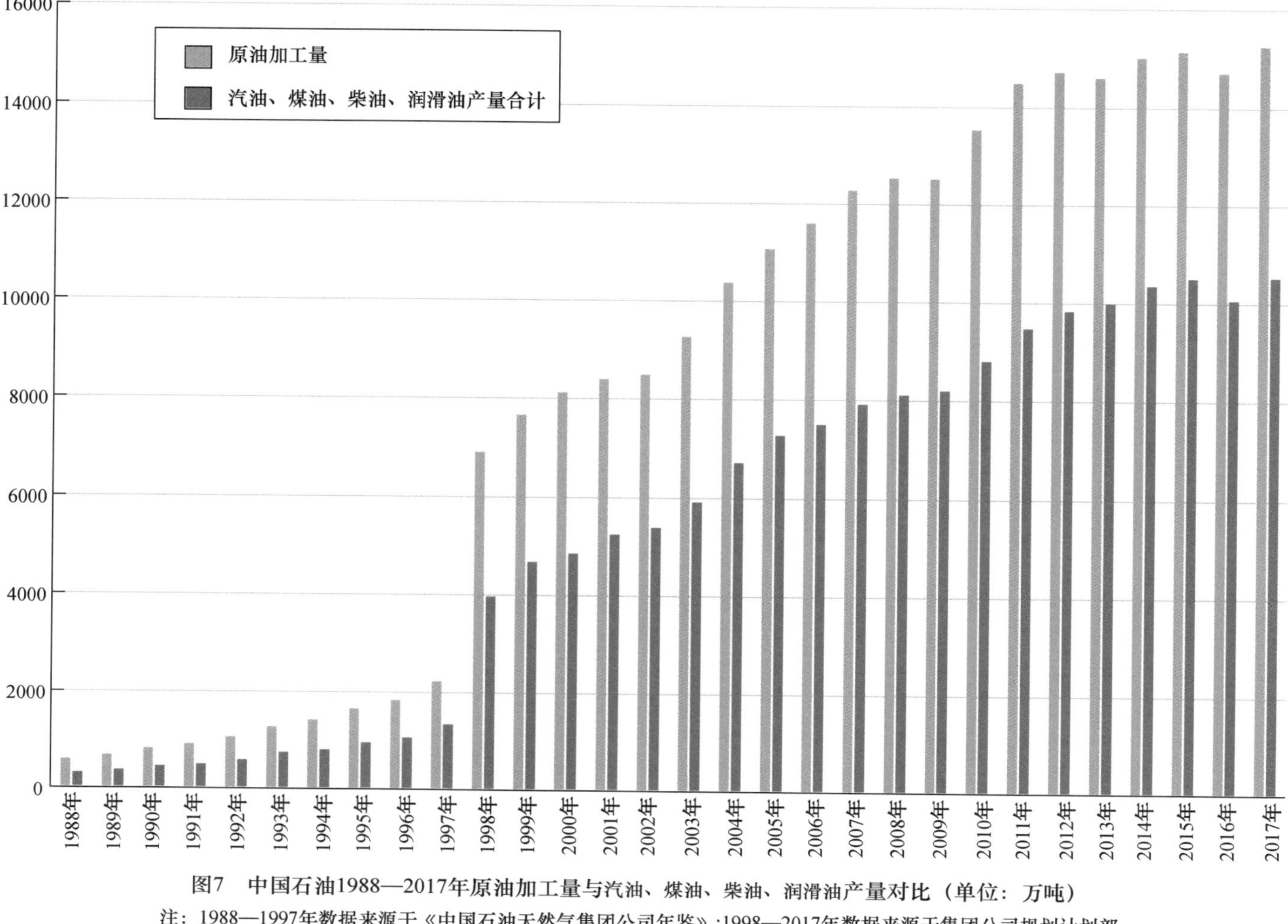

图7　中国石油1988—2017年原油加工量与汽油、煤油、柴油、润滑油产量对比（单位：万吨）

注：1988—1997年数据来源于《中国石油天然气集团公司年鉴》;1998—2017年数据来源于集团公司规划计划部

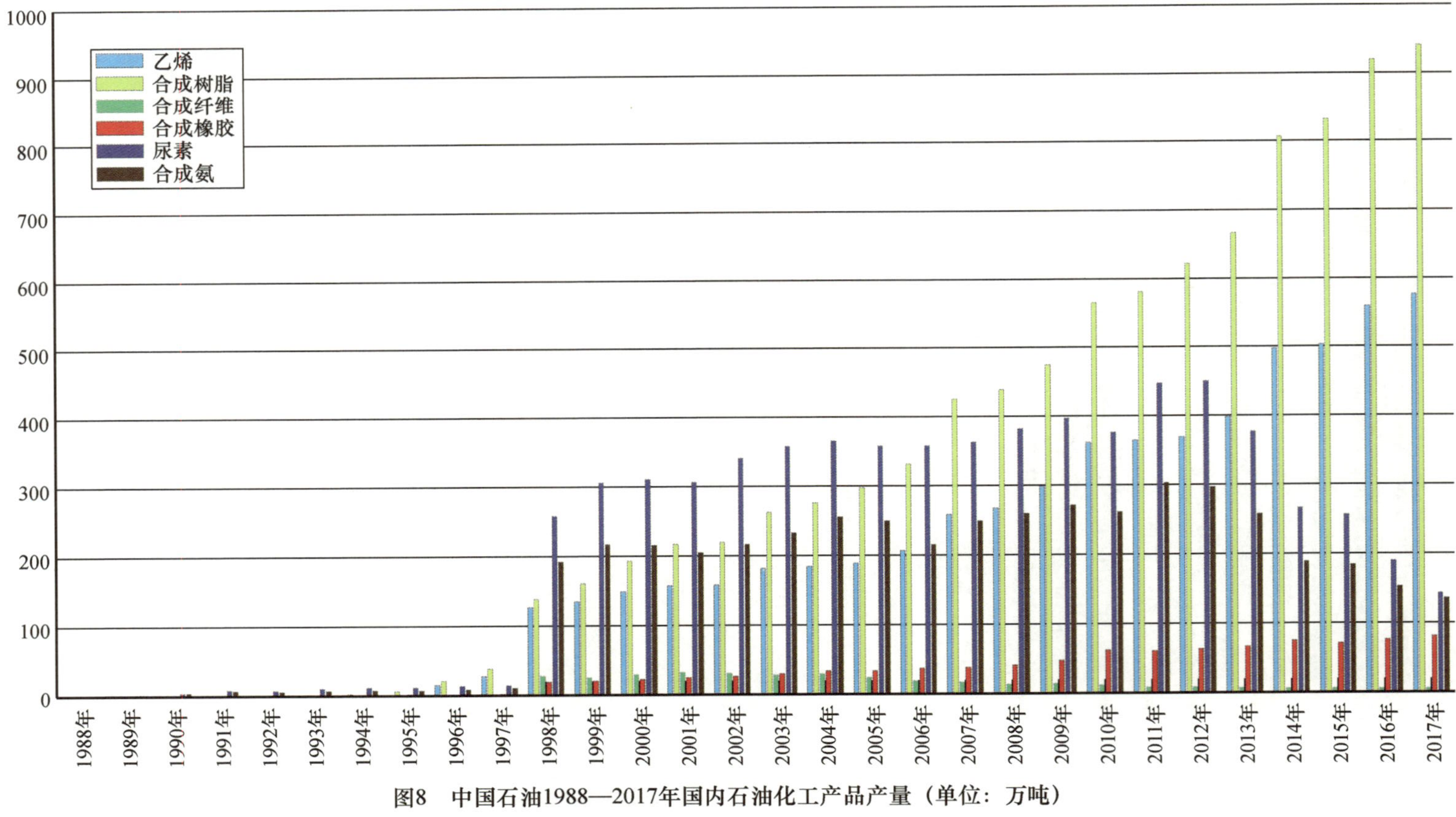

图8 中国石油1988—2017年国内石油化工产品产量（单位：万吨）

注：数据来源于集团公司规划计划部

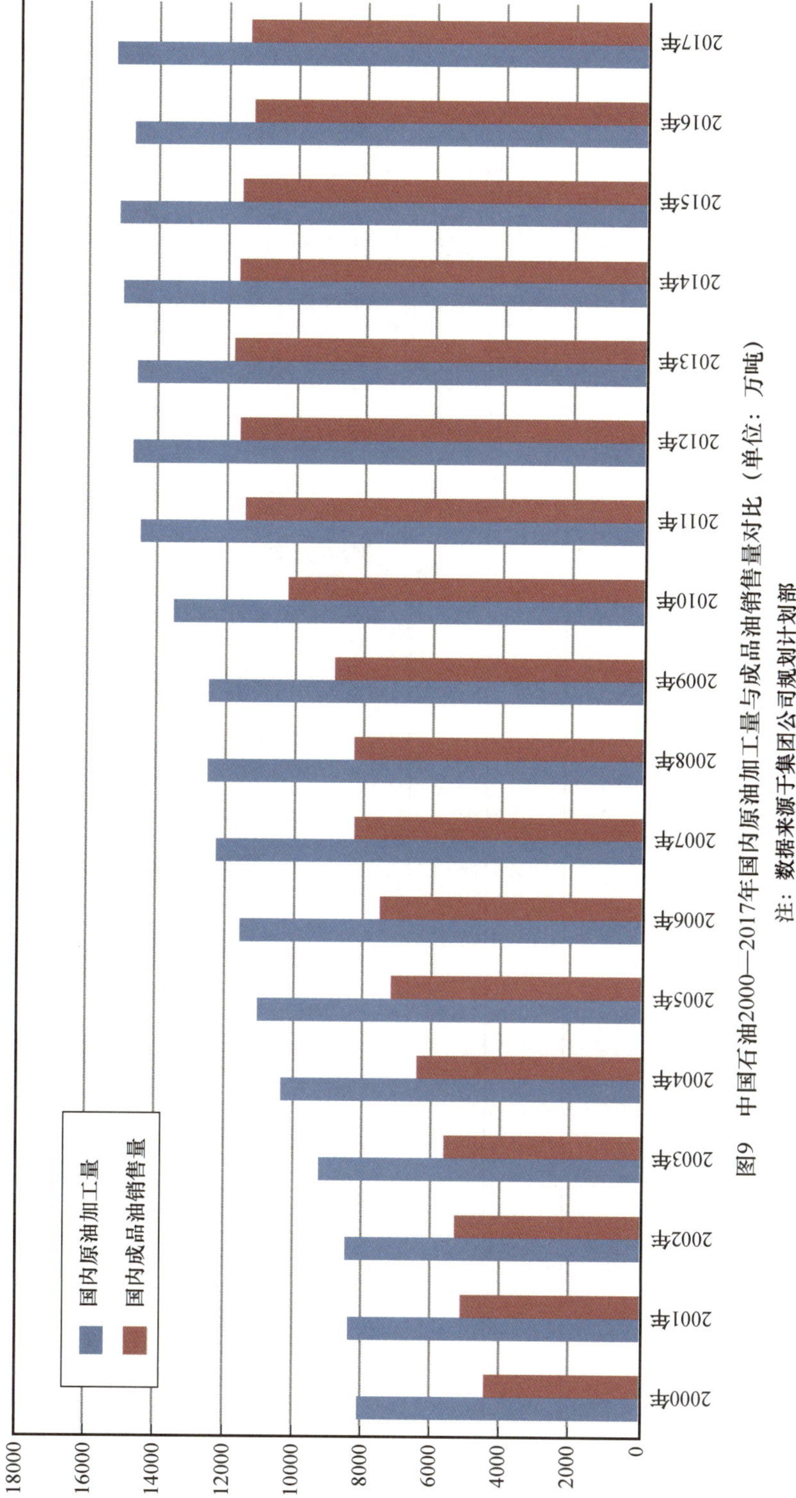

图9 中国石油2000—2017年国内原油加工量与成品油销售量对比（单位：万吨）

注：数据来源于集团公司规划计划部

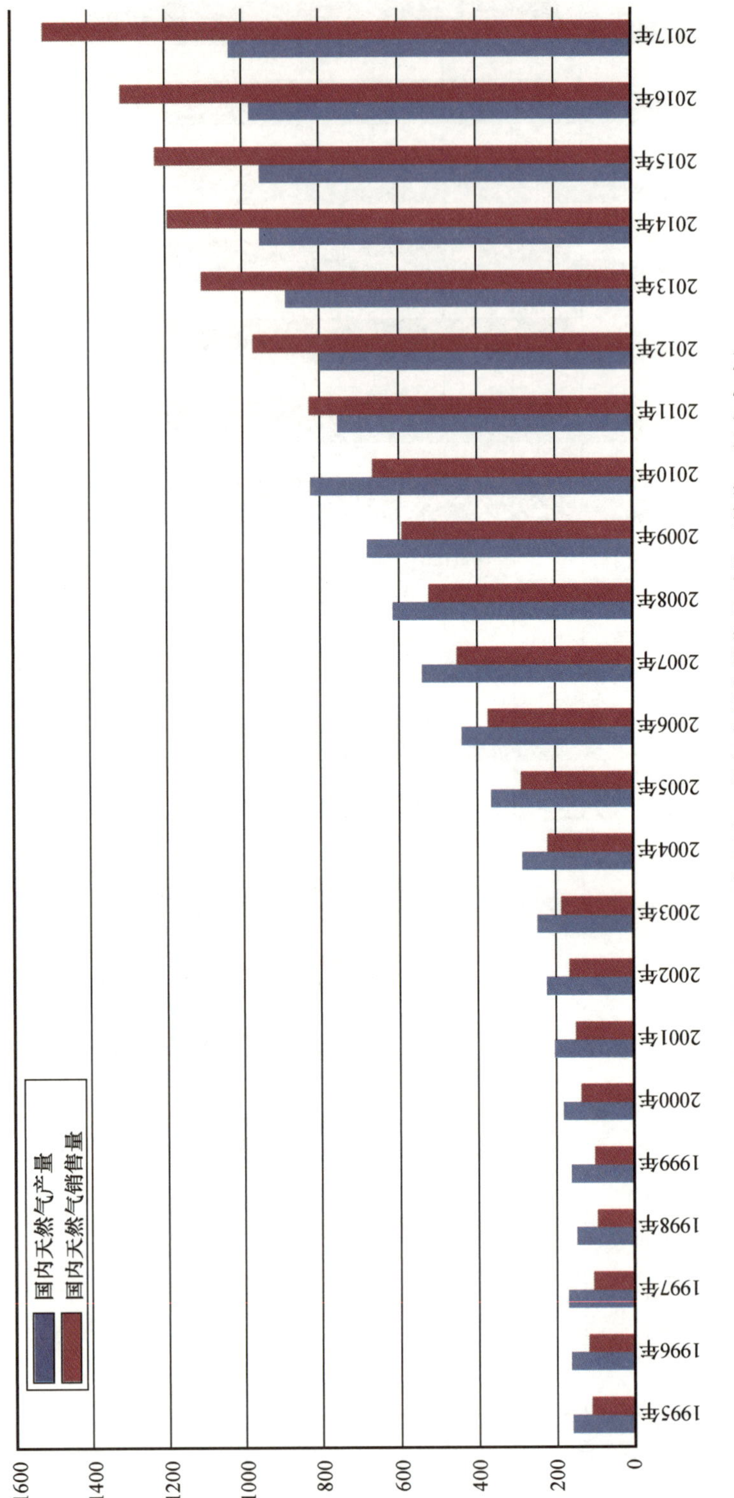

图10　中国石油1995—2017年国内天然气产量和销售量对比（单位：亿立方米）

注：数据来源于集团公司规划计划部

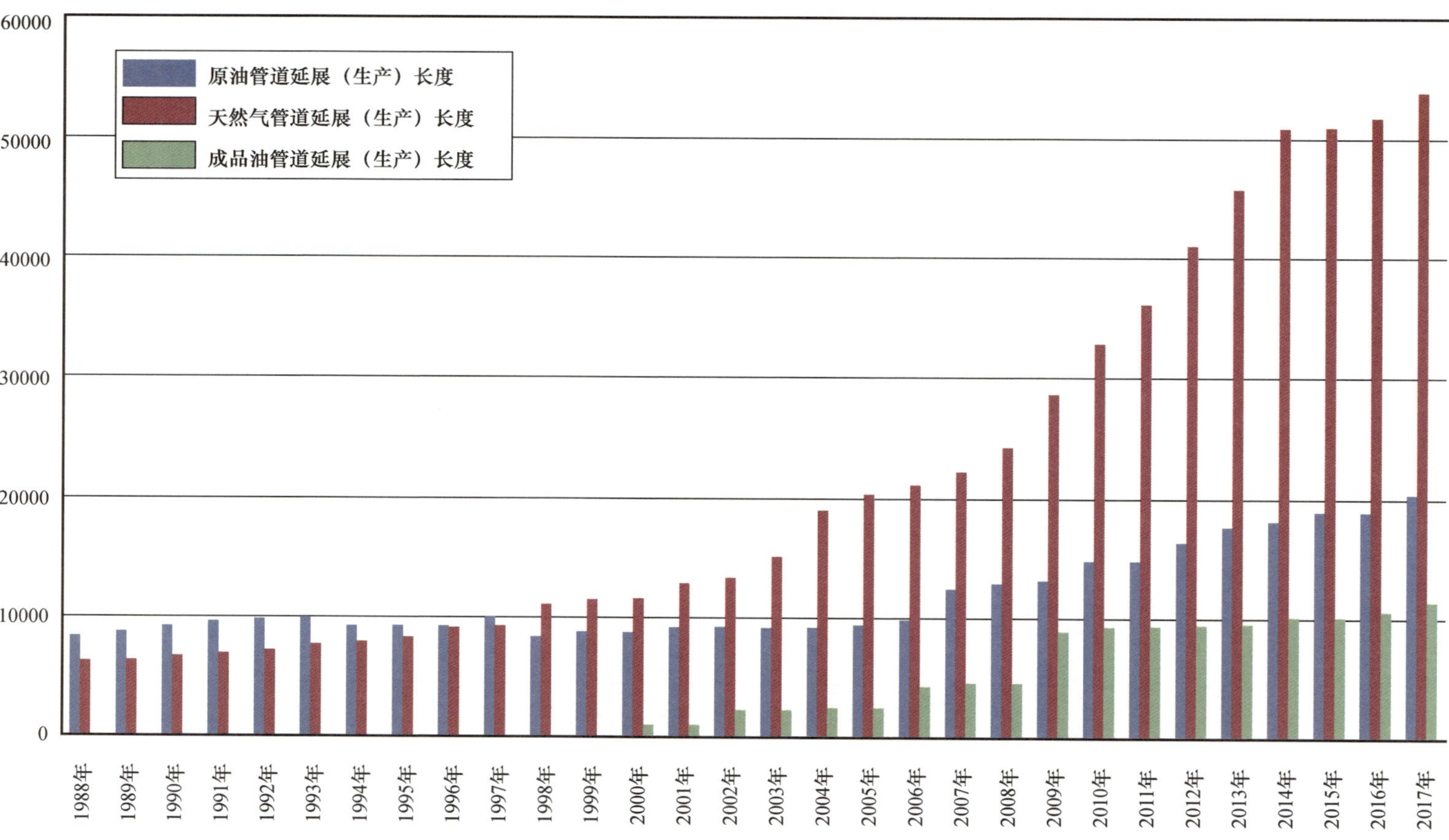

图11　中国石油1988—2017年原油、天然气、成品油管道延展（生产）长度（单位：千米）

注：1988—1998年数据来源于《中国石油天然气工业年鉴》；1999—2017年数据来源于集团公司规划计划部

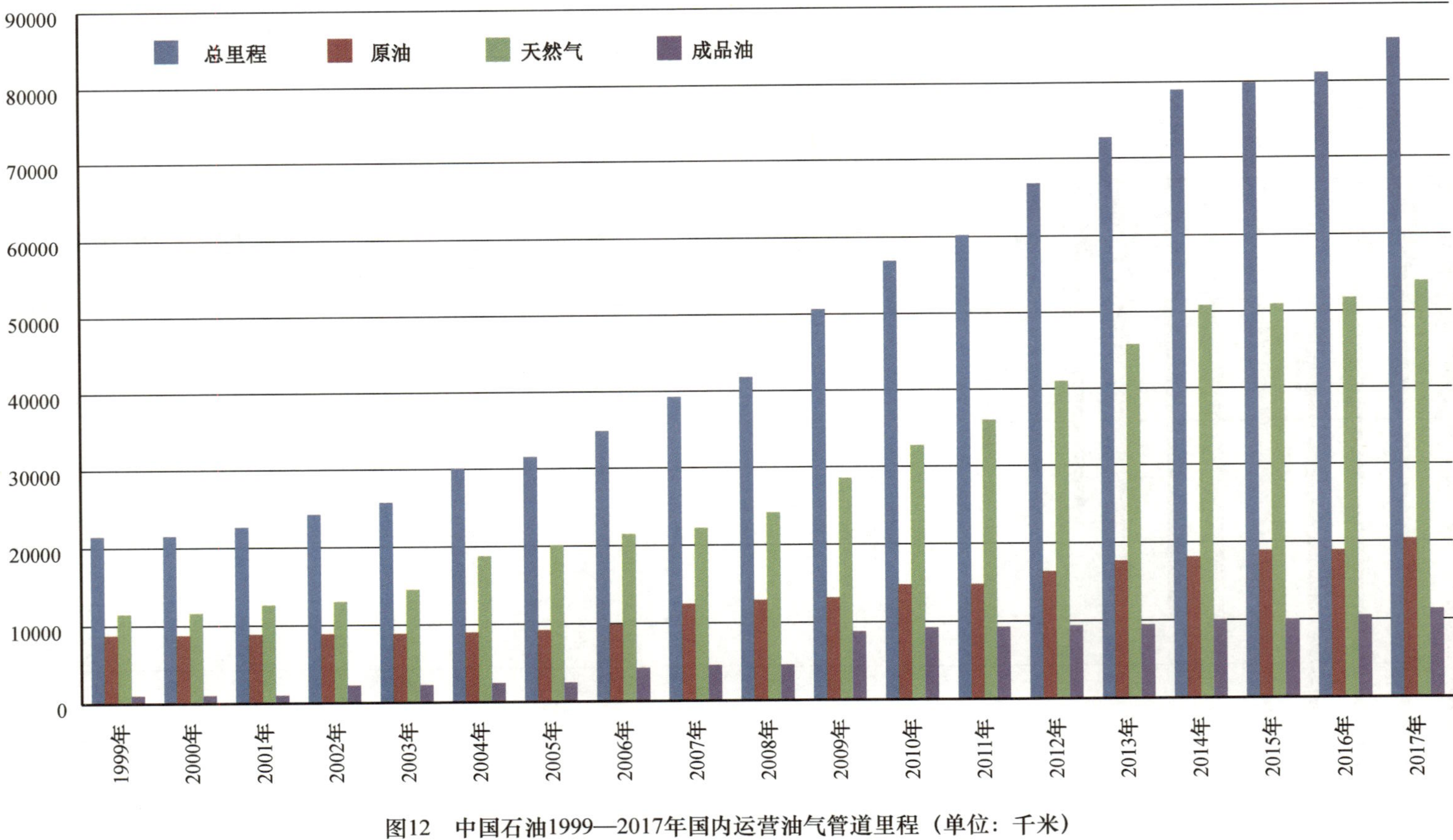

图12　中国石油1999—2017年国内运营油气管道里程（单位：千米）

注：1998—2013年数据来源于《中国石油组织史资料·第三卷（下）中国石油天然气集团公司时期（1998.7—2013.12）》；2014—2017年数据来源于《中国石油天然气集团公司年鉴》

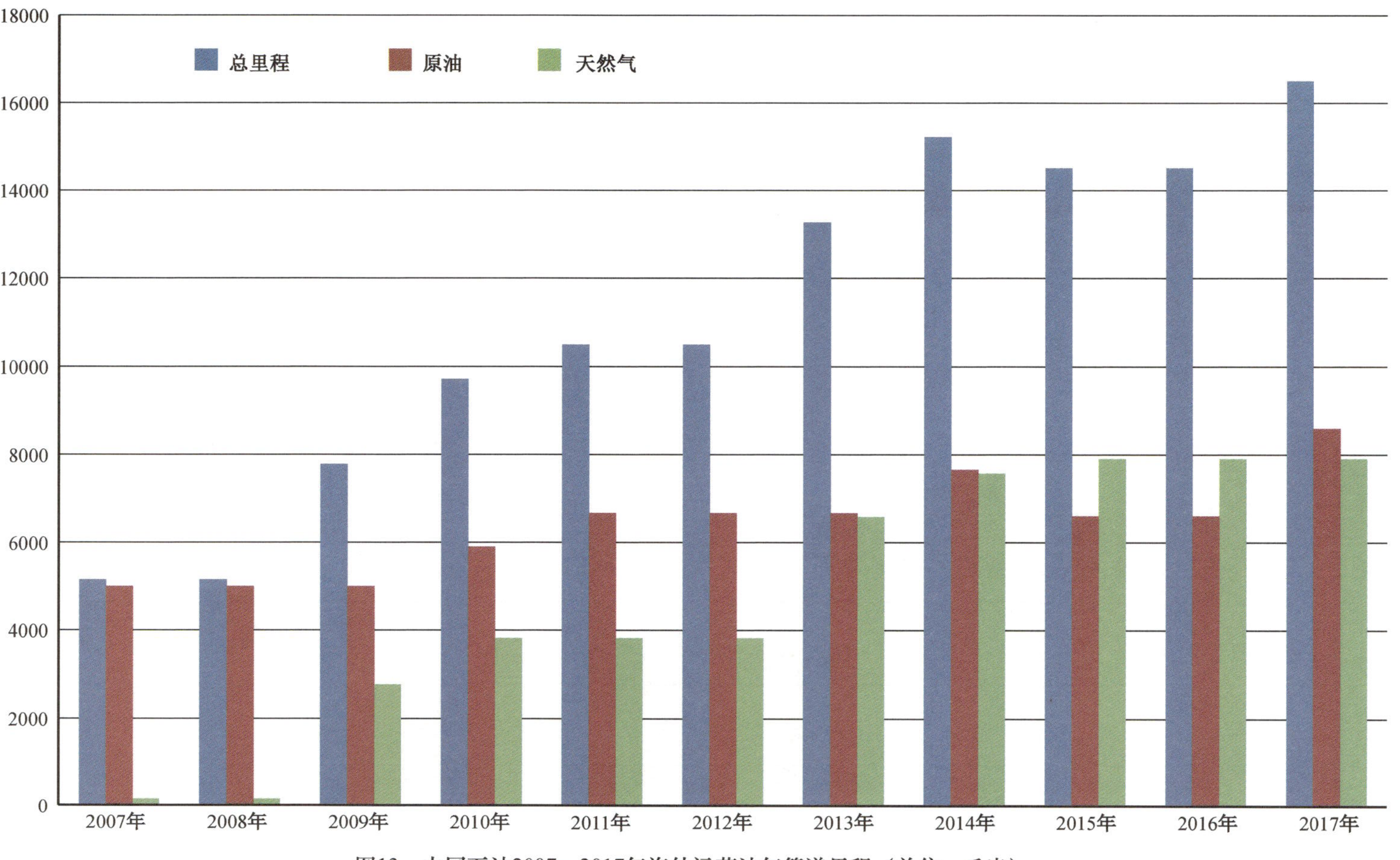

图13　中国石油2007—2017年海外运营油气管道里程（单位：千米）

注：2007—2013年数据来源于《中国石油组织史资料·第三卷（下）中国石油天然气集团公司时期（1998.7—2013.12）》；
2014—2017年数据来源于《中国石油天然气集团公司年鉴》

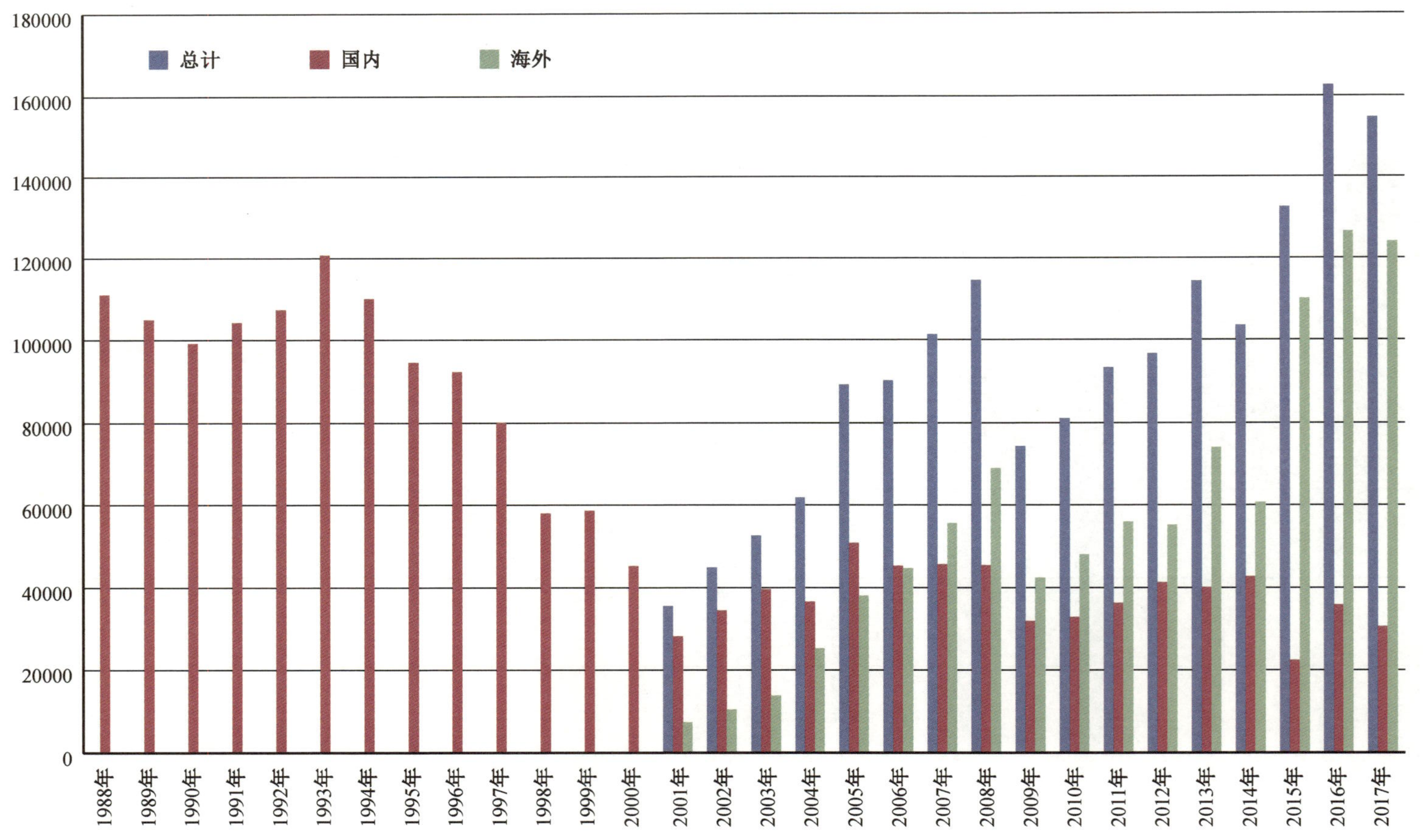

图14　中国石油1988—2017年物探二维地震（单位：千米）

注：数据来源于《中国石油天然气集团公司年鉴》

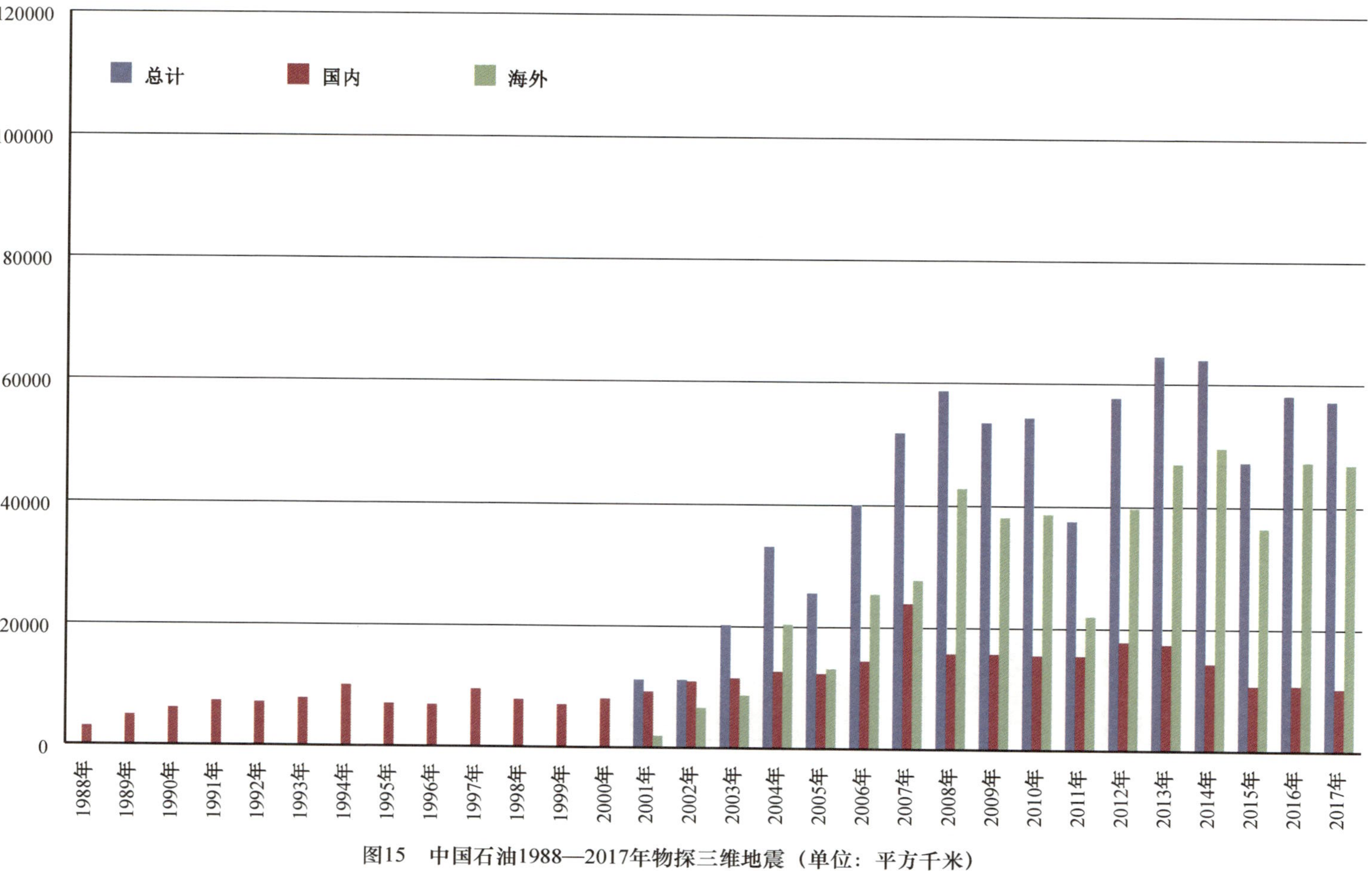

图15　中国石油1988—2017年物探三维地震（单位：平方千米）

注：数据来源于《中国石油天然气集团公司年鉴》

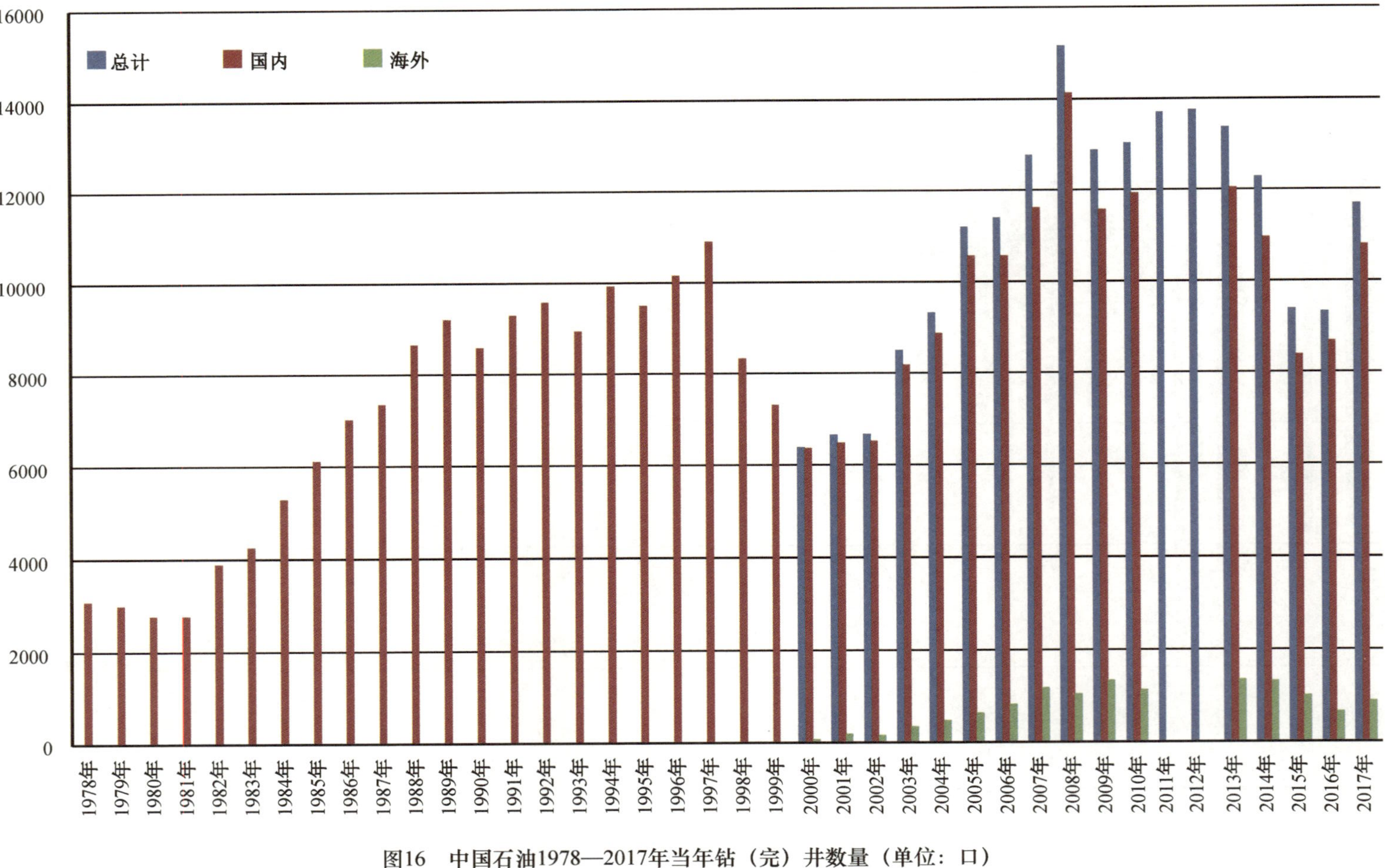

图16 中国石油1978—2017年当年钻（完）井数量（单位：口）

注：1.数据来源于《中国石油天然气集团公司年鉴》

2.2011年、2012年国内、海外当年钻完井数量缺失

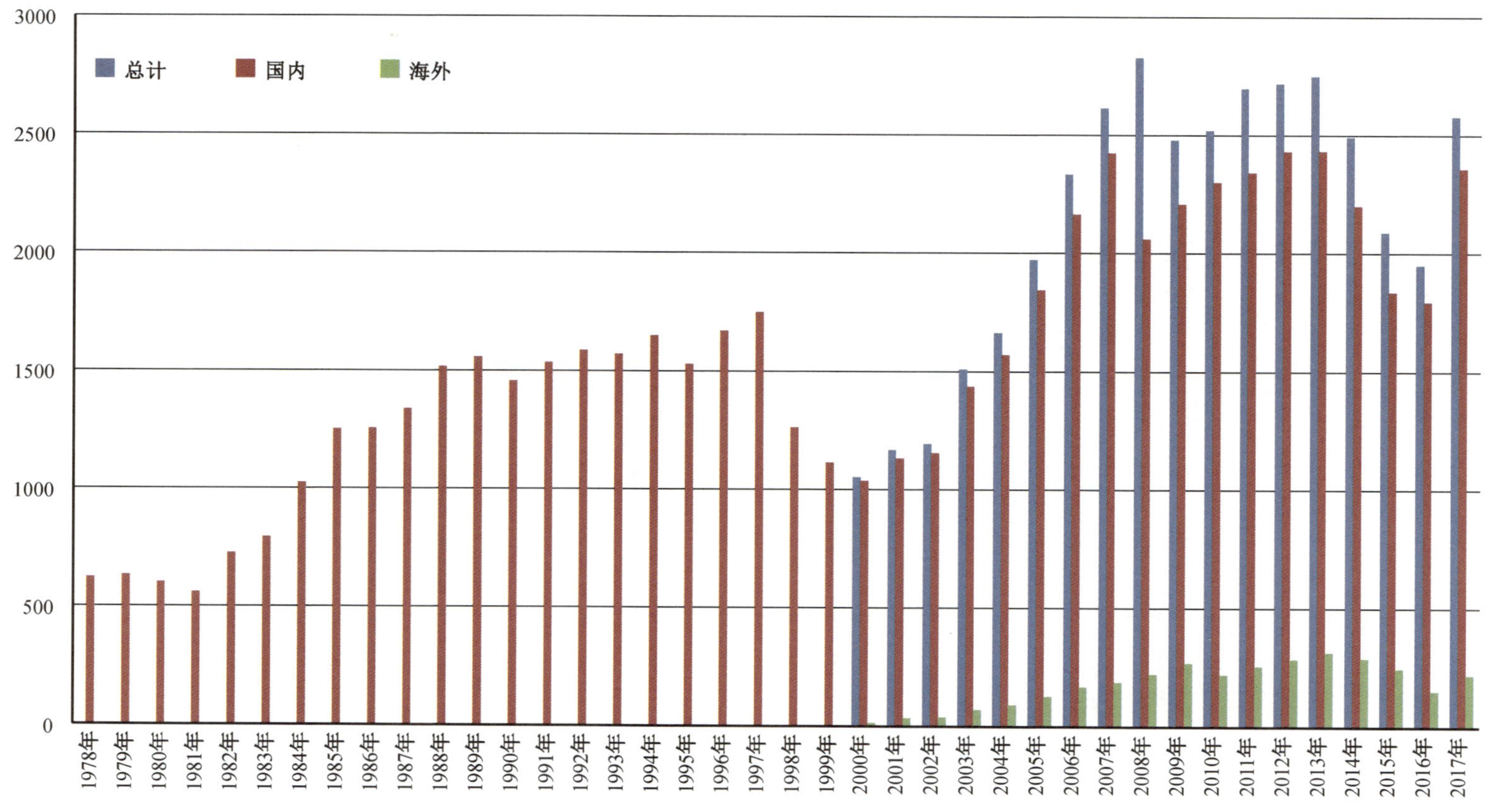

图17　中国石油1978—2017年当年钻井进尺（单位：万米）

注：数据来源于《中国石油天然气集团公司年鉴》

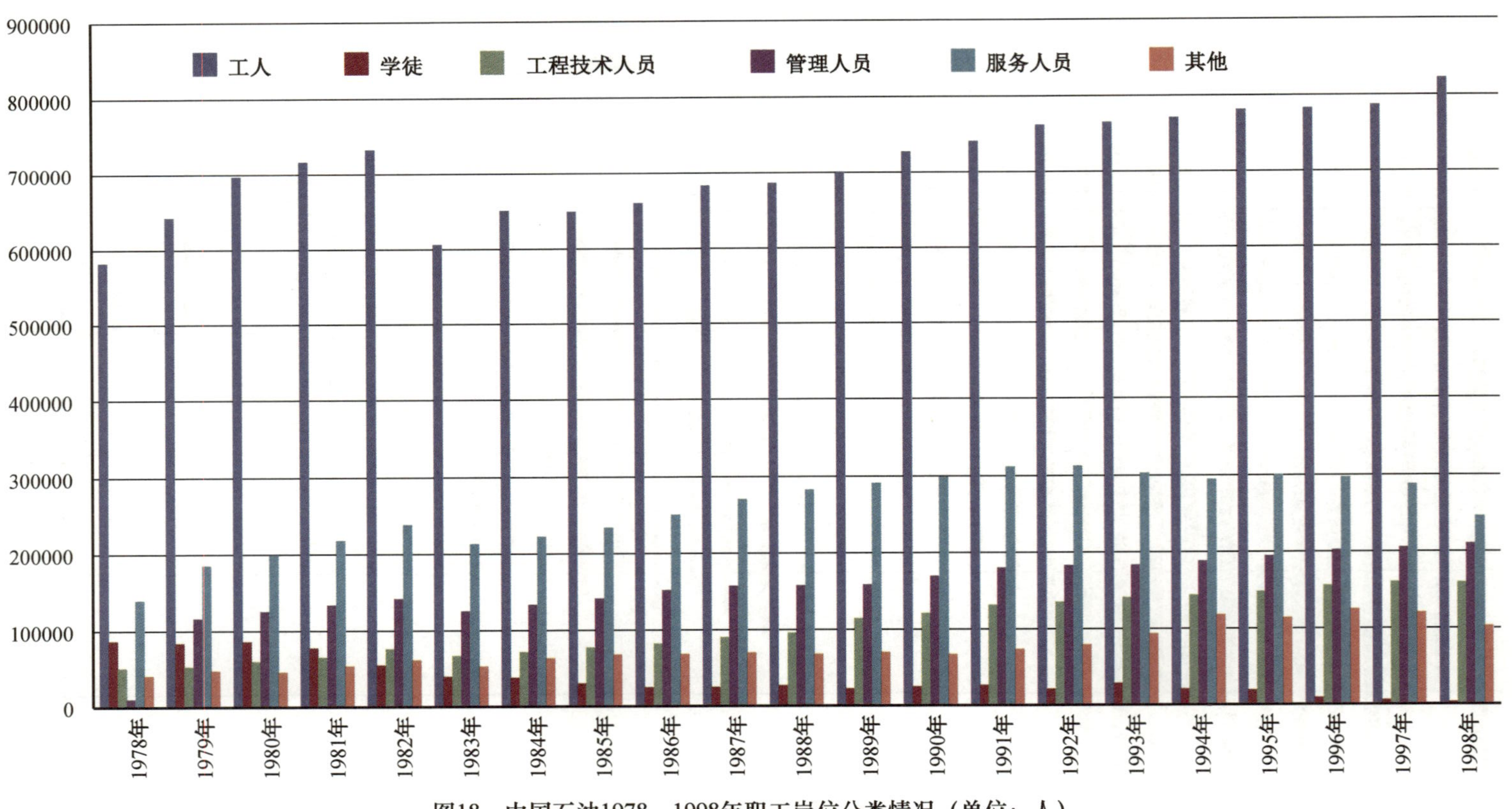

图18 中国石油1978—1998年职工岗位分类情况（单位：人）

注：1.1978—1987年数据来源于《中国石油组织史资料·第一卷（下）国家部委时期（1978.3—1988.9）》；

1988—1998年数据来源于《中国石油组织史资料·第二卷中国石油天然气总公司时期（1988.9—1998.7）》。

2."其他人员"包括农副业、长期学习、长期病伤假、出国援外、派出外单位人员。

3.1983—1987年数据统计不包括中国石油化工总公司

二　中国石油主要在役管道一览表

管线名称	起止地点（省、市县、区）	建成时间	延展长度（千米）	输送能力（万吨或千万立方米）
原　油　管　道				
庆哈线	黑龙江大庆葡北油库—哈尔滨炼油厂	2014年11月	200.0	300
盘锦线	辽宁曙光—锦西	2003年01月	127.9	450
阿赛线	内蒙古锡林郭勒阿尔善—赛汉塔拉	1989年09月	361.3	120
克独三线	新疆克拉玛依—独山子石化	1962年12月	147.2	85
克乌线干线	新疆克拉玛依—乌鲁木齐王家沟	1981年11月	293.4	400
独克线	新疆独山子—克拉玛依	2007年09月	148.6	300
克乌线	新疆克拉玛依—乌鲁木齐王家沟	1973年09月	295.6	300
靖咸线	陕西延安志丹—咸阳化工区	2001年09月	470.6	400
靖惠线	陕西榆林靖边—宁夏吴忠盐池县	2003年09月	216.3	350
靖曲线	陕西延安志丹—甘肃庆阳市环县	1997年10月	201.0	120
庆咸线	甘肃庆阳西峰—陕西咸阳化工	2006年11月	260.0	600
铁西线	陕西延安吴起—甘肃庆阳西峰	2008年05月	197.0	280
姬白线	陕西榆林定边—延安吴起	2008年11月	103.9	130
马惠线	甘肃庆阳庆城—宁夏吴忠盐池	2015年09月	187.0	300
花格线	青海茫崖花土沟—格尔木	2004年08月	438.9	300
庆铁线 其中，庆铁三线 庆铁四线	 黑龙江大庆林源—辽宁铁岭	 2012年08月 2013年11月	2215.8 584.1 568.7	2000 3000 2000
铁大线 其中，干线 复线	 辽宁鞍山—大连（小松岚） 辽宁铁岭—鞍山	 1975年09月 2014年08月	1471.1 433.1 568.4	2000 2000 1500
长吉线	吉林长春—吉林	2005年08月	166.3	600

续表

管线名称	起止地点（省、市县、区）	建成时间	延展长度（千米）	输送能力（万吨或千万立方米）
石兰线	宁夏石空—甘肃兰州	2010年10月	326.4	500
惠银线	宁夏惠安堡—银川	2014年10月	132.8	500
漠大线 其中，漠大一线 漠大二线	 黑龙江漠河兴安—大庆林源站 黑龙江漠河兴安—大庆林源站	 2011年01月 2018年01月	1869.0 927.2 941.8	3500 2000 1500
长呼线	陕西定边—呼和浩特石化	2012年10月	563.2	500
日东线	山东日照岚山区—菏泽东明	2013年01月	447.0	1000
铁锦线干线	辽宁铁岭—锦西	2015年09月	406.3	1000
轮库鄯原油管道 其中，轮库原油干线 轮库原油复线 库鄯线	 新疆巴州轮南—库尔勒 新疆巴州轮南—库尔勒 新疆库尔勒—鄯善	 1992年07月 1996年09月 1997年06月	668.6 191.8 161.5 476.0	1000 300 600 1000
阿独线	新疆阿拉山口—独山子	2006年07月	246.0	2000
独乌线	新疆独山子—乌鲁木齐	2012年12月	231.0	1000
西部线 其中，乌鄯原油支干线 鄯兰原油干线	 新疆乌鲁木齐王家沟油库—鄯善原油首站 新疆鄯善原油首站—甘肃兰州末站	 2007年06月 2007年06月	1878.4 296.0 1562.0	2000 1000 2000
兰成线	甘肃兰州西固区—四川彭州	2013年11月	880.1	1000
中缅原油管道（国内段）	云南瑞丽站—禄丰	2017年06月	617.3	1300
中国石油其他原油管线合计			4591	4146
中国石油总计			20359	28481
天然气管道				
哈大线	黑龙江大庆徐九站—哈尔滨	2008年06月	133.1	500
大齐线	黑龙江大庆红岗压气站—齐齐哈尔	2008年09月	155.7	82
陕京一线	陕西靖边—北京衙门口	1997年09月	855.6	300
陕京二线	陕西靖边—北京通州	2009年01月	979.6	1700
陕京三线	陕西榆林—北京西沙屯	2010年12月	972.4	1500

续表

管线名称	起止地点（省、市县、区）	建成时间	延展长度（千米）	输送能力（万吨或千万立方米）
陕京四线	陕西靖边—北京高丽营	2017 年 11 月	1068.4	1500
永唐秦线	河北永清—秦皇岛	2009 年 10 月	312.9	900
港清三线	河北霸州—天津大港	2016 年 12 月	176.4	
沧淄线干线	河北沧州—山东淄博	2002 年 03 月	218.3	105
长长吉线	吉林松原长岭—长春—吉林石化	2010 年 10 月	221.0	233.2
秦沈线			1397.9	1740
其中，干线	河北秦皇岛—辽宁沈阳	2011 年 06 月	503.5	
葫芦岛支线	辽宁葫芦岛分输站—葫芦岛末站	2011 年 08 月	406.9	900
大沈线			533.0	840
其中，干线	辽宁大连—沈阳	2011 年 12 月	428.2	840
抚顺支线	辽宁辽阳灯塔—抚顺市抚顺县	2014 年 09 月	104.8	116
哈沈线	辽宁沈阳—吉林长春	2015 年 09 月	361.5	1000
泰青威线干线	山东泰安—青岛—威海	2011 年 04 月	557.0	860
平泰支干线山东段	山东菏泽曹县—泰安市	2012 年 06 月	240.8	1000
平山线	吉林四平—白山	2016 年 08 月	350.0	136
西气东输一线		2003 年 10 月	4485.8	1700
其中，干线（东段＋西段）	新疆巴州轮南—上海白鹤镇	2005 年 01 月	3876.0	1700
冀宁支线			1528.2	916
其中，干线（南段＋北段）	江苏青山—河北安平	2005 年 10 月	887.4	916
江都—如东支线	江苏江都—如东	2011 年 05 月	222.0	1350
淮武支线	河南淮阳—湖北武汉	2006 年 12 月	443.4	150
兰银线（东段＋西段）	甘肃兰州—宁夏银川	2007 年 07 月	475.2	300
长宁线	宁夏银川—陕西靖边	1998 年 10 月	298.0	120
忠武线			1375.0	300
其中，干线	重庆忠县—湖北武汉	2004 年 11 月	718.0	190
襄樊支线	湖北荆州—湖北襄樊	2004 年 11 月	241.6	87.5
湘潭支线	湖北潜江—湖南湘潭	2005 年 05 月	336.9	297.5
鄯乌线	新疆鄯善—乌鲁木齐	1996 年 09 月	313.0	60

续表

管线名称	起止地点（省、市县、区）	建成时间	延展长度（千米）	输送能力（万吨或千万立方米）
轮库线	新疆巴州轮南—库尔勒	1998 年 05 月	192.4	125
西气东输二线		2011 年 06 月	8221.0	3000
其中，干线西段	新疆霍尔果斯—宁夏中卫	2011 年 06 月	2324.6	
干线东段	宁夏中卫—广东广州	2011 年 06 月	2550.9	3000
轮吐线	新疆巴州轮南首站—吐鲁番分输站	2012 年 11 月	528.0	1200
中卫—靖边联络线	宁夏中卫—陕西靖边	2009 年 10 月	336.5	3000
香港支线	深圳—香港	2012 年 12 月	20.9	600
西气东输三线			3704.7	3000
其中，西三线干线西段	新疆霍尔果斯—宁夏中卫	2013 年 06 月	2350.8	3000
吉安—福州段	江西吉安—福建福州	2016 年 12 月	832.4	1500
中靖联络线	宁夏中卫—陕西靖边	2017 年 11 月	375.2	3000
涩宁兰线			2137.7	680
其中，干线	青海格尔木涩北—甘肃兰州	2001 年 08 月	934.2	330
涩宁兰复线	青海格尔木涩北—甘肃兰州	2009 年 08 月	925.1	340
中贵线	宁夏中卫—贵州贵阳	2013 年 11 月	1871.9	1500
其中，干线	宁夏中卫—贵州贵阳	2013 年 11 月	1604.6	1500
广南线干线（广西段）	广西南宁—梧州	2013 年 01 月	337.9	1000
南宁—百色支线	广西南宁邕宁—百色	2014 年 08 月	300.0	169.1
苍梧—贺州支线	广西梧州苍梧—贺州	2014 年 09	205.2	88.6
湘娄邵线	湖南湘潭昭山—邵阳双清	2012 年 12 月	230.0	48
中缅天然气管道昆明西支线	云南昆明中缅管线昆明西分输站—碧鸡关末站	2013 年 08 月	37.5	60
中缅线（国内段）干线	云南瑞丽—广西贵港	2013 年 11 月	1744.2	1000
中国石油其他天然气管线合计			13841	3245
中国石油总计			53834	37358
成品油管道				
港枣线干线	天津大港石化—山东枣庄	2007 年 06 月	614.9	285
兰郑长线干线	甘肃兰州西固区—甘肃天水张家川—陕西宝鸡—河南郑州—湖南长沙	2009 年 04 月	2131.8	1000

续表

管线名称	起止地点（省、市县、区）	建成时间	延展长度（千米）	输送能力（万吨或千万立方米）
吉长线	吉林省吉林市—长春	2014 年 06 月	159.5	245
宁夏石化外输线干线	宁夏银川—内蒙古临河（巴彦淖尔市）	2016 年 11 月	373.6	191
西部成品油管道			2097.0	1000
其中，乌兰成品油管道	乌鲁木齐王家沟油库—甘肃兰州	2006 年 06 月	1859.3	1000
北疆成品油管线			989.6	1115
其中，独乌成品油管线	新疆独山子—乌鲁木齐王家沟	2004 年 11 月	227.7	290
克独成品油管线	新疆克拉玛依—独山子	2004 年 11 月	178.8	90
克乌成品油复线	新疆克拉玛依—乌鲁木齐王家沟	2009 年 11 月	297.8	400
克乌成品油管线	新疆克拉玛依—乌鲁木齐王家沟	1996 年 10 月	285.3	180
兰成渝管线	甘肃兰州西固—重庆伏牛溪	2002 年 09 月	1381.2	700
云南成品油管线			880.0	721
其中，安宁—保山支线	云南安宁安宁首站—保山保山末站	2017 年 09 月	395.5	173
安宁—曲靖支线	云南安宁安宁首站—曲靖曲靖末站	2017 年 12 月	233.3	323
安宁—蒙自支线	云南安宁安宁首站—蒙自蒙自末站	2017 年 09 月	251.2	225
中国石油其他成品油管线合计			11731	2357
中国石油总计			20359	7614

注：1. 数据来源于集团公司规划计划部。

2. 本表收录中国石油延展长度 100 千米以上的主要在役管道；油田公司内部延展长度 100 千米以上的部分管线不列入其中。

三　中国石油在世界最大50家石油公司中的综合排名

年　份	综合排名(名次)	年　份	综合排名(名次)
1994年	22	2006年	7
1995年	19	2007年	5
1996年	17	2008年	5
1997年	16	2009年	5
1998年	16	2010年	5
1999年	12	2011年	5
2000年	9	2012年	4
2001年	10	2013年	4
2002年	10	2014年	3
2003年	10	2015年	3
2004年	9	2016年	3
2005年	7	2017年	3

注:1.数据来源于美国《石油情报周刊》,该周刊1987年开始公布这一排名,原中国石油天然气总公司于1994年12月首次进入"世界最大50家石油公司"排名。根据世界一百多家石油公司公布的石油储量、天然气储量、石油产量、天然气产量、石油炼制能力和油品销售量等6项指标综合测算排出世界最大50家石油公司排行榜。

2.1994—1997年是对中国石油天然气总公司进行排名。1998年,由于中国石油工业和世界大石油公司都进行了大规模的重组和调整,《石油情报周刊》先后分别对中国石油天然气总公司、中国石油天然气集团公司和中国石油天然气股份有限公司进行了排名,分别位居第15、第10和第16名。表中1999—2005年是中国石油天然气股份有限公司综合排名,2006—2016年是中国石油天然气集团公司综合排名。

四　中国石油在《财富》杂志世界500家大公司中的排名

年　份	综合排名(名次)	年　份	综合排名(名次)
2001年	83	2010年	10
2002年	81	2011年	6
2003年	69	2012年	6
2004年	52	2013年	5
2005年	46	2014年	4
2006年	39	2015年	4
2007年	24	2016年	3
2008年	25	2017年	4
2009年	13		

注:数据来源于美国《财富》杂志。该杂志自1995年开始发布“世界500强”(Global 500)排行榜,排名指标包括企业的销售收入、利润、资产、股东权益、雇佣人数等。集团公司2000年开始进入世界500家大公司榜单。

五 中国石油 1978—2017 年获国家科技奖统计

表 1 中国石油获各类国家科技奖奖项统计

年份	国家科学技术进步奖				国家自然科学奖			国家技术发明奖	
	特等奖	一等奖	二等奖	三等奖	一等奖	二等奖	三等奖	二等奖	三等奖
1979 年※								2	4
1980 年								2	3
1981 年									4
1982 年					1		1		3
1984 年									1
1985 年	2	5	13	20					1
1987 年		3	12	19					4
1988 年		1	4	10					
1989 年		2	6	8					2
1990 年			4	11				1	4
1991 年		1	5	6			1		
1992 年			3	9					
1993 年		1	3	5					
1995 年			6	8				1	
1996 年	1	1	4	8					
1997 年		3	3	5		1			1
1998 年		1	6	5					
1999 年			2	2					
2000 年		1	8	—			—		—
2001 年		1	2	—			—		—
2002 年		1	5	—			—		—
2003 年		1	4	—			—	1	—
2004 年			7	—			—		—
2005 年		1	6	—			—	1	—
2006 年			7	—			—		—
2007 年		1	3	—			—		—

续表

年份	国家科学技术进步奖				国家自然科学奖			国家技术发明奖	
	特等奖	一等奖	二等奖	三等奖	一等奖	二等奖	三等奖	二等奖	三等奖
2008 年			9	—			—	1	—
2009 年			7	—			—	2	—
2010 年	1	1	7	—		1	—		—
2011 年		2	6	—			—	1	—
2012 年		1	4	—			—		—
2013 年			2	—			—	1	—
2014 年		2	6	—			—	1	—
2015 年		1	2	—			—	1	—
2016 年			2	—			—	1	—
2017 年			4	—			—	1	—
合计	4	31	162	116	1	2	2	17	27

注:1. 数据来源于《“一五”—“七五”石油科技要览(1949—1990)》《“八五”石油科技要览》《“九五”石油科技要览(1996—2000)》《“十五”石油科技要览(2001—2005)》《“十一五”石油科技要览(2006—2010)》《“十二五”石油科技要览(2011—2015)》《中国石油天然气集团公司年鉴》。

2. 为奖励在科学技术进步活动中作出突出贡献的公民、组织,调动科学技术工作者的积极性和创造性,加速科学技术事业的发展,提高综合国力,国务院设立国家科学技术奖,其中:① 国家科学技术进步奖由国务院于 1984 年设立,1985 年正式授奖,是 1999 年国务院设立的 5 项国家科学技术奖之一。2000 年以前分为一、二、三共三等奖(并另设最高奖项特等奖),2000 年以后分为一等奖和二等奖(并另设最高奖项特等奖);该奖项每年评审一次,由国务院颁发证书和奖金;国家发明奖由国务院于 1963 年设立,1964 年正式授奖。该奖项分设一、二、三、四共四等奖(并另设最高奖项特等奖),每年评审一次,由国务院授予发明证书、奖章和奖金。② 国家技术发明奖由国务院于 1979 年设立,也是 1999 年国务院设立的 5 项国家科学技术奖之一。该奖项分为一等奖和二等奖,每年评审一次,由国务院颁发证书和奖金。③ 国家自然科学奖由国务院于 1979 年设立,也是 1999 年国务院设立的 5 项国家科学技术奖之一。该奖项分为一、二、三等奖,每年评审一次,由国务院颁发证书和奖金。

※1978 年,石油部“陆相沉积盆地油气勘探方法”“早期内部注水保持油层压力的油田开发”“胜利油田的发现及油气富集规律”等 152 项科技成果获全国科学大会奖。

表2 中国石油获国家科学技术进步奖特等奖、一等奖统计

获奖年份	获奖奖项	获奖项目名称
1985年	国家科技进步特等奖	大庆油田长期高产稳产的注水开发技术
		渤海湾盆地复式油气聚集(区)带勘探理论与实践——以济阳等坳陷复杂断块油田的勘探开发为例
	国家科技进步一等奖	东海及南海北部大陆架含油气盆地的发现及油气资源评价
		埕北油田A钻井平台设计和海洋丛式钻井技术
		稠油注蒸汽吞吐工艺技术
		数字地震勘探技术的应用与发展
		喷射钻井技术的研究与应用
1987年	国家科技进步一等奖	中国煤成气的开发研究
		塔里木盆地和准噶尔盆地沙漠腹地地震勘探新技术
		银河地震数据处理系统
1988年	国家科技进步一等奖	限流法压裂在薄油层开发中的应用
1989年	国家科技进步一等奖	中国石油天然气资源评价研究
		孤东海滩油田高效勘探开发与建设
1991年	国家科技进步一等奖	定向井、丛式井钻井技术研究
1993年	国家科技进步一等奖	KJ8920石油地质勘探、油田开发大型数据处理系统
1996年	国家科技进步特等奖	大庆油田高含水期“稳油控水”系统工程
	国家科技进步一等奖	塔里木沙漠石油公路工程技术研究
1997年	国家科技进步一等奖	大中型天然气田形成条件、分布规律和勘探技术研究
		石油水平井钻井成套技术
		6000米电驱动沙漠钻机
1998年	国家科技进步一等奖	聚合物驱油技术
2000年	国家科技进步一等奖	大港油田陆上高成熟探区千米桥潜山大型凝析气藏成藏系统与勘探
2001年	国家科技进步一等奖	克拉2大气田的发现和山地超高压气藏勘探技术
2002年	国家科技进步一等奖	苏里格大型气田发现及综合勘探技术
2003年	国家科技进步一等奖	苏丹Muglad盆地1/2/4区高效勘探的理论与实践
2005年	国家科技进步一等奖	塔里木盆地高压凝析气田开发技术研究及应用
2007年	国家科技进步一等奖	中低丰度岩性地层油气藏大面积成藏地质理论、勘探技术及重大发现

续表

获奖年份	获奖奖项	获奖项目名称
2010 年	国家科技进步特等奖	大庆油田高含水后期 4000 万吨以上持续稳产高效勘探开发技术
	国家科技进步一等奖	西气东输工程技术及应用
2011 年	国家科技进步一等奖	特殊环境下复杂类型油气田规模高效开发关键技术
		环烷基稠油生产高端产品技术研究开发与工业化应用
2012 年	国家科技进步一等奖	水平井钻完井多段压裂增产关键技术及规模化工业应用
2014 年	国家科技进步一等奖	我国油气战略通道建设与运行关键技术
		极端条件下重要压力容器的设计、制造与维护
2015 年	国家科技进步一等奖	5000 万吨级特低渗透—致密油气田勘探开发与重大理论技术创新

注:数据来源于《"一五"—"七五"石油科技要览(1949—1990)》《"八五"石油科技要览》《"九五"石油科技要览(1996—2000)》《"十五"石油科技要览(2001—2005)》《"十一五"石油科技要览(2006—2010)》《"十二五"石油科技要览(2011—2015)》《中国石油天然气集团公司年鉴》。

六 中国石油1978—2017年两院院士名录

年 份	姓 名	单 位	称 号
1980年	翁文波	石油勘探开发科学研究院	中国科学院学部委员
	闵恩泽	石油工业部石油化工科学研究院(后调出)	
	朱亚杰	华东石油学院(后调出)	
	武迟	石油工业部石油化工科学研究院(后调出)	
1991年	童宪章	石油勘探开发科学研究院	中国科学院学部委员
	李德生	石油勘探开发科学研究院	
1994年	侯祥麟	石油勘探开发科学研究院	中国工程院院士
	王德民	大庆石油管理局	
1995年	戴金星	石油勘探开发科学研究院	中国科学院院士
	郭尚平	石油勘探开发科学研究院	
	翟光明	石油勘探开发科学研究院	中国工程院院士
	顾心怿	胜利石油管理局	
	李庆忠	石油地球物理勘探局	
	罗平亚	西南石油学院	
	时铭显	石油大学(北京)	
1997年	田在艺	石油勘探开发科学研究院	中国科学院院士
	胡见义	石油勘探开发科学研究院	中国工程院院士
	李鹤林	石油管材研究所	
1999年	邱中建	中国石油天然气集团公司	中国工程院院士
	高金吉	辽阳石化分公司(后调出)	
2001年	韩大匡	中国石油勘探开发研究院	中国工程院院士
2003年	贾承造	中国石油勘探开发研究院	中国科学院院士
	苏义脑	中国石油勘探开发研究院	中国工程院院士
2005年	童晓光	中国石油天然气勘探开发公司	中国工程院院士
	袁士义	中国石油勘探开发研究院	

续表

年 份	姓 名	单 位	称 号
2007 年	王玉普	大庆油田有限责任公司	中国工程院院士
2011 年	孙龙德	中国石油天然气股份有限公司	中国工程院院士
	胡文瑞	中国石油天然气股份有限公司	
2013 年	黄维和	中国石油天然气股份有限公司	中国工程院院士
	赵文智	中国石油天然气股份有限公司	
2017 年	刘 合	中国石油勘探开发研究院	中国工程院院士
	孙显声	中国石油集团钻井工程技术研究院	
	邹才能	中国石油勘探开发研究院	中国科学院院士

注:1. 中国科学院院士是国家设立的科学技术方面的最高学术称号。原名为“中国科学院学部委员”,1993 年 10 月经国务院批准改为现名。1955 年经评选产生第一批院士,此后每两年增选一次。

2. 中国工程院院士是国家设立的工程科学技术方面的最高学术称号。院士由评选产生,1994 年 5 月,经国务院批准产生首批中国工程院院士,此后每年增选一次。从 1997 年开始,改为每两年增选一次。

3. 本表收录 1978—2017 在中国石油申报获评的两院院士,包括以后调出的院士。

七 中国石油1978—2018年度工作会议及领导干部会议一览表

年 份	日 期	会议名称	会议主题
1978年	8月21—31日	全国油田领导干部会议	传达国务院务虚会议精神，研究石油工业十年发展规划，着重讨论以揭批“四人帮”为纲，进一步搞好今明两年生产建设问题。 石油部部长宋振明作报告
1979年	4月9—14日	石油工业部工作会议	讨论研究利用外国技术和资金，进行中国海上石油地球物理勘探，以及为开展这一工作选配各类专业技术干部，进行培养提高，以加速中国地质地球物理勘探等问题的解决。 石油部副部长阎敦实作报告
	12月1—27日	石油企业领导干部会议	围绕“突出勘探，多找储量；千方百计，保住一亿零六；努力增产，厉行节约；创造条件，继续前进”中心议题展开讨论，安排1980年工作。 石油部部长宋振明作会议总结讲话《以四项基本原则为武器，以加快四化建设为目标，排除“左”和右两个方面的干扰，继续艰苦奋斗为油大干》
1980年	12月10日	全国油田领导干部会议	传达贯彻全国省长、市长、自治区主席会议和正在召开的全国计划会议精神，研究讨论石油工业的方针和下一年工作的安排
1982年	2月14—25日	全国石油工作会议	着重讨论三个问题：一是通过交流总结评比活动经验，明确在新形势下，必须恢复和发扬大庆会战以来做好政治思想工作的基本功；二是明确石油企业整顿和管理改革的原则、步骤和具体做法；三是进一步落实完成1982年生产建设任务的主要措施。 国务院副总理兼石油部部长康世恩到会讲话
1983年	7月4—12日	石油工业领导干部会议	传达学习中央工作会议精神，讨论和安排下半年的主要工作，为明年生产建设打好基础。 石油部部长唐克作总结讲话
1984年	5月5—26日	全国石油工业局厂领导干部会议	进一步贯彻执行十一届三中全会以来党的路线、方针、政策和十二大制定的战略目标与战略部署，贯彻落实中央领导对石油工业的重要指示，研究进一步加快石油工业的发展，开创新的局面。 石油部部长唐克作《在全国石油工业局厂领导干部会议上的报告》

续表

年份	日期	会议名称	会议主题
1985年	10月8—14日	石油工业部油田主要领导干部会议	传达贯彻党的全国代表会议和各省、自治区、直辖市负责同志座谈会精神。 石油部部长王涛作总结讲话
1986年	1月20—28日	全国石油工业局厂领导干部会议	进一步贯彻落实全国代表会议、国务院召开的各省市自治区负责同志座谈会、中央书记处召开的中央机关干部大会精神，总结石油工业“六五”期间工作，研究讨论“七五”发展计划，安排部署1986年生产建设和工作任务，争取提前实现石油战线党风的根本好转。 石油部部长王涛作工作报告
	12月20—29日	全国石油工业局厂领导干部会议	学习和贯彻十二届六中全会《决议》，研究制定加强石油展现社会主义精神文明建设的实施规划；总结1986年石油工业计划执行情况，交流各项主要工作经验；传达全国计划会议精神，研究安排1987年石油勘探开发部署、生产建设计划，以及推进科学技术进步、深入推进体制改革、改善企业经营管理、加强基层建设等方面工作。 石油部部长王涛作工作报告
1989年	1月10—17日	石油工业局厂领导干部会议	贯彻落实十三届三中全会精神，部署治理经济环境、整顿经济秩序的工作；交流石油企事业单位深化改革经验，讨论研究全行业配套改革方案；交流石油企事业单位思想政治工作情况，研究加强新时期思想政治工作办法；确定在继续以东部地区为“增储上产”重点的同时，由总公司领导，从全国抽调力量，采用新的工艺技术和管理体制，在塔里木盆地开展一场高水平、高效益的石油勘探开发会战，以及加强油气综合利用，开展多种经营等方面的工作。 工作报告：《求实、团结、开拓、奋斗，在治理、整顿和深化改革中夺取石油工业新发展》（王涛）
1991年	2月1—7日	石油工业局厂领导干部会议	学习贯彻党的十三届七中全会精神，认真总结“七五”期间石油战线工作，研究制定“八五”发展计划和今后十年规划，安排部署1991年主要工作。 总公司总经理王涛作工作报告
	10月14—17日	全国油田领导干部会议	研究搞好大中型石油企业的主要措施和办法，确定把石油企业的工作重点转移到依靠科技，加强管理，提高经济效益的轨道上；发挥党组织政治核心作用，坚持和完善厂长负责制，依靠工人阶级，实现石油工业持续稳定发展。

续表

年 份	日 期	会议名称	会议主题
1992年	1月14—18日	石油工业 局厂领导干部会议	深入贯彻中央工作会议和党的十三届八中全会精神,以及国务院召开的全国计划、财政、技术进步、体制改革和能源工作会议精神,总结1991年实施“三大战略”的进展情况,研究讨论“八五”后四年承包方案,安排部署1992年工作。 总公司总经理王涛作工作报告
1993年	1月18日	全国石油企事业单位 电话会议	会议全面总结1992年石油工业所取得的成绩和存在的问题,重点就1993年改革开放和生产建设任务做了安排。 总公司总经理王涛在电话会上讲话
1994年	1月19—24日	总公司1994年 工作会议	贯彻党的十四大、十四届三中全会和全国经济工作会议精神;研究部署1994年石油企事业单位改革和发展工作。 工作报告:《加大改革开放力度,加快生产建设步伐,开创陆上石油工业发展的新局面》(王涛)
1995年	1月10—16日	总公司1995年 工作会议	学习贯彻党的十四届四中全会和中央经济工作会议精神,全面分析当前陆上石油企业面临的形势,讨论确定总公司《关于以经济效益为中心,加快发展若干问题的意见》,贯彻党的十四届四中全会《决定》及三个《实施意见》,研究陆上石油工业以提高经济效益为中心,加快发展若干问题的意见;部署1995年生产经营的工作重点。 总公司总经理王涛作大会总结讲话
1996年	1月22—26日	总公司1996年 工作会议	进一步分析陆上石油工业面临的机遇和挑战,讨论确定“九五”的指导思想、发展战略、工作目标、重大部署和政策措施,动员广大职工统一思想、齐心协力、奋发进取、讲求实效,实现“九五”新发展。 工作报告:《积极推进两个根本性转变,为实现陆上石油工业“九五”发展目标而奋斗》(王涛)
1997年	1月15—21日	总公司1997年 工作会议	加强制度建设,今后将逐步建立起集体决策等一系列制度,规范决策程序,加强决策的民主化和科学化。坚持两个文明一起抓,努力实现两个根本转变,在二次创业中实现“两个基本”“两个翻番”“两个前列”。 工作报告:《发扬大庆精神,推进两个根本转变,努力实现陆上石油工业持续稳定发展》

续表

年　份	日　期	会议名称	会议主题
1998 年	1 月 10—15 日	总公司 1998 年工作会议	深入贯彻党的十五大精神和中央经济工作会议精神，总结 1997 年工作，部署 1998 年任务。 工作报告:《全面贯彻落实党的十五大精神，打好企业改革攻坚战和石油科技攻关仗，各项工作迈上新台阶》
	7 月 20—22 日	集团公司 1998 年工作会议	认真贯彻党的十五大和九届人大一次会议精神，学习中国石油天然气集团公司组建方案和章程，研究今后的发展思路，安排落实下半年生产经营工作。动员各级干部和广大职工统一思想，坚定信心，团结一致，开拓创新，为全面实现集团公司 1998 年的工作目标和跨世纪发展而共同奋斗。 工作报告:《团结一致，开拓创新，为实现集团公司 1998 年的工作目标和跨世纪发展而奋斗》（马富才）
1999 年	1 月 18—22 日	集团公司 1999 年工作会议	深入贯彻落实党的十五大精神和中央经济工作会议精神，总结 1998 年工作，部署 1999 年任务，动员广大职工认清形势，坚定信心，团结奋战，为实现集团公司持续稳定发展而奋斗。 工作报告:《认清形势，坚定信心，团结奋战，实现集团公司持续稳定发展》（马富才）
	7 月 28—29 日	集团公司企事业单位领导干部会议	传达贯彻中央文件及中央、国务院召开的省部长经济工作座谈会精神，贯彻落实中央关于经济工作的部署，总结认清经济形势，统一思想认识，搞好生产经营和重组改制工作。 集团公司总经理马富才作大会总结讲话
2000 年	1 月 18—22 日	集团公司 2000 年工作会议	认真学习贯彻党的十五届四中全会和中央经济工作会议精神，总结 1999 年工作，部署 2000 年任务，进一步统一思想，动员广大干部职工认清形势，明确任务，深化改革，加快发展，团结奋战，开拓前进，为夺取集团公司改革和发展的新胜利而奋斗。 工作报告:《团结奋斗，开拓前进，夺取集团公司改革和发展的新胜利》（马富才）
	9 月 5 日	集团公司领导干部会议	传达全国改革干部人事会议精神；回顾 2000 年以来的工作及取得的重要进展；探讨下一步深化改革的几点意见。 工作报告:《抓住机遇，深化改革，推进集团公司整体协调发展》（马富才）

续表

年份	日期	会议名称	会议主题
2001年	1月13—16日	集团公司2001年工作会议	深入学习贯彻党的十五届五中全会和中央经济工作会议精神,全面总结“九五”及2000年的工作,部署“十五”发展计划,安排2001年的各项工作,动员广大干部职工,认清形势,抓住机遇,继往开来,团结奋进,确保“十五”计划开好头,努力开创集团公司新世纪改革和发展的新局面。 工作报告:《跨入新世纪,认清新形势,努力开创集团公司改革和发展的新局面》(马富才)
2002年	1月22—25日	集团公司2002年工作会议	深入学习贯彻党的十五届六中全会和中央经济工作会议精神,按照“三个代表”的要求,总结去年的工作,分析面临的形势,部署2002年的任务,动员全体干部职工认清形势、坚定信心,与时俱进、团结奋斗,以优异的成绩迎接党的十六大召开。 工作报告:《与时俱进,开拓创新,为建设具有国际竞争力的跨国企业集团而奋斗》(马富才)
	9月24日	集团公司企事业单位领导干部会议	传达、学习和贯彻全国再就业工作会议精神,分析集团公司减员分流和再就业工作面临的形势,按照《中共中央、国务院关于进一步做好下岗失业人员再就业工作的通知》要求,讨论研究集团公司结构调整、减员分流和促进再就业工作的任务和措施,努力把全国再就业工作会议精神落到实处。 集团公司总经理马富才作大会总结讲话
2003年	1月15—18日	集团公司2003年工作会议	深入贯彻落实党的十六大和中央经济工作会议精神,以“三个代表”重要思想为指导,总结过去五年的工作,谋划未来的发展,安排部署今年的任务,进一步动员广大干部职工解放思想、实事求是,与时俱进、开拓创新,全面推进具有国际竞争力的跨国企业集团建设,努力推动集团公司实现新的跨越。 工作报告:《深入贯彻落实党的十六大精神,全面推进具有国际竞争力的跨国企业集团建设》(马富才)
	7月15日	集团公司企事业单位领导干部电视会议	传达中央政治局常委、国务院副总理黄菊在听取集团公司汇报后的重要指示,要求集团公司广大干部职工凝聚力量,全力以赴抓好生产经营,坚定不移地推动企业改革,周密细致地落实各项措施,确保全面完成全年的各项工作任务;会议对2003年上半年任务进行总结,对下半年任务进行安排。 集团公司总经理马富才作重要讲话

续表

年 份	日 期	会议名称	会议主题
2004 年	1 月 6 日	集团公司 2004 年工作会议	贯彻落实党的十六大、十六届三中全会和中央经济工作会议精神，总结 2003 年工作的主要成绩和经验，总体部署 2004 年工作；紧紧抓住全面建设小康社会和完善社会主义市场经济体制的宝贵机遇，按照全面、协调、可持续的发展观，明确提出了建设具有国际竞争力的跨国企业集团的总体目标、实施步骤和保障措施，把集团公司的改革发展推向一个新阶段。 工作报告：《抓住机遇，加快发展，全力打造具有国际竞争力的跨国企业集团》（马富才）
	7 月 15—17 日	集团公司领导干部会议	深入贯彻党的十六届三中全会精神和中央领导同志的一系列重要指示，认真分析集团公司面临的新形势，总结上半年工作，安排部署下半年任务，专题研究安全、稳定、分离办社会职能的几个重点问题，进一步动员广大干部职工振奋精神，努力工作，团结一心，再创辉煌，把集团公司各项工作推向一个新的阶段。 工作报告：《认清形势、振奋精神，团结一心、再创辉煌》（陈耕）
2005 年	1 月 15—19 日	集团公司 2005 年工作会议	深入贯彻落实党的十六届四中全会和中央经济工作会议精神，以及中央企业负责人会议精神，按照国务院领导听取集团公司工作汇报时的重要指示，以科学发展观为指导，总结 2004 年工作，部署 2005 年任务，动员广大干部职工团结奋斗、积极进取、全面完成今年及“十五”计划目标，加快建设具有国际竞争力的跨国企业集团，为国民经济发展做出新的更大贡献。 工作报告：《用科学发展观统领全局，实现集团公司持续有效较快协调发展》（陈耕）
	7 月 26—29 日	集团公司领导干部会议	以树立和落实科学发展观，构建和谐社会为指导方针，研究集团公司中长期发展战略问题，为编制集团公司“十一五”规划奠定思想基础和工作基础；总结上半年工作，安排部署下半年工作，进一步动员广大干部职工抓住机遇，再接再厉，为把集团公司建成一流的社会主义现代化企业和具有国际竞争力的跨国企业集团而奋斗。 主题报告：《关于集团公司发展战略问题》（陈耕）

续表

年 份	日 期	会议名称	会议主题
2006年	1月14—17日	集团公司2006年工作会议	贯彻落实党的十六届五中全会和中央经济工作会议精神,全面总结"十五"和2005年的工作,深化对集团公司改革发展稳定规律性的认识;研究提出集团公司"十一五"发展战略、目标任务和总体要求,安排2006年工作,在新的起点上把建设具有较强国际竞争力的跨国企业集团事业推向前进。 工作报告:《用科学发展观统领全局,着力提升国际竞争力,把跨国企业集团建设全面推向前进》(陈耕)
	7月20—22日	集团公司领导干部会议	深入学习贯彻落实科学发展观,专题研究集团公司安全发展、清洁发展问题,总结和部署生产经营工作,深刻认识加强安全环保工作的极端重要性和紧迫性,深刻把握安全环保工作的规律性,深刻汲取近年来发生的重大事故教训,进一步动员百万石油职工统一思想,坚定信心,振奋精神,扎实工作,坚决遏制重特大事故的发生,努力实现集团公司安全环保形势的根本好转。 主题报告:《深入贯彻落实科学发展观,实现集团公司安全发展清洁发展》
2007年	1月23—25日	集团公司2007年工作会议	深入贯彻党的十六大和十六届三中、四中、五中、六中全会精神及中央经济工作会议精神,牢牢把握科学发展、构建和谐两大主题,总结2006年工作,安排2007年工作。 工作报告:《全面落实科学发展观,努力构建和谐企业,为国家能源保障作出新贡献》
	7月18—20日	集团公司2007年领导干部会议	认真学习贯彻胡锦涛总书记在中央党校的重要讲话和2006年以来中央领导同志考察中国石油企业的一系列重要指示精神,重温大庆石油会战艰苦创业的光荣历史,进行大庆精神铁人精神再教育,回顾总结近年来基层建设工作成果,研究部署新形势下加强基层建设的主要任务,动员和组织广大干部员工继承发扬大庆精神铁人精神,艰苦奋斗,开拓进取,努力实现集团公司科学发展、和谐发展。 主题报告:《发扬大庆精神,加强基层建设,努力实现集团公司科学发展和谐发展》

续表

年　份	日　期	会议名称	会议主题
2008年	1月16—18日	集团公司2008年工作会议	深入学习贯彻党的十七大及中央经济工作会议精神，以科学发展观为指导，在总结以往工作基础上，研究部署今后一个时期及2008年重点工作，动员广大干部员工高举伟大旗帜，继续解放思想，坚持改革开放，推动科学发展，促进稳定和谐，努力建设综合性国际能源公司。 工作报告：《深入学习贯彻党的十七大精神，努力建设综合性国际能源公司》
	7月18—20日	集团公司2008年领导干部会议	通过回顾和重温中国共产党带领人民进行伟大革命斗争的历史，特别是党中央在延安13年的光辉历程，进一步深刻领会延安精神的历史意义和时代内涵，动员和组织广大干部员工艰苦奋斗，埋头苦干，不断开创集团公司科学发展的新局面。 主题报告：《艰苦奋斗，埋头苦干，不断开创科学发展新局面》
2009年	1月8—10日	集团公司2009年工作会议	深入贯彻落实科学发展观和中央经济工作会议精神，回顾集团公司改革开放历史进程，总结2008年工作的主要成果，部署2009年重点工作，动员广大干部员工，进一步认清形势，统一思想，坚持科学发展，深化改革开放，积极推进综合性国际能源公司建设，为全面落实党中央提出的保持经济平稳较快增长决策部署做出新贡献。 工作报告：《坚持科学发展，深化改革开放，积极推进综合性国际能源公司建设》
	7月16—18日	集团公司深入学习实践科学发展观活动总结暨2009年领导干部会议	学习贯彻中央领导同志考察集团公司所作的一系列重要指示，总结回顾学习实践活动情况和成效，进一步明确转变发展方式的思路和措施，动员和组织广大干部员工认清形势，坚定信心，埋头苦干，努力创造新优势、实现新发展，积极推进综合性国际能源公司建设，为发展我国石油工业、保障国家能源安全做出新贡献。 主题报告：《巩固扩大学习实践活动成果，加快转变发展方式，持续推进科学发展》

续表

年 份	日 期	会议名称	会议主题
2010年	1月14—16日	集团公司2010年工作会议	深入贯彻落实党的十七届四中全会和中央经济工作会议精神,总结回顾进入新世纪以来的发展历程,研究部署今后一个时期主要任务,安排2010年重点工作,动员广大干部员工进一步认清形势,坚定信心,努力开拓创新,加快发展方式转变,不断增强全面协调可持续发展能力,深入推进综合性国际能源公司建设,为国民经济平稳较快发展提供能源保障。 工作报告:《转变发展方式,调整优化结构,不断增强全面协调可持续发展能力》
	7月16—18日	集团公司2010年领导干部会议	深入贯彻落实科学发展观,总结回顾集团公司推进发展方式转变取得的成效,分析面临的形势和任务,进一步统一思想,明确思路,切实增强主动性、紧迫感和责任感,以更大的决心和力度,加快发展方式转变,持续推进综合性国际能源公司建设,实现全面协调可持续发展;对贯彻中央新疆工作座谈会精神,支持新疆实现跨越式发展和长治久安作出部署。 主题报告:《加快转变发展方式,努力实现科学发展》
2011年	1月12—14日	集团公司2011年工作会议	以科学发展观为指导,深入学习贯彻党的十七届五中全会和中央经济工作会议精神,全面总结"十一五"发展成果和经验,分析面临的形势,研究部署"十二五"规划目标和任务,安排2011年工作,动员百万石油员工开拓创新,扎实工作,突出做好发展、转变、和谐三件大事,持续推进综合性国际能源公司建设,为保障国家能源安全和全面建设小康社会做出新贡献。 工作报告:《深入贯彻落实科学发展观,为实现"十二五"发展目标而奋斗》
	7月11—13日	集团公司2011年领导干部会议	深入学习贯彻党的十七届五中全会精神和胡锦涛总书记"七一"重要讲话,研究部署继承发扬大庆精神、加强"三基"工作的主要任务,进一步夯实发展基础,打造绿色、国际、可持续的中国石油,为保障国家能源安全做出新贡献。 主题报告:《发扬大庆精神,加强"三基"工作,进一步夯实可持续发展基础》

续表

年 份	日 期	会议名称	会议主题
2012 年	1 月 9—11 日	集团公司 2012 年工作会议	以科学发展观为指导，深入贯彻党的十七届六中全会及中央经济工作会议精神，传达学习中央领导同志近期关于中国石油工作的重要批示和指示精神，总结 2011 年工作，分析面临形势，安排 2012 年任务，动员广大干部员工增强信心、沉着应对、开拓创新、扎实工作，全面履行“三大责任”，持续推进综合性国际能源公司建设。 工作报告：《把握稳中求进，注重质量效益，持续推进综合性国际能源公司建设》（周吉平）
	7 月 12—14 日	集团公司 2012 年领导干部会议	以科学发展观为指导，把握中央稳中求进的工作总基调，贯彻国务院国资委全面开展管理提升活动等有关精神，按照集团公司党组确定的推进落实、持续提升、稳定增长的工作定位，加强科学管理，提高管控水平，促进发展方式加快转变，提升发展质量效益，进一步推动“十二五”规划的全面实施，更好地保增长、保供应、保稳定，以实际行动迎接党的十八大胜利召开。 主题报告：《继续加强科学管理，全面提升发展质量》
2013 年	1 月 23—25 日	集团公司 2013 年工作会议	深入贯彻落实党的十八大及中央经济工作会议精神，高举中国特色社会主义伟大旗帜，总结过去 5 年工作和集团公司成立以来的发展经验，明确今后一个时期的目标任务，部署今年重点工作，动员广大干部员工解放思想，改革创新，脚踏实地，埋头苦干，全面建成综合性国际能源公司，为保障国家能源安全和全面建成小康社会做出新贡献。 工作报告：《坚持稳中求进，大力开拓创新，确保企业持续健康发展和谐稳定》（周吉平）
	7 月 29—31 日	集团公司 2013 年领导干部会议	以党的十八大精神为指导，学习贯彻中央领导同志重要指示和国务院国资委有关会议精神，进一步明确当前和今后一个时期集团公司发展的重点部署和重大举措，总结上半年生产经营成果，安排下半年主要工作，动员广大干部员工统一思想，凝聚力量，坚持战略发展，突出质量效益，全面完成今年各项任务目标，努力建设世界水平的综合性国际能源公司，为保障国家能源安全和全面建成小康社会做出新贡献。 主题报告：《坚持战略发展，突出质量效益，努力建设世界水平的综合性能源公司》（周吉平）

续表

年份	日期	会议名称	会议主题
2014年	1月16—18日	集团公司2014年工作会议	深入贯彻落实党的十八大、党的十八届三中全会及中央经济工作会议精神，总结集团公司2013年工作成果，部署2014年重点工作，明确今后一个时期改革发展目标任务，动员广大干部员工认清形势、增强信心、凝聚共识，坚定正确方向，推进改革创新，努力实现有质量有效益可持续发展，为全面建成世界水平综合性国际能源公司而奋斗。 主题报告：《坚定正确方向，推进改革创新，为全面建成世界水平综合性能源公司而奋斗》（周吉平）
	7月30日	集团公司2014年领导干部会议（视频）	深入学习贯彻党的十八大、十八届三中全会和习近平总书记系列重要讲话精神，贯彻落实国务院国资委有关部署，总结上半年工作，分析面临形势，对做好下半年工作提出要求，动员广大干部员工坚定信心、攻坚克难，保增长、调结构、抓改革，推动企业提质增效升级，为国民经济稳增长做出积极贡献。 集团公司党组书记、董事长周吉平作重要讲话
2015年	1月25—27日	集团公司2015年工作会议	深入贯彻落实党的十八大和十八届三中、四中全会及中央经济工作会议精神，认真学习贯彻习近平总书记系列重要讲话精神，总结近年来主要工作成果，安排2015年重点工作，研究低油价严峻挑战的应对之策，明确今后一个时期集团公司在国家推动能源革命中的目标任务，动员广大干部员工认清形势、开拓进取，坚定全面建成世界水平综合性国际能源公司战略目标，持续深化企业改革，大力实施创新驱动，努力建设法治企业，实现集团公司有质量有效益可持续发展，为保障我国能源安全、促进经济社会发展做出新贡献。 主题报告：《坚持战略目标，加快改革发展，为推动能源生产和消费革命做出新贡献》（周吉平）
	7月30—31日	集团公司2015年领导干部会议	深入贯彻落实党的十八大和十八届三中、四中全会精神，习近平总书记系列重要讲话精神，学习和把握中央“四个全面”战略布局，研讨谋划重塑中国石油良好形象的总体思路和重点举措，动员全体干部员工进一步统一思想、团结奋进，继承弘扬大庆精神铁人精神，推进集团公司稳健发展，为保障国家能源安全和促进经济社会持续健康发展做出新贡献。通报集团公司2014年业绩考核及2015年上半年生产经营情况，部署下半年重点工作任务。 集团公司党组书记、董事长王宜林讲话

续表

年 份	日 期	会议名称	会议主题
2016 年	1 月 21—23 日	集团公司 2016 年工作会议	全面贯彻党的十八届五中全会及中央经济工作会议精神，落实国务院国资委部署要求，总结 2015 年和“十二五”工作，分析集团公司发展面临的形势，部署“十三五”和 2016 年重点工作，动员全体干部员工认清严峻形势，坚持稳健发展，开创建设世界一流综合性国际能源公司新局面，为国家推动能源革命和全面建成小康社会做出新贡献。 主题报告：《认清严峻形势，坚持稳健发展，开创建设世界一流综合性国际能源公司新局面》（王宜林）
	7 月 28—30 日	集团公司 2016 年领导干部会议	深入学习贯彻习近平总书记系列重要讲话精神和中央领导同志重要指示批示精神，按照中央全面从严治党要求，研究部署集团公司加强党的建设的基本思路和重点工作，总结表彰党建工作先进集体和先进个人，推进“两学一做”学习教育，通报上半年生产经营情况，部署下半年重点工作任务，动员全体干部员工大力弘扬“石油精神”，坚定信心、奋力拼搏，重塑良好形象、推进稳健发展，不断开创改革发展和党建工作新局面。 集团公司党组书记、董事长王宜林作题为《加强党的建设，弘扬石油精神，为实现公司战略目标提供坚强保证》的讲话
2017 年	1 月 15—17	集团公司 2017 年工作会议	深入学习贯彻党的十八大和十八大三中、四中、五中、六中全会精神，中央经济工作会议、全国国有企业党的建设工作会议以及中央企业负责人会议精神，总结 2016 年工作，部署 2017 年重点任务，动员全体干部员工更加紧密地团结在以习近平同志为核心的党中央周围，深化改革创新，推进稳健发展，加强党的建设，弘扬石油精神，重塑良好形象，持续推动世界一流综合性国际能源公司建设，为我国经济平稳健康发展和社会和谐稳定做出新贡献。 主题报告：《深化改革创新，推进稳健发展，以优异成绩迎接党的十九大胜利召开》（王宜林）

续表

年　份	日　期	会议名称	会议主题
2017 年	7 月 27—29 日	集团公司 2017 年领导干部会议	深入学习贯彻习近平总书记系列重要讲话精神和治国理政新理念新思想新战略，全面贯彻党中央、国务院关于深化国有企业改革和石油天然气体制改革的部署，认真落实全国国有企业改革经验交流会、中央企业负责人培训班的要求，总结近年来集团公司持续深化改革取得的进展和成效，部署下一步持续深化改革，加强管理创新的主要任务和重点举措，通报上半年生产经营情况，安排下半年重点工作，动员全体干部员工统一思想、坚定信心、开拓进取，以改革创新精神推进集团公司稳健发展。 集团公司党组书记、董事长王宜林作题为《持续深化改革，加强管理创新，坚定不移推进集团公司稳健发展》的讲话
2018 年	1 月 25—27 日	集团公司 2018 年工作会议	深入学习贯彻习近平新时代中国特色社会主义思想和党的十九大精神，认真落实中央经济工作会议及中央企业负责人会议精神，总结 2017 年及近三年集团公司改革发展稳定取得的主要成果，明确今后一个时期的目标任务，安排部署 2018 年重点工作，动员全体干部员工，不忘初心、牢记使命，持续推进世界一流综合性国际能源公司建设，奋力开创新时代中国石油稳健发展新局面，为决胜全面建成小康社会、全面建设社会主义现代化国家做出积极贡献。 主题报告：《深入贯彻落实党的十九大精神，奋力开创新时代中国石油稳健发展新局面》（王宜林）
	7 月 30—31 日	集团公司 2018 年领导干部会议	以习近平新时代中国特色社会主义思想为指导，深入贯彻中央关于推动高质量发展的决策部署，瞄准建设世界一流综合性国际能源公司的战略目标，坚持稳健发展方针，深入研究讨论和明确当前及今后一个时期推动集团公司高质量发展的思路目标及重点工作，动员全体干部员工团结一致、不懈奋斗，奋力开创新时代高质量发展新境界。 集团公司党组书记、董事长王宜林做题为《瞄准世界一流目标，坚持稳健发展方针，扎实推动集团公司高质量发展》的讲话

注：1. 数据收录 1978—2018 年中国石油召开的工作会议和领导干部会议。

2. 数据来源于中国石油档案馆、《中国石油天然气集团公司年鉴》。

八　中国石油2003—2018年签署战略合作(框架)协议列表

日　期	签署协议双方	地　点
2003年		
2月28日	股份公司与微软(中国)有限公司签署战略合作协议	北京
2004年		
10月14日	集团公司与俄罗斯天然气工业股份公司签署战略合作协议	北京
2005年		
5月18日	集团公司与河北省人民政府签署战略合作框架协议	廊坊
2006年		
2月28日	集团公司与首钢总公司签署战略合作协议	北京
8月16日	集团公司与宝山钢铁股份有限公司签署战略合作框架协议	北京
2007年		
3月6日	集团公司与浙江省人民政府签署关于双方进行全面长期友好合作的战略框架协议	—
5月13日	集团公司与陕西省人民政府签署拓展油气上下游一体化战略合作协议	延安
6月16日	集团公司与重庆市人民政府签署战略合作框架协议	重庆
7月21日	集团公司与黑龙江省人民政府签署全面合作战略框架协议	哈尔滨
9月8日	集团公司与俄罗斯鲁克石油公司签署战略合作协议	北京
12月2日	集团公司与云南省人民政府签署战略合作框架协议	北京
12月4日	集团公司与河南省人民政府签署战略合作框架协议	北京
12月6日	集团公司与甘肃省人民政府签署全面战略合作协议	北京
2008年		
3月14日	集团公司和吉林省人民政府签署战略合作框架协议	北京
3月15日	集团公司与江苏省人民政府签署战略合作框架协议	北京
8月26日	集团公司与伊朗国家石油公司签署战略合作框架协议	北京
11月19日	集团公司与铁道部签署战略合作协议	北京
2009年		
2月25日	集团公司与中国农业银行股份有限公司签署战略合作框架协议	北京

续表

日　期	签署协议双方	地　点
3月7日	集团公司与广西壮族自治区人民政府签署战略合作框架协议	北京
3月12日	集团公司与广东省人民政府签署战略合作协议	北京
3月18日	股份公司与中国交通建设股份有限公司签署战略合作框架协议	北京
4月18日	集团公司与湖南省人民政府签署战略合作框架协议	长沙
4月29日	集团公司与中国工商银行签署战略合作协议	北京
8月21日	股份公司与中国铁建股份有限公司签署战略合作协议	北京
9月1日	股份公司与华能国际电力股份有限公司签署战略合作框架协议	北京
9月8日	集团公司与国家开发银行签署长期战略合作协议	北京
10月27日	集团公司与中国移动通信集团公司签署战略合作协议	北京
12月8日	股份公司与中国船舶重工集团公司签署战略合作框架协议	北京
12月28日	集团公司与北京市人民政府签署战略合作框架协议	北京
2010年		
3月3日	股份公司与中国中煤能源股份有限公司签署战略合作框架协议	北京
5月21日	集团公司与中国电信集团公司签署战略合作框架协议	北京
6月11日	集团公司与青海省人民政府签署战略合作框架协议	西宁
6月23日	集团公司与中国联合网络通信集团有限公司签署战略合作协议	北京
6月28日	集团公司与华润(集团)有限公司签署战略合作协议	北京
7月28日	集团公司与山东省人民政府签署战略合作框架协议	济南
8月26日	集团公司与河南省人民政府签署战略合作协议	郑州
9月9日	集团公司与云南省政府签署战略合作协议	昆明
9月27日	集团公司与俄罗斯鲁克石油公司签署扩大战略合作协议	北京
11月24日	集团公司与湖北省人民政府签署战略合作框架协议	武汉
2011年		
1月17日	集团公司与吉林省人民政府签署战略合作框架协议	松原
2月19日	集团公司与广西壮族自治区人民政府签署“十二五”战略合作协议	北京
3月5日	集团公司与新疆维吾尔自治区人民政府签署战略合作框架协议	北京
3月8日	集团公司与江西省人民政府签署战略合作协议	北京
3月12日	集团公司与贵州省人民政府签署战略合作框架协议	北京
7月25日	集团公司与中国船级社签署战略合作协议	北京
10月9日	集团公司与中国中信集团公司签署战略合作协议	北京

续表

日　期	签署协议双方	地　点
10 月 13 日	集团公司与中国华电集团公司签署战略合作框架协议	北京
2012 年		
1 月 17 日	集团公司与阿布扎比国家石油公司签署战略合作协议	中东
2 月 8 日	集团公司与中国长江航运集团签署战略合作协议	武汉
2 月 21 日	集团公司与西门子股份公司签署战略合作协议	北京
3 月 1 日	集团公司与湖南省人民政府签署战略合作框架协议	北京
3 月 2 日	集团公司和中华全国供销合作总社签署战略合作协议	北京
3 月 15 日	集团公司和宝钢集团有限公司签署战略合作协议	北京
4 月 5 日	集团公司和中国国电集团公司签署战略合作框架协议	北京
5 月 11 日	集团公司与中国科学院签署战略合作协议	北京
5 月 22 日	集团公司与中国海运(集团)总公司签署战略合作协议	北京
6 月 25 日	集团公司与中国建设银行股份有限公司签署战略合作协议	北京
7 月 11 日	集团公司与四川省人民政府签署战略合作协议	成都
10 月 31 日	集团公司与中国太平保险集团签署战略合作协议	北京
2013 年		
8 月 6 日	集团公司与中国船舶工业集团公司签署战略合作协议	北京
8 月 9 日	集团公司与国家开发银行签署战略合作协议	北京
12 月 9 日	集团公司与斯伦贝谢公司签署全球战略合作框架协议	北京
2014 年		
1 月 14 日	集团公司与通用电气公司签署战略合作协议	北京
6 月 6 日	集团公司与黑龙江省人民政府签署深化战略合作框架协议	大庆
6 月 12 日	集团公司与中国远洋运输(集团)有限总公司签署战略合作协议	北京
12 月 2 日	集团公司与俄罗斯天然气工业股份公司签署战略合作协议	上海
2015 年		
2 月 6 日	集团公司与中国航天科工集团公司签署战略合作框架协议	北京
3 月 27 日	集团公司与美国卡特彼勒公司签署战略合作协议	北京
5 月 15 日	集团公司与海南省人民政府深化战略合作框架协议	北京
6 月 10 日	集团公司与深圳市腾讯计算机系统有限公司签署战略合作协议	北京
8 月 4 日	集团公司与中国银行股份有限公司签署“一带一路”战略合作协议	北京
10 月 9 日	集团公司与上海汽车集团股份有限公司签署战略合作协议	北京

续表

日　期	签署协议双方	地　点
12月13日	集团公司与阿布扎比穆巴达拉油气控股有限责任公司签署战略合作协议	北京
2016年		
1月7日	集团公司与中国第一汽车集团公司签署战略合作协议	北京
1月11日	集团公司与航天科技集团签署战略合作协议	北京
2月27日	集团公司与广东省人民政府签署"十三五"战略合作框架协议	广州
3月10日	集团公司与阿里巴巴集团签署战略合作框架协议	北京
3月14日	集团公司与中粮集团签署战略合作框架协议	北京
3月20日	集团公司与道达尔集团战略合作框架协议	北京
5月12日	集团公司与中国远洋海运集团有限公司签署战略合作框架协议	北京
5月20日	集团公司与重庆市政府签署"十三五"时期战略合作协议	重庆
5月28日	集团公司与湖南省人民政府签订"十三五"战略合作协议	长沙
6月13日	集团公司与中国机械工业集团签署战略合作框架协议	北京
2017年		
2月28日	集团公司与中国航天科工集团公司签署深化战略合作协议	北京
3月15日	集团公司与四川省人民政府签署战略合作框架协议	北京
4月17日	集团公司与陕西省人民政府签署"十三五"战略合作框架协议	北京
4月25日	集团公司与中国华电集团签署战略合作框架协议	北京
5月23日	集团公司与中国铝业公司签署战略合作框架协议	北京
9月25日	集团公司与黑龙江省人民政府签署深化战略合作框架协议补充协议	哈尔滨
11月1日	集团公司与俄罗斯诺瓦泰克公司签署战略合作协议	北京
2018年		
5月2日	集团公司与中国石油大学(华东)签署《中国石油天然气集团有限公司与中国石油大学(华东)战略合作协议》	北京
7月20日	集团公司与阿布扎比国家石油公司签署战略合作框架协议	阿联酋阿布扎比
9月7日	集团公司与西藏自治区政府签署战略合作协议	拉萨

注:主要收录范围为集团公司(股份公司)与各省、自治区、直辖市级的政府机构,国家各部委,中央直属企业以及世界500强企业签署的战略合作协议或战略框架协议。

九　中国石油1992—2017年各级党委、党总支、党支部及党员统计

年　份	各级党委数	党总支数	党支部数	党员总数
1992年	1307	2228	29113	—
1993年	—	—	—	—
1994年	—	—	—	—
1995年	—	—	—	—
1996年	1609	2877	34012	495618
1997年	—	—	—	—
1998年	1516	2613	22924	491908
1999年	1593	—	—	519985
2000年	1665	2496	29637	502847
2001年	1639	2416	27797	478671
2002年	1647	2347	27343	474072
2003年	1710	2184	27735	—
2004年	1743	2316	27646	505145
2005年	1780	2438	28584	512215
2006年	1802	2443	29155	529437
2007年	1756	2632	29553	541479
2008年	1878	2728	31419	580760
2009年	1891	2719	31363	597095
2010年	2041	2869	32697	630975
2011年	2103	2832	33064	646223
2012年	2168	2859	34021	664351
2013年	2298	2852	34304	680282
2014年	2307	2853	34216	693024
2015年	2317	2827	34103	701505
2016年	2376	2826	33948	700217
2017年	2432	2704	34589	709022

注:1. 截至时间为当年年底。

2. 数据来源于《中国石油组织史资料·第二卷中国石油天然气总公司时期(1988.9—1998.7)》《中国石油天然气集团公司年鉴》。

十 中国石油获荣誉称号统计

表1 1978—2017年全国劳动模范等荣誉称号统计

年份	全国劳动模范	全国先进生产（工作）者	全国五一劳动奖章	全国五一劳动奖状	全国工人先锋号	全国优秀共产党员	全国优秀党务工作者	全国先进基层党组织	全国青年五四奖章	全国青年突击队标兵	全国（十大）杰出青年岗位能手	全国三八红旗手（标兵）	全国三八红旗集体	中华技能大奖	全国技术能手
1978年		12					1								
1979年	6														
1980年															
1981年															
1982年															
1983年															
1984年															
1985年			16												
1986年			27												
1987年			21												
1988年			15	1											
1989年	29	3													
1990年			17	12											
1991年			18	6											
1992年			22	3											
1993年			11	7											
1994年															
1995年	31	5												2	4
1996年			20	7			1								4
1997年			17	8					1		1			1	2
1998年			20											1	3
1999年			19												

续表

年份	全国劳动模范	全国先进生产(工作)者	全国五一劳动奖章	全国五一劳动奖状	全国工人先锋号	全国优秀共产党员	全国优秀党务工作者	全国先进基层党组织	全国青年五四奖章	全国青年突击队标兵	全国(十大)杰出青年岗位能手	全国三八红旗手(标兵)	全国三八红旗集体	中华技能大奖	全国技术能手
2000 年	34	1							1						16
2001 年			27				1	5							
2002 年			24	8											19
2003 年			22	9											1
2004 年			26	15						7	15	8	7		14
2005 年	39	1	19											1	4
2006 年			24	12		1	1								31
2007 年			31	11					4					1	
2008 年			28	12					3						9
2009 年			34	42					2						15
2010 年	46								1					1	8
2011 年			25	8	29		1	8				1	4		2
2012 年			28	8	31				2			2	1	1	11
2013 年			30	8	21				1						
2014 年			22	5	20						7	5	6		
2015 年	45														
2016 年			9			2		1							
2017 年			10	1	17							1			
合计															

注:1. 数据收录范围为 1978—2017 年中国石油获国家级荣誉情况。

2. 部分数据由集团公司思想政治工作部提供,其他数据来源于《中国石油组织史资料》《中国石油天然气集团公司年鉴》。

表2 1978—2017年全国劳动模范人员名单

年 份	获奖者	工作单位
1979年	耿玉亭	大庆石油化工总厂
	吴全清	大庆油田钻井二公司
	齐莉莉(女)	大庆油田物资供应公司
	黄恩富	四川石油管理局川西矿区3238钻井队
	董松江	兰州化学工业公司石油化工厂高压聚乙烯车间化工三班
	买买提·依明·依不拉音木(维吾尔族)	新疆石油管理局南疆石油勘探指挥部5014钻井队
1989年	王志武	大庆石油管理局
	申 冠	大庆石油管理局钻井三公司1205钻井队
	王德民	大庆石油管理局
	陈全友	大庆石油管理局第二采油厂第45队
	谭远红	辽河石油勘探局油建二公司
	木 沙	青海石油管理局运输处
	沈天阳	大港石油管理局钻井公司32183队
	任炳栋	长庆石油勘探局油建处四大队十中队
	安润清	长庆石油勘探局6015钻井队
	张炳全	四川石油管理局测井公司
	梁狄刚	华北石油管理局勘探开发研究院
	陈金良	塔里木石油勘探开发指挥部
	刘金广	吉林油田钻井一公司二大队
	李 军	大庆石化公司炼油厂
	员华亭	抚顺石油化工公司石化一厂
	霍荣华	吉化公司
	石利军(女)	吉化公司安装四公司
	李玉民	辽阳石化公司
	罗学信	兰州炼油化工总厂机械厂
	买买提·依力(维吾尔族)	新疆石油管理局独山子炼油厂常减压车间工艺班
	魏翊存	新疆石油管理局泽普石油天然气开发公司6048钻井队

续表

年 份	获奖者	工作单位
1989 年	陈利全	四川销售雅安销售分公司
	柴桂林	石油地球物理勘探局
	汤振清	宝鸡石油机械厂
	李秀元	大庆石化公司化工一厂
	崔飞云	华北石油管理局钻井四公司
	赵林华	锦州炼化厂催化车间
	剡学文	玉门石油管理局老君庙油矿
	韩春生	管道局三公司四队
1995 年	黄玉良	大庆石油管理局第一采油五矿
	马 军	大庆石油管理局井下作业分公司生产准备一大队
	刘宝林	锦西石化公司
	王化国	哈尔滨石化公司
	贺鼎元	四川石油管理局川西南矿区
	梁龙智	塔里木石油勘探开发指挥部
	高立元	吉林油田管理局
	艾热提·吐尔逊(维吾尔族)	新疆石油管理局钻井一分公司
	高 森	华北石油管理局钻研院
	薛恩仁	青海石油管理局建筑安装总公司
	赵纯义	大庆石化公司炼油厂
	张贞泉	吉林石化公司化肥厂
	马学民	辽阳石油化纤公司检修分公司
	宋遂帮	兰州石化公司橡胶厂
	陈宏章	兰州石化公司油品储运厂原油车间
	胡友国	乌鲁木齐石油化工总厂生活服务公司
	徐础桥	宁夏石化公司安装检修公司
	牛亚斌	石油勘探开发科学研究院油田化学所
	张海军	管道局管道一公司
	史兴全	长庆石油勘探局
	蒋加钰	长庆石油勘探局物探处研究所
	高增海	石油地球物理勘探局地质研究所

续表

年　份	获奖者	工作单位
1995 年	杨均凤（女）	大港油田采油四厂采油一队
	张淑荣（女）	抚顺石化公司石油二厂
	杨学庄	锦州石化公司
	王安顺	大连西太平洋公司
	宋　光	四川石油管理局采气 7 队
	张秉华	玉门石油管理局钻进处生产调度科
	秦安民	中国石油工程建设公司
	刘树林	吉化公司
	孙川生	新疆石油管理局勘探开发研究院
2000 年	陈　宏	大庆石油管理局钻探集团钻井二公司
	焦集群	大庆油田有限责任公司第二采油厂作业大队
	冀宝发	大庆油田有限责任公司勘探开发研究院
	陈玉华（女）	大庆石油管理局教育中心
	王福成	辽河石油勘探局
	陆海泉	新疆石油管理局钻井公司
	周华安	四川石油管理局川东钻探公司
	叶宜良	西南油气田分公司重庆气矿作业区
	卢　杰	四川石油管理局川中油气公司职工医院
	朱庆忠	华北油田分公司采油工艺研究院
	杨振建	华北油田分公司钻井三公司
	牛星壮	大港油田集团有限责任公司钻井公司
	刘瑛（女）	长庆石油勘探局建设工程总公司
	蒲建中	长庆石油勘探局钻井工程处
	赵文光	吉林石油集团有限责任公司建设公司航运队
	孙　皓	吐哈石油勘探开发指挥部油气开发合作公司
	秦文贵	青海石油管理局生产运行处
	杨文旗	青海油田分公司采油一厂采油队
	史玉平	玉门油田分公司井下作业公司
	刘维彬	吉林石化分公司安装三公司
	焦海坤	吉林石化分公司

续表

年　份	获奖者	工作单位
2000 年	刘国富	抚顺石油化工公司工程建设公司第二建筑安装公司
	李树林	大庆石油化工总厂化建公司安装二公司
	孙永力	大庆石化分公司研究院
	李　新	辽阳石油化纤公司机械厂
	陈仁全	乌鲁木齐石化分公司炼油厂
	张瑞卓	锦西炼油化工总厂
	董孝利	林源石化分公司
	曾宪君	前郭石化分公司
	刘玉翠(女)	哈尔滨石化分公司
	陈兵剑	中国石油天然气管道局
	尹凤权	石油地球物理勘探局
	方义生	勘探开发研究院研究所
	张　义	大连石油化工公司
2005 年	王玉普	大庆油田有限责任公司
	李新民	大庆石油管理局钻探集团钻井二公司
	何明言	大庆石油化工总厂建设公司安装四公司
	张俊民	大庆石化分公司
	孙崇仁	辽河石油勘探局
	董仁平	东北销售分公司
	王　海	抚顺石化分公司石油三厂
	高树来	抚顺石油化工公司
	朴春生	锦西炼油化工总厂
	陈青松	锦州石油化工公司
	蒋　凡	大连石化分公司
	沈殿成	辽阳石化分公司
	何天伦	吉化集团公司化建工程公司电气工程公司
	王怀梅(女)	大港油田分公司第一采油作业区
	郭如峰	大港油田集团有限责任公司钻井工程公司第一钻井公司
	戴俊明	前郭炼油厂电气车间

续表

年　份	获奖者	工作单位
2005 年	刘　成	吉林油田分公司新木采油厂
	于　力	吉林石化分公司
	何树山	吉林石油集团有限责任公司
	张志强	华北石油管理局第一钻井公司
	苏士峰	中国石油天然气管道局
	郭月良	东方地球物理公司
	邓小林	四川石油管理局川西钻探公司
	刘晓红(女)	四川销售分公司德阳分公司
	王一刚(女)	西南油气田分公司勘探开发研究院
	李晓明	长庆石油勘探局钻井工程总公司
	方兰新	兰州炼油化工总厂润滑脂厂
	苗国政	玉门油田分公司青西油田作业区
	李海波	青海石油管理局井筒工程公司
	黄立功	青海油田分公司
	初保卫	宁夏化工厂
	王瑞成	宁夏炼化分公司
	段吉斌	新疆油田分公司采油二厂
	阿不拉江・玉努斯(维吾尔族)	新疆石油管理局钻井公司
	周　波	吐哈油田分公司鄯善采油厂
	秦　刚	塔里木油田分公司
	王燕红(女)	乌鲁木齐石油化工总厂西峰集团
2010 年	乔卫东	大港油田分公司井下作业公司第三修井分公司
	尤立红(女)	大港油田分公司第五采油厂作业一区
	秦永和	渤海钻探工程有限公司
	靳占忠	华北油田分公司
	张吉海	中国石油天然气管道局西气东输东段工程部
	姚　伟	管道分公司
	严　峰	东方地球物理公司塔里木经理部
	赵林源	东北炼化工程有限公司抚顺工程建设公司三公司维修车间密封班

续表

年　份	获奖者	工作单位
2010 年	王萍(女)	辽宁销售分公司丹东销售分公司
	王悦田	长城钻探工程有限公司非洲区苏丹项目部
	束滨霞(女)	辽河油田分公司欢喜岭采油厂采油一区
	李若平	抚顺石化分公司
	王金杰	吉林燃料乙醇有限责任公司机电仪中心
	高彦峰	吉林石化分公司建修公司
	杜海峰	吉林油田分公司新木采油厂
	王光军	吉林石化分公司
	侯启军	吉林油田分公司
	郑秋林	中油吉林化建工程有限公司
	何登龙	大庆油田有限责任公司第四采油厂第二油矿
	何琳(女)	大庆炼化公司质量检验部润滑油检验站
	胡志强	大庆油田有限责任公司钻探工程公司钻井二公司
	王凤兰(女)	大庆油田有限责任公司勘探开发研究院
	欧信南	中国寰球工程公司
	吴恩来	广西石化分公司
	程纯东	西南油气田公司重庆天然气净化总厂垫江分厂
	刘划一	西南油气田公司勘探开发研究院
	丛　君	吉林油田分公司吉林石油装备技术工程服务有限公司
	尉　勇	长庆石化分公司运行二部催化三班
	卢朝鹏	兰州石化分公司炼油厂催化二联合车间催化二班
	刘玲玲(女)	长庆油田分公司第二采油技术服务处乔河采油作业区关一增压站
	李润年	川庆钻探工程公司长庆钻井总公司 40563 钻井队
	刘　灿	玉门油田分公司油田作业公司 C15864 队
	张栋杰	庆阳石化分公司
	王锡军	青海油田分公司工程建设公司
	尚丽群(女)	青海销售分公司西宁分公司古道加油站
	宗贻平	青海油田分公司
	邢仙茹(女)	长庆油田分公司采油三厂虎狼峁作业区柳二转井区

续表

年 份	获奖者	工作单位
2010年	雍瑞生	宁夏石化分公司
	李晓华	新疆油田分公司准东采油厂火烧山作业区
	赵海燕(女)	吐哈油田分公司勘探开发研究院开发三所
	高 升	乌鲁木齐石化分公司化肥厂合成车间
	杨自成	中国石油天然气运输公司沙漠运输公司国际事业部土库曼斯坦分公司
	吴平河	西部钻探工程公司克拉玛依钻井公司50585钻井队
	徐福贵	独山子石化分公司
	吕功训	中石油阿姆河天然气勘探开发(北京)有限公司
2015	宋泓明	中国石油(北京)科技开发有限公司(华油北京服务总公司)
	宫艳红(女)	大港油田公司第三采油厂第六采油作业区管理三站
	孙国强	大港石化公司第三联合车间
	黄玉梅(女)	渤海装备中成机械公司潜油电泵制造厂
	熊 战	渤海钻探国际工程分公司伊拉克项目部
	张丽霞(女)	华北油田公司二连分公司锡林采油作业区
	史 航	天然气管道工程有限公司
	王成祥	东方地球物理勘探有限责任公司物探技术研究中心
	乔孟占	唐山冀油瑞丰化工有限公司(冀东油田)
	裴先峰	中国石油天然气第一建设公司
	吴锁利	大连石化公司建筑安装总公司检修二车间
	李 波	抚顺石化公司石油二厂加氢联合车间
	温 静(女)	辽河油田勘探开发研究院油田开发所
	高颖明(满族)	锦州石化分公司加氢裂化车间
	吕文军	锦西石化分公司
	李永翔	吉林石化分公司建修公司东部检维修一车间
	李彩云(女)	吉林油田分公司新木采油厂采油一队
	张德有	吉林油田分公司
	孙树祯	吉林石化分公司
	徐龙杰	中油吉林化建工程有限公司焊接技能专家工作室
	杨海波(女)	大庆油田有限责任公司第四采油厂第一油矿北六队

续表

年　份	获奖者	工作单位
2015 年	伍晓林	大庆油田有限责任公司勘探开发研究院
	申玉春	大庆石化公司化建公司安装二公司李树林班
	辛公华	大庆炼化公司生产技术处
	陈君龙	中国石油天然气第六建设公司
	张建国	广西石化分公司
	缪明宇	重庆销售仓储分公司
	陈小玲(女)	四川销售泸州销售分公司
	李梦春	中国石油集团测井有限公司技术中心技术装备研究所核磁与地层水研究室
	马新平	宝鸡石油机械公司钢结构厂结一工区铆工二班
	惠新阳	长庆油田公司第一采油厂王南采油作业区
	汪艳侠(女)	兰州石化公司合成橡胶厂丁腈车间
	赵秋燕(女)	庆阳石化公司技术部
	周阿妮(女)	长庆油田公司第七采油厂白豹采油作业区六井区
	宋先帮	玉门油田分公司青西油田作业区生产运行科
	李国平	青海油田井下作业公司大修大队
	史　昆	青海油田采油一厂尕斯第一采油作业区
	才仁吉藏(女,藏族)	青海玉树销售分公司西杭加油站
	李　烨	宁夏石化公司炼油厂生产科
	谷　刚	独山子石化公司炼建公司
	张丽娟(女)	塔里木油田公司勘探开发研究院碳酸盐岩中心
	周　文	西部钻探工程有限公司克拉玛依钻井公司
	肉孜麦麦提·巴克(维吾尔族)	新疆油田公司重油开发公司采油作业五区采油六班
	赵丽敏(女)	勘探开发研究院中东研究所
	万贤忠	西藏销售中油天港商贸有限责任公司

注:1. 数据来源于《中国石油组织史资料·第一卷(下)国家部委时期(1978.3—1988.9)》《中国石油组织史资料·第二卷中国石油天然气总公司时期(1988.9—1998.7)》《中国石油组织史资料·第三卷(下)中国石油天然气集团公司时期(1998.7—2013.12)》《中国石油天然气集团公司年鉴》。

2. “全国劳动模范”是中共中央、国务院授予在社会主义建设事业中做出重大贡献者的荣誉称号。1989 年以后,表彰活动基本形成每五年一次的固定届次。

3. 1979 年、1989 年、1995 年收录人员包括部分石油企业获奖人员。

十一　中国石油 2006—2017 年社会公益投入一览表

单位:万元

年　份	主要公益总投入	扶贫帮困	赈灾捐赠	支持教育	公益捐赠	环保公益	当年新疆定点、西藏对口投入
2006 年	43617	—	3967	4553	—	469	8802
2007 年	103180	13564	12124	8924	32134	32747	3687
2008 年	129338	—	38006	13911	—	4132	3883
2009 年	119758	67908	2825	12495	5851	27924	2755
2010 年	129513	8337	17784	18240	50313	31613	3226
2011 年	100648	23963	18481	19008	32244	6952	—
2012 年	93645	26341	2487	19648	28674	16495	—
2013 年	85089	22744	7487	25365	16340	13153	—
2014 年	100759	20687	16866	12817	39526	10864	—
2015 年	136604	34110	588	23803	63203	14899	—
2016 年	62141	19767	192	8956	23985	9241	—
2017 年	108572	21817	7975	10092	46612	22076	—

注:1. 数据来源于《中国石油天然气集团公司企业社会责任报告》。

2. 2010 年以后当年新疆定点、西藏对口投入数据合并到扶贫帮困数据中。

十二　中国石油发展史上的“第一”辑录

时　间	内　容
公元前69年	西汉宣帝地节元年，四川邛崃地区钻凿的临邛火井是世界上第一口天然气井
1041—1048年	北宋庆历年间，发明冲击式顿钻凿井法，是中国钻井技术的重大突破
1086—1093年	北宋元祐年间，沈括所著《梦溪笔谈》在世界上第一次科学命名“石油”
1600—1700年	明末清初，四川自流井气田采用竹木笕输送天然气煮盐，是世界上最早使用的天然气管道
1637年	明代崇祯十年，宋应星所著《天工开物》全面系统地总结了中国古代在钻井设备和技术方面所取得的巨大成就
1821—1850年	清代道光年间，四川自贡地区的自流井气田是世界上最早进行规模开采的天然气田
1835年	四川自贡地区自流井气田凿成井深1001.42米的燊海井，是世界上第一口超千米井
1863年	“洋油”开始输入中国
1878年春	中国第一口近代油井在台湾苗栗诞生
1907年9月6日	陕西延长延1井钻成，是中国陆上第一口近代油井
1914年2月10日	中美签订《中美陕直二省石油合同》，是中国第一个实行的中外合作勘探开发石油合同
1928年	抚顺石油一厂开工建设，是中国第一个人造石油生产厂
1939年5月	甘肃玉门油矿用蒸馏锅试炼汽油、煤油、柴油，开启中国现代炼油工业先河
1939年8月11日	玉门油矿老君庙1号井获工业油流，是中国石油工业的发源地之一
1939年10月	甘肃油矿筹备处在石油河畔兴建第一炼油厂，是中国第一个天然石油加工基地
1940年5月24日	玉门油矿老君庙1号井使用以柴油机为动力的抽油机采油，标志着中国机械采油的开始
1941年	甘肃油矿局将油品商标定为“建国”牌，是中国最早的油品商标，也是中国第一个国产石油产品商标
1942年7月	甘肃油矿局在重庆设立国光油行，是中国第一个石油产品销售机构
1944年	玉门油矿建成中国第一条伴热输油管道
1945年5月5日	中印成品油管道建成投运，是世界上最长的军用输油管道
1945年6月	玉门油矿改用0.5英寸油嘴采油，标志着中国科学采油的开始
1945年8月	玉门油矿建成南岗选油站，是中国石油第一个选油站
1945年10月5日	玉门油矿成立中国第一支重磁力勘探测量队

续表

时 间	内 容
1946年	玉门油矿设立中国第一个采油研究机构
1946年	玉门油矿设立中国第一个泥浆研究机构
1947年	玉门油矿成立中国第一个电测站
1949年	玉门油矿组建中国石油工业发展史上第一支修井队伍
1949年中华人民共和国成立前夕	玉门油矿建成当时中国规模最大、产量最高、员工最多、工艺技术领先的现代石油矿场
1950年9月30日	中苏石油股份公司成立,是中国石油工业第一家中外合资企业
1951年2月10日	中国第一滴合成石油在锦州合成燃料厂生产
1954年初	玉门老君庙油田I26井、K27井成功试验清水代替钻井液快速钻井方法,是中国石油第一次清水钻井
1954年4月	玉门油矿成立中国石油第一支女子测量队
1954年12月27日	玉门油矿M-27井试验成功,是中国第一口注水井
1955年9月5日	石油工业部首次向国外派遣石油考察团
1955年10月29日	黑油山1号井获工业油流,发现克拉玛依油田,这是中华人民共和国成立后发现的第一个大油田
1956年9月11日	玉门老君庙油田752井进行伽马测井和中子测井试验,是中国第一次进行放射性测井和中子测井
1956年11月15日	玉门老君庙油田747井、748井钻成,是中国第一对双筒斜向井
1957年10月8日	玉门油矿建成中国第一个天然石油基地
1957年10月	吉林"三大化"(染料厂、肥料厂、电石厂)建成投产,是中国第一个大型化工生产基地
1958年4月	第一批国产合成纤维在锦西石油五厂试制成功
1958年6月	中国第一批国产塑料在锦西化工厂生产
1958年9月	青海冷湖地中4井获高产工业油流,是柴达木盆地石油勘探的重大突破井
1958年10月9日	依1井获工业油流,是塔里木盆地第一口获工业油流探井
1959年1月10日	克拉玛依油田至独山子输油管道建成投产,是中国第一条长距离输油管道
1959年3月	兰州炼油厂建成,是中国第一座大型现代化炼油厂
1959年9月26日	松辽盆地松基3井喷油,发现大庆油田,是松辽盆地石油勘探的重大发现井
1959年9月29日	扶27井获工业油流,是吉林油田的发现井
1960年	独山子炼油厂原油加工量达到121万吨,是当时全国第一个年炼油能力上百万吨的炼油厂
1961年4月16日	华8井获工业油流,是胜利油田的发现井

续表

时　间	内　容
1963 年 5 月	巴渝(四川巴县—重庆)输气管道建成投运,是中国第一条长距离天然气管道
1963—1965 年	石油工业部攻克被誉为“五朵金花”的流化催化裂化等五个攻关项目,标志着中国炼油工艺技术实现重大突破
1964 年 12 月 20 日	港 5 井获高产油气流,是大港油田重大发现井
1965 年 2 月 10 日	胜利油田坨 11 井日产原油 1134 吨,是中国第一口日产超千吨高产油井
1965 年 6 月 24 日	辽 2 井出油,是辽河油田的发现井
1965 年 7 月 21 日	王 2 井出油,是江汉油田的发现井
1965 年 11 月 16 日	川中磨溪地区磨 -3 井完钻,是中国第一口水平井
1965 年	四川盆地发现威远气田,是中国第一个整装气田
1967 年 6 月 14 日	渤海海域海 1 井获工业油气流,是中国海上第一口获工业油气流井
1971 年	苏 20 井获工业油流,是江苏油田的发现井
1971 年 8 月	南 5 井获工业油流,是河南油田的发现井
1971 年 10 月 30 日	“八三”管道工程建成投产,是中国自行设计建设的第一条大口径、长距离输油管道
1973 年 9 月 23 日	辽河油田马 20 井日产原油 2010 吨、天然气 40 万立方米,是辽河油田第一口“双千吨”高产油井
1974 年	大庆至秦皇岛输油管道建成,是中国第一条地下原油管道
1975 年 9 月 7 日	任 4 井获高产工业油流,是华北油田的重大发现井,标志着中国第一个碳酸盐岩大油田的发现
1975 年 9 月 7 日	濮参 1 井获工业油流,是中原油田的重要发现井
1976 年 5 月 18 日	华北油田任 9 井日产原油 5435 吨,是中国迄今单井初产量最高的油井
1977 年 10 月 14 日	尕斯库勒跃参 1 井获高产工业油流,是柴达木盆地石油勘探的重大发现井
1977 年 10 月	青海格尔木至西藏拉萨成品油管道建成投产,是世界上海拔最高的管道
1980 年 5 月 18 日	中国第一座地下天然气储气库在大庆油田投产
1980 年 5 月 29 日	石油工业部签署第一批海洋石油资源对外合作合同
1981 年 6 月 3 日	国务院转发国家能源委报告,批准石油工业部亿吨原油产量包干方案,这是中国工业部门的第一个行业大包干
1985 年 5 月 28 日	中国石油第一份陆上石油资源对外合作合同——《海南岛福山凹陷风险勘探合同》签订
1987 年 2 月 11 日	东方物探银河地震数据处理系统建成投产,是中国自主研制的第一个大型地震数据处理软件系统,也是亚洲最大的数据处理系统
1988 年 11 月 18 日	轮南 2 井获高产油气流,是塔里木盆地石油勘探的重大突破
1989 年 1 月 5 日	台参 1 井获工业油流,发现鄯善油田,是吐哈油田的发现井
1989 年 3 月 26 日	龙 4 井获高产气流,是四川盆地石油天然气勘探重大发现井

续表

时　间	内　容
1989年6月23日	陕参1井获高产气流，是鄂尔多斯盆地天然气重大发现井
1989年10月31日	塔中1井获高产油气流，是塔克拉玛干沙漠第一口油气发现井
1993年3月	中国石油中标秘鲁塔拉拉油田7区块生产服务合同，是中国海外油气合作第一标
1993年7月15日	中国石油在加拿大阿尔伯塔省卡尔加里东北的北瑞宁油田生产出海外第一桶份额原油
1994年12月	准噶尔盆地彩南油田建成中国第一个百万吨产能整装沙漠油田
1995年10月4日	全长522千米的塔里木沙漠公路竣工全线通车，是当时在流动沙漠中修建的最长公路
1997年8月18日	中国石油与美国安然油气公司签署《四川盆地川中区块天然气开发和生产合同》，是陆上第一个天然气合作项目
1997年9月14日	“柳河号”油轮抵达秦皇岛，是中国石油开展国际油气合作业务运回国内的第一船原油，15日举行剪彩仪式
1998年1月20日	塔里木盆地发现克拉2气田，是中国最大的整装砂岩气田，也中国近年来天然气勘探开发最重大的突破
1999年5月31日	苏丹124区油田建成投产，这是中国石油海外建成的第一个千万吨级大油田
1999年6月22日	苏丹124区至苏丹港1506千米长输原油管道建成投运，是中国石油海外合作建设的第一条输油管道
2000年5月12日	年加工能力250万吨的苏丹喀土穆炼油厂建成投产，是中国在海外合资建设的第一座整装大型炼油厂
2000年11月	塔里木盆地牙哈凝析气田投产，是中国第一个开发的埋藏深、压力高、凝析油含量高的大型凝析气田
2001年3月1日	ALAMARAT加油站在苏丹喀土穆投入运营，是中国石油海外第一座加油站
2001年6月	塔里木盆地发现迪那2气田，是目前中国最大的凝析气田
2002年10月18日	兰成渝(甘肃兰州—四川成都—重庆)管道建成投产，是中国第一条商用成品油管道
2002年	大庆油田连续27年年产原油5000万吨，创世界同类大油田开发史上的奇迹
2003年8月5日	渤海湾赵东油田建成中国第一个百万吨级海上合作油田
2003年	由中国石油援建的海拔5200米的西藏双湖特别行政区加油站，是迄今世界上海拔最高的加油站
2004年10月1日	西气东输工程投入商业运行，是中国自行设计、建设的第一条世界级天然气管道工程
2004年	辽河石化建成年产100万吨国内最大沥青生产基地
2005年10月26日	中国石油收购哈萨克斯坦PK石油公司，是当时中国企业走出国门最大的单笔投资项目和第一个大型上市公司整体并购交易
2005年	长庆油田建成中国首个世界级大气区

续表

时　间	内　容
2006年3月28日	大连石化原油一次加工能力达到2050万吨/年,成为中国最大的炼油生产基地
2006年5月25日	中哈原油管道建成投产,是中国第一条跨国长输原油管道
2006年6月4日	山西沁水盆地晋平2-2井获工业气流,是中国石油第一口煤层气井
截至2006年9月25日	大庆油田三次采油产量突破1亿吨,成为世界上规模最大的三次采油研发和生产基地
2007年11月15日	12000米特深井交流变频电驱动钻机研制成功,是中国第一台具有自主知识产权的特深井钻机
2009年9月21日	独山子石化千万吨炼油百万吨乙烯工程建成投产,是中国迄今最大的炼化一体化工程
2009年11月16日	华北油田建成中国第一个数字化、规模化煤层气示范基地
2009年12月14日	土库曼斯坦阿姆河第一天然气处理厂建成投产,是中国石油最大的境外陆上天然气合作项目
2010年10月19日	中国石油第一口页岩气井——四川盆地威201井投入生产,实现中国在页岩气勘探开发领域零的突破
2011年1月1日	中俄原油管道正式投油运行,是中国第一条通过永冻土区的原油管道
2011年3月	辽阳石化千万吨炼油项目建成投产,是中国第一个千万吨级全加工俄罗斯原油基地
2011年6月30日	西气东输二线工程建成投产,是中国第一条引进境外天然气资源的大型管道工程
2011年11月8日	江苏LNG项目建成投产,是国内第一个"自主设计、自主采办、自主施工、自主运营"的液化天然气项目
2012年12月19日	西气东输二线香港支线建成投运,是目前中国管径最大、施工难度最大的海底管道
2012年	大庆石化120万吨/年乙烯改扩建工程建成投产,是中国第一个国产化大型乙烯成套技术工业化项目
2014年2月9日	四川盆地安岳气田磨溪区块寒武系龙王庙组发现中国单体规模最大的海相碳酸盐岩整装气藏
2014年6月24日	湖北黄冈液化天然气(LNG)项目投入运行,是中国目前规模最大,大型LNG装备国产化率超过99%的工厂
2015年5月25日	长庆油田在陕北姬塬发现新安边油田,是中国第一个亿吨级大型致密油田
2015年6月24日	吉林油田新立1号平台投产,是目前亚洲陆上最大采油平台
2015年7月14日	塔里木油田克深902井在8038米完钻,获日产天然气30万立方米,是迄今中国陆上试获工业油气流最深的井
2016年5月10日	中油海17平台交付,是中国石油最大水深、最先进的海洋钻井平台
2016年5月27日	川东北天然气项目罗家寨高含硫气田开发建设工程投产,是中国石油国内陆上最大的高含硫天然气合作项目

续表

时　间	内　容
2017年5月18日	由中国石油总承包实施的中国首次海域天然气水合物试采成功,在世界上首次实现连续稳定产气
2017年11月30日	新疆油田在准噶尔盆地玛湖凹陷中心区发现10亿吨级玛湖砾岩大油区,是目前世界上发现的最大砾岩油田
2017年12月8日	中国石油参股的亚马尔液化天然气项目第一条LNG生产线投产,是"一带一路"倡议提出后实施的第一个海外特大型项目
2017年12月15日	西南油气田长宁页岩气田集输干线投运,是中国第一条管径最大、线路最长的页岩气管道
2018年3月15日	巴西里贝拉项目完成海上提油作业,标志着中国石油第一个超深海项目进入投资回收阶段
2018年3月26日	中国原油期货在上海国际能源交易中心挂牌交易,是中国石油工业和中国资本市场的一个重要里程碑
2018年3月30日	铁人学院在大庆铁人王进喜纪念馆揭牌成立,是中国第一个以工人阶级代表人物命名的学院
2018年7月19日	东方地球物理勘探有限责任公司与阿布扎比国家石油公司签署16亿美元的海上和陆上三维采集合同,是全球物探行业有史以来金额最大合同
2018年7月25日	《橡胶灰分的测定第2部分:热重分析法(TGA)》经国际标准化组织官方网站正式发布,是中国石油炼化领域自主制定的第一个国际标准
2018年9月10日	华北油田苏桥储气库群全面投产,库群平均深度在4900米以上,是世界上最深的储气库群
2018年9月13日	柴达木盆地狮60井日产油12.1立方米、产液60.68立方米、井深4990米,是世界海拔最高油井
2018年10月	楚攀(云南楚雄—四川攀枝花)天然气管道勐岗河悬索跨越管道安装完成,是目前国内最大跨度天然气管道悬索跨越桥
2018年10月	中俄东线天然气管道工程黑龙江穿越段两条江底管道焊接安装完成,是中国第一个跨境天然气管道江底隧道盾构工程
2018年12月12日	塔里木油田中秋1井获高产工业油气流,是中国石油新区新领域风险勘探的重大突破

注:1. 数据来源于中国石油档案馆。

2. 本表主要收录中国石油在勘探开发、炼油化工、油气销售、国际化经营、工程技术、工程建设、装备制造等业务领域在国内乃至世界上的"第一""之最",以及各油气田(区)历史第一口获工业油气流井。

参考文献

《人民日报》.1979 年 1 月 1 日—2009 年 12 月 31 日版

《中国石油工业》编辑部. 1989. 中国石油工业. 1949—1989. 北京:石油工业出版社

《中国石油工业经济若干问题的回顾与思考》编辑委员会. 中国石油工业经济若干问题的回顾与思考. 2010. 北京:石油工业出版社

《中国石油报》.1987 年 1 月 1 日—2018 年 12 月 20 日版

《中国石油画报》.2004 年 1 期—2017 年 12 期. 中国石油报社

《中国石油编年史(第二版)》编写组. 2015. 中国石油编年史. 第二版. 北京:石油工业出版社

《中国油气田开发志》总编纂委员会. 中国油气田开发志. 2011. 北京:石油工业出版社

《中国油气田开发若干问题的回顾与思考》编写组. 2003. 中国油气田开发若干问题的回顾与思考. 北京:石油工业出版社

《辽河油田四十年》编写组. 2010. 辽河油田四十年. 北京:石油工业出版社

《当代中国石油工业》编辑委员会. 2008. 当代中国石油工业. 1986—2005. 北京:当代中国出版社

《走向跨国——中国石油集团五周年新闻纪实》编委会. 2004. 走向跨国——中国石油集团五周年新闻纪实. 北京:中国财经经济出版社

《康世恩传》编写组. 1998. 康世恩传. 北京:当代中国出版社

《康世恩论中国石油工业》编辑委员会. 1995. 康世恩论中国石油工业. 北京:石油工业出版社

《瞭望》. 1996. 第 51 期

王涛. 2001. 中国油气发展战略. 北京:石油工业出版社

中共中央文献研究室邓小平研究组. 2004. 邓小平画传. 成都:四川出版集团、四川人民出版社

中共中央文献研究室. 2004. 邓小平年谱. 1975—1997. 北京:中央文献出版社

中共中央党史研究室第三研究部. 中国改革开放 30 年. 2008. 沈阳:辽宁人民出版社

中国石油天然气集团公司人事部、中国石油天然气集团公司办公厅. 2014. 中国石油组织史资料. 北京:石油工业出版社

中国石油天然气集团公司定点扶贫与援藏工作领导小组. 2008. 心愿——中国石油新疆定点扶贫摄影纪实. 石油工业出版社

中国石油天然气集团公司思想政治工作部. 2010. 辉煌见证. 北京:石油工业出版社

中国石油天然气集团公司. 2006—2017. 中国石油天然气集团公司年度报告

中国石油天然气集团公司. 2013—2017. 中国石油天然气集团公司环境保护公报

中国石油天然气集团公司. 1996—2017. 中国石油天然气集团公司年鉴. 1996 卷至 2017 卷. 北京:石油工业出版社

中国石油天然气集团公司. 2006—2017. 企业社会责任报告

中国石油报社. 1995. 回忆康世恩. 北京:石油工业出版社

中国石油海外勘探开发公司(中国石油天然气勘探开发公司). 2012. 中国石油海外油气业务大事记. 1984—2011. 北京:石油工业出版社

中国石油塔里木油田分公司. 2010. 历史的足迹. 乌鲁木齐:新疆人民出版社

刘宝和. 2008. 中国石油勘探开发百科全书. 综合卷. 石油工业出版社

刘宝和. 2008. 中国石油勘探开发百科全书. 勘探卷. 石油工业出版社

刘宝和. 2008. 中国石油勘探开发百科全书. 开发卷. 石油工业出版社

刘宝和. 2008. 中国石油勘探开发百科全书. 工程卷. 石油工业出版社

刘宝和. 2013. 中国石油勘探开发百科全书. 精要版. 石油工业出版社

余秋里. 1996. 余秋里回忆录. 北京:解放军出版社

余秋里传记组. 余秋里传. 2017. 北京:解放军出版社

张平. 2004. 走进石油——新闻作品辑录. 北京:石油工业出版社

国家经济贸易委员会. 2000. 中国工业五十年——新中国工业通鉴. 北京:中国经济出版社

郑斯林. 1999. 共和国辉煌五十年. 工业建设卷. 北京:中国经济出版社

秦文彩,孙柏昌,等. 2003. 中国海——世纪之旅——中国海洋石油工业发展纪实. 北京:新华出版社

贾文瑞,等. 1996—2010 年中国石油工业发展战略. 1999. 北京:石油工业出版社

顾明. 1993. 中国改革开放辉煌成就十四年. 罗明主编:海洋石油总公司卷. 中国经济法研究会、中国经济出版社

黄时进. 2013. 新中国石油化学工业发展史. 1949—2009. 下册. 上海:华东理工大学出版社

梁华,刘金文. 2003. 中国石油通史. 卷四. 1978—2000. 北京:中国石化出版社

傅诚德. 2006."九五""石油科技要览. 1996—2000. 北京:石油工业出版社

傅诚德. 2015."十一五""石油科技要览. 2006—2010. 北京:石油工业出版社

傅诚德,李希文. 2017."一五"—"七五"石油科技要览. 1949—1990. 北京:石油工业出版社

后 记

为纪念我国改革开放40周年，配合集团公司改革开放40周年纪念活动，宣传中国石油改革开放重要成就，发挥“以史为鉴，资政育人”作用，2018年初，集团公司决定编纂出版《石油华章　中国石油改革开放40年》（以下简称《40年》），历时近一年时间完成。

集团公司领导高度重视《40年》编纂工作，党组书记、董事长王宜林作出“同意，请加快推进”重要批示，并成立编纂委员会，办公厅负责组织实施，由中国石油档案馆和石油工业出版社有限公司承担具体编纂任务。按照编纂委员会要求，办公厅多次研究部署编纂工作，组织中国石油档案馆、石油工业出版社有限公司和有关专家成立编写组，以“高端化、精细化”为标准，以“客观、全面、忠实、精准”为原则，把好政治关、涉密关、内容关、文字关“四个关口”，高质量推进编纂工作。

编纂工作坚持突出改革开放主题，突出党中央亲切关怀，突出重大事件关联性，突出“文图并茂”史料特色。在编纂工作思路上，确立编、研、审一体化运作方式，制定编纂方案、收录标准、工作流程和审稿原则，排定时间运行表，明确责任人，将编纂任务和要求落到实处；在编研结合上，理论联系实际，从中国石油改革开放40年历史发展轨迹系统研究总结形成重要观点；在工作组织上，聘请有关史志专家，采取分散编写与集中研讨相结合的方式，走访历史当事人，召开专家研讨会，对涉及的历史事件反复考证，确保资料真实和据实记述；在资料采用上，档案资料与公开文献资料相结合，以档案为主，特别是对重大标志性事件采取“一文一图一档”方式，增强可读性和史料价值。

《40年》所记述内容时间跨度长、涉及领域宽、承载内容广，且无此类辑录方式可资参考，因此，编纂工作面临诸多困难，其巨大工作量也超出预料。编写组先后查阅档案资料2000多件，查阅《邓小平年谱》《余秋里回忆录》《康世恩论石油工业》《中国油气发展战略》《中国石油工业经济若干问题的回顾与思考》等公开出版物50余种、各类资料800余册，总计3000余万字。先后召开专家研讨会和审稿会30余次，多次到国家图书馆、中央文献出版社、中共党史出版社等馆藏和出版单位查找相关书籍资料100余本（套）。

《40年》围绕改革开放主题，按照中国石油40年四个阶段，分大事件篇、大事记篇、大数据篇三部分。大事件篇从党和国家领导人关怀中国石油、重大决策与体制改革、重要政策与机制改革、“五年计划”重要成果、重大业务发展、重要国际合作与交流等9个方面选取大事件185个、图片236张、文档报刊184件，展现40年来中国石油重大改革开放成果，展示中国石油始终走在改革开放最前沿的国企担当。大事记篇采用编年体和纪事本末体相结合的方式，按照重大决策、重要活动、重要会议等18个类目49个方面选取大事记1600余条，记述1978年1月至2018年12月中国石油改革开放历史进程中的重大事项。大数据篇主要收录中国石油改革开放主要业绩指标、先进劳模人物、获国家科技奖项等近百组数据图表，展现40年来中国石油各方面取得的巨大进步和历史性成就。

《40年》在编纂过程中得到了原石油部、总公司及集团公司老领导，专家学者以及有关部门的大力支持、帮助和指导。王涛、马富才、陈耕、周吉平等老领导提出十分重要的意见和建议；周庆祖、胡文瑞、蒋其垲、朱秉刚、查全衡、傅诚德、许永发、王黎明等老同志、老专家不辞辛苦，认真阅读书稿，提出许多宝贵的修订意见；石油史志专家李希文、姚治晓等参与编纂工作，王铁夫、李大成还承担部分章节的编写工作；集团公司总部各部门、各专业公司及相关企事业单位在资料提供、审核等方面给予帮助和支持，王柏苍、梅巍、李森、刘岩、路云鹏、白广田、张东波、向婧、向乃姝、王秋慧、张程光、彭双伟、刘琨、姚睿、刘清慧、车岩石、张九如、陈成才、程心能、王越、赵红波、王凌、杨一莉、王锋、崔宝琛、汪晓东、李军、王德波、吕宏斌、宋菁、张强、郝海波、李文玲、陈若莲、张卫忠、陈安贵、杨天吉、张安、张晗等提供资料、参加审稿工作，中国年鉴研究会会长王守亚和北京市地方志办公室副主任张恒彬审阅了大事记内容，经济技术研究院、中国石油报社、石油工业出版社有限公司等单位提供部分照片资料。付梓之际一并表示诚挚感谢。

由于40年史料浩瀚，编写时间有限，难免存在疏漏和不足之处，敬请广大读者批评、指正。

《石油华章　中国石油改革开放40年》编写组

2018年12月